Christian Heidrich

CARLO BAYER
Ein Römer aus Schlesien und Pionier
der Caritas Internationalis

Arbeiten zur schlesischen Kirchengeschichte

Herausgegeben vom
Institut für ostdeutsche Kirchen- und Kulturgeschichte
im Auftrag
des Kuratoriums des Kardinal-Bertram-Stipendiums

Band 6

Jan Thorbecke Verlag Sigmaringen
1992

Christian Heidrich

CARLO BAYER

Ein Römer aus Schlesien und Pionier
der Caritas Internationalis

Jan Thorbecke Verlag Sigmaringen
1992

Die Deutsche Bibliothek – CIP-Einheitsaufnahme

Heidrich, Christian:
Carlo Bayer: ein Römer aus Schlesien und Pionier der Caritas Internationalis / Christian Heidrich. – Sigmaringen: Thorbecke, 1992
(Arbeiten zur schlesischen Kirchengeschichte; Bd. 6)
ISBN 3-7995-6456-X
NE: GT

© 1992 by Jan Thorbecke Verlag GmbH & Co., Sigmaringen
Alle Rechte vorbehalten. Ohne schriftliche Genehmigung des Verlages ist es nicht gestattet, das Werk unter Verwendung mechanischer, elektronischer und anderer Systeme in irgendeiner Weise zu verarbeiten und zu verbreiten. Insbesondere vorbehalten sind die Rechte der Vervielfältigung – auch von Teilen des Werkes – auf photomechanischem oder ähnlichem Wege, der tontechnischen Wiedergabe, des Vortrags, der Funk- und Fernsehsendung, der Speicherung in Datenverarbeitungsanlagen, der Übersetzung und der literarischen oder anderweitigen Bearbeitung.

Dieses Buch ist aus säurefreiem Papier hergestellt und entspricht den Frankfurter Forderungen zur Verwendung alterungsbeständiger Papiere für die Buchherstellung.

Gesamtherstellung:
M. Liehners Hofbuchdruckerei GmbH & Co. Verlagsanstalt, Sigmaringen
Printed in Germany · ISBN 3-7995-6456-X

Inhaltsverzeichnis

Vorwort 11
Einleitung 13

I: Ein Römer aus Schlesien (1915–1950)

1. Von Obernigk nach Trebnitz (1915 bis 1934) 17
   Obernigk: Die kurze Kindheit des Karl Johannes Bayer (17) – Prägende Jahre in Trebnitz (19) – Der Bund Neudeutschland (26)
2. Sieben Jahre im roten Talar (1934 bis 1940) 33
   Das Breslauer Semester (33) – Der Weg ins Germanikum (35) – Tremendum et fascinosum: Die Ewige Stadt (38) – Das Germanikum (39) – Zwischen Tradition und Selbstbehauptung (43)
3. Die Schatten der Zeit: Der Zweite Weltkrieg 55
   Einleitung (55) – Zwischen Bangen und Hoffen: Ein Krieg bahnt sich an (55) – Not und Tugend: Der Landser (59)
4. Die ersten Schritte zum Mann der Caritas (1945 bis 1949) 68
   Einleitung (68) – Der Weg nach Rom und die Wege in Rom (69) – Ivo Zeiger weist die Richtung: Hilfe für deutsche Kriegsgefangene (70) – Nachkriegshilfe für Deutschland und Deutsche: Mitarbeiter der Pontificia Opera di Assistenza (84)

Exkurs: Carlo Bayer und der »römische Weg« 95
   Der römische Weg (96) – Carlo Bayer und der römische Weg (100)

5. Die große Bewährung: Anno Santo 1950 106
   Ein vorläufiger Höhepunkt (106) – Das Anno Santo 1950 als das Jahr der »Großen Versöhnung« (106) – Die Rückkehr der Deutschen (109) – Deutsche Gründlichkeit und römische Elastizität: An der Spitze des Pilgerbüros (117) – Der römische Schlesier (120)

II: Pionier der Caritas Internationalis (1950–1970)

1. Die Geburt der Caritas Internationalis 125
   Die Frucht des Hl. Jahres 1950 (125) – Das Schreiben des Substituten Montini (127) – Die Statuten der »Internationalen Caritas Konferenz« (129) – Das Jahr 1951: Übergang und neue Horizonte (131) – Die Anerkennung der Statuten »ad experimentum« (135) – 12. bis 14. Dezember 1951: Die Caritas Internationalis wird geboren (136) – Reflexion zur Geburt der Caritas Internationalis (141)

2. Vom Assistenten zum Generalsekretär (1952–1955) 142
   Zur Methodik des Kapitels (142) – Ein Schreibtisch und viele Ideen (142) – Tätigkeitsberichte für die zweite und dritte Generalversammlung (145)

   Exkurs: Die Caritas-Frage »Wer ist mein Nächster?« im 20. Jahrhundert . . 154
   Hinführung (154) – »Wer ist mein Nächster?« im 20. Jahrhundert (155)

3. Zur richtigen Zeit am richtigen Ort: Reise nach Südamerika 158
   Der Eucharistische Weltkongreß in Brasilien und das alltägliche Elend (158) – In Südamerika (160) – Pionier der südamerikanischen Caritas (168)

4. Hilfe für scheiternde Revolutionäre: Die Ungarnhilfe 170
   Eine Revolution scheitert (170) – Die ersten Pressemeldungen und spontane Hilfe (171) – Die Gasthof-Aktion der Caritas (174) – Aspekte der Ungarn-Hilfe bis 1959 (176)

5. Am Vorabend des Zweiten Vatikanischen Konzils: Antwort versuche für eine sich wandelnde Welt 179
   Das Wachstum der C. I. als Bestätigung und Herausforderung (179) – Die friedlichen Feldzüge (182) – Am Vorabend des Konzils. Carlo Bayer skizziert die Lage (187)

6. Kirche im Aufbruch: Das Zweite Vatikanische Konzil 190
   Das konziliare »aggiornamento« (190) – Die ersten Früchte des Konzils: Der Blick zu den getrennten Brüdern (196) – Zusammenfassung: Das Konzil verwurzelt die Arbeit der C. I. und wirft erste Schatten (200)

7. Kontakte – Aufgaben – Ehrungen 202
   Carlo Bayer als Adoptivsohn von Wilhelmine und Heinrich Lübke (204) – Das Interimsrektorat im Collegio Teutonico (208) – In Amt und Würde: Titel, Auszeichnungen, Ehrungen (211)

8. Jugoslawien: »Wo der Name ›Bayer‹ Augen zum Leuchten brachte« . . 215
   Strukturelle Hilfe (215) – Projekte und Programme (217) – Dank an Bayer: Ehrenkanonikus in Maribor (220)

9. Die nachkonziliare Blüte der C. I. (1965 bis 1968) 224
   Schwerpunkte der Hilfe (224) – Personen, Räumlichkeiten, Finanzen: Ein Blick in das Innenleben des Generalsekretariats (231) – Überleitung (237)

10. Höhepunkt und Krise: Die Hilfsaktion für Biafra 237
    Hinführung (237) – Die Sezession Biafras. Eine Tragödie bahnt sich an (239) – Der dreifache Krieg gegen Biafra (249) – Der Kampf der Kirchen gegen den Hunger (257) – Die Hungerblockade als Herausforderung an die Menschlichkeit (262) – Wege der Hilfe: Größe und Grenzen (266) – Eine Frucht der Ökumene: Die Errichtung des Joint Church Aid (271) – Kompetenz, Ideen, langer Atem: Carlo Bayers Stellung innerhalb der JCA (279) – Tiefschläge. Caritas als Zielscheibe der Kritik (285) – Bausteine der Hilfe als Stolpersteine für die Helfer (292) – Bayers Sternstunde: Rettung

der Öltechniker (298) – Die letzten Monate der Hilfe und die Auflösung der JCA (306) – Betrachtung über einige moralische Aspekte der Luftbrücke (313)

III: Die ungewollte zweite Karriere (1970–1977)

1. Carlo Bayer wird gestürzt 319
   Zur Chronologie der Ereignisse (319) – Klare Fronten (322) – Keine Chance für Bayer: Juli bis Oktober 1970 (325) – Noch nicht genug? Vertreibung aus Rom (332) – »Die sprichwörtliche Undankbarkeit des Vatikans«. Reflexionen (336)

2. Der Aufbau des Europäischen Hilfsfonds 338
   »Mit Döpfners Hilfe«: Die Übergangsjahre 1970 und 1971 (338) – Die Gründung des Europäischen Hilfsfonds (339) – Januar 1972 bis Januar 1977: Die letzten Pionierjahre (342)

3. Die letzten zwei Schritte eines großen Lebens: 60. Geburtstag und früher Tod 354
   »Die Carlo-Bayer-Festwochen« (354) – An Gott und an Menschen Maß genommen: Ein Blick zurück (357) – Der frühe Tod (360) – »Und mehr als wir erwartet, hat er sich eingesetzt«: Nachrufe und Erinnerungen, Dank und Trauer (364) – Der würdige Abschied auf dem Campo Santo Teutonico (366)

Schlußbetrachtung: Fesseln der Geschichte und Freiheit des Charisma . . 369

Quellen- und Literaturverzeichnis 373

Namensregister 377

Zum Geleit

So spricht der Herr:
Wenn du der Unterdrückung bei dir ein Ende machst,
auf keinen mit dem Finger zeigst und niemand verleumdest,
dem Hungrigen dein Brot reichst
und den Darbenden satt machst,
dann geht im Dunkel ein Licht auf,
und deine Finsternis wird hell wie der Mittag.
Deine Leute bauen die uralten Trümmerstätten wieder auf,
die Grundmauern aus der Zeit vergangener Generationen stellst
du wieder her.
Man nennt dich den Maurer, der die Risse ausbessert,
den, der die Ruinen wieder bewohnbar macht.
(Jesaja, Kapitel 58)

Und über unsere Erwartung hinaus haben sie sich eingesetzt, zunächst für den Herrn, aber auch für uns, wie es Gottes Wille war.
(2. Korinther, Kapitel 8)

Vorwort

Seit 1988 erscheinen die Arbeiten zur schlesischen Kirchengeschichte als Publikationsforum der Kardinal-Bertram-Stipendiatsarbeiten. Im Auftrag des Kuratoriums des Kardinal-Bertram-Stipendiums gibt das Institut für ostdeutsche Kirchen- und Kulturgeschichte e. V., Sitz Regensburg, qualifizierte Ergebnisse der Stipendiatsarbeiten in dieser Reihe heraus. Umfangreichere Arbeiten, die zu Dissertationen ausgebaut wurden, erscheinen in der Institutsreihe »Forschungen und Quellen zur Kirchen- und Kulturgeschichte Ostdeutschlands«. Während sich Band 1 mit dem Diöcesanblatt für den Clerus der Fürstbischöflich Breslauer Diöces 1803–1820 (Andreas Miksa), Band 2 mit Schlesien als Vorort des Katholizismus. Katholikentage in Schlesien – Schlesier auf Katholikentagen 1848–1932 (Wolfgang Mohr), Band 3 mit schlesischen Priestern auf deutschen Universitätslehrstühlen seit 1945 (Johannes Gröger) und Band 5 mit dem Schicksal der schlesischen Männerklöster während des Dritten Reiches und in den Jahren 1945/46 (Siegmund Bulla) beschäftigt haben, kam mit Band 4 die qualifizierte Arbeit von Prof. DDr. Walter Dürig »Das Sequentiar des Breslauer Inkunabelmissales« in diese Reihe.

Mit dem vorliegenden Band 6 haben wir wieder eine Arbeit eines Kardinal-Bertram-Stipendiaten, des Herrn Kaplan Christian Heidrich, aufgenommen, der sich in den Jahren 1986 bis 1990 mit »Carlo Bayer, ein Römer aus Schlesien und Pionier der Caritas Internatonalis« beschäftigt hat. Der 1915 in Niederschlesien geborene und aufgewachsene Karl Johannes Bayer, der aktiv im Bund Neudeutschland tätig war, studierte von 1934 bis 1940 als Alumnus des Collegium Germanicum-Hungaricum in Rom und lernte dort die »Ewige Stadt« kennen und lieben. Nach seiner Soldatenzeit verschrieb er sich der Arbeit der Caritas und kehrte als Mitarbeiter der Pontificia Opera di Assistenza nach Rom zurück. In den Jahren 1950 bis 1970 war er der große Pionier der Caritas Internationalis. Seine umfangreiche Arbeit hat Christian Heidrich vorzüglich aus den Quellen erhoben und dargestellt. Auch dessen Schwierigkeiten nach der Hilfsaktion für Biafra und schließlich seine »Vertreibung« aus Rom werden sachlich geschildert. Der Aufbau des Europäischen Hilfsfonds mit Hilfe Julius Kardinal Döpfners wird anhand der Unterlagen des Europäischen Hilfsfonds in Wien gründlich erforscht und erstmals publiziert. Der frühe Tod von Carlo Bayer 1977 und die Rückkehr des toten »Römers« zum Begräbnis auf dem Campo Santo Teutonico unweit des Kollegs, in dem der Schlesier so lange Wohnung genommen hatte, ist entsprechend gewürdigt worden. Carlo ‚Bayer, ein barocker Schlesier, geprägt vom römischen Milieu, hat die deutsche Kirche in den vielfachen internationalen

Hilfsaktionen des Vatikans würdig repräsentiert und mit seinen vielfältigen Verbindungen die Opferfreudigkeit der deutschen Katholiken für die Weltkirche aktiviert.

Der Autor, Christian Heidrich, wurde 1960 in Reigersfeld in Oberschlesien geboren. Er ging dort zur Volksschule und kam 1973 als Spätaussiedler nach Deutschland, wo er in Wörth und Oppenheim das Gymnasium besuchte. 1981 nach dem Abitur begann er an der Johannes-Gutenberg-Universität Mainz mit dem Studium der osteuropäischen Geschichte und Slawistik, und ab Sommersemester 1982 studierte er Katholische Theologie. Nach Studienaufenthalten in München und Paris legte er 1986 das Theologische Diplom in Mainz ab und wurde 1987 zum Priester geweiht. Während seiner Kaplanszeit in Worms und Darmstadt konnte er die vorliegende Untersuchung mit Unterstützung des Instituts für ostdeutsche Kirchen- und Kulturgeschichte erstellen.

Christian Heidrich ist es gelungen, ein facettenreiches Bild dieses großen Sohnes Schlesiens und seines Engagements für die Weltkirche darzustellen, wofür ihm herzlich gedankt sei.

Paul Mai

Prälat Carlo Bayer

Einleitung

Sehr schnell vergeht der Ruhm der Welt! Dieser einfachen und doch erschrekkenden Erkenntnis müssen sich nicht nur die Päpste beugen, denen nach einer alten Zeremonie diese Worte bei ihrer Investitur ins Gedächtnis gerufen wurden. Diese Weisheit gilt um so mehr für Menschen, die nicht ein höchstes Amt in der Politik oder in der Kirche innehatten. In welchem Maß gilt das für Carlo Bayer, einen der Pioniere der weltweit operierenden caritativen Arbeit der katholischen Kirche nach dem Zweiten Weltkrieg?

Sein Name ist in keinem Lexikon zu finden, weder in einem kleinen noch in einem großen. Dem Augenschein nach können nur Spezialisten mit Bayers Namen etwas anfangen; Vatikankenner, einige Journalisten, Kirchenhierarchen. »Da war doch etwas mit Biafra!« – so wissen Journalisten auf eine entsprechende Anfrage meistens zu antworten. Ein versierter Kirchenhistoriker weiß vielleicht noch vom Pilgerbüro im Anno Santo 1950 zu berichten, einer ungewöhnlich erfolgreichen Betreuung von 100 000 Deutschen, die sich fünf Jahre nach Kriegsende nach Rom begaben – als friedliche Pilger!

Genau diese wenigen Fakten sind es auch, die bei einer Nachforschung in Zeitungsarchiven zutage treten. Carlo Bayer ist an mehreren Stellen in Deutschlands Nachrichtenmagazin Nr. 1 vertreten, natürlich im Zusammenhang der Biafra-Hilfe und der darauf folgenden diplomatischen Querelen, aber auch schon in den Jahren 1949 und 1950 im Zusammenhang der Pilgerbetreuung. Deutschlands renommierteste Tageszeitung, die Frankfurter Allgemeine Zeitung, verbreitete im Todesjahr Bayers einen kleinen, wenn auch sehr wohlwollenden Nachruf. Darüberhinaus jedoch schweigen auch die größten Archive.

Und jetzt ein »dickes Buch über Bayer« – ist das nicht ein übertriebenes Unterfangen?

Es gibt zumindest drei Gründe, die eine ausführliche Darstellung unserer Thematik rechtfertigen. Das Nachgehen der Spuren Carlo Bayers stellt uns eine ungewöhnliche Lebensgeschichte vor Augen; die Lebensgeschichte eines Mannes, dessen Leben inmitten der Wirren des Ersten Weltkrieges im niederschlesischen Obernigk unter äußerlich denkbar schlechten Umständen einen Anfang nahm und der sich konsekutiv von Rom und von Wien aus am Aufbau zweier bedeutender internationaler Caritas-Werke beteiligte, ja zu ihrer führenden Persönlichkeit wurde. Das Nachgehen der Spuren Bayers bringt uns zugleich mit wichtigen Abschnitten der Profan- und der Kirchengeschichte der Neuzeit in Verbindung. Ihr Radius umfaßt hierbei so verschiedenartige Gebiete wie die Betreuung der deutschen Kriegsgefangenen in Italien, den Aufbau von nationalen Caritas-Organisationen in Südamerika oder die Grundlegung der ökumenischen Praxis im Gefolge des Zweiten Vatikanischen Konzils. Die Verschränkung der persönlichen Lebensgeschichte Bayers mit den Widerfahrnissen der Zeitgeschichte kann beinahe den Schlüssel und den Leitfaden unserer Arbeit bilden. Die Fesseln der Geschichte und das persönliche Charisma, die Bürde der Tradition und der Wille zur Selbstbehauptung – das sind Stichworte, die in jedem Abschnitt dieser Biographie ausgesprochen wie unausgesprochen gefunden werden können.

Noch ein dritter Grund trägt zur Rechtfertigung unseres Unterfangens bei. Er hat es mit einigen umstrittenen Punkten in Bayers Biographie zu tun. Diese Punkte sollen geklärt werden, ja, um mit offenen Karten zu spielen: das Unrecht, das ihm durch seinen Sturz als Generalsekretär der von ihm wesentlich mitgeprägten »Caritas Internationalis« und die Vertreibung aus Rom zugefügt wurde, soll systematisch aufgearbeitet werden. In diesem Sinne kann unsere Arbeit als apologetisch verstanden werden; sie soll zur Wahrheitsfindung beitragen. Bei den so gesteckten Zielen ist die Frage nach den Quellen legitim, auf die sich unsere Darstellung stützen kann. Diese Frage wird mehrfach im Verlauf der Arbeit im engen Bezug zur jeweiligen Thematik angegangen. Freilich sei hier auf die Bemerkung eines römischen Prälaten verwiesen, der bei der anfänglich schwierigen Suche die Antwort parat hatte: »Was nicht in den Akten steht, das existiert nicht.« Auf die wie auch immer gearteten »Akten« war der Verfasser glücklicherweise nicht angewiesen; diese Arbeit wäre sonst kaum entstanden. Neben vielen Geprächen stützt sich unsere Darstellung auf die unmittelbare Auswertung von Archivmaterialien und Originaldokumenten, insbesondere auch auf die umfangreiche Korrespondenz und die Dokumentationen Bayers selbst. Zeitgeschichtliche Publikationen Dritter werden somit nur als Umrahmung hinzugezogen, die wesentlichen Punkte werden den Originalquellen entnommen oder Werken, die der Öffentlichkeit nicht ohne weiteres zugänglich sind. So trägt unsere Arbeit – der Thematik angemessen – auch etwas Pionierhaftes an sich; die Darstellung von Ereignissen und Biographien, von Konflikten und Widerfahrnissen, die bis jetzt noch keine zusammenhängende Beschreibung gefunden haben, die es jedoch wert sind, dargestellt zu werden.

Widmen möchte der Verfasser die Arbeit allen Mitarbeitern Carlo Bayers, die ihm in guten und schlechten Tagen die Treue hielten.

I.
EIN RÖMER AUS SCHLESIEN
(1915–1950)

1. Von Obernigk nach Trebnitz (1915 bis 1934)

Obernigk: Die kurze Kindheit des Karl Johannes Bayer

Einem Ort wie Obernigk in Niederschlesien, in dem Karl Johannes Bayer am 13. Februar 1915 geboren wurde, muß man sich behutsam nähern, will man ihn nicht von vorneherein als uninteressant und bedeutungslos abqualifizieren. Historisch stand er sicherlich im Schatten von Trebnitz, einem Städtchen, das schon durch sein berühmtes Grab der hl. Hedwig und durch das Mutterhaus der schlesischen Borromäerinnen eine herausgehobene Stellung in Schlesien einnahm. Und doch findet man auch bei einem historischen Streifzug durch Obernigk manche Besonderheit und manches Erwähnenswerte, ganz abgesehen von der Tatsache, daß der Ort der Kindheit für jeden Menschen, bewußt oder unbewußt, eine prägende Kraft besitzt. Obernigk, etwa zehn Kilometer von Trebnitz entfernt und schon 1305 urkundlich belegt[1], erlebte Anfang des 19. Jahrhunderts einen bis dahin ungeahnten Aufschwung. Diesen verdankte er einer Initiative des Grundherrn Carl Wolfgang Schaubert, der die klimatisch günstige Lage des Ortes auszunutzen suchte und 1835 die erste Badeanlage errichtete. Somit wurde der im Katzengebirge liegende Ort zu einem Kurort, wenn auch in einem relativ bescheidenen Rahmen. Vier große Sanatorien wurden nach und nach erbaut, und es gab Bemühungen, eine Anerkennung als »Bad Obernigk« zu erreichen, wenn auch vergeblich[2]. Die Stellung von Obernigk als ein Luftkurort verhalf jedoch vielen Einwohnern zu einem Arbeitsplatz. Die Anwesenheit von Städtern und Kurgästen trug zu einem gewissen Flair des Ortes bei; so besang Carl von Holtei, der wohl berühmteste Kurgast Obernigks, diesen Ort, in dem er zeitweise lebte und sich 1821 trauen ließ[3]. Im Jahre 1866 war es ein eher trauriger Grund, der zum Bekanntwerden des Ortes beitrug. In diesem Cholerajahr flüchteten viele Breslauer nach Obernigk, das zehn Jahre zuvor an das Eisenbahnnetz (Linie Breslau–Posen) angeschlossen worden war.

Für den inneren Zusammenhalt der Ortschaft, die in den dreißiger Jahren unseres Jahrhunderts etwa 4000 Einwohner zählte, hatten die beiden christlichen

---

1 Vgl. die Übersicht im: Handbuch der Historischen Stätten – Schlesien, 367. Weitere Literatur: H. BANKE, Geschichte der evangelischen Kirchengemeinde Obernigk; G. P. ROSE, Aus der Obernigker Chronik.
2 Vgl. ROSE, ebd. 8.
3 Aus den vielen Werken Holteis (* 1798 † 1880) sind insbesondere seine autobiographischen Schriften »Vierzig Jahre« (1843–1850) und »Noch ein Jahr Schlesien« (1864), von kulturgeschichtlicher Bedeutung.

Gemeinden eine große Bedeutung. Zahlenmäßig war die evangelische Gemeinde größer, die auf viele wertvolle und den Ort prägende Traditionen zurückblicken konnte. Ihre Geschichte wurde 1935 vom Pastor Hugo Banke aufgezeichnet, der von 1903 bis 1931 der Gemeinde vorstand[4]. Die kleinere katholische Gemeinde hatte jedoch durch ihr reges liturgisches Leben und die reiche Entfaltung des Kirchenjahres einen Einfluß auf das öffentliche Leben Obernigks, der weit über ihre numerische Größe herausragte. Seit Anfang des Jahrhunderts hatte die Gemeinde im Erzpriester Georg Schirmeisen einen bedeutenden Seelsorger. Er wurde 1880 im schlesischen Liegnitz geboren und empfing an seinem 25. Geburtstag in Breslau die Priesterweihe. Bald darauf übernahm er die Seelsorge in der Obernigker Gemeinde, die kirchenrechtlich den Status einer Kuratie besaß. Schirmeisen sollte bis zu seiner Vertreibung im Juni 1945 über 40 Jahre hindurch die Gemeinde betreuen. Dies tat er auch nach Aussagen der Protestanten in Gläubigkeit, Fleiß und Korrektheit. Ein äußeres Zeichen der Anerkennung seiner Tätigkeit war die Ernennung zum »Erzpriester« seitens seiner Breslauer Vorgesetzten[5].

In diesem Ort, wo beide Kirchen »im Dorf« standen, wurde Karl Johannes Bayer mitten in den Jahren des Ersten Weltkrieges, am 13. Februar 1915, geboren. Das Faktum des Krieges hatte für sein Leben eine tiefe Bedeutung, da sein Vater, Karl Bayer, im Jahre 1917 in den Karpaten fiel. So ergab es sich, daß sein einziger Sohn ihn nie bewußt erleben konnte und als Halbwaise aufwuchs. Nur weniges wissen wir über ihn, der einer Arbeit als Streckenarbeiter bei der Reichsbahn nachging und nach Aussagen des Geistlichen Direktors des Trebnitzer Klosters, Erich Herrmann, einer »eifrigen Konvertitenfamilie« entstammte[6]. In der sehr regen Korrespondenz mit seiner Mutter, die Karl Bayer aus Rom führte, erwähnte er seinen Vater nur sporadisch und häufig nur, um mitzuteilen, daß er an den Todestag gedacht habe und seines Vaters im Gebet gedachte. So spielte der Vater – den äußeren Umständen entsprechend – im Leben Karl Bayers kaum eine Rolle[7].

Der Tod des Vaters brachte allerdings eine tiefgreifende Änderung in das Leben der Familie Bayer. Abgesehen davon, daß Karl zeitlebens ohne Geschwister blieb, mußte seine Mutter, Pauline Bayer, die Sorge um die Ernährung der Familie nun

---

4 Vgl. Anmerkung 1.
5 Bisher liegen nur wenige Materialien über G. Schirmeisen vor: ein Zeitungsartikel anläßlich seines Todes und eine Anzahl von Erinnerungsbildchen (so anläßlich seines Silbernen Priesterjubiläums am 23.6.1930).
6 E. Herrmann verfaßte im Eintrittsjahr Karls in das Germanikum ein »Sittenzeugnis« (Juni 1934) mit einigen familiären Angaben.
7 Karl Bayer erhielt den Vornamen nach dem Vater. Freilich drückte er öfter seine Freude darüber aus, daß sein Vorname auch der Vorname des Ahnvaters der Schlesischen Borromäerinnen, Karl Borromäus, war.

selbst tragen⁸. Sie ließ sich zur Krankenpflegerin ausbilden und erhielt eine Anstellung in zwei Obernigker Sanatorien, in der Heilanstalt Dr. Sprengel und in der Lewaldschen Kuranstalt. Obwohl sie selbst eine schwache Konstitution hatte und an Asthma litt, übernahm sie diese Stellen, die mit häufigem Nachtdienst verbunden waren. Geistlicher Direktor Herrmann sprach sich später sehr lobend über den kirchlich-caritativen Einsatz Pauline Bayers aus: sie sei wegen ihrer nimmermüden Hilfsbereitschaft im ganzen Ort geschätzt, und das »bei Katholiken und Andersgläubigen«⁹. Dieses Urteil gründete sich neben einer allgemeinen religiösen Einschätzung¹⁰ auf die Tätigkeit Pauline Bayers im Caritasapostolat und als Gemeindehelferin.

In den Obernigker Jahren fanden sich noch weitere Personen, die die Mutter bei der Erziehung ihres Sohnes in den schweren Jahren nach dem Tod des Gatten unterstützten. Bedeutend war insbesondere die Tatsache, daß Karl schon in den ersten Schuljahren eine enge Verbindung zum Obernigker Pfarrhaus bekam, und dies sowohl zum Pfarrer Schirmeisen als auch zu seiner Haushälterin Martha Stiller. So war es nicht verwunderlich, daß Karl noch vor seiner ersten hl. Kommunion den Dienst eines Ministranten übernahm. Im Jahre 1924 konnte Pfarrer Schirmeisen Karls Mutter davon überzeugen, daß es für ihren Sohn einen besonderen Weg geben könnte, um ihm eine solide Erziehung und Schulbildung zu garantieren. Auch dieser Weg führte über mehrere Geistliche Häuser.

Prägende Jahre in Trebnitz

Mit dem Jahre 1924 verbindet sich ein tiefer Einschnitt im Leben des neunjährigen Volksschülers Karl Bayer. Karl, als »hochbegabt« angesehen¹¹, wurde nach dem Osterfest in das zehn Kilometer entfernte Trebnitz gebracht, wo er seine Schulbildung vertiefen sollte.

Trebnitz, das ist in der damaligen Zeit nicht eine Kleinstadt unter vielen anderen, sondern ein allen Schlesiern bekannter Begriff für ihre tiefreichende Verbindung mit der deutschen Geschichte, ja mit einem Stück großer Politik und Kirchengeschichte¹². Den Namen der hl. Hedwig kennt dort jedes Kind und auch ihre Grabstätte, das einzige Heiligengrab in Schlesien. Es war auch die hl. Hedwig, die 1202 ihren Gatten Heinrich I. bat, ein Frauenkloster zu stiften.

---

8 Geb. 14. 6. 1877 in Kiefernrode/OS (als Pauline Wieloch), gest. 8. 12. 1953 in Ratzenried im Allgäu (nach einer Odyssee als Heimatvertriebene).
9 Vgl. E. HERRMANN, Sittenzeugnis.
10 Die tiefe Gläubigkeit der Mutter läßt sich in der Korrespondenz, die sie 1934–1953 mit ihrem Sohn führte, eindrucksvoll nachweisen.
11 Vgl. E. HERRMANN, Sittenzeugnis.
12 Einen ersten Überblick bietet das Handbuch der Historischen Stätten – Schlesien, 542–544.

Diese Stiftung, die Heinrich reich ausstattete und mit Zisterzienserinnen aus Bamberg besetzte, wurde zum ersten Frauenkloster in Schlesien.

Wie wechselhaft und verworren die Geschichte von Trebnitz und seinem Kloster in den folgenden Jahrhunderten auch war, welche Spuren die Säkularisation im 19. Jahrhundert auch hinterließ – das Vermächtnis der hl. Hedwig wurde stets wachgehalten und prägte tief die Geschichte und die Kultur dieses Städtchens[13]. Das Klostergebäude, das nach der Säkularisation zeitweise als Fabrik dienen mußte, erwarben 1870 die schlesischen Malteser, und im Jahre 1899 siedelten sich die schlesischen Borromäerinnen an, die hier ihr Generalmutterhaus errichteten. Als Karl Bayer in Trebnitz ankam, wurde er in die Obhut dieses Ordens gegeben, der dort ein Waisenhaus für Knaben unterhielt. Es gab in Trebnitz mehrere Schülerpensionen, die von Privatleuten geführt wurden, doch bahnte Pfarrer Schirmeisen seinem Zögling den Weg in das von Schwestern geführte Haus. Ob für den Obernigker Ortspfarrer schon damals der Gedanke einer geistlichen Berufung Karls anklang, darüber läßt sich nur spekulieren, abwegig ist diese Vorstellung sicherlich nicht.

In Trebnitz besuchte Karl noch ein Jahr die Volksschule, dann wechselte er über in das Reformrealgymnasium. Durch die Vermittlung des Kriegsfürsorgeamtes erhielt er dort eine »Freistelle«[14].

Das Gymnasium

»Nach einem Jahr Volksschule in Trebnitz kam ich durch Vermittlung des Kriegsfürsorgeamtes auf das hiesige Gymnasium und erhielt eine Freistelle«, schrieb Karl Bayer 1934 in der Beschreibung seines »Bildungsganges«, die er vor Beginn seines römischen Studiums verfaßte. Das »hiesige Gymnasium« war eine Institution mit dem komplizierten Namen »Reformrealgymnasium Trebnitz in Schlesien«, und dieser Name deutete schon an, daß es kein klassisches humanistisches Gymnasium war. Es war ein neugegründetes Aufbaugymnasium, das im Jahre 1925 nur bis zum sogenannten »Einjährigen« (Untersekunda) führte und erst nach und nach bis zur Abiturstufe aufgestockt wurde. Für Karl Bayer sollte es später nachteilig sein, daß seine Trebnitzer Lehranstalt nicht primär die klassischen Sprachen Griechisch und Latein anbot, sondern mit Englisch und Französisch anfing und Latein erst ab der Untersekunda in den Fächerkanon aufnahm. So mußte der Theologiestudent Bayer in den ersten Semestern seine Kenntnisse in den alten Sprachen nachholen und vertiefen.

Diesem Nachteil standen jedoch mannigfache Vorteile gegenüber, die sich mit dem Stichwort »offene Atmosphäre« umschreiben lassen. Das Gymnasium folgte dem damals noch neuen Prinzip der Koedukation, das heißt, die rund 300

---

13 Vgl. die interessante Übersicht von H. JOACHIM, Chronik der Stadt Trebnitz.
14 Angabe Bayers in: Mein Bildungsgang.

Schüler bestanden sowohl aus Mädchen als auch aus Jungen, die gemeinsam unterrichtet wurden. Auch wenn diese Form nicht primär die Folge einer generellen Reformbereitschaft war, sondern eine Lösung, die sich aus der Anzahl der Schüler ergab[15], so war dies ein Charakteristikum, das die Atmosphäre der Schule prägte. »Das Verhältnis zwischen Lehrern und Schülern war bei aller Autorität ungezwungen«, schrieb ein Mitschüler Karl Bayers[16], und diese Aussage ist keine verklärende Reminiszenz, sondern gut begründet. In die Trebnitzer Lehranstalt haben mannigfaltige Früchte der offenen geistigen Atmosphäre der »zwanziger Jahre« Eingang gefunden. Die Jugendbewegung griff tief in das schulische Leben ein, und es konnte sich eine Reihe von damals aufgekommenen Gruppierungen etablieren. So waren in Bayers Klasse sowohl eine »Freischar-« und eine »Scharnhorstgruppe« als auch der Bund »Neudeutschland« und ein Bibelkreis vertreten[17]. In den Jahren bis zur Machtergreifung durch die Nationalsozialisten war das Verhältnis dieser Gruppen untereinander durch Toleranz und einen fairen Wettbewerb bestimmt. Auch die Konfessionsfrage spielte kaum eine Rolle, obwohl sich die katholischen Schüler in einer deutlichen Minderheit befanden. Aus der Jugendbewegung wurden verstärkt Ideen für außerschulische Aktivitäten übernommen. »Mehrtägige Fahrten in die weitere Umgebung, in die weiten Wälder des Kreises Militsch oder in das Grenzgebiet bei Groß-Wartenberg, mit Zelten, Fahrrädern oder in Jugendherbergen als Standquartier, waren in jedem Jahr selbstverständlich.«[18] Hinzu kamen ein Chor, ein Schulorchester und eine Reihe von Arbeitsgemeinschaften, die nicht nur nach Leistung Ausschau hielten, sondern auch den Gedanken der Gemeinschaft betonten[19]. Das Urteil ist berechtigt, daß neben den religiösen Zentren das Gymnasium die zweite Einrichtung darstellte, die das Kulturleben in Trebnitz am nachhaltigsten prägte.

Der Gymnasiast

»Ich habe die Erinnerung, daß ich mich dort manchmal etwas einsam fühlte«, gestand Bayer einmal ein[20], und hier spielte die Erinnerung an die Entwurzelung eine Rolle, die er als neunjähriges Kind empfand, als er sein Elternhaus verlassen mußte, um sich in einer neuartigen schulischen und häuslichen Situation einzurichten. Der Wegzug von Obernigk tat weh, und doch ging Karl Bayer bald in

15 Brief von E. Eichberg an den Verf.: »Getrennte Gymnasien für Jungen und Mädchen hätten nicht gefüllt werden können.«
16 Ebd.
17 Angaben ebd. und Brief von W. Seidel an den Verf.
18 Brief E. Eichberg.
19 Auf einem erhaltenen Photo wird dies exemplarisch deutlich: Die »mathematische Arbeitsgemeinschaft« der Untertertia, zu der auch Karl Bayer gehörte, sitzt beim Kaffee in der Wohnung des Klassenlehrers Dr. Kuhn (Photo von F. Stricker).
20 BAYER, Mein Bildungsgang.

die Offensive. Durch außergewöhnliche schulische Leistungen versuchte er einen festen Stand zu gewinnen, was ihm auch rasch gelang. Vom zweiten Gymnasiumsjahr an übernahm er gemeinsam mit einem anderen Schüler die Position des Klassenersten, wobei es Bayer auch half, daß er durch seine ausgezeichneten sportlichen Leistungen nie das Klischee eines verkopften Primus aufkommen ließ[21]. Die Obertertia bedeutete für seine Gymnasiumsjahre einen wichtigen Einschnitt; nicht nur, daß er seine starken Interessen für die Hauptfächer Deutsch und Mathematik entwickelte – Karl war Teilnehmer der außerschulischen mathematischen Arbeitsgemeinschaft des Klassenlehrers Dr. Kuhn –, er wurde sich nach seinen eigenen Worten auch über seinen künftigen Beruf, das Priestertum, klar, »insoweit das in diesem Alter schon möglich ist«[22].

In dieser Zeit entwickelte er auch seine Gabe, kritisch, also unterscheidend, zu denken. Eine Tatsache, die sich an seinen Aktivitäten im Fach Deutsch aufzeigen läßt. Karl Bayer las sehr viel, doch seine Auswahl war nicht immer deckungsgleich mit dem schulischen Literaturkanon. Im Gegenteil! In seinem »Bildungsgang« betonte er, daß die Schule sein Bedürfnis nach Literatur nicht befriedigen konnte. Er erwähnte hierbei den Klassiker Goethe. Zwar konnte er den »Chor der Schmiede« aus Goethes »Pandorra« nach einmaligem Hören fast auswendig, doch konnte er andererseits mit »Dichtung und Wahrheit« nichts anfangen. Dieses Werk las er »mit größter Überwindung« und nur, »weil es verlangt wurde«. Bayer suchte in den Jahren vor dem Abitur nach Männern mit einer »kraftvollen Sprache« und fand sie in den Arbeiterdichtern. Er schätzte insbesondere den Autodidakten und Schriftsteller Heinrich Lersch (*1889 †1936), in dessen Werk die Umwälzungen der damaligen Zeit im Mittelpunkt standen: das Leid des Volkes im Kriege und die Welt der Arbeiter in der Epoche der Industrialisierung. Lersch behandelte diese Themen expressionistisch, und sein Werk stellte eine damals progressive Richtung der Literatur dar. Die Gruppe der Arbeiterdichter zog Bayer zuerst durch ihre »Gewalt der Sprache« an, später lenkte sie seinen Blick auf die politisch-sozialen Probleme, die in dieser Dichtung aufgearbeitet wurden.

In diesem Zusammenhang steht auch die »Jahresarbeit« Bayers zum Thema »Die Klassengesellschaft und ihre Überwindung durch den ständischen Aufbau«[23]. Hier spielte die Sozialenzyklika »Quadragesimo anno« von Papst Pius XI. (1931) eine Rolle, mit der sich Bayer intensiv befaßte und die ihm eine neue Welt erschloß. Interessanterweise erwähnte Geistlicher Direktor Herr-

---

21 Nach Angaben des Mitschülers F. Stricker konkurrierte Karl mit einem Schüler namens Hoffmann um die Stellung des Primus. Die sportlichen Leistungen belegt z.B. eine Urkunde aus dem Jahre 1933 über Bayers 100 Meter-Lauf in 11,2 Sekunden.
22 BAYER, Mein Bildungsgang.
23 Bayer erwähnte sie genauso wie Erich Herrmann in dem Zeugnis für den Eintritt ins Germanikum.

mann, der auch Bayers Religionslehrer war, daß der Gymnasiast die Ideen der katholischen Soziallehre mit den Maßnahmen der nationalsozialistischen Regierung verglich und herausarbeitete, daß die NS-Ideologen vieles aus dem katholischen Gedankengut übernommen haben. Hier zeigen sich erste Spuren, die auf eine frühe Affinität Bayers zur Problematik des Sozialen hinweisen. Seine Auseinandersetzung mit den Ideen der katholischen Soziallehre und die Aufnahme des Gedankengutes der progressiven Arbeiterdichtung führten nicht zuletzt dazu, daß Karl Bayer seine Herkunft als Arbeitersohn nie vergaß. In den Briefen, die er später aus dem Germanikum schrieb, setzte sich dies nahtlos fort. Bayer staunte immer wieder über die Unempfindlichkeit weiter Schichten der sozialen Frage gegenüber und behielt schon als Germaniker das Bewußtsein, daß Dankbarkeit und Demut die angemessene Haltung seiner privilegierten Stellung gegenüber bilden.

In den Jahren ab 1929 identifizierte sich der Gymnasiast stark mit dem Bund Neudeutschland, der auch in Schlesien Fuß faßte und in dem Bayer in kürzester Zeit als einer der Pioniere eine führende Position einnahm. Die Pflichten, die für ihn aus dieser Position erwuchsen, waren mannigfaltig, und zusammen mit der intensiven schulischen Arbeit bildeten sie eine große Beanspruchung und Herausforderung. In den Augen des Abiturienten Bayer führte dies aber zuvorderst zu einer »ungeheuren Erweiterung« seines Horizontes in dieser Zeit. Erstaunlich wirkt ein Satz, in dem man das ganze Leben Bayers präfiguriert sieht. »Man glaubt nicht«, schrieb er 1934, »wieviel man an einem Tag vollbringen kann, wenn man mit der Uhr in der Hand nach genauer Tageseinteilung schafft.« Davon abgesehen, wünschte er sich zusätzlich noch »einen Tag mit 48 Stunden«, um all seinen Pflichten und Interessen nachgehen zu können[24]. Aus solchen Sätzen wird im Rückblick deutlich, wie prägend die Trebnitzer Jahre gewesen sind, wie schnell Bayers Charakter an Konturen gewinnen konnte. In der Schule und im Wohnheim der Borromäerinnen, durch seinen geistlichen Vater Erich Herrmann und durch die Betätigung im Bund Neudeutschland wurden entscheidende Weichen für Bayers zukünftigen Lebensstil gestellt; für seine Durchsetzungskraft und seine explosiven Energien.

Geistlicher Direktor Erich Herrmann

Zweifelsohne hatte Karl Bayer es dem Geistlichen Direktor des Mutterhauses der Borromäerinnen zu verdanken, daß ihn sein Weg nach dem Abitur sogleich in das römische Germanikum führte. Einer der Gewährsmänner des Germanikums für das Erzbistum Breslau, der bedeutende Pfarrer der Breslauer Caroluskirche Dr. Johannes Schmidt, brachte dies deutlich zum Ausdruck, als er selbst

---

24 BAYER, Mein Bildungsgang.

ein Zeugnis für den Abiturienten Bayer verfassen sollte[25]. Es wiegt in seinen Augen sehr viel, so äußerte er sich nach Rom, daß gerade Direktor Herrmann Bayer empfiehlt. Die Stelle, die Herrmann innehat, ist eine besondere Vertrauensstelle im Bistum, und darüberhinaus besitzt dieser das Charisma, in rechter Weise für den priesterlichen Nachwuchs zu sorgen[26].

Die Empfehlung Herrmanns für Karl Bayer, die im Jahre 1934 so klar ausfiel, war die Frucht einer fast zehnjährigen Verbindung, die sich in den ersten Jahren des Aufenthaltes Bayers im Waisenhaus der Borromäerinnen anbahnte und sich dann schnell vertiefte. Als Karl Bayer 1924 nach Trebnitz kam, war er bereits Ministrant, und diesen Dienst setzte er in seinem neuen Wohnort fort. So wurde Spiritual Herrmann auf ihn aufmerksam und griff mit dem ihm eigenen Charisma die Ansätze einer priesterlichen Berufung seines Ministranten auf. Dies entsprach einer alten katholischen Tradition, nach der sich jeder Priester bemühen solle, in seinem Leben mindestens einem jungen Mann auf dem Wege zum Priestertum beiseite zu stehen. Dieser Tradition folgend, setzte sich der Spiritual der Trebnitzer Schwestern intensiv für Karl Bayer ein.

Erich Herrmann, der selbst 1913 in Breslau zum Priester geweiht wurde, gab Karl sehr bald schon zusätzlichen Latein-, später auch Griechischunterricht. Im Wissen darüber, daß man im Theologiestudium mit Englisch- oder Französischkenntnissen nicht sehr weit kommt, versuchte er diesen Nachteil des Trebnitzer Gymnasiums auszugleichen. So lernte er im Laufe der Jahre seinen Ministranten immer mehr schätzen, er bemerkte seine überdurchschnittliche Energie, er erlebte Bayer als eine »Führernatur«, die sich insbesondere im Bund Neudeutschland verwirklichen konnte, er schätzte seine »treffenden Urteile«. Freilich merkte er auch an, daß – bei allen Energien und Talenten – sein Lieblingsschüler manchmal auch »über das Ziel hinausschießt«[27]. Auch das letzte Urteil des erfahrenen Seelsorgers erscheint als eine Präfiguration vieler späterer Ereignisse im Leben Karl Bayers. Die beeindruckende Fähigkeit, effizient und ideenreich zu arbeiten, barg die latente Gefahr in sich, allzu rasche Entscheidungen zu treffen und sich dabei nicht genügend abzusichern. Eine Seite des Charakters, die später den vatikanischen Prälaten, die das Wort Diplomatie immer nur in Majuskeln durchbuchstabieren, manche schlaflose Nacht bereiten sollte.

Das Feld, auf dem Spiritual Herrmann seinen Zögling besonders kennenlernte, war das Feld der Seelsorge. Er betonte ausdrücklich Bayers »regen Sakramentenempfang« mit einem fast täglichen Besuch der Heiligen Messe, abgesehen von einem wöchentlichen »Ausschlaf-Tag«. Karl war sein Beichtkind und sein treuer Ministrant, und so reifte in den Augen Herrmanns allmählich die Überzeugung,

---

25 Über Pfarrer Johannes Schmidt (* 1875 † 1947), der in Breslau als ein großes Original galt, gibt es einen aufschlußreichen Artikel in: Schlesische Priesterbilder Bd. 5, 113–118.
26 Zeugnis J. Schmidt vom 20. 5. 1934 an den Rektor des Germanikums.
27 Zeugnis Erich Herrmanns fürs Germanikum (Sittenzeugnis).

daß die Berufung zum geistlichen Amt »echt« ist. Die Konsequenz davon bilden die Aufenthalte im Pfarrhaus, der fortwährende Unterricht der alten Sprachen, die Aufforderung an Bayer, ihm bei der Seelsorgetätigkeit im Trebnitzer Gymnasium zu helfen[28]. So ist es nicht übertrieben zu sagen, daß, bei aller Liebe und Anhänglichkeit zu seiner Mutter[29], der Halbwaise Karl Bayer seine prägenden Erfahrungen der Sorge und der Umsicht zweier Pfarrhäuser verdankte. Zuerst dem Pfarrhaus in Obernigk, dann in einem besonderen Maße der Sorge des Geistlichen Direktors Erich Herrmann, der ihm durch seine exponierte Stellung im Bistum viele Perspektiven eröffnen konnte. Diese Tatsachen hat Bayer nie vergessen, und insbesondere in den Nachkriegsjahren konnte er seine Dankbarkeit in sehr konkreter Weise in die Tat umsetzen.

Der Abiturient und sein Studienwunsch

Die ehemaligen Mitschüler bezeichnen Karl Bayers Stellung in der Klasse wohl treffend als »dominierend, doch nicht beherrschend«[30]. Dieses Urteil stützt sich auf eine doppelte Beobachtung. Das Attribut »dominierend« bezieht sich auf die schulische Leistung Karls, der die Position des Klassenbesten mit einem Schüler namens Hoffmann teilte. Doch auch wenn er auffallend gute Leistungen erbrachte, so war seine Position nicht erdrückend. Schon das Gedankengut des Neudeutschland, dem er zum damaligen Zeitpunkt verpflichtet war, betont den tiefen Sinn der Kameradschaft und verurteilt jedes exzentrische, selbstherrliche Gebahren. Karls Engagement in diesem Bund, seine rege Teilnahme an Gruppenfahrten und Zeltlagern schärften seinen Blick für den Wert einer Ideengemeinschaft, für die Zusammenhänge und Strömungen innerhalb einer Gruppe, die auf solidarisches Verhalten des Einzelnen angewiesen ist. Hinzu kam das Gewicht seines wachen religiösen Lebens. Die vielen Gespräche mit dem Trebnitzer Spiritual, die Praxis des Glaubens innerhalb der Liturgie, der Alltag im Wohnheim der Borromäerinnen, diese Punkte ließen in ihm kaum das Gefühl aufkommen, daß seine Talente eine Eigenleistung darstellten, die ihn aus der Gruppenzugehörigkeit und ihrer Solidarverpflichtung entlassen würden.

So besaß Karl Bayer weit über das Abiturjahr 1934 hinaus eine angesehene Stellung unter seinen ehemaligen Klassenkameraden, die von gegenseitiger Sympathie getragen wurde. Ein Ausdruck dieser Sympathie wird später das Bemühen des vielbeschäftigten Caritas-Managers Bayer sein, an Klassentreffen der »Ehemaligen« teilzunehmen[31].

28 Ebd.
29 In seiner Trebnitzer Zeit besuchte Karl die Mutter regelmäßig sonntags. Im Winter legte er die 10 Kilometer lange Strecke auf Skiern zurück.
30 Brief E. Eichberg.
31 In den Jahren nach 1970, von Wien aus, war Bayer sogar maßgeblich an der Organisation dieser Treffen beteiligt, so z.B. im Jahre 1974 in München.

Im Februar 1934 fanden die schriftlichen Abiturprüfungen statt, einen Monat später dann die mündlichen. Überblickt man die Schülerzahl, die sich diesen Prüfungen unterzog, so finden wir eine aus der heutigen Sicht ungewöhnliche Konstellation vor: war Bayer in der Untersekunda Mitglied einer Klasse, die aus etwa 35 Schülerinnen und Schülern bestand, so blieben nach dem Abgang derer, die die Mittlere Reife anstrebten, in der Untersekunda noch 20 Schüler übrig. Die Abiturprüfung selbst bestanden dann 16 Schüler, davon 3 Mädchen. Unter den Abiturienten waren 8 Schüler evangelischer und 8 Schüler katholischer Konfession. Diese Parität ist für die Gesamtzusammensetzung der Schülerschaft untypisch, da der Anteil der Protestanten sonst bedeutend höher war als der Anteil der Katholiken[32].

Das Abiturzeugnis Karl Bayers, ausgestellt am 1. März 1934, erkannte ihm das Prädikat »mit Auszeichnung« zu, was faktisch einen »guten Zweier« bedeutete. Im Zeugnis überwog die Note »gut«. Ausnahmen bildeten die Fächer Latein und Religion mit einem »sehr gut« und Französisch mit einem »genügend«. Eigens vermerkt wurden die Jahresarbeit »Die Klassengesellschaft und ihre Überwindung durch den ständischen Aufbau« sowie der Besitz des »Deutschen Turn- und Sportabzeichens«. In sehr guter Erinnerung blieb seinen Mitschülern auch die Laudatio, die der frischgebackene Abiturient Bayer bei der Abiturfeier halten durfte. Die Wahl Bayers dafür war die Frucht des starken Interesses, das er im Fach Deutsch für Dichtung, Literatur und Rezitation an den Tag legte.

Mit dem 1. März war eine erste wichtige Periode im Leben Karl Bayers beendet. Jetzt galt es neue Ziele anzugehen. Im Abiturzeugnis wurde vermerkt: »Karl Bayer will katholische Theologie studieren.«

Der Bund Neudeutschland

Die These, daß man die Persönlichkeit Karl Bayers ohne die Kenntnisnahme seiner Aktivitäten im Bund Neudeutschland (ND) nicht beurteilen kann, ist nicht zu hoch gegriffen. In den fünf Jahren seiner aktiven Mitgliedschaft entwickelte er die meisten seiner Eigenschaften, die ihn später in seinem Beruf auszeichneten, die organisatorischen Stärken, die sein Charisma ausmachten. Diese Tatsache läßt es angemessen erscheinen, sein Engagement in dem Bund vor einem breiteren Hintergrund darzustellen und die hier erarbeiteten Kennzeichen auch weiterhin zu verfolgen.

---

32 Brief E. Eichberg.

Auf der Suche nach einem »Neuen Deutschland«
Das Ende des Ersten Weltkrieges war ein tiefer Einschnitt in der neueren deutschen Geschichte. Mit der militärischen Niederlage ging nicht zuletzt auch der preußische Obrigkeitsstaat unter, und die Deutschen waren gezwungen, sich selbst eine neue Ordnung und ein neues politisches System zu geben. Es galt, ein »Neues Deutschland« zu errichten. Es ist bekannt, wie dieser Versuch unter dem Stichwort Weimarer Republik vonstatten ging und in welcher Katastrophe er schließlich mündete. Ein Historiker jedoch, der die Zeit zwischen dem Ende des Ersten Weltkrieges und dem Jahre 1933 überschaut, wird sich davor hüten, monokausale Erklärungen zu suchen oder sein Augenmerk nur auf die politischsozialen Konflikte zu richten. Die Jahre der Weimarer Republik waren nicht zuletzt gekennzeichnet durch einen bedeutenden Umbruch im Geistesleben des Volkes. Die damals entstandenen Werke der Kunst und der Musik, der Literatur oder der Architektur geben uns einen beredten Einblick in den inneren Zustand dieser Republik. Ein besonderes Prägemal verliehen diesen Jahren auch die unterschiedlichen Strömungen, die unter dem Stichwort »Jugendbewegung« zusammengefaßt werden[33]. Gegen eine überdrehte, teilweise chaotische Stadtkultur wandten sich neuromantische Strömungen, die »Einfachheit« und »Wahrhaftigkeit« forderten. Die »natürlichen« Lebensgrundlagen sollten wiederentdeckt werden und als Quelle eines neuen Lebens dienen. Schon vor dem Kriege gab es hierzu Versuche in der Bewegung des »Wandervogels«, in dem Zusammenschluß zur »Freideutschen Jugend«, im katholischen »Quickborn« oder in evangelischen Bibelkreisen. Es ging darum, eine zeit- und jugendgemäße Lebensform zu finden, wobei die pointierte Formel das Wesentliche erfaßt, wenn sie die Jugendbewegung umschreibt als eine »antibürgerliche Bewegung bürgerlicher Jugend«[34]. Waren es doch primär Schüler der höheren Lehranstalten und Studenten, die an der Spitze dieser Bewegung standen. So entstand der Bund auch durch die Initiative von Jesuiten, die traditionell ihr Augenmerk auf Schüler- und Studentenseelsorge richteten. Sie sahen es als ihre Aufgabe an, die Anliegen der Jugendbewegung aufzufangen, diese aber mit einem spezifisch christlichen, katholischen Akzent zu versehen.
Im Juli 1919 entstand in einem ersten Ansatz ein »Schülerverband Neudeutschland«, der unter der Ägide von Pater Ludwig Esch stand. Die romantisierenden Ideale wurden in die Zielsetzungen aufgenommen: Wandern und Lagerfeuer, Nähe zur Natur und die Weckung eines umfassenden Gemeinschaftsgefühls. Dennoch blieb der Unterschied zu großen Teilen der Jugendbewegung durch eine eindeutige religiöse Ausrichtung gewahrt.

---

33 Vgl. eine grundsätzliche Begriffsbestimmung im Lexikon der deutschen Geschichte, hg. v. Gerhard TADDEY, 598f.
34 Ebd.

»Der ganze Mensch – der aber nur als Grundlage, nicht als Ziel, das wird uns scheiden von allen nicht katholischen Bünden. Wir Katholiken streben nach Höherem, als dem vollkommenen-natürlichen Menschen.«[35]

Diese Verbindung von Idealen der Jugendbewegung mit religiöser Erziehung läßt sich am »Hirschbergprogramm« aus dem Jahre 1923 verifizieren, das maßgebend für den Bund geworden ist. Das letzte Ziel ist immer ein religiöses geblieben und das kommt in dem berühmten Bundesmotto von der »Neuen Lebensgestaltung in Christus« prägnant zum Ausdruck. Dementsprechend war das Bundesabzeichen auch ein Christusabzeichen.

Das Leben im Bund

Dem Bund Neudeutschland ging es nicht um eine Vereinsmeierei, sondern um einen Lebensstil: jedes Mitglied sollte sich deshalb am Leben des Bundes aktiv beteiligen, die Ideale realisieren. Als Keimgruppen der Bewegung wurden die Ortsgruppen angesehen: Kleine »Fähnlein«-Gruppen mit fünf bis zehn Jungen, in denen eine Hierarchie dem Alter und den Leistungen entsprechend aufgebaut wurde. Man fing als »Wölfling« an und konnte später zu einem »Knappen« und sogar zu einem »Ritter« aufsteigen[36]. Das Alltagsleben der Ortsgruppen spielte sich in regelmäßigen Gruppenstunden ab. Den Höhepunkt des bündischen Lebens bildeten aber die großen Fahrten und Zeltlager, an denen ein bedeutender Teil der Mitglieder teilnahm. Es war ein Grundsatz der Neudeutschland-Arbeit, daß ein »richtiges Mitglied« regelmäßig an größeren Fahrten und Unternehmungen teilnimmt. Obwohl sich der Bund nie unter Preis verkaufte und bei aller Sympathie für die Jugendbewegung sich immer entschieden gegen einen religiösen Indifferentismus und Pluralismus aussprach, der sonst in der Jugendbewegung vielfach verwurzelt war, konnte er seine Mitgliederzahl stetig steigern. Anfang der dreißiger Jahre konnte er etwa ein Drittel der katholischen Schüler für sich einnehmen, die in 5 »Marken« und 39 »Gaue« eingeteilt waren[37]. Es stellte sich heraus, daß die prinzipiellen Richtungsangaben und die Pragmatik des Bundes eine Lücke füllen konnten. Die Ideen und Lebensformen der Jugendbewegung konnten eine große Anzahl von Schülern ergreifen und begeistern. Gleichzeitig aber stellten die Ideale des »gelebten Christentums« gerade für die

---

35 P. Theo Hoffmann in: L. Esch (Hg.), Normannstein, 15 f.
36 Im Kölner Archiv des ND befinden sich Dokumente, die die Richtlinien der Knappen- und Ritterprüfungen bezeichnen. So heißt es in den für die »Pfalz Breslau« aufgestellten Richtlinien (Breslau, November 1920): »Seit langem wird der Wunsch immer stärker im Bunde, daß nur solche Jungen das Abzeichen bekommen, die es verdienen...« Dementsprechend wurde eine Reihe von Bedingungen aufgestellt, die sowohl ein bewußtes ethisches Verhalten (Bund, Familie, Schule) als auch ein aktives religiöses Leben (Exerzitien, Kenntnisse im »Schott«) forderten.
37 Vgl. J. Zender, Neudeutschland, 208.

weitsichtigsten und aktivsten Jugendlichen eine Herausforderung dar, die sie annehmen wollten.

Die frühen dreißiger Jahre bildeten den Höhepunkt in der Entwicklung des Bundes. Doch fast unmittelbar mit der Übernahme der Macht durch die Nationalsozialisten kamen schwere Zeiten auf die Bewegung zu, die in Flugblättern und Denkschriften nie einen Hehl daraus machte, daß sich die Ideologie des Nationalsozialismus in keiner Weise mit den christlichen Prinzipien des Bundes in Einklang bringen läßt.

»Wir haben keine Lieblingsklasse und Lieblingsrasse: Unser Wollen geht auf das ganze Volk. Christ oder Antichrist, das ist der Sinn der heutigen Fronten. Unsere Entscheidung ist klar: entrollt die Banner Christi.«[38]

Nach einem berühmten Wort des damaligen Leiters des Bundes, Johannes Zender, durfte es somit kein »Paktieren« mit dem Nationalsozialismus geben. Trotz der Schikanen des Regimes, das die gesamte deutsche Jugend in der »Hitlerjugend« vereinigt wissen wollte, gab es zuerst noch einige Höhepunkte im Leben des Bundes Neudeutschland. Hierzu zählen die große Romfahrt aus Anlaß der Heiligsprechung von Don Bosco Ostern 1934 und die großen Tagungen in den Pfingstferien desselben Jahres. Allerdings war man zum damaligen Zeitpunkt peinlich genau bemüht, die religiöse Akzentuierung der Veranstaltungen zu betonen. Jede Überschneidung mit der Gedankenwelt der Nationalsozialisten sollte vermieden werden, um die neuen Herrscher nicht zu provozieren.

Bayer entdeckt die »große Welt«

Als sich Karl Bayer im Jahre 1929 in der Obertertia befand, spielte er mit dem Gedanken, sich der »Freischar« anzuschließen. Eine »glückliche Fügung«, so bemerkte er einmal, öffnete ihm jedoch den Weg in die Gemeinschaft des Neudeutschland. Mit fünf Jungen begann Karl in demselben Jahr in Trebnitz mit dem Aufbau einer eigenen Gruppe und bemühte sich, das Gruppenleben attraktiv zu gestalten. Insbesondere suchte er dem Grundsatz zu entsprechen, daß zum Leben im Bund große Fahrten und Zeltlager gehören, und war von Anfang an bei ihrer Organisation beteiligt. Als Untersekundaner nahm Bayer in den Pfingstferien 1930 am Zeltlager in Halbe bei Berlin teil, das rund 1000 Teilnehmer vereinigte. Im gleichen Jahr reiste er auch im Rahmen der Neudeutschland-Aktivitäten in die alte Kaiserstadt Wien, und dies war für ihn nach seinen eigenen Worten das erste Erlebnis der »großen Welt«[39]. Auf dieser Reise besuchte er auch Linz und Prag.

---

38 Wiedergegeben ebd. 218.
39 BAYER, Mein Bildungsgang.

Diese erste Berührung mit der »großen Welt« war der Auftakt zu einer Reihe von Fahrten, die Bayer im folgenden unternahm. Wie er in seinem »Bildungsgang« andeutete, machte er 1931 eine dreiwöchige Reise durch einige Städte Mitteldeutschlands und nahm wiederum zu Pfingsten an einem großen Zeltlager in Limburg teil. Hier, so betonte er, konnte er »erstmalig in einer größeren Gemeinschaft organisatorische Begabung zeigen«. Das Limburger Zeltlager führte ihn auch heran an die Leitung des Bundes. So freundete Bayer sich dort mit dem damaligen Leiter der »Ostmark« an, den er bereits im Februar 1932 bei einer Leitertagung in Düsseldorf vertrat. Auf der Reise dahin bekam er auch Gelegenheit, sich gründlich in der Reichshauptstadt Berlin umzusehen, sowie Köln mit seinem ehrwürdigen Dom zu besuchen.

Offensichtlich wurde in diesen frühen Jahren im Bund beim Gymnasiasten Karl Bayer eine Saite angeschlagen, die in seinem ganzen Leben nicht mehr verstummen sollte. Von da an war er von einer großen Reiseleidenschaft gepackt, von Neugier auf fremde Länder und Menschen, Kontinente und Sprachen. Sein weiterer Lebenslauf bot ihm dann in einer beinahe idealen Form Gelegenheit, diese Seite seines Charakters zu entfalten. Daß bei all dem Karl Bayer nie zu einem Überflieger ohne Bodenkontakt wurde, läßt sich auch schon an seiner Arbeit im Bund aufzeigen. Bei allen Höhepunkten, die für ihn die großen Reisen bildeten, vergaß er nie die mühevolle Arbeit des Alltags. Anhand einiger kleinerer Berichte, die Bayer in den Jahren 1931 bis 1933 in der Zeitschrift des Bundes »Leuchtturm« verfaßte, können wir dies aufzeigen. Hier ging es unmittelbar um das Gruppenleben in Trebnitz und in den Gauen der Ostmark, zu denen Trebnitz gehörte.

In einem Bericht aus dem Jahre 1931 verwies Bayer auf ein neues Gruppenheim in Trebnitz. Dieses konnte in den Räumlichkeiten der Trebnitzer Schwestern »rausgeschnurrt« werden und wurde am Fest der Apostel Peter und Paul eingeweiht. Der Gruppenraum hatte eine Ecke für die geistliche Besinnung, die der Bundeskönigin Maria gewidmet war, er hatte einen »Winkel«, in dem gespielt werden konnte und in dem eine kleine Bücherei im Entstehen war. »Was für ein pulsierendes Leben kommt gleich in die Gruppe. Alle Tage ist jemand da. Wir können uns das Gruppenleben gar nicht mehr anders vorstellen.«[40]

Die Arbeit des Bundes sparte die politisch-soziale Situation jener Zeit nicht aus. In einem »Leuchtturm«-Bericht über das »Niederschlesische Gauführertreffen in Breslau« im Jahre 1931 wurden stichwortartig die Überlegungen der Runde wiedergegeben:

»Breslau ist die ärmste unter den gleichgroßen Städten Deutschlands. Die meisten Unterstützungsempfänger. Auf dem Lande Bauernnot. Früher

---

40 Leuchtturm 24 (1931), 218. Dieser Kurzbericht in einer Übersicht über die Aktivitäten der Ostmark ist nicht von Bayer unterzeichnet, doch ist er höchstwahrscheinlich der Verfasser.

Weberelend, jetzt Stillstand der großen Werke. Arbeitslose. Wohnungslose. Die niedrigen Löhne für Grubenarbeit in Waldenburg. Geburtenrückgang, Tuberkulose, Grenzlandnot, Abwanderung aus katholischen Gebieten in die Diaspora...«[41]

In diesem Zusammenhang verwiesen die Gauleiter auf ein Projekt der schlesischen Gaue. Da im Herbst die Burg Frankenstein am Rande des schlesischen Eulengebirges für die Neudeutschland-Arbeit eingeweiht werden sollte, baten sie um finanzielle Unterstützung seitens des Gesamtbundes. Es waren 10000 Mark für Renovierungsarbeiten nötig, die von den schlesischen Gauen allein nicht aufgebracht werden konnten. »Der ganze Bund soll helfen, das wäre praktische Grenzlandhilfe.« Einige Monate später wurde das Thema noch einmal aufgegriffen:

»Die Burg Frankenstein ist eine der größten von Schlesien, in herrlicher Lage am Rande des Eulengebirges und mit einem prächtigen Ausblick nach dem nahen Reichensteiner, Warthaer und Glatzer Gebirge. Ein trautes Stück schlesischer Heimaterde... Nun ist der gewaltige quadratische Eingangsturm durch unseren Bund vom gegenwärtigen Besitzer, dem Grafen Deym, für 25 Jahre gepachtet worden. In ihm soll recht bald neues Leben einziehen. Ein neues Rittertum, das des echten Neudeutschen, soll diese alten, ehrwürdigen Räume in Besitz nehmen. Möchten recht bald die notwendigen Mittel zusammenkommen, damit der Ausbau zur Neudeutschen Gauburg für die Gaue Ober- und Niederschlesien erfolgen kann. In Verbindung mit dem Ostmarklager 1932 ist die feierliche Einweihung der ›Neudeutschen Burg Frankenstein‹ geplant.«[42]

In einer Ausgabe des »Leuchtturms« aus dem Jahre 1933 berichtete Karl Bayer unter dem Zeichen »kaba« in einem kleinen Artikel vom »Schlesierlager in Frankenstein«. »In den Pfingstferien wurden die Jungen der drei schlesischen Gaue (O–S, Sudeten- und Odergau) zur Burgweihe nach Frankenstein gerufen. Der Bundesleiter konnte die erste Neudeutsche Burg im Osten einweihen.« Die Ritter, die dort einzogen, sind nicht mit Lanze und Schwert bewaffnet, »sondern mit Laute und Fiedel, mit dem Christuszeichen auf der Brust.« Unter den Mauern der alten Burg bauten 600 Jungen eine Zeltstadt auf, die um ein gewaltiges Lagerkreuz gruppiert war. »Ein Stück Bundesgeschichte trat uns in Erinnerung: der alte Eichendorffgau, der einst alle schlesischen Jungen vereinte, die erste Teilung in Ober- und Niederschlesien, und dann die nochmalige Teilung von Niederschlesien. Und jeder Gau übertrifft jetzt zahlenmäßig bei weitem seinen ›Großvater‹, den alten Eichendorffgau.« Bayer hob hervor, daß

41 Ebd. 26.
42 Leuchtturm 25 (1932), 154f.

über zwei Tage hinweg der Bundesleiter Johannes Zender im Lager weilte und so die Aktivitäten der Schlesier kennenlernte. Eine weitere Besonderheit stellte die Möglichkeit dar, in einer Rundfunkübertragung über die schlesischen Sender das Gedankengut des Bundes darzustellen. Das alles waren außergewöhnliche Ereignisse, doch darüberhinaus gab es die traditionellen Aktivitäten mit heimatlichen und sportlichen Veranstaltungen, mit einem großen Geländespiel und einem Abschiedsabend auf dem Marktplatz von Frankenstein[43].

Im Zusammenhang dieses Artikels wird deutlich, daß Bayer in diesem Zeitraum der Berichterstatter für die gesamte Ostmark war. Er faßte die Aktivitäten der einzelnen Gaue in kurzen Berichten zusammen, so die Aktivitäten des »Adalbertus-«, des »Weichsel-« oder des »Grenzmarkgaues«[44]. Nach wenigen Jahren Zugehörigkeit zum Bund Neudeutschland liefen bei ihm die Fäden seines Bezirkes zusammen. Er machte nicht nur die »übliche Karriere« eines aktiven Mitglieds des Bundes – den Aufstieg vom Wölfling über den Knappen bis zum Ritter –, sondern wurde schließlich zum Leiter der gesamten Ostmark. Ein von Johannes Zender unterschriebener Ausweis wies ihn seit dem 1. Januar als Neudeutschen »Ostmarkleiter« aus.

Daß bei all diesen exponierten und erfolgreichen Aktivitäten des achtzehnjährigen Gymnasiasten die geistliche Dimension des Bundes nicht verloren ging, bewies ein Bericht vom Herbst 1933, der sich mit »Exerzitienferien« beschäftigte. Die wichtigsten Persönlichkeiten des Bundes waren damals an den Exerzitien im Osten Deutschlands beteiligt. Bundesleiter Zender hielt den »Jungritter-Kurs« in Cosel (Oberschlesien) für den Gau Oberschlesien. Pater Esch die »Jungritter-Exerzitien« für den Sudetengau in Mittelsteine. Karl Bayer merkte an:

> »Der Odergau hatte für seinen Anfangskurs ein fabelhaftes Schwesternkloster in Trebnitz (sic!) gefunden. Dort zog Pater Borucki, der Geistliche Gauführer, mit seinen Jungen ein, die die guten Schwestern gewiß nicht so bald wieder vergessen werden.«[44]

Fast 200 Jungen aus den schlesischen Gauen nahmen in den Herbstferien an Exerzitien teil. So blieb die für den Bund typische Verknüpfung auch in Schlesien gewahrt. Es ging nicht nur darum, den jungen Mitgliedern ein möglichst attraktives Programm anzubieten. Alle Aktivitäten sollten ein religiöses Fundament haben, damit sich die »neue Lebensgestaltung« wahrhaft »in Christus« vollziehen konnte.

Diesem »in Christus« dienten auch die großen Rom-Fahrten des Bundes. Karl Bayer nahm kurz nach seinem Abitur, Ostern 1934, an einer der größten Rom-Fahrten der Bundesgeschichte teil, die aus Anlaß der Heiligsprechung des

43 Ebd. 26 (1933), 122.
44 Ebd. 254.

Jugendseelsorgers Don Bosco durchgeführt wurde. Von wenigen Bemerkungen in späteren Briefen aus dem Germanikum abgesehen, haben wir von Karl Bayer selbst keine unmittelbaren Zeugnisse über diese Fahrt. Freilich lassen sich manche ausführlichen Berichte des »Leuchtturms« über diese Fahrt nachlesen und so die Spuren des Abiturienten und Ostmarkleiters Karl Bayer nachvollziehen, die ihn zum ersten Mal in die Ewige Stadt führten[45]. Es ist leicht vorstellbar, daß diese Fahrt für ihn einen tieferen Hintergrund besaß als für die meisten der übrigen Teilnehmer. War doch zu dieser Zeit Bayers Entscheidung, sich auf den Weg des Priestertums zu begeben, längst gefallen, und in Gesprächen mit seinem geistlichen Vater Erich Herrmann war schon damals die Möglichkeit erörtert worden, im römischen Germanikum Theologie zu studieren. So sah er das Außergewöhnliche und das Schöne dieser Fahrt, die über Freiburg und Mailand – hier besuchte die Gruppe das Grab des hl. Karl Borromäus! – führte, mit besonders wachen Augen an.

Nach diesem weiteren Höhepunkt seiner Neudeutschland-Aktivitäten sollte das unmittelbare Bundesleben aufgrund seines Studiums in Rom abrupt ein Ende finden. Auch wenn Bayer diese prägende Periode seines Lebens nie vergaß und oft an sie anknüpfte[46], so galt es jetzt, wie der Rektor des Germanikums im Mai 1934 in einem Brief an den zukünftigen Germaniker schrieb, Schritte auf das »große Ziel« zu tun – das Priestertum.

2. Sieben Jahre im roten Talar (1934 bis 1940)

»Es ist nicht die Aufgabe, in Rom Kenntnisse zu erwerben.
Kenntnisse vergessen sich und bleiben ein Bruchstück.
Du warst hergekommen, um eine Erweiterung deiner Seele
zu erfahren, die dir nie wieder verloren gehen kann.«
Werner Bergengruen

Das Breslauer Semester

Mit dem Abitur und mit der festen Vorstellung, Theologie zu studieren, war für Karl Bayer im Frühjahr 1934 das Trebnitzer Kapitel zu Ende. Die zehn Jahre in der Obhut der Borromäerinnen, die ereignisreiche Gymnasialzeit, die persönli-

---

45 Vgl. insbesondere den Bericht ebd. 28 (1935), 66–85.
46 In seiner Korrespondenz erwähnte Bayer oft und auch wehmütig »seine Jungs« aus der ehemaligen Trebnitzer Gruppe. Auch wird ihm die persönliche Verbindung mit Pater Esch in seiner Germanikum-Zeit überraschend eine Audienz beim Papst bescheren (vgl. das folgende Kapitel). Nach dem Krieg setzte Bayer seine Beziehungen ein, um dem ND bei der Organisation der ersten großen Treffen zu helfen.

che Verbindung zum Spiritual Erich Herrmann und seine große Leidenschaft für das bündische Leben des Neudeutschland schufen ein solides Fundament, auf dem er nun weitergehen konnte. Und dieses Fundament, das waren nicht nur das Schulwissen und die feste religiöse Grundlage, das waren auch seine Kommunikationsfähigkeit, sein Organisationstalent und seine offene Art, dem Leben zu begegnen.

Im Frühjahr 1934 fiel auch die große Entscheidung, die wohl primär auf den Einfluß des Geistlichen Direktors Herrmann zurückgeführt werden kann, daß es für seinen Lieblingsschüler einen anderen Weg geben sollte als das Studium an der Breslauer Friedrich-Wilhelms-Universität und das Wohnen im Fürstbischöflichen Theologischen Konvikt. Die auffallenden Begabungen Karls, aber auch das Unheil, das sich durch die Machtergreifung durch die Nationalsozialisten über Deutschland ausbreitete[47], ließen die Idee reifen, daß Karl Bayer in Rom, im Germanikum, seine theologischen Studien durchführen sollte. Diese Idee verfolgte Erich Herrmann seit Beginn des Jahres 1934 nach Kräften. Er führte Gespräche mit den Geistlichen, die als ehemalige Germaniker als Gewährsleute des Germanikums für das Erzbistum Breslau galten, er sprach bei Kardinal Bertram vor und regte Karl Bayer an, seine Bemühungen um Kenntnisse der alten Sprachen zu intensivieren.

Dies geschah jedoch nicht ohne Absicherung. Im Wissen, daß die Prozedur des Eintrittes ins Germanikum langwierig und der Erfolg des Vorhabens nicht von vorneherein sicher ist, meldete sich Karl Bayer unmittelbar nach dem Abitur an der Breslauer Universität an und wurde dort im Mai 1934 als Student der katholischen Theologie immatrikuliert. Im Nachhinein wissen wir, daß er nur ein einziges Semester in Breslau studiert hat, doch war dies beim Studienbeginn wohl nicht unbedingt absehbar.

Aus dem Studienbuch läßt sich ablesen, daß Bayer in dem Breslauer Sommersemester fünf Vorlesungen belegt hat. Eine Vorlesung über »Religiöse Volks- und Kirchenkunde« bei Felix Haase, eine »Erklärung des Johannes-Evangeliums« des Exegeten Friedrich Wilhelm Maier, ein fundamentaltheologisches Traktat über die Kirche bei Joseph Koch, eine Vorlesung aus dem Bereich der Kirchengeschichte der Neuzeit bei Franz Xaver Seppelt und eine Übersicht über »Staatstheorien« eines Dozenten namens Helfritz[48]. Es läßt sich mit guten Gründen bezweifeln, ob der Erstsemestler Bayer tatsächlich alle diese Vorlesungen intensiv gehört und verarbeitet hat. Dies hing vor allem mit der wichtigen Frage der alten Sprachen zusammen, die ihm von mehreren Seiten nahegelegt wurde und der er sich mit ganzer Kraft annahm. Es gelang ihm schließlich auch

---

47 Die Weitsicht Herrmanns bezüglich der NS-Herrscher wurde von mehreren Zeitgenossen bestätigt (so in Briefe an den Verf. von E. Eichberg und W. Seidel).
48 Wichtige Informationen über die Breslauer Theologische Fakultät bei E. KLEINEIDAM, Die katholisch-theologische Fakultät der Universität Breslau.

kurz vor der Abreise nach Rom eine Zusatzprüfung im Fach Latein am Matthias-Gymnasium in Breslau abzulegen und diese Prüfung wurde mit der Note »sehr gut« in sein Trebnitzer Abiturzeugnis eingetragen. So stand Latein im Vordergrund seiner Breslauer Studienmonate und weniger die Fragen der Theologie. In einem Brief an den Rektor des Germanikums erwähnt Bayer auch lediglich zwei der belegten Vorlesungen (die exegetische Vorlesung bei Professor Maier und die Kirchengeschichte bei Professor Seppelt), bedauert aber gleichzeitig, daß keine Einführungsvorlesungen in die Schriften des Alten und Neuen Testamentes angeboten wurden. Ob Karl Bayer etwas von den Konflikten mitbekam, die sich im Zusammenhang der Machtübernahme der Nationalsozialisten auch an der Theologischen Fakultät in Breslau abspielten, läßt sich schwer abschätzen[49]. Anhand des Studienbuches kann man feststellen, daß an der Universität einige martialische Formen des Nationalsozialismus Einzug gehalten hatten. So wurde im Studienbuch neben der Religion auch die »Stammeszugehörigkeit« abgefragt, es fanden sich Hinweise auf den »Arbeitsdienst« und auf den »Wehrsport«. Diese äußerlichen Zeichen sollten Vorboten von schlimmeren Jahren werden.

Mit dem Ende des Semesters meldete sich Karl Bayer wieder von der Breslauer Universität ab. Die Exmatrikulation am 28. Juli 1934 weist darauf hin, daß seine Bemühungen, in Rom studieren zu dürfen, auf einen erfolgreichen Abschluß zugingen.

Der Weg ins Germanikum

In Rom Theologie zu studieren, war zu allen Zeiten ein Privileg. Ein »Germaniker« zu sein und den berühmten »roten Talar« zu tragen, war schon immer die beste Grundlage, um in der Hierarchie der katholischen Kirche einen herausgehobenen Platz einzunehmen. Man braucht nur im Germanikum die lange Bildertafel derer zu betrachten, aus denen »etwas geworden« ist, um die Exklusivität dieser Institution zu begreifen. Dabei ist es keinesfalls so, daß in diesem Hause der Geist des Hochmuts oder der Elite kultiviert würde oder daß die begrenzten Plätze des Germanikums nur Sprößlingen höhergestellter Familien zugänglich wären. Seit der Gründergeneration des Ignatius von Loyola und Petrus Canisius sorgte die strenge Hausordnung dafür, daß Demut, Gehorsam, Frömmigkeit und Fleiß den Lebensstil der Germaniker prägten. Für Dünkel und Egozentrismen gab es in dieser ehrwürdigen Institution wenig Raum, und jeder eintretende Student unterwarf sich mit dem Eintritt einer ausgeklügelten und harten Hausordnung.

49 Zu erwähnen wäre hier die widerrechtliche Absetzung des großen Patrologen Berthold Altaner im Juni 1933 und der damit verbundene Streit um seinen Lehrstuhl. Im Gegenzug machte der Kirchenhistoriker Felix Haase als überzeugter Nationalsozialist von sich reden. Vgl. KLEINEIDAM, ebd. 115–119.

Der Eintritt in dieses Haus war zu keiner Zeit einfach, aber doch im Prinzip für die Mitglieder aller sozialen Schichten möglich. Es gab eine lange Erwartungsliste an den Kandidaten, und dieser mußte sich schon im Vorfeld des Eintrittes einigen Examina unterziehen und Empfehlungen vorlegen können, die von Heimatpriestern und Gewährsleuten des Germanikums ausgestellt wurden. Im folgenden soll der Weg Karl Bayers auch in dieser Beziehung nachgezeichnet werden.

Fragen – Zeugnisse – Wege

Während Karl Bayer in den Monaten Mai bis Juli 1934 offiziell als Student der Breslauer Theologischen Fakultät Vorlesungen hörte und seine Lateinkenntnisse vertiefte, hatte er zwischendurch eine Menge Arbeit zu bewältigen. Ein reger Briefwechsel mit dem Leiter des Germanikums, Pater Konstantin Noppel SJ, bahnte sich an[50]. Dieser verwies ihn auf die einzelnen Wege, die ein zukünftiger Germaniker vor seinem Eintritt zu bewältigen hatte.

Neben den selbstverständlichen Zeugnissen, einem ausführlichen Lebenslauf und den Empfehlungen seines Heimatpfarrers hatte er auch Gespräche mit sogenannten Gewährsleuten des Germanikums im Erzbistum Breslau zu führen. In seinem Falle handelte es sich um den damaligen Pfarrer der Carolus-Kirche, Dr. Johannes Schmidt, und den Breslauer Canonicus Dr. Paul Lukaszczyk, beide ehemalige Studenten des Germanikums.

Johannes Schmidt war in jener Zeit eine der bekanntesten Persönlichkeiten des Erzbistums. Als einflußreicher Pfarrer der Carolus-Kirche, der trotz aller Ehrentitel als »das größte Original unter den Breslauer Pfarrern zwischen den beiden Weltkriegen« galt, wog sein Urteil sowohl in Breslau als auch im Germanikum viel[51]. Im Mai 1934 führte er ein Gespräch mit Karl Bayer, dessen Ergebnisse er in einem Brief an Rektor Noppel sandte. In seinen Augen war es viel wert, daß Bayer vom Geistlichen Direktor Erich Herrmann empfohlen wurde, da dieser in der Frage des Priesternachwuchses ein besonderes Charisma besaß. Schon aus diesem Grund stellte die Wahl Bayers eine »gute Wahl« dar. Auch Domkanonikus Paul Lukaszczyk sprach brieflich von einem »sehr guten Eindruck«, den Bayer bei ihm hinterlassen hat; er sei fleißig und zielbewußt. Allerdings monierte er gleichzeitig die in seinen Augen nicht hinreichenden Kenntnisse des Lateinischen und des Griechischen. Dies machte für den zukünftigen Germaniker den Anfang in Rom nicht leicht[52].

Neben diesen persönlichen Zeugnissen und Empfehlungen mußte Bayer eine Reihe von offiziellen Personalbögen ausfüllen. So begab er sich am 4. Juni zu dem Trebnitzer Arzt Dr. Franz Winkler, um dort den Bogen »Ärztlicher

---

50 Die gesamte Korrespondenz mit dem Germanikum ist ohne Schwierigkeiten im Archiv des Hauses einsehbar.
51 Vgl. Schlesische Priesterbilder Bd. 5, 113–118.
52 Brief von Lukaszczyk an Noppel vom 6.6.1934.

Untersuchungsbericht« auszufüllen. Am selben Tag wurde durch den Canonicus Lukaszczyk das »Examen Candidatorum« des Germanikums vorgenommen. Dieser berühmte Bogen mit zwanzig Fragen in lateinischer Sprache fragte den Kandidaten nach seinen »legitimen Eltern«, nach der Ernsthaftigkeit der geistlichen Berufung, nach dem Bildungsgang und vielen anderen geistig-geistlichen Qualitäten.

Allem Anschein nach wurden diese Prozeduren zur Zufriedenheit des Leiters des Germanikums und auch des Erzbischöflichen Theologenkonvikts in Breslau erfüllt[53], und so wurden nun die restlichen Fragen angegangen, die die wichtigsten praktischen Probleme betrafen.

Nägel mit Köpfen

Nachdem der grundsätzliche Entscheid gefallen war, Bayer ins Germanikum aufzunehmen, bemühte sich Pater Noppel, die noch ausstehenden Fragen zu klären. Da nach seinen Worten in jeder Frage »Nägel mit Köpfen« gemacht werden sollten[54], wurde nicht zuletzt auch die Frage der Pensionskosten mehrfach angeschnitten. Die Vollpension im Germanikum betrug jährlich 6000 Lire, in besonderen Fällen konnte eine Ermäßigung bis zu 4000 Lire gewährt werden. Da klar war, daß Karl Bayer von seiten der Familie auf keine finanzielle Hilfe rechnen konnte und er selbst keine wie auch immer gearteten Einkünfte besaß, mußte dieses Problem auf einem anderen Weg gelöst werden.

Wieder war es der geistliche Vater Karls, der Trebnitzer Spiritual Erich Herrmann, der hier eine Lösung fand. Er wandte sich an das Schwesternhaus in Trebnitz, und dieses war bereit, die Kosten für den zukünftigen Germaniker zumindest in Form eines zinslosen Kredites zu übernehmen. Darüberhinaus brauchte Karl Bayer etwa 200 Reichsmark jährlich für seine persönlichen Auslagen, und wir werden im folgenden noch sehen, daß das Aufbringen dieser Summe für ihn eine fortwährende Schwierigkeit darstellte.

Ein eher unerwartetes Problem kam auf das Germanikum in diesem Zeitraum infolge der verschärften Devisenbestimmungen der neuen deutschen Herrscher zu. Der bewährte Weg über ein Augsburger Bankhaus bei der Überweisung der Pensionsbeträge konnte plötzlich nicht mehr benutzt werden, und man war genötigt, sich des komplizierteren – und leichter kontrollierbaren – Modus der Postanweisungen zu bedienen[55].

53 Kardinal Bertram selbst hatte schon am 28. April die Erlaubnis erteilt, daß Bayer sein Studium in Rom aufnehmen dürfe. Vgl. Brief des Fürstbischöflichen Theologischen Konviktes an Bayer vom 14.5.1934.
54 Brief Noppels vom 14.6.1934.
55 »Durch die Devisenschwierigkeiten können wir leider unsere Pensionsbeträge nicht mehr über das Bankhaus Götz – Augsburg einzahlen lassen, sondern sind im allgemeinen auf Postanweisungen angewiesen«. Brief Noppels vom 12.9.1934.

Andere Themen waren für Karl Bayer sicherlich interessanter als die leidige Kostenfrage. Pater Rektor griff einige Male das Thema »Neudeutschland« auf, da er den Enthusiasmus und das Engagement des zukünftigen Studenten auf diesem Felde bemerkte und vielleicht sogar als übertrieben ansah. So lobte er mehrfach die Aktivitäten Bayers, doch zugleich versuchte er sie auf die Zukunft hin zu öffnen. »Jetzt heißt es vor allem schon Schritte zum großen Ziel gefaßt«, schrieb er Ende Mai und in einem Brief vom 14. Juni bemerkte er noch ausdrücklicher:

> »Es ist wohl nicht notwendig, daß ich Dich noch eigens darauf hinweise, daß in unserer Gemeinschaft jeder in Reih und Glied einzutreten hat, ganz gleich, ob er vorher Mark- oder Gauführer oder stilles Mitglied irgend eines Konvikts gewesen ist. Man behauptet, daß dies hie und da auch Stammeshäuptern von ND Schwierigkeiten bereite. Ich hoffe, Du bist darüber klar was dies heißt und wirst uns darin keine Enttäuschung sein.«

Am 30. Juni konnte Pater Rektor dann endgültig eine erfreuliche Nachricht geben:

> »Als Erstem des neuen Jahrgangs schicke ich Dir anliegend die Aufnahme-Urkunde für unser Colleg. Möge Segen und Geist des Hl. Apostelfürsten Unterpfand sein, daß es zu Deinem und der Kirche Christi Heil ist. Mit herzlicher Freude heiße ich Dich im Kreise der roten Brüder willkommen. Du weißt, daß ich schon heute mein volles Vertrauen auf Dich in jeder Hinsicht gesetzt habe.«

Knapp vier Monate später, Ende Oktober, begab sich Karl Bayer mit dem Danziger Germaniker Alex Olbrisch auf die Reise nach Rom. Unmittelbar vor der Abfahrt wurde er von Kardinal Bertram empfangen, der ihm seinen Segen für die Zeit in Rom gab. Nach einer Übernachtung im Canisianum in Innsbruck am 25. Oktober kamen die beiden Reisegefährten am 30. Oktober in Rom an. So wurde Karl Bayer aus Obernigk ein »roter Bruder«.

Tremendum et fascinosum: Die Ewige Stadt

Rom, die Ewige Stadt, wie sie genannt wird, hatte schon immer mehrere Gesichter. Neben der fundamentalen Unterscheidung zwischen dem politischen, weltlichen Rom und dem kirchlichen Rom gab es schon immer einen bunten Zwischenraum, in dem man nie genau sagen konnte, was auf dem weltlichen und was auf dem geistlichen Konto verbucht wurde. Es gab Päpste, die die »Welt« in ihren schillerndsten Formen vertraten, und weltliche Fürsten, die ein heiligmäßiges Leben führten. So widersprüchlich wie die geschichtlichen Konstellationen waren auch die Meinungen über diese Stadt. »Hier ist die ganze Welt wie eine feurige Traube in den Kelch einer einzigen Stadt gepreßt«, schrieb einmal Gertrud von le Fort. Und die hl. Birigitta forderte die Menschen ihrer Zeit auf: »Geh nach Rom, wo der Weg zum Heil kürzer ist.« Der römische Volksmund sah dies zu Zeiten offensichtlich etwas anders und schuf das Bonmot: »Roma vissuta – fede perduta...«

Welche Meinung auch immer der Wahrheit über Rom näherkommt, für viele Menschen ist diese Stadt lebensprägend und lebensentscheidend geworden – auch für den Schlesier Karl Bayer. Das Fundament für die lebenslange Hinwendung ist in den sieben Jahren gelegt worden, die Karl Bayer als Alumnus des »Pontificium Collegium Germanicum et Hungaricum« verbracht hat. Zwar war es eine Reihe unvorhersehbarer zeitgeschichtlicher Umstände, die bewirkte, daß sich Karl Bayer nach den Germanikum-Jahren nicht im Breslauer Erzbistum der Seelsorgetätigkeit widmete[56], sondern bis zu seinem Lebensende in dieser Stadt wohnte. Doch ist diese Entscheidung für Rom mit zeitgeschichtlichen Faktoren allein nicht zu erklären. Nach dem Verlust seiner schlesischen Heimat hätte Karl Bayer in Deutschland, in München oder Köln, eine seinen Fähigkeiten gemäße Aufgabe übernehmen können. Daß er dies nicht tat, hängt mit der Faszination zusammen, die diese Stadt auf manche Menschen ausübt. Karl Bayer gehörte dazu.

Das Germanikum

Als Karl Bayer Ende Oktober 1934 mit seinem Danziger Reisegefährten im Germanikum ankam, mußte er die gleichen Wege gehen, die unzählige Germanikergenerationen vor ihm gegangen sind. Bei aller Faszination über die neue Umgebung und über die Tradition, zu der man jetzt einen unmittelbaren Zugang gewonnen hatte, war es doch zuerst die harte, ordensähnliche Hausordnung, die im Geiste des Gründers Ignatius von Loyola das Leben der Alumnen genau regelte, die den tiefsten Einschnitt darstellte. In unserem Zusammenhang ist es nicht notwendig, diese Hausordnung und das Leben der Germaniker detaillierter darzustellen. Eine solche umfassende Darstellung ist in dem liebenswerten Buch des Altgermanikers und ehemaligen Speyrer Bischofs Emanuel zu finden[57]. Wenn wir trotzdem in wenigen Punkten das Leben der Germaniker der dreißiger Jahre zu schildern versuchen, dann deshalb, um einen Hintergrund zu gewinnen, vor dem das Leben Karl Bayers in den Jahren 1934 bis 1940 aufleuchten kann.

Ein erster Blick auf die Hausordnung bringt eine nicht gelinde Rigorosität

---

56 Bei der Aufnahme ins Kolleg versprachen die Studenten, daß sie sich nach der Priesterweihe in die Heimat begeben und sich dem Bischof für die Seelsorge zur Verfügung stellen. Vgl. I. EMANUEL, ebd. 32.
57 Ebd. Die Darstellung dieses Buches kommt nahe an die Jahre heran, die Bayer im Germanikum verbrachte.

zum Vorschein. Das betrifft primär den Geist der Klausur, der in vielen Punkten eine mönchische Strenge erreichte. So wurden alle weiblichen Personen von den offiziellen Räumen ferngehalten. Dies führte man so konsequent durch, daß selbst beim Festmahl der Primizianten nur männliche Angehörige teilnehmen durften[58]. Auch das Verhältnis der Seminaristen untereinander sollte in ähnlichem Sinne geregelt werden.

»Jeder Germaniker hatte von Anfang an sein Einzelzimmer, dessen stille Reserviertheit durch die sogenannte ›Schwellenregel‹ gesichert war. Gespräche mit Mitalumnen mußten in aller Kürze an der Schwelle erledigt werden. Das Zimmer betreten durften nur die Vorgesetzten und die Alumnen, die eine amtliche Funktion hatten, wie die Präfekten, Bidellen und Duktoren.«[59]

In der Öffentlichkeit hingegen waren die Seminaristen sehr deutlich erkennbar. Sie trugen den berühmten »roten Talar«, der eng mit der Ursprungsgeschichte des Germanikums verbunden ist. In der Stiftungsbulle des Jahres 1552 ernannte Papst Julius III. sechs Kardinäle zu Protektoren des Kollegs, und diese bestimmten, daß die Alumnen die rote Farbe der Kardinäle tragen sollten. Diese auffallende Farbe führte dazu, daß die Germaniker im römischen Volksmund »fratti rossi« oder – weniger schmeichelhaft – »gambieri cotti« genannt wurden. Der rote Germanikertalar gehörte jedenfalls zum römischen Stadtbild, und zeitweise wurde er sogar vermißt[60].

Eine weitere Frucht des Geistes der Klausur war die strikte Trennung in zwei getrennte »Kammern«. In den ersten drei Jahren bildete die Philosophie den Schwerpunkt des Studiums, und der Alumnus gehörte der »Philosophen-Kammer« an, im zweiten Studienabschnitt, in dem die theologischen Kernfächer gelehrt wurden, war der Student Mitglied der »Theologen-Kammer«. Beide Kammern waren strikt voneinander getrennt. »Wenn ein Philosoph mit einem Theologen sprechen wollte oder umgekehrt, brauchte er die Erlaubnis von den Präfekten beider Kammern.«[61] Diese uns heute unverständliche Strenge läßt sich auf den Einfluß des mönchischen Ideals der Gründergeneration zurückführen, denn die Trennung erinnert stark an die Unterscheidung zwischen Novizen und Professen im Ordensleben. Ebenso rigoros betonte man den Punkt der Armut und der Askese. »Vor der Einkleidung mit dem roten Talar übergab jeder Kandidat seine ganze Barschaft dem P. Minister zu treuen Händen. Den Geldbeutel konnte man auf 7 Jahre einmotten wie seinen bisherigen Anzug.«[62]

58 Vgl. EMANUEL, 32 f.
59 Ebd. 33.
60 Vgl. ebd. 33 f.
61 Ebd. 34.
62 Ebd. 35.

Spartanisch war man auch in der Frage der Beheizung der Räume. In keinem der Zimmer stand ein Ofen, und als der einzige zulässige Heizkörper wurde die Sonne angesehen. Ein ehemaliger Alumne stellte hierzu fest: »Ich habe mein Lebtag nicht so viel gefroren, wie in diesem Land, wo die Zitronen blühen.«[63]

Schon diese wenigen Aspekte machen deutlich, daß das Privileg, ein Germaniker zu sein, für den Studenten nicht nur eine Würde, sondern zugleich auch eine große Bürde darstellte. Wie elitär der Ruf des Hauses nach außen auch schien, welche Chancen sich den Alumnen später boten, die Jahre im roten Talar zählten zu den härtesten Jahren des Lebens, voller Entbehrungen und Einschränkungen.

Auch ein kurzer Blick auf die Tagesordnung der Germaniker bestätigt dies. Der Tag, der um fünf Uhr in der Frühe seinen Anfang nahm, war durch häufige Gebetszeiten, langes Schweigen und ein ausgiebiges universitäres Studium geprägt. Diese Regeln wurden offiziell nie in Frage gestellt, und wer einmal doch nachhakte, vielleicht des vielen Schweigens überdrüssig, dem gab man das Nietzschewort zu bedenken: »Wer viel einst zu verkünden hat, schweigt viel in sich hinein. Wer wie ein Blitz zu zünden hat, muß lange – Wolke sein.«[64]

Wenn jedoch bei all den skizzierten Anforderungen und Härten die Germaniker ihr Haus und ihre Lebensweise mochten oder gar liebten[65], so hing dies wiederum mit mehreren Faktoren zusammen. Da war zunächst das gemeinsame Ziel, das alle Studenten verband. Im gläubigen Bewußtsein der Berufung zum Priesteramt Jesu Christi suchten die Alumnen eine sittliche und theologische Vervollkommnung. Auf dem Weg zum Ziel wurden manche Einschränkungen und Disziplinierungen wenn nicht schon alle eingesehen, so doch zumindest in Kauf genommen. Darüberhinaus bot das Kommunitätsleben im Germanikum eine Reihe von Privilegien und Chancen, die es zu ergreifen galt, um tatsächlich eine »Erweiterung der Seele zu erfahren, die nie wieder verloren gehen konnte« (nach Bergengruen).

Das betraf zunächst das Studium an der »Pontificia Universitas Gregoriana«. Die Germaniker führten ihre philosophischen und theologischen Studien an dieser internationalen päpstlichen Universität durch, deren Lehrstühle traditionell von den Jesuiten besetzt wurden. Und natürlich bemühte sich die Gesellschaft Jesu, ihre besten Köpfe an die Gregoriana zu schicken, die sich zwar im Prinzip an die damals vorherrschende neuscholastische Methode halten mußten, die aber im Rahmen des Möglichen in ihrer Mehrheit eine profilierte, manchmal auch eigensinnige Theologie vertraten[66]. Das internationale Professorenkollegium hielt die Vorlesungen in lateinischer Sprache und dies war schon der Zuhörerschaft wegen notwendig, die aus Studenten aller Herren Länder

---

63 Ebd. 37.
64 Ebd. 39.
65 Vgl. ebd. 40: »Und doch liebten wir das Kolleg wie unser zweites Vaterhaus.«
66 Vgl. die Übersicht ebd. 44–51.

bestand[67]. So war die Internationalität ein großer Pluspunkt des Studiums in Rom, die Alumnen konnten dadurch etwas von der Weite des christlichen Geistes mitbekommen, der sich über alle von Menschen errichteten Schranken hinwegsetzte. Daß dieses Ziel nicht nur ein frommes Wunschdenken oder eine leere Phrase war, konnten die Alumnen vor allem in den Zeiten der politischen Zuspitzung erfahren, so zum Beispiel nach der Katastrophe des Ersten Weltkrieges. Die Studenten der »verfeindeten« Länder kamen in der Gregoriana zusammen, um festzustellen, daß es noch andere, tiefere Ziele und Werte gibt als die hektischen Bewegungen der Tagespolitik und des Zeitgeistes[68].

Auch das Leben im Germanikum selbst brachte durch seine Nähe zum »päpstlichen Rom« Privilegien und Möglichkeiten, die in anderen Priesterseminaren nicht gegeben waren. Das betraf zunächst die liturgische Ausgestaltung des Kirchenjahres. Die Hochfeste des Herrn, aber auch die vielen Heiligenfeste bildeten den Mittelpunkt des Kolleglebens, und hier ist besonders die Möglichkeit hervorzuheben, an den einzelnen Festen der Heiligen die entsprechenden Kirchen zu besuchen. So feierte man die Apostelfürsten in ihren großen Basiliken, man gedachte der Märtyrer in ihren Katakomben, man besuchte die Gottesdienste der unzähligen römischen Ordensgemeinschaften an den Patronatstagen der Ordensgründer. In dieser Hinsicht waren die Möglichkeiten nahezu unerschöpflich, und viele eindrucksvolle Bräuche verbanden sich mit dem einzelnen Festtag[69].

Zu den Sonnenseiten des Germanikerlebens, die auch Karl Bayer sehr früh entdecken sollte, gehörte die Ferienvilla San Pastore, die, etwa dreißig Kilometer östlich von Rom gelegen, den Germanikern eine Bleibe für die heißen Sommermonate bot. Zwar war auch in dieser Zeit den Alumnen eine Tagesordnung vorgegeben, doch war sie in manchen Punkten gelockert und die Zeiten der Rekreation waren ausgedehnter. Vor allem waren es die Wanderungen und Wallfahrten, die man von San Pastore aus unternehmen konnte, die diese Wochen und Monate so angenehm erscheinen ließen. Nach den anstrengenden Semestermonaten schien es vielen Alumnen nicht übertrieben, von San Pastore als ihrem »paradiso« zu sprechen. Hier konnte ihr intellektuelles Leben in ein seltenes Gleichgewicht mit ihrer Spiritualität und einem tiefen Naturerlebnis kommen[70].

Diese Stichworte mögen genügen, um einen Hintergrund für die weitere

---

67 »Das bunte Bild der Hörerschaft der Gregoriana war schon damals imposant durch sein internationales Gepräge. Man mußte zum Völkerbund nach Genf gehen, um ein ähnliches Erlebnis zu finden.« Ebd. 48.
68 Vgl. ebd. 49.
69 Vgl. die Übersicht ebd. 60–87.
70 Vgl. ebd. 91–99.

Betrachtung der Jahre zu gewinnen, die Karl Bayer als »roter Bruder« im Germanikum verbracht hat. Auf den mehrfach angedeuteten Zusammenprall von Entbehrung und Privilegium wird hier besonders zu achten sein.

Zwischen Tradition und Selbstbehauptung

Im Eingangskapitel über die Obernigker und Trebnitzer Jahre wurde darauf verwiesen, daß es nach dem frühen Tod seines Vaters die Mutter war, die für Karl Bayer zu einer natürlichen Bezugsperson im Heimatort wurde. Auch wenn es die Trebnitzer Gymnasialjahre waren, die ihm seine entscheidende Prägung gaben, so blieb die Mutter bis zu ihrem Tode im Jahre 1953 ein wichtiger Ansprechpartner. Diese Tatsache läßt sich schon aus der umfangreichen Korrespondenz herauslesen, die Karl Bayer in den Jahren von 1934 bis 1953 mit der Mutter, die er nach schlesischem Brauch mit »Muttel« anredete, führte. Der Einsicht in diese Korrespondenz verdanken wir wichtige Erkenntnisse über einige Phasen in Bayers Leben, dies gilt insbesondere für seine sieben Jahre im roten Talar. Seit dem Eintritt ins Germanikum führte der neunzehnjährige Theologiestudent einen regen Briefwechsel mit seiner Mutter in Obernigk, in ihm kamen die wichtigsten Entscheidungen und Probleme seines Germaniker-Lebens zur Sprache. Im folgenden werden wir diese Korrespondenz auswerten, um Bayers Entwicklung in den römischen Studienjahren herauszuarbeiten[71]. Gemäß dem äußeren Aufbau des Studiums, wo klar unterschieden wird zwischen dem Philosophiestudium der ersten drei Jahre und dem anschließenden Studium der theologischen Kernfächer, soll auch dieses Kapitel unterteilt werden.

Die Zeit der 100 Thesen: Die Philosophenkammer

Unter der Nummer 1649 wurde Karl Bayer am 1. November 1934 in den Katalog der Mitglieder des »Pontificium Collegium Germanicum et Hungaricum« eingetragen[72]. Mit ihm traten im Studienjahr 1934/35 27 Mitbrüder in das Kolleg ein, von denen – wie fast in jedem Germaniker-Jahrgang »üblich« – einige später zu größeren Ehren in der Hierarchie der katholischen Kirche gelangen sollten[73].

Die ersten Monate bis zur Einkleidung in die roten Talare am Fest Allerheiligen dienten dem Einleben in die Ordnung des Hauses und der Orientierung an

---

71 Für unsere Zwecke ist es ein sehr günstiger Umstand, daß Karl Bayer den größten Teil dieser Korrespondenz maschinenschriftlich abgefaßt und einen Durchschlag aufbewahrt hat. So ist es meistens nicht notwendig aus den Antworten der Mutter Rückschlüsse zu ziehen, sondern man kann Bayers Briefe unmittelbar verwenden. Die gesamte Korrespondenz befindet sich augenblicklich im Privatbesitz.
72 So im »libellus inscriptionis« von Karl Bayer ausgestellt vom Germanikum am 1.11.1934.
73 So die späteren Bischöfe Jean Hengen (Luxemburg) und József Cserháti (Ungarn). Ein Jahr früher trat Julius Döpfner ins Germanikum ein.

der Gregoriana. Wichtig war es vor allem, sich an die lateinischen Vorlesungen an der Universität zu gewöhnen und die ersten Schritte in das Reich der Philosophie zu unternehmen. Fragen der Metaphysik und der Logik, der Ethik und der Psychologie standen von Anfang an auf dem Lehrplan, und in diesen Fächern wurden schon am Ende des ersten Studienjahres Prüfungen abgelegt. Dazu kamen gleichzeitig Kurse innerhalb des Germanikums, die sich in der ersten Zeit auf die italienische Sprache, auf den gregorianischen Gesang, aber auch schon auf Grundlagen der Rhetorik und der Rubrizistik konzentrierten[74]. Das alles kostete Kraft und nicht zufällig machte im Germanikum das Bonmot die Runde, daß die Germaniker »vielgeprüfte Menschen« seien. Insbesondere die letzten Monate vor den Sommerferien konnten Härten mit sich bringen:

»Früh um 5 Uhr haben wir im Zimmer schon 31 Grad gemessen. Tagsüber ist alles zu und ich arbeite bei elektrischem Licht, ohne Talar, bloß in der Badehose«, schrieb Bayer am 1. Juli 1935 nach Obernigk.

Doch auch diese Methode, so Bayer weiter, nützt nur bedingt, da man immer wieder zur Universität oder zum Essen aufbrechen muß. So muß man sich permanent umziehen und »kommt aus dem Schwitzen den ganzen Tag nicht heraus«. Ständig müßte man trinken, doch auch das ist in Rom nicht ungefährlich, da häufig Fälle von Typhuserkrankung vorkommen.

Schon aus diesen Zeilen wird deutlich, daß Karl Bayer schnell merken mußte, daß das Privileg, in Rom zu studieren und ein Germaniker zu sein, zuweilen mit großen Entbehrungen und Einschränkungen verbunden war. So war es nicht verwunderlich, daß er nach dem ersten anstrengenden Studienjahr, an dessen Ende eine ganze Reihe von Prüfungen stand[75], mit Ungeduld und Freude die Ferienmonate in der Villa San Pastore erwartete. Im ersten Jahr sollten auch diese Monate nicht ganz unbeschwert werden, da im Oktober eine Griechisch-Prüfung bevorstand.

Grundsätzlich ließ sich jedoch Karl Bayer gern in den Bann dieses »paradiso« der Germaniker hineinziehen. Wie er in seinen Briefen vermerkte, gehörte er häufig zu den sogenannten »exploratores«, die schon zwei Wochen vor dem Ansturm der restlichen Germaniker nach San Pastore fuhren, um die Villa nach den vielen unbewohnten Monaten wieder in Ordnung zu bringen. Schon bei seinem ersten Besuch nahm er mit anderen Seminaristen an Instandsetzungsarbeiten teil, an Ausbesserungsarbeiten einer alten römischen Wasserleitung. Und hier erlebte er eine Episode, die ihm denkwürdiger schien als manche Vorlesungsstunde.

Die Maurer, die bei den Instandsetzungsarbeiten federführend waren, brach-

---

[74] Angaben aus den Studienbüchern der Gregoriana und des Germanikums.
[75] Prüfungsfächer laut den Studienbüchern: Logica, Critica, Metaphysica generalis, Ethica. Psychologia experimentalis. Quaestiones scientificae cum philosophia coniunctae.

ten oft etwa fünfzehnjährige Knaben als Handlanger mit, und mit einem von diesen freundete sich Bayer an.

»Einer kommt immer Sonntag nach der Messe zu mir und dann lernen wir gemeinsam, er deutsch und ich italienisch. Er ist sehr schlau, lernt gut, leider aber sehr arm. Der Vater ist auch ein Maurer, und er muß arbeiten, weil der Vater die große Familie nicht allein durchbringen kann. So wird er keinen richtigen Beruf lernen können, nur Arbeiter bleiben. Wenn er aber mit dem Deutsch zu was kommt, kann ich vielleicht was machen, mal sehen. In solchen Fällen sehe ich wieder, wie ich eigentlich durch die Vorsehung geführt worden bin; denn an sich könnte ich jetzt auch irgendwo als Arbeiter dasitzen.«[76]

Diese Sätze des jungen Alumnus Bayer sind charakteristisch für eine Vielzahl ähnlicher Aussagen während der gesamten Studienzeit. Er war sich der Tatsache bewußt, daß es nicht nur seine Begabungen waren, die ihn nach Rom geführt hatten, sondern vor allem das Wirken dessen, der ihn zum Priesteramt berufen hat. In diesem gläubigen Bewußtsein wurde Bayer immer wieder von seiner Mutter bestärkt, die, bei allem Schmerz der Trennung von ihrem einzigen Kind, immer wieder den Blick auf die Größe und die Gnade der priesterlichen Berufung richtete. In diesem Sinne antwortete auch ihr Sohn:

»Bei allem Verzicht, den die Trennung uns immer wieder mal bewußt macht, schauen wir wohl weniger die Größe des Opfers als vielmehr die Gnade der Berufung, die der Heiland uns bis zum Ende geben möge. Damit Du mich noch als Priester am Altare sehen kannst. Was gäbe es Größeres und Schöneres als diese Bestätigung für Dein Opfer und meinen Weg! Und wie könnte ich auch alle meine schuldige Dankbarkeit Dir besser abstatten, als daß der Herr mich ganz ins Heiligtum aufnähme und darin aufbrauche.«[77]

Schon in den ersten Seminarjahren nahm Karl Bayer etwas von diesem »aufbrauchen« vorweg. Aus den Andeutungen der Briefe wird deutlich, wie oft er im Germanikum Dienste für die Kommunität übernahm. Diese umfaßten die »exploratores«-Tätigkeiten in San Pastore genauso wie die Übernahme des »Muftik«-Amtes, das einer Germanikum-Tradition entsprechend dazu diente, insbesondere in den Ferien für die Erheiterung der Kommunität zu sorgen[78]. In diese Richtung ging auch Bayers Funktion als »Theaterdirektor« im Jahre 1938 mit der Aufgabe, mit den neueingetretenen Alumnen ein Theaterstück einzu-

---

76 Brief an die Mutter vom 23. 8. 1935.
77 Ebd. vom 20. 1. 1936.
78 Vgl. Emanuel, 97f.

üben[79]. Noch typischer für Bayers Interessen war seine Mitarbeit im hauseigenen »Sozialwissenschaftlichen Seminar«. Hier versah Bayer den Dienst eines Sekretärs[80]. Diese Spur, das Interesse an sozialpolitischen Problemen, läßt sich noch öfters in Bayers Studentenleben verfolgen. Schon in der Trebnitzer Zeit sahen wir, daß er die »kraftvolle Sprache« der Arbeiterdichter den ätherischen Klassikern vorzog. Hinzu kam die intensive Auseinandersetzung mit der Sozialenzyklika »Quadragesimo anno«, über die er eine Jahresarbeit schrieb. In der Studienzeit beobachtete Bayer mit sehr kritischen Augen die sogenannte »soziale Frage«, nicht zuletzt wies er auch auf den Abgrund hin, der manchmal in der Christenheit die geschliffene Theorie von den harten Realitäten trennt. »Daß die Christen ein so verkümmertes soziales Empfinden haben, kann man nicht glauben, bis man es am eigenen Leibe erfahren hat«, schrieb er einmal nach Obernigk, als er von den Schwierigkeiten eines Bekannten im Berufsleben gehört hatte[81]. Bayer erwähnte öfters den Sozialethiker Carl Sonnenschein (1876–1929), der in jener Zeit ein Begriff für zeitgemäße, »moderne« Seelsorge war, für eine Großstadtseelsorge, die sich nicht von sozialen Schranken beeinflussen ließ. Und Karl Bayer wäre nicht er selbst, wenn er nur theoretisch nach Vorbildern suchen würde, ohne sich auch im praktischen Bereich anregen zu lassen. So war er während seines römischen Studiums permanent dabei, für Bekannte und Freunde, die die Ewige Stadt besuchten, eine preiswerte Unterkunft zu finden oder ihnen in Schwierigkeiten beizustehen, gleich ob es sich hierbei um schlesische Priester handelte, um ihm bekannte Familien oder um Freunde aus dem Bund Neudeutschland. Seinen Initiativen legten die Schranken der Hausordnung des Germanikums enge Grenzen an, auch wenn sich Bayer bemühte, alle Möglichkeiten auszuschöpfen.

Eine besondere Episode erlebte er in diesem Zusammenhang im Jahre 1938. Bayer lernte ein junges Ehepaar kennen, das von Rom weiter nach Sizilien wollte. Der Ehegatte erkrankte jedoch und mußte drei Wochen in der Klinik bleiben. Da das Paar »kein Wort Italienisch« konnte, kümmerte sich Karl Bayer um die Angelegenheit, besorgte einen Arzt und organisierte den Transport vom Hotel in die Klinik. Außerdem diente er der jungen Frau »zum Trost« als Stadtführer und zeigte ihr Rom. »Zwischendurch Vorlesungen. Da schaust Du, wie es so geht!«, bemerkte er zu seiner Mutter[82]. Für ihn waren solche Episoden

---

79 Dieses Theaterstück wurde zu einem großen Erfolg. Bayer durfte mit dem Pater Minister »zur Belohnung« einen ganzen Nachmittag ausreiten. Vgl. Brief an die Mutter vom 8.10.1938.
80 Angabe im Korrespondenzblatt des Collegium Germanicum et Hungaricum, 3. Heft, 44 Jahrgang (1935), 97: »Das sozialwissenschaftliche Seminar wählte H. Fieger zum Präsidenten und H. Bayer zum Sekretär.«
81 Vgl. Brief an die Mutter vom 10.10.1936.
82 Vgl. ebd. vom 28.3.1938.

eine willkommene Gelegenheit, um dem einengenden Seminarleben zu entfliehen, denn Karl Bayer gehörte nicht zu denen, die in den »100 Thesen« der Philosophie ihre volle Befriedigung fanden. Ihm fehlte der Ausgleich, den er in Trebnitz in dem aktiven Leben eines Neudeutschland-Leiters fand. Die Studienjahre, so stellte er einmal leicht verbittert fest, sind in Rom beileibe keine Wanderjahre; letztlich kann man sich hier sieben Jahre lang »nicht richtig rühren«[83]. So blieb es nicht aus, daß es auch zu ernsteren Krisen kam und Bayer alle seine Kräfte anstrengen mußte, um wieder »auf den Damm« zu kommen[84]. In sehr kritischen Worten stellte er im Mai 1935 die Erziehungsprinzipien des Germanikums seinen eigenen Vorstellungen von der Entwicklung des Menschen gegenüber. Sein ganzes bisheriges Leben war eine Entwicklung hin zum selbständigen und verantwortlichen Tun.

> »Nun ist das hier so ganz anders. Der Personenkern des Einzelnen ist so eingeengt, daß man kaum noch von ihm reden kann. Äußerlich drückt sich das alles natürlich auch aus, indem man nicht allein aus dem Haus kann, nie etwas tun kann, was einen nur selbst betrifft, weil man immer zwei Mann mitnehmen muß, usw. So ist es täglich neue Aufgabe, die eigene Haltung mit dem Geist des Hauses zu überprüfen. Viel einfacher wäre es ja, man hätte noch keine eigene Haltung, da läge man so als unbehauener Klotz noch für alles bereit...«[85]

In einem noch eindringlicheren Tone schilderte Bayer seine Nöte nach dem ersten Studienjahr einer ihm befreundeten Familie in Garmisch-Partenkirchen:

> »Als wir von unserer Villa wieder ins Semester kamen, hatte ich ja nun einmal einen ganzen Kurs Germanicum mitgemacht. Jetzt begann die Wiederholung all dessen, was im ersten Jahre neu an einen herantrat. Und das soll dann noch sechs mal so gehen. Dazu diese ungeheure Knochenmühle, die solch ein Jesuitenhaus eben darstellt. Dazu dieses dauernde Pochen – besonders hier in Rom – auf Tradition, Hergebrachtes, ausgefahrene Geleise! Die rein formale Auslegung und Anwendung aller Regeln und Vorschriften. Ich hatte (und habe) z. T. schlimme Wochen. Ich fühlte meine ganze Vitalität so ins Nichts versanden.«

Diese ehrlichen Sätze weisen auf einige wichtige Charakterzüge Bayers. Er war selbstlos bereit, Dienste für die Kommunität zu übernehmen, er war fähig, spontane und konkrete Hilfe zu leisten, doch bei all dem mußte er immer klar den Zweck seiner Unternehmungen erkennen. Mit vielen Traditionen und Regeln des Germanikums tat er sich aus diesem Grunde schwer. Nicht aus

83 Vgl. ebd. vom 1.9.1938.
84 Vgl. ebd. vom 22.5.1936.
85 Vgl. ebd. vom 16.8.1939.

Mangel an Disziplin, sondern aus seinem Verlangen nach Klarheit und Zweckmäßigkeit, die er in vielen Aspekten des Lebens im Germanikum nicht erkennen konnte. Man könnte zugespitzt formulieren, daß sein an der Jugendbewegung geformter Charakter, der nach Spontaneität und frischer Luft verlangte, allzu oft mit einem engen militärischen Geist konfrontiert wurde, der sich an mönchischen Idealen des Gründers Ignatius von Loyola und an den Methoden der Neuscholastik orientierte. Diese Konfrontation führe zwangsläufig zum Leid und inneren Nöten.

Bemerkenswerterweise waren es oft seine alten Bekannten aus dem Führungskreis des Neudeutschland, allen voran Prälat Zender, die ihm wieder halfen, »auf den Damm« zu kommen. Prälat Zender besuchte Karl Bayer mehrmals während der Germanikum-Zeit. Die Besuche waren für Bayer so wichtig, daß er schon einmal darauf verzichtete, mit den übrigen Studenten nach San Pastore zu fahren, um mit ihm einige Tage verbringen zu können. In Zender sah Bayer den großen Jugendseelsorger, der genau Bescheid wußte über die Lage der Heranwachsenden, »über ihr großes Wollen wie ihr Noch-nicht-Können«, und beide Faktoren wurden von Zender ernst genommen[86]. Der Leiter des Bundes war es auch, der Bayer in seiner Selbsteinschätzung bestärkte und ihm trotzdem neue Gesichtspunkte aufschließen konnte. Er stellte fest, daß die Schwierigkeiten Karls mit dem Geist des Hauses daher kamen, daß er duch seine biographischen Vorgaben sehr früh zu einer »stark ausgebildeten Selbständigkeit« kam. Er wurde »vom Leben unmittelbar geformt« und war gewohnt, Schwierigkeiten offensiv anzugehen und sie selbst zu lösen. Im Germanikum war das in dieser Weise nicht möglich, es stellte sich hingegen die Aufgabe, in dem Vorgegebenen die eigene Freiheit zu finden[87]. Die Gespräche mit Prälat Zender konnten manche Schwierigkeiten lösen, nicht zuletzt, weil Bayer ihm vieles sagen konnte, was er anderen Personen nie anvertraut hätte. So verinnerlichte er den Grundsatz, daß man es nur verstehen muß, »aus jeder Lage mit etwas Humor das Beste herauszuholen«, auch wenn dieser Humor oft nur ein bitterer sein konnte. Vor allem aber sollte man sich ständig das Ziel vor Augen halten und den »Blick auf das Ganze bewahren«[88].

Einer der außergewöhnlichen Blicke »aufs Ganze« kam wiederum durch die Vermittlung des Prälaten Zender zustande, der sich zu Ostern des Jahres 1936 bei seiner päpstlichen Audienz im Vatikan von Karl Bayer begleiten ließ. Nach Obernigk schrieb Karl:

---

86 Vgl. ebd.
87 Vgl. ebd. vom 4. 5. 1936.
88 Vgl. ebd. vom 23. 9. 1938. Ein Beispiel dieses »bitteren Humors« betraf die Schwellenregel: »Ich habe mir zwar im Zimmer eine gemütliche Ecke eingerichtet, doch wegen der Schwellenregel kann ich niemanden einladen außer mir selbst...« Ebd. vom 9. 12. 1936.

»Das größte Erlebnis aber – und zwar seit meinem Romaufenthalt überhaupt – war am Ostermontag. Prälat Zender hatte Privataudienz beim Hl. Vater und Cardinal Pacelli. Theo Schmitz, ich und noch einer haben ihn begleitet. Früh hatten wir die hl Messe am Petersgrab... und nachher zogen wir in den Vatikan. Für Prälat Zender war es natürlich schon ein großes Ereignis, die beiden höchsten Spitzen der Kirche zu sprechen; daß wir aber auch die Freude haben sollten, das ahnten wir beim Hinaufgehen noch nicht. Zunächst kam also das Warten in den verschiedensten Vorzimmern, wie das so überall geht bei den Empfängen. Als dann für Prälat Zender die Audienz bei Cardinal Pacelli war, sagte uns der Empfangschef so ganz von selbst, er würde uns am Ende der Audienz auch vorlassen. Wir wurden dann von Prälat Zender als ND-Führer vorgestellt. Alles war sehr herzlich und läßt sich im Übrigen eben nicht so beschreiben. Hernach Audienz beim Hl. Vater. Ähnlich, noch feierlicher. Als wir vor ihm knieten, gab er jedem ein Bild des leidenden Heilandes. Was diese Augenblicke Großes in sich hatten, konnte man dort gar nicht sofort fassen. Aber sie waren einmalig und für immer. Ich bin noch ganz erfüllt davon. Nicht so sehr von den Menschen als solchen, sondern vor allem die Kraft und die Größe des Stellvertreters Christi ist mir um vieles mehr wieder aufgegangen.«[89]

Betrachtet man diese skizzierten Aspekte der ersten Germanikum-Jahre Karl Bayers, so läßt sich das Wechselspiel zwischen dem Anspruch der Tradition und dem Drang zur Selbstbehauptung erkennen. Bayer fühlte sich nicht als ein »unbehauener Klotz ohne eigene Haltung«, sondern als eine selbständige Person, die sich nicht jedes Detail der Tagesordnung vorschreiben lassen mußte; einer Ordnung, die darüberhinaus nicht die Frucht einer selbstkritischen Reflexion war, sondern auf der vor allem das Gewicht der Tradition lag. Diesen Widerspruch zum Kern seiner Person empfand Karl Bayer in den ersten Jahren des Germanikums besonders kraß, da die Erinnerung an die kreativen Trebnitzer Jahre stark nachwirkte. Hinzu kamen die Studienschwerpunkte, die dem Begriff der »Philosophenkammer« entsprechend, sich weniger mit theologischen Aussagen befaßten als vielmehr mit aristotelischen Feinheiten und der scholastischen Rabulistik in Bezug auf die »Metaphysik« oder »Kosmologie«. So kommentierte Bayer in einem Brief nach Obernigk seine letzten Vorbereitungen auf das Abschlußexamen in Philosophie im Jahre 1937 eher ironisch:

»In den ersten Julitagen ist das große Abschlußexamen über die gesamte Philosophie... Zur Vorbereitung haben wir eine Zusammenstellung von sog. 100 Thesen, die gleichsam als Überschriften das gesamte Stoffgebiet

---

89 Ebd. vom 20. 4. 1936.

der Philosophie umfassen; umgerechnet heißt das, man muß sich sechs große Wälzer von etwa 400 Seiten in den Kopf kondensieren, um dann beim Examen mit mehr oder weniger Glück auf den rechten geistigen Knopf drücken zu können.«[90]

Es war die verschulte Form der Lehre und des Lernens, mit der sich Bayer nicht anfreunden konnte. Der extensive Lehrstoff, der in den genannten »Wälzern« komprimiert worden ist, bereitete auf ein schulisches Abfragen und nicht auf ein selbständiges Denken vor. »Allmählich habe ich den Schädel so mit Thesen voll, daß ich die schon nicht mehr unterscheiden kann« berichtete Bayer nach Obernigk. Doch er überwand im Sommer 1937 alle Hürden der 100 Thesen und nach seinem dreijährigen Philosophiestudium erhielt er im Oktober das Lizentiat in Philosophie. Der erste wichtige Studienabschnitt war vorbei.

Das große Ziel vor Augen: die Theologenkammer

Das Jahr 1937 brachte für Karl Bayer nicht nur den wichtigen Wechsel von der Philosophen- in die Theologenkammer, sondern auch ein langerhofftes Wiedersehen mit der schlesischen Heimat. Grundsätzlich nahm jeder Alumne, der sein Studium in Rom aufnahm, für sieben Jahre Abschied von seinem Heimatort und seinen Lieben. Wenn deshalb Bischof Emanuel in seinen Erinnerungen über die »Sieben Jahre im roten Talar« von der ernsten Sorge spricht, die ihn bei der Abfahrt nach Rom bewegte und die ihn fragen ließ, ob er seine schon älteren Eltern bei der Rückkunft noch lebend sehen werde, so war dies eine sehr wirklichkeitsnahe Sorge. Gleichzeitig war es jedoch ein offenes Geheimnis, daß es den Alumnen unter gewissen Umständen doch möglich war, einen Heimaturlaub zu bekommen, und der geeigneteste Zeitpunkt dafür war dann der Sommer nach dem dritten Studienjahr, also nach Ablegung des Philosophikums. In mehreren Briefen deutete Karl Bayer der Mutter an, daß auch er sich um einen Urlaub bemühen wird. Dies sei zwar keine einfache Angelegenheit, doch für den einzigen Sohn einer Witwe ist dies möglich. Und fast in demselben Satz wies er auf einen ihm wichtigen Umstand hin. Die Wochen in der Heimat, wenn es zu ihnen käme, würde er gerne in Abgeschiedenheit, mit der Mutter und sonst nur wenigen Bekannten, verbringen, am liebsten nicht einmal in Obernigk selbst, da er »nicht als Wunderkind durch die Straßen zu laufen gedenke«[91]. Bayer war sich im klaren, daß in der gutmeinenden, aber doch geschlossenen katholischen Welt von Obernigk sein Auftreten tatsächlich »Wunderkind«-Assoziationen hervorrufen würde. So erscheint dieser Wunsch, der äußerlich dem Charakter des äußerst kontaktfreudigen Bayer widersprach, aus der Perspektive des römischen Studenten verständlich.

90 Ebd. vom 3. 4. 1937.
91 Vgl. ebd. vom 3. 5. 1937.

Schließlich kam es auch zu dem so oft gewünschten Heimataufenthalt, über den wir leider keine genaueren Zeugnisse besitzen. Typisch für Bayer war allerdings, daß er diese Reise nicht auf dem kürzesten Weg durchführte. So kündigte er sich für den 23. Juli in Obernigk an, fügte jedoch hinzu, daß er vorher einige Tage bei einer befreundeten Familie in München verbringen würde[92]. Nach den ersten Jahren im Germanikum wurde die Urlaubsreise nach Deutschland für Bayer zu einem wichtigen Befreiungsschlag. In Rom fing für ihn mit dem Studienjahr 1937/38 die Zeit des eigentlichen Theologiestudiums an. Mehrmals brachte er seiner Mutter gegenüber zum Ausdruck, daß der Wechsel der Fakultäten für ihn einschneidend war. Das Studium kam ihm nun lebendiger vor und das große Ziel war greifbarer. Christus und seine Kirche standen im Mittelpunkt des Studiums und so bekamen die wissenschaftlichen Vorlesungen auch einen spirituellen Charakter. Die drei verbliebenen Jahre bis zur Priesterweihe bildeten für Bayer eine Analogie zu den drei Jahren, die die Apostel mit ihrem Herrn verbrachten. Drei Jahre waren sie bei Jesus »in die Schule gegangen«, dann wurden sie losgeschickt, um am Reiche Gottes mitzubauen[93]. Solche Überlegungen bildeten für Bayer spirituelle Impulse, die ihm ermöglichten, seinen Weg ruhiger als bisher zu gehen.

Was jedoch auch in den letzten Jahren nicht abriß, waren seine Sorgen, die sich auf die »Kleinigkeiten« des Alltags bezogen. Wie banal Wünsche nach »Zahnpasta, Tauchsieder, Abzweigstecker, Brotbeutel« oder auch »Hustenbonbons« klingen mögen, im Alltag machen sie einen kleinen und doch gewichtigen Unterschied. Dies immer vor dem Hintergrund, daß Karl Bayer während der gesamten Studienzeit äußerst dürftig mit Taschengeld ausgestattet war. In einem Brief sprach er von »20 Mark«, die er im Monat verbrauche. Da davon nicht nur die notwendigen Alltagsgegenstände bestritten werden mußten, sondern auch die Einschreibegebühren an der Universität, die Portokosten[94] und ähnliches mehr, schien die Summe allzu schnell zu verfließen. So ist Bayers große Freude zum Beispiel über einen Tauchsieder zu verstehen, der ihm im Alltag einen »ungeheuren Vorteil« brachte, so freute er sich über jedes Buch und über jede Ausgabe einer Zeitschrift, die er aus der Heimat erhielt. Neben seiner Mutter gab es einige Personen, die ihn während der Studienjahre mit Geld, Büchern und Gebrauchsgegenständen unterstützten. Es waren die Menschen, die ihm auf seinem bisherigen Lebensweg auch schon Hilfestellung geleistet hatten: Geistlicher Direktor Herrmann ebenso wie sein Obernigker Heimatpfarrer Schirmeisen und dessen Haushälterin Martha Stiller, Freunde vom Bund Neudeutsch-

---

92 Vgl. ebd. vom 26.6.1937.
93 Vgl. ebd. vom 11.11.1937.
94 Wie er mehrfach berichtete, war sein eifriges Briefschreiben im Germanikum negativ aufgefallen. An eine bekannte Familie schrieb Bayer: »Ich erledige eine Menge Post, habe deswegen sogar schon von ›höherer Seite‹ etwas zu hören bekommen...« (Undatiert).

land, seine Paten und andere Verwandte. Bayer benutzte meistens seine Geburts- und Namenstage, um seine Gönner um Gefälligkeiten zu bitten. Schalkhaft bat er häufig um Zusendung von Büchern und Zeitschriften:

>»Ich sende Dir auf jeden Fall mal die Titel, und wenn mal jemand zu sehr bedauert, daß ich nicht hier bin, damit er mir irgendeine Freude machen könnte, so kannst Du ihm die Bücherliste zum Aussuchen unter die Augen halten. Zum Beispiel werde ich ja im Februar großjährig und... aber Du verstehst schon, gelt? Es ist Dir eine Hilfe für alle Fälle.«[95].

Bei allen diesen großen und kleinen Wünschen wies Bayer immer wieder auf die Situation im Germanikum hin, das nicht in der Lage war, seinen Studenten Bücher zu besorgen. Auch bei anderen notwendigen Dingen tat sich das Haus schwer. Brauchte ein Student zum Beispiel eine Brille, so mußte er sie mit seinem Taschengeld bezahlen, da Pater Minister sie »nicht gerne« zahlte[96]. Auch hier war die Ordnung des Hauses nicht pragmatisch ausgerichtet, sondern den monastischen Ursprüngen verpflichtet. Im Jahre 1939 berichtete Bayer sogar von einem »Verbot, Taschengeld zu haben«, das im Germanikum offiziell galt. Ebenso wurde es den Alumnen untersagt, sich an Romführungen zu beteiligen, einer sonst hochwillkommenen Gelegenheit, sich das Taschengeld aufzubessern. »Es wird leider hier immer strenger« schrieb Karl leicht verbittert im Januar 1939 nach Obernigk. Unter diesen Umständen war es nicht verwunderlich, wenn die Germaniker verschiedene Wege erdachten, um diese unverständlichen Härten abzumildern. So war es allgemein üblich, sich nützliche Gegenstände per Post schicken zu lassen; um jedoch Portokosten zu sparen, schickten die Angehörigen viele Gegenstände einzeln unter dem postalischen Begriff einer »Mustersendung«. Freilich ging bei diesen Sendungen nicht immer alles glatt, »da viele bei den ›Mustern‹ übertrieben haben« und sich allzu Auffälliges in dieser Form zusenden ließen. Auch baten die Studenten ihre Eltern, größere Sendungen nicht an das Germanikum, sondern an eine Adresse römischer Bekannter zu senden, da es im Hause nicht gern gesehen war, wenn Alumnen viele Päckchen aus der Heimat erhielten. Auch für Bayer war dies eine oft genutzte Möglichkeit, und an Adressen in Rom fehlte es ihm nie[97].

So mußte Karl Bayer auch in diesen praktischen Fragen einen Weg zwischen einer grundsätzlichen Loyalität dem Haus und seinen Regeln gegenüber und dem Ruf zur Bewahrung der Selbständigkeit finden. Seinem Charakter entsprechend löste er dies pragmatisch: nicht die starre Regel prägte sein Tun, sondern

---

95 Brief an die Mutter vom 17.12.1935.
96 Vgl. ebd. vom 7.2.1939.
97 Bayer deutete in Briefen mehrfach an, daß er z.B. aufgrund der Deutschstunden, die er erteilte, in Rom viele Kontakte knüpfen konnte.

die vorgegebene Situation und die als notwendig angesehene Lösung. Mit dieser flexiblen Handlungsweise kam er schließlich seinem großen Ziel immer näher.

Am 2. April 1938 erhielt Bayer die »erste Tonsur« und wurde so – der damaligen Auffassung entsprechend – in den Stand der Kleriker aufgenommen. Am 9. März empfing er in der Kapelle des Kollegium Leonianum die erste höhere Weihe, die Subdiakonatsweihe, und ein Jahr später die Diakonatsweihe durch die Hand des Erzbischofs Luigi Traglia vom Generalvikariat in Rom[98].

Die letzten Weihen vor der Priesterweihe fielen in eine politisch sehr unruhige Zeit, eine Tatsache, die für Karl Bayer stark belastend war. Im folgenden Kapitel werden wir zeigen, wie genau er die Situation in der Heimat beobachtete und welchen Schock für ihn der Kriegsausbruch im September 1939 darstellte. Doch zunächst handelte es sich darum, einige sehr praktische Fragen bezüglich der anstehenden Priesterweihe zu lösen und auch diese gerieten in den Strudel der verwirrenden politischen Ereignisse. Seit Anfang 1940 diskutierten Karl Bayer und seine Mutter in ihrem Briefwechsel die Frage, ob es möglich sein wird, von Obernigk nach Rom zu kommen, um die Priesterweihe mitzuerleben. Paradoxerweise bildeten hier eher devisenrechtliche Fragen als politische Gründe die größten Hindernisse. Natürlich sahen Karl Bayer und seine Mutter genau, daß die Machthaber in Deutschland einer alten und kränklichen Frau eine Reise nach Rom nicht verbieten würden, doch wurden in dieser Zeit die Devisenbestimmungen sehr restriktiv gehandhabt, und Frau Bayer hatte kaum eine Chance, Devisen für eine private Romreise zugeteilt zu bekommen. Im August legte Karl Bayer der Mutter drei Möglichkeiten vor. Entweder wird der Antrag von vorneherein abgeschmettert und die Mutter erhält weder eine Ausreiseerlaubnis noch Devisen, oder die Mutter erhält zwar ein Visum, aber keine Devisen, oder aber es gelingt ihr, sowohl eine Ausreiseerlaubnis als auch Devisen zu bekommen. Alle drei Variationen waren denkbar, doch Bayer machte sich und seiner Mutter keine großen Illusionen; zumindest der Antrag auf Devisenzuteilung wird kaum positiv beantwortet werden können[99]. Ende August stellte er dann resigniert fest: »Devisenanträge haben keine Chance«, und auch sein Bemühen bei der deutschen Botschaft in Rom war fruchtlos. Nachdem Bayer feststellen mußte, daß auch der italienische Staat bei der Einreiseerlaubnis Schwierigkeiten machte, schrieb er seiner Mutter:

»Das Hängen zwischen Hoffnung und Enttäuschung wird die Freude verderben. Ich möchte Dich deshalb bitten auf die Romreise zu verzichten. Wir waren sechs Jahre getrennt und doch beieinander, wir wollen die Trennung an diesen beiden für mein Leben so wichtigen Tagen im

---

98 Die Angaben zu den Weihen können dem »Korrespondenzblatt« des Germanikums (Jahrgänge 1938–1940) entnommen werden.
99 Vgl. Brief an die Mutter vom 9. 8. 1940.

gleichen Sinne dem göttlichen Ratschluß anheimstellen. Er lenkt alles zum Besten.«[100]

Tatsächlich empfing Karl Bayer am Christkönigsfest, am 27. Oktober 1940, die Priesterweihe, ohne daß seine Mutter zugegen sein konnte. Die Weihe fand statt in der römischen Kirche Il Gesú, die wegen der sich dort befindenden Grabstätte des Ordensgründers Ignatius von Loyola für höhere Weihen bevorzugt wurde. Die Weihe spendete wiederum Erzbischof Luigi Traglia. Für die Mutter war es ein großes Opfer, diesem großen Tag im Leben ihres Sohnes fernbleiben zu müssen. Sie hatte sich an diesem Tag in das schlesische Marienheiligtum Wartha zurückgezogen, um in der Stille und in innerer Sammlung dieses geistliche Ereignis nachzuvollziehen[101]. Auch bei Karl Bayers Primiz in Rom, die er am Fest Allerheiligen feierte, war seine Mutter nicht zugegen. Auf einem alten Foto sehen wir die Festtafel am Primiztag Bayers mit etwa dreißig Gästen, unter denen sich auch Prälat Zender befand. Frau Bayer selbst mußte noch ein Jahr lang warten, bis sie ihren Sohn in Obernigk am Altar sehen sollte[102]. Und es war wohl nur ein schwacher Trost, als sie im November 1940 vom damaligen Leiter des Germanikums, Pater Ivo Zeiger, ein Glückwunschschreiben erhielt. Pater Zeiger schrieb ihr:

»Sie mußten das harte Opfer bringen, der schönen Feier fernzubleiben, doppelt einsam, da Sie seit dem Weltkrieg auch noch in bitterer Einsamkeit um Ihren gefallenen Gatten trauern. Opfern Sie in christlicher Tapferkeit Ihr Leid dem ewigen Hohenpriester auf, daß es für Ihren Sohn eine Segensquelle priesterlichen Wirkens werde. Karl macht uns durch seine frische, entschlossene und ernste Haltung große Freude und Sie dürfen stolz auf Ihren Sohn sein.«[103]

Mit der Priesterweihe und seinem ersten römischen Aufenthalt[104] war für Karl Bayer eine weitere wichtige Etappe seines Lebens zu Ende. Die priesterliche Berufung, die in seiner schlesischen Heimat aufgekeimt war, kam durch die Weihe in der Ewigen Stadt zu ihrer ersten bedeutenden Blüte. Sieben Jahre im

---

100 Ebd. 21. 8. 1940.
101 Brief von Frau Bayer an ihren Sohn vom November 1947 (= ein Rückblick).
102 Bayer feierte seine Heimatprimiz erst bei seinem Fronturlaub im Oktober 1941. Hierzu vgl. das folgende Kapitel. Bayer feierte eine seiner Nachprimizen unter den Arbeitern des armen römischen Viertels Tormarancia, wie dies aus einer Bemerkung seines »Rundbriefs«, den er 1943 verfaßte, deutlich wird: »... die armseligen Arbeiterbaracken von Tormarancia ... mit dem noch armseligeren Völkchen, in deren Mitte ich eine so schöne Nachprimiz feiern durfte.« Zum »Rundbrief« vgl. das Kapitel.
103 Brief Pater Zeigers an Frau Bayer vom 4. 11. 1940.
104 Die erste Romfahrt Bayers 1934 kann in diesem Zusammenhang unberücksichtigt bleiben.

roten Talar – das waren für Bayer sieben Jahre zwischen der geforderten Unterordnung unter das Gewicht einer großen Tradition und dem Drang nach Selbstbehauptung. Der junge Priester kam aus diesem Kampf ohne größere Blessuren davon – auch dies eine Frucht seiner ungewöhnlich aktiven und selbständigen Gymnasialjahre in Trebnitz. Doch die angedeutete Konstellation wird weiterhin die wichtigsten Etappen des Lebens von Karl Bayer bestimmen. Sie wird ihm Erfolg bereiten, aber auch Gefährdungen bringen.

3. Die Schatten der Zeit: Der Zweite Weltkrieg

Einleitung

Der Zweite Weltkrieg hat nicht erst am 1. September 1939 begonnen. Zwar wurde mit dem Datum des Angriffs auf Polen der Stein in Bewegung gesetzt, der die Lawine des Völkerhasses und des unendlichen Leides endgültig auslöste, doch die Weichen des Krieges wurden durch die Nationalsozialisten schon einige Jahre früher gestellt. Die Außen- und Innenpolitik Hitlers war faktisch seit der Machtübernahme 1933 darauf ausgerichtet, die deutsche Aufrüstung in einem bis dahin unbekannten Maße zu betreiben, um eines Tages stark genug zu sein, die Grenzen Europas radikal zu verändern. Es gibt unzählige Darstellungen der Historiker, die dies überzeugend dargestellt haben.

Wenn wir die Jahre des Lebens von Karl Bayer schildern, die in die Zeit des Krieges fallen, so ist es günstig, eine Zweiteilung vorzunehmen. Im ersten Teil sollen die uns vorliegenden Zeugnisse aufgearbeitet werden, die sich bis zum Datum seines »Einstellungstages« bei der deutschen Armee Ende 1940 mit der Situation in Deutschland beschäftigen. Im zweiten Teil soll der Werdegang des »Landsers« Bayer in den Jahren 1941 bis 1945 skizziert werden. Es versteht sich fast von selbst, daß die Quellenlage dieser Jahre es nicht ermöglicht, eine umfassende Darstellung vorzunehmen. Trotzdem läßt sich das Wesentliche mit ausreichender Wahrscheinlichkeit erarbeiten.

Zwischen Bangen und Hoffen: Ein Krieg bahnt sich an

Als Karl Bayer im Jahre 1934 das Abitur machte, waren die Nationalsozialisten ein gutes Jahr an der Macht. Zweifelsohne war es eines ihrer Grundanliegen, die deutsche Jugend im Sinne der nationalsozialistischen Ideologie zu beeinflußen und zu erziehen. Nicht so sehr das Elternhaus, die Schule oder die Kirche sollten der Jugend ihre spezifische Prägung geben, sondern die Partei mit ihren totalitären Ideen und ihrem »Führerkult«. Hierzu diente vor allem die Jugendorganisation der NSDAP, die »Hitlerjugend«, die in den dreißiger Jahren in kürzester

Zeit aus recht bescheidenen Anfängen zu einer Massenorganisation aufgebaut wurde. Besaß sie im Oktober 1932 rund 100 000 Mitglieder, so Ende 1934 schon 3,5 Millionen und Ende 1938 gar 8,7 Millionen Mitglieder. Diese steile Entwicklung brachte es mit sich, daß andere Jugendorganisationen verdrängt und ausgeschaltet wurden. Alle Bewegungen, die nicht die nationalsozialistische Einheitslinie vertraten, waren den Machthabern ein Dorn im Auge. Gleichzeitig aber übernahmen die Machthaber in zynischer Berechnung die ihnen genehmen Strukturen und Methoden der Jugendbewegung und benutzten sie für ihre Ziele. Formen des romantischen Nationalismus und dessen Lebensformen wurden aufgegriffen (Fahrten, Lagerleben), manche Prinzipien der Organisation (»Jugend durch Jugend geführt«) weitergeführt.

Karl Bayer selbst kam als exponierter Vertreter des Bundes Neudeutschland in den Jahren 1933 bis 1934 in manchen Punkten in Berührung mit dieser ungleichen »Konkurrenz« und den Kräften, die hinter ihr standen. Im Frühjahr 1933 wurde der Druck auf alle organisierten Jugendgruppierungen verstärkt, die sich nicht in der HJ aufsaugen lassen wollten. Schikanen aller Art begleiteten von da an auch das tägliche Leben des Bundes. Tagungen wurden aus nichtigen Gründen verboten, die Arbeit in den althergebrachten Formen konnte nicht fortgesetzt werden. Bekannt ist das Verbot des Tragens der Bundestracht sowie der Schulterriemen und Fahrtenmesser, die nur der »wehrhaften« HJ zugestanden wurden. Bayer erwähnt in einem Brief an den Rektor des Germanikums vom 25. Mai 1934, daß er während einer Rundreise durch einige Pfingstlager der Ostmark erfuhr, daß ein vorgesehener Gautag durch ein Telegramm verboten wurde. Trocken kommentierte er diese Nachricht mit der Zeile eines bekannten Liedes: »Uns geht die Sonne nicht unter...« Zu einer weiteren Berührung mit der NS-Ideologie kam es kurz vor seiner Abfahrt nach Rom. Alle Studenten, die die Absicht hatten, im Ausland ihr Studium aufzunehmen, mußten an einem »politischen Schulungslager« teilnehmen. Karl Bayer tat dies in Percha am Starnberger See, und diese Tage hatten für ihn eine bedeutende Konsequenz, freilich nicht in dem von den Initiatoren vorgesehenen Sinn. Durch sein sichtbar am Revers getragenes Bundeszeichen des Neudeutschland kam er mit einer weiteren »Pflichtteilnehmerin« ins Gespräch, mit Frau Hanni Steichele. Aus diesem Zusammentreffen ergab sich eine lebenslange Freundschaft, die sich bald auf die gesamte, in München ansässige Familie ausdehnen sollte.

In Rom selbst, das wird wiederum aus der umfangreichen Korrespondenz mit der Mutter ersichtlich, beobachtete der Theologiestudent das Geschehen in der Heimat intensiv und genau. Bayer las wie die meisten der Germaniker einige Zeitungen und Zeitschriften und wurde darüberhinaus durch die unzähligen Gäste des Hauses über die Situation in Deutschland informiert. In einem Brief vom 23. August 1935 erwähnte er einen Artikel aus dem »Völkischen Beobachter«, in dem »Unfreundlichkeiten« auch im Bezug auf das römische Kolleg zum Ausdruck kamen. Ironisch merkte er an:

> »Wir machen halt wohl einen zu gefährlichen Eindruck, weil wir hier so nahe am Vatikan, ›an der schwarzen Quelle‹ sitzen. Wenn man diese Leute doch alle mal einige Wochen hier zu uns einladen könnte, damit sie Geist und Leben des Hauses mal sehen und erleben könnten. Vielleicht wären sie dann nicht so schnell in ihren Urteilen. Vor einigen Wochen schrieb man woanders über das vertrocknete Leben in unseren katholischen Seminaren. Die würden sich wundern!«

Und um diesen letzten Satz zu bekräftigen, schilderte Bayer die Mitarbeit der Seminaristen an Instandsetzungsarbeiten in San Pastore; von Arbeiten an der Reparatur einer alten römischen Wasserleitung bis zu Ausbesserungstätigkeiten am Kuhstall waren die Seminaristen zumindest als Handlanger beteiligt. Der Sinn für »zeitgeschichtliche Ironie« kam bei Bayer auch in seiner Eigenschaft als »Muftik« zum Ausdruck. Bei der Vorbereitung einiger Szenen und Sketche griff er den »Beschluß« des italienischen Diktators Mussolini auf, Abessinien zu erobern, und verarbeitete diese historische Episode in einer »Radioübertragung aus der Wüste«[105]. Als die Lage in Deutschland immer dramatischer wurde und Hitler sich in immer neue Abenteuer stürzte, beobachtete Karl Bayer dies mit großer Sorge. An Weihnachten 1936 kamen ihm beim traditionellen Gang in die urchristlichen Katakomben düstere Gedanken in den Sinn. Das Christentum, so merkte er nach Obernigk an, könnte sich angesichts der politischen Situation bald wieder »in den Katakomben wiederfinden«. So war der Gang für ihn »erneut voll Symbolik«[106]. Auch die Gesamtlage der Kirche erschien ihm in diesen Monaten sehr düster:

> »Der Hl. Vater todkrank, der Kommunismus auf der ganzen Welt am Wühlen, Schwierigkeiten religiöser Art in vielen Staaten, besonders in Europa. Menschlich gesehen ist es eine fast verzweifelte Lage.«

Tröstend wirkte hier allein die Verheißung des Herrn, der der Kirche zugesagt hat, daß die Pforten der Hölle sie nicht überwinden werden[107]. Auch das Jahr 1938 sah Bayer als ein Jahr voller politischer Spannungen und einer allgemeinen Ungewißheit. Am 8. Oktober 1938, wenige Tage nach dem Erfolg der Münchener Konferenz, schrieb er in die Heimat: »An dem kritischen Mittwoch vor der Münchener Konferenz war auch ich voll bereit, um jede Stunde hier abzufahren. An die Lösung, die gekommen ist, wagte ja kaum noch jemand zu hoffen.« Und sybillinisch fügte er an: »Größeres steht wohl noch bevor.«

105 Vgl. Brief an die Mutter vom 20. 2. 1936.
106 Vgl. ebd. vom 20. 12. 1936.
107 Vgl. ebd. vom 4. 1. 1937.

Auch auf dem rein praktischen Gebiet wurde Bayer immer wieder die unnatürliche Situation in Deutschland deutlich. Das galt für ihn als im Ausland lebender Deutscher insbesondere in der Devisenfrage. Da das Germanikum ständigen Einschränkungen ausgesetzt war, wurde die Überweisung des Pensionsgeldes aus der Heimat immer komplizierter. Die Vorschriften der Post wurden drastisch verschärft und Bayer war klar, daß Auslandsbriefe gelesen und zensiert wurden. Er »bemitleidete« die Menschen, die all die Briefe lesen mußten, in denen Themen rein persönlicher Natur abgehandelt wurden und schrieb seine Briefe mit der Schreibmaschine, »damit die guten Leute es etwas leichter haben«[108]. Besorgniserregender waren schon Berichte, die ihm zu Ohren kamen, über die schlechte Versorgungslage in Schlesien, denn er sah in Rom selbst, welche Auswirkungen das auf das Leben und die Moral der Menschen hatte. »Merkwürdig, wie die Leute bei den kleinsten Einschränkungen aus den Pantinen kippen.« Dem stellte er seine persönliche Überzeugung gegenüber, daß »jedes Weltgeschehen seinen Sinn« habe, auch wenn wir dies aus der Perspektive unseres »kleinen Kirchturms« nicht überschauen können. Schließlich fügte er kategorisch an: »Jammern ist unchristlich!«[109]

Eine Frage, die Bayer unmittelbar betraf, war die Frage des für alle Deutschen als obligatorisch angesehenen »Reichsarbeitsdienstes«. Auch die Theologen, die von der Wehrpflicht befreit waren, wurden hierzu verpflichtet. Bayer suchte im Jahre 1936 nach Wegen, um als »Auslandsdeutscher« eine Befreiung zu erhalten. Brieflich wandte er sich an das Breslauer Erzbischöfliche Theologenkonvikt, um genauere Informationen einzuholen. Die Antwort war jedoch negativ: »Eine Befreiung kommt nicht in Frage, auch nicht wenn Sie die höheren Weihen empfangen hätten«[110]. Deshalb empfahl man ihm, nach dem Philosophikum den Arbeitsdienst abzuleisten. Letztendlich gelang es Karl Bayer doch, eine Befreiung von diesem halbjährigen Dienst zu erreichen, was wahrscheinlich mit seiner Stellung als Theologe und »Auslandsdeutscher« zusammenhing.

Über die Reaktion Bayers auf den Beginn des Krieges selbst besitzen wir ein kleines und doch bezeichnendes Dokument. Als der Krieg am 1. September 1939 begann, befand er sich in der Sommervilla San Pastore. Die Nachricht vom Kriegsausbruch bestürzte Bayer sehr und brachte ihn für einige Tage aus dem Gleichgewicht. An einem kritischen Punkt beschloß er sogar, nach Hause – nach Deutschland – zu fahren. Dies wird aus einem Brief ersichtlich, den er am 11. September an Pater Rektor richtete. Dieser ist augenscheinlich überraschend aus San Pastore nach Rom weggefahren, und so äußerte Bayer schriftlich die Bitte: »Lassen Sie mich nach Hause fahren!« Da er fest überzeugt war, in Kürze eingezogen zu werden, wollte er nicht nur »rumsitzen«, während sein Jahrgang

108 Vgl. ebd. vom 4.3.1940.
109 Vgl. ebd. vom 28.4.1940.
110 Brief des Erzbischöflichen Theologenkonviktes an Bayer vom 17.6.1936.

an der Front war. Er fühlte sich dort hingehörig, wo die Gefahr war! Für Karl Bayer war dies auch in einer so dramatischen Situation eine gewagte Bitte, und so merkte er in einem Postscriptum an, daß er um Verständnis bitte, doch hätte er sich »schon längst gemeldet«, wäre er durch die Tonsur nicht bereits im Stande der Kleriker.

Läßt sich an dieser Episode wiederum ein durchgehender Charakterzug Bayers aufzeigen? Seine Begeisterungsfähigkeit, die in Idealen gründet, die aber die Gefahr in sich birgt, »übers Ziel zu schießen«, wie der Trebnitzer Spiritual Herrmann es einmal ausdrückte? Auf alle Fälle steht fest, daß Bayer auch in seinen Studienjahren kein Cunctator war, daß er schnell und oft spontan auf Herausforderungen reagierte, die ihm begegneten.

Der oben geschilderte leidenschaftliche Ausbruch Bayers bei der Nachricht vom Beginn des Zweiten Weltkrieges hatte für ihn jedoch keine unmittelbaren Konsequenzen. Bayer studierte bis zum Abschlußexamen in Rom und wurde erst nach seiner Priesterweihe, am 31. Dezember 1940, zum Militär eingezogen.

Not und Tugend: Der Landser

Als Karl Bayer in römischen Kreisen zu einer berühmten Person wurde, da tauchten dann und wann Gerüchte um sein militärisches Tun im Krieg auf, die legendenhafte Züge trugen. Später, nach seinem »Fall« im Jahre 1970 verstärkte sich das noch. Da glaubte man an einen »Fallschirmjäger« erinnern zu müssen, dessen Tüchtigkeit ihn dazu bestimmte, an einer ungewöhnlich großen Reihe von Brennpunkten des Krieges eingesetzt zu werden[111]. Und auch wenn man eingestehen mußte, daß Bayer de facto immer »am Boden« eingesetzt wurde, so vergaß man nie hinzuzufügen, daß er die Attribute eines »Fallschirmjägers« auch bei manchen seiner Aktionen der Caritas-Zeit nicht abgelegt hat. Wir selbst wollen keine Legendenbildung betreiben, sondern uns auf grundlegende und nachprüfbare Fakten konzentrieren[112].

Zwei Monate nach seiner Priesterweihe wurde Karl Bayer zum aktiven Militärdienst herangezogen. Gemäß einer Konkordatsbestimmung wurden Kleriker zum Dienst als Sanitäter oder Dolmetscher eingesetzt. Dies traf auch für Bayer zu, der als ein »im Ausland wohnender Deutscher« über die Deutsche

---

111 Diese typische Finte der Presse findet sich z.B. in dem »Zeit«-Dossier (Nr. 19 – 4. Mai 1984) des Journalisten H. Stehle, der zum Namen Bayer verdächtig oft »Ex-Fallschirmjäger« hinzufügt. Bzgl. dieser Quelle vgl. den Abschnitt »Der römische Weg«.
112 Als Dokumente dienen uns hierzu: Bayers »Curriculum Militare« als Zusammenfassung der Kriegsjahre durch Bayer selbst; diesen Bericht verfaßte Bayer als Entgegnung auf Angriffe, die im Zusammenhang der »Biafra-Affäre« auftauchten (vgl. das Kapitel zum »Sturz« Bayers). Weiter: Bayers Korrespondenz mit der Mutter und dem Germanikum, seine Wehr- und Soldbücher sowie andere Quellen, die wir jeweils angeben.

Botschaft in Rom Verbindung zum Militär herstellen mußte. Sein erster Einsatzort war Forli bei Ravenna, wo er die ersten zwei Wochen blieb[113]. Schon diese Übergangsstelle stellte eine Tätigkeit auf einem Militärflugplatz, einem »Fliegerhorst«, dar. Im Nachhinein läßt es sich schwer feststellen, welche Umstände Bayer gerade in eine Fliegereinheit brachten, doch es bleibt festzuhalten, daß er es von nun an mit den »Fliegern« zu tun hatte, wenn auch immer »am Boden«[114]. Als Anfang Januar 1941 Bayer in einem kurzen Brief an Pater Ivo Zeiger seine ersten soldatischen Erfahrungen schilderte, tat er dies in einem ironischen Ton. In seiner Funktion als Dolmetscher hatte er eine Reihe von »endlosen« Telefongesprächen zu führen. Im Bewußtsein, daß sein Aufenthalt in Forli zeitlich begrenzt war, fügte er in einem Postscriptum hinzu: »Obige Anschrift gilt bis zum nächsten Schönwetter.«

Wenn jemand in den darauffolgenden Monaten in regelmäßiger Korrespondenz mit Bayer gestanden hätte, dann müßte er sich eine ganze Reihe von solchen »Schönwetter«-Anschriften merken, denn noch im Jahre 1941 folgten kurze Einsätze auf Sizilien und in Griechenland, ab November in Österreich in der Nähe von Wien. Auf dieser letzten Stelle blieb er mit Unterbrechungen bis September 1942, und hier besaß er genügend Zeit, um wenigstens sporadisch Kontakte mit dem Germanikum aufrechtzuerhalten. In einem Brief vom Juli 1941, den er in Sizilien verfaßte, stand die tiefe Trauer über den Tod eines Mitbruders im Vordergrund. Ein Diakon des Germanikums wurde im Krieg getötet, und Bayer suchte zu verstehen, »warum Gott so seltsam in unsere Reihen eingreift«. Der Diakon war mit seinem Ziel des Priestertums kurz vor dem »Eintritt ins Heiligtum«. Durch den Krieg wurde dies zwar verzögert, doch nun hat Gott ihn unmittelbar vor sein Angesicht gerufen. Diese Episode war für Bayer nur eine der vielen Unverständlichkeiten des Krieges, der dem Menschen unter Umständen wichtige Erfahrungen vermitteln kann, doch nur um »dabeigewesen« zu sein, sollte man nicht dabeigewesen sein. Bayer wies auf die Areopag-Rede des Apostels Paulus hin, der die Athener aufforderte, Gott überall zu suchen, denn »in ihm leben wir, bewegen wir uns und sind wir« (Apg. 17,22 ff.). Welche Wirkung hätte seine Rede in einer Zeit, in der soviel Neues auf den Menschen einstürzt? Jeder muß in dieser Krisenzeit von neuem seine religiösen Erfahrungen bestätigt finden, und das Christentum steht auch nach 2000 Jahren noch am Anfang! Bayer wies gleichzeitig auf den Vers 18,9 der Apostelgeschichte hin, in dem Paulus aufgefordert wurde: »Fürchte dich nicht! Rede nur, schweige nicht!« Seinem Charakter entsprechend ließ sich Bayer von den

---

113 Die Einsatzorte werden zum großen Teil dem »Wehrpaß« bzw. dem »Soldbuch« Bayers entnommen.
114 Laut einer »Tauglichkeitsuntersuchung« vom 15.9.1941 besaß Bayer die Eignung zum »Flugzeugführer«. Dies wurde als ein »Verwendungsvorschlag« ins »Soldbuch« eingetragen.

Gedanken der Trauer und Melancholie nicht überrennen, sondern drückte dem Rektor gegenüber die Hoffnung aus, nach seiner kürzlich erfolgten Versetzung aus Sizilien noch manchen interessanten Ort sehen zu können. Freilich versäumt er es nicht, den Rektor zu bitten, das dem Brief beiliegende Testament zu bestätigen[115].

In den Briefen an das Germanikum, die einen sporadischen Charakter trugen und vielfach nur augenblickliche Stimmungen wiederspiegelten, läßt sich trotzdem die Stimmung einfangen, die Bayer in der ersten Zeit seines soldatischen Daseins prägte. Eine Mischung aus Bestürzung über all das Unverständliche und Sinnlose, das er erleben mußte, und aus dem Willen, aus der Not eine Tugend zu machen und dem »Unabänderlichen« gute Seiten abzugewinnen. Bald zeigte es sich, daß Bayer äußerst belastungsfähig war, und in seiner agilen Art, rasch Kontakte zu Menschen aller Schichten zu knüpfen, erreichte er – trotz seines offiziell verpönten Priesterstandes – einen festen Stand auf dem Posten, den er gerade ausfüllte[116]. In das erste Jahr seines Militärdienstes fiel auch ein Heimaturlaub zwischen dem 18. September und dem 16. Oktober, den er benutzte, um die Mutter in Obernigk zu besuchen und vor allem auch, um seine Heimatprimiz in der Obernigker Kirche nachzufeiern. Die Heimatprimiz fand am 8. Oktober 1941 statt, also fast genau ein Jahr nach seiner römischen Priesterweihe. Die entsprechenden Fotos zeigen die kleine Heimatkirche überreich geschmückt, durchzogen mit Girlanden und Blumen aller verfügbaren Arten. Neben Pfarrer Georg Schirmeisen und Geistlichem Direktor Erich Herrmann assistierten dem Primizianten eine Reihe von Geistlichen, wie dies zu einem festlichen »Levitenamt« dazugehörte. Auch eine Reihe von »Bräuten«, jungen Mädchen in Erstkommunionkleidern, war nach alter Tradition anwesend. Diese Primiz war für das kirchliche und kleinstädtische Leben in Obernigk von historischer Bedeutung. Ein junger Priester aus dem Ort, der als Halbwaise in ärmlichen Verhältnissen aufwuchs und trotzdem ein Studium in Rom vollenden konnte, das grenzte für die kirchliche Gemeinde an ein Jahrhundertereignis. Es ist nicht verwunderlich, daß sich viele der Anwesenden noch nach Jahrzehnten gut an die »Primiz von Karl« erinnern konnten.

Der Krieg jedoch forderte seinen Tribut, und Karl Bayer blieb nicht in der Heimat, um von seinem Bischof eine Seelsorgestelle zu erbitten, sondern kehrte zurück nach Österreich. Die Jahre 1942 bis 1943 verbrachte er in einem

---

115 Vgl. Brief Bayers an P. Ivo Zeiger vom Juli 1941.
116 Der evangelische Pfarrer Max Dellmann schrieb 1978 über seinen Kriegskameraden Bayer: »Selten ist mir im Krieg ein junger Mann begegnet, der so unermüdlich, ja leidenschaftlich, Menschen in Not beigestanden hat wie er. Mehr als einmal mußten ihn wohlwollende Vorgesetzte decken, wenn er sich wieder einmal über alle militärische Raison hinwegsetzte, um bedrohte Menschen zu schützen.« (Aus einer Privatnotiz Dellmanns zum »Spiegel«-Artikel »Brot und Kisten für Biafra«, (= Nr. 51/1978).

Fliegerhorst in Wien, anschließend in Brüssel und Paris, schließlich verschlug es ihn in den Süden Frankreichs, bis an die spanische Grenze. Auf diesen Stellen wurde er entweder als Dolmetscher eingesetzt und dem Standortoffizier zugeteilt oder aber betätigte er sich als Verbindungsperson, die in der jeweiligen Umgebung günstige Möglichkeiten der Unterbringung und der Versorgung mit Nahrungsmitteln sicherstellen sollte. Aus den wenigen schriftlichen Äußerungen dieser Zeit wird deutlich, daß er den Dolmetscherdienst vorzog, ihn als angenehmer empfand, aber »natürlich nicht wählen« konnte. So saß er nach eigener Schilderung »in der Schreibstube« und verbrachte seinen Dienst somit »ruhmlos und ohne Vorkommnisse«[117].

Die Korrespondenz mit dem Germanikum hielt er über große Strecken hinweg aufrecht, das Haus ist ihm zu einer wichtigen Anlaufstelle geworden, die er während des Urlaubs einfacher aufsuchen kann als sein Obernigker Vaterhaus. Hier konnte er auch seine priesterlichen Funktionen regelmäßig wahrnehmen, deren Ausübung sonst nur unter großer Gefährdung möglich war[118]. Bayer versäumte es nie, sich für die Gebetsanliegen seiner Mitbrüder zu bedanken, wobei er sogar eine Reihenfolge aufstellte. Das Gebet, das ihn trägt, so bemerkte er, kommt von der Mutter, den Trebnitzer Schwestern und den Mitbrüdern des Germanikums[118].

Im Juli 1943 übernahm Karl Bayer einen originellen Dienst für alle ihm erreichbaren Mitbrüder aus dem Kolleg, die sich an der Front befanden. Nachdem er für drei Tage nach Rom fahren konnte, schrieb er seine Erlebnisse in einem Tagebuch auf und schickte sie als »Rundbrief« an seine Kameraden. In einem lockeren Stil skizzierte er darin seine Stationen im Vatikan, im Germanikum und in einigen römischen Kirchen.

»Mein erster Gang nach St. Peter wurde ein Mißerfolg, da mein sommerliches Hemd mit kurzen Ärmeln den Anstoß der Torhüter erregte. Il Santo Padre non lo vuole! Da kannst nix machn! Ich beugte mich der sittenstrengen Moral und trat den Rückzug an, um dann am Montag früh als Germaniker verkleidet in der Sakramentskapelle zu zelebrieren. Erst später erfuhr ich, daß für deutsche Landser ein ›Jackenverleih‹ am Campo Santo blüht, d.h. bis auf weiteres noch, denn ein dortiges Mitglied der

---

117 So im Brief Bayers an den Rektor des Germanikums und seine Mitbrüder (nicht datiert).
118 Von einigen Seiten wurde der Verf. auf eine diesbezügliche Episode in Bayers Leben hingewiesen: er hielt unerlaubterweise eine Weihnachtsmette vor einem Kreis von Soldaten ab (wahrscheinlich 1942) und wurde nach Bekanntwerden dieser »Amtshandlung« nur durch das Wohlwollen eines hohen Offiziers vor der Bestrafung bewahrt, da dieser ihn »auf Reisen« schickte. Die Bemerkung Bayers, daß ihn manche Briefe »kreuz und quer durch Frankreich« zu erreichen suchten (im Brief vom 1.2.1943), könnte ein Hinweis sein, der diese Angaben bestätigen würde.

triumphierenden Kirche versicherte mir glaubhaft, daß mitunter die Jacke ihren ehemaligen Besitzer nicht mehr findet und darum setzt die gegenwärtige Punkteknappheit auch hier der christlichen Nächstenliebe schnell Grenzen.«[119]

Ebenfalls ironisch, wenn auch mit der Zuneigung eines »Ehemaligen« betrachtete Bayer das augenscheinlich vom Krieg wenig berührte Leben des Germanikums. Seinen Mitbrüdern zählte er einige bekannte Patres und Dozenten auf:

»P. Naber fraß sich durch einen Berg von Büchern und Schriften, die seinen Schreibtisch in gewohnter Weise überwucherten, bis zu manchem lieben Gruße durch, den er von ehemaligen Hörern, jetzt Soldaten, erhielt. Er hat uns alle in bester Erinnerung. P. G. doziert wie bisher die vielleicht morgen schon wichtige Soziologie und beklagt lebhaft ein Nachlassen im Interesse an der sozialen Frage seit unserem Fortgehen. Auch P. Galdos, zu dem ich einst meine wenigen NT-Vokabeln im Eilmarsch ins Examen tragen mußte, um sie nicht auf dem Wege zu vergessen, empfing mich freudestrahlend. Über allem waltet die deutsche Organisationsmaschine von P. Becker, und wir Landser wissen es ja nun aus Erfahrung: Organisation ist gut – vor allem, wenn es trotzdem klappt.«[120]

Weiter erzählte Bayer von seinen Besuchen des Neubaus des Germanikums, von seiner »freudigen Ohnmacht«, als er in Rom eine bestsortierte theologische Buchhandlung betreten konnte, und von seiner hl. Messe in der Kirche San Callisto, wo er sein erstes Meßopfer feiern konnte. Es waren kleine Episoden, die jedoch bei den Adressaten viele Assoziationen weckten.

»Wie ein Traum sind die Stunden verrauscht – und waren doch eine kleine, sehr wirkliche, dankbar durchlebte Paranthese im ruhmlosen Alltag eines kleinen Landsers.«

Diesen »ruhmlosen Alltag« verlebte Bayer im zweiten Halbjahr 1943 im äußersten Süden Frankreichs, an der spanischen Grenze. Seine Tätigkeiten wechselten wiederum zwischen seiner Dolmetschertätigkeit[121] und seinem Dienst in der Schreibstube und in Versorgungseinheiten. Aus wenigen Andeutungen seiner Briefe wird deutlich, daß Bayer es auch hier verstand, der vorgegebenen Situa-

---

119 Aus Bayers »Rundbrief«, der am 10.7.1943 abgesandt wurde. Der »Rundbrief« hatte einen Umfang von drei Schreibmaschinenseiten. Bayer verbrachte 4 Tage in Rom; er kam Samstag, den 3.7., in Rom an und fuhr am Dienstag wieder ab.
120 Ebd.
121 Am 5.6.1943 schrieb er von der Cote d'Azur: »Hier bin ich nun wieder als Dolmetscher eingesetzt und dem Standortoffizier zugeteilt, um die Italiener und die Franzosen zu verarzten.«

tion manche angenehmen Seiten abzugewinnen. Er bewunderte die Schönheiten der Cote d'Azur, er sprach von »Einkäufen an der spanischen Grenze« und von der Selbständigkeit, die er bei der Erfüllung seiner Aufgaben erreichen konnte[122]. Freilich ging er seinen Weg »ohne Kompromisse«, das heißt, ohne seine Prinzipien einer möglichen soldatischen Karriere zu opfern[123]. Deshalb erreichte er in den vier Kriegsjahren »nur« die militärischen Grade, die als Höchstgrenze für einen Geistlichen angesetzt wurden: er wurde Gefreiter, Unteroffiziersanwärter, Unteroffizier, Feldwebel, und einen Tag lang, vom 1. Mai 1945 bis zum Waffenstillstand an der italienischen Front am 2. Mai, hat er die Position eines Oberfeldwebels inne[124]. Auch hier wäre seine Grundeinstellung mit der Formel »aus der Not eine Tugend machen« zu bezeichnen; dies gilt insbesondere für die Endphase des Krieges. Das Jahr 1944 und das erste Halbjahr 1945 verbrachte er bei »Abwehrkämpfen« in Italien. Nach der Landung der Alliierten im Herbst 1943 in Italien wurden die deutschen Truppen in wechselvollen Kämpfen gezwungen, sich aus ihren Positionen zurückzuziehen. Laut einem Einlageblatt im »Wehrpaß« war Karl Bayer an folgenden »Abwehrkämpfen« beteiligt: bei der Schlacht um den Landekopf Nettuno, bei Rückzugskämpfen bei Rom, in der Toscana, am Trasmenischen See und anderswo. Eine Episode aus jener Zeit erzählte er viel später der britischen Publizistin Gitta Sereny[125]. Als Bayer in der Endphase des Krieges als einer der Dolmetscher von General Kesselring diente, hatte er einen Text zu übersetzen, der die Bevölkerung von Florenz informierte, daß ihre Stadt zu einer »offenen Stadt« erklärt würde, daß man aber die Brücken der Stadt zerstören werde. Seine frühe Kenntnis dieser Informationen wollte Bayer nutzen, um einer mit ihm befreundeten Familie zu helfen.

> »Ich hatte mich mit einer Familie befreundet, die ein Geschäft auf dem ›Ponte Vecchio‹ besaß – sie verkaufte Seidenstoffe. An dem Abend, als die Bekanntmachung angeschlagen wurde – es war ziemlich spät, und ich wußte, daß, da während dieser Tage die meisten Leute am Abend zu Hause blieben, sie es nicht mehr rechtzeitig lesen würden –, nahm ich mir einen Lastwagen und half ihnen, ihre Waren aus dem Geschäft an einen sicheren Ort innerhalb der offiziellen ›Offenen Stadt‹ zu bringen. Am Ende waren sie die einzigen in der Straße, die nicht alles verloren hatten.«[126]

Diese Episode des »Kriegslebens« Bayers war nicht die einzige dieser Art. Wie

---

122 Vgl. Brief an das Germanikum vom 5. 6. 1943.
123 Vgl. ebd. vom 1. 2. 1943.
124 Angaben aus dem »Soldbuch« und dem »Curriculum Militare«.
125 Gitta Sereny, Am Abgrund. Zur Einschätzung der Quelle »Sereny« vgl. den Abschnitt »Der römische Weg«.
126 Ebd. 339. Dieser Text wurde zitiert, ohne die Bemerkungen Serenys in Parenthesen zu berücksichtigen.

wir manchen Andeutungen aus Bayers Korrespondenz entnehmen können, hat er sich mehrfach als »Rettungsengel« erwiesen, und mehrere Personen sahen sich »tief in der Schuld« bei ihm stehen[127]. Daß Bayer zumindest sporadisch helfen konnte, lag zunächst an seiner Dienststellung als Dolmetscher, die ihm, wie im geschilderten Fall, manchen Informationsvorsprung brachte, den er zu nutzen verstand. Auch kommt hier wieder der Karl Bayer zum Vorschein, der mit seinem wachen Blick für die jeweilige Situation das Machbare erkennt und den gegebenen Spielraum bis zum Äußersten ausschöpft; dies nie im Bewußtsein einer Heldentat, sondern im Wissen, daß der Dienstweg nicht immer der effektivste ist und schon gar nicht der menschlichste. Die oben geschilderte Florenz-Episode sollte wiederum auch Karl Bayer zum Vorteil gereichen. Als er nach seiner Flucht aus dem norditalienischen Kriegsgefangenenlager Ghedi durch Florenz kam, stand die Kaufmannsfamilie diesmal ihm zur Seite[128].

Neben diesen abenteuerlichen Ereignissen erlebte Karl Bayer insbesondere in der letzten Phase des Krieges alle schrecklichen Seiten der militärischen Auseinandersetzungen. In einem spontanen Brief, den er unter dem Eindruck des Kampfgeschehens im Juni 1944 an den Rektor des Germanikums schrieb, sprach er von einer »Todesfahrt«, von Bränden und Explosionen, die sein Leben bedrohten. Bayer sah die sich im Rückzug befindlichen deutschen Truppen von Panik erfaßt und in einer chaotischen Auflösung. Er verwies auf Gespräche mit Kriegskameraden, die schon den Rückzug aus der Sowjetunion erlebten, die sich aber an ein solches Chaos nicht erinnerten. Dies führten sie darauf zurück, daß die Rückzüge in den Norden Italiens sehr überraschend kamen und von permanenten Angriffen der feindlichen Luftwaffe begleitet wurden[129]. Das Ende des Krieges, Anfang Mai 1945, erlebte Karl Bayer im Norden Italiens. Wie auf so vielen Kriegsabschnitten hatten sich auch dort die deutschen Truppen mit der Waffe in der Hand in Massen ergeben[130]. In der Po-Ebene, etwa 15 Kilometer südlich von Brescia, wurde auf dem Flugplatz von Ghedi ein Kriegsgefangenenlager für deutsche Soldaten von den Amerikanern errichtet. Dieser Flugplatz war ein Areal von 12 Quadratmeilen, auf dem zeitweise 100 000 Kriegsgefangene lebten. Dieses Lager hatte – den Zeitumständen entsprechend – einen guten Ruf, wenn dort natürlich auch die typischen Verhältnisse eines Kriegsgefangenenlagers herrschten, die vor allem die Unterbringungsmöglichkeiten und die hygie--

---

127 Dies läßt sich beispielhaft aus dem Briefwechsel herauslesen, den Bayer 1946 mit einem österreichischen Bürger (S.R.) führte. Dieser wies mehrmals auf seine »tiefe Schuld« Bayer gegenüber hin, die die Konsequenz aus Bayers Hilfe »in Italien« sei (Brief vom 27.5.1946).
128 Gitta SERENY, ebd.
129 Brief ans Germanikum vom 6.6.1944.
130 Vgl. Kurt W. BÖHME: Die deutschen Kriegsgefangenen, 51.

nischen Verhältnisse betrafen[131]. Es gab jedoch sportliche und kulturelle Angebote, und den Priestern gewährte man breiten Raum für ihre seelsorglichen Aufgaben.

Karl Bayer verbrachte im Mai 1945 nur wenige Tage in Ghedi, da er sich nach kurzer Zeit von dort »absetzte«. Technisch war dies ohne größere Schwierigkeiten möglich, da das riesige Gebiet des ehemaligen Flugplatzes in seinem Gesamtumfang nicht genau bewacht werden konnte. Was die meisten deutschen Gefangenen viel eher an das Lager band als genaue Bewachung oder Umzäunung, war die allgemein unsichere Lage außerhalb des Lagers und insbesondere die Versorgung mit Lebensmitteln, die nur innerhalb des Lagers gesichert war. Für Karl Bayer, der sprach- und ortskundig war, schienen das offensichtlich keine unüberwindlichen Schwierigkeiten zu sein, und so floh er aus Ghedi über Florenz nach Rom, ein für ihn natürliches Ziel.

Man kann die Flucht Bayers aus dem Kriegsgefangenenlager von mehreren Perspektiven aus betrachten. Es gibt die beliebte journalistische Perspektive, die vor allem die abenteuerlichen Aspekte in den Vordergrund stellt. So zählt Hansjakob Stehle, ein Mitarbeiter der Wochenzeitung »Die Zeit«, suggestiv auf: »So war der schlesische Priester Carl Bayer (1915-1977), ein kriegsgefangener Fallschirmjäger, aus dem norditalienischen Lager Ghedi geflohen, durch den Po geschwommen und hatte sich nach Rom durchgeschlagen, wo er bis zum Kriegsbeginn im ›Germanicum‹ studiert hatte...«[132]. Eine bedachtere Perspektive würde ihren Blick auf die faktische Situation Bayers richten: Im Gegensatz zu der großen Mehrheit der Mitgefangenen konnte er ein klares Ziel ansteuern, er sprach perfekt Italienisch und kannte die Wege, die ihn nach Rom führen würden. Die unbestimmbare Dauer der Kriegsgefangenschaft vor Augen, entschloß er sich zu dieser »abenteuerlichen« Flucht[133]. Wie man die Episode auch beurteilen mag, legalistisch oder pragmatisch, auf jeden Fall war mit der Flucht aus Ghedi das unmittelbare Kapitel »Krieg« im Leben Karl Bayers zu Ende. Fast drei Jahrzehnte später versuchte er in seinem »Curriculum Militare« eine kurze Bilanz dieser Jahre zu ziehen[134]. Diese Jahre, so merkte er eher ironisch an, zeichneten sich durch keine »heroischen Taten« aus. Seine militärische »Karriere« fand ihr Ende schon in den offiziellen Bestimmungen, die für einen Geistlichen galten. Den Grad eines Oberfeldwebels, den höchsten Grad, der für

---

131 Ebd. 52. In einem Bericht des IKRK hieß es: »Die Gefangenen schlafen auf dem Boden, zwei Mann in einem Zelt... Es gibt noch keine Duschen, die Gefangenen waschen sich in den Gräben...«
132 So Stehle im »Zeit«-Dossier, 10.
133 Vgl. SERENY 339. Interessanter- (oder auch peinlicher-)weise waren sich Bayers Gegner 1970 nicht zu schade, auch seine Flucht zur Sprache zu bringen und das in einer anachronistisch-legalistischen Weise.
134 Zum »Curriculum Militare« vgl. die Anmerkung 112.

einen Geistlichen erreichbar war, hatte er genau einen vollen Tag inne: er ist ihm am 1. Mai 1945 verliehen worden, am nächsten Tag gab es »um 14 Uhr« den Waffenstillstand auf dem Boden Italiens.

»In meiner Stellung als Dolmetscher bei Oberbefehlshabern, insbesondere während des letzten Jahres in der Abteilung der Fallschirmjäger, hatte ich Kenntnisse von vielen Geheimsachen (›cose riservate‹), doch hatte ich in diesen Jahren die Gnade oder das Glück weder einen einzigen Schuß abgeben zu müssen noch einen Befehl abzugeben, der eine militärische Aktion betraf.«[135]

Der ganze fünfjährige Dienst, so faßte Bayer zusammen, unabhängig davon, ob es sich um organisatorische, taktische, logistische oder operative Einheiten handelte, »trug zu meiner theologischen Bildung nichts bei«. Doch gaben ihm diese Jahre Erfahrungen, die bei der Arbeit nützlich wurden, die er als nächste auf sich nahm, der Fürsorge für deutsche Kriegsgefangene in Italien und seiner späteren Tätigkeit auf dem weltweiten Gebiet der organisierten Caritasarbeit.

Diese eher lakonischen Bemerkungen, deren Charakter in den Motiven für die Abfassung des Curriculum Militare zu suchen ist, lenken unseren Blick auf die kommenden Jahrzehnte im Leben Bayers. Welche Gliederungen man im folgenden auch vornehmen kann, die grundsätzliche Ausrichtung war immer klar: das rastlose Bemühen um die Fortentwicklung und die Organisation der caritativen Tätigkeit der christlichen Kirchen. In welchem Maße die Kriegsjahre mit ihren so unterschiedlichen Erfahrungen diese Arbeit prägen sollten, läßt sich allgemein nicht beantworten. Klar ist, daß die Kriegserlebnisse die Nähe Bayers zur »sozialen Frage« weiter vertieften, daß ihn der Verlust seiner schlesischen Heimat besonders sensibel machte für das, was später das »Jahrhundert der Flüchtlinge« genannt werden wird, daß auch seine grundsätzliche Einstellung, die effektive Hilfe über diplomatische Erwägungen zu stellen, in diesen Jahren ihre weitere Bestätigung erfuhr.

Diesen Stichworten gilt es im folgenden nachzugehen.

---

135 Ebd.

4. Die ersten Schritte zum Mann der Caritas (1945 bis 1949)

Einleitung

Als im Mai 1945 das Deutsche Reich seine »bedingungslose Kapitulation« unterzeichnete, bedeutete das für die meisten Völker Europas nicht nur das Ende eines der unseligsten Kapitel in der Geschichte der Alten Welt, sondern zugleich den Beginn einer neuen Epoche. Fast unmittelbar mit dem Ende des Zweiten Weltkrieges nahm eine Entwicklung ihren Anfang, die der Erde ein neues Gesicht gab und die bis in die Gegenwart hinein das Leben der Völker zutiefst prägt[136].

Sucht man nach Stichworten, die diesen Einschnitt beispielhaft auszudrücken vermögen, so fallen als erstes ein: die Trennung Europas – und mittelbar auch der Welt – in zwei machtpolitische Blöcke durch den »Eisernen Vorhang«; der Aufstieg der Supermächte USA und UdSSR zu Protagonisten der Weltbühne und ihr antagonistisches Spiel; der allgemeine Ruf nach Demokratisierung aller Lebensbereiche und seine partielle Verwirklichung; die ungeheure Entwicklung in den Bereichen der Technik und der Industrie.

Doch diese Stichworte wären einseitig, wenn man nicht sogleich hinzufügen würde, daß diese Entwicklungen auch ihre umfassenden Schattenseiten besitzen. Das Ideal der allgemeinen Mobilität wurde mit dem Leid von Millionen von Flüchtlingen, Vertriebenen und Umsiedlern konfrontiert. Der Verwirklichung der Menschenrechte in vielen Ländern entspricht ihre absolute Mißachtung in anderen; die Technisierung aller Lebensbereiche brachte neue, ungeahnte Gefahren mit sich, ganz zu schweigen von der Tatsache, daß die sittlich-moralische Entwicklung des Menschen bei weitem nicht Schritt halten konnte mit den Fortschritten der Wissenschaft und der Industrie. So ist das Signum der Nachkriegsjahre zutiefst zweideutig und letztlich nicht systematisierbar.

Die genannten Stichworte werden uns auch bei unserer Darstellung begleiten, die nun die folgenden fünf Jahre im Leben Karl Bayers betrachten wird. Dies nicht zufällig, denn Bayer geriet als ein führender Mitarbeiter der kirchlichen Betreuung der deutschen Kriegsgefangenen und der caritativen Organisationen des Vatikans in einen der Brennpunkte der Bemühungen, die Wunden des Krieges zu heilen und dem Nachkriegseuropa ein humaneres Antlitz zu verleihen. Äußerlich lassen sich diese Jahre in drei Hauptphasen unterteilen, die auch den Aufbau des Kapitels bestimmen werden: die kurze Übergangszeit aus dem Krieg und der Versuch, das Studium an der Gregoriana fortzusetzen; die

---

136 Die Revolutionen, die Ende der achtziger Jahre im Ostblock stattfanden, können in unserem Zusammenhang unberücksichtigt bleiben.

Tätigkeit bei Hilfsstellen für deutsche Kriegsgefangene in Italien vom Herbst 1945 bis Sommer 1947; die Tätigkeit bei der Pontificia Opera di Assistenza 1947 bis 1950. Diese Phasen geben jeweils den Schwerpunkt der Tätigkeit an, denn während der Gesamtzeit gab es vielfältige Verschränkungen in den Arbeitsgebieten.

Der Weg nach Rom und die Wege in Rom

Nachdem der junge Priester Karl Bayer seine Kriegsgefangenschaft eigenmächtig »verkürzt« hatte und schon nach wenigen Tagen aus dem Lager im norditalienischen Ghedi geflohen war, führte der Weg ihn wiederum nach Rom. Aus mehreren Gründen war dies für Bayer die einzig mögliche Lösung. Rechtlich war er illegal aus dem Lager geflohen; er besaß keine Entlassungspapiere, die ihm ein ungehindertes Reisen ermöglicht hätten. So mußte er das nächste ihm bekannte Ziel ansteuern, und dieses Ziel war nach sieben Germanikerjahren und nach mehreren Besuchen während des Krieges Rom und das Germanikum. Man kann schon hier anfügen, daß sich Bayer in diesen Jahren stets als Priester des Erzbistums Breslau gefühlt hat und immer die Absicht besaß, sich dem Breslauer Bischof für die Seelsorgetätigkeit im Bistum zur Verfügung zu stellen[137]. Doch konnte er im Mai 1945 bei einer völlig undurchsichtigen Situation in Deutschland nicht daran denken, in das besiegte Heimatland zurückzukehren. So führte ihn sein Fluchtweg in manchen abenteuerlichen Etappen[138] nach Rom in das Germanikum. Hier kreuzten sich seine Wege entscheidend mit denen des damaligen Leiters des Hauses, Pater Ivo Zeiger.

Pater Zeiger war durch die ganzen Kriegsjahre hindurch, 1939 bis 1945, Rektor des Germanikums, also auch schon im letzten Studienjahr Bayers. Während des Krieges lernte er den jungen Priester Bayer durch dessen mehrmalige Urlaubsaufenthalte in Rom und durch einen relativ regen Briefwechsel kennen. So verwundert es nicht, daß es nur kurze Zeit nach der Ankunft des »Landsers« Bayer dauerte, bis sich die beiden Männer im Germanikum näherkamen. Es war dann auch Pater Zeiger, der die ersten Weichen im Leben Bayers stellte, die in die Richtung der praktischen Caritas-Arbeit wiesen.

Doch zunächst ahnte Karl Bayer von all dem nichts. Wie er mehrfach in Briefen an Freunde versicherte, wollte er seinen Vorkriegsstudien »ein Jahr ruhiges Übergangsstudium« anfügen, bevor es dann in Deutschland mit der

---

137 Das kommt in vielen Briefen zum Ausdruck, so an seinen Wiener Bekannten S.R. vom 7.9.1946 und in mehreren Andeutungen an seine Mutter und Spiritual Herrmann.
138 Bekannte Bayers erzählen (archetypisch anmutende!) Episoden über seine gemeinsame Flucht mit einem Kameraden: Durchschwimmen des Po-Flusses, Wechsel der Kleidung bei Bauern u.ä.m.

Seelsorgearbeit losgehen sollte[139]. Dieser Wunsch war nichts Extravagantes, sondern schloß sich an eine Germaniker-Tradition an, die das Studium oft mit einem Doktorat der Theologie abschloß. Bayer wollte in diesem Jahr offensichtlich seine Promotionsarbeit in Angriff nehmen. Von dem bisherigen Studienverlauf her hatte er dazu die nötigen akademischen Vorbereitungen. Im Verlauf des Philosophiestudiums erreichte er nach den ersten beiden Jahren den Titel eines »Baccalaureus« und ein Jahr später das philosophische Lizentiat (1937). In der Theologie schloß er sein Vorkriegsstudium mit dem »Baccalaureus« ab. So waren die Voraussetzungen für die Wiederaufnahme des Studiums gegeben, und Bayer immatrikulierte sich an der Gregoriana für das Studienjahr 1945/1946. Sein erstes Ziel war das Lizentiat in Theologie. Hierzu legte er schon im Oktober 1945 die ersten schriftlichen und mündlichen Prüfungen ab. Doch damit war sein Versuch, das Doktorat in Theologie zu erlangen, bereits beendet, da ihm genau in demselben Monat andere, dringendere Aufgaben zufielen. Sicherlich ahnte Bayer nicht, daß er nie mehr die Gelegenheit bekommen sollte, sein Studium fortzusetzen; zum damaligen Zeitpunkt war es nicht im geringsten absehbar, daß der Weg, auf den er in diesen Oktoberwochen gewiesen wurde, seinen Lebensgang drei Jahrzehnte lang prägen sollte.

Das Studium nach 1945 blieb für Karl Bayer eine Episode. Wie er sich später selbst ausdrücken sollte, gab es zu jenem Zeitpunkt »wichtigeres« zu tun. Erwähnenswert bleibt, daß er noch viele Jahre später in einem großen Teil seiner Korrespondenz mit »Dr. Bayer« angesprochen wurde; dies aus der traditionellen Anschauung heraus, daß man sich einen Germaniker nur als promoviert vorstellen konnte. Für Karl Bayer spielte diese Frage jedoch nur kurzzeitig eine Rolle. Später hielt er sie nicht mehr für erwähnenswert.

Ivo Zeiger weist die Richtung: Hilfe für deutsche Kriegsgefangene

Man kann über die ersten Schritte Karl Bayers in der Welt der organisierten Caritas nicht sprechen, ohne zumindest kurz auf die Person des Jesuitenpaters Ivo Zeiger einzugehen, der so etwas wie ein »Geburtshelfer« für Bayer in diesem Bereich war. Ein Blick auf seine Vita in diesen Jahren kann den Hintergrund ausleuchten, vor dem Bayers Einsatz in der Kriegsgefangenen- und Deutschlandhilfe verständlich wird. Gleichzeitig wird ein Stück deutscher Nachkriegsgeschichte sichtbar, das sich nie in den Vordergrund gedrängt hat und doch Unschätzbares leisten konnte.

---

139 Brief an S. R. vom 7. 9. 1946.

Pater Ivo Zeiger

Ivo Zeiger, 1898 in Mömbris in Unterfranken geboren, trat 1921 in die Gesellschaft Jesu ein und wurde 1928 zum Priester geweiht[140]. Bei der Vorbereitung auf die Übernahme des kirchenrechtlichen Stuhles an der Gregoriana machte er eine tiefere Bekanntschaft mit Rom. Seit 1931 Professor, wurde er nach wenigen Jahren vom Orden für andere Funktionen abgezogen. 1937 wurde er Rektor des Berchmannskolleg in Pullach, dann in den schweren Kriegsjahren Rektor des Germanikums. Abgesehen von seinen priesterlich-pädagogischen Fähigkeiten, die manche zu dem Schlagwort von der »Zeiger-Generation« bewegten, ist er in die Annalen des Germanikums eingegangen als ein Promotor des großen Neubaus des Kollegs, der in die schwierigen Kriegsjahre hineinfiel[141].

In unserem Zusammenhang ist es bedeutsam, daß Pater Zeiger schon vor Kriegsende Kontakt mit deutschen Kriegsgefangenen aufnahm. Sobald die Kampffront über Rom hinaus nach Norden vorgerückt war, betraute Papst Pius XII. den italienischen Erzbischof Riberi mit der Seelsorge für die Deutschen. Ribieri sollte im Winter 1944/45 die Lager der Alliierten in Süditalien aufsuchen, um dort Gottesdienste zu halten und den Gefangenen seelsorglich beizustehen. Ihm wurde P. Zeiger zur Seite gestellt, um als Dolmetscher, Vermittler und Organisator zu wirken. Die Bewährung bei dieser Aufgabe, sein diplomatisches Geschick und sein Organisationstalent überzeugten Pius XII. endgültig von den Qualitäten Ivo Zeigers. »So wurden die Lagerfahrten durch Süditalien zum Vorspiel und zur Überleitung zu den Großaufträgen des Jahres 1945.«[142] Die »Großaufträge« des Papstes kamen unmittelbar nach Kriegsende. Nach dem Zusammenbruch des nationalsozialistischen Staates herrschten in Deutschland chaotische Zustände. Die Regierungsgewalt wurde von den Besatzungsmächten ausgeübt, das Land in vier Besatzungszonen aufgeteilt. Da die östlichen Provinzen des besiegten »Reiches« unter russische Verwaltung gestellt wurden, flüchteten von dort Millionen von Menschen in die westlichen Gebiete. Die Lage war völlig undurchsichtig, und den Papst, der zu Deutschland eine tiefe Beziehung hatte, drängte es, zuverlässige Nachrichten über die Situation zu erhalten. Auf seinen Nuntius Orsenigo konnte er hierbei nicht zurückgreifen, da sich dieser von den pausenlosen Luftangriffen der letzten Kriegsmonate nach

---

140 Die meisten Informationen zum Leben Ivo Zeigers wurden der Broschüre entnommen: Pater Ivo Zeiger SJ 1898–1952. Zur 25. Wiederkehr seines Todestages am 24. Dezember 1977. Mömbris 1977. Diese Broschüre vereinigt hochinformative Beiträge von I. Zeiger selbst und von namhaften Historikern. Leider fehlt eine durchlaufende Seitenangabe.
141 Vgl. ebd. Artikel von Ludwig VOLK, Zwischen Ursprung und Ferne: »Mitten im Zweiten Weltkrieg wurde der achtstöckige Großbau unter Anspannung aller Kräfte glücklich unter Dach gebracht, gerade drei Wochen vor dem Einrücken der Amerikaner in Rom Anfang Juni 1944.«
142 Ebd.

Eichstätt geflüchtet hat und somit von den Zentren des Geschehens abgeschnitten war. Hinzu kam erschwerend, daß Orsenigo wegen seiner nachgiebigen Haltung dem nationalsozialistischen Regime gegenüber nicht nur bei den Bischöfen umstritten war[143].

So wandte sich der Hl. Vater an Ivo Zeiger und trug ihm auf, eine Informationsreise durch das darniederliegende Deutschland zu unternehmen. Ende August 1945 machte sich Pater Zeiger auf den Weg und besuchte während einer strapaziösen Reise innerhalb von nur 18 Tagen 16 Bischofssitze. Was er an Eindrücken zusammentragen konnte, das schilderte er dem Papst in einem ausführlichen Bericht, der heute von hohem historischen Wert ist[144]. Der Historiker Ludwig Volk merkt zu dem Bericht an:

> »Demnach war sein Gesamtbefund trotz aller schweren Nöte, unter denen man in Deutschland seufzte, über Erwarten tröstlich. Von Verzweiflungswillen sei nichts zu spüren. Das Volk trage mit bewundernswerter Geduld die Leiden des verlorenen Krieges und die Drangsale der Besatzung. Allerdings werde die Größe und Tragweite der Niederlage von der Masse der Deutschen noch nicht überschaut. Gerade das aber mußte das positive Urteil wieder einschränken, weil die eigentlichen Prüfungen noch bevorstanden. Denn die Lawine der 12 Millionen Ostvertriebenen war erst im Anrollen und überstieg die menschliche Vorstellungskraft.«[145]

Pater Zeiger wollte nicht nur ein distanzierter Beobachter sein, sondern versuchte auch auf Hilfsaktionen hinzuweisen und weitergehende Möglichkeiten anzuregen. Unmißverständlich war der folgende Satz aus seinem Bericht, der »fast einem Appell gleichkam«[146]:

> »Es wird von höchster Bedeutung sein, daß der Hl. Vater auch dem deutschen Volk seine väterliche Liebe und Hilfe angedeihen läßt. Eine derartige Hilfeleistung, allen Haßgesängen der übrigen Welt zum Trotz, wird für alle Zeiten den tiefsten und wohltuendsten Eindruck im schwergeprüften Volk hinterlassen und eines der wirksamsten Mittel sein, um etwaigen Anfeindungen von kirchenfeindlicher Seite zu begegnen.«[147]

Pius XII. reagierte sogleich auf diesen Appell und griff die Vorschläge Zeigers auf. Insbesondere wurde die Frage der päpstlichen Nuntiatur angegangen. Der

---

143 Vgl. ebd.
144 Wiedergegeben in der zitierten Broschüre (s. Anmerkung 140), die sich auf »Stimmen der Zeit«, Mai 1975, bezieht.
145 Ebd. Artikel von L. Volk.
146 Ebd.
147 Aus dem Bericht I. Zeigers.

Vorschlag stand im Raum, daß ihr Sitz von dem provinziellen Eichstätt in die Frankfurter Gegend verlegt werden sollte, wo der amerikanische Oberbefehlshaber Eisenhower sein Quartier hatte. Bei all den Überlegungen wurde deutlich, daß der Papst, auch für den Fall einer neuen Vatikanmission in Deutschland, auf die Mitarbeit Ivo Zeigers nicht verzichten konnte. Damit wurde klar, daß sich Pater Zeiger für eine unbestimmte Zeit von Rom verabschieden mußte. Das betraf vor allem seine Funktion als Rektor des Germanikums, aber auch als Koordinator der Bemühungen, die deutschen Kriegsgefangenen in Italien seelsorglich zu betreuen. Diese Wende in der Biographie Ivo Zeigers hatte sehr bald Konsequenzen für das Leben Karl Bayers, der in den Sog dieses Revirements geriet. Doch wir verbleiben noch bei der Betrachtung des Weges von Pater Zeiger, da sein Einsatz für die Vatikanmission in Deutschland einen weiteren Hintergrund ausleuchtet.

Es war in den ersten Monaten nach der Kapitulation Deutschlands für den Vatikan nicht einfach, Hilfsmaßnahmen durchzuführen. Die Siegermächte sperrten sich gegen allzu eilige Hilfe für ein Land, das einen furchtbaren Krieg entfesselt hat und das in ihren Augen erst einmal »umerzogen« werden mußte. Die päpstliche Diplomatie rückte deshalb andere Ziele in den Vordergrund, um ihrer Arbeit einen Anfang geben zu können. Als ihre erste Aufgabe wurde die Betreuung von Millionen nach Deutschland verschleppten Fremdarbeitern angegeben.

»Aus diesem Grunde wurde für alle in Betracht kommenden Nationalitäten... ein eigener Geistlicher in den Stab der Mission aufgenommen. An ihre Spitze berief der Papst den Erzbischof Carlo Chiarlo (1881–1946), einen Diplomaten schon vorgerückten Alters, der, wie bald deutlich wurde, Mühe hatte, sich in den außergewöhnlichen Verhältnissen zurechtzufinden. Infolgedessen fiel die Hauptlast der größtenteils unvorhergesehenen Probleme auf die Schultern von P. Zeiger.«[148]

Als sich Ende Oktober 1945 die vatikanische Kolonne in Richtung Frankfurt in Bewegung setzte, ahnte sie noch nichts von den Schwierigkeiten, die in den ersten Wochen auf sie zukommen sollten: Hindernisse aller Art, komplizierte Verhandlungen mit den Amerikanern, Ungeschicklichkeiten seitens Erzbischof Chiarlos[149]. Glücklicher fiel die Entscheidung aus, die Vatikanmission zumindest provisorisch in dem Taunusstädtchen Kronberg unterzubringen. Dieses Provisorium war, wie viele Provisorien, sehr dauerhaft und die Vatikanvertre-

---

148 Ebd. Artikel von L. Volk.
149 Erzbischof Chiarlo war ein Diplomat der alten vatikanischen Schule, der die neuartigen Herausforderungen nicht überblicken konnte. Eine berühmte Episode, die das bewies, ist sein mißglücktes erstes Zusammentreffen mit General Eisenhower. Vgl. hierzu die Studie von BARRY, American nuncio, 57 f.

tung wirkte in Kronberg bis 1951. Nach einigen wichtigen Personalentscheidungen, die unter anderem die Besetzung des Nuntiuspostens mit dem amerikanischen Bischof Aloisius Muench betrafen[150], konnte die vielfältige Arbeit beginnen. Ivo Zeiger blieb hierbei nominell immer der »zweite Mann« hinter dem Missionschef, doch faktisch muß seine Tätigkeit in vielen Bereichen als führend bezeichnet werden. Das galt in einem ganz besonderen Maße für die ersten Monate der Mission. Nachdem Erzbischof Chiarlo im Januar 1946 aus Kronberg abgereist ist, um andere Aufgaben zu übernehmen, dauerte es noch Monate, bis mit Bischof Muench im Sommer 1946 ein Nachfolger eingetroffen war. In diesen schwierigen Monaten lag die Hauptlast der Arbeit auf Ivo Zeigers Schultern. Auch nach dem Eintreffen Muenchs wurde Pater Zeiger bis zum Jahre 1951 keine Atempause gegönnt; unermüdlich stellte er alle möglichen und unmöglichen Verbindungen her, die die ganze Bandbreite dessen umfaßten, was in jenen Jahren an diplomatischen, seelsorglichen und caritativen Herausforderungen bewältigt werden mußte.

Die Berufung von Aloisius Muench war für das katholische Nachkriegsdeutschland ein Glücksfall. In der Stellung eines amerikanischen Militärbischofs konnte er den Besatzungsmächten mit einer unvergleichlich gewichtigeren Autorität begegnen als sein Vorgänger Chiarlo, ja er bildete quasi »einen Teil der allmächtigen Militärregierung«[151]. So begannen vom Sommer 1946 an die päpstlichen Hilfslieferungen fast ungehindert nach Deutschland zu rollen: »Vom Sommer 1946 bis Sommer 1949 wurden nicht weniger als 950 Güterwaggons zu je 17 Tonnen mit Lebensmitteln, Kleidung, Wäsche und Hausrat nach deutschen Bahnhöfen abgefertigt, eine, gemessen an den Möglichkeiten des Vatikans, außerordentliche Anstrengung.«[152] In diesen Jahren war Ivo Zeigers Kraft in jeder Beziehung in Anspruch genommen. Als Kirchenrechtler war er dem deutschen Episkopat behilflich bei der Mitgestaltung der für die späteren Bundesländer entstehenden Verfassungen; er arbeitete Gutachten aus und erledigte eine umfangreiche Korrespondenz. Seine Name war darüberhinaus für manche findige Deutsche ein Synonym für schnelle Caritashilfe. »Es war für die Post darum auch keine Frage, wo sie ein Schreiben abzuliefern hatte, das die Adresse trug: Fräulein Ivo Vatikan, Kronberg.«[153] Freilich blieb Pater Zeiger für die Öffentlichkeit immer der zweite Mann hinter Bischof Muench, und er war der Kirche und dem Papst viel zu sehr verbunden, um davon je ein Aufheben zu machen. Einmal nur trat er ins Rampenlicht der öffentlichen Meinung, als er

---

150 Zu der wichtigen Person des amerikanischen Bischofs und Missionschefs Aloisius Muench vgl. ebd.
151 Vgl. Artikel von L. Volk ebd.
152 Ebd.
153 Ebd.

beim ersten Katholikentag nach dem Krieg in Mainz 1948 ein richtungweisendes Referat vortrug. Seither ist sein Name in der Öffentlichkeit zumindest durch seine Gleichung »Deutschland = Missionsland« berühmt geworden.

Der erste Großauftrag
In den wenigen Monaten seit seiner Rückkehr aus dem Kriege konnte sich Karl Bayer schnell akklimatisieren. Seine ursprüngliche Absicht, das Doktorat in Theologie zu erreichen, mußte er zwar schnell fallen lassen, doch die Aufgaben, die auf ihn zukamen, erschienen ihm zu dringend und zu notwendig, um verpaßten akademischen Chancen nachzutrauern. Davon geben persönliche Zeugnisse kund, in denen er von den auf ihn zugekommenen Herausforderungen sprach. Insbesondere der Ostern 1946 wiederaufgenommene Briefwechsel mit seiner Mutter[154], aber auch mit seinem geistlichen Vater Erich Herrmann, zeugen von diesem bedeutenden Einschnitt in seinem Leben. In einem Brief an seine Mutter vom Juli 1946 skizzierte Bayer die bisherige Entwicklung seiner Tätigkeit für deutsche Kriegsgefangene:

»Seit dem letzten Oktober habe ich hier die ›Hilfsstelle für deutsche Kriegsgefangene‹. Die Hauptarbeit liegt in Italien, wo noch über 50 Priester unter ca. 130000 Gefangenen, meist aus der Ostzone arbeiten. Um Weihnachten waren es noch über 200000. Außerdem können wir von hier aus einiges für unsere Gefangenen in Ägypten und jetzt auch ein wenig für die in Frankreich tun, wo noch über eine Million auf die Entlassung wartet. Neben der zahlreichen Post, durch die wir Trost, Hilfe, Rat und Auskunft erteilen können, besteht die Hauptarbeit hauptsächlich in der Versorgung der einzelnen Lagerpfarrer mit Büchern und Seelsorgematerial. Dazu kommen periodische Besuche in allen Lagern und Arbeitseinheiten, die zu Hunderten über ganz Italien verstreut sind. Ich habe zu diesem Zweck einen Wagen vom alliierten Hauptquartier und was vor dem Krieg nicht möglich war und während des Krieges nur unter gefährlichen Umständen wegen der Tiefflieger gemacht werden mußte, ist jetzt zur Wirklichkeit geworden: immer wieder bin ich kreuz und quer durch ganz Italien unterwegs. Von Neapel und Montecassino zurück, schreibe ich Dir diesen Brief, um in den nächsten Tagen nach Livorno und Mailand zu fahren. Dazwischenhinein liegt jedesmal ein Berg Arbeit hier

---

154 Frau Pauline Bayer durchlitt nach dem Kriege eine der vielen Odysseen, die »typisch« für Flüchtlinge aus den Ostgebieten war. Im Januar 1945 mußte sie Obernigk verlassen und flüchtete für die letzten Kriegsmonate nach Bockau im Erzgebirge. Nach Kriegsende flüchtete sie weiter über Görlitz bis nach Parchim bei Mecklenburg, wo sie in einem katholischen Kinderheim ein Zimmer fand, in dem sie 6 Jahre lang wohnen mußte. Karl Bayer nahm zu Ostern 1946 die Korrespondenz mit seiner Mutter auf, nachdem er sie in den ersten Nachkriegsmonaten aus den Augen verloren hatte.

auf dem Büro, das wie bei Sonnenschein nach dem ersten Weltkrieg alle Verarmten, Stellungslosen, Flüchtlinge, Verschleppte und Heimatlosen aller Nationen anzieht, die letztlich immer wieder auf die helfende Hand des Heiligen Vaters vertrauen. Leider ist die Not so riesig, daß auch ein doppelt so großer Helferstab bei den vorhandenen Mitteln nicht ausreichen würde.[155]

In diesen Zeilen wird in nuce die Arbeit Bayers in jenen Monaten umrissen. Nachdem Ivo Zeiger Ende Oktober 1945 Rom in Richtung Frankfurt verlassen hatte, übernahm Karl Bayer, oder Don Carlo Bayer, wie er von da an genannt wurde[156], seine Stelle als Leiter und Koordinator der Hilfe für deutsche Kriegsgefangene, insbesondere für solche, die sich auf italienischem Boden in den Lagern der Alliierten befanden. Theoretisch war diese Stelle den vatikanischen Autoritäten unterstellt, die sie auch zu einem großen Teil finanzierten. Bis Juli 1946 war Erzbischof Riberi als Beauftragter von Papst Pius XII. der Leiter der Kriegsgefangenenhilfe, später wurde sie direkt der Pontificia Opera di Assistenza (POA) unterstellt und bildete eine ihrer Sektionen[157]. Bayer wies jedoch mehrmals darauf hin, daß er in der alltäglichen Arbeit einen großen Handlungsspielraum besaß und selbständig arbeiten konnte[158]. Die Arbeit selbst war ein schwer definierbares Gemenge von caritativer Hilfe, seelsorglichem Beistand, Koordinationsaufgaben und diplomatischer Vermittlung. Im folgenden wollen wir diese Stichworte näherhin bestimmen.

Die deutschen Kriegsgefangenen in Italien waren zum größten Teil in den Lagern der Amerikaner und der Briten untergebracht. Nach Ende des Krieges gab es in den Lagern der Amerikaner etwa 300 000 deutsche (und teilweise auch italienische) Soldaten[159], in britischem Gewahrsam waren es rund 150 000[160]. Es ist eine allgemein bestätigte Tatsache, daß die Kriegsgefangenen auf dem Gebiet Italiens eine den Umständen entsprechend gute Behandlung erfuhren. Insbesondere die amerikanischen Lager boten sowohl im Hinblick auf die Verpflegung und Hygiene als auch bezüglich der religiösen und kulturellen Angebote humane Lebensmöglichkeiten. Delegierte des Internationalen Roten Kreuzes, die bald nach dem Ende des Krieges sehr viele Lager, auch Arbeitslager, inspiziert haben, beurteilten die Situation der deutschen Kriegsgefangenen in Italien als zumindest

---

155 Brief an die Mutter vom 3.6.1946.
156 Mit dem Beginn seiner caritativen Tätigkeit Ende 1945 wurde Bayers Vorname fast ausschließlich in der italienischen Form »Carlo« benutzt. Karl Bayer nahm selbst diese Form schnell an – ein erstes Zeichen der Entwicklung zum »Römer«!
157 Zur Einrichtung der POA vgl. den folgenden Abschnitt.
158 So in einem Brief an E. Herrmann vom 3.11.1946.
159 Vgl. Kurt BÖHME, Die deutschen Kriegsgefangenen, 47.
160 Vgl. Helmut WOLFF, Die deutschen Kriegsgefangenen, 81.

»satisfaisant« oder zum Teil gar »excellent«[161]. Trotz Härtefällen und mancherlei Mängeln ist der Schluß erlaubt, daß es den Gefangenen in den ersten Nachkriegsjahren weitaus besser erging als etwa ihren Familien in Deutschland.

Doch gerade diese Tatsache konnte die Insassen der Lager keineswegs beruhigen. Im Gegenteil, der Mangel an genauen Informationen und die Ungewißheit über die Lage ihrer Angehörigen zehrte stark an ihrer Psyche und bildete eine starke Belastung. Da sich der Postverkehr in der ersten Zeit nur schleppend entwickelte, war das Ausbleiben von verläßlichen Nachrichten für die meisten Gefangenen die größte Sorge, ja, der unbefriedigende Postverkehr war oft die einzige Klage, die den Delegierten des Roten Kreuzes vorgetragen wurde. »Zwar erlaubten die Amerikaner den Gefangenen regelmäßig zu schreiben, aber die chaotischen Verhältnisse in Deutschland verhinderten, daß die Post auch dort befördert wurde und Kontakte zustande kamen.[162]« Kontakte wurden auch durch die Tatsache erschwert, daß die Gefangenen Adressen ihrer Angehörigen verwendeten, die vor dem Kriege gültig waren, die aber durch die Kriegsereignisse längst eine Veränderung erfahren haben konnten. So gab es Gefangene, die ein Jahr nach Kriegsende immer noch keine Nachricht von Zuhause hatten. In besonderem Maße galt das für Familien, die in die sowjetische Besatzungszone geraten waren.

Diese Situation, verbunden mit der Ungewißheit über die endgültige Heimkehr, belastete die Gefangenen am meisten und hier mußte die Kirche mit ihrer Seelsorge einsetzen. Die Seelsorge umfaßte sowohl die klassischen Felder wie Gottesdienstgestaltung und katechetische Unterweisung als auch Felder, die mit der spezifischen Situation einer Kriegsgefangenschaft zusammenhingen. In den meisten italienischen Lagern gab es Geistliche, die Gottesdienste gestalten konnten. Die Aufgabe, die Carlo Bayer koordinierte, bestand in der Versorgung der Geistlichen mit dem notwendigen liturgischen und katechetischen Material, mit Bibeln, Meßkoffern und Liedblättern. Nach Möglichkeit ging die Hilfe noch darüber hinaus und bemühte sich nicht nur um die Seele, sondern auch um den Leib der Menschen. In Briefen an Bekannte sprach Bayer von größeren Büchersendungen, die es ihm zusammenzustellen gelang, von Musikinstrumenten und Handwerksmaterialien und immer wieder auch von Zigaretten, die in den Lagern eine besondere Art von Währung darstellten[163]. Unter den vielen Hilfsquellen, die Bayer erschloß, ragt die Hilfe des Vatikans heraus und hier insbesondere das persönliche Interesse von Papst Pius XII., dessen Zuneigung zum deutschen Volk sich auch nach der Katastrophe des Weltkrieges durchgehalten hatte. In

---

161 Vgl. Böhme ebd. 93.
162 Ebd. 97.
163 In einem Brief an den Schriftsteller Stefan Andres vom 29. 7. 1946 wies Bayer auf eine Büchersammlung in der Schweiz hin, die rund 20 000 Exemplare erbracht hatte. Er fügte hinzu: »Bleibt mir noch der Kampf um die Einfuhr nach Italien.«

einem Rückblick auf das erste Weihnachtsfest nach Kriegsende schrieb Carlo Bayer:

> »Wir planten die Weihnachtshilfe für die deutschen Kriegsgefangenen in Italien. Auf einem längs halbierten Kanzleibogen schrieb ich also auf der rechten Bogenhälfte nieder, was wir gern in die Lager bringen möchten. Der Bogen wurde in Audienz vorgelegt, und nach zwei Tagen füllten die linke freie Seite eine Anzahl Anweisungen: aus dem Privatmagazin kamen Meßkoffer für die Lagerpfarrer, Lebensmittel und Weihnachtskerzen; Tannenbäume für die südlichen Lager kamen aus Südtirol, und zwischen den Regalen der Vatikanischen Bibliothek durften wir eine Kiste mit 2,5 Millionen Zigaretten herausholen, eine Geschenksendung, die der Hl. Vater gerade aus Brasilien erhalten und wegen Platzmangel in der Vaticana hatte unterstellen lassen.«[164]

Eine weitere Aufgabe der Kriegsgefangenenhilfe betraf die Beförderung der Post aus den Lagern in die darniederliegende Heimat. In einem Papst Pius XII. gewidmeten Artikel merkte Bayer hierzu an:

> »Sollten wir nicht auch dankbar daran erinnern, daß Zehntausende in der Heimat das erste Lebenszeichen von Vater, Bruder und Sohn auf einem kleinen Blatt mit dem päpstlichen Wappen erhielten, als die Post noch keine Auslandssendung beförderte und Schreiben in den meisten Lagern verboten war.«[165]

Das alles waren kleine Schritte der Hilfe, keine weltbewegenden Ereignisse, und doch bildeten sie für die Kriegsgefangenen und ihre Familien Werte, die kaum zu überschätzen sind, halfen sie doch, die schwer erträgliche Ungewißheit über das Schicksal von Angehörigen zu beenden. Zu diesen kleinen Schritten zählten auch die Exerzitienkurse, die in den Lagern angeboten wurden, die Kalender, von denen zum Beispiel im Jahre 1945/46 rund 250 000 Stück verteilt wurden, und Angebote an katechetischen Veranstaltungen.

Bald nach Kriegsende setzte in den Gefangenenlagern ein erstes kritisches Nachdenken über die gerade verflossene »Vergangenheit« Deutschlands ein. Diese Prozesse setzten in den Enklaven, die die Lager bildeten, eher ein als in Deutschland selbst, da paradoxerweise die Strukturen des »normalen Lebens« in den Lagern hartnäckiger waren als in der Heimat mit ihrem täglichen Kampf ums Überleben[166]. In Gottesdiensten und in anderen religiösen Foren suchte man

---

164 Intercaritas, Februar 1956, 2f.
165 Ebd. 3. Der Artikel wurde aus Anlaß des Todes von Pius XII. verfaßt.
166 Dies betraf die gesicherte Versorgung der Gefangenen mit lebensnotwendigen Gütern, aber auch die militärische Hierarchie, die selbst im Lager zu einem Teil aufrechterhalten blieb.

vermehrt nach einer »Erklärung« dessen, was geschah, auch wenn dies in der ersten Zeit primär unter dem Gesichtspunkt der »Ent-schuldigung« geschah[167].
Einen wichtigen Teil seiner Zeit verbrachte Carlo Bayer damit, die deutschen Bischöfe zu begleiten, die es sich nicht nehmen ließen, die Kriegsgefangenen in den Lagern zu besuchen. In einem Brief an den damaligen Botschafter Rudolf Rahn vom März 1946 deutete Bayer diese Aufgabe an:

»Zur Zeit werden die großen Lager in Rimini, Livorno, Neapel und Tarent von je einem der Kardinäle besucht. Ich selbst begleitete Graf Preysing nach Rimini. Es wurde ein großes Erlebnis für unsere Männer, zum ersten Mal eine unmittelbare Stimme der Heimat zu hören. Graf Galen bereist seit letzten Montag die Großen R- und SS-Lager im Raum Bari und Tarent, Kardinal Faulhaber war von Montag bis Donnerstag in Livorno, Pisa und Florenz, Kardinal Frings fährt übermorgen nach Neapel. Die Alliierten kamen uns bei den tagelangen Verhandlungen zur Vorbereitung des Pfarrkonvents und der Kardinalsreisen in sehr großzügiger Weise entgegen. Trotzdem bin ich froh, wenn ich diese Tage hinter mir habe.«[168]

Bei seinen Besuchen der einzelnen Lager war Bayer offen genug, um die mannigfaltigen Aspekte des Kriegsgefangenendaseins wahrzunehmen. Bei einem Besuch im süditalienischen Foggia im Juli 1946 wies er auf den Ideenreichtum der gefangenen »Landser« hin, mit dem sie es verstanden, sich sowohl eine private Nische als auch einen Raum für das öffentliche Leben zu schaffen:

»Was an reizenden kleinen Wohnungen (mit Rauchecke, Skattischchen usw.) von findigen Landsern in einem amerikanischen Zelt untergebracht werden kann, läßt sich auch mit blühendster Phantasie kaum vorstellen. Nahezu jede Gruppe hat jetzt nicht nur ihre Betreuungsbaracke, sondern trumpft mit wahren Theatergebäuden auf, die teilweise mit versenkbaren oder drehbaren Bühnen ausgerüstet sind.«[169]

Freilich sah Bayer auch die vielen Schattenseiten des Lagerlebens. Insbesondere die Arbeiten, die die Gefangenen zu verrichten hatten, schienen schlecht organisiert, ja »planlos« zu sein. Das Lager in Foggia war in einem Sandgebiet bar jeder Grasnarbe errichtet worden, die Gefangenen litten unter der drückenden Hitze und den häufigen Sandstürmen. Bayer besuchte in dem Lager alle Arbeitsgruppen und konnte mit seinem Geschenk von 50000 Zigaretten den Gefangenen

---

167 K. BÖHME, ebd., faßt zusammen: »Das eben war es, was die Gefangenen hören wollten: daß sie nicht schuldig seien und keiner außer Gott sie richten dürfe.« (184)
168 Brief an Botschafter Rahn vom 2.3.1946.
169 Brief an Stefan Andres vom 29.7.1946.

Freude bereiten[170]. Die Besuche der Lager in den weiten Gebieten Italiens, die Begleitung der deutschen Bischöfe und die Koordination der direkt in den Lagern tätigen Priester kosteten Carlo Bayer mehr Zeit, als ihm lieb war. Denn seine Adresse in Rom, in der Via Piave 23, war mittlerweile zu einer Anlaufstelle unzähliger Personen und Briefschreiber geworden, die nach Rat und Hilfe suchten. Nach jeder seiner ausgedehnten Fahrten fand er seinen römischen Schreibtisch mit Briefen und Akten zugeschüttet. Bekannte und unbekannte Personen wandten sich an die Kriegsgefangenenhilfe, um Informationen über ihre Angehörigen zu erhalten, speziell auch, um die Freilassung eines Gefangenen zu erwirken. Zu weitreichenden Konsequenzen führte dabei ein Ersuchen des Schriftstellers Stefan Andres. Aus einer Anfrage über das Schicksal eines deutschen Kriegsgefangenen, die Andres im Mai 1946 an Carlo Bayer richtete, entwickelte sich innerhalb weniger Monate eine tiefe persönliche Sympathie, die schließlich zu einer lebenslangen Freundschaft führte.

In Positano, wo der Schriftsteller seit 1937 lebte, erfuhr er die tragische Geschichte eines Familienvaters, der, seit Jahren von der Familie getrennt, aus dem Lager in Bari in das Arbeitslager Foggia versetzt worden war. Diese Lebensgeschichte bewegte Andres so stark, daß er sich entschloß, einen engagierten und emotionalen Brief an die Kriegsgefangenenhilfe zu senden.

> »Ich möchte Sie nun bitten, lieber Herr Dr. Bayer, in dieser Sache beim Heiligen Vater zu intervenieren oder vielmehr, daß der Vatikan bei den Alliierten intervenirt. Ist es denn auch nur mit den bescheidensten Forderungen der Menschlichkeit vereinbar, daß man erklärte Nazis in die Heimat entließ und erklärte Gegner des Systems, die jahrelang aufrechte Deutsche und anständige Menschen blieben, nun zu rechtlosen Arbeitssklaven auf unbestimmte Zeitdauer macht? In bin in tiefster Seele empört und meine positive Einstellung zu den westlichen Alliierten mindert sich angesichts solcher himmelschreiender Barbarei beträchtlich. Ich denke, Sie werden verstehen, daß ich alles versuche, diese lieben und guten Menschen von ihrem unverdienten Schicksal zu erlösen, das Wort erlösen ist wirklich nicht zu stark.«[171]

Carlo Bayer reagierte sehr schnell auf diesen Brief und konnte Stefan Andres in dem angesprochenen, aber auch in mehreren anderen Fällen helfen. Nach kurzer Zeit ergaben sich enge persönliche Kontakte mit der Familie des Schriftstellers, der sich spätestens durch seine Erzählung »Wir sind Utopia« aus dem Jahre 1943 einen festen Platz in der Geschichte der deutschen Literatur erobern konnte. Im Juli 1946, im Zusammenhang einer Rundreise durch mehrere Kriegsgefangenen-

---

170 Vgl. ebd.
171 Brief von Stefan Andres an Bayer vom 23.5.1946.

lager Süditaliens, machte Bayer einen Abstecher nach Positano und besuchte die Familie Andres, die in dieser Gegend selbst zu einem Ansprechpartner der dort lebenden Deutschen geworden war. Dieser Besuch verlief so vielversprechend, daß sich schon in den folgenden Wochen mannigfaltige Kontakte anschlossen: gegenseitige Einladungen, Briefwechsel, Unternehmungen. In den für die Existenz des Schriftstellers schwierigen Nachkriegsjahren war Bayer fähig, Hilfe zu vermitteln, die sich von der Wohnungssuche in Rom bis zum Transport von Manuskripten erstreckte. Die so gelegten Wurzeln trugen lebenslang, und nach einem Umzug des Ehepaares Andres nach Rom im Jahre 1961 fanden sich schließlich Bayer und das Ehepaar unter dem Dach eines gemeinsamen Hauses in der römischen Via Domenico Silvieri[172].

Die Freundschaft zur Familie Andres ist beispielhaft für ein Signum in der Biographie Carlo Bayers, das sich auch in den ersten Jahren nach dem Kriege fortsetzte. Bayer war fähig, auf mannigfaltigen Ebenen Kontakte zu knüpfen, die zwar in seiner römischen Position ihren Anfang nahmen, aber rasch in freundschaftlichen Beziehungen ihre Fortsetzung fanden. Diese offene Art, den Menschen zu begegnen, ja die Weigerung Bayers, zwischen dienstlichen Funktionen und menschlichem Engagement zu trennen, wird uns im Laufe der Darstellung noch häufig begegnen. Sie stellt einen exponierten Teil des Charakters Carlo Bayers dar.

Eine Übersicht über Bayers Wirken in der Kriegsgefangenenhilfe wäre unvollständig, wenn man einen sehr spezifischen Bereich seiner Arbeit außer Acht ließe, der zwar keine Schlagzeilen machte, in dem jedoch Bayers Engagement wiederum überdurchschnittliche, persönliche Züge aufwies: seine Sorge um die Errichtung und um die würdige Pflege der Friedhöfe für die im Kriege gefallenen deutschen Soldaten. Die grundlegende Motivation lag sicherlich im eigenen Erleben des soldatischen Daseins begründet, in der Erfahrung, wie schmal der Pfad zwischen Leben und Tod in einem Krieg sein kann. Die allzuoft erlittene Erfahrung des Todes von jungen Kameraden, zu denen auch Mitbrüder aus dem Germanikum gehörten, machte Carlo Bayer sensibel für den Umgang mit den Toten. Seine Tätigkeit in der Kriegsgefangenenhilfe brachte ihn in Verbindung sowohl mit Angehörigen der Gefallenen, die nähere Informationen über die letzte Ruhestätte erhalten wollten, als auch mit Kriegsgefangenen, denen die Aufgabe zugeteilt worden war, Friedhofsanlagen für gefallene deutsche Soldaten anzulegen.

---

172 Über die Anfänge dieser Freundschaft geben insbesondere Briefe aus dem Jahre 1946 Auskunft. Die weitere Entwicklung wurde in einem Exposé verdeutlicht, das Dorothee Andres, die Witwe des Schriftstellers, für das im Aufbau begriffene Archiv des Wiener Europäischen Hilfsfonds verfaßt hatte.

In einem Artikel aus dem Jahre 1950 deutete Carlo Bayer die Dimensionen dieser Arbeit an:

»Von Sizilien bis an die Alpen ist Italien mit deutschen Soldatengräbern übersät. Seit der Landung der Alliierten auf Sizilien haben viele deutsche Soldaten ihr Leben lassen müssen, da die beiden hier eingesetzten deutschen Armeen in harten Kämpfen allmählich vom Süden nach Norden zurückweichen mußten. Die Gesamtzahl unserer Toten in italienischer Erde beträgt etwa 110000, einschließlich der Inseln des Mittelmeeres fast 120000.«[173]

Fünf Jahre nach Beendigung des Krieges gab es in Italien über 300 Friedhofsanlagen mit jeweils mehr als 150 Gräbern deutscher Soldaten und etwa 2000 kleinere Anlagen auf den jeweiligen Ortsfriedhöfen. Dazu kamen noch Tausende von Feldgräbern, die zum damaligen Zeitpunkt noch auf eine Erfassung und eine eventuelle Umbettung warteten[174]. Die grundlegenden Arbeiten der Zusammenbettung der Gefallenen wurden von den deutschen Kriegsgefangenen selbst vorgenommen, die sich in den Jahren von 1945 bis 1947 in amerikanischen und englischen Lagern in Italien befanden. Ein oft genanntes Beispiel hierfür ist der große Waldfriedhof in Cervia, in dem etwa 6000 Soldaten aus dem Kampfraum Cattolica–Rimini–Ravenna zu ihrer letzten Ruhe gebettet wurden. In diesem Falle waren es britische Kommandostellen, die die Errichtung einer solchen größeren Anlage genehmigten. Die in der »Enklave Rimini«[175] lebenden Kriegsgefangenen nahmen sich schon im Oktober 1945 dieser Aufgabe an, die ein Jahr später ihren vorläufigen Abschluß fand: 3800 Soldaten fanden dort ihre letzte Ruhestätte, von denen 2300 namentlich ermittelt werden konnten.

Carlo Bayer nahm regen Anteil am Verlauf der Arbeiten in Cervia, nicht zuletzt aus dem Grunde, weil dort auch Angehörige der Ersten Fallschirmjägerdivision begraben wurden, die in den Abwehrschlachten um Rimini gefallen waren, und er selbst auch in Fallschirmjägereinheiten eingesetzt war. Die persönliche Betroffenheit machte Bayer sehr empfänglich für Anfragen, die sein römisches Büro von Angehörigen der Gefallenen erreichten. So korrespondierte er im November 1946 mit dem Schriftsteller Ernst Jünger, dessen Sohn gleichen Vornamens in Italien gefallen ist. Carlo Bayer machte das Grab ausfindig und sandte ein Bild der Grabstätte der Familie Jünger zu. In seinem Brief spielte er auf das wohl berühmteste Buch Jüngers »Auf den Marmorklippen« an, um die

---

173 Anno Santo 1950, Heft 2 (Dezember 1949), 79.
174 Vgl. ebd.
175 Hinsichtlich der Kriegsgefangenen in der »Enklave Rimini« und einer präzisen Beschreibung der Arbeiten am Friedhof in Cervia vgl. die Schrift »Deutscher Ehrenfriedhof Cervia«, die bei H. WOLFF, ebd. 327ff. wiedergegeben ist. Vgl. auch ebd. 80–83.

näheren Umstände des Todes des Sohnes anzudeuten. In seinem Antwortbrief griff Ernst Jünger diesen Gedanken Bayers auf:

»Der Bezug auf die Marmorklippen, den Sie erwähnen, hat auch mich damals stark betroffen und erschien mir als einer jener rätselhaften Fingerzeige, die wir im Leben erhalten, ohne daß uns die Einsicht, sie auszudeuten, gegeben ist. Der Kompanieführer des Jungen schrieb mir, daß in der Landschaft dieser blendend weißen Klippen der Mensch weithin sichtbar und gefährdet sei. Viel Rätselhaftes ist noch um diesen Tod.«[176]

Die Anfragen prominenter und unbekannter Personen hinsichtlich der letzten Ruhestätte ihrer Angehörigen erreichten im Hl. Jahr 1950 ihren letzten Höhepunkt[177]. Eine bedeutende Anzahl der rund 100 000 Pilger aus Deutschland wollte den Rombesuch zum Anlaß nehmen, die Gräber der gefallenen Soldaten aufzusuchen, speziell auch das Grab eines Angehörigen. Freilich standen diesem verständlichen Wunsch große Hindernisse entgegen. Die Soldatenfriedhöfe waren auf ganz Italien verteilt, und die Pilger, die zum größten Teil in geschlossenen Gruppen anreisten, hatten ein durchorganisiertes, festes Programm. Diese Konstellation ergab sich fast zwangsläufig und hing zum wesentlichen Teil mit der Desivenknappheit in jenen Jahren zusammen. Man befand sich gerade fünf Jahre nach dem Ende eines zerstörerischen Krieges! Das deutsche Pilgerbüro in Rom, dem Carlo Bayer praktisch vorstand, fand in dieser Frage einen gelungenen Kompromiß. In das feste Programm eines Romaufenthaltes wurde ein Besuch des Soldatenfriedhofs in Pomezia bei Nettuno aufgenommen. Dieser Friedhof mit seinen rund 10 000 Gefallenen war der größte der in Italien angelegten deutschen Soldatenfriedhöfe. Sein Besuch sollte als stellvertretend für den Besuch aller anderen Friedhöfe betrachtet werden[178]. Diese Lösung wurde von der großen Mehrheit der Rompilger angenommen. Freilich war die Zahl derer, die nach einem ganz speziellen Soldatenfriedhof Ausschau hielten, immer noch beträchtlich. Mehr als 1000 diesbezügliche Anfragen hatte das Pilgerbüro, das eng mit der römischen Delegation des Volksbundes für Kriegsgräberfürsorge zusammenarbeitete, zu beantworten. Rückblickend stellte Carlo Bayer fest:

»Es war nicht immer einfach... Trotzdem hatte manche Frau und Mutter durch diese Vermittlung die Genugtuung und den Trost, am Grabe ihres Gatten oder Sohnes knien zu können. Rührend war die Hilfe mancher italienischen Lokalbehörde: Mit einem Empfehlungsschreiben des Pilger-

---

176 Brief Ernst Jüngers an Carlo Bayer vom 5.12.1947.
177 Den bedeutenden Aktivitäten Bayers im Hl. Jahr 1950 widmen wir ein eigenes Kapitel; hier soll nur dieser spezielle Bereich seiner Arbeit berücksichtigt werden.
178 Vgl. den Bericht im Anno Santo 1950, Heft 2 (Dezember 1949), 80.

büros bewaffnet und telegrafisch angemeldet, erschien die eine oder andere Pilgerin, im Reisen unerfahren und bar aller italienischer Sprachkenntnisse, in irgendeinem kleinen Ort. Pfarrer, Gemeinde und Ortspolizei überboten sich, um die Betreffende an das gesuchte Grab zu führen, das dann schon von unbekannter Hand mit Blumen überschüttet war.«[179]
Die vielfältigen Arbeiten der Kriegsgefangenenfürsorge sollten planmäßig im Sommer 1947 abgeschlossen sein. Im Februar merkte Carlo Bayer in einem Brief an die Mutter an: »In den nächsten drei Monaten werden alle Gefangenen aus Italien heimgekehrt sein.« Diese »im Prinzip« gelöste Frage war aber ein Jahr später noch nicht völlig abgeschlossen. »Immer wieder«, so Bayer in einem weiteren Brief, »fische ich in einem Lager einen heimatlosen prächtigen Kerl heraus, dem ich irgendwie den Weg in eine vernünftige Zukunft bahnen möchte. Aber die Möglichkeiten sind ja so scheußlich gering.« Noch im November 1948 mußte sich Bayer um Einzelne von diesen »Kerlen« kümmern. In einem Schreiben aus dieser Zeit setzte er alle Hebel in Bewegung, um die Repatriierung eines im Lager in Fraschette einsitzenden Kriegsgefangenen zu erreichen[180]. Freilich verschob sich zu dieser Zeit der Schwerpunkt der Arbeit Bayers auf eine weitere große Herausforderung: die Hilfe für das darniederliegende Deutschland im Rahmen seiner Aufgaben bei der Pontificia Opera di Assistenza.

Nachkriegshilfe für Deutschland und Deutsche: Mitarbeiter der Pontificia Opera di Assistenza

Als im Jahre 1948 der Präsident der Pontificia Opera di Assistenza (POA)[181], Ferdinando Baldelli, ein Gesuch an den Kapitelsvikar der Erzdiözese Breslau, Ferdinand Piontek, richtete, um den weiteren Verbleib Carlo Bayers in Rom sicherzustellen, wies er darauf hin, daß er Bayer schon seit Mai 1945 kenne. Dies war nicht verwunderlich, denn die Fürsorge für die deutschen Kriegsgefangenen in Italien, der sich Carlo Bayer in den Jahren von 1945 bis 1947 gewidmet hatte, vollzog sich in dem großen organisatorischen Rahmen des Päpstlichen Hilfswerkes. Dieses Werk, das man praktisch als die Caritas des Papstes und des Vatikans bezeichnen kann, wurde im Jahre 1944 von Pius XII. gegründet. Die Gründung

---

179 Ebd. Heft 15 (=Januar 1951), 744.
180 Brief Bayers vom 27.11.1948 an Dr. Josef Kreutzer aus dem Germanikum: »Der Betreffende war früher Mitglied der kath. Jugend Münchens und falls er noch nicht repatriiert wurde, müßten wir uns dahinterklemmen.«
181 Das Päpstliche Werk trug bei seiner Gründung den Namen Pontificia Commissione di Assistenza (PCA), später wurde die Bezeichnung Pontificia Opera die Assistenza üblich. Wir verwenden die Abkürzung POA.

war eine Reaktion auf die direkte Gefährdung der Stadt Rom durch die Wirren des Krieges, speziell auch in den Monaten des Rückzuges der deutschen Truppen aus dem Süden Italiens. In einem Gedenkartikel, den Carlo Bayer aus Anlaß des Todes von Pius XII. verfaßte, ging er auch auf diese Gründung ein:

»Die Fronten der Kriegsgegner versteiften sich im Raum von Cassino und Nettuno. Dörfer und Städte gingen in Flammen auf und die obdachlos gewordene Zivilbevölkerung füllte die nach Rom führenden Konsularstraßen. In dieser Stunde besonderer Not rief Pius XII. Msgr. Baldelli als Caritasdirektor an seine Seite und setzte die Päpstliche Hilfskommission ein zur Betreuung der Flüchtlinge und Obdachlosen in Rom und den kriegszerstörten Gebieten.

Transportstaffeln wurden im Vatikan aufgestellt; Bäckerei, Magazine und andere Einrichtungen dieses kleinen Staates erhielten über Nacht Aufgaben, die selbst für Kriegszeiten nicht vorausgesehen, geschweige denn geplant waren. Aber ebenso wenig war damals im Jahre 1944 vorauszusehen, daß diese Hilfskommission in kurzer Zeit zur umfassenden Caritasorganisation Italiens wachsen sollte...«[182].

Die rasche Entwicklung der päpstlichen »Kommission« zu dem großen caritativen Werk der Pontificia Opera di Assistenza ist unlösbar mit Ferdinando Baldelli verbunden, einer Persönlichkeit, die fast zwei Jahrzehnte lang das caritative Wirken Carlo Bayers wohlwollend begleitet hat. Daß Pius XII. gerade Baldelli auf diese Position berufen hatte, war kein Zufall, denn dieser 1886 in Pergola geborene Priester galt zu diesem Zeitpunkt schon lange als Pionier der kirchlichen caritativen Arbeit. Insbesondere war die Gründung der ONARMO, einer Arbeiterorganisation, die man im weiten Sinne mit der deutschen KAB vergleichen kann, seine große Leistung, die segensreich das schwierige Verhältnis der Arbeiter zur katholischen Kirche beeinflußt hat[183]. Ferdinando Baldelli, der 1959 zum Bischof ernannt wurde, war als Haupt des Päpstlichen Werkes ein Meister des Ausgleichs, der mit großer Übersicht die theoretischen Forderungen der christlichen Caritas mit den tatsächlichen Möglichkeiten in Einklang zu bringen suchte. Freilich hinderte ihn das nicht, noch als Bischof deutliche Töne einzuschlagen: »Die Sozialenzykliken sind in den Bibliotheken geblieben, wo sie der Bücherwurm frißt«, sagte er oft, und: »Einmal wird alles explodieren, wenn wir nicht endlich das Evangelium leben, wenn wir dem Wörtchen ›io‹ nicht ein ›d‹ voraussetzen, so daß aus ›io‹ ›Dio‹ wird.« Diese lebensnahe Pragmatik verband

---

182 Intercaritas, Februar 1956, 2. Weitere, allerdings subjektiv gefärbte Hinweise und Eindrücke bei Pascalina LEHNERT, Ich durfte ihm dienen, 102ff.
183 Die »Opera Nazionale Assistenza Religiosa e Morale Operai« wurde von Baldelli 1926 gegründet. Sie übernahm seelsorgliche und caritative Aufgaben im Dienste der Arbeiter.

Ferdinando Baldelli mit Carlo Bayer, und Bayer achtete ihn sehr als einen Grandseigneur der kirchlichen Caritas[184].

Als Leiter der Kriegsgefangenenseelsorge war Carlo Bayer bis Sommer 1946 direkt dem vatikanischen Staatssekretariat unterstellt, ab Juli 1946 bildete seine Stelle eine der Sektionen der POA, unterstand somit der Oberaufsicht Baldellis. Die für viele Anfragen aus Deutschland so wichtig gewordene Adresse »Via Piave 23« war natürlich nur Bayers Dienstadresse, der seit der Rückkehr aus dem Kriege ein Unterkommen bei zwei für deutsche Priester vorzüglichen römischen Adressen fand. In der Übergangszeit fand er eine Wohnmöglichkeit im Germanikum, später wurde er Mitglied des Priesterkollegs des Campo Santo Teutonico und wohnte bis zum Jahre 1963 in dessen Räumlichkeiten[185]. Beide Bereiche, sowohl die Diensträume in der Via Piave als auch die Wohnung im Priesterkolleg gegenüber der Sakristei des Petersdomes (Via della Sagrestia!), waren – nach den heutigen Maßstäben beurteilt – von einer großen Schlichtheit geprägt, doch wie es Bayer im Juni 1946 der Mutter gegenüber audrückte: »Ein Dach überm Kopf und keinen Hunger zu leiden, das ist in der heutigen Zeit wahrhaft schon ein großes Geschenk«! Die Selbsteinschätzung Bayers in dieser Zeit, wie sie vor allem in Briefen an seine schlesischen Bekannten zum Ausdruck kam[186], berührt zwei grundsätzliche Pole. Die eine Seite betraf die Vielfalt und die Menge der Aufgaben, die in den ersten Nachkriegsjahren auf ihn zukamen: neben dem Schwerpunkt der Kriegsgefangenenseelsorge waren es die Deutschlandhilfe im Auftrag des Vatikans, aber auch die administrativen Aufgaben, die sich innerhalb einer umfassenden Organisation wie dem Päpstlichen Hilfswerk nicht vermeiden ließen. Diesen Belastungen gegenüber stand jedoch die Freude, die sich aus einer als notwendig und segensreich angesehenen Tätigkeit ergab. Selbstironisch wies Carlo Bayer oft auf sein großes Vorbild, den Großstadtseelsorger und Sozialethiker Carl Sonnenschein, wenn er seinem geistlichen Vater, Erich Herrmann, gegenüber bekannte:

»Mehr Durcheinander kann Sonnenschein auch kaum gehabt haben, nur hat er sicherlich mehr zustandegekriegt. Aber wir schaffen eben so gut es geht.«[187]

---

184 Grundlegende Informationen zur Person Baldellis wurden der italienischen Monatszeitschrift des POA »Caritas« vom August–September 1963 entnommen. Hier auch eine Würdigung Baldellis von Carlo Bayer (S. 16).
185 Das Kollegsleben Bayers wird uns in einem eigenen Abschnitt beschäftigen.
186 Da Bayer viele persönliche Briefe mit einem Durchschlag geschrieben hat, ist uns eine Auswahl seiner Briefe, gerade auch der Privatkorrespondenz, zugänglich, die sonst verloren gegangen wäre.
187 Brief an E. Herrmann vom 3.11.1946.

Die Einbindung in die Gefangenenseelsorge und in die Deutschlandhilfe brachte Carlo Bayer in die direkte Umgebung von Papst Pius XII., der als ehemaliger Nuntius in Deutschland auch als Papst regen Anteil am Schicksal der Deutschen nahm und dessen persönliche Zuneigung zu Deutschland allgemein bekannt war. So war auch nach dem furchtbaren Geschehen des Zweiten Weltkrieges der Blick des Vatikans auf das darniederliegende Deutschland gerichtet, und die päpstlichen Hilfssendungen waren unter den ersten, die nach Deutschland geschickt wurden[188]. Dies geschah bereits im Sommer 1946. Nachdem der Vatikan schon im Verlaufe des Krieges durch sein »Ufficio Informazioni« Auskunft gegeben hatte über das Schicksal von vermißten deutschen Soldaten, erkundigte sich der Deutsche Caritas Verband im Juni 1945, ob das Päpstliche Hilfswerk bereit wäre, auch in Deutschland zu wirken. Etwa ein Jahr später, nach Beseitigung mancher politischer und organisatorischer Hürden, lief die Hilfe des Vatikans in großem Umfang an.

»Lebensmittel, Medikamente, Kleidung wurden vom Privatmagazin des Papstes... teils als Eigengaben, zum größeren Teil in Vermittlung für ausländische Spender nach Deutschland gesandt, erst mit Lastwagenkonvois und Militärzügen der US-Army, später mit sogenannten Blockzügen des IRK. Durchschnittlich acht Waggons Liebesgaben fertigte das Privatmagazin 1946 und 1947 monatlich ab, wobei 40 italienische Frauenklöster ihre Dienste, beispielsweise im Herrichten von Kleidungsstücken, zur Verfügung stellten.«[189]

Gestützt auf Erkenntnisse der vatikanischen Mission in Kronberg wurde die Vatikanhilfe gezielt nach Deutschland vermittelt. Die Mission berichtete in der ersten Phase der Hilfe, daß die Spenden aus den Vereinigten Staaten zwar die Menschen der amerikanischen Zone erreichten, nicht aber die Bevölkerung der französischen Zone. So war die erste größere Lebensmittelspende, welche die französische Zone erreichte, eine Sendung des Papstes. Sie traf am 30. Juli 1946 unter der Führung des Jesuitenpaters Riedel in Freiburg ein und wurde in neun großen Lastwagen transportiert, die die Aufschrift »Vatican City« trugen[190]. Es war für diese Spende wie für die meisten vatikanischen Spenden typisch, daß sie sehr hochwertige Güter enthielt. So umfaßte die erste Sendung, die in Freiburg ankam, rund 20 Tonnen Weizenauszugmehl, Zucker, kondensierte Milch, Butter, Fleisch, Kaffee und Kakao. Im Oktober desselben Jahres kam in Freiburg die zweite Spende aus dem Vatikan an, die rund 40 Tonnen Lebensmittel und

---

188 Hinweise über die Anfänge der Hilfe bei Hans-Josef WOLLASCH, Humanitäre Auslandshilfe für Deutschland, 26–28. Vgl. auch 21–26.
189 Ebd. 56.
190 Vgl. die Berichte aus dem Nachlaß von Erzbischof Konrad Gröber, Faszikel 58.57 (= Erzbischöfliches Archiv Freiburg).

Kleider umfaßte. Ein zeitgenössischer Bericht deutete den weiteren Weg dieser Hilfe an:

»Der Heilige Vater hatte bestimmt, daß die Nahrungsmittel an die notleidende Bevölkerung, insbesondere an die Flüchtlinge, und zwar ohne Ansehen der Religion und Herkunft verteilt werden sollten... Die Gaben wurden auf die einzelnen Diözesen in der französischen Zone verteilt und gelangten über die Caritasverbände an die Krankenhäuser, Altersheime, Kinderheilanstalten, Notküchen und sonstige Brennpunkte und Sammelbecken der Not.«[191]

Neben Lebensmittel- und Kleiderhilfe gelang es den vatikanischen Stellen oft auch, auf spezifische Anfragen einzugehen; so erhielt 1947 Erzbischof Gröber von Freiburg eine Sendung Insulin, welche die Versorgung sämtlicher Zuckerkranker des Landes Baden für mindestens ein Jahr sicherstellte[192].

Die Auswahl und die Zusammenstellung der Güter sowie der Transport nach Deutschland oblagen einigen vatikanischen Stellen und Gemeinschaften, die im Auftrag des Vatikans arbeiteten. Die Verteilung der Hilfsgüter innerhalb Deutschlands nahmen die Caritasverbände der einzelnen Diözesen auf sich. Fragt man nun nach den Gesamtzahlen der vatikanischen Hilfe, die auf diesen Wegen vonstatten ging, so ergibt sich eine Zahl von rund 8000 Tonnen Güter für alle vier Zonen Deutschlands. Die französische Zone, die kleinste Besatzungszone, erhielt bis zum Herbst 1950 26 Spendensendungen des Vatikans mit einem Gesamtgewicht von rund 1000 Tonnen. Hinzu kamen aber auch Aktionen und Hilfen, die man in andere Kategorien einordnen muß, wie die Vermittlung von Erholungsfahrten für Kinder oder die Bereitstellung religiöser Literatur und seelsorglicher Materialien[193].

Als Mitarbeiter der deutschen Sektion des Päpstlichen Hilfswerkes war Carlo Bayer an vielen der hier skizzierten Aktionen beteiligt. Als prägend für diesen Zeitabschnitt muß seine erste Nachkriegsfahrt nach Deutschland angesehen werden, die er als Begleiter eines der ersten Lebensmitteltransporte des Vatikans im September 1946 unternahm. Diese Fahrt, deren Ziel München war, führte Bayer nach drei Jahren wieder nach Deutschland und überschüttete ihn innerhalb einer kurzen Zeit mit einer Fülle von Eindrücken. Der erste Eindruck war für ihn deprimierend: »Menschen und Landschaften sind kaum noch wiederzuerkennen. Und auch die Aussichten für die Zukunft noch so bedrückend«, schrieb er in einem in diesen Tagen verfaßten Brief an die Mutter[194]. Doch

---

191 Ebd. Bericht vom 23.5.1947.
192 Vgl. WOLLASCH, ebd. 57.
193 Vgl. ebd.
194 Brief an die Mutter vom 19.9.1946. Absendeort Kronberg/Taunus – der Sitz der damaligen vatikanischen Mission.

diesem allgemeinen Eindruck stand eine Reihe von persönlichen Begegnungen gegenüber, die den Akzent verschoben. In der vatikanischen Mission in Kronberg traf Bayer Pater Zeiger wieder, der ihm ein Jahr zuvor den Weg in die Betreuung der deutschen Kriegsgefangenen eröffnet hatte und der in jenen Monaten zu einer Schlüsselfigur in der Beziehung des Vatikans zu den deutschen Bischöfen geworden war. Überraschenderweise traf Bayer während dieses Deutschlandbesuches auch wichtige Persönlichkeiten seiner schlesischen Heimat. In Eichstätt warteten auf ihn der Kapitelvikar Ferdinand Piontek, der Interimsverwalter der Erzdiözese Breslau[195], und Prälat Johannes Jedin, ein angesehener Breslauer Pädagoge und Kurator der schlesischen Borromäerinnen[196]. Jedin fand zusammen mit Erich Herrmann in den ersten Nachkriegsjahren ein Unterkommen im Haus der Borromäerinnen in Görlitz-Rauschwalde, und so konnte er Bayer wichtige Auskünfte über das Schicksal gemeinsamer Bekannter geben. Er nahm auch Päckchen entgegen, die Bayer für seine Mutter und Erich Herrmann zusammengestellt hatte. »Man ist ja heute bescheidener als früher«, kommentierte Carlo Bayer die kleine Päckchenaktion in einem Brief an Spiritual Herrmann.

Die kurze Deutschlandfahrt barg für Bayer noch weitere Überraschungen, die ihn an seine Heimat erinnerten. Auf dem Heimweg von Regensburg nach Eichstätt erkannte er plötzlich zwei Bekannte aus Obernigk, »zwei Obernigker Gesichter mit ihren Einholtaschen, genauso wie wir manchmal aus dem Wald heimzogen«[197]. Bayer erkannte eine Frau namens Brössling, die er unvermittelt mit dem Ausruf »Maria!« begrüßte; der Anfang eines kurzen und intensiven Austausches über das Schicksal Obernigks! Auf dem Rückweg suchte er darüberhinaus die ihm liebgewordene Familie Steichele in Garmisch auf, mit der ihn seit den Tagen der politischen »Schulung« in Percha und der Zeit seines römischen Studiums eine Freundschaft verband. Ein anvisierter Besuch bei Prälat Zender kam nicht zustande, da sich die Benzinvorräte dem Ende zuneigten. In einer Reflexion über diese erste Deutschlandfahrt nach dem Ende des Krieges sprach Bayer zwar von einer »gehetzten Fahrt«, doch waren ihm die Erlebnisse und die Erkenntnisse dieses Aufenthaltes sehr kostbar. Nicht zuletzt bekam er als Breslauer Diözesane unmittelbaren Kontakt zu der Leitung der Breslauer »Restdiözese«, und Kapitelvikar Piontek ermutigte ihn, seine Tätigkeit für die Kriegsgefangenen und das Päpstliche Hilfswerk fortzusetzen. Trotz dieser Konstellation ahnte Carlo Bayer keineswegs, daß er auch die kommenden Jahrzehnte in Rom verbringen würde. In Briefen aus jener Zeit drückte er seine Ungewißheit über seinen zukünftigen Weg als Priester aus. Er wolle sich, so merkte er im Februar 1947 in Obernigk an, bei verschiedenen Stellen in

---

195 Grundinformationen zur Person Pionteks in: Schlesische Priesterbilder Bd. 5, 23 ff.
196 Vgl. ebd. 153 ff.
197 Brief an die Mutter vom 1.11.1946.

Deutschland orientieren, um etwas Geeignetes zu finden. Doch gerade in diesen Monaten wartete auf ihn in Rom eine Menge Arbeit, da er sich intensiv in die Deutschlandhilfe des POA hineinarbeiten mußte. Und der Alltag bestand nicht aus erlebnisreichen Auslandsfahrten, sondern aus der Bearbeitung von Hilfsgesuchen, Erledigung von Korrespondenz und Herstellung von Kontakten zu den einzelnen deutschen Bistümern und ihren Caritasverbänden. Beispielhaft für die Form dieser unspektakulären und doch notwendigen Alltagsarbeit mag hierbei die Anfrage Bayers an den Freiburger Domkapitular Alois Eckert genannt sein. Im Oktober 1948 wies er »im Auftrage des Privatmagazins seiner Heiligkeit« auf eine größere Kleiderspende für Deutschland hin:

> »Nunmehr ist wiederum eine größere Kleiderspende eingetroffen, deren Sortierung und Instandsetzung ungebührlich lange Zeit in Anspruch nehmen würde. Es wird deshalb erwogen, die Ballen, so wie sie hier eintrafen, sofort weiterzusenden in der Hoffnung, daß die örtlichen Caritasstellen mit Hilfe ihrer Nähstuben und Schwesterngemeinschaften diese Arbeit selbst übernehmen können. Auf diese Weise wäre es möglich, daß ein großer Teil der Sachen noch vor Weihnachten zur Verteilung gelangt... Ich bitte daher um schnellste Mitteilung, ob Sie mit der Übersendung von 2 Waggons Kleiderballen einverstanden sind und die Möglichkeit zur Durchsicht und Verarbeitung der Sachen finden können, bevor sie zur Verteilung gelangen.
>
> Mit freundlichem Caritasgruß
> Don Carlo Bayer
> Città del Vaticano,
> Via della Sagrestia 17«[198].

In diesem Falle wurde Carlo Bayer zwei Wochen später die erbetene Antwort zuteil mit der Bitte, die angesprochene Kleidung nach Freiburg zu schicken[199]. Solche und ähnliche unspektakuläre Fälle bildeten einen wichtigen Teil der Tätigkeit Bayers beim POA, doch wäre er nicht der gefragte »Don Carlo«, wenn er sich damit zufrieden gegeben hätte. Auf seinem Schreibtisch landeten Hunderte von Anfragen, die ganz speziell zu ihm den Weg suchten. Daran wurde deutlich, daß in der Päpstlichen Hilfsstelle der »ND-er Bayer« oder der »Schlesier Bayer« saß und nicht ein gesichtsloser Beamte. Dieser Teil seiner Tätigkeit soll an einigen konkreten Beispielen veranschaulicht werden.

Daß Carlo Bayer von seinen Aktivitäten im Bund Neudeutschland stark geprägt worden ist, klang schon mehrmals an – und auch er selbst wies in

---

198 Das Dokument ist leicht einsehbar bei WOLLASCH, ebd. 258f.
199 Vgl. ebd.

Rückblicken auf sein Leben immer wieder darauf hin[200]. Als die Arbeit des Bundes bald nach dem Kriege wiederaufgenommen wurde, blickte Bayer mit Interesse sowohl auf die Aktivitäten ihm bekannter Personen als auch auf die Fortentwicklung des Bundes im Ganzen. Vor allem aber war es ihm möglich, dem Bund bei der Organisation der ersten größeren Treffen zu helfen. In einem besonderen Maße galt dies für das große Treffen des »Jüngerenbundes« im August 1947 in Wörth, wo Carlo Bayer einen Waggon mit Lebensmitteln für die Verpflegung der 700 Teilnehmer vermittelte. Seit diesem Zeitpunkt assoziierte man »Rom« nicht zuletzt auch mit Carlo Bayer[201]. Auf dem Wörther-Treffen wählte man ihn zum »Bundeskanzler« dieser Bewegung, eine Position, die man sinngemäß mit Generalsekretär übersetzen kann. Bayer nahm diese Wahl prinzipiell an, verwies aber auf seine weitgehenden römischen Verpflichtungen. Er war bereit, von Rom aus die Arbeit des Bundes zu unterstützen; eine Zusage, die er vor allem in den ersten Nachkriegsjahren, so beim ersten Gesamttreffen des Bundes in Bad Brückenau in der Osterwoche 1948, einhalten konnte.

Vor welche schwierigen Probleme die Deutschlandhilfe insgesamt ihre Protagonisten auch stellte, die Hilfe für die unter russischer Besatzung stehende östliche Zone war ein extrem schwieriger Fall. Im Gegensatz zu den drei westlichen Zonen war hier eine Hilfe im größeren Ausmaß überhaupt nicht möglich, und die Personen, die hier helfen wollten, mußten ihren ganzen Scharfsinn einbringen, um in kleinsten Schritten vorwärtszukommen. Daß es Carlo Bayer schmerzte, daß gerade »seine« Breslauer Erzdiözese von der Hilfe im größeren Stil ausgenommen werden mußte, ist selbstverständlich. Doch suchte er seine Hilfe den vorgegebenen Zwängen anzupassen, wie merkwürdig sie auch sein mochten. Zwei auffallende Beispiele seien hier genannt. Nach dem Ende des Krieges fand sich die Breslauer Bistumsleitung in einer prekären Situation. Kardinal Bertram starb nur wenige Monate nach Kriegsende, und dem Interimsregenten, Kapitelvikar Piontek, wurde unter fragwürdigen Umständen die Jurisdiktion der von Polen verwalteten Gebiete des Bistums durch den polnischen Kardinal Hlond entrissen. Es dauerte bis März 1947, daß Ferdinand Piontek die Betreuung der »Restdiözese« von Görlitz aus übernehmen konnte. Der Breslauer Generalvikar hingegen, Josef Negwer, beteiligte sich in den Nachkriegsjahren am Aufbau eines Generalvikariats in Erfurt. Dies alles geschah unter extrem schwierigen Bedingungen, und Carlo Bayer bemühte sich von Rom aus, den Leitern des deutschsprachigen Teils des Bistums zu helfen. War es oft nur eine kleine, persönliche Hilfe, so war sie für die isolierten Geistlichen

---

200 Beispielhaft erschienen die Ausführungen Bayers in seiner Ansprache anläßlich seines 60. Geburtstags, München 15. 2. 1975. Die Ansprache wurde auf Tonband festgehalten. Bayer sprach von großen Vorbildern und von Prägung.
201 Das kommt im Brief des ND-Archivars Hanns Striefler an den Verf. zum Ausdruck. Brief vom 8. 7. 1989.

dennoch ein Ausdruck ihrer Einbindung in das Gesamtgefüge der katholischen Kirche. In den Jahren 1947 und 1948 korrespondierte Bayer mehrmals mit Prälat Negwer, um das Erfurter Generalvikariat mit der notwendigsten kanonistischen Literatur zu versorgen. Nach Negwers Darstellung mußte sich das Generalvikariat häufig mit Eheprozessen beschäftigen, doch gab es an Ort und Stelle keinerlei Fachliteratur. Das benachbarte Bistum Fulda zeigte sich in jener Zeit den Wünschen der Thüringer gegenüber verschlossen:

»Wäre es möglich, mir die Eheprocessordnung für Diöcesangerichte zu besorgen? Wir haben doch hier in Thüringen ein eigenes Generalvikariat und haben viel mit Ehesachen zu tun, da fehlt einem das Handwerkzeug auf Schritt und Tritt und von Fulda bekommen wir nichts.«[202]

Carlo Bayer ging nach Möglichkeit auf solche Wünsche ein und gab Rombesuchern die gewünschte Literatur mit: kanonistische Literatur, die päpstlichen Jahrbücher »Annuario Pontificio«, die Acta Apostolicae Sedis. Hinzu kamen auch Breviere, Talare und finanzielle Beihilfen im kleineren Rahmen[203].

Einen ganz anderen, nicht minder wichtigen Aspekt seiner Verbundenheit mit Schlesien zeigt Bayers Kontakt mit Friedrich Bischoff, einer der bedeutendsten Persönlichkeiten Schlesiens in der Literatur- und Kulturwelt. 1896 im schlesischen Neumarkt geboren, lavierte Bischoff zwischen einer erfolgreichen schriftstellerischen Laufbahn[204] und seiner Liebe zum Rundfunk. Ende der zwanziger Jahre setzte sich die Liebe zu dem damals noch neuen Medium Rundfunk durch, und der literarische Leiter der »Schlesischen Funkstunde« (1925) wurde 1929 zum Intendanten des Breslauer Rundfunks, der in dieser Pionierphase etwa 100000 bis 150000 Hörer zählen konnte. Freilich währte die Zeit als Intendant nicht lange, da er 1933 als »volksfremder Kulturbolschewist« seines Amtes enthoben wurde. Die Zwangspause gab ihm Gelegenheit, sich bis Kriegsende seiner literarischen Arbeit zu widmen, und der Kritiker Alfred Kerr begrüßte ihn daraufhin mit dem Zuruf: »Ich grüße Dich, Du junger Eichendorff!« Die zweite Karriere Bischoffs im Milieu des Rundfunks begann sogleich nach Kriegsende. Nach der Vertreibung aus Schlesien konnte er in der französischen Zone Fuß fassen und wurde 1946 von den Franzosen beauftragt, als Intendant in Baden-Baden den Südwestfunk aufzubauen. Diese Aufgabe nahm er engagiert und kreativ wahr und wurde so zum Grandseigneur des deutschen Rundfunks, der

---

202 Brief Josef Negwers an Bayer vom 26.2.1948.
203 Vgl. ebd. vom 27.11.1948. Vgl. auch den Briefwechsel mit dem Berliner Domvikar Karl Schenke (16.12.1950) und Kapitelsvikar Piontek (21.10.1957).
204 Die bekanntesten Romane Friedrich Bischoffs sind »Die goldenen Schlösser« (1935) und »Der Wassermann« (1937). Eine berühmte Gedichtsammlung Bischoffs stellt der »Schlesische Psalter« (1936) dar. Diese Sammlung las Bayer intensiv, worauf Randbemerkungen in seinem Exemplar hinweisen.

erst zwanzig Jahre später, 1965, die Intendanz auf eigenen Wunsch aufgab – fast siebzigjährig und hoch ausgezeichnet. Die Aufzählung solcher äußerer Fakten könnte jedoch über die Tatsache hinwegtäuschen, daß der Weg des schlesischen Flüchtlings Bischoff in einem ihm fremden Gebiet im Westen Deutschlands ein dorniger Weg mit vielen Widerständen war. Dies deutet schon ein kleiner Zeitungsartikel an, der in einer Rückschau auf das Leben Friedrich Bischoffs davon spricht, daß es nur die Qualität seiner Arbeit war, die ihn den Intendantenposten ausfüllen und so lange behalten ließ, »obwohl er ein Dichter und obwohl der Proporz und obwohl...«[205] Setzt man anstelle des »obwohl« ein paar harte Fakten, so ergibt sich das Bild, daß es Bischoff schwer hatte, sich in den ersten Jahren in seiner neuen Heimat durchzusetzen: als Heimatvertriebener, als Schlesier, als eine Persönlichkeit, die die Qualität einer Arbeit dem Proporz vorzog. In der Korrespondenz an seinen »schlesischen Freund und Landesbruder Bayer«, die sich seit 1948 rege entwickelte, faßte er diese Sachverhalte ohne Beschönigung zusammen:

»Daß ich hier ein Fremder bin, dessen Arbeit man nur grollend anerkennt, merke ich immer wieder aus den Angriffen, die vom Rheinland her, wo wir ein Studio in Koblenz haben, in der Presse aufflackern, und die in gehässiger Neonazi-Tonart von ›raumfremden Elementen‹, die hier den Rundfunk betreiben, sprechen, und von mir, dem Autor und dem ehemaligen Rundfunkintendanten, der weiß Gott einiges hinter sich hat, so abhandeln, als wäre ich eben nichts als ein Zugelaufener. Aber es hat mich bisher nicht bange machen können, was da wenig erfreulich umgeht.«[206]

Erfreuliches hingegen konnte im Dezember 1948 Carlo Bayer dem Intendanten anbieten. Bayer setzte sich dafür ein, daß der von Bischoff geleitete Südwestfunk die Mitternachtsmette aus Rom übertragen durfte und vermittelte ihm eine offizielle Einladung des Hl. Stuhles. Die Unterstützung Bayers bedeutete für Friedrich Bischoff gerade zu jenem Zeitpunkt sehr viel, sollte er doch zwei Monate später von einem sechzigköpfigen Rundfunkrat der drei Länder Rheinland-Pfalz, Südbaden und Südwürttemberg in sein Amt neu gewählt und bestätigt werden[207]. Die Beziehung Carlo Bayers zu Friedrich Bischoff nahm im Laufe der Jahre freundschaftliche Züge an, die nicht zuletzt durch die gemeinsame, verlorene Heimat getragen wurden.

»Wenn Sie vom schlesischen Land schreiben, so zieht sich mir, obwohl ich hier in der Nähe des Schwarzwaldes sitze, das Herz zusammen... Ja,

---

205 FAZ vom 24.1.1976. Dieser Artikel erschien aus Anlaß des 80. Geburtstags Bischoffs.
206 Brief Bischoffs an Bayer vom 6.12.1948.
207 Vgl. ebd.

wir werden uns viel zu erzählen haben, auch allerpersönlichstes, und es wird mich sehr bitter ankommen darüber zu sprechen, obwohl ich den dringenden Wunsch habe, gerade Ihnen darüber einiges zu sagen.«[208]

Die freundschaftliche Beziehung Bayers zu dem berühmten Literaten und Intendanten des Südwestfunks trug sich bis in das Todesjahr Friedrich Bischoffs 1976 durch, auch wenn die Kontakte seit den sechziger Jahren eher sporadisch waren und sich häufig nur auf briefliche »Wink und Blinkzeichen« beschränkten. Allzu häufig verhinderten die gefüllten Terminkalender der beiden Männer persönliche Begegnungen[209].

Am Endes dieses Abschnitts, der die Vielfalt und die Kreativität der Tätigkeit Carlo Bayers beim Päpstlichen Hilfswerk in den Jahren von 1945 bis 1949 andeuten wollte, sollen einige offizielle Beurteilungen Bayers stehen. Sie hängen zu einem wichtigen Teil mit der Stellung Bayers zusammen, der als Priester der Erzdiözese Breslau in einer Zeit, die auch kirchenpolitisch ungesichert war, fern seiner Heimat in Rom wirkte. Da er sich jedoch bewußt als Breslauer Diözesane verstand, legte er großen Wert darauf, in einer korrekten Form die Zustimmung des Breslauer Kapitelsvikars Ferdinand Piontek zu seiner römischen Tätigkeit zu erhalten. Die Präsidenten des POA und des DCV, Ferdinando Baldelli und Benedikt Kreutz, unterstützten Bayer bei diesem Vorhaben. In einem an Prälat Piontek gerichteten Brief vom April 1948 führte Msgr. Baldelli aus:

»Ich hatte Gelegenheit, ihn /Don Carlo Bayer/ bereits Ende Mai 1945, also sogleich nach Ende des Krieges, kennen- und schätzenzulernen. Er war ein führender Vertreter der Kriegsgefangenenhilfe für deutsche Soldaten, ein Dienst, den er nicht nur zur vollen Zufriedenheit des POA durchführte, sondern auch der höchsten kirchlichen Autoritäten...
Geprägt von einer tiefen priesterlichen Gesinnung, von Taktgefühl und Festigkeit und als Experte in Organisationsfragen, hat H. H. Bayer bei all seiner Arbeit im POA seine Ursprünge nicht vergessen: in jeder Beziehung sorgt er sich um seine deutschen Landsleute, damit zu ihnen die Hilfsgüter gelangen, über die die Caritas des Hl. Vaters verfügt. Deshalb ist es im Interesse der beiden großen caritativen Organisationen, der italienischen wie der deutschen Caritas, daß ich Ihnen, Hochwürdigster Herr, über die ausgezeichnete Arbeit von Don Carlo Bayer berichte und sie zugleich bitte, daß Sie seinem weiteren Aufenthalt in Rom zustimmen, der nützlich und notwendig ist.«[210]

208 Ebd.
209 Vgl. etwa den Briefwechsel des Jahres 1961, in dem über gegenseitige Besuchstermine und weitere briefliche Kontakte gesprochen wurde (Briefe an Bayer vom 11.1.1961, 8.8.1961 und 17.10.1961).
210 Brief Baldellis vom 7.4.1948.

Auch Prälat Kreutz sprach sich in einem Brief vom Mai 1948 im gleichen Sinne aus:

»Namens des Deutschen Caritasverbandes möchte ich Euer Gnaden den aufrichtigen und tiefempfundenen Dank aussprechen und für die grosse Hilfe, die Sie uns dadurch zu teil werden liessen, dass der Hochwürdige Herr Diözesanpriester Dr. Carl Bayer für seine umfassende und segensvolle Tätigkeit in Rom von Euer Gnaden freigestellt wurde...
Durch seine reiche Erfahrung in der Caritasarbeit in Italien, sein Organisationstalent, seine glänzenden Sprachkenntnisse und seine vielen persönlichen Beziehungen ist uns H.H. Dr. Bayer in Rom unersetzlich geworden...
Ich verbinde deshalb mit unserem aufrichtigem Danke an Euer Gnaden die herzliche Bitte, durch weitere Freistellung des Hochwürdigen Herrn Dr. Carl Bayer uns diese so wertvolle Hilfe für die caritative Auslandshilfe zu erhalten... Dank dem gütigen Entgegenkommen des Präsidiums der PCA, vor allem von Msgr. Baldelli, bleibt seine formale und finanzielle Stellung als Referent der PCA gesichert.«[211]

Exkurs: Carlo Bayer und der »römische Weg«

Etwa zwanzig Jahre nach Kriegsende, im Zuge einer einsetzenden »Vergangenheitsbewältigung«, erschienen in Büchern und Zeitschriften erste Hinweise auf einen sogenannten »römischen Weg«[212]. Mit diesem Stichwort beschrieben die Autoren die Versuche namhafter und namenloser Nationalsozialisten, sich durch eine Flucht ins Ausland dem Urteil der Justiz zu entziehen. Der Weg, den die Flüchtenden hierbei nahmen, führte sie über Mailand oder Genua nach Rom, um von dort – nach Erledigung einiger »Formalitäten« – in ein sicheres Land, meistens nach Südamerika, zu gehen. Dieses Thema war aus mehrfachen Gründen hochbrisant. Die Berichte wiesen darauf hin, daß diesen Weg nicht nur namenlose Mitläufer, sondern zum Teil auch führende Nationalsozialisten gingen, denen schwere Verbrechen gegen die Menschlichkeit angelastet wurden. Es wurden Namen ins Spiel gebracht wie Klaus Barbie, Adolf Eichmann, Franz

---

211 Brief von B. Kreutz vom 28.5.1948. Auch hier ist der schon erwähnte suggerierte Dr.-Titel Bayers zu beachten.
212 Wie noch dargelegt werden wird, sind die Berichte von sehr unterschiedlicher, nur in den wenigsten Fällen als wissenschaftlich einzuschätzender Art. In unserem Zusammenhang sind von Bedeutung: Werner BROCKDORFF, Flucht vor Nürnberg. Gitta SERENY, Am Abgrund. Unter den vielen Zeitungsartikel ist das »Zeit«-Dossier des Journalisten Hansjakob Stehle hervorzuheben, das in der »Zeit«-Ausgabe Nr. 19 vom 4. Mai 1984 erschienen ist.

Stangl oder Walter Rauff. Die Nennung dieser Personen verhinderte es, daß man diese Berichte allzu schnell wieder vergaß, denn noch Jahrzehnte nach ihrer Flucht suchte die Justiz diese Personen zu ergreifen, um sie zur Verantwortung zu ziehen. Der zweite Punkt, nicht minder brisant, betraf die Organisatoren der Fluchthilfe. Hier verstand man unter »Rom« nicht das weltliche Rom, sondern in Rom wirkende Institutionen und Personen, von denen einige zumindest nominell in Beziehung zum Vatikan standen oder dem kirchlichen Umfeld angehörten. Auch hier wurden Namen genannt: in erster Linie der umstrittene Bischof und Rektor der »Anima«, Alois Hudal, der kroatische Theologe Professor Krunoslav Draganović, aber auch der damalige Erzbischof von Genua, Kardinal Siri, und andere mehr.

Diese beiden Aspekte, die Verbindung der Flucht von nationalsozialistischen Verbrechern mit Personen aus dem Umfeld des Vatikans, machten das Thema zu einem heißen Eisen für viele Publizisten. Infolgedessen erscheinen diesbezügliche Darstellungen bis heute immer wieder auf dem Bücher- und Zeitungsmarkt. Wenn wir diese Thematik in die Biographie von Carlo Bayer aufnehmen, so ist das darin begründet, daß auch sein Name von Zeit zu Zeit in den Berichten über den »römischen Weg« fällt. Zwar nicht an hervorgehobener Stelle und – anders als im Falle von Bischof Hudal – nie in Verbindung mit etwaigen Sympathien für Ideen und Personen des Nationalsozialismus, doch wird nichtsdestotrotz seine Sektion der POA, die Stelle für deutsche Kriegsgefangene, in den Darstellungen mehrfach erwähnt. So muß eine Biographie Bayers auch diesen Punkt berücksichtigen und sich gerade wegen der Unausgewogenheit der Quellenlage um eine sachliche Diskussion bemühen. In einem ersten Punkt soll der »römische Weg« skizziert werden, um die Gesamtproblematik mit ihren freiwilligen und unfreiwilligen Protagonisten zu skizzieren. Im zweiten Punkt sollen dann die Quellen erörtert werden, in denen auf Bayers mögliche Berührungen mit dem »römischen Weg« hingewiesen wird.

Der römische Weg

In einem Artikel der Wochenzeitung »Die Zeit« aus dem Jahre 1984, der die reißerische Überschrift »Pässe vom Papst?« trug, umschrieb der Journalist Hansjakob Stehle in wenigen Zeilen die unübersichtlichen bis chaotischen Verhältnisse in Rom nach dem Kriege und deutete gleichzeitig die Dimensionen unseres Problems an:

»In Rom konnte anscheinend allen geholfen werden; den heimatlosen Opfern wie ihren Henkern, entlassenen und geflohenen Kriegsgefangenen, Häftlingen, Zwangsarbeitern, wirklichen und angeblichen Flüchtlingen oder Vertriebenen verschiedenster Nationalität, jenen aus den deut-

schen Besatzungszonen, zumal der sowjetischen, aus dem noch geteilten Österreich, aus Polen, Jugoslawien, Ungarn, der Ukraine und der Tschechoslowakei, solche, die der Ungerechtigkeit entgehen wollten – oder aber der gerechten Strafe.
Gemeinsam war fast allen, daß sie etwas zu essen, Kleidung, Geld, und vor allem zur Weiterreise Dokumente brauchten, die ihre Identität bestätigten – oder sie mit einer neuen ausstatteten.«[213]

Rom war nicht erst seit dem Ende des Krieges für viele Zufluchtsuchenden eine gute Adresse. Wie Carlo Bayer im Gespräch mit der britischen Publizistin Gitta Sereny andeutete, gab es bereits seit dem Jahr 1933 in einem schwer zu bestimmenden Umfang Hilfe für Personen, die aus den verschiedensten Gründen ihre Heimat verlassen wollten oder mußten. Bayer wies auf vier »Wellen« hin: die erste Welle der Hilfe betraf die deutschen Juden von 1933 bis 1936, die in Rom von dem Flüchtlingsverein »Raphaels-Werk« unterstützt wurden. Die zweite Welle kam, als der Antisemitismus deutlich zum Vorschein kam, vom Jahre 1939 an. Von da an begannen sich auch die vatikanischen Banken mit ausländischen Währungen zu befassen, um Flüchtlinge unterstützen zu können. Die dritte Welle kam nach dem 8. September 1943, als Italien aus dem Krieg ausschied »und italienische Faschisten nach einem Schlupfloch zu suchen begannen«. Die vierte Welle, die alle bisherigen Maßstäbe sprengte, kam nach dem Ende des Krieges auf Rom zu:

»Diese umfaßte Staatsbürger vieler Länder, die sich in Italien in Kriegsgefangenenlagern und sonstwo befanden und nicht in ihre von den Kommunisten beherrschten Heimatländer zurückkehren wollten: deutsche Kriegsgefangene, von denen einige vielleicht nach Hause wollten, die meisten aber zu dieser Zeit nicht... eine große Anzahl von fliehenden Jugoslawen, Rumänen, Ungarn und Österreichern – und dann natürlich die relativ kleine Gruppe von SS-Leuten...«[214]

Das Faktum, daß es Menschen der verschiedensten Motivationen waren, die in Rom Hilfe suchten, muß deutlich betont werden, um nicht den falschen Eindruck zu erwecken, daß es vor allem NS-Verbrecher waren, die diesen Weg wählten. Doch natürlich interessiert sich die Publizistik mit dem Stichwort »römischer Weg« fast ausschließlich für die Personen, die sich durch eine Flucht ins Ausland den Armen der Justiz entziehen wollten. Da in Rom tatsächlich manchem flüchtenden Nationalsozialisten geholfen wurde, ist hier die Frage nach der Motivation der »Helfer« zu stellen, nach dem Umfang ihres Wissens

---

213 »Zeit«-Dossier, ebd. 9.
214 G. SERENY, ebd. 340. Das Zitat ist eine Art direkte Rede Bayers im Gespräch mit der britischen Publizistin. Zur Beurteilung dieser Quelle vgl. den nächsten Abschnitt.

um die wahre Identität ihrer »Schützlinge«. Diese Frage beantwortet sich durch die Darstellung der Art der Hilfe.

Waren die Kriegsgefangenen, die sich in den Internierungslagern befanden, vor allem an materieller Hilfe interessiert und an Kommunikationsmöglichkeiten mit der Heimat, so waren die Personen, die sich durch eine Flucht ins Ausland der Gerechtigkeit der Justiz entziehen wollten, vor allem an unverfänglichen Personaldokumenten interessiert. Sie mußten alles daran setzen, durch die Angabe von falschen Personalien eine neue Identität zu gewinnen, um dann, mit einem Einreisevisum eines außereuropäischen Landes versehen, ins Ausland zu fliehen. Wenn bei diesem Unterfangen das Stichwort »Rom« eine so wesentliche Rolle spielte, so geschah dies durch die Präsenz zweier wichtiger Institutionen: die des Internationalen Roten Kreuzes und der katholischen Kirche.

Schon einige Monate vor Kriegsende entstand in der Genfer Zentrale des IRK ein ungewöhnliches Reisedokument, das den Namen »Titre de voyage« erhielt. Das Dokument sollte »allen Personen ausgestellt werden, die der Krieg auf diese oder jene Weise gezwungen hat, ihr reguläres Aufenthaltsland zu verlassen, unter der Bedingung, daß ihnen ein gültiger Paß fehlt, ein neuer nicht beschaffbar ist, das Land ihres Aufenthaltes sie ausreisen und das Land, wohin sie sich zu begeben wünschen, sie einreisen läßt.«[215] Das Reisedokument, das von der Reputation des Roten Kreuzes getragen wurde, entwickelte sich rasch zu einem vielgefragten Identitätspapier und Mitte 1947 teilte das IRK auf eine Anfrage der amerikanischen Botschaft mit, daß bereits 25000 Stück ausgegeben wurden. Ein wichtiger Teil davon wurde in Rom ausgegeben, einer Stadt, die gerade durch die Institution der katholischen Kirche Flüchtlinge aller Art anzog. Denn alle Personen, die die Ausstellung eines solchen Dokuments wünschten, mußten Empfehlungen vorweisen können oder zumindest Gewährsleute haben, die ihre Angaben bestätigten. Und in dieser Beziehung setzten viele Flüchtlinge und Heimatlose ihre Hoffnung auf die Organe der Kirche.

Gertrude Depuis-Marstaller, die 1944 bis 1948 in Rom stellvertretende Delegierte des IRK-Büros war, schilderte in einem Interview die Situation stichwortartig:

> »Die Leute standen täglich zu Hunderten bei uns Schlange, manchmal mußten wir Polizei anfordern, um Ordnung zu schaffen... Rom zog so viele Flüchtlinge an, weil sie hofften, durch die Kirche weiterzukommen... Natürlich hat uns sozusagen Gott und die Welt Leute empfohlen, aber auf die Päpstliche Hilfskommission (PCA) hat man sich irgendwie verlassen, das war eine Adresse... Meistens gingen die Leute zuerst in die Via Salandra 34 zu AGIUS (der Rechtsschutz des italienischen Roten Kreuzes), füllten dort Fragebogen aus, legten Empfehlungen vor, etwa

---

215 »Zeit«-Dossier ebd. 10.

von der PCA, und AGIUS unterbreitete uns dann den Antrag für das Reisedokument.«[216]

Diesen relativ einfachen Weg der Dokumentenbeschaffung gingen in den ersten Nachkriegsjahren nicht nur harmlose Kriegsgefangene, die zu diesem Zeitpunkt nicht in ihre Heimat zurückkehren wollten, sondern auch – und hier beginnt erst die Brisanz des »römischen Weges«-Personen, die guten Grund hatten, sich nach einer neuen Identität umzuschauen. Etwa zehn Prozent der Antragsteller, so führte 1947 der amerikanische Diplomat James Parsons aus, verschafften sich die Dokumente durch die Angabe von falschen Personalien[217]. Daß darunter auch Nazi-Verbrecher waren, hing in jenen Tagen mit dem Ruf zusammen, daß hier tatsächlich »jedem« geholfen wurde. Zwei Namen wurden unter den Hilfesuchenden besonders hoch gehandelt: der des Rektors der deutschen Anima-Kirche in Rom, Bischof Alois Hudal aus Österreich, und der des kroatischen Theologen Krunoslav Draganović. Für den deutschen Sprachraum spielte hier Bischof Hudal eine Schlüsselrolle, dessen explizite oder implizite Sympathie für die Ideologie des Nationalsozialismus in weiten Kreisen bekannt war und sich bei den Hilfesuchenden schnell herumsprach[218].

Die Aussage des ehemaligen Kommandanten des Vernichtungslagers Treblinka, Franz Stangl, gibt den Ruf Hudals wohl korrekt wieder, wenn Stangl in einem Gespräch mit Gitta Sereny lapidar feststellte:

»Ich floh am 30. Mai 1948 aus dem Linzer Untersuchungsgefängnis... Dann hörte ich, daß ein Bischof Hudal beim Vatikan katholischen SS-Offizieren half, und so fuhr ich nach Rom.«

Diesen Weg »nach Rom« nahmen viele Personen, die der Justiz entfliehen wollten, und die meisten von ihnen wußten von dem »freundlichen Bischof Hudal«, der ihnen mit Unterkunft und Geld, vor allem aber mit Papieren aushalf.

Zwar war zu diesem Zeitpunkt in vatikanischen Kreisen Roms der Stern Bischof Hudals stark im Sinken, ja für viele Würdenträger war er zu einer persona non grata geworden[219], doch seine hohen Titel als Bischof und Rektor einer angesehe-

---

216 Ebd.
217 Vgl. ebd. Die Angaben des Diplomaten berücksichtigen – im Sog des Kalten Krieges – insbesondere auch »Geheimagenten«, d.h. Personen mit Verbindungen zu den kommunistischen Staaten. Deshalb darf man die Zahl in unserem Zusammenhang nicht überbewerten.
218 A. Hudal veröffentlichte im Jahre 1937 das Buch »Die Grundlagen des Nationalsozialismus«, das in allen angesprochenen Kreisen, d.h. sowohl in den Kreisen der Kirche als auch bei den Nationalsozialisten Mißtrauen erntete.
219 In seinen 1976 erschienenen Memoiren (»Römische Tagebücher. Lebensbeichte eines alten Bischofs«, Graz) wehrte sich Hudal energisch und weinerlich zugleich gegen diese

nen Institution konnten damals noch viel bewirken. Es war Hudal, der vielen flüchtigen Nazi-Schergen die gesuchten Verbindungen herstellte, die ihnen dann ermöglichten, ein Personaldokument und ein Visum zur Ausreise in ein »sicheres Land« zu erhalten [220]. Dies ist unbestritten, und auch wenn sich die vatikanischen Stellen bemühten, auf Distanz zu dem »braunen Bischof« zu gehen, so bleiben die Stichworte »Rom« und »Vatikan« eng verbunden mit einer der wichtigsten Fluchtrouten für nationalsozialistische Verbrecher. Die Motivationen Hudals sind in einem dubiosen Gemisch von politischen Überlegungen (»Hilfe für den Nationalsozialismus bedeutet Schwächung des Bolschewismus«), nationalistischem Gedankengut (»Großdeutschland«) und humanitären Erwägungen (»Sorge für Verfolgte«) zu suchen [221]. Welches Urteil über die Motivationen und den tatsächlichen Umfang der Fluchthilfe Hudals die Historiker auch fällen, es bleibt auf jeden Fall festzuhalten, daß der Bischof eine »erste Adresse« für fluchtwillige Nationalsozialisten darstellte und daß es durch seine Hilfestellung manchen von ihnen gelungen ist, sich der Verantwortung vor der Justiz zu entziehen.

Carlo Bayer und der römische Weg

Da Carlo Bayer über Jahre hindurch die Leitung der deutschen Kriegsgefangenenhilfe in Italien innehatte und in den Jahren 1947 bis 1950 vermehrt in der deutschen Sektion des Päpstlichen Hilfswerkes tätig war, konnte es nicht ausbleiben, daß auch er in Berührung mit dem »römischen Weg« kam. Doch wie oft sein Name in den diesbezüglichen Publikationen auch vorkommt, so geschieht das nie im Sinne einer bewußten und aktiven Unterstützung dieser Vorgänge. Im Gegenteil! In manchen Publikationen ist beinahe das Bedauern herauszuhören, daß Bayer seine Stellung in einer vatikannahen Institution nicht dazu benutzt hat, um sich und damit zugleich auch den Vatikan zu kompromittieren. So versucht Hansjakob Stehle in der Wochenzeitung »Die Zeit«, Carlo Bayer mehrmals in eine nähere Verbindung zu Bischof Hudal zu bringen, um schließlich feststellen zu müssen, daß Bayer »anscheinend ohne nähere Kontakte zu Hudal arbeitete«; ja, er muß feststellen, daß es Hudals

Entwicklung. Im gleichen Atemzug wirft er dreist und unbelehrbar mit Stichworten wie »KZler«(sic!), »Juden« und »Protestanten« umher. Auch »Demokratie« kennt er nur in Einführungszeichen. Vgl. insbesondere das Kapitel »Abschied von Rom«.
220 Wichtige Details des »römischen Weges« können bei Werner BROCKDORFF, Flucht vor Nürnberg, München–Wels 1969, nachgelesen werden. Trotz mancher phantastischer Spekulationen über die Fluchtwege prominenter Nationalsozialisten gibt dieses Buch (hinter dem sich ein ehemaliger Funktionär des HJ verbirgt) die Prinzipien der Fluchtroute korrekt wieder.
221 Zu den obskuren Motivationen Hudals vgl. im Kapitel »Abschied von Rom« die Szene des SS-Offiziers von Wächter, der in Hudals Armen stirbt, 298f.

große Sorge war, daß »seitens der Päpstlichen Hilfskommission (PCA) für uns Deutsche nicht viel zu erwarten« ist[222].

Um diese ersten Eindrücke auf ein festes Fundament zu stellen, ist es angebracht, die Artikel und Bücher, in denen Carlo Bayers Name vorkommt, gründlich auszuwerten. Hierbei können wir uns auf zwei Quellen beschränken: auf den Interviewband der britischen Publizistin Gitta Sereny »Am Abgrund« und den schon erwähnten Artikel in der »Zeit«. Andere zeitgenössische Publikationen übernehmen vielfach nur die Informationen, die Sereny und Stehle gesammelt haben[223]. In den Erinnerungen Hudals und in der Beschreibung der römischen Fluchtroute durch Werner Brockdorff[224] findet Bayer hingegen keine Erwähnung.

Im Jahre 1974 veröffentlichte die britische Publizistin das Buch »Into the Darkness. An Examination of Conscience«, dessen deutsche Übersetzung mit dem Titel »Am Abgrund. Eine Gewissenserforschung« sechs Jahre später folgte. In diesem Buch zeichnet Gitta Sereny das Leben von Franz Stangl auf, des Kommandanten des Vernichtungslagers von Treblinka. Da es Stangl gelang, auf dem »römischen Weg« der Verfolgung der Justizbehörden zu entkommen, stieß Sereny bei ihren Recherchen auch auf Carlo Bayer, mit dem sie im Januar 1972 ein Gespräch führte. Dieses Gespräch fand Eingang in ihr Buch und füllt mehrere Seiten. Freilich ist bei der Auswertung dieser Quelle aus mehrfachen Gründen Vorsicht geboten, denn die Recherchen Serenys sind vielfach unpräzise oder schlicht unkorrekt. Schon der erste Satz des entsprechenden Abschnitts wirkt beinahe lächerlich und beinhaltet mindestens drei Fehler:

> »Mein nächstes Gespräch fand mit dem Direktor der Internationalen Caritas in Wien(?), dem Jesuiten(!) Karl Bayer statt, der erst kurz vorher aus Rom gekommen war, wo er seit dem Krieg immer noch dasselbe Amt innehatte(?).«[225]

Neben solchen unkorrekten Angaben geht mit der Journalistin Sereny manchmal das feminine Gefühl durch:

> »Monsignore Bayer, jetzt über 60(?), ist groß, schlank und blond und riecht angenehm nach Rasierwasser (sic!). Er fährt einen Sportwagen mit italienischem Nummernschild und scheint sich in dem schön umgebauten

---

222 »Zeit«-Dossier, ebd. 12.
223 Das gilt z.B. für den Journalisten Heiner Lichtenstein, der in seinem Buch über die Rolle des IRK in der Zeit des Nationalsozialismus (»Angepaßt und treu ergeben«, Köln 1988) im Bezug auf Carlo Bayer die (unkorrekten!) Angaben übernimmt, die G. Sereny gesammelt hat. Vgl. z.B. S. 129.
224 Vgl. die Anmerkung 220.
225 SERENY, Am Abgrund 339. Zum Zeitpunkt des Gesprächs war Bayer Leiter des Europäischen Hilfsfonds, eines gemeinsamen Hilfswerkes der österreichischen und deutschen Bischöfe für Osteuropa.

Gebäude der Internationalen Caritas (?) nahe dem Stadtzentrum von Wien äußerst wohl zu fühlen...«[226]

Ein weiterer Punkt macht die Einschätzung des Sereny-Textes schon aus formalen Gesichtspunkten schwierig. Die britische Publizistin wechselt in ihrem Bericht permanent zwischen erzählenden (manchmal fabulierenden) Teilen und einer Art direkter Rede Bayers ab. In diesen Passagen spricht Carlo Bayer in einer so saloppen Sprache, daß es schwer ist zu glauben, daß es tatsächlich die Originalrede Bayers ist. Da der Text aber als Ganzes manche interessanten Details schildert, die sich so in anderen Quellen nicht finden, sei er hier in wesentlichen Punkten rezipiert.

Nach einem kurzen Umriß der Biographie Bayers und einer Darstellung seiner Tätigkeit während des Krieges wendet sich Sereny in ihren Fragen dem Punkt der Flüchtlingshilfe in den römischen Nachkriegsjahren zu. Bayer weist darauf hin, daß die kirchlichen Stellen immer auf zwei verschiedenen Wegen den Hilfesuchenden beistehen konnten: sie boten entweder eine finanzielle Unterstützung oder halfen in einer mehr indirekten Weise. Der zweite Weg war von der Initiative der einzelnen Geistlichen oder Beamten abhängig. Carlo Bayer schildert dann an einem sehr anschaulichen Fall, in welche Bahnen eine solche Hilfe geraten konnte:

> »Ich erinnere mich, von einem Fall gehört zu haben – einer Frau Muschadek, deren Mann Theologe in Deutschland gewesen war und kanonisches Recht lehrte. Da er nur Halb-Arier war, hatte er Deutschland 1936 verlassen und war mir der Bitte um Hilfe nach Rom gekommen. Na ja, die wußten dann eigentlich gar nicht, was sie für ihn tun konnten, aber dann entdeckte der nette Kardinal Mercati, daß die Muschadeks ganz gern nach Brasilien auswandern wollten. So gab er ihnen einen ›Laisser-passer‹ des Vatikans und einen Brief an die brasilianischen Bischöfe mit der Bitte, die zwei Muschadeks zu unterstützen. Ich weiß nicht, was die Bischöfe dort drüben für ihn taten, aber auf jeden Fall ging die Sache nicht gut aus, weil er starb. Und dann, so hörte ich, machte nach seinem Tod Frau Muschadek den Brasilianern das Leben schwer, und am Ende hatten sie genug von ihr und repatriierten sie dahin, woher ihr Ausweis stammte: dem Vatikan. Sie kam eines Tages in meinem Büro mit einem Brief an, von keinem Geringeren unterschrieben als Präsident Vargas von Brasilien; er erregte riesiges Aufsehen, erinnere ich mich. Nun, sie war voll von dem, wie sie dort in Brasilien gelandet seien, nur wegen der bösen, bösen Nazis und solches Zeug. Oh, ich kann mich nicht erinnern, was wir für sie getan haben, ich glaube, wir besorgten ihr eine Bürostelle oder so etwas – auf jeden Fall, sie wurde versorgt.«[227]

---

226 SERENY, ebd. Seinen sechzigsten Geburtstag durfte Bayer erst am 13.2.1975 feiern.
227 Ebd. 340f.

Ihrer Themenstellung gemäß interessierte sich Gitta Sereny besonders für den »römischen Weg« und erwähnte Bayer gegenüber die ausführlichen Darstellungen Werner Brockdorffs in dem Buch »Flucht vor Nürnberg«. Bayer, der dieses Buch offensichtlich kannte, wies die Publizistin darauf hin, daß sich in Rom tatsächlich nach dem Krieg Gruppen verschiedenster Nationalitäten gebildet hatten, die ihren Landsleuten halfen. Dies war bei den Deutschen genauso der Fall wie bei den Kroaten, die in dem Theologen Draganović eine führende Persönlichkeit gefunden haben:

> »Ich erinnere mich sehr gut an Draganović. Er war Leiter des kroatischen Komitees. Ja, es ist sehr wahrscheinlich, daß er Unterstützung von Kardinal Siri bekam, der jetzt Erzbischof von Genua ist; genau wie anderswo, sehen Sie, man war halt einfach verpflichtet, Menschen, die Hilfe brauchten, zu helfen...«[228]

Als weiteren Punkt erwähnt Bayer seine Kontakte zu den Kindern des früheren »Adjutanten« Hitlers, Martin Bormann. Die Kinder lebten in Südtirol, und die deutschen Seelsorger kümmerten sich um sie und ihre Mutter, die jedoch bald nach Kriegsende starb. Es ging vor allem darum, finanzielle Probleme zu lösen und für die noch sehr jungen Kinder eine Zuflucht zu finden. Hier unterstützte Bayer den Geistlichen Theo Schmitz, der in den Nachkriegsjahren Kaplan der Kriegsgefangenen in Meran war[229]. Der wichtigste Punkt aber, auf den Sereny immer wieder rekurrierte, war die »Fluchthilfe« für Nazi-Größen oder auch nur für ihre Mitläufer. Es ging um die Frage, an wen und nach welchen »Prüfungen« die kirchlichen Stellen Reisepässe vermittelten, die es diesen Personen ermöglichten, sich der Justiz zu entziehen.

> »Na ja, natürlich stellten wir Fragen«, sagte Bayer auf eine entsprechende Frage. »Aber gleichzeitig hatten wir nicht die geringste Möglichkeit, die Antworten zu überprüfen. In Rom konnte man zu der Zeit jede Art von Papieren und Informationen kaufen. Wenn uns ein Mann erzählen wollte, er sei in Viareggio geboren – egal, ob er tatsächlich in Berlin geboren war und kein einziges Wort Italienisch sprechen konnte –, brauchte er nur auf die Straße hinunterzugehen und hätte Dutzende von Italienern gefunden, die bereit waren, auf einem ganzen Stapel von Bibeln zu schwören, daß er in Viareggio geboren sei – für hundert Lire.«[230]

---

228 Ebd. 341f.
229 Zu den weiteren Aussagen Bayers hinsichtlich der undurchsichtigen Affäre um das angebliche Überleben Bormanns, vgl. ebd. 343f.
230 Ebd. 344f.

Trotz solcher Schwierigkeiten, die sich in kein bürokratisches Schema einordnen ließen, bemühten sich die Hilfsstellen um möglichst zuverlässige Beweise für die angegebenen Personalien. Daß dies nicht immer gelang, lag an den Wirren der Nachkriegszeit und dem Fehlen eines übergeordneten Systems. Leute wie Franz Stangl, die gleichzeitig auf die Sympathie von Persönlichkeiten wie Hudal rechnen konnten, machten sich diesen Grauschleier zunutze[231].

Faßt man die Ergebnisse des Gespräches mit Carlo Bayer zusammen, das Gitta Sereny 25 Jahre nach Kriegsende führte, so verfestigen sich die am Anfang angedeuteten Gesichtspunkte. Die weitreichende Tätigkeit Bayers im Dienste der deutschen Kriegsgefangenen brachte ihn in Berührung mit Personen, die bewußt oder unbewußt am »römischen Weg« für fliehende Nationalsozialisten beteiligt waren. Als Leiter der deutschen Sektion des Päpstlichen Hilfswerkes waren ihm Namen wie Hudal oder Draganović geläufig. Keineswegs aber läßt sich eine Kooperation mit diesen Personen aufweisen. Den Zeitumständen entsprechend läßt sich jedoch nicht ausschließen, daß durch Empfehlungsschreiben der Päpstlichen Hilfsstelle Personen an Reisedokumente gelangten, die sich auf der Flucht vor der Justiz befanden.

Diese Erkenntnisse über Berührungspunkte Bayers mit Personen und Ereignissen des »römischen Weges« werden durch den Artikel der Journalisten Hansjakob Stehle grundsätzlich bekräftigt, auch wenn Stehle in seinem »Dossier« in der Wochenzeitung »Die Zeit« noch tiefer als Gitta Sereny in die Kiste der journalistischen Tricks und Finten greift. Er schildert auf drei großformatigen Zeitungsseiten, »Warum alle Wege der Ex-Nazis nach Südamerika über Rom führten«, und fügt hierbei eine unüberschaubare Menge von Zitaten, Meinungen und Vermutungen aneinander. Carlo Bayer nimmt hierbei die Rolle eines agilen, unermüdlichen Helfers in den caritativ-kirchlichen Kreisen Roms ein, ohne daß es Stehle gelingt, seine Rolle in dem betreffenden Zusammenhang zu präzisieren.

»Prälat Bayer, der sich bis in seine letzten Jahre durch – diskrete, manchmal auch sehr gewagte – karitative Aktionen in Afrika und Osteuropa hervortat, spezialisierte sich seit 1946 in der ›Päpstlichen Hilfskommission‹ auf Kriegsgefangenenbetreuung. Er hatte keine Sympathie für den Nationalsozialismus, verhehlte aber nie, daß er Entflohenen half, ›ohne politische Kriminalistik zu betreiben‹.«[232]

---

231 Gitta Sereny interessierte sich speziell für den Fluchtweg Franz Stangls. In unserem Zusammenhang ist dieser Punkt unbedeutend. Zu den Ergebnissen der Publizistin und den Hinweisen, die ihr Bayer geben konnte, vgl. ebd. 344 ff.
232 »Zeit«-Dossier, ebd. 10. Der äußeren Form nach ist der Satz »ohne politische Kriminalistik zu betreiben« ein Zitat Bayers. Leider gibt Stehle nicht an, welcher Quelle er diese Aussage entnommen hat.

Eine »Kriminalistik« wäre aber notwendig gewesen, um alle Angaben zu überprüfen, die dem Päpstlichen Hilfswerk, speziell auch der deutschsprachigen Sektion vorgelegt wurden, Hansjakob Stehle versäumt es nicht, wiederholt auf Bayers »Tüchtigkeit« hinzuweisen, um ihn zumindest in einen indirekten Zusammenhang mit dem »römischen Sumpf« zu bringen:

>»Als den tüchtigsten Mitarbeiter des Monsignor Baldelli in der ›Päpstlichen Hilfskommission‹ schildert ihn die Rotkreuz-Delegierte Dupuis, die sich erinnert: ›Bayer schickte mir die meisten Leute, zu ihm konnte ich mit jeder Frage kommen, er hat auch Unmögliches möglich gemacht‹.«[233]

Die letzte Aussage, deren Tendenz nicht leicht objektivierbar ist, interpretiert Stehle recht eigenwillig, wenn nicht willkürlich, indem er hinzufügt:

>»Der damals 30jährige Ex-Fallschirmspringer und Theologe Bayer (!) war wie besessen von seiner Aufgabe (!) und fragte nicht viel nach Formalitäten (?)«

Diesen Satz mag man als einen unterhaltsamen Beitrag in einem langen Artikel verstehen, doch fragt der Journalist hier nicht viel nach Fakten! Schließlich muß auch er einräumen, daß Bayer nicht auf »eigene Faust« arbeitete und auch ohne engeren Kontakt zu Hudal war. In Hudals umfangreichem Nachlaß finden sich keinerlei Hinweise auf die Person Carlo Bayers. Bekannt ist hingegen Hudals Diktum, daß die Deutschen von der Päpstlichen Hilfskommission »nicht viel zu erwarten haben«[234].

Unbestreitbar hat es einen »römischen Weg« für flüchtende Nationalsozialisten gegeben. Unbestreitbar gelang es allzu vielen von ihnen durch die Hilfe von einigen hochgestellten Persönlichkeiten der römischen Kirche, sich dem Urteil der Justiz zu entziehen. Als Leiter der deutschen Sektion der Päpstlichen Hilfsstelle hatte Carlo Bayer Verbindungen zu Stellen, die die in jener Zeit sehr gefragten Personaldokumente ausgaben. Er vermittelte die Hilfesuchenden an Institutionen wie das Internationale Rote Kreuz, die solche Dokumente ausstellen durften. Die Versuche jedoch, ihn in einen unmittelbaren Zusammenhang mit dem »römischen Weg« im engeren Sinne zu bringen, entbehren der faktischen Grundlage.

---

233 Ebd. 12.
234 Vgl. ebd. 12.

5. Die große Bewährung: Anno Santo 1950

Ein vorläufiger Höhepunkt

Im Leben und Wirken Carlo Bayers können wir immer wieder Punkte wahrnehmen, in denen er seine Kräfte und Talente wie in einem Brennpunkt konzentrieren konnte und deren Licht noch weit in die folgenden Phasen seines Lebens hineinleuchtete. Zu diesen Brennpunkten zählt zweifelsohne seine Tätigkeit als Leiter des römischen Büros für die deutschen Pilger im Hl. Jahr 1950. Diese Monate zeigten nicht nur, daß Carlo Bayers organisatorische Fähigkeiten ihm ermöglichten, bei großangelegten und komplexen Aktionen zu brillieren; in mehrfacher Weise haben sie auch Weichen für die folgenden Jahrzehnte seines Lebens gestellt. Berufliches Fortkommen verknüpfte sich mit der Ausweitung von persönlichen Beziehungen, neue Wirkungskreise wurden erschlossen, erfolgreiche Arbeit wurde anerkannt. Nicht zuletzt fand in den Monaten des Anno Santo die unmerkliche Verschiebung statt, die aus dem heimatverbundenen schlesischen Priester Bayer den »Römer« Don Carlo machte.

Der dreigliedrige Aufbau des Kapitels berücksichtigt sowohl die allgemeinen Charakteristika des Hl. Jahres in ihrer Nähe zum Zweiten Weltkrieg als auch die organisatorischen Elemente, um die sich Carlo Bayer besonders verdient gemacht hat. Die Quelle, die primär ausgewertet wird, bilden die fünfzehn Monatshefte »Anno Santo 1950«, die in enger Zusammenarbeit mit dem Deutschen Nationalkomitee des Hl. Jahres alle Interessierten in Deutschland über den Verlauf der Feierlichkeiten informieren wollten. Carlo Bayer bildete zusammen mit dem Würzburger Domvikar Dr. Helmut Holzapfel die Schriftleitung dieser Publikation[235].

Das Anno Santo 1950 als das Jahr der »Großen Versöhnung«

Als Papst Pius XII. am 2. Juni 1948 die erste offizielle Ankündigung des Hl. Jahres 1950 vornahm, befand sich Europa erst drei Jahre nach Beendigung des Zweiten Weltkrieges; eines Krieges, der wie kein anderer der Neuzeit zum Vorschein brachte, welche dämonischen Kräfte des Hasses, der Feindschaft und der Intoleranz in den Herzen der Menschen wohnen und welche schrecklichen Opfer aus der Entfesselung dieser Kräfte resultieren; eines Krieges, der darüberhinaus allzu deutlich zeigte, wie machtlos die Tugenden des Evangeliums, die seit zweitausend Jahren in der Alten Welt gepredigt werden, diesen Kräften gegenüberstehen und wie wenig die Hirten der christlichen Kirchen ihre Völker vor dem Weltbrand eines totalitären Krieges bewahren konnten. Die geistlichen

---

235 Die »Anno Santo«-Hefte werden im folgenden mehrfach zitiert. Da die Seiten durchgehend numeriert sind, wird jeweils nur die entsprechende Seitenzahl angegeben.

Schwerpunkte, die Pius XII. mit der Ausrufung des Hl. Jahres setzte, bezogen sich deshalb auf die Heilung der Wunden, die den Völkern Europas in den furchtbaren Jahren des Krieges geschlagen worden sind. In seinem gemessenen, kurialen Stil drückte dies der Papst im Juni 1948 in dem Satz aus:

> »Je mehr die gegenwärtige Welt das entmutigende Schauspiel ihrer Uneinigkeit und ihrer Gegensätze bietet, um so ernster obliegt den Katholiken die Pflicht, ein leuchtendes Beispiel der Einheit und des Zusammenhalts ohne Unterschied der Sprachen, Völker und Rassen zu geben.«[236]

In seiner großen Weihnachtsansprache des Jahres 1949 mahnte Pius XII. eindringlich die Zeichen der Zeit an, die es während des Hl. Jahres besonders zu beachten galt. Es sollte keinesfalls ein Jahr der »lärmenden Festlichkeit«, der »frommen Zerstreuung« oder der »eitlen Aufmachung katholischer Kräfte« sein. Vielmehr muß das Hl. Jahr bis auf den »Grund der Seele« wirken, um so das »Große Verzeihen« und die »Große Rückkehr« zu ermöglichen[237]. Mit den zuletzt genannten Begriffen waren die entscheidenden Stichworte dieses Hl. Jahres gefallen. Der Papst erwies sich als ein genauer Beobachter, wenn er die »Rückkehr« und das »Verzeihen« nicht nur im Bereich des Politischen ansiedelte, sondern auch auf den Gebieten der Religion, der Ethik und des Sozialen. Denn die Neuzeit war nicht zuletzt durch eine tiefgehende Abkehr von der Welt des Glaubens und der Religion gekennzeichnet. Atheismus und Agnostizismus, Skepsis und religiöse Indifferenz blieben nicht nur dem Denken einer intellektuellen Minderheit vorbehalten, sondern erfaßten immer größere Gruppen und Schichten der Menschheit. Nicht zuletzt die Arbeiterschaft der hochindustrialisierten Länder Europas und Nordamerikas entzog sich in Massenbewegungen der geistlichen Führung durch die christlichen Kirchen. Die Wirren des Weltkrieges änderten nichts Prinzipielles an diesen Zeiterscheinungen. So sollte das Hl. Jahr eine Wende bewirken:

> »Das Heilige Jahr möge an erster Stelle die Rückkehr derer zu Gott verzeichnen, die aus den verschiedensten Gründen das Bild des Schöpfers und die Erinnerung an ihn aus dem Auge verloren und im Herzen zum Ersterben gebracht haben... Für sie gibt es nur ein Heilmittel: die Rückkehr. Rückkehr zum Nachdenken und zum gesunden Menschenverstand... Rückkehr endlich zu Demut und Gehorsam des Geschöpfs.«[238]

Die gleichen Ziele wurden auch auf dem Gebiet der Ethik und der sozialen Ordnung angestrebt. Pius XII. verurteilte sowohl die Entartungen eines radikalen Individualismus als auch die Bewegungen, die mit der Ideologie der Gleich-

---
236 Anno Santo, 7.
237 Vgl. ebd. 118f.
238 Ebd. 119f.

heit aufgebrochen sind und im atheistischen Totalitarismus landeten. Der Papst wagte auch, die tiefste religiöse Dimension in dieses antagonistische Spiel hineinzutragen:

»Ihr, die Ihr in armseligen Verhältnissen und unter Bedrückung lebt, so traurig Eure Lage sein mag, so sehr Ihr das Recht behaltet, Gerechtigkeit zu fordern und so sehr auf der anderen Seite die Pflicht ruft, sie Euch zuzuerkennen, denkt daran, daß Ihr eine unsterbliche Seele und eine jenseitige Bestimmung in Euch tragt. Tauscht nicht die himmlischen und ewigen Güter ein gegen die hinfälligen und zeitlichen, besonders nicht jetzt, da überall aufrechte Männer und vorsorgende Werke Euren Ruf mit vollem Ernst aufgenommen und Eure Lage begriffen haben, entschlossen, Euch auf dem Weg der Gerechtigkeit zu führen.«[239]

Neben diesen vielfältigen Aspekten mußte der Papst, nur wenige Jahre nach dem Weltkrieg, einen Schwerpunkt auf die Versöhnung der Völker untereinander legen. In Rom sollten unabhängig von Sprache, Nation und Rasse Menschen zusammenkommen, die in gegenseitiger Begegnung sich in die Schritte der Versöhnung einüben:

»Jene, denen Tod zu säen befohlen ward, und die anderen, die dessen entsetzliche Wirkung erfuhren, der Mann der Invasionsarmee und der, der unter ihr litt, jener, der den Stacheldraht um das Lager errichtete und der andere, der darin harte Gefangenschaft durchmachte.«[240]

Allen diesen Menschen galt die Einladung des Papstes, alle sollten auf dem Fundament des gemeinsamen Glaubens den Weg zueinander wiederfinden. Diese Botschaft kam sinnfällig auch in der Gestaltung der Hl. Pforte zum Ausdruck, die auf Anregung des deutschen Ökonomen der Dombauhütte von St. Peter, Prälat Ludwig Kaas, dem italienischen Plastiker Vico Consorti übertragen wurde. Der Künstler teilte die ganze Fläche der beiden Türflügel in 16 Felder ein, in denen er Szenen aus der Bibel darstellte, die die Theologie des Hl. Jahres begründeten: der Weg des Menschen zwischen Sünde und Gnade. Das Gleichnis vom verlorenen Sohn hatte hier seine Stelle, die Mahnung des Herrn, nicht nur sieben, sondern sieben und siebzig Mal seinem Nächsten zu verzeihen, der gute Hirt, der sich geduldig auf die Suche nach dem verlorenen Schaf begibt. Consorti stellte aber auch das Drama des Menschen dar, der sich in seinem Drang nach Autonomie Gott entfremdet: die Sünde, die ins Paradies eindringt, der Apostelfürst Petrus, der den Herrn verleugnet, der Apostel Thomas, der sein Glaubenkönnen nur auf das Sichtbare und Anfaßbare beschränken möchte. Jedem der

239 Ebd. 121.
240 Ebd. 122.

Millionen Pilger, der während des Hl. Jahres die Porta Sancta durchschritt, sollte die Sinngebung des Jahres deutlich vor Augen gestellt werden[241]. Der Sinn des »Großen Verzeihens« sollte nicht zuletzt von denen aufgegriffen werden, die wenige Jahre zuvor, in Heeren und Legionen marschierend, die Welt vor allem als Festung angesehen haben, die es zu erobern galt. Sie sollten jetzt in friedliebenden Legionen der Büßer und Beter in die Ewige Stadt kommen, um Versöhnung zu suchen und zu finden.

Die Rückkehr der Deutschen

Das Hl. Jahr 1950 war kaum zu Ende, da bilanzierte Carlo Bayer als Leiter des Pilgerbüros für deutsche Pilger in Rom die Zahlen, die die Wallfahrer betrafen: rund 102 000 Personen besuchten von Deutschland aus die Ewige Stadt. Die große Mehrheit von ihnen benutzte hierzu die 113 Sonderzüge, die im Auftrag des Deutschen Nationalkomitees für das Hl. Jahr den Pilgern zur Verfügung gestellt worden waren[242]. Zu jenem Zeitpunkt stellten diese Zahlen eine Sensation dar, da sie die optimistischsten Prognosen weit übertrafen. Als noch wenige Wochen vor dem Beginn der Feierlichkeiten das Nationalkomitee und das römische Pilgerbüro vor einem Berg von Schwierigkeiten standen und Hindernisse zu überwinden suchten, die zum größten Teil als Folge des verlorenen Weltkrieges betrachtet werden müssen, konnte sich niemand vorstellen, daß die Deutschen die zahlenmäßig größte Gruppe an ausländischen Pilgern in diesem Hl. Jahr stellen würden[243]. Wie es dazu kam, soll nun skizzenhaft geschildert werden.

Die Organisation: Personen und Strukturen

Die Hauptvorbereitungen für das Anno Santo 1950 haben natürlich nicht erst 1950 stattgefunden, sondern schon füher: im zweiten Halbjahr 1948 und insbesondere im Jahre 1949. Mit einem Schreiben vom August 1948 unterrichtete das Päpstliche Staatssekretariat die Bischofskonferenzen über die Errichtung eines Zentralkomitees in Rom und rief gleichzeitig dazu auf, in jedem Land ein Nationalkomitee zu bilden, das sich um alle Belange in der Organisation der nationalen Pilgerfahrten kümmern sollte. In einer auf den ersten Blick überraschenden Entscheidung wurde hierbei in Deutschland ein Laie an die Spitze des

---

241 Vgl. den Artikel von Helmut RIEDLINGER, ebd. 211.
242 Vgl. die detaillierteren Ausführungen Bayers, ebd. 742ff. Als Beispiel aus der profanen Publizistik vgl. die Ausführungen in: »Der Spiegel« 1951, Heft 1, S. 40f. (»Don Carlo Bayer... machte stolz als erster Meldung...«)!
243 Diese »Spitzenstellung« galt im Zusammenhang der »Präsenztage«, d.h. in der Kombination der Zahl der Pilger mit ihrer Verweildauer, die bei den Deutschen im Schnitt 5–6 Tage betrug.

Nationalkomitees gesetzt. Karl Erbprinz zu Löwenstein übernahm das Präsidentenamt, der Erzbischof von Köln, Kardinal Joseph Frings, hingegen wurde zum Protektor bestimmt. Diese Entscheidung war nicht nur eine Frage der Diplomatie, die im Erbprinzen zu Löwenstein den Vertreter eines Hauses hervorhob, das sich seit Generationen im katholischen Leben Deutschlands stark engagierte[244]. Sie war zuvorderst von der spezifischen Situation bestimmt, in der sich das Nachkriegsdeutschland befand. Am Vorabend des Hl. Jahres besaß Deutschland noch keine Nationalregierung, seine Geschicke wurden von den Besatzungsmächten kontrolliert und mitbestimmt. Diese Konstellation führte zu Hindernissen, die in ihrer Komplexität die Schwierigkeiten anderer vom Krieg betroffener Länder weit überstiegen.

»Während in anderen Ländern nur organisatorische und werbende Aufgaben zu lösen waren, stand das deutsche Nationalkomitee vor der Frage, ob überhaupt die fast totale Sperre von Auslandsreisen, die die Besatzungsmächte über das deutsche Volk verhängt hatten, für Pilgerreisen im Heiligen Jahr aufgehoben werden könnte.«[245]

Dieser Satz des Präsidenten des Nationalkomitees deutet eine der vielen grundsätzlichen Fragen an, die gelöst werden mußten, bevor auch nur eine größere Gruppe der Deutschen nach Rom pilgern konnte. Eine weitere drängende Frage war die Bereitstellung einer größeren Summe an Devisen, um die Pilgerfahrten von Deutschland nach Italien finanzieren zu können. Solche und ähnliche Fragen konnten die Deutschen nicht unter sich ausmachen, sie mußten hierfür mit den Besatzungsmächten verhandeln. Deshalb war es klug, die »besten Namen« an die Spitze des Nationalkomitees zu setzen, um die Verhandlungen zu einem erfolgreichen Abschluß zu bringen. Neben dem Erbprinzen zu Löwenstein und Kardinal Frings waren es drei Persönlichkeiten, die als Leiter der Hauptpilgerzentren die Organisation des Hl. Jahres in Deutschland wesentlich mittrugen und als Ansprechpartner der westlichen Besatzungsmächte fungierten. In München war es Weihbischof Dr. Neuhäusler, in Freiburg der Präsident des Caritasverbandes, Prälat Müller, in Köln–Leverkusen Geistlicher Rat Dr. Peter Louis. In der russischen Besatzungszone konnten keine entsprechenden Verhandlungen geführt werden. Der Kalte Krieg machte auch vor dem Anno Santo nicht Halt, und so wurden die Bewohner Osteuropas später als die »Großen Abwesenden« des Hl. Jahres bezeichnet.

Doch auch mit den Westmächten gestalteten sich die Verhandlungen schwierig genug. Die Anliegen des Nationalkomitees stießen zunächst auf eine Mauer der

---

244 Das Geschlecht zu Löwenstein trat in jenen Jahrzehnten insbesondere durch die Übernahme der Präsidentschaft des Zentralkomitees der deutschen Katholikentage hervor. 1948 hatte Erbprinz Karl dieses Amt von seinem Vater, dem Fürsten Alois, übernommen.
245 Anno Santo, 4.

Ablehnung. So fühlte sich noch im April 1949 der amerikanische Befehlshaber General Lucius D. Clay außerstande, eine allgemeine Zustimmung für die Teilnahme der Deutschen am Anno Santo zu geben. Wie er in einem Brief vom 28. April erklärte, würde er prinzipiell die Teilnahme von möglichst vielen Deutschen begrüßen, doch erschien ihm die Devisenfrage unlösbar[246]. Unter diesen Umständen besann sich das Nationalkomitee zum wiederholten Male auf seine stärkste Waffe: auf die Sympathie des Papstes für das Anliegen der Deutschen, und schaltete in die Verhandlungen mit den Westalliierten das vatikanische Staatssekretariat ein. In einem Rückblick auf diese Zeit umschrieb Karl zu Löwenstein die wiederholten Versuche mit folgenden Zeilen:

»Es war offenkundig, daß diese Gunst den Deutschen, die nicht einmal eine eigene Regierung hatten, nur von dem erwirkt werden konnte, der sich überhaupt als unser bester Freund erwiesen hatte, vom Heiligen Vater selbst...
Den Militärregierungen in Deutschland wurden die entsprechenden Anträge auf dem Wege über die Berater in religiösen Angelegenheiten auf das dringlichste vorgelegt. Es konnte darauf hingewiesen werden, daß es sich nicht nur um ein religiöses, sondern um ein politisches Anliegen handle, da durch keine andere Maßnahme die Erziehung der jungen deutschen Generation zu freiheitlicher und menschenfreundlicher Gesinnung gefördert werden könnte als dadurch, sie zu Füßen des Vaters der Christenheit mit Zehntausenden von Glaubensbrüdern aller Nationen und Rassen in Gebet und Opfer zu vereinen.«[247]

Die endgültige Lösung der wichtigen Devisenfrage wurde quasi am Vorabend des Hl. Jahres erreicht. Ein deutsch-italienisches Handelsabkommen sorgte mit seinen Zusatzklauseln am 28. September 1949 dafür, daß zuerst italienische Lire im Wert von einer Million Dollar den Pilgern zur Verfügung gestellt wurden mit der Aussicht, im zweiten Halbjahr 1950 eine ebenso große Summe zu erhalten. Gleichzeitig wurden mit den Besatzungsmächten Erleichterungen ausgehandelt, die die Ausstellung von Reisepässen betrafen[248].

Während das Nationalkomitee bis zum unmittelbaren Beginn des Hl. Jahres bemüht war, Fragen von solcher grundsätzlichen Bedeutung zu lösen, mußte das deutsche Pilgerbüro in Rom »auf Vorschuß« und im Vertrauen auf das Gelingen der Verhandlungen all die praktischen Probleme lösen, die mit dem Romaufenthalt der deutschen Pilger zusammenhingen. Das römische Pilgerbüro der Deutschen wurde offiziell durch ein Schreiben des Kölner Kardinals Frings im

---

246 Vgl. die Übersicht in der vom Vatikan herausgegebenen Edition »L'anno santo 1950«, Volume II, 256f.
247 Anno Santo, 4f.
248 Vgl. L'anno santo 1950, Volume II, 257.

Februar 1949 gegründet, wobei bis zu diesem Zeitpunkt die Arbeit schon seit einem halben Jahr vonstatten ging. Kardinal Frings ernannte den Rektor des deutschen Kollegs am Campo Santo, Prälat Hermann Maria Stoeckle, zum Vorsitzenden des Pilgerbüros und Carlo Bayer zum Sekretär. Man kann jedoch vorausschicken, daß die praktische Arbeit des Büros unter der Leitung Bayers stand, dessen Stellung in seinem italienischen Titel »segretario esecutivo« zutreffend beschrieben wird[249]. Im Pilgerbüro waren insgesamt 17 Personen tätig, zehn davon in leitenden Positionen und sieben in ausführenden Stellungen. Einige der Namen hatten in der deutschen Kolonie in Rom seit längerer Zeit einen guten Klang, so der zweite Vorsitzende des Büros, Msgr. Karl Heinemann, der Päpstliche Kammerherr Freiherr Raitz von Frentz oder der vatikanische Diplomat und enge Freund Bayers Msgr. Bruno Wüstenberg[250]. Sie alle machten sich in ihrem Büro, das in der Nähe des römischen Hauptbahnhofs lag, schon Monate vor dem Abschluß der offiziellen Verhandlungen des Nationalkomitees mit den Besatzungsmächten an die praktische Arbeit. Es galt die unter den vorgegebenen Bedingungen und Einschränkungen günstigste Lösung für die Rompilger herauszuarbeiten.

In einem Artikel über die Arbeit des Pilgerbüros skizzierte Carlo Bayer die Arbeitsweise:

> »Wir wußten im voraus, daß die zur Verfügung stehenden Devisen bei der großen Anzahl von deutschen Pilgern, die nach Rom zu kommen wünschten, recht knapp bemessen waren. Darum galt es mit den wenigen zur Verfügung stehenden Mitteln für die deutschen Pilger trotzdem alles vorzubereiten, daß ein genügend langer Romaufenthalt und eine einfache, aber zufriedenstellende Unterbringung und Verpflegung gewährleistet sei. Wir mußten auch verzichten, Vorbestellungen bei Hotels zu machen. Wir liefen vielmehr straßauf und straßab und schauten uns die Unterkünfte der einzelnen religiösen Institute an, um die entsprechenden Häuser zu finden, die einerseits die Pilger befriedigen könnten und andererseits preislich im rechten Verhältnis zu seinem Geldbeutel standen.«[251]

Dieser Pilgergeldbeutel war in der Regel nicht sehr dick gefüllt: der Gesamtpreis für die Pilgerreise betrug rund 300 DM und in Italien wurde dem Pilger davon die Summe von 4500 Lire als Taschengeld ausbezahlt, was einem damaligen Kaufwert von 40 DM entsprach. Solche und ähnliche Vorgaben führten dazu, daß sich das Pilgerbüro bei der Ausarbeitung des Reiseprogramms zu einer strikten Normierung entschloß, die zwar Extravaganzen und Spontaneitäten

---

249 Vgl. die genaue Aufstellung über das »Ufficio Romano Per Pellegrini Tedeschi«, ebd. 255.
250 Vgl. ebd. und Bayers Artikel im Anno Santo, 59.
251 Anno Santo, 59 f.

unmöglich machte, die aber unter den gegebenen Bedingungen die günstigste Lösung darstellte.

Die Pilgerreise erfolgte ausschließlich mit der Eisenbahn, da – wie sich das Nationalkomitee in einer Mitteilung ausdrückte – »kein Verkehrsmittel mit den 60% Ermäßigung auf die Fahrkarte 3. Klasse gewährenden italienischen Staatsbahnen in der Devisenersparnis konkurrieren kann«[252]. Ein besonderer Kniff des Organisationskomitees bestand in der Übereinkunft mit der Deutschen Bundesbahn, daß man regelmäßig Züge nach Rom senden werde; so fuhr unabhängig von der »Saison« wöchentlich mindestens ein Zug, der sich ausschließlich aus Rompilgern zusammensetzte. Von der Öffnung der Porta Sancta bis zu ihrer Schließung gab es keine Woche, in der nicht mindestens ein Zug mit deutschen Pilgern im Bahnhof Tiburtina eintraf. Diese Kontinuität, die unabhängig von den geistlichen Höhepunkten des Heiligen Jahres die Zugbelegung garantierte, trug wesentlich zu dem günstigen Angebot der Eisenbahnen bei. Und diese Tendenz hatten die meisten übrigen Organisationsschwerpunkte der römischen Pilgerfahrt. Wenn Carlo Bayer im Verlauf des Hl. Jahres das Bonmot prägte, daß er nur noch »in Pullmanbus-Einheiten« denke, dann war dies eine durchaus zutreffende Aussage. In der Bemühung, günstige Preise zu erlangen, wurde vereinbart, die Angekommenen in »Fünfziger-Gruppen« einzuteilen, denn so viele Plätze hatten die »Autopullmans«, in denen die Pilger durch Rom gefahren wurden. In dieser Gruppe wurden sie auch in die Pilgerheime aufgenommen, die zumeist von deutschen Ordensleuten geführt wurden[253].

Diese Normierung konnte für die einzelnen Pilger zu starken Beschränkungen führen, doch wurden ihnen andererseits fast alle Sorgen abgenommen. Das Pilgerbüro hatte alles soweit vorbereitet, »daß der einzelne Pilger und auch der Pilgerführer während seines Romaufenthaltes sich möglichst nicht um technischen Kleinkram zu kümmern braucht, zumal er ja schon aus sprachlichen Gründen viele große Schwierigkeiten haben würde«[254]. Die Organisatoren der deutschen Wallfahrten versuchten, an viele solche »Kleinigkeiten« bewußt zu denken. In einem Artikel über die Arbeit des Pilgerbüros deutete Bayer dies an:

> »Dem Pilger wird bei der Einfahrt nach Italien an der Grenze der erste Teil seines Taschengeldes ausbezahlt, der Rest in Rom, im jeweiligen Pilgerheim. Gegen Quittung auf der Pilgerkarte erhält er einen kurzen deutschgeschriebenen Romführer und das allgemeine Pilgergebetbuch, das vom Zentralkomitee des Heiligen Jahres herausgegeben wurde. Die Audienzen beim Heiligen Vater werden für jeden Pilgerzug durch

---

252 Vgl. die Informationen des Nationalkomitees, ebd. 39.
253 Detaillierte Angaben über die ausgesuchten Pilgerheime finden sich in Bayers Artikel im Anno Santo, 746f.
254 Anno Santo, 61.

unser Büro geregelt, ebenso die Zulassung und Verteilung der Karten für besondere Feierlichkeiten in St. Peter oder anderen Basiliken. Viele Pilger werden den Wunsch haben, ein Bild des Heiligen Vaters mit dem besonderen Papstsegen den Angehörigen oder für sich selbst als Andenken mit nach Hause zu nehmen. Auch dafür ist gesorgt. Sie können das entsprechende Bild bald nach ihrer Ankunft in Rom in den einzelnen Unterkünften auswählen, die nötigen Angaben bei der Heimleiterin machen, dann wird während ihres Aufenthaltes die Segnung und Unterschrift der Bilder für sie besorgt. Auch andere Andenken und Devotionalien wie Rosenkränze, Kreuze, Medaillen, usw., die die Pilger bei der Papstaudienz vom Heiligen Vater segnen lassen wollen, finden sie am billigsten in ihren Unterkünften. Denn für die meisten wird es eine Überraschung sein, wenn sie erfahren müssen, daß sie mit Tausenden von Liren, die sie als Taschengeld bei sich tragen, im Grunde in der Stadt nur sehr wenig kaufen können, und es ist gut, auch an dieser Stelle alle Pilger vor der Geschäftstüchtigkeit der römischen Straßenhändler und privaten Geldwechsler zu warnen.«[255]

Die deutschen Pilger in Rom

Am 21. Dezember 1949 fuhren die beiden ersten Züge aus Deutschland zur Feier des Anno Santo nach Rom ab; der eine aus München und der andere aus Köln. Da der Münchener Zug eine kürzere Strecke hatte, war er mit dem Ankunftstag 22. Dezember der erste deutsche Zug des Hl. Jahres 1950; der Kölner kam einen Tag später an. Die Teilnehmer der Pilgerzüge, die auch schon an den Fahrten zu den Hl. Jahren 1925 oder 1933 teilgenommen hatten, nahmen die Beschränkungen dieser Nachkriegsfahrt am ehesten wahr. War es früher möglich, Abstecher nach Monte Cassino, Neapel oder Messina zu unternehmen, so war es diesmal aus Devisengründen ausgeschlossen. Die Pilger konnten allerdings fünf volle Tage in Rom verbringen und auf der Rückfahrt eine weitere Stadt, in der Regel Assisi, besuchen. Diese Konstellation brachte die gewünschte Konzentration auf das geistliche Erleben und den Wallfahrtscharakter der Fahrt. So waren es nicht nur fromme Wünsche, wenn einer der Organisatoren und Mitglieder des Nationalkomitees, Geistlicher Rat Dr. Peter Louis, die Ziele der Pilgerfahrt mit den Sätzen umschrieb:

»Unser Ziel im Anno Santo 1950 muß Rom sein. Unsere größte Freude wird darin bestehen, diesen überragenden Papst zu sehen und den Segen des Stellvertreters Christi unmittelbar zu empfangen. Unser Gewinn auf dieser Pilgerfahrt soll der Ablaß sein, der für dieses Jahr ausgeschrieben wurde.«[256]

255 Ebd. 61.
256 Ebd. 102.

Bei der Zusammensetzung der Teilnehmer, die in den ersten beiden Zügen nach Rom fuhren, achtete man darauf, daß durch sie alle gesellschaftlichen Stände der deutschen Katholiken vertreten waren. Sowohl im Münchener als auch im Kölner Zug befand sich zwar eine größere Anzahl von Geistlichen, Adligen und Politikern, doch ebenso waren Handwerker und Schüler, Hausfrauen und Bauern gut vertreten. In einem Bericht des Magazins »Der Spiegel« vom Dezember hieß es in einem leicht saloppen Stil zur Zusammensetzung des Münchener Zuges:

»Die bayerische Pilgerschaft verhalf zum Querschnitt durch das bayerische katholische Volk. Mit 56 Domkapitularen, Geistlichen, Priesterschülern und Diakonen marschierte der Klerus an der Spitze. Oberbayerische Bauern stellten mit 36 Pilgern das zweitstärkste Kontingent. Dann 22 Lehrer und Lehrerinnen, elf Handwerker mit ihrem Münchener Kammerpräsidenten, vierzehn Studenten und drei Schüler, sieben Ärzte und Ärztinnen, zwei Universitäts-Professoren, der Chef der Polizei von Waiblingen, Dionys Gramer, der Alpenhirte Johannes Finkel (mit Vollbart) aus Buflingen und die Dienstmagd Magdalena Hinterseher aus Unterbruck.«[257]

Der angestrebte Wallfahrtscharakter der Reise wurde schon vor und während der Anreise betont: geistliche Einstimmung vor der Abfahrt war ebenso vorgesehen wie eine seelsorgliche Betreuung im Zug. Hierzu bediente man sich der Übertragungsanlagen, die während der Fahrt Andachten und Ansprachen übertrugen. So versuchte man die großen Gefahren einer Wallfahrt, die im Nebeneinander von religiösen und touristischen Aspekten liegen, weitgehend zu vermeiden. »Es ist bemerkenswert«, schrieb die vatikanische Publikation »L'Anno Santo 1950« über die Deutschen, »daß es gerade die Limitierung des den Pilgern zugestandenen Geldes war, die die religiösen Aspekte begünstigte«[258].
Die ersten deutschen Pilgerzüge wurden von den führenden Mitgliedern des deutschen Nationalkomitees und des Pilgerbüros auf dem Bahnhof empfangen: Erbprinz zu Löwenstein, Prälat Stoeckle, Msgr. Heinemann, Msgr. Wüstenberg, Kammerherr Raitz von Frentz und Carlo Bayer waren anwesend, um sich von der Praktikabilität der Strukturen zu überzeugen, die sie in den vergangenen Monaten trotz großer Beschränkungen schaffen konnten. Und diese Strukturen fanden eine allgemeine Anerkennung«

»In langen Reihen standen die großen bequemen Autobusse auf dem Bahnhofsvorplatz bereit. Nach einer halben Stunde waren alle mit ihrem Gepäck zu den Quartieren gebracht. Die römische Vertretung des deut-

---

257 »Der Spiegel«, 29. Dezember 1949.
258 Vgl. L'anno santo 1950, Volume II, 259.

schen Nationalkomitees, besonders ihr Geschäftsführer Carlo Bayer, hatten gut vorgearbeitet, so daß die ›Generalprobe beim ersten deutschen Pilgerzug nach dem Kriege‹ als wohlgelungen bezeichnet werden kann.«[259]

Zu einem unerwarteten und großen Erlebnis wurde für die Teilnehmer der ersten beiden Pilgerzüge aus Deutschland die Mitternachtsmette des Hl. Vaters in St. Peter, die sie in eine direkte Berührung mit Pius XII. brachte. Aus dem Nachhall dieses Erlebnisses sind wohl die fromm-naiven Zeilen entstanden:

»Das in ganz Rom vielbesprochene Ereignis, daß die deutschen Pilger in der Mitternachtsmette des Papstes das ergreifende deutsche Weihnachtslied ›Stille Nacht, heilige Nacht‹ anstimmen und in drei Strophen singen konnten, wird nicht mit Unrecht als eine Art Rehabilitierung vor der ganzen Welt bezeichnet (sic!). Denn hier im Vatikan trifft sich die Welt. In St. Peter waren zur Weihnachtsmesse ungewöhnlich viele Vertreter der Völker erschienen.«[260]

Auch außerhalb solcher Höhepunkte wurden die deutschen Pilger sehr sachkundig durch das kirchliche und weltliche Rom geführt. Dafür waren zu einem wesentlichen Teil die »Ciceroni« verantwortlich, die Leiter der einzelnen Gruppen, die sich in den fünf bis sechs Tagen des Aufenthaltes in allen wichtigen und unwichtigen Fragen um das Wohl der Pilger kümmerten. Das Pilgerbüro hatte sich hierbei etwas Besonderes einfallen lassen: die deutschen Ciceroni waren keine anonymen Touristenbetreuer, sondern Priester und Studenten der deutschen Häuser in Rom. Zu einem wichtigen Teil waren es Studenten des Germanikums, die in ihren kardinalsroten Soutanen besonders auffällige Bezugspunkte für die Pilger darstellten, aber auch Vertreter des Collegio Teutonico des Campo Santo, aus der Anima und Ordensleute der Pallotiner und der Steyler Missionare[261]. Einige der Namen, die sich im Anno Santo 1950 als Ciceroni der Pilgerzüge betätigten, sollten später in der katholischen Welt einen sehr guten Klang bekommen. Erwähnt seien Namen wie »Hüssler, Küng, Riedlinger, Stimpfle, Wetter, Zerfaß«, von den schon damals bekannten Professoren wie »Emminghaus, Iserloh, Stuiber« ganz zu schweigen[262]. Tatsächlich war eine damalige Einschätzung nicht übertrieben, die besagte, daß dort, wo die Führung durch den Cicerone klappte, die ganze Pilgergruppe zufrieden war und sich so das Pilgerbüro beruhigt um den nächsten Pilgerzug kümmern konnte, während der vorhergehende sich noch in Rom aufhielt[263].

259 Anno Santo, 105.
260 Ebd. Autor war Geistl. Rat Dr. Peter Louis, ein schon mehrfach erwähntes führendes Mitglied des Nationalkomitees.
261 Vgl. den Artikel Bayers im Anno Santo, 745f.
262 Vgl. ebd.
263 Ebd.

Deutsche Gründlichkeit und römische Elastizität:
An der Spitze des Pilgerbüros

Seinen Bericht über einen »Abend im Deutschen Pilgerbüro« fing der Würzburger Domvikar und Mitherausgeber der »Anno Santo«-Hefte, Dr. Helmut Holzapfel, mit den folgenden Zeilen an:

»Mitten im Zentrum Roms, dort wo die belebte Via Cavour auf den Platz hinter der Basilika S. Maria Maggiore einmündet, in nächster Nähe des römischen Hauptbahnhofs, liegt das Deutsche Pilgerbüro fürs Hl. Jahr. Wir haben Glück: Don Carlo Bayer, der Leiter des Büros, der für all die Zehntausende deutscher Rompilger Unterkunft und Verpflegung, Autobusse und Führer, Eintrittskarten und hundert andere Dinge organisiert, ist da. Aber noch weilt er unsichtbar in seinem einen Zimmer, eifrig mit Unterhandlungen beschäftigt... Für heute abend steht wieder die Ankunft eines großen deutschen Pilgerzuges bevor. Don Bayer will sich, wie in den meisten Fällen, selbst zum Bahnhof begeben, um sich persönlich vom Wohlergehen und der guten Unterbringung seiner Rompilger zu überzeugen. Endlich, in letzter Minute, erscheint er unter der Tür, und während er noch die letzten Anweisungen erteilt und Fragen beantwortet, eilt er schon die Treppe hinunter.«[264]

Mag man solche Zeilen für journalistische Archetypen der Beschreibung eines vielbeschäftigten Managers halten, so kann man ihre prinzipielle Korrektheit nicht bestreiten. Denn in allen Hinweisen auf die Tätigkeit Carlo Bayers in den Monaten des Anno Santo kehrt das gleiche Bild wieder: Bayer als der Leiter des Pilgerbüros, der einerseits alle grundsätzlichen Entscheidungen in der Organisation des Pilgeraufenthaltes zu verantworten hat und andererseits noch Kraft und Interesse findet, sich um einzelne Pilgerzüge und ihre Besonderheiten zu kümmern, wohl wissend, daß sich das tatsächliche Leben allzu oft der grundsätzlichen Normierung entzieht. Und natürlich kam es wegen der spezifischen Bedingungen des Hl. Jahres 1950 häufig zu Situationen und Problemen, die sich nicht durch Anordnungen von oben lösen ließen, sondern die das persönliche Engagement herausforderten. Schon die beiden ersten Pilgerzüge warteten mit einer unvorhergesehenen Schwierigkeit auf; die Pilger-Gelder aus Deutschland wurden nicht rechtzeitig überwiesen, so daß keine Mittel zur Verfügung standen, um den Teilnehmern ihr Taschengeld auszuzahlen. Carlo Bayer setzte hier alle seine Beziehungen ein. Er unterschrieb einen Wechsel über 30 Millionen Lire, ohne jedoch die üblichen Sicherheiten anbieten zu können. Später kommentierte

---

264 Ebd. 742.

er ironisch: »Nur auf den Brief des Münchener Pilger-Büros hin, daß die Überweisung der Gelder angeordnet sei, und auf meine blauen Augen hin bekam ich das Geld.«[265] Unvorhergesehene Ereignisse ähnlicher Art begleiteten das Pilgerbüro das ganze Jahr hindurch. In einem publizistischen Rückblick merkte Bayer an:

> »Selbstverständlich blieb auch bei der ersten Vorbereitung die eine oder andere Schwierigkeit nicht aus. Immer wieder mußte man einer Reklamation nachgehen, ein Mißverständnis aufklären, einen Beschwerdeführer beschwichtigen, ein verirrtes Schäflein von irgendeinem Punkte der Stadt per Taxi in ein Pilgerheim holen oder sonst irgendeiner Überraschung standhalten.«[266]

Das Gros der Pilger war jedoch über den in der Regel reibungslosen Verlauf des Rom-Aufenthaltes erstaunt; ausgenommen waren nur die »10%« der Teilnehmer, die in jedem Zug als die »ewigen« Meckerer bekannt waren[267]. So wurde Carlo Bayer als Leiter des Pilgerbüros von den Journalisten mit dem Titel »Organisationsgenie« geschmückt; eine Titulierung, die ihn von da an häufig begleiten sollte. Das Nationalkomitee des Hl. Jahres, das im Juli 1950 in Würzburg tagte, sah es etwas nüchterner: »Die Organisation in Rom unter Leitung von Don Carlo Bayer hat Vorzügliches geleistet.«

Diese »Leistung« Bayers beruhte auf der Verbindung zweier Eigenschaften, die üblicherweise als unvereinbar angesehen werden: die Verbindung der deutschen Gründlichkeit mit dem römischen Hang zu Elastizität und Improvisation. Diese Melange war besonders an den Höhepunkten des Hl. Jahres gefragt, an denen aus Anlaß von Heiligsprechungen oder an Hochfesten Scharen von Pilgern aus aller Welt die Ewige Stadt bevölkerten und mehrere Pilgerzüge gleichzeitig ankamen. Bayer selbst sprach augenzwinkernd von »preußischer Exaktheit und bayerischer Gründlichkeit« und stellte fest:

> »Immer wieder mußten die Unterkünfte festgelegt und verteilt, die Programme so zusammengestellt werden, daß der eine Pilgerzug am anderen geschickt vorbeigesteuert wurde; die Gruppenführer mußten herangeholt werden und viele tausend Kleinigkeiten waren zu erledigen, bis so ein Pilgerzug vom Augenblick der Ankunft auf einem der römischen Außenbahnhöfe so weit gesichert war, daß sein Programm in Rom reibungslos ablief und der einzelne Teilnehmer kaum gewahr wurde, daß hinter ihm

---

265 Vgl. den »anekdotischen« Bericht im »Spiegel« vom 29. Dezember 1949.
266 So Bayer in einem Brief an die Redaktion der Anno Santo-Hefte, 741.
267 Vgl. in diesem Zusammenhang den Artikel Klaus Furchners, der sich kritisch mit manchen Unarten deutscher Pilger auseinandersetzt, Anno Santo, 197.

fast unsichtbar und unauffällig eine kleine, aber gut eingespielte Organisation wachte und für den reibungslosen Ablauf seines Rom-Aufenthaltes besorgt war.«[268]

Zweifelsohne gab es für Carlo Bayer Gruppen von Pilgern, denen er besonders zugetan war, um die er sich mit einem sehr persönlichen Interesse kümmerte. Insbesondere waren dies Gruppen seiner schlesischen Landsleute, Gruppen von Flüchtlingsseelsorgern, oder auch die wenigen Personen, die aus der russischen Besatzungszone nach Rom kommen durften. In einem Brief an den Kapitelsvikar seiner Breslauer Heimatdiözese, Piontek, erwähnte Bayer solche persönlichen Präferenzen:

»Für mich persönlich war es jedesmal eine besondere Freude, wenn Breslauer Diözesanen oder gar Confratres, die jetzt irgendwo in westdeutschen Diözesen leben, bei den Pilgerzügen dabei waren ... Ich erwähne nur die der Diözesan-Flüchtlingsseelsorger unter Leitung von Herrn Präl. Dr. Kindermann, in der Herr Geistl. Rat Engelbert, jetzt Hildesheim, teilnahm, den Pilgerzug der oberschlesischen Landsmannschaft unter Leitung von Herrn Oberregierungsrat Handy und Dr. Brzoska.
Schließlich kam mit einer Gruppe ehemaliger KZ-Priester unser guter Pfarrer Oskar Baensch aus Schebitz mit, der so oft bei uns in Trebnitz bei feierlichen Funktionen in der Hedwigskirche oder bei den Schwestern im Kloster teilgenommen hat. Da er jetzt Flüchtlingspfarrer unter Flüchtlingen im Bayrischen ist, nahm er als besonderes Geschenk vom Heiligen Vater eine Monstranz in seinen jetzigen Wirkungskreis mit.«[269]

Eine ähnliche Sympathie wie seinen vertriebenen Landsleuten hegte Carlo Bayer den Malteser-Rittern gegenüber, die mit einer 300 Teilnehmer starken Gruppe Rom im Juni 1950 besuchten. Er gehörte seit dem Jahre 1948 im Rang eines »Magistralkaplans« selbst dem Malteserorden an und wurde im Hl. Jahr 1950 in dem höheren Rang des »Konventualkaplans« den Schlesischen Malteser-Rittern zugeordnet. Seitdem war Carlo Bayer die »römische Adresse« der schlesischen Malteser, sei es in persönlichen Anfragen, sei es in caritativen Aktionen des Ordens[270]. Einen weiteren, ganz anderen Interessenpunkt als Leiter des Pilgerbüros bildete für ihn die Betreuung der Pilgerjugendzüge. Rund 20 000 Jugend-

---

268 Anno Santo, 741.
269 Brief Bayers an Ferdinand Piontek vom 31.1.1951.
270 Bayers erste Kontakte zum Schlesischen Malteser-Orden ergaben sich schon durch seinen geistlichen Vater Erich Herrmann, der selbst Kaplan dieses Ordens war. Die Promotion vom »Magistralkaplan« zum »Konventualkaplan« stellte den normalen Weg der Mitgliedschaft eines Geistlichen dar. Carlo Bayer fand in der gräflichen Familie Ballestrem seine Ansprechpartner und Fürsprecher.

liche nahmen das Anno Santo zum Anlaß, sich fünf Jahre nach Beendigung des Weltkrieges in die Schar des vom Papst gewünschten »friedlichen Heeres von Büßern und Betern« einzureihen und den in Rom versammelten Völkern zu zeigen, daß in Deutschland eine neue, friedliebende Generation im Wachsen begriffen ist.

Die erwähnten Punkte müssen in ihrer Gesamtheit und Komplexität gesehen werden, wenn Carlo Bayer in einer Rückschau auf seine Tätigkeit im Pilgerbüro im Januar 1951 nicht nur von Freude und Stolz nach einer getanen und gelungenen Arbeit sprach, sondern auch von »Melancholie«, die ihn und seine Mitarbeiter erfüllte, als am 27. Dezember 1950 der letzte offizielle Pilgerzug Rom in Richtung Deutschland verließ. Die Arbeit, die hinter ihnen lag, war keine alltägliche und ihre Dauer war ihrer Natur gemäß begrenzt. Es galt vor allem, den religiösen Charakter der Romwallfahrt zu sichern, und dieses oberste Ziel konnte erreicht werden[271].

Der römische Schlesier

Die meisten Personen, die eine längere Zeit in Rom leben, werden für ihre Verwandten und Bekannten zu einer wichtigen Adresse, an die man sich wie selbstverständlich wendet, wenn es gilt, einen Romaufenthalt zu planen und durchzuführen. Sie werden angefragt, wenn es sich um die Auffindung einer preiswerten Unterkunft handelt, um die Zusammenstellung eines sinnvollen Besichtigungsprogrammes oder auch nur um die Nennung einer empfehlenswerten Trattoria. In dieser Hinsicht machte Carlo Bayer keine Ausnahme, ja als »Organisationsgenie, Germaniker, Neudeutscher, Schlesier oder Malteserritter« brach er in diesem Punkt wohl manche Rekorde. Doch war es zuvorderst die Kraft seiner Persönlichkeit, die ihn zu einem begehrten Ansprechpartner, einer »römischen Adresse« erster Güte machte; seine offene und verbindliche Art, seine Kommunikationsfähigkeit und seine Begabung, die an ihn herangetragenen Aufgaben effektiv und ohne viel Aufhebens zu lösen. Diese Charaktermerkmale kamen dem 35jährigen Schlesier, der bis dahin schon 15 Jahre in Rom verbracht hatte, im Anno Santo in einem besonderen Maß zugute. Und das Hl. Jahr 1950 bedeutete für ihn nicht nur eine Menge Arbeit, die er im Dienst des Pilgerbüros für andere vollbrachte, es bedeutete auch für ihn persönlich einen großen Schritt vorwärts in Richtung auf das Wirkungsfeld, durch das er einige Absätze Kirchengeschichte und sicherlich ein ganzes Kapitel Caritas-Geschichte mitschreiben konnte. In den intensiven Monaten des Anno Santo bewährten sich die ihm geschenkten Talente; sein Talent zu organisieren, seine Gabe, komplexe Probleme einer einfachen Lösung zuzuführen, seine Fähigkeit, in unübersichtlichen

---

271 Vgl. Bayers diesbezügliche Anmerkungen im Anno Santo, 741.

Situationen den roten Faden in der Hand zu behalten. Diese Talente Bayers blieben in der kirchlichen Hierarchie nicht unbemerkt. Seine Leistungen in der Kriegsgefangenenseelsorge und im Büro der deutschen Pilger wurden einerseits durch die Verleihung eines »Monsignore«-Titels im Juni 1951 honoriert[272], andererseits machten sie seine für viele Außenstehende überraschende Ernennung zum Generalsekretär der Caritas Internationalis möglich, die ein Jahr nach dem Abschluß des Hl. Jahres erfolgte.

Neben solchen offiziellen Promotionen brachte das Hl. Jahr Bayer auch mannigfaltige Bereicherungen seines privaten Lebens. Vor allem betrifft das die Freundschaften, die er in dieser Zeit knüpfen konnte und die in ihrer Weise ein Licht auf seine Person werfen. Eine sehr ungewöhnliche Verbindung nahm Bayer in diesem Jahr mit dem späteren Bundespräsidentenehepaar Wilhelmine und Heinrich Lübke auf. Im Jahre 1950 war Heinrich Lübke Landwirtschaftsminister des Landes Nordrhein-Westfalen. Zusammen mit dem damaligen Ministerpräsidenten dieses Bundeslandes, Karl Arnold, und seiner Gattin pilgerte das Ehepaar Lübke nach Rom, um dort den Ablaß des Hl. Jahres zu gewinnen. Die Vormittage dieser Wallfahrt waren, der späteren Erinnerung zufolge, mit »sehr frommen Werken« gut ausgefüllt. Doch die Abende gehörten der Geselligkeit, und Carlo Bayer und der junge deutsche Vatikandiplomat Bruno Wüstenberg hatten die Gelegenheit, die beiden Ehepaare durch einige römische Lokale zu führen. Die so geknüpften Beziehungen führten das kinderlose Ehepaar Lübke zu dem Entschluß, ihre beiden Rombegleiter zu »adoptieren«. Obwohl dieser Akt eher symbolisch zu verstehen war und Carlo Bayer zu der Bemerkung veranlaßte, daß Wilhelmine und Heinrich Lübke dadurch »relativ billig zu zwei voll ausgebildeten Theologen gekommen sind«, hatte diese Adoption für beide Seiten Konsequenzen. Die Verbindung, die 1950 ihren Anfang nahm, sollte später nicht mehr abbrechen und führte zu gegenseitigen Besuchen und zeitweise zu einem regen Briefwechsel. Wie selbstverständlich sprach Carlo Bayer das Präsidentenehepaar als »Mutsch« und »Paps« an[273].

In diesem Zusammenhang besitzt auch die Verbindung zu seinem »Adoptivbruder« Bruno Wüstenberg eine große Bedeutung. Wüstenberg war zu diesem Zeitpunkt ein junger Karrierediplomat, der nach seiner 1943 erfolgten Promo-

---

272 Die Verleihungsurkunde von Pius XII. erkannte Carlo Bayer den Titel eines »Geheimkämmerers« zu, der das Recht verleiht, die Bezeichnung »Monsignore« zu führen. Allerdings wies die Urkunde des Staatssekretariates vom 23. Mai 1952 (unterschrieben vom Substituten Montini!) die Ungenauigkeit auf, Bayer der Diözese Köln zuzuordnen. In einem Brief vom September 1951 bat Bayer um die Richtigstellung dieser Angabe: er sei in die Diözese Breslau inkardiniert. Im gleichen Schreiben wies Bayer auf seine damalige Adresse hin: Collegio del Camposanto Teutonico innerhalb der Città del Vaticano.
273 Dies sowohl in direkter Anrede als auch im Briefwechsel, der besonders seit dem Jahre 1961 einen regen Verlauf annahm. Vgl. den entsprechenden Abschnitt.

tion in Kirchenrecht an der Päpstlichen Universität Gregoriana und seiner Mitarbeit bei der Kriegsgefangenenhilfe fast zwei Jahrzehnte lang die Abteilung für deutschsprachige Länder im Staatssekretariat des Vatikans leiten sollte. Es waren wohl weniger die diplomatischen Talente Wüstenbergs, die zu einer lebenslangen Freundschaft mit Carlo Bayer führten, sondern seine in der deutschsprachigen Gemeinde Roms vielbewunderte Fähigkeit, das Leben mit Humor und Gelassenheit anzugehen; Eigenschaften, die ihn mit Bayer verbanden und die auch später die beiden Männer auf ihren sehr verschiedenen Tätigkeitsfeldern zusammenhielten und ihre Freundschaft andauern ließen[274].

In diesem Hl. Jahr nahm *die* Entwicklung Bayers endgültig ihren Anfang, die aus einem heimatverbundenen Schlesier und Breslauer Diözesanen einen Wahlrömer machte, der gleichzeitig seine Wurzeln nie verdrängte oder vergaß. Zwar wies er noch im Verlauf des Jahres 1951 in Briefen an seine Mutter auf »Freiburger Pläne« hin, die ihm in Verbindung mit dem in Freiburg ansässigen Deutschen Caritas Verband eine dauerhafte Position hätten verleihen können, doch geschah dies nur beiläufig und ohne Enthusiasmus. Ganz anders hingegen reagierte Bayer Ende 1951 auf seine Aussichten, im Zusammenhang mit der Gründung der Caritas Internationalis eine feste Perspektive zu erhalten und sich in Rom dauerhaft einzurichten[275]. Offensichtlich fühlte er sich in Rom sehr wohl, und das, obwohl er nie die »diplomatische Sprache« gelernt hatte oder auch nur lernen wollte. Was Bayer an Rom reizte und was ihn schließlich zu einem Römer aus Schlesien machte, war die Gelegenheit, im Zentrum der katholischen Kirche am Aufbau einer menschenfreundlichen »Caritas« mitzuwirken. Das Hl. Jahr bot ihm dazu weiträumige Möglichkeiten. Die Aufgaben, die von da an auf ihn zukamen, überboten diesen Horizont noch beträchtlich.

---

274 Im Gegensatz zu Bayer bewegte sich Wüstenbergs Karriere in den Bahnen der vatikanischen Diplomatie. 1966 wurde er zum Bischof geweiht und im selben Jahr wurde er Pro-Nuntius in Japan, um nach einigen weiteren Stationen 1979 dieselbe Stellung in den Niederlanden einzunehmen, die er bis zu seinem Tod 1984 bekleidete.
275 Vgl. Bayers Brief an die Mutter vom 18.12.1951, in dem er andeutete, daß sich in dieser Zeit sowohl eine feste Anstellung als auch eine dauerhafte Bleibe in Rom anbot.

II.
PIONIER DER
CARITAS INTERNATIONALIS
1950–1970

1. Die Geburt der Caritas Internationalis

Die Frucht des Hl. Jahres 1950

Es ist das Charakteristikum mancher großen und bedeutenden Organisation, daß sich ihre Geburtsstunde nicht exakt bestimmen läßt. Wichtige, richtungsweisende Ideen keimen jahrelang im Verborgenen, um plötzlich sichtbar auf die Oberfläche zu treten und sich in Taten und Organisationen, in Werken und Aktionen zu verwirklichen. Diese Charakteristika gelten auch für die große Vereinigung der katholischen »Caritas«-Verbände, für die »Caritas Internationalis«, die im Rahmen unserer Arbeit eine zentrale Bedeutung besitzt, da Carlo Bayer zwanzig Jahre hindurch ihr Generalsekretär und ihr wichtigster Promotor war. In kleineren Biographien Bayers finden wir am häufigsten die Angabe, daß er diese Position in den Jahren von 1950 bis 1970 einnahm. Diese griffige Angabe wählt mit dem Jahre 1950 eine der Möglichkeiten aus, die Geburt der Caritas Internationalis festzusetzen. In unserem Zusammenhang können wir uns jedoch bemühen, eine genauere Bestimmung vorzunehmen, und eine solche Bestimmung kann uns gleichzeitig die Prinzipien dieser Organisation erschließen. Die Entstehung der Caritas Internationalis hatte sehr viel mit dem Hl. Jahr 1950 zu tun, auch wenn dieser Name erst Jahre später für den Zusammenschluß der caritativen Werke gebräuchlich werden sollte, ja zu diesem Zeitpunkt bereits durch eine andere Organisation besetzt war. Schon im Jahre 1924 wurde anläßlich des Eucharistischen Weltkongresses in Amsterdam eine ständige »Caritas-Konferenz« mit Sitz in Luzern bei der Schweizer Caritas-Zentrale gegründet. Dieser Zusammenschluß wirkte als Koordinationsforum bis an den Vorabend des Zweiten Weltkrieges; dann mußte es durch den Druck der Nationalsozialisten seine Arbeit einstellen[1]. Nach Kriegsende gab es verschiedene Anregungen, den Zusammenschluß zu reaktivieren, die jedoch nie in die Tat umgesetzt worden waren. Trotzdem sah man die Wortverbindungen »Caritas Internationalis« oder »Caritas Catholica« bereits als besetzt an und scheute sich bis zum Jahre 1954, diese Namen zu benutzen. Trotz dieser und anderer ungewöhnlicher Merkmale ist die Nähe der neu zu gründenden Caritas Internationalis zum Anno Santo 1950 unbestritten, ja sie ist als eine wichtige Frucht des Hl. Jahres zu betrachten. Zwei Umstände spielten hier eine entscheidende Rolle.

Die römischen Organisatoren des Hl. Jahres beschlossen, fünf Ausstellungen in das Rahmenprogramm dieser Monate zu übernehmen, um die »Lebendigkeit

---

[1] Vgl. die Übersicht im Handbuch der Kirchengeschichte, Band VII, 444–446 und 451.

der Kirche« den Besuchern aus der ganzen Welt vor Augen zu stellen. Die Ausstellungen betrafen die »Katholische Arbeit« in der Gesellschaft des zwanzigsten Jahrhunderts, die »Religiöse Kunst« in einer Zeit der allumfassenden Veränderungen, die »Kunst der Missionsländer«, die »Kunst in der Ostkirche« und die Arbeit der »Caritas« in den Kriegs und Nachkriegsjahren[2]. Die letztgenannte Ausstellung besaß unter dem Pontifikat von Pius XII. ein besonderes Gewicht, da dieser Papst, der von manchen sogar »Papst der Caritas« genannt wurde, insbesondere während der Kriegsjahre ein waches Gespür entwickelte für die Not und das Elend der Menschen, denen unerwartete Ereignisse die Fundamente ihrer materiellen Existenz zerstörten. Das Exekutivkomitee dieser Ausstellung, in das auch Carlo Bayer berufen wurde, unterteilte sie in mehrere Abteilungen, die mit Themen wie »Die Armen«, »Die Vertriebenen« oder »Die Auswanderer« einige Schwerpunkte und Möglichkeiten des caritativen Bemühens aufzeigen sollten. Aus seiner Tätigkeit bei der Kriegsgefangenenseelsorge heraus wurde Carlo Bayer als Verantwortlicher der Abteilung »Captivi« bestimmt, die die Betreuung der Kriegsgefangenen durch die Kirche thematisierte.

Die Caritas-Ausstellung wurde im Juli 1950 für das Publikum geöffnet; eine offizielle Eröffnung durch den Substituten des vatikanischen Staatssekretariats, Giovanni Battista Montini, fand jedoch erst am 13. September im Rahmen der von ihm angeregten »Studientage über die Caritas« statt, die vom 12. bis 16. September in Rom abgehalten wurden[3]. Diese Studientage führen uns in die unmittelbare Nähe der Gründung der Caritas Internationalis, denn die Anregung Montinis, im Rahmen des Hl. Jahres eine Studienwoche einzuberufen, war kein zufälliger Entschluß, sondern basierte auf einer klaren Idee. Die weitsichtigen Diplomaten des Staatssekretariates sahen die Gefahr, in die die katholische Caritasarbeit in den Umbrüchen der Nachkriegsepoche geraten konnte. Die Staaten Westeuropas und Nordamerikas, deren Entwicklung zu hochindustrialisierten Gesellschaften nicht mehr aufzuhalten war, zogen durch ihre demokratischen Regierungen und ihre sozialen Systeme die Aufgaben der Wohlfahrt und der sozialen Absicherung ihrer Bürger immer mehr an sich. Unter anderen Vorzeichen deutete sich eine solche Tendenz in den totalitären Staaten Osteuropas an. Die kirchlichen Werke standen in der Gefahr, auf einem ihrer ureigenen Gebiete ins Abseits zu geraten und durch neue, säkulare Bewegungen abgelöst zu werden. Einen anderen Aspekt derselben Entwicklung stellten die Bemühungen der Völker aus aller Welt dar, in internationalen Zusammenschlüssen, wie

---

2 Vgl. die grundsätzlichen Bemerkungen über die »Fünf Ausstellungen im Hl. Jahr« von Erzbischof Celso Costantini in: Anno Santo, 14f. Über die Caritas-Ausstellung berichteten die Anno Santo Hefte in zwei kleineren Artikeln auf den Seiten 117 und 576f.
3 Ausführlichere Hinweise auf die Caritas-Ausstellung und ihre Verknüpfung mit den Studientagen in: L'anno santo 1950, Volume II, 129–141.

zum Beispiel der UNO, eine solidarische Völkergemeinschaft auf Weltebene zu erreichen. Auch hier konnte die Kirche leicht herausgedrängt werden, wenn sie auf die Zeichen der Zeit nicht flexibel und sachgemäß reagierte.

Solche Gedankengänge waren den Vertretern von 22 nationalen Caritas-Organisationen mehr oder weniger präsent, als sie im September des Hl. Jahres in Rom zusammenkamen, um ein neues Spektrum des kirchlich-caritativen Bemühens abzustecken. Sehr weitsichtig sprach schon zu diesem Zeitpunkt der amerikanische Vertreter, Msgr. Edward Swanstrom, vom »Zeitalter der Flüchtlinge«, das auf der ganzen Welt angebrochen ist und das die caritativen Werke vor völlig neue Dimensionen stellt. Pater Friedrich Froehling nahm als Generalsekretär des St. Raphael-Vereins ein akutes Problem auf, indem er auf die Möglichkeiten der Kirche bei der Beratung und Betreuung Auswanderungswilliger hinwies; ein Problem, das in den ersten Nachkriegsjahren hochaktuell war[4]. In unserem Zusammenhang ist das Referat des Präsidenten des Deutschen Caritas Verbandes, Prälat Franz Müller, von Bedeutung, der unter der Thematik »Organisation der caritativen Arbeit« die skizzierten Gedankengänge des Staatssekretariates aufgriff. Auch er sprach von der »Gefährdung der freien kirchlichen Liebestätigkeit durch die alles erfassende Wohlfahrtspflege des Staates und der Behörden« und wies auf die Notwendigkeit einer größeren Kooperation der kirchlichen Werke hin. Im Angesicht der universalen Not der Zeit kann sich die Kirche eine atomisierte Arbeit nicht mehr erlauben, sie muß zu einer größeren Einheit finden, und dies nach Möglichkeit unter der Schirmherrschaft des Hl. Vaters[5]. Die Idee einer Vereinheitlichung der caritativen Arbeit drängte sich im Verlauf der Studientage immer mehr in den Vordergrund, und sie sollte schneller als erwartet feste Umrisse erhalten.

Das Schreiben des Substituten Montini

Für den 13. September wurden vom Präsidenten der Päpstlichen Kommission für die Organisation des Hl. Jahres, Erzbischof Valerio Valeri, die führenden Vertreter der wichtigsten nationalen Caritas-Verbände in die Räumlichkeiten des Zentralkomitees des Anno Santo, in die Via della Conciliazione 30 eingeladen. Bei dieser Zusammenkunft las Erzbischof Valeri einen Brief des Substituten Montini vor, der einen folgenschweren Vorschlag enthielt. Es ist angebracht, so Montini, einen »internationalen Organismus« zu errichten, der einen engeren Zusammenhang zwischen den einzelnen Caritas-Organisationen herstellen würde. Dieser Organismus könnte eine dreifache Funktion besitzen: Koordina-

---

4 Die offiziellen Referate der Tagung wurden in einer in Rom erschienenen Publikation wiedergegeben: Caritas – Atti dell'incontro internazionale. Giornati di studio sulla carità, o.J.
5 Vgl. ebd. 187ff., insbesondere 191.

tion, Information und Repräsentation. Es handele sich zuvorderst darum, eine bessere Koordination der einzelnen Caritas-Organisationen untereinander zu erreichen, ihre unterschiedlichen Aktivitäten auf der internationalen Ebene in eine gewisse Einheitlichkeit zu bringen. Hierzu würde auch die zweite Funktion, die Information, beitragen, die ein gegenseitiges Kennenlernen von Strukturen und Arbeitsweisen fördern könnte. Die dritte Funktion hingegen, die Repräsentation, schien immer wichtiger zu werden in einer Welt, die durch umfassende Kommunikationsmöglichkeiten nach einem immer engeren Zusammenschluß strebt. Ein Repräsentationsorgan könnte den Caritaswerken bei Weltorganisationen, insbesondere der UNO, eine einheitliche Stimme verleihen.

Neben diesen prinzipiellen Erwägungen enthielt der Brief Montinis weitere Hinweise, die dazu dienten, mögliche Befürchtungen schon im Voraus zu zerstreuen. Bei dem gewünschten Organismus sollte es sich keinesfalls um eine »Super-Caritas« handeln, die den einzelnen Nationalverbänden Vorschriften machen würde. Die Nationalverbände würden weiterhin volle Handlungsfreiheit behalten und unabhängig bleiben. Die Initiative strebt lediglich an, der Einheitlichkeit und der Universalität der Kirche auch in ihren caritativen Werken Ausdruck zu verleihen. Mit demselben Schreiben bat Montini, seine Vorschläge in einem ersten praktischen Schritt aufzugreifen, indem eine Statutenkommission gebildet würde, die die Ergebnisse ihrer Arbeit dem Hl. Stuhl zur Approbation vorlegen sollte[6].

Die vom Erzbischof Valeri vorgetragenen Anregungen Montinis fanden an diesem 13. September bei den versammelten Caritas-Direktoren eine sehr positive Aufnahme. Das Anliegen des Staatssekretariates nach einer effektiveren Kooperation war gut begründet, und die gleichzeitige Versicherung, daß die Autonomie der nationalen Verbände gewahrt bliebe, tat ein übriges, um eine günstige Aufnahme dieser Gedanken zu ermöglichen. So verwundert es nicht, daß sich die Versammelten sogleich der Statutenfrage zuwandten. Das damalige Mitglied der amerikanischen Abordnung, der spätere Bischof Edward E. Swanstrom, gab in einer kleinen Festschrift zum 25jährigen Bestehen der Caritas Internationalis einen lebendigen Eindruck dieser Septembersitzung:

> »Nachdem das gesamte Komitee zwei Tage hindurch an Nachmittags- und Abendsitzungen jede kleine Einzelheit der möglichen Arbeit dieser neuen Organisation besprochen hatte, wurde eine aus fünf Mitgliedern bestehende Kommission – Mgri. Baldelli, Crivelli, Rodhain, Müller und O'Grady – mit der Redaktion eines Verfassungsentwurfes beauftragt. Ich kann mich gut daran erinnern, wie sie bis in die späte Nacht des

6 Montini verfaßte seine Anregungen in französischer Sprache. Die Niederschrift dieser Gedanken, die der Verf. benutzte, ist nicht genau datiert, sie trägt lediglich den Hinweis »Montini – Segreteria di Stato di Sua Santità«.

14. Septembers hinein arbeiteten und wie ihr Entwurf dann am nächsten Vormittag zur Diskussion und endgültigen Überprüfung vorgelegt wurde. Nach vielen Stunden einigte man sich schließlich auf einen Entwurf und beschloss einstimmig, ihn dem Hl. Stuhl zu unterbreiten als Beweis der erzielten Fortschritte.«[7].

Der erste Statutenentwurf wurde am 15. September der Versammlung vorgelegt und nach einigen Modifikationen wurde er an demselben Tag von der Versammlung angenommen. Im Mittelpunkt der Statuten standen die von Montini vorgeschlagenen »drei Prinzipien«, gleichzeitig wurden schon weitergehende, praktische Aspekte einer zukünftigen Arbeit angesprochen. Diese – damals noch »provisorischen« – Statuten seien im folgenden referiert, da sie die Substanz aller späteren Statuten der Caritas Internationalis ausmachten.

Die Statuten der »Internationalen Katholischen Caritas Konferenz«

Im *ersten* der insgesamt dreizehn *Artikel* der »Provisorischen Statuten«[8] wurde die »Internationale Katholische Caritas Konferenz« konstituiert. Dieser komplizierte Name wurde nicht zuletzt aus Rücksicht auf die damals in Luzern aktive »Caritas Internationalis« gewählt, die Repräsentationsaufgaben bei großen internationalen Organisationen wahrnahm. Erst bei der dritten Generalversammlung im Jahre 1954, nachdem das gegenseitige Verhältnis geklärt werden konnte, nahm die »Konferenz«, üblicherweise ICK abgekürzt, den bedeutend griffigeren und auf der internationalen Ebene leichter zu handhabenden Namen Caritas Internationalis an. Im *zweiten Artikel* der Statuten wurden die drei Ziele genannt. Die ICK soll zuvorderst die Zusammenarbeit und die Koordination der nationalen caritativen Werke fördern mit dem Ziel der größeren Effizienz. Dies soll jedoch ohne Strukturänderung und Eingriffe in die Unabhängigkeit der einzelnen Verbände geschehen. Die zweite wesentliche Aufgabe besteht in der Gründung eines Informationszentrums, das alle Angaben sammeln und ordnen soll, die auf dem Gebiet der caritativen Arbeit benötigt werden. Insbesondere sind statistische Materialien zu sammeln, die sowohl die bereits erfolgten Aktivitäten betreffen, als auch die Defizite in den einzelnen Ländern aufzeigen. Die dritte Aufgabe besteht in der Repräsentation der katholischen caritativen Werke auf internationaler Ebene.

Im *dritten Artikel* der Statuten wurde auf die möglichen Mitglieder der neuen Organisation verwiesen: diese sollen nationale caritative Organisationen sein, die

---

7 25 Jahre Caritas Internationalis 1950–1975. Als Manuskript herausgegeben von der Caritas Internationalis, Rom. Hier S. 14.
8 Diese Statuten waren provisorisch, da sie weder vom Hl. Stuhl noch von einer Generalversammlung bestätigt waren.

von der jeweiligen kirchlichen Hierarchie befugt sind, die caritativen Werke eines Landes zu repräsentieren. Im *vierten Artikel* wurde der Sitz der »Konferenz« bestimmt: dieser ist Rom. Hier ist es jedoch wichtig festzuhalten, daß mit »Rom« nicht der Vatikan gemeint war. Die Caritas Internationalis hat sich nie als eine vatikanische Behörde verstanden. Wie groß die Nähe oder Distanz zum Vatikan war, das hing immer von der Einstellung der jeweiligen Leitung dieser Organisation ab.

In den wichtigen *Artikeln fünf bis neun* wurden die einzelnen Organe der ICK beschrieben und näher bestimmt. Grundsätzlich handelt es sich um drei Organe: die Generalversammlung, das Exekutivkomitee und das Generalsekretariat.

Die Generalversammlung setzt sich aus Vertretern der einzelnen Mitgliedsorganisationen zusammen und soll die grundsätzlichen Formen der Arbeit bestimmen. Darüberhinaus überprüft sie die Aktivitäten des Exekutivkomitees. Die Generalversammlung wird mindestens einmal jährlich durch das Exekutivkomitee einberufen, wenn es die Umstände erfordern auch öfters. Dieser Punkt sollte in der Praxis bald modifiziert werden. Die jährliche Frequenz der Generalversammlungen erwies sich als nicht notwendig, und seit der dritten Generalversammlung 1954 traf man sich nur noch alle drei Jahre[9].

Das wichtigste Organ der »Konferenz« ist das Exekutivkomitee, dem die praktische Ausführung der Richtlinien obliegt, die die Generalversammlung festsetzt. An seiner Spitze stehen der Präsident, ein Vizepräsident und ein Gremium aus fünf weiteren Mitgliedern verschiedener Nationalitäten. Sie alle werden von der Generalversammlung gewählt. Der Präsident des Exekutivkomitees, der das Vertrauen des Hl. Stuhls besitzen muß, steht gleichzeitig der Generalversammlung vor.

Das Generalsekretariat der ICK führt die Weisungen des Exekutivkomitees aus. Seine Mitglieder werden ebenfalls durch das Exekutivkomitee bestimmt.

Die restlichen Artikel, Artikel zehn bis dreizehn, sprachen einige praktische Probleme an. Im *zehnten Artikel* wurde bestimmt, daß die nationalen Mitgliedsverbände die Mittel zur Verfügung zu stellen haben, die ein Funktionieren der Konferenz ermöglichen. Das Exekutivkomitee stellt das Budget zusammen, das von der Generalversammlung genehmigt werden muß. Der *elfte Artikel* legte fest, daß nur die Generalversammlung die Statuten ändern kann, und dies mit einer Zweidrittelmehrheit. Der *zwölfte* und *dreizehnte Artikel* legten einige Übergangsregelungen fest, die mit dem provisorischen Charakter der Statuten zusammenhingen. Betrachtet man diese ersten Statuten in ihrer Gesamtheit, so ergibt sich eine klare, einfache Struktur, die sich von

---

9 Dieser Rhythmus wurde prinzipiell angestrebt. Ereignisse wie das II. Vatikanische Konzil oder die Überbeanspruchung durch die großangelegte Hilfsaktion für Biafra führten zu Verschiebungen in dieser Frequenz.

jeglichen bürokratischen Umständlichkeiten fernhielt. Die Väter der Statuten, der Italiener Baldelli, der Schweizer Crivelli, der Franzose Rodhain, der Deutsche Müller und der Amerikaner O'Grady, beschränkten sich in den Septembertagen 1950 auf die wesentlichen Zielvorgaben der neuen Vereinigung. Die weiteren Differenzierungen sollten sich aus der praktischen Arbeit ergeben. Betrachtet man die späteren Modifikationen dieser ersten Statuten, so beispielsweise die Statutenrevision des Jahres 1969, so ergeben sich selbstverständlich Erweiterungen und Anpassungen an die jeweilige Entwicklung in Kirche und Gesellschaft, doch hielt man immer an den fundamentalen Aufgaben der »Koordination, Information und Repräsentation« fest [10].

Wie sich Msgr. Swanstrom in einem Rückblick ausdrückte, wurde die Caritas Internationalis in jenen Septembertagen 1950 »empfangen«. Ihre »Geburt« erfolgte ein Jahr später mit der Anerkennung der provisorischen Statuten durch den Hl. Stuhl und durch die erste Generalversammlung im Dezember 1951 [11]. Es ist jedoch angebracht, die Verbindung zu betonen, die die neue Organisation zum Anno Santo 1950 besaß. Die Caritas-Ausstellung und ihre Verbindung mit den Caritas-Studientagen sowie die Anregung Montinis, einen neuen Aufbruch in der Caritas-Arbeit zu versuchen, bildeten eine ideelle Einheit. So ist die Entstehung der Caritas Internationalis in ihrer Verwurzelung als eine der Früchte des Hl. Jahres 1950 zu betrachten.

Das Jahr 1951: Übergang und neue Horizonte

Als Carlo Bayer im Oktober 1951 einen kurzen Tätigkeitsbericht an den Breslauer Kapitalvikar in Görlitz, Ferdinand Piontek, sandte, dessen äußerer Anlaß die Priesterweihe und die Primiz eines Breslauer Germanikers war, berichtete er in bescheidener Form, daß er nach Abschluß des Hl. Jahres seine »gewohnte Tätigkeit als Auslandsreferent für das Päpstliche Hilfswerk« wieder aufnehmen konnte. Hierbei hatte er »die Freude«, für den Präsidenten dieses Werkes, Msgr. Baldelli, eine Deutschlandfahrt vorzubereiten und ihn im Juli 1951 als Dolmetscher zu begleiten:

> »Zeitlich zwar recht gedrängt, war es doch möglich, in Bayern, Baden, Frankfurt, Berlin und im Rheinland eine Reihe der deutschen Caritaswerke zu besichtigen und in Gesprächen mit den Hw. Confratres der verschiedenen Caritasstellen wertvolle Anregungen zu erhalten und

---

10 Im Jahre 1969, bei der letzten Generalversammlung, an der Bayer als Generalsekretär teilgenommen hatte, gab es eine größere Revision der Statuten. In den 35 Artikeln finden sich mehrere Hinweise auf Fragen der Entwicklungshilfe, die im Jahre 1950 den Gründungsvätern nicht präsent sein konnten.
11 Vgl. 25 Jahre Caritas Internationalis, 13.

Erfahrungen auszutauschen, die der weiteren Arbeit in Deutschland und Italien und darüber hinaus auch dem internationalen Gebiet zugutekommen werden ...
Im Anschluß an diese Reise konnte ich auf einem Heimaturlaub noch ein paar Tage mit meiner lieben Mutter zusammensein und anschließend auch unsere schlesischen Borromäerinnen in ihrem neuen Mutterhaus besuchen. Mir machte das nach den Trebnitzer Jugendjahren umsomehr Freude, da ich ja in Verbindung mit Herrn Prälaten Jedin die Angelegenheit der Schwestern bei der hiesigen Religionskongregation als Prokurator vertrete.«[12]

Die knappen Aussagen Bayers lassen sich leicht zu einem größeren Bild zusammenstellen, das uns wertvolle Informationen über sein »Übergangsjahr« vermittelt und erste Hinweise gibt, wie Carlo Bayer einige Monate später zum Generalsekretär der neugegründeten Konferenz der katholischen Caritas-Werke ernannt werden konnte.

Am wichtigsten erscheint hier die enge Verbindung zum Präsidenten der Pontificia Opera di Assistenza und Grandseigneur der caritativen Arbeit in Italien, Msgr. Ferdinando Baldelli. Diese Verbindung gereichte beiden Männern zum Vorteil: Carlo Bayer, weil er eine Leitfigur hatte, an der er sein Wirken orientieren konnte und an deren Erfahrungen und Kenntnissen er partizipierte, und Msgr. Baldelli, der in Bayer einen agilen und effektiv arbeitenden Mitarbeiter besaß, der mehrere Sprachen beherrschte und sich auch noch als Organisationstalent erster Güte erwies. Auf diese Fähigkeiten Bayers stützte sich Ferdinando Baldelli bei seinen italienischen Aktivitäten, besonders aber bei seinen Auslandskontakten.

Für Carlo Bayer brachten die mehrfachen Deutschlandfahrten in Begleitung Baldellis angenehme Begleiterscheinungen mit sich. In erster Linie zählten hierzu die Besuche bei der Mutter, die zeitlich zwar kurz waren, auf die er jedoch großen Wert legte und deshalb gründlich vorbereitete. Bis zu ihrer Übersiedlung in das Allgäu im Jahre 1953, wo sie ein Unterkommen in einem von den Trebnitzer Borromäerinnen geführten Kinderheim fand[13], wohnte Frau Bayer in Parchim in Mecklenburg. Da dieser Ort in der sowjetischen Besatzungszone lag, war es oft schwierig, ein Treffen zu organisieren, doch nutzte Carlo Bayer alle Möglichkeiten aus, und sei es nur, um seine Mutter einige Stunden lang auf dem Flughafen Tempelhof zu treffen. In jedem Fall waren es für Carlo Bayer kostbare

---

12 Brief Bayers an Piontek vom 12. Oktober 1951.
13 Von 1953 an wohnte Frau Bayer in Ratzenried im Allgäu, nachdem sie zwischendurch ein halbes Jahr bei Carlo Bayer in Rom gewohnt hatte; sie konnte sich jedoch in der fremden Umgebung nicht akklimatisieren, und so fand Bayer für sie eine Unterkunft bei den Borromäerinnen in Ratzenried. Hier verbrachte sie ihr letztes Lebensjahr. Sie starb im Dezember 1953.

Stunden, da er nicht zuletzt Neues über das Schicksal alter schlesischer Bekannter erfuhr[14].

In einem Brief an die Mutter vom April 1951 wies er auf die Übergangszeit hin, die nach den Strapazen des Hl. Jahres vor ihm lag, auch wenn manche Rombesucher noch immer »Don Carlo« in seinem Pilgerbüro aufsuchen wollten; »damit sollen sich jetzt die Reiseagenturen herumschlagen«, formulierte er knapp und eindeutig.

»Beim Päpstlichen Hilfswerk ist eh genügend Arbeit liegengeblieben, und außerdem tut mir ein etwas ruhigeres Jahr auch mal ganz gut. Durch den Wagen und die vermehrten Bürostunden im letzten Jahr hatte ich wenig Bewegung und kaum Zeit für mich selbst. Jetzt kann ich wenigstens etwas für mich lesen, außerdem haben wir angefangen, zweimal in der Woche Tennis zu spielen.«[15]

Doch die Ruhe, die Bayer andeutete, war nur eine relative Beruhigung nach den Hochleistungen des Anno Santo. Er hielt weiterhin unzählige Fäden in der Hand, und das zugleich als »Römer« und als »Schlesier«. Neben seiner Tätigkeit im Büro der POA führte er einen wesentlichen Teil der Korrespondenz fort, die auf seinen privaten und biographischen Verbindungen beruhte. Zu den schlesischen Geistlichen, auch zu den führenden Vertretern, hielt er zumindest einen brieflichen Kontakt und unterstützte sie in ihren Bemühungen, eine kirchliche Verwaltung in dem Görlitzer Kirchengebiet, dem deutschsprachigen Teil der Erzdiözese Breslau, aufzubauen. Bayer korrespondierte mit den Prälaten Negwer und Piontek, denen er zum wiederholten Male vatikanische Publikationen, Kanonistika, Wörterbücher, aber auch Breviere vermittelte[16].

Auf der anderen Seite standen seine Verpflichtungen als »Römer«, als Don Carlo und Monsignore, der in unmittelbarer Nähe des Hl. Stuhles arbeitete. Zusammen mit Bruno Wüstenberg lernte Carlo Bayer während des Hl. Jahres den Chefdirigenten des Münchener Rundfunkorchesters, Professor Eugen Jochum, kennen. Auch nach Ablauf des Hl. Jahres blieb er mit dem Dirigenten und seiner Gattin in brieflichem Kontakt, insbesondere in den Monaten Oktober und November 1951, als Professor Jochum Mitte November mit dem Kammerorchester des Bayerischen Rundfunks eine Italientournee unternahm. Das Orchester spielte in Perugia, Bari, Neapel, Taranto, Prato Aquila und in Rom. Hier kam auch die Idee auf, bei dieser Tournee im Vatikan zu spielen, bei einem nicht öffentlichen

---

14 Brief an die Mutter vom April 1951 und 4. 7. 1951.
15 Ebd. vom April 1951.
16 Am 21. 10. 1951 fragte Kapitelvikar Piontek in einem handgeschriebenen Brief Bayer, ob er ihm zwei Bände eines neuerschienenen lateinischen Wörterbuchs besorgen könnte: »Wir können sie gut gebrauchen, denn wir müssen Eingaben, Berichte u. dergl. in lateinischer Sprache machen und Wörterbücher sind hier nicht zu bekommen.«

Konzert vor Pius XII. Eine Reihe von Briefen wechselte im Verlaufe des Oktobers und Novembers zwischen Carlo Bayer und dem Ehepaar Jochum, um eine diesbezügliche Abstimmung zu erreichen. Fragen des Repertoires standen zur Disposition (»Mozart, Geminiani, van Beethoven), aber auch Sorgen um eine sinnvolle Gestaltung des kurzen Romaufenthaltes für die Musiker. Ende Oktober, zwei Wochen vor dem Konzert in Rom, bedrängte Maria Jochum Don Carlo mit Fragen, die ihr am Herzen lagen:

»Glauben Sie, ob Rom noch abends beleuchtet ist? Unsere Leute kriegen außer St. Peter nichts zu sehen, was mich beinah umbringt. Wenn einiges beleuchtet wäre, müßte man einen großen Omnibus arrangieren, damit sie wenigstens die Via del Impero entlang fahren, an dem beleuchteten Trajansforum bis zum Collosseum, oder auch Piazza Navona oder so. Können Sie herauskriegen, wie das sich verhält?«[17]

Don Carlo konnte es, und mit Hilfe der ganzen deutschen Kolonie Roms wurden die wesentlichen Probleme gelöst. Professor Jochum konzertierte mit seinem Kammerorchester am 12. November sowohl bei einem öffentlichen Gastspiel der Stadt Rom als auch in Privataudienz bei Papst Pius XII. Zwei Wochen später bedankte sich der Chefdirigent des Bayerischen Rundfunks bei Carlo Bayer:

»Nach München zurückgekehrt, möchte ich Ihnen – auch im Namen des Orchesters – nochmals sehr herzlich danken für alle Ihre Bemühungen um die Ermöglichung der Audienz beim Hl. Vater. Sie haben mir damit einen Herzenswunsch erfüllt und dem Orchester eine ganz große Freude bereitet. Der Eindruck der Stunde in Castelgandolfo schwingt noch in allen, die dabei waren, nach.«[18]

Diese interessanten Aspekte im Wirken Bayers in jenen Wochen und Monaten bildeten jedoch nur Nebenszenarien einer größeren Aufgabe, die sich damals abzuzeichnen begann. In den Monaten Oktober bis Dezember nahm Carlo Bayer regen Anteil an der Vorbereitung der ersten Generalversammlung der »Internationalen Katholischen Caritas-Konferenz«, die unter der Ägide Ferdinando Baldellis durchgeführt werden sollte. In diesen Monaten wurde er zur rechten Hand Baldellis, und diese Konstellation sollte für ihn bald lebensprägend werden.

---

17 Brief vom 26. 10. 1951.
18 Brief vom 27. 11. 1951.

Die Anerkennung der Statuten »ad experimentum«

Am 20. Oktober 1951 wandte sich der Substitut des vatikanischen Staatssekretariates, Giovanni Montini, in einem Schreiben an Msgr. Baldelli, um ihm mitzuteilen, daß der Hl. Stuhl die im September 1950 ausgearbeiteten provisorischen Statuten der ICK »ad experimentum« genehmigt hat. Jetzt sollten praktische Schritte folgen, um der »Konferenz« einen konkreten Anfang zu geben. Die nun genehmigten Statuten sollten den Leitern der nationalen Caritas-Verbände zugesandt werden, um im folgenden eine erste Zusammenkunft zu veranstalten. Montini sprach auch die diplomatische Frage des angestrebten Ausgleichs mit der alten, in der Schweiz ansässigen »Caritas Internationalis« an. Nach seiner Vorstellung sollten ihre hauptsächlichsten Funktionen in die Kompetenz der neuen »Konferenz« übergeführt werden[19]. Als sich der Termin des 12. Dezember 1951 für die erste Generalversammlung der ICK abzeichnete, verfaßte Montini ein weiteres, nun detaillierteres Schreiben an Baldelli, in dem er seinen Überlegungen zu einigen »sensiblen Aspekten« der Neugründung Ausdruck verlieh. Er wies auf die Initiative des Staatssekretariates hin, das im Laufe des Jahres die Meinung der einzelnen Bischofskonferenzen über die Gründung der »Konferenz« einholte und deren Antworten positiv ausfielen[20]. Des weiteren fügte der Substitut einige Überlegungen bei, die sich auf die angestrebte Effektivität der zukünftigen Arbeit bezogen. Da diese Überlegungen die große Hellsichtigkeit Montinis bezüglich der späteren neuralgischen Punkte der Caritas Internationalis bezeugen, seien sie hier in ihren vier Punkten dem Kern nach wiedergegeben. Im ersten Punkt griff Montini die Frage der »demokratischen« Entscheidungsfindung auf, die den Statuten nach angestrebt war. Um hier jedoch eine effektive Arbeitsweise zu sichern, muß sich die »Konferenz« bemühen, sehr präzise ihre Arbeitsmethoden und Vorgehensweisen zu bestimmen. So besteht die Notwendigkeit, eine besondere Sorgfalt bei der Redaktion der Geschäftsordnung walten zu lassen.

Nach der Wahl des Exekutivkomitees, so der zweite Punkt, sei die Nominierung des Generalsekretärs sowie die genaue Definition seiner Aufgabengebiete von wesentlicher Bedeutung. Um eine größere nationale Streuung in der Ämterverteilung zu erreichen, hielt es Montini für angebracht, daß der Generalsekretär einer anderen Nation angehört als der Präsident und der Vizepräsident der »Konferenz«.

Im dritten Punkt sprach Substitut Montini die Aufgabe der ICK an, die caritativen katholischen Werke bei großen internationalen Organisationen zu

---

19 Brief Montinis an Baldelli vom 20. 10. 1951.
20 Lediglich die Bischöfe der USA äußerten anfangs Bedenken, die sich auf Fragen der Souveränität im Rahmen eines Zusammenschlusses bezogen. Dies merkt Montini im Brief an Baldelli vom 17. 11. 1951 an, ohne jedoch auf die Bedenken näher einzugehen.

vertreten. Im Jahre 1951 galt es hier auf dem Wege der Diplomatie zu einem Einvernehmen mit der in der Schweiz ansässigen »Caritas Internationalis« zu kommen. »Der Verdienste wegen«, die sich die Schweizer Caritas erworben hatte, sollte der Posten des Direktors der zukünftigen diplomatischen Delegation einem Vertreter der Schweiz eingeräumt werden. Der letzte Punkt der Reflexionen Montinis betraf wiederum die Frage der Koordination und der Effektivierung der von den Katholiken im Bereich der Caritas geleisteten Hilfe. Um Überschneidungen zu vermeiden, sollte sich die neue »Konferenz« möglichst rasch in einen Informationsaustausch mit der »Präsidentenkonferenz« der schon bestehenden internationalen katholischen Organisationen einbinden[21].

Alle diese Überlegungen, die Montini einen Monat vor der ersten Generalversammlung Baldelli vorlegte, zeugen von der Hellsichtigkeit des späteren Papstes Paul VI. in dieser Frage. Denn auch wenn sich einige der von ihm erwähnten Fragen, wie zum Beispiel die Problematik des Ausgleichs mit der schon existierenden »Caritas Internationalis«, bald lösten, so bildeten die anderen Punkte, so die präzise Bestimmung des Aktionsradiusses der ICK, chronische Probleme in der späteren Geschichte dieser Neugründung. Ein weiterer Punkt, der zu konstatieren ist, betrifft das Interesse des Substituten an der neuen Organisation: die Gründung einer solchen neuartigen Institution war vom Ursprung her seine Idee gewesen und so setzte er sich mit seiner ganzen Autorität – aber auch im Namen des damaligen Papstes Pius XII. – für die rasche Umsetzung der Idee in praktische Schritte ein.

12. bis 14. Dezember 1951: Die Caritas Internationalis wird geboren

Am 12. Dezember 1951 trafen sich in Rom Vertreter von dreizehn einflußreichen europäischen und nordamerikanischen Caritas-Organisationen, um die Gründungsversammlung der »Internationalen Katholischen Caritas Konferenz« abzuhalten. Sie alle haben auf das Schreiben des vatikanischen Staatssekretariates positiv reagiert, das auf die Notwendigkeit einer größeren Koordination des kirchlichen caritativen Bemühens auf internationalem Gebiet hinwies und hierzu die Gründung eines Koordinationsforums anregte.

Schon die flüchtige Durchsicht der Teilnehmerliste der Gründungsversammlung erbringt einige interessante Ergebnisse. Zu einem wichtigen Teil waren hier Persönlichkeiten versammelt, die die Geschichte der späteren Caritas Internationalis entscheidend prägen sollten. Zwei zukünftige Präsidenten waren anwesend, Msgr. Ferdinando Baldelli, der als erster Präsident die Organisation bis zum Jahre 1962 leitete, und der Franzose Msgr. Jean Rodhain, der als dritter Präsident in den Jahren 1965 bis 1972 wirkte. Auch die übrigen Teilnehmer hatten in der

---

21 Zu den 4 Punkten vgl. ebd.

Welt der Caritas hohes Gewicht: so der Vertreter der einflußreichen und finanzstarken amerikanischen Werke, Msgr. John O'Grady, der Generalsekretär des Deutschen Caritas Verbandes, Msgr. Kuno Jörger, der Vertreter Österreichs, Alfred Kostelecky, und der Däne Knud Ballin. Zu den offiziellen Teilnehmern der konstituierenden Sitzung gehörten außerdem die Vertreter Belgiens, Hollands, Kanadas, Luxemburgs, Portugals, der Schweiz und Spaniens. Als Leiter des Sekretariates und Italien zugeordnet erscheint in den Protokollen der ersten Sitzungen Carlo Bayer, mit der Bezeichnung »Monsignore« und als Angehöriger der Pontificia Opera di Assistenza. Da Bayer entscheidend bei der Vorbereitung dieses Treffens mitgewirkt hatte, ernannte ihn Baldelli zum Leiter des Sekretariats der Versammlung. Inwieweit der Gedanke einer Kandidatur Bayers für den Posten des Generalsekretärs der Neugründung Baldelli vorschwebte, läßt sich nicht klar bestimmen. Es ist jedoch kaum denkbar, daß sich Ferdinando Baldelli nicht im voraus Gedanken gemacht hätte über die Besetzung einer so entscheidenden Position. Zu den Aufgaben Bayers bei den ersten Sitzungen zählte die Aufsicht über die anwesenden Dolmetscher und Protokollanten sowie in der Anfangsphase die Vorstellung der einzelnen Teilnehmer[22].

Am Vormittag des 12. Dezember eröffnete der vorläufige Präsident Msgr. Baldelli die erste Sitzung der konstituierenden Generalversammlung. In einer kurzen Ansprache skizzierte er die bisherige Entwicklung und die Zielsetzung der »Konferenz«. Illustrierend griff Baldelli auf ein aktuelles Beispiel zurück, um die Chancen der zukünftigen Zusammenarbeit anzudeuten. Verheerende Überschwemmungen hatten kürzlich große Teile einiger italienischer Regionen verwüstet. Solche Katastrophen überfordern die einzelnen nationalen Organisationen und rufen nach internationaler Zusammenarbeit, um die Schäden effektiv einzugrenzen. Eine koordinierende Stelle könnte hierzu einen entscheidenden Beitrag leisten[23]. Nach der Vorstellung aller Teilnehmer durch den »Sekretär« Carlo Bayer galt es nun, aus der Generalversammlung heraus kleine Gremien zu schaffen, die sich der ersten praktischen Hürden annehmen sollten. Den Statuten nach mußte es sich vor allem um die Bildung eines Exekutivkomitees handeln. Schon am Nachmittag desselben Tages einigte man sich auf eine Liste von sieben Staaten, aus der der Präsident, der Vizepräsident sowie die fünf Mitglieder des Exekutivkomitees gewählt werden sollten. Per Akklamation wurden die beiden wichtigsten Positionen besetzt: die Präsidentschaft fiel auf Ferdinando Baldelli, zum Vizepräsidenten bestimmte man den Amerikaner John O'Grady. Ebenfalls per Akklamation einigte man sich auf Rom als den geeignetsten Sitz der Organisation, wobei in der anschließenden Diskussion klar zum Ausdruck kam, daß sich der Sitz außerhalb des Vatikan-Staates befinden soll, um die Statuten

22 Über die Sitzungen der ersten Generalversammlung liegen in den Archiven der Caritas Internationalis ausführliche Protokolle in französischer Sprache vor.
23 Vgl. das Protokoll der 1. Generalversammlung (GV), 1–3.

gemäß eine weitreichende Freiheit in der programmatischen und der praktischen Arbeit zu besitzen[24]. Bezüglich des Sitzes des Generalsekretariates, der die offizielle Adresse der Organisation bilden sollte, schlug Msgr. Baldelli den Palazzo Pio in der Via della Conziliazione vor. Hier sollten Räumlichkeiten mit einer einfachen und bescheidenen Ausstattung gefunden werden.

Bevor in den Sitzungen des neu gewählten Exekutivkomitees am 13. und 14. Dezember weitere grundsätzliche Fragen, insbesondere die Nominierung des Generalsekretärs, erörtert wurden, entbrannt am Ende des ersten Tages eine Diskussion, die prinzipielle Fragen an das Selbstverständnis der »Konferenz« stellte. Der Vertreter Luxemburgs, Msgr. Hemes, kleidete seine Fragestellung in die beinahe klassische Formel: Wie ist der Aktionsradius der ICK näherhin zu bestimmen, wie lassen sich die Grenzen der Aktivitäten tatsächlich präzisieren? Im Hintergrund der Anfrage stand das Problem der Eigenständigkeit der nationalen Verbände angesichts des Zusammenschlusses, ja die Angst vor einer unüberschaubaren Super-Caritas. Die Antwort Baldellis fiel jedoch ebenfalls »klassisch« aus: Die Statuten selbst beantworten diese Frage. Die Arbeit der ICK wird nicht in direkten Hilfsaktionen bestehen; sie dient vielmehr dazu, die Zusammenarbeit der nationalen Verbände zu fördern und zu koordinieren. Dies geschieht nicht zuletzt durch die Einrichtung eines Informations- und Studienzentrums[25]. In den anschließenden Beiträgen wurde die Sorge um die Eigenständigkeit der nationalen Verbände weiterhin betont, auch indirekt durch Hinweise auf die bisher schon erzielten Erfolge. Die Idee der Einrichtung eines umfassenden Informationszentrums für alle Spektren der Caritas-Arbeit wurde hingegen von allen Teilnehmern begrüßt[26].

Die genannten Diskussionspunkte, vor allem die Definition der Grenze zwischen direkter und indirekter Aktion der »Konferenz«, sollten eine permanente Herausforderung an das Selbstverständnis dieser Organisation bleiben. In diesen Gründungstagen wurden die Probleme angesprochen, ihre Lösung jedoch der praktischen Arbeit überlassen. Die praktische Arbeit begann sogleich in den Sitzungen des Exekutivkomitees, bei denen sich drei Aspekte in den Vordergrund schoben. Als die naheliegendste Aufgabe wurde die Suche nach Wegen angesehen, wie die neue Organisation auf breiterer Basis bekanntzumachen sei. Insbesondere die Episkopate der noch abwesenden Länder sollten informiert und zur Mitarbeit eingeladen werden. Hier vertraute man auf die Hilfe des vatikanischen Staatssekretariates, das die einzelnen Nuntiaturen informieren sollte. Msgr. Baldelli wollte sich ebenfalls mit einem Brief an die Episkopate der abwesenden Länder wenden. Den Teilnehmern der Sitzung war jedoch klar, daß es vor allem die erfolgreiche Arbeit sein wird, die die meisten Länder zu einem

24 Vgl. ebd. 17.
25 Vgl. ebd. 20.
26 Vgl. ebd. 23–25.

Beitritt bewegen würde. Die Mitglieder selbst sollten durch ein periodisch erscheinendes Informationsbulletin über die Arbeit der ICK informiert werden. Diese Aufgabe wurde dem Generalsekretariat anvertraut[27].

Die zweite wichtige Frage, die das Exekutivkomitee zu erörtern hatte, war das Problem der Finanzierung der neuen Organisation. Eine kleine Arbeitsgruppe, bestehend aus den Vertretern Frankreichs, Italiens und der USA, kam nach eingehender Beratung zu einem Schema, das in der abschließenden Sitzung der Generalversammlung, am 13. Dezember, gutgeheißen wurde. Für das erste Jahr wurde ein Budget von 12 000 $ festgesetzt und diese Summe prozentual auf die einzelnen Mitgliedsverbände verteilt, abhängig von ihrer Größe und Finanzstärke. Die USA hatte hierbei den größten Anteil zu tragen, 28 % der Gesamtsumme, die größeren europäischen Verbände, wie die Verbände Deutschlands, Frankreichs oder Italiens, sollten jeweils 10 % des Budgets aufbringen, kleinere Verbände wie Luxemburg oder Portugal jeweils nur 2 %. Zum Schatzmeister der »Konferenz« wurde gleichzeitig der Holländer Dr. Sark ernannt[28].

Die für die praktische Arbeit entscheidende Nominierung eines Generalsekretärs beschäftigte das Exekutivkomitee intensiv in seinen Sitzungen am 13. und 14. Dezember. Der amerikanische Vertreter O'Grady drückte die allgemeine Meinung aus, als er sagte, daß der Erfolg oder Mißerfolg der ICK zu einem wesentlichen Teil von der Person des Generalsekretärs abhängen wird. Es wäre unter Umständen ein Fehler, eine vorschnelle Entscheidung zu fällen, die dann nur schwer revidierbar wäre. Am 14. Dezember wies O'Grady sehr diplomatisch auf die finanziellen Möglichkeiten des USA-Verbandes hin. Falls ein erfahrener Laie mit christlichen Prinzipien für diesen Posten gefunden werden würde, dann könnte er seinen Verband ohne weiteres um größere finanzielle Mittel nachsuchen, um einen solchen Generalsekretär entsprechend zu entlohnen[29]. Auf die skeptische Entgegnung Baldellis, daß sich eine Person mit solchen Qualitäten innerhalb einer kurzen Zeit kaum finden lasse, entgegnete O'Grady, daß bei dieser Frage alles »vom guten Willen« abhänge. Zwar gäbe es nicht sehr viele Laien, die für diese Arbeit zur Verfügung stünden, doch – »um einen Namen zu nennen« – könnte es sich hierbei um jemanden wie den Holländer Dr. Sark handeln. Auch der zweite Vertreter der USA, Mr. Norris, war der Überzeugung, daß sich bei einer intensiven Suche ein qualifizierter und erfahrener Laie finden läßt; er dachte hierbei an einen Vertreter Frankreichs, Italiens, Deutschlands oder der USA.

In den ersten Diskussionen über die Nominierung eines Generalsekretärs ergaben sich somit zwei Tendenzen. Die Vertreter der USA und Frankreichs

---

27 Auch über die Sitzungen des Exekutivkomitees (= EK) liegt uns ein ausführliches Protokoll vor, das in den Archiven der Caritas Internationalis (= CI) einsehbar ist. Vgl. hier 1–13. Zu den Ausführungen Baldellis vgl. ebd. 8.
28 Vgl. ebd. 14.
29 Vgl. ebd. 16–20.

waren prinzipiell auf die Wahl eines erfahrenen Laien bedacht, den man nicht unter Zeitdruck nominieren sollte. Für Msgr. Baldelli bedeutete dieser Standpunkt eine nicht unerhebliche Verzögerung für die praktische Arbeit der Konferenz; für ihn war es wichtig, den Posten des Generalsekretärs rasch zu besetzen[30]. In diesem Dilemma gingen die Mitglieder des Exekutivkomitees auf einen Kompromißvorschlag des Amerikaners Norris ein, man solle die Position des Generalsekretärs bis zum nächsten Treffen des Exekutivkomitees, das im Mai 1952 stattfinden sollte, nur provisorisch besetzen und dies auch äußerlich durch die Bezeichnung »Generalsekretär-Assistent« ausdrücken. Für diese Übergangssituation würde man durch die Nominierung von Msgr. Carlo Bayer eine hervorragende Wahl treffen[31]. Dieser Vorschlag war für alle Teilnehmer akzeptabel und wurde auch von der Generalversammlung gutgeheißen. Auch Msgr. O'Grady wies daraufhin auf die exzellente Lösung, die man durch die Wahl Carlo Bayers zum »Generalsekretär-Assistenten« gefunden hatte und schlug vor, daß man Bayer möglichst weite Kompetenzen einräumen solle, damit er alle anfallenden Aktivitäten der folgenden Monate regeln könne. Die endgültige Wahl sollte dann beim nächsten Zusammentreffen des Exekutivkomitees stattfinden[32]. Betrachtet man diese Konstellation am Ende der ersten Generalversammlung der »Internationalen Katholischen Caritas Konferenz« und setzt sie in Beziehung zu der weiteren Geschichte dieser Organisation, so darf man jetzt schon auf ein offensichtliches Kuriosum hinweisen: Derjenige, der mit dem Kunsttitel »Generalsekretär-Assistent« für eine Übergangszeit von wenigen Monaten die »Konferenz« in praktischen Belangen leiten sollte, hat die Position des Generalsekretärs ununterbrochen zwanzig Jahre lang bekleidet und die Geschicke dieser Organisation entscheidend geprägt, ja so etwas wie eine Identität zwischen seiner Person und dem Werk unter den Kennern der Materie hergestellt. Wie so oft wurde aus dem Provisorium eine stabile Dauereinrichtung, in diesem Falle unter sehr positiven Vorzeichen.

Natürlich konnte dies im Dezember 1951 noch niemand ahnen, und der Wunsch der pragmatisch denkenden Amerikaner, einen qualifizierten Laien als Generalsekretär zu nominieren und sich nicht an ein geistliches Amt zu klammern, ist den damaligen Teilnehmern der Generalversammlung einsichtig erschienen. Es war höchstens Msgr. Baldelli, dessen Kenntnisse des Lebensweges und der Fähigkeiten

---

30 Vgl. ebd. 19.
31 Vgl. ebd. 14.
32 Die Versammelten einigten sich auf den Modus, daß die Generalversammlungen immer in Rom, die Treffen des Exekutivkomitees hingegen an verschiedenen Orten stattfinden sollten. Die zweite Versammlung des EK, die im Juni 1952 in Barcelona im Zusammenhang des dortigen Eucharistischen Kongresses stattfand, ging in die Geschichte der CI als ein inoffizielles Treffen ein. Die Frage des Generalsekretärs wurde erst von der dritten Versammlung des EK in Rom, im Dezember 1952 aufgegriffen.

Carlo Bayers ihn in die Lage versetzten zu ahnen, daß sein Schützling bestens geeignet ist, diese Position kongenial auszufüllen; nicht durch die Würde eines geistlichen Amtes, sondern durch seine Kompetenz und Lernfähigkeit.

Herrschte in der Generalversammlung die Meinung vor, daß die effektive Arbeit der neuen Organisation ihr bester Werbeträger werden müsse, so sollte sich dies in besonderem Maße an ihrem neugewählten Generalsekretär-Assistenten erweisen.

Reflexionen zur Geburt der Caritas Internationalis

Wann genau ist die Caritas Internationalis geboren worden? In den Septembertagen des Jahres 1950, im Rahmen der Studienwoche der christlichen Caritas? Erst ein Jahr später mit der »ad experimentum«-Bestätigung ihrer Statuten durch den Hl. Stuhl? Oder erst in den Tagen der Generalversammlung vom 12. bis 14. Dezember 1951? Gar erst in den Wochen und Monaten, die darauf folgten und in denen die neue Organisation ihre praktische Arbeit aufnahm? Es ist müßig, nach einem eindeutigen Zeitpunkt zu suchen; man einige sich darauf, daß es eine lange Geburt gewesen ist, deren Empfängnis viel mit dem Anno Santo 1950 zu tun hatte. Darüberhinaus steht auf jeden Fall fest, daß sogleich nach der ersten Generalversammlung die Arbeit dieses neuen Verbandes endgültig aufgenommen worden ist. Zwei Namen, die von Ferdinando Baldelli und Carlo Bayer, sind hierbei festzuhalten.

Eine eingehendere Betrachtung der ersten Sitzungen der Generalversammlung und des Exekutivkomitees erkennt Themen und Probleme, die die ganze Geschichte der Caritas Internationalis durchziehen werden. Der statutengemäße Auftrag mit den drei Leitworten Koordination – Information – Repräsentation ergab zunächst nur dürre Vorgaben. Wie sollte eine zukünftige Koordination in der Praxis aussehen? Lassen sich direkte Hilfen und Aktionen durch einen solchen Verband tatsächlich vermeiden? Inwieweit sind die nationalen Mitgliedsverbände, deren Zahl es beträchtlich zu erhöhen galt, bereit, Teile ihrer Souveränität aufzugeben und sich leiten zu lassen? War die Finanzierung der Organisation, deren Anfangsbudget auf die knappe Summe von 12 000 $ festgesetzt worden war, gesichert? Wie konnte die notwendige Grenze gezogen werden zwischen dem Auftrag zur effektiven Arbeit und dem unvermeidlichen bürokratischen Apparat?

Das waren Fragen, die im Dezember 1951 gedacht und gestellt wurden, deren Beantwortung aber erst in der praktischen Arbeit möglich würde. Zum damaligen Zeitpunkt überwog bei den Pionieren dieser Organisation ein vorsichtiger Optimismus. Man war darauf bedacht, angesichts der ungeheuren Nöte in der Welt, die Arbeit rasch aufzunehmen und so die Nützlichkeit des neuen Verbandes zu beweisen.

2. Vom Assistenten zum Generalsekretär (1952 bis 1955)

Zur Methodik des Kapitels

Die Periodisierung der Geschichte der Caritas Internationalis und des Wirkens Carlo Bayers in den relativ kleinen Abschnitt von 1952 bis 1955 besitzt eine mehrfache Berechtigung. Diese Zeit läßt sich als die eigentliche Pionierzeit beschreiben, in der Bayer und seine Mitarbeiter mit den einfachsten technischen Mitteln der Tätigkeit einer zukünftigen Weltorganisation einen soliden Anfang gaben. Ein geflügeltes Wort bezeichnete diese Periode als die Zeit »eines Schreibtisches und vieler Ideen«. Einige der Ideen und ihre Verwirklichung sollen in diesem Kapitel dargestellt werden. Dies geschieht zu einem wesentlichen Teil anhand der Tätigkeitsberichte Bayers, die er für die zweite und dritte Generalversammlung, die 1952 und 1954 stattfanden, verfaßt hat. In diesem Zusammenhang ist auch die Konsolidierung der Position Carlo Bayers zu konstatieren: aus dem im Dezember 1951 für eine Übergangszeit gewählten Generalsekretär mit dem Zusatz »Assistent« wurde ein Generalsekretär, den man bald einstimmig oder per Akklamation in seinem Amt bestätigte.

Die Periodisierung bis zum Jahre 1955 zieht auch eine Grenzlinie zu den Aktivitäten, die nach diesem Zeitpunkt erfolgt sind und die einen neuen Abschnitt sowohl in der Geschichte der (nun so genannten!) Caritas Internationalis als auch im Wirken Bayers bedeuteten. Im Jahre 1955 unternahm Carlo Bayer eine seiner wichtigsten Reisen, eine Reise durch den südamerikanischen Kontinent, die ein Meilenstein in der Geschichte der Caritas Internationalis war. Vom Jahre 1955 an erschien das von Bayer redigierte Informationsbulletin »Intercaritas«. Schließlich fand in den Jahren 1956/57 eine erste »spektakuläre« Aktion, an der die Caritas Internationalis führend beteiligt war: die Hilfe für das ungarische Volk nach dem Oktober-Aufstand.

So werden im folgenden die Pionierjahre 1952 bis 1955 auf die wesentlichen Aktivitäten der »Konferenz« und ihres Generalsekretärs reduziert, um dann die Jahre nach 1955 ausführlicher darzustellen.

Ein Schreibtisch und viele Ideen

Über die Tätigkeit des Generalsekretariates in den ersten drei Monaten seines Bestehens, das heißt von Januar bis März 1952, verfaßte Carlo Bayer einen siebenseitigen Bericht, den er allen Mitgliedsverbänden zusandte. Hierbei handelte es sich um eine Aufzählung und Kommentierung von Aktivitäten, die sowohl den inneren Aufbau der Organisation als auch seine Ausbreitung nach außen skizzierten. Das Stichwort von der Pionierarbeit ist in diesem Zusammenhang angemessen, denn die Schwierigkeiten, die auf Bayer in diesen Monaten zukamen, waren nicht wenige. Schon die Frage der geeigneten Räumlichkeiten erwies sich als die erste große Hürde. Bei der Gründungsversammlung wurde auf den päpstlichen Palazzo Pio verwiesen, scheinbar ohne die tatsächlichen Gegebenheiten zu kennen. Alle Räumlichkeiten in diesem Gebäude waren bereits vermietet, und die vatikanische Verwaltung sah sich außerstande, eine rasche Lösung anzubieten. So fing für Carlo Bayer und seine zwei Sekretärinnen eine kleine Odyssee an. Von Januar bis März logierte sich das Generalsekretariat im Hotel »Columbus« ein, dann schlossen sich noch einige Umzüge an, bis es im Juli möglich wurde, zwei Zimmer in einem Gebäude der Via della Conciliazione 15 zu finden, in der berühmten, vom Vatikan ausgehenden Allee, die in Erinnerung an die Versöhnung zwischen dem Staat und der Kirche in Italien nach den Lateranverträgen 1929 gebaut worden war. Dieses Gebäude sollte die Räumlichkeiten des Generalsekretariates bis nach dem Zweiten Vatikanischen Konzil beherbergen. So war die offizielle Adresse der Caritas Internationalis bis zum Jahre 1967: »Roma, Via della Conciliazione 15«[33].

Trotz dieser praktischen Schwierigkeiten nahm das Generalsekretariat seine Tätigkeit unmittelbar nach der Gründungsversammlung auf. Die wichtigste Aufgabe der ersten Monate war, die neue Organisation in die »Welt der Organisationen« einzuführen, sie bekannt zu machen. Auf katholischer Seite hatte hierbei die »Präsidentenkonferenz der Internationalen Katholischen Organisationen« eine große Bedeutung, die Carlo Bayer schon am 7. Januar kontaktierte und die bei ihrer dem Datum folgenden Generalversammlung der ICK die volle Mitgliedschaft zuerkannte. Auch hier mußten die möglichen und auch die tatsächlichen Verstimmungen berücksichtigt werden, die sich aus dem Bestehen der alten, in Luzern und Genf ansässigen »Caritas Internationalis« ergaben. Trotz anfänglicher Mißstimmung[34] sprach die Zeit eindeutig für die neue »Konferenz«, die von einflußreichen Stellen, allen voran dem Substituten Montini, favorisiert wurde.

Noch am 12. Januar sandte Msgr. Baldelli als Präsident der ICK ein offizielles Kommuniqué über die Neugründung an die Bischofskonferenzen der Mitgliedsländer. Ohne Unterstützung der Bischöfe, das wußte man, kann eine internationale Vereinigung katholischer Werke kaum existieren. Einen wichtigen Erfolg der ersten Monate stellte die Erlangung eines Konsultativstatus bei den Vereinten Nationen in New York dar. Es war vor allem der Vizepräsident, Msgr. O'Grady,

---

33 Die Anfangsschwierigkeiten des Generalsekretariates skizzierte Bayer sowohl in seinem Bericht über die Monate Januar-März 1952 als auch in seinem Tätigkeitsbericht für die zweite Generalversammlung (II. GV.) im Dezember 1952. Diese Berichte sind im Archiv der C.I. zu finden.
34 Vgl. etwa die Korrespondenz Montinis mit dem Schweizer Caritas-Direktor Msgr. Crivelli vom 12. 2. 1952. Montini sprach sich unumwunden für die Neuverteilung der Kompetenzen zugunsten der ICK.

der hier die Initiative ergriff. Sein Ersuchen, den Konsultativstatus von der alten »Caritas Internationalis« auf die neue »Konferenz« zu übertragen, wurde positiv beantwortet, und so figuriert die ICK seit dem 7. März 1952 in der Liste der Organisationen der UNO, die einen Konsultativstatus besitzen. In der gewundenen Sprache der internationalen Bürokratie bedeutet dies: »Konsultativstatus der Kategorie ›B‹ beim Rat für Wirtschaft und Soziales der Vereinten Nationen« (ECOSOC). Die Kategorie »B« ist für Organisationen vorgesehen, die keine unmittelbare Verbindung zu einer nationalen Regierung besitzen. Ein halbes Jahr später, im September, folgte für die ICK der Konsultativstatus bei der UNICEF[35].

Bei der konstituierenden Generalversammlung war die Erweiterung der »Konferenz« auf neue Mitgliedsverbände zum vordringlichen Ziel erklärt worden. Auch hier konnte in den ersten Monaten einiges erreicht werden. Der Caritas-Verband Belgiens, der bei der ersten Generalversammlung im Status eines »Beobachters« anwesend war, drückte den Wunsch nach einer regulären Mitgliedschaft aus. Aus einer ganz anderen geographischen Sphäre kam ein zweiter Antrag: Der syrische Sozial-Verband »Al-Kalimat« meldete ebenfalls seinen Wunsch an der Mitgliedschaft an. Carlo Bayer nahm darüberhinaus erste Kontakte zu den Verbänden Großbritanniens, Australiens, Indiens und den bischöflichen Sozialorganisationen Süd-Afrikas auf[36].

Auf ein weiteres – aus unserer Sicht zeitbedingtes – Problem wies Bayer in seinem ersten Rechenschaftsbericht hin, auf die Frage der Mitwirkung von Flüchtlingsorganisationen der osteuropäischen Staaten. Diese Frage stellte sich bei der Generalversammlung noch nicht, doch sie bedurfte jetzt einer raschen offiziellen Entscheidung. In Ländern wie Ungarn, Polen oder der Tschechoslowakei bestanden vor dem Zweiten Weltkrieg relativ gut ausgebaute nationale Caritas-Verbände. Nach der kommunistischen Machtübernahme wurden diese als nicht systemkonform unterdrückt und aufgelöst. Die Machthaber wollten alle Fragen der Wohlfahrt und der sozialen Sicherung selbst in die Hand nehmen. In Westeuropa befanden sich nach dem Kriege jedoch viele Gruppen und Verbände dieser Staaten, die von den Flüchtlingen und Asylanten getragen wurden. War es möglich, diesen Flüchtlingsverbänden einen Zugang zur Arbeit der ICK zu gewähren, sie gar als Mitglieder aufzunehmen? Diese Frage mußte sich das Generalsekretariat stellen, doch war sie in der ersten Zeit kaum zu beantworten; zuviel diplomatische und praktische Brisanz war mit ihr verbunden. Was jedoch die unmittelbare Seelsorge an diesen Gruppen betraf, ging der Hl. Stuhl mit einem »Direktorium« für die Priester, die die Flüchtlinge betreuten, voran. Auch wurden päpstliche Vertreter bestimmt, die die Zusammenarbeit zwischen der

---

35 Vgl. die Tätigkeitsberichte Bayers: in der Zusammenfassung über die Aktivitäten der ersten Monate S. 3, im Bericht für die II. GV. S. 2.
36 Vgl. Bayers Bericht Januar-März 1952, 5.

Flüchtlingsseelsorge und dem Episkopat der Gastländer koordinieren sollten. Msgr. Baldelli schlug deshalb vor, daß diese Vertreter ihre jeweilige Flüchtlingsgruppe bei der »Konferenz« zumindest mittelbar repräsentieren und sich gleichzeitig um Kontakte zu den nationalen Caritasverbänden ihrer Aufnahmeländer bemühen sollten[37]

Bei allen hier angedeuteten Aufgaben und Problemen der ersten Monate liefen die Fäden bei Carlo Bayer zusammen. Die nominelle Nummer-Eins der Organisation, Msgr. Ferdinando Baldelli, blieb weiterhin vorwiegend in den caritativen Werken Italiens tätig, die er zu einem wesentlichen Teil mitbegründete und gestaltete: in dem päpstlichen Hilfswerk POA und der Hilfs- und Beratungsstelle für Arbeiter ONARMO. Die alltägliche, eigentliche Arbeit in der neugegründeten »Konferenz« lag somit auf den Schultern Bayers, der in dieser Frühphase zwei Sekretärinnen an seiner Seite hatte. Wie Bayer schilderte, mußte ein Teil der Büroarbeiten und der Übersetzungen durch freiwillige Kräfte bewältigt werden, da die Sekretärinnen die Fülle der Arbeit nicht bewältigen konnten[38]. Diese Konstellation nahm Bayer als Herausforderung wahr, und dem sprichwörtlich gewordenen »einen Schreibtisch« stellte er seine vielen Ideen und ein großes Durchsetzungsvermögen gegenüber. Als er wenige Tage nach Beendigung der ersten Generalversammlung seiner Mutter über die Ereignisse der vergangenen Wochen berichtete, deutete er an, daß sich aus der Versammlung für ihn sehr wahrscheinlich eine dauerhafte Position entwickeln würde[39]. Carlo Bayer sollte recht behalten.

Tätigkeitsberichte für die zweite und dritte Generalversammlung

»Wer einmal die Geschichte der C. I. schreiben will, kann sich anhand der Generalversammlungen ein Bild über die Entwicklung machen, welche die Organisation in den 25 Jahren ihrer Existenz gemacht hat.« Diese Sätze von Msgr. Carl H. Vath, der in den Jahren 1972 bis 1974 der Caritas Internationalis als Präsident vorstand, lassen sich auch auf das Wirken ihres Generalsekretärs übertragen. Seit den ersten Tagen ihres Bestehens wurde es zu einer guten Gewohnheit und einer Selbstverständlichkeit, daß der Generalsekretär zu Anfang einer Generalversammlung einen Bericht abgab über den Umfang seiner Aktivitäten in den vorausgegangenen Monaten und Jahren.

Anhand zweier solcher Berichte werden wir die wesentlichen Punkte der Tätigkeit Bayers in den Jahren 1952 bis 1954 skizzieren.

---

37 Vgl. ebd.
38 Vgl. Bayers Bericht für die II. GV. 1.
39 Vgl. Brief an die Mutter vom 18. 12. 1951.

Zweite Generalversammlung: Konsolidierung und Ausbau der inneren Strukturen
Als sich vom 9. bis 11. Dezember 1952 die Mitglieder der ICK zu ihrer zweiten Generalversammlung in Rom trafen, umfaßte die Teilnehmerzahl Vertreter von caritativen Organisationen aus 23 Ländern. Zwar waren einige der Neuzugänge lediglich im Status eines »Beobachters«, doch ein lebhaftes Wachstum der »Konferenz« war konstatierbar, nicht zuletzt auch deshalb, weil sich ein Jahr nach der Gründung nicht nur Verbände aus Europa und Nordamerika für ihre Arbeit interessierten, sondern auch Länder anderer Kontinente. Anwesend waren Vertreter aus Indien, Japan, Südafrika, aber auch ein Vertreter der Ukrainischen Emigranten sowie des kleinen Caritas-Verbandes Griechenlands[40]. Die Ausweitung der Mitgliederzahl und des damit verbundenen »Horizontes« sollte im folgenden zu einem steten Signum der ICK werden. Immer wieder wurde selbstkritisch nach den noch abwesenden Ländern gefragt, und aus diesen Anfragen ergaben sich Forderungen an die zukünftige Arbeit.

Eine Frage, die die Arbeitsweise des Generalsekretariates prinzipiell betraf, wurde auf der zweiten Generalversammlung ebenfalls zum ersten Mal aufgegriffen: die Frage nach der Gliederung der Arbeit in verschiedene Sachgebiete, in Sektionen, denen jeweils kompetente Fachleute vorstehen sollten. Nach den Erfahrungen aus dem ersten Jahr der Aktivitäten wurde die Unterteilung in neun Hauptsektionen angeregt, die sowohl theologischen und kommunikativen Fragestellungen als auch der praktischen Umsetzung der theoretischen Vorgaben ein Forum bieten sollten. In den ersten drei Sektionen sollte eine theologische Grundorientierung vorgenommen werden, die sowohl Fragen der wissenschaftlichen Caritas-Forschung aufgriff, als auch nach Wegen suchte, »caritative Menschen« heranzubilden. Da die ICK gemäß ihren Statuten kein operatives, sondern ein Koordinierungs- und Informationsorgan war, sollte die Frage der caritativen »Formatio« eines der primären Sachgebiete bilden. Msgr. Jean Rodhain, der Nestor des französischen »Secours Catholique«, übernahm diese Sektion[41]. In engem Zusammenhang damit stand eine Aufgabe, die vor allem im Rahmen des Generalsekretariates gelöst werden sollte: die Dokumentation und Information. Die ersten Schritte hierbei sollten der Aufbau eines »guten Archives« bilden, dann die Herausgabe eines Informationsbulletins und »das Einwirken auf die Zeitschriften und periodischen Veröffentlichungen der einzelnen Landesorganisationen«[42].

Neben diesen theologisch und kommunikativ ausgerichteten Sektionen regte die Generalversammlung die Bildung von Arbeitsgruppen an, die sich unter

---

40 Vgl. die Angaben aus dem Protokoll der II. GV. 2 und 30–32.
41 Vgl. ebd. 3. Die Person Jean Rodhains wird im Laufe der Arbeit noch ausführlich gewürdigt werden.
42 Vgl. ebd.

jeweils einer spezifischen Fragestellung den einzelnen Bereichen der menschlichen Not widmen sollten; es waren Fachbereiche, die die Flüchtlings- und Auswandererfragen betrafen, die Fürsorge an benachteiligten Kindern und Jugendlichen oder, im Zusammenhang der Repräsentationsaufgaben bei der UNO, die Fragen des Bevölkerungswachstums und der damit verbundenen Not in vielen Regionen der Erde[43]. Für das Generalsekretariat und für die alltägliche Arbeit Carlo Bayers sollte die Sektion »Nothilfe« entscheidend werden. Im Protokoll der Generalversammlung hieß es hierzu:

»Eine Aufteilung der Arbeit in einzelne Fachgruppen für die einzelnen Sachgebiete ist gut und für jede Organisation notwendig. Aber im Vordergrund unserer Arbeit muß die Hilfe in Not stehen. Die Caritas-Konferenz handelt im Auftrag der Kirche. Wenn irgendwo akute Not eintritt, fragt man, was tut die Kirche. Deswegen muß das Generalsekretariat imstande sein, eine Aktion einzuleiten, nationale Organisationen zur Hilfe aufzurufen und diese Hilfe zu koordinieren.«[44]

Die prinzipielle Zielsetzung der Sektion »Nothilfe« solle Fernziele und unmittelbare Aufgabenstellungen umfassen. Als Fernziel wurde die Fähigkeit angestrebt, im Falle einer Katastrophe die Hilfe der Caritas-Verbände koordinierend leiten zu können, genaue Unterlagen über Notstand und Bedürfnisse zu beschaffen und die »Anteilnahme der Gesamtkirche« auszudrücken. Zu den unmittelbaren Aufgaben zählten Verhandlungen über die Zollfreiheit bei internationalen Hilfstransporten, Frachtfreiheit, Visaerleichterungen und ähnliches[45]. Allen Teilnehmern war bewußt, daß der Sektor der Not- und Katastrophenhilfe das eigentliche Aushängeschild der Organisation in den Augen der Öffentlichkeit sein würde, auch wenn die Statuten eine direkte Aktionstätigkeit ausschloß. Das alles waren theoretische Vorgaben, doch schon nach kurzer Zeit gab es – mehr als genug – Gelegenheiten, ihre Tragfähigkeit zu erproben.

Ein Thema, das Carlo Bayer in den ersten Jahren des Bestehens besonders viel zu schaffen machte, war die Problematik der Finanzierung. Von der konstituierenden Generalversammlung wurde für das Jahr 1952 ein Budget in Höhe von 12 000 $ festgelegt, das sich aus Beiträgen der einzelnen Mitglieder zusammensetzen sollte. Einige Verbände erwiesen sich jedoch als säumige Zahler: Bayer mußte feststellen, daß nach einem Jahr die Beiträge von Österreich, Luxemburg, Portugal und Holland immer noch nicht bezahlt waren. Ebenso hatte der Verband der Schweiz seinen Beitrag nicht entrichtet, »dafür« aber angeboten, das

---

43 Eine Übersicht über die ersten Schritte der Sektion »Dokumentation und Information« findet sich im Tätigkeitsbericht Bayers zur III. GV. S. 7.
44 Vgl. das Protokoll der II. GV. 3–5.
45 Vgl. ebd.

Mobiliar für die Genfer Delegation der ICK zu bezahlen[46]. Aus diesen Gründen war im ersten Jahr des Bestehens der »Konferenz« ein Defizit fast unvermeidlich, und dies, obwohl die Kosten für die Führung des Generalsekretariats unter der vorgesehenen Monatssumme von 1000 $ gehalten werden konnten. Das Defizit betrug zwar nur 400 $, doch war es schon aus optischen Gründen nicht ideal, die erste Jahresbilanz mit einem Minus abzuschließen. Die bestellte Finanzkommission hatte jedoch keinerlei Beanstandungen zu machen. Sie ermahnte vielmehr die säumigen Verbände, ihre Beiträge zu entrichten[47].

Für das Jahr 1953 wurde ein Budget von 13050 $ vorgesehen, eine Summe, die ausschließlich für die Aktivitäten des Generalsekretariates verwendet werden sollte. Die Beitragsaufteilung berücksichtigte wiederum die Finanzkraft der einzelnen Mitglieder; so sollte der große amerikanische Verband 3500 $ entrichten, der kleine österreichische hingegen nur 400 $. Dieses Budget war karg bemessen, wenn man berücksichtigt, daß davon die Gehälter des Büropersonals zu entrichten waren, die Miete, die Büromaterialien etc. Hinzu kam, daß Bayer es für vordringlich ansah, eine weitere Bürokraft einzustellen und die Räumlichkeiten in der Via della Conciliazione 15 auszuweiten. In diesem Zusammenhang fiel die lapidare Bemerkung der Finanzkommission auf:

»Das Generalsekretariat soll die Möglichkeit studieren, um Persönlichkeiten, die in der Lage sind, finanziell der Caritas-Konferenz zu helfen, an der Arbeit der ›Konferenz‹ zu interessieren.«[48]

Dieser Ratschlag war für Bayers alltägliche Sorgen von keiner großen Bedeutung, auch wenn er gut gemeint und geschickt lanciert war. Die Anfangsphase der ICK war permanent durch eine ungenügende materielle Absicherung geprägt; eine Tatsache, die verwundern könnte, wenn man in Betracht zieht, welch auffälliges Interesse das vatikanische Staatssekretariat mit seinem Substituten an der Spitze an der Gründung dieser Organisation zeigte.

Die Arbeit Carlo Bayers in seiner Funktion als Generalsekretär-Assistent wurde von der zweiten Generalversammlung für exzellent befunden. In der anschließenden Sitzung des Exekutivkomitees wurde er einstimmig für die kommenden zwei Jahre zum Generalsekretär gewählt. Der bisherige Zusatz »Assistent« fand von diesem Zeitpunkt an keinerlei Erwähnung mehr. Eine Tradition bahnte sich an, die für die kommenden zwei Jahrzehnte Carlo Bayer einstimmig oder per Akklamation zum Generalsekretär bestimmen ließ.

---

46 Das Protokoll der II. GV. drückt sich in diesem Punkte mißverständlich aus: »Die Schweiz hat ihren Beitrag ebenfalls noch nicht bezahlt und dafür den Ankauf des Mobiliars der Genfer-Delegation durch (?) die ›Konferenz‹ angeboten.« (S. 27).
47 Vgl. die genauen Hinweise ebd. 28 f.
48 Ebd. 29.

Dritte Generalversammlung: Neuer Name und neue Ziele
Zwei Komplexe, die sowohl für die Entwicklung der gesamten »Konferenz« als auch für die Arbeit ihres Generalsekretärs in den Jahren 1953 und 1954 charakteristisch sind, sollen die Skizze der dritten Generalversammlung bestimmen. Das erste Stichwort lautet »Internationalität«, das zweite »Katastrophenhilfe«.

Als sich im Juli 1953 das Exekutivkomitee zu seiner vierten Sitzung versammelte[49], beschloß es unter anderem, der kommenden Generalversammlung einen »offeneren Charakter« bezüglich der Partizipation von Verbänden und Fachleuten zu geben. Dieser Beschluß trug Früchte, denn bei der dritten Generalversammlung, die vom 3. bis 4. Dezember 1954 in Rom stattfand, waren bereits über 50 Vertreter aus 27 Ländern anwesend. Ein Blick auf die Teilnehmerliste zeugt von der internationalen Reputation, die sich die ICK innerhalb kurzer Zeit erwerben konnte. Neben den Gründungsmitgliedern und den übrigen Mitgliedsverbänden waren Interessierte aus Syrien, den Philippinen und aus Japan zugegen; ebenso Vertreter von mehreren internationalen Organisationen aus der Welt der Caritas, wie zum Beispiel die »Association Internationale des Sociétés de Saint Vincent de Paul«. Die schon erwähnten Exil-Gruppierungen aus Staaten hinter dem »Eisernen Vorhang« waren durch hohe geistliche Würdenträger vertreten. Das Komitee der Polen vertrat Bischof Joseph Gawlina, das der Ukrainer Bischof Giovanni Bucko und das der Ungarn Msgr. Joseph Zagon[50].

Es war wohl nicht zuletzt die Folge der wachsenden Internationalität, wenn sich Jean Rodhain an die Generalversammlung mit der Bitte wandte, den für die internationale Ebene allzu komplizierten Namen »Internationale Katholische Caritas Konferenz« in die einfachere und griffigere Bezeichnung »Caritas Internationalis« umzuwandeln. Versuchte man den bisherigen Namen in die fünf offiziellen Sprachen der »Konferenz« zu übersetzen, mußten 23 Wörter veranschlagt werden und das sei viel zu umständlich. Der Vorschlag Rodhains wurde von einer großen Mehrheit der Mitglieder gutgeheißen, und so heißt die Organisation seit der dritten Generalversammlung im Jahre 1954 »Caritas Internationalis«, kurz C. I., auch wenn der ursprüngliche Name mit seinem offiziellen Ton immer wieder zum Vorschein kam.

Eine weitere Beobachtung läßt sich ebenfalls unter das Stichwort Internationalität einordnen, wenn auch mit umgekehrten Vorzeichen. Schon in den vorausgegangenen Sitzungen des Exekutivkomitees wurde auf das Fehlen von Teilnehmern aus dem riesigen südamerikanischen Kontinent verwiesen, einem Konti-

---

49 Zur Chronologie der Sitzungen des EK ist die Besonderheit der schon erwähnten zweiten, »inoffiziellen« Sitzung in Barcelona (Juni 1952) zu beachten. Manche Protokolle zählen diese Sitzung nicht mit und so wäre die Sitzung vom Juli 1953 nicht die vierte, sondern erst die dritte.
50 Vgl. hierzu die Teilnehmerliste im »Compte-Rendu« der III. GV. hier: im Anhang, 1–3.

nent, der größtenteils katholisch geprägt war. Die Generalversammlung griff diesen Punkt mehrfach auf. Bedauernd stellte man die »totale Absenz des katholischen Kontinentes Lateinamerika in den Reihen der ICK« fest[51]. Der Präsident und der Generalsekretär wurden deshalb beauftragt, geeignete Maßnahmen zu ergreifen, um diesem Mangel abzuhelfen. In erster Linie sollte eine ausgedehnte Informationsreise durch den Kontinent durchgeführt werden, die in Kooperation mit den schon bestehenden Caritas-Verbänden und der kirchlichen Hierarchie dazu verhelfen sollte, neue Mitglieder zu gewinnen. Für den günstigsten Zeitpunkt wurden die Monate April bis Juli 1955 angesehen, da im Juli der Internationale Eucharistische Kongreß in Rio de Janeiro stattfinden sollte. Im Vorfeld des Kongresses war ein Treffen der Caritas-Direktoren Lateinamerikas geplant, das gute Anknüpfungspunkte für die Ziele der C. I. bot[52]. Während der Generalversammlung deutete sich an, daß man diese Mission dem Generalsekretär anvertrauen wollte. Carlo Bayer sollte sich auf die Reise begeben, um die Bedingungen der Caritas-Arbeit in Südamerika zu studieren und eine Kooperation der nationalen Verbände mit der C. I. in die Wege zu leiten. Der Auftrag an Bayer war ein beredtes Zeichen des Vertrauens, das die Generalversammlung ihm entgegenbrachte. Nach zwei Jahren praktischer Arbeit hatte der Name Bayer einen guten Klang bekommen.

Den zweiten Komplex, den wir aufgreifen, stellt die Arbeit der neu eingerichteten Sektionen dar, die das riesige Feld des caritativen Wirkens konzentriert bearbeiten sollten. Dem Generalsekretariat waren hierbei zwei Sektionen unmittelbar zugeordnet: der Bereich »Dokumentation und Information« und der Sektor »Not- und Katastrophenhilfe«. In seinem Tätigkeitsbericht schilderte Bayer die Anfänge eines Archivs, das nach einzelnen Tätigkeitsgebieten geordnet war.

»Die Dokumente- und Materialsammlung, die sich auf alle Gebiete der kirchlichen caritativen Tätigkeit bezieht und darüber hinaus Gebiete umfaßt, die für die ICK von Wichtigkeit sind, konnte bereits zahlreichen nationalen und internationalen Organisationen dienstlich sein. Selbstverständlich ist das Archiv, für das u. a. über 50 Zeitschriften laufend ausgewertet werden, zum Teil noch recht unvollständig; es bildet jedoch bereits heute einen wertvollen wissenschaftlichen Grundstock, um Aufschluß zu geben über die reich verzweigte kirchliche Liebestätigkeit und deren organisatorische Struktur in den einzelnen Ländern.«[53].

Darüberhinaus hat das Generalsekretariat durch Informations- und Rundschreiben aktuelle Informationen an die Mitglieder und an Presseagenturen weiterge-

51 Vgl. ebd. 5.
52 Vgl. ebd.
53 Bericht Bayers für die III. GV. 7.

leitet. Das schon mehrfach in Angriff genommene regelmäßige Informationsbulletin konnte zu diesem Zeitpunkt aus finanziellen Gründen noch nicht erscheinen. Es sollte allerdings im folgenden Jahr 1955 unter dem Titel »Intercaritas« endgültig gegründet werden.

Die für die Arbeit Bayers künftig bestimmende Sektion »Nothilfe« nahm ebenfalls in dieser Zeit ihre Arbeit auf. Der Bericht Bayers, der vor der dritten Generalversammlung zum ersten Mal eine weitergehende Schilderung von Aktionen der Not- und Katastrophenhilfe gab, bildete den Auftakt einer Entwicklung, die für die Geschichte der Caritas Internationalis bestimmend war. Nicht zuletzt deshalb, weil die Öffentlichkeit und die Medien ihr Interesse fast ausschließlich auf dieses Gebiet, das oft »Spektakuläres« beinhaltete, richteten. Am Anfang seines Berichtes wies Bayer auf die Prinzipien hin, die die Aktivitäten auf diesem Gebiet prägen sollten. Diese Prinzipien waren in den Statuten grundgelegt und ihre praktische Interpretation ergab drei Leitsätze:

1 Im Falle eines akuten Notstands sind die notwendigen Informationen einzuholen und die Möglichkeiten der Hilfeleistung festzustellen.
2 Im internationalen Bereich ist durch geeignete Appelle die Hilfsaktion einzuleiten und zu koordinieren.
3 Durch die Vermittlung internationaler caritativer Hilfe wird die Anteilnahme der Katholiken und der Kirche bekundet[54].

Diese theoretischen Prinzipien wurden sehr rasch unter den Maßstab der praktischen Arbeit gestellt, denn die »Konferenz« mußte in den Jahren 1953 und 1954 bei mehreren Hilfsaktionen ihre Aktionsfähigkeit beweisen. Carlo Bayer führte in seinem Rechenschaftsbericht acht Einsätze »beispielhaft« auf, von denen wir drei herausgreifen wollen. Im Februar 1953 gab es in Europa, besonders in Holland, Belgien und England, große Überschwemmungen. In Zusammenarbeit mit der holländischen Caritas wurde ein Plan aufgestellt, der die einzelnen Hilfsangebote koordinierte. Msgr. Baldelli besuchte persönlich die zerstörten Gebiete, und die Mitgliedsverbände wurden schnell über die notwendigsten Maßnahmen informiert.

Im Sommer 1953 gab es ein großes Erdbeben auf den ionischen Inseln Cephalonia, Zante und Ithaka. Es gab 455 Tote, über 1000 Verletzte und nahezu 10000 Obdachlose. Das Generalsekretariat startete einen Appell an die Mitgliedsverbände, der erste Hilfsaktionen auslöste. Die Aktionen sollten jedoch nicht nur die unmittelbare, kurzfristige Not beheben helfen, sondern längerfristig wirken. Carlo Bayer merkte hierzu an:

»Da die Lage auf den ionischen Inseln noch einige Monate nach dem Unglück besonders trostlos war, beschloss das Exekutiv-Komitee im Dezember 1953 noch eine zweite beschränkte Hilfsaktion zugunsten der

---

54 Vgl. die Ausführungen Bayers ebd. 18.

völlig zerstörten Stadt ARGOSTOLI auf Cephalonia. Mit der Durchführung wurde das Generalsekretariat unmittelbar betraut; mehr als 2000 Personen, darunter sämtliche Kranke, alten Leute, Kinder sowie kinderreiche Familien konnten Anfang Februar 1954 eine einmalige Hilfe erfahren, die wegen ihres hohen Wertes von den Empfängern sowie den staatlichen und kirchlichen Behörden in Argostoli hoch geschätzt wurden. Zur Verteilung kamen: Neues Schuhwerk, neue Winterbekleidung sowie Lebensmittelpakete.«[55]

Der Wert der Gesamtspende lag bei über 10000 $, die durch zusätzliche Beiträge der Mitgliedsverbände aufgebracht wurde. Das Päpstliche Hilfswerk organisierte die Verpackung und den Versand der Hilfsgüter. Im italienischen Kalabrien kam es im Oktober 1953 zu Überschwemmungen und verheerenden Wolkenbrüchen. Die Zahl der Todesopfer lag bei über 400, die der Obdachlosen bei über 10000. Die POA als die vom Vatikan getragene italienische Caritas setzte sofort ihre diözesanen und regionalen Verbände in der Hilfestellung ein. Gemeinschaftsküchen und Notunterkünfte für die Obdachlosen wurden eingerichtet. Durch einen Aufruf des Generalsekretariates haben sich mehrere Mitgliedsverbände an dieser Hilfe beteiligt, so unter anderen Deutschland, Frankreich, Spanien und die USA[56].

Bemerkenswert erscheinen die Reflexionen über die tiefere Dimension der Nothilfe, die Carlo Bayer seinem Bericht anfügte:

»Bei den vorgenannten Nothilfeaktionen ist nicht der materielle Wert der aufgebrachten Mittel – obwohl auch dieser sehr beachtlich ist – das Ausschlaggebende. Bei derartigen Katastrophen kann niemals eine Organisation allein die Schäden beheben. Der Wert jeder Aktion liegt vielmehr in der geistigen und beispielhaften Bedeutung. Es ist ein Zusammengehörigkeitsgefühl unter den Caritas-Organisationen der verschiedenen Länder entstanden und die Behörden und die Bevölkerung eines Katastrophengebietes haben mit großer Dankbarkeit festgestellt, daß die internationale Caritas als Organ der katholischen Kirche sofort und wirksam zur Stelle ist, wenn eine besondere Not es erfordert. Daher hilft eine solche Aktion nicht nur den Geschädigten eines Notstandsgebietes, sondern kommt ebensosehr der Arbeit und Anerkennung der gebenden Organisation zugute.«[57]

Mit den praktischen Hilfsaktionen begab sich die Caritas Internationalis endgültig auf den Weg, der sie zu einer kompetenten Kraft in der Welt der Organisatio-

---

55 Ebd. 20.
56 Vgl. ebd. 24.
57 Ebd. 25.

nen machte, die sich die Behebung der menschlichen Not in der Welt als Aufgabe gestellt haben. Der Schauplatz eines solchen Wirkens ist grenzenlos, denn auch das Elend der Menschen kennt allzuoft keine Grenzen. »Da war einmal ein Erdbeben, vielleicht in der Türkei oder in Guatemala« – ein solcher allgemeiner Eindruck dominiert in kürzester Zeit die nicht unmittelbar betroffene Öffentlichkeit[58]. Ähnliches trifft auch für die Katastrophen der Jahre 1953 und 1954 zu, für die Überschwemmung in Japan oder Irak, für das Erdbeben in Algerien und den Zyklon auf Haiti. Niemand spricht heute mehr davon. Doch segensreiche Hilfe wurde geleistet, Menschen neuer Mut gegeben, Trümmer wurden entfernt, und Neues ist entstanden durch weltweite Organisationen, zu denen seit dieser Zeit auch Caritas Internationalis gehörte. Freilich besitzt jede der Hilfsorganisationen, ob sie staatlich beeinflußt werden, in der kirchlichen Trägerschaft stehen oder Wert auf strikte Neutralität legen, Spezifika, die ihnen ein Gesicht verleihen und ihr praktisches Handeln prägen. Für die C. I. ergaben sich nach Ablauf der ersten Tätigkeitsjahre Grundsätze, die der Konfrontation mit der Praxis entstammten und die bei der dritten Generalversammlung ihre Bekräftigung fanden.

Die C. I., so wurde betont, ist kein Exekutiv-Organ, das unmittelbar Hilfsaktionen durchführen kann. Ihr Akzent liegt auf der Einleitung und Koordinierung der Hilfsmaßnahmen. Die angestrebte Reihenfolge ist zu beachten: im Falle einer Katastrophe soll dem Generalsekretariat das Ausmaß der Schäden und der Not sowie die effektivste Art der gewünschten Hilfe sofort mitgeteilt werden. Erst dann kann ein Aufruf an die Mitgliedsverbände ergehen. Aufgrund der zur Verfügung gestellten Informationen wird die tatsächliche Hilfe von den nationalen Mitgliedsverbänden unmittelbar in das Katastrophengebiet geleitet. Aus diesen Prinzipien ergab sich die Folgerung, daß die C. I. selbst keine Lagerung von Hilfsgütern vornehmen kann. Dagegen wurden die nationalen Verbände zur Einrichtung von Fonds mit entsprechenden Vorräten ermutigt. »Jede Nothilfeaktion könnte dadurch erheblich beschleunigt werden, da aus diesem Fond zur Hilfeleistung vorgegriffen werden kann, bevor die jeweilgen Sammlungen auf Grund eines neuen Appells neue Mittel einbringen.«[59] Die Fachleute der C. I. sollten sich auch um Intensivierung der Gespräche mit staatlichen Behörden bemühen, um Erleichterungen im Transport- und Zollwesen zu erhalten[60].

---

58 Vgl. diese Kennzeichnung in dem Nachrufartikel des Journalisten Luitpold A. Dorn für Carlo Bayer in der von ihm und Josef Homeyer herausgegebenen Nachrufschrift, Rom-Bonn, 1977. Hier finden sich die Sätze: »Die Öffentlichkeit vergißt schnell. Da war einmal ein Erdbeben, vielleicht in der Türkei oder in Guatemala. Man spendet, hat damit sein Gewissen erleichtert und vergißt: Caritas macht das schon. Eben. Caritas macht das schon. Bayer hat es gemacht.« (S. 4)
59 Bayers Tätigkeitsbericht ebd. 26.
60 Vgl. ebd. 25f.

Diese grundsätzlichen Überlegungen im Rahmen der dritten Generalversammlung wurden in den folgenden Jahren immer wieder ergänzt, vertieft und den sich ändernden Verhältnissen entsprechend modifiziert. Die Fundamente jedoch waren gelegt.

Exkurs:
Die Caritas-Frage »Wer ist mein Nächster?« im 20. Jahrhundert

Hinführung

Carlo Bayer hat kein schriftstellerisches Werk hinterlassen und war auch kein Theologe im spezifischen, wissenschaftlichen Sinne dieses Wortes. Es ist schon angeklungen, daß es vor allem die Zeitumstände waren, der Kriegsdienst und die vordringlichen Arbeiten in der Gefangenenseelsorge, die eine Promotion Bayers verhinderten und somit den erwarteten Studienabschluß eines Germanikers ausschlossen. Diese Einschätzung wurde noch im Jahre 1976 von Bayer selbst bestätigt in seiner Antwort auf den Wunsch einer theologischen Fakultät in Jugoslawien, ihm die Doktorwürde honoris causa zu verleihen. Höflich bittet er den Dekan der Fakultät, von der Verleihung des Ehrentitels abzusehen:

> »Es war mir nach meiner Priesterweihe 1940 durch die Kriegsverhältnisse und meine Einberufung zum Militär nicht möglich, den Studiengang an der Gregoriana mit der sonst üblichen Promotion abzuschließen und ich möchte mich nachträglich nicht mit akademischen Ehrentiteln schmücken.
> Ich betrachte es als Vorsehung, daß ich sofort nach dem Krieg in die caritative Arbeit einsteigen und zum Teil weltweit mit meinen Fähigkeiten und Kenntnissen am Dienst der Kirche für die Menschen mitwirken konnte.«[61]

Diese zeitgeschichtliche Konstellation und die eminent praktische Ausrichtung seines Wirkens ließen Bayer nicht lange nachtrauern über die verlorenen akademischen Chancen. Seine Lebenslinien sollten offensichtlich anders verlaufen. So besitzen wir keine umfassenden Schriften theologischer oder sozialethischer Art, in denen Bayer sein Tun umfassend reflektiert hätte oder in denen ein Gedankengebäude zum Vorschein gekommen wäre. Die wenigen Publikationen Bayers sind dann in der Regel Gelegenheitsschriften: kurze Aufsätze und Vorträge, in denen er als Generalsekretär der C. I. die Prinzipien und Zielsetzungen dieser

---

61 Brief Bayers an den Dekan einer kath. theologischen Fakultät in Jugoslawien vom 31. 8. 1976. Der Name der Fakultät braucht in unserem Zusammenhang nicht genannt zu werden.

Organisation darlegt[62]. Dies geschah vor allem in den ersten Jahren nach der Neugründung, als die »Konferenz« in die Welt der Organisationen eingeführt werden mußte. So finden wir aus den Jahren 1952 bis 1960 kleinere Schriften, deren Verbreitung sich von Deutschland bis nach Japan erstreckte, in denen Carlo Bayer für die C. I. warb. Etwas ähnliches, wenn auch in zurückhaltender Form, finden wir in den siebziger Jahren, als Bayer in Zeitungsartikeln und Rundfunkfeatures die Zielsetzungen des Europäischen Hilfsfonds in Wien darlegte. Doch auch hier waren es keine Ansätze theologischen Schrifttums, sondern Publikationen, die den praktischen Erfordernissen angepaßt waren.

In unserem Zusammenhang soll beispielhaft ein Referat Bayers erörtert werden, in dem er sich im Jahre 1953, also zwei Jahre nach der Gründung der C. I., Gedanken machte über die Entwicklung der internationalen Caritasarbeit angesichts veränderter Verhältnisse in der Welt nach dem Zweiten Weltkrieg. Dieses Referat wurde in Stuttgart vor dem Zentralrat des Deutschen Caritas-Verbandes gehalten und geht in der Abfolge seiner prinzipiellen Überlegungen auch auf die Gründe des Hl. Stuhls ein, einen internationalen Caritas-Verband zu gründen. So kommt in diesem Referat auch zum Vorschein, in welchen größeren Zusammenhang Carlo Bayer seine Arbeit als Generalsekretär der C. I. einordnete[63].

»Wer ist mein Nächster?« im 20. Jahrhundert

Als Carlo Bayer im Oktober vor den Leitern der Diözesanverbände des DCV sprach, wollte er die Notwendigkeit einer Zusammenarbeit der caritativen Verbände auf internationalem Sektor aufweisen, und dies unter den Verhältnissen einer Welt, die schon wenige Jahre nach dem Krieg durch den Einsatz der Technik und der Kommunikationsmittel ihr Gesicht radikal zu verändern begann. Auf diese Veränderungen mußte die Kirche auch auf dem caritativen Gebiet reagieren, wollte sie nicht hoffnungslos in einen Rückstand geraten. In den Augen Bayers war es dafür höchste Zeit!

Internationale Zusammenarbeit in der Kirche hat es zwar schon »von jeher« gegeben, da sich die katholische Kirche immer als eine universale Gemeinschaft gesehen hat, in der kein Glied untätig bleiben darf, wenn ein anderes leidet. Doch müssen nun weitergehende Konsequenzen gezogen werden, um die

---

62 Beispielhaft sei hier verwiesen auf die 1958 in Tokio (!) erschienene Schrift Bayers »The international conference of catholic charities – Caritas Internationalis«, eine 21seitige Broschüre, die auch in die japanische Sprache übersetzt wurde. In einem Artikel für die in Brüssel erscheinende Zeitschrift Lumen Vitae (Vol. IX, 1954, Nr. 4, 713–718) griff Bayer die generelle Idee der tätigen Caritas innerhalb der Kirche auf.
63 Referat für den Zentralrat des DCV am 6. 10. 1953 in Stuttgart (unveröffentlicht).

Zusammenarbeit angesichts der veränderten Weltlage effektiv zu gestalten. Die politischen Mandatsträger der Völker haben dies bereits auf ihre Weise versucht:

»Untermauert durch große Parolen wie: Freiheit, Demokratie, Sicherung des Weltfriedens, Verbesserung des Lebensstandards usw., bildete sich eine neue Form der Zusammenarbeit zwischen den Staaten heraus; war 1919 der Genfer Völkerbund noch ein mehr oder weniger auf Europa beschränkter Versuch, so stellen seit 1945 die Vereinten Nationen einen von den Einzelstaaten geschaffenen zwischenstaatlichen, ja überstaatlichen Organismus dar, der die gesamte Welt umfasst. Diese zwischenstaatliche Zusammenarbeit ist in den letzten Jahren in einer Weise gewachsen, daß allein das Sich-Auskennen im Labyrinth der Organisationen und ihrer Abkürzungen eine Wissenschaft für sich bedeutet.«[64]

Neben der grundlegenden Vereinigung, der UNO, gibt es eine unüberschaubare Anzahl von mehr oder minder offiziellen Organisationen, die immer mehr Einfluß auf die öffentliche Meinung gewinnen, die permanent ihre Kompetenzen erweitern und die über große finanzielle Ressourcen verfügen. Sie stellen für die Kirche insofern eine Herausforderung dar, als die Grundlage ihrer Zusammenarbeit ein durchgehender Laizismus ist. Nur so können Vertreter von verschiedensten politischen und religiösen Auffassungen an den gemeinsamen Arbeitstisch gebracht werden. Bayer wies auf die Konstitutionen hin, die in einem äußerst liberalen Ton abgefaßt werden, »um sich ein Maximum von Mitteln, von sachlicher und geografischer Kompetenz zu sichern«[65]. Folgerichtig zielen die Bestrebungen dieser Organisationen auf den rein materiellen Fortschritt. »Geistige Werte werden aus Indifferentismus heraus geduldet oder respektiert, für die Welt des Übernatürlichen und der Gnade ist aber keinerlei Platz.«[66] Auf diese Situation muß die Kirche in entsprechender Weise reagieren, will sie ihren universalen Anspruch nicht zu einer leeren Phrase werden lassen. Es genügt hierbei nicht, sich dieser Situation mit einer defensiven Haltung entgegenzustemmen:

»Wir müssen den Mut und die Fantasie haben, als Katholiken für die Probleme eigene Lösungen zu finden und vorzuschlagen ... Es genügt nicht, Schäden vorzubeugen, Positionen zu bewahren und Rechte zu verteidigen, obwohl auch all das nicht versäumt werden darf. Wer sich selbst abseits stellt, bekommt immer unrecht; und es ist bekanntlich meist nicht genügend, recht zu haben, sondern wichtig, recht zu bekommen.«[67]

64 Ebd. 5.
65 Vgl. ebd. 6.
66 Ebd. 7.
67 Ebd.

So stellt sich die klassische Caritas-Frage »Wer ist mein Nächster?« unter diesen veränderten Auspizien völlig neu, und sie verlangt auch neue, lebendige Antworten. Die Leitung der katholischen Kirche hat deshalb die Bildung von mehreren internationalen Organisationen aus der Welt des Katholizismus gefördert. Hierzu zählt auch die C. I., doch stellte Bayer sehr nüchtern fest, daß dieser Zusammenschluß »nicht die erste und wahrscheinlich auch nicht die wichtigste der internationalen katholischen Organisationen ist, deren Bildung der Hl. Stuhl in den letzten Jahren gewünscht und gefördert hat«[68]. Der Zusammenschluß der nationalen Caritasverbände unter dem Dach der C. I. hat freilich eine meßbare Bedeutung, nicht zuletzt für die öffentliche Meinung, die im Falle großer Not oder Katastrophen fragt: »Was tut eigentlich die Kirche?«. So ist eine effektiv durchgeführte Hilfsaktion immer ein wichtiger Beitrag zur Präsenz der Kirche im öffentlichen Bewußtsein. Freilich bildete in Bayers Augen die medienwirksame Katastrophenhilfe nicht die primäre Intention des Hl. Stuhls bei der Bildung der neuen katholischen Zusammenschlüsse. Sie sollten vielmehr dazu beitragen, daß sich die Katholiken in das neue Bild der weltumspannenden Zusammenarbeit aktiv einschalten. Würden sie das versäumen, dann verliefen epochale Entwicklungen der zwischenstaatlichen Ebene an der Kirche vorbei. Die katholische Kirche, so Bayers Einschätzung, betritt das Parkett der internationalen Kooperation mit großer Verspätung. Das gilt nicht nur im Vergleich mit weltlichen Organisationen, sondern auch mit Zusammenschlüssen anderer Konfessionen und Religionen. So sind beispielsweise die jüdischen Verbände in ihren Möglichkeiten der Einflußnahme den Katholiken bei weitem überlegen[69]. Diesen Vorsprung gilt es aufzuholen, und die C. I. mit ihren Repräsentationsaufgaben und Vertretungen in New York oder Genf könnte hierbei einen wichtigen Baustein darstellen.

In seinem Vortrag sprach Bayer mehrmals die Frage der Fachkompetenz an. Es genügt längst nicht mehr, einen guten Willen zu besitzen oder den richtigen Taufschein, um sich in der Welt der internationalen Organisationen durchzusetzen. Wer Einfluß gewinnen möchte, um die eigenen spezifischen Werte in die Zusammenarbeit einbringen zu können, muß zuerst durch Fachkompetenz überzeugen. Es ist die Sachkenntnis, aber auch die Kenntnis der international gebräuchlichen Sprachen und der diplomatischen Spielregeln, die auf internationalem Parkett jeder beherrschen muß, der erfolgreich wirken möchte. Einige der alten Unarten ansprechend, merkte Bayer an:

> »Es genügt nicht, wenn ein und derselbe Mann immer wieder zu allen internationalen Dingen geschickt wird, heute die und morgen jene Organisation vertritt und überall Sachkenntnis haben sollte, was praktisch ganz

---

68 Ebd. 4.
69 Vgl. ebd. 9.

unmöglich ist. Auch die reine Anwesenheit von Katholiken in Genf, New York und anderswo wird unsinnig, wenn sie wegen Unkenntnis der Probleme zum Schweigen verurteilt sind.«[70]

Im Gegensatz dazu sieht Bayer die Notwendigkeit, zu einem »internationalen Stab von menschlich und sachlich qualifizierten Mitarbeitern« zu kommen, zu einem Stab von Experten, der unter den Gesichtspunkten der Kompetenz und der christlichen Identität zugleich »heute noch fast völlig fehlt«[71].

In Bayers Stuttgarter Referat überzeugt der Realitätssinn, mit dem er die Lage der Kirche auf dem Gebiet der internationalen Kooperation beurteilt. In einer Welt, die ihr Gesicht dramatisch verändert, muß auch die katholische Kirche zeitgemäße Formen der Mitarbeit finden. Die 2000 Jahre alte Institution befindet sich in diesem Bereich jedoch erst in den Kinderschuhen, und viele Organisationen weltlichen wie religiösen Charakters sind ihr weit voraus. In der Gründung der C. I. sah Bayer im Jahre 1953 einen wichtigen Schritt in die gewünschte Richtung, er überschätzte diesen Schritt jedoch nicht. Jede Organisation kann nur einen Teilbeitrag leisten, um die Fülle der neuaufgetretenen Probleme zu bewältigen. Über den Erfolg oder Mißerfolg von C. I. wird nicht die gute Intention, sondern einzig die Fachkompetenz und das Durchsetzungsvermögen entscheiden. Das Generalsekretariat in Rom möchte hierbei einen soliden Beitrag leisten, nicht als ein bürokratischer »Wasserkopf«, sondern als ein »Kleinstbüro«, das zunächst auf die Mitarbeit der nationalen Verbände angewiesen ist, diese aber ergänzen und effektiv koordinieren möchte[72].

3. Zur richtigen Zeit am richtigen Ort: Reise nach Südamerika

Der Eucharistische Weltkongreß in Brasilien und das alltägliche Elend

Mitte des Jahres 1955 rückte Brasilien für eine kurze Zeit in den Mittelpunkt des Interesses der katholischen Publizistik. Das »größte katholische Land der Erde« wurde zum Austragungsort des 36. Eucharistischen Kongresses. In Lateinamerika hatte ein solcher Kongreß bis dahin erst einmal stattgefunden, im Jahre 1934 in Argentinien, und so hatte diese Veranstaltung nicht nur für das gastgebende Land einen hohen Wert, sondern für den gesamten Kontinent, der zumindest nominell als katholisch zu bezeichnen ist. Für diesen Kongreß, der vom 18. bis zum 25. Juli in Rio de Janeiro stattfand, setzten die Bischöfe zwei Schwerpunkte. Einerseits sollten große Feierlichkeiten und Gottesdienste den katholischen

---

70 Ebd. 8.
71 Vgl. ebd. 9.
72 Vgl. ebd. 8.

Glauben des Volkes eindrucksvoll unter Beweis stellen, andererseits sollten die riesigen Probleme des Landes und des Kontinentes nicht unter den Tisch gekehrt werden, sondern in einer offenen und intensiven Weise ausgeleuchtet und angepackt werden. Tatsächlich sollte sich die Verbindung einer volkstümlichen Frömmigkeit mit einer Schärfung des Bewußtseins für das himmelschreiende Unrecht im sozialen Bereich als eine kluge Lösung herausstellen, denn auf beiden Gebieten kam es zu Höhepunkten und Fortschritten.

Rund 1,2 Millionen Gläubige aus aller Welt nahmen an den Feierlichkeiten in Rio teil, 22 Kardinäle und 400 Bischöfe waren erschienen. Hunderttausende beteiligten sich an Prozessionen zu Ehren des eucharistischen Heilands; der religiösen Vertiefung dienten Tagungen, die die eucharistische Frömmigkeit thematisierten[73]. Parallel zu den liturgischen und theologischen Veranstaltungen fanden Zusammenkünfte statt, die sich intensiv der sozialen Problematik des Kontinentes annahmen. Zu erwähnen ist die Tagung der Internationalen Katholischen Organisationen, an der etwa 400 Persönlichkeiten aus Amerika und Europa teilnahmen, die 31 internationale katholische Organisationen vertraten. Die Teilnehmer reflektierten über die realen Möglichkeiten, die Prinzipien der christlichen Soziallehre in das Leben der Völker umzusetzen. Die behandelten Aspekte berührten sich zu einem gewichtigen Teil mit dem Stichwort »Caritas« als dem Versuch von glaubenden Menschen, die Botschaft des Evangeliums dem ganzen Menschen zu verkünden, der heil werden soll an Leib und Seele. Es ist nicht verwunderlich, daß gleichzeitig mit dieser Tagung eine Caritas-Ausstellung eröffnet wurde, die die Themen der Krankenpflege, Sozialfürsorge und der Jugendpädagogik in den Vordergrund stellte. Carlo Bayer, der beinahe drei Monate vor der Eröffnung des Eucharistischen Kongresses in Rio ankam, war an der Vorbereitung der Caritas-Ausstellung beteiligt.

Ein weiteres Ereignis, das für die katholische Kirche Lateinamerikas von historischer Bedeutung war und gleichfalls dem Umfeld des Eucharistischen Kongresses zuzurechnen ist, stellte die Bildung einer Bischofskonferenz für den gesamten Kontinent dar. Im direkten Anschluß an den Kongreß tagte der lateinamerikanische Episkopat vom 25. Juli bis zum 4. August 1955 und gründete die Lateinamerikanische Bischofskonferenz, die CELAM (Consejo Episcopal Latino-Americano), die wenige Monate später von Pius XII. bestätigt wurde.

Schon diese Aspekte deuten an, daß das Jahr 1955 für die Kirche Lateinamerikas einen historischen Einschnitt darstellte. Zweifelsohne blieb man weit davon entfernt, schnelle Lösungen für die unermeßlichen Probleme des Kontinents zu finden. Doch war es für die veränderte Sicht der dortigen kirchlichen Hierarchie auf die soziale Frage bezeichnend, daß man die liturgischen Feierlichkeiten und theologischen Reflexionen nicht im luftleeren Raum ansetzte. Das alltägliche

---

73 Vgl. die Übersicht in der Herderkorrespondenz 9 (1955), 543 f.

Elend der Bevölkerung Brasiliens und die Not des Kontinents auf allen Gebieten des Lebens wurden zur Sprache gebracht. Zwar hatte diese Perspektive auch im Jahre 1955 noch nicht annähernd das Gewicht, das sie in den Jahren nach dem Zweiten Vatikanischen Konzil bekam, und Stichworte wie soziale Gerechtigkeit oder Entwicklungshilfe klangen in den Ohren mancher Vertreter der kirchlichen Hierarchie recht exotisch; doch die bewußte Verbindung des liturgischen Geschehens mit der Alltagsmisere der Menschen war eine wichtige Weichenstellung – nicht zuletzt auch für die Entfaltung der Caritas-Aktivitäten auf diesem Kontinent.

In Südamerika

In den Monaten Mai bis Oktober 1955 besuchte Carlo Bayer zehn Länder des südamerikanischen Kontinents. Der offizielle Grund der Reise war die Suche nach den Ursachen dafür, daß die Länder dieses katholisch geprägten Kontinents in der internationalen »Konferenz« der Caritas-Verbände völlig absent waren. Zwei Faktoren sollten die Reise Bayers unterstützen: die Teilnahme der kirchlichen Hierarchie am Eucharistischen Kongreß in Rio de Janeiro und die Vorarbeit, die der Vatikan durch seine Nuntiaturen in allen Ländern geleistet hatte. Der zweite Punkt erwies sich für Bayer als bedeutsam, denn das päpstliche Staatssekretariat räumte ihm im voraus einige prinzipielle Hindernisse aus dem Weg. So wurden schon im Februar 1955 die jeweiligen Nuntiaturen über Bayers Reisepläne in Südamerika informiert und aufgefordert, seine Anliegen zu unterstützen. Als Bayer drei Monate vor dem Beginn des Kongresses in Rio ankam, fand er sowohl das Bischöfliche Ordinariat als auch die Leiter der Ordenskongregationen, die der caritativen Arbeit verpflichtet waren, unterrichtet. Ähnliches wiederholte sich auf allen folgenden Stationen der Reise. Wie unterschiedlich die Situation in den nacheinander besuchten Ländern Uruguay, Argentinien, Chile, Paraguay, Bolivien, Ecuador, Peru, Kolumbien und Venezuela auch war, die Nuntaturen hatten gut vorgearbeitet und Bayer die ersten Wege geebnet[74]. Freilich verschob sich im Laufe des mehrmonatigen Aufenthaltes in Südamerika die Perspektive grundsätzlich, unter der er aus Rom aufgebrochen war. Lautete der Auftrag des Exekutivkomitees, die Möglichkeiten zu erkunden, die zu einer

---

74 Das betraf auch viele Fragen der Unterbringung, Reiserouten etc. Leider liegen uns keine Berichte über die Lösung der praktischen Probleme vor. In Bayers Ergebnisberichten über die Situationen der einzelnen Länder werden sie nicht berührt. Aus einigen Privatphotos ist jedoch zu ersehen, daß Bayer während der langen Monate nicht nur »im Dienst« war, sondern auch die touristischen und gesellschaftlichen Aspekte einer solchen Reise wahrnahm. Überschriften wie »Auf den Spuren der Inkas«, »Besuch am Pazifischen Ozean«, »Kardinalstreffen im Urwald« oder »Skilauf im Juli« sprechen eine deutliche Sprache.

Mitarbeit der nationalen Verbände in der C. I. führen könnten, so merkte Bayer sehr schnell, daß die Problematik damit nicht an der Wurzel gepackt wurde, denn zu diesem Zeitpunkt gab es in keinem der Länder einen geschlossenen nationalen Caritas-Verband, der mit den europäischen oder nordamerikanischen Verbänden vergleichbar wäre! In den meisten der besuchten Länder gab es gutgemeinte Ansätze caritativer Arbeit, die in der Regel von Ordenskongregationen getragen wurden, doch waren sie weit von der Vorstellung eines geschlossenen Nationalverbandes entfernt. So modifizierte Bayer seinen Auftrag und war bemüht, in Kontakten und Gesprächen mit der lokalen Kirchenhierarchie auf diese Problematik hinzuweisen und die Möglichkeiten eines systematischeren Aufbaus zu erörtern.

Im folgenden sollen vier der zehn Länder, die Bayer besuchte, näher beschrieben werden, um an ihnen exemplarisch die Verhältnisse in der caritativen Arbeit aufzuzeigen, die er dort antraf, und die Ansätze zu schildern, die sich nach Bayers Besuch dort entwickelten. Wir nennen hierbei die Länder Brasilien, Argentinien, Chile und Peru[75].

Erste Ansätze in Brasilien

Das gastgebende Land des 36. Eucharistischen Weltkongresses besuchte Carlo Bayer zweimal innerhalb seiner ausgedehnten Reise. Im Mai 1955, drei Monate vor der Eröffnung des Kongresses, und im Rahmen des Kongresses selbst, der vom 18. bis 25. Juli stattfand[76]. Durch die Kooperation mit den vatikanischen Stellen war er hier nicht allein auf sich gestellt. Der apostolische Nuntius Mgr. Lombardi war über sein Kommen informiert und half ihm, die ersten Kontakte mit dem internationalen Komitee des Eucharistischen Kongresses aufzunehmen. Dies war schon im Hinblick auf die Caritas-Tagung von Bedeutung, die zeitgleich mit dem Kongreß eröffnet werden sollte und die für Bayer eine günstige Gelegenheit bot, sich mit den führenden Vertretern der Caritas-Arbeit in Brasilien und in anderen Ländern in Verbindung zu setzen. Freilich zeichnete sich schon auf der ersten Etappe seiner Reise die Situation ab, die er später in allen südamerikanischen Ländern vorfinden sollte: von einer systematischen Caritas-Arbeit konnte man in dem größten Land Südamerikas nicht sprechen, sie war nur rudimentär und in Ansätzen vorhanden. Dies erschien Bayer um so gravierender, als er Brasilien in einem großen industriellen Umschwung sah: »Die wirtschaftliche Erschließung des Landes, die Ausbeutung seiner Natur-

---

75 In dem Informationsbulletin der C.I. »Intercaritas« berichtete Bayer über die von ihm besuchten Länder: Vgl. ebd. Juni 1955, 1–6 und das Sonderheft vom November 1955. Da die »Intercaritas« nicht immer regelmäßig erschien, empfiehlt sich diese Zitationsweise auch bei den noch folgenden Angaben.
76 Parallel oder im Anschluß an den Kongreß wurden mehrere Tagungen anberaumt, so auch die Tagung der caritativen Werke.

schätze und die technische Entwicklung haben trotz aller politischen Kinderkrankheiten und klimatischer Bedingtheiten nordamerikanisches Tempo angenommen.«[77] Diesen Umwälzungen standen riesige soziale Schwierigkeiten gegenüber, die von keiner Institution systematisch aufgefangen wurden, auch nicht von kirchlichen Stellen:

> »Da die Gesamtzahl des Welt- und Ordensklerus in Brasilien im Verhältnis zur Bevölkerung zahlenmäßig viel zu gering ist und nicht für eine normale geordnete Seelsorge ausreicht, ist auch die kirchliche Arbeit auf sozial-caritativem Gebiet unzureichend.«[78]

Es bestanden nur kleinere örtliche caritative Einrichtungen, die nach Einschätzung Bayers »in der alten traditionellen Form« arbeiteten. Darüberhinaus gab es in einigen wenigen der über 130 Diözesen weitergehende Ansätze, die zumeist von der Initiative des jeweiligen Oberhirten abhingen. So wurde in Rio de Janeiro durch den dortigen Kardinal eine »Fondation Leo XIII« errichtet, die sich der Betreuung und der Beratung der unzähligen Slumbewohner in den »Favelas« annahm.

> »All das hat aber kaum mehr als örtliche Bedeutung und spielt im Gesamtleben der Nation kaum eine Rolle.«[79]

Das war eine ernüchternde Bilanz, doch nahm Bayer gleichzeitig wahr, daß im Zusammenhang des Eucharistischen Kongresses und der parallel laufenden Konferenzen die brasilianische Hierarchie die Initiative ergriff, um eine Systematisierung der caritativen Arbeit anzuregen. Im Vorfeld des Kongresses hatte sich ein Sekretariat der Ordenskongregationen gebildet, das in mühsamer Kleinarbeit eine Statistik über alle sozial-caritativen Einrichtungen erstellte, die von Ordensgemeinschaften geleitet wurden. Für den Weltklerus stand diese Arbeit noch aus, doch erklärte die neugegründete brasilianische Bischofskonferenz mit ihrem Sekretär Msgr. Helder Camara die Gründung einer nationalen brasilianischen Caritas-Organisation zu ihren wichtigsten Zielen. Im Rahmen der Caritas-Tagung nahm Bayer an der Arbeit einer Gruppe teil, die die Möglichkeiten einer »Caritas-Brasilien« realistisch erörterte. Zusammenfassend kommentierte Bayer diese Bemühungen:

> »Ob hier eine kontinuierliche Arbeit zustandekommt, wird in hohem Maße davon abhängen, ob bei dem Mangel an Klerus im Land geeignete, freiwillige Laienkräfte aus der Reihe der Katholischen Aktion für das

---

77 Aus einem unveröffentlichten Bericht Bayers über seinen Aufenthalt in Brasilien, hier S. 1. Zu Brasilien vgl. auch: Intercaritas, Juni 1955, 1–6.
78 Ebd.
79 Ebd. 1 f.

sozial caritative Apostolat mobilisiert werden können. Darüber hinaus ist neben dem Nationalkomitee eine Anzahl regionaler Delegationen erforderlich, die den besonderen Verhältnissen der verschiedenen Landesteile Rechnung tragen. Für das gesamte Landesinnere ist die Mitarbeit der einzelnen Ordensgemeinschaften entscheidend.«[80]

Bayer selbst setzte sich für die angedeuteten Ziele bei seinen Besuchen in mehreren Landesteilen ein, so in den Staaten Sao Paulo, Parana, S. Caterina und Rio Grande do Sul, wo er die Diözesanbischöfe für den Aufbruch in der Caritas-Arbeit zu gewinnen suchte. Die Bemühungen der brasilianischen Hierarchie und die Anregungen Bayers zeigten bald erste Früchte. Eine nationale brasilianische Caritas-Organisation wurde bereits ein Jahr später, 1956, gegründet und nahm in den einzelnen Diözesen nach und nach ihre Arbeit auf.

Brandstiftung und Bürgerkrieg in Argentinien

Bayers Aufenthalt in Argentinien, seiner dritten Etappe nach Brasilien und Uruguay, geriet in den Strudel politischer und kirchenpolitischer Wirrnisse und Auseinandersetzungen. Er besuchte das Land nur wenige Tage nach den Revolten und Kirchenbränden vom 11. und 16. Juni 1955. Diese Tage bildeten die traurigen Höhepunkte einer seit 1954 unter der Präsidentschaft von Juan Domingo Perón durchgeführten antikirchlichen Kampagne. Perón, der mit seiner legendären Gattin Evita fast ein Jahrzehnt Argentinien in diktatorischer und populistischer Weise zugleich regierte, erließ nach dem Tode Evitas mehrere Dekrete, die als eine offene Provokation der Kirche gedeutet werden mußten. Als daraufhin im Juni 1955 hunderttausend Katholiken vor dem Präsidentenpalais demonstrierten, ließ er seine »peronistas« brutal reagieren: die bedeutendsten Kirchen des Landes wurden gestürmt und verwüstet, einige niedergebrannt und geplündert. Kirchliche Würdenträger wurden verhaftet und ins Ausland abgeschoben[81]. Diese Machtdemonstration nutzte Perón nicht sehr viel; schon im September 1955 mußte er dem Druck der Militärs weichen und flüchtete ins Exil.

Es waren wohl diese Vorzeichen, die den unmittelbaren Bericht Bayers aus Argentinien zu dem kürzesten seiner Berichte machten. Lapidar schrieb er zunächst:

»Aufgrund der ungeklärten politischen Verhältnisse konnte in diesem Land praktisch nichts erreicht werden.«[82]

Durch die Vermittlung des Nuntius Msgr. Mensa gelang es Bayer, sich zumindest mit einigen Persönlichkeiten der kirchlichen Hierarchie Argentiniens in

---

80 Ebd. 3.
81 Vgl. die Darstellung in: Propyläen Weltgeschichte Band 10, 359 ff.
82 Intercaritas, November 1955, 3.

Verbindung zu setzen. Durch sie erfuhr er Näheres über das sozial-caritative Bemühen im Land. Bayer merkte hierzu an:

»Zur Zeit meiner Anwesenheit in Argentinien war die Kirche auf sozialem Gebiet praktisch ausgeschaltet und die gesamte Führung vom Kleinkind bis zu den alten Leuten ist in der parteistaatlichen Organisation der »Fundacio Evita Perón« zentralisiert, wodurch die gesamte Fürsorge einen politischen Zweckcharakter hat.«[83]

Tatsächlich war in jenen Monaten der Schatten der 1952 verstorbenen Evita Perón noch deutlich zu spüren. Diese hatte in einer raffinierten Mischung aus persönlicher Fürsorge und diplomatischem Kalkül eine weitgespannte Wohlfahrtsstiftung errichtet, die ihren Namen trug. »Sie brachte Millionenbeträge auf, organisierte Kampagnen gegen die verschiedensten Nöte und Mißstände, verteilte Gaben an Bedürftige und wurde zum lebenden Symbol christlicher Nächstenliebe in einem Land, in dem die Armen seit jeher nur wenige Fürsprecher hatte.«[84] Die kirchliche Hierarchie verließ sich bis zum Tode Evita Peróns auf diese Unternehmungen und tat ihrerseits wenig, um der staatlich gelenkten sozialen Fürsorge etwas entgegenzustellen. Erst die Zuspitzung der Auseinandersetzung mit dem Diktator Perón ließ sie ihre Haltung als allzu bequem erkennen und nach neuen Wegen suchen. Carlo Bayer ermunterte in seinen Gesprächen mit dem Generalvikar der Erzdiözese Buenos Aires und einigen Bischöfen zum Aufbau eigener caritativen Einrichtungen in diesem wichtigen südamerikanischen Land. Der Erfolg schien in den Tagen seines Aufenthaltes sehr ungewiß, doch nach dem im September erfolgten Sturz Peróns erhielt die katholische Kirche weitgehende Freiheiten und schon Anfang des Jahres 1956 folgten grundlegende Schritte, die den Weg in Richtung einer »Caritas-Argentinien« wiesen. Im Januar 1956 erhielt Carlo Bayer einen Brief aus Buenos Aires, in dem es hieß:

»Ihre Reise hat trotz der schlimmen Tage, die wir bei Ihrer Ankunft und während Ihres Aufenthaltes hier haben durchmachen müssen, bedeutsame Folgen gehabt. In Buenos Aires ist die ›Caritas‹ eine Tatsache geworden. Radio und Fernsehen richteten zu Weihnachten unseren Appell an die Bevölkerung, der an 5 Abenden wiederholt wurde und um Spielsachen, Kleider und Lebensmittel für bedürftige Kinder bat. Ganze Berge von Sachen sind uns gebracht worden ... Wir haben die Sachen in den Vorstädten verteilt, wo in den vergangenen Jahren nur die Geschenke des

---

83 Ebd.
84 Propyläen Weltgeschichte Band 10, 359.

Peronistischen Regimes verteilt wurden. Alle bestehenden lokalen Hilfswerke der Kirche haben sich bereiterklärt, sich in der ›Argentinischen Caritas‹ zusammenzuschließen.«[85]

Erfolgreiche Mission in Chile

Wenige Tage vor Beginn des Eucharistischen Weltkongresses in Rio de Janeiro besuchte Carlo Bayer Chile. Dieses Land zeigte ihm ein sehr spezifisches Gesicht Südamerikas. Es befand sich seit mehreren Jahrzehnten in einem schwindelerregenden Auf und Ab der Wirtschaft, mit den damit verbundenen Folgen einer schwachen Währung, einer hohen Inflation und einer großen Arbeitslosigkeit. Die großen Rohstoffquellen erwiesen sich je nach Weltmarktlage als ein Segen oder als ein Fluch, denn sie konnten von heute auf morgen ganze Industriezweige zum Blühen bringen oder aber ruinieren. Dementsprechend war auch der Wohlstand des Landes sehr ungleich verteilt, es fehlte eine staatstragende, verantwortungsbewußte Mittelschicht, die für Kontinuität in Politik und Wirtschaft hätte sorgen können. So konstatierte Bayer die typische Struktur eines Entwicklungslandes:

»Einer dünnen, sehr reichen Oberschicht, die in Staat und Kirche maßgebend ist, steht die breite Masse der Landarbeiter und der städtischen Peripherie gegenüber. Die Wohnverhältnisse in den Elendsquartieren von Santiago, hier ›Poblaciones Callampas‹ genannt, sind erschreckend.«[86]

Trotz dieser Verhältnisse war eine kirchlich-caritative Sorge kaum sichtbar, die kirchliche Hierarchie des Landes hatte das soziale Problem noch nicht zu dem ihrigen gemacht. Weder in der Diözese der Hauptstadt noch in den übrigen Landesteilen gab es eine Stelle, die der caritativen Arbeit eine eindeutige Ausrichtung hätte geben können. Die lokalen Organisationen, die es vereinzelt gab, hingen von der Eigeninitiative einer Ordensgemeinschaft oder einer privaten Stiftung ab. Trotz der ungünstigen Ausgangsposition konnte Bayer während seines Aufenthaltes in Chile einiges erreichen. Hierbei stand ihm der apostolische Nuntius Msgr. Sebastiano Baggio (!) hilfreich zur Seite, der in der Nuntiatur ein Treffen mit Bischöfen organisierte, die kurz vor der Abfahrt nach Rio de Janeiro standen. Bayer formulierte auch hier sein Anliegen, das – wie im gesamten Verlauf seiner Reise – nicht so sehr in der Einladung bestand, sich der C. I. anzuschließen, sondern in der Aufforderung, der nationalen Caritas-Arbeit eine systematischere Struktur zu geben. Die Aufforderung Bayers, die vorbehaltlos vom Nuntius unterstützt wurde, stieß auf ein unerwartet reges Interesse. Innerhalb kürzester Zeit wurde ein

---

85 Intercaritas, Januar 1956, 3.
86 Ebd. November 1955, 4.

vorläufiges Nationalkomitee gebildet, das die Statuten und die Aufgabenbereiche einer in Kürze zu gründenden »Caritas-Chile« festlegen sollte. An die Spitze des Komitees stellte sich der Nuntius Msgr. Baggio selbst.
All das waren günstige Vorzeichen für die zukünftige Entwicklung, und schon Anfang 1956 wurde die Gründung eines chilenischen Caritas-Verbandes von der Bischofskonferenz bestätigt. Eine Anerkennung durch die Regierung Chiles folgte wenige Monate später[87]. Für die Anfangstätigkeit der neuen Caritas erwies sich die große Aktion des Caritas-Verbandes der USA, der »Catholic Relief Services«, als von unschätzbarem Wert. Die CRS sandten in diesem Zeitraum Lebensmittelspenden in die Länder Südamerikas. Für die neugegründeten Verbände der katholischen Kirche ergab sich die Möglichkeit, durch die Verteilung der Spenden einer breiteren Öffentlichkeit bekannt zu werden. Das galt auch für die Caritas-Chile, die zu einem vom Staat offiziell beauftragten Sammelpunkt für die Verteilung der amerikanischen Lebensmittel wurde[88]. Ein weiterer Gesichtspunkt des Aufenthaltes Bayers in Chile ist bemerkenswert. Es ging um Einwanderer, die nach dem Zweiten Weltkrieg aus Europa nach Chile übersiedelten, um Personen aus dem Kreis der »DP – Kreise von Triest, Österreich und Italien«[89]. Die »displaced persons« bildeten eine zahlenmäßig kleine Gruppe, die es verstand, Hilfsquellen zu erschließen und wahrzunehmen. Durch die Hilfe der katholischen Wanderungskommission in Genf, die einen ständigen Vertreter in Chile unterhielt, konnte sich ein katholisches Einwanderungskomitee unter der Direktion des Salesianerpaters Raoul Silva[90] gut entwickeln. In der Hauptstadt des Landes wurde ein Heim eröffnet, in dem die Einwanderer Unterkunft und Hilfe in den ersten Wochen fanden, bis die Fragen nach Arbeitsplätzen und Wohnungen für sie geklärt waren. Bayer interessierte sich lebhaft für die Situation dieser Personen, die ihn an seine Tätigkeit für die Kriegsgefangenen erinnerte, von denen eine nicht unerhebliche Zahl einen neuen Anfang in Südamerika versuchen wollte.

Im Land der Vierzig Familien: Peru

Auch im Andenstaat Peru wurde die ungleiche Verteilung des Reichtums als die Hauptkrankheit des Landes konstatiert. Die soziale Struktur bildete die extreme Ausformung einer Pyramide. An der Spitze der Pyramide befanden sich einige wenige Familien, im Volksmund die »vierzig Familien« genannt, denen ein großer Teil des Bodens gehörte und die zusammen mit ausländischen Gesell-

---

87 Vgl. die Meldungen der Intercaritas, Februar 1956, 8 und September-Oktober 1956, 7.
88 Vgl. ebd. Februar 1956, 5f.
89 So Bayer in seinem Bericht über Chile in der Intercaritas, November 1955, 4f.
90 Der Salesianerpater Raoul Silva wurde der erste Direktor der Caritas-Chile. Der spätere Kardinal hat in den Jahren 1962–1965 die Nachfolge Baldellis als Präsident der C.I. übernommen.

schaften die Industrie kontrollierten. Unterhalb der Spitze gab es eine dünne »Mittelschicht« von Geschäftsleuten und ausgebildeten Industriearbeitern. Am Fuß der Pyramide befanden sich jedoch zwei Drittel der Bewohner Perus, Landarbeiter und Angehörige der Bergstämme, die kompetente Autoren als eine »in Lumpen vegetierende Volksmasse« bezeichnen. Als Carlo Bayer einige Wochen nach Ende des Eucharistischen Weltkongresses in Lima ankam, fiel ihm diese grobe Verteilung innerhalb der peruanischen Gesellschaft sofort auf. Zwar besaß die Hauptstadt bei einer oberflächlichen Betrachtung viele europäische Elemente, doch die vornehmen Wohnviertel der Oberschicht täuschten Bayer nicht darüber hinweg, daß die Arbeiter und die Bevölkerung der Eingeborenen im Zustand einer »entsetzlichen Armut« dahinvegetierten[91]. Ähnliches galt auch für die Zustände im Landesinneren und die Situation der Indios. Der gewaltsame Aufbau von Ausbeutungsgesellschaften und Industrien geschah praktisch auf dem Rücken des Volkes, dem keine Möglichkeit gegeben wurde, sich harmonisch dem Wachstum der Wirtschaft anzupassen, das vielmehr dazu diente, billige Arbeitskräfte für die sie ausbeutende Industrie abzugeben.

Auch in Peru gab es eine caritative Betätigung der Kirche erst in Ansätzen. Ähnlich wie in den meisten lateinamerikanischen Ländern bedeutete zu diesem Zeitpunkt die große Lebensmittelaktion der CRS einen neuen Aufbruch für diese Bemühungen. Schon in den Monaten vor Bayers Besuch hatte der Nuntius Msgr. Lardone zusammen mit dem Jesuitenpater Durand-Flores eine größere Verteil-Aktion in Gang gesetzt. Eine Weihnachtspaketaktion mit 250 000 Paketen der CRS brachte den Pater mit praktisch allen caritativen Organisationen des Landes in Verbindung. Wie Bayer feststellen konnte, war aufgrund dieser Aktion und der bevorstehenden weiteren Spenden des amerikanischen Verbandes der Plan zur Gründung einer nationalen Caritas gereift.

»Nach einer Unterredung mit dem H. H. Erzbischof von Lima, der wie seinerzeit für die Weihnachtspaketaktion auch für eine CARITAS-PERU P. Flores als nationalen Caritasdirektor vorschlug, wurde daher in der Nuntiatur unter Heranziehung des nationalen Präsidenten der Vinzenzkonferenzen, der Präsidentin der Caritasdamen und der Direktorin der Sozialen Frauenschule das Projekt für eine CARITAS-PERU ausgearbeitet, wobei die Statuten von Chile als Vorbild dienten.«[92]

Durch die engagierte Mitwirkung des Nuntius und des Jesuitenpaters wurden diese Vorgaben schnell in die Tat umgesetzt. So konnte das Informationsbulletin der C. I. »Intercaritas« schon im Dezember 1955 melden:

---

91 Vgl. Bayers Bericht in der Intercaritas, November 1955, 10.
92 Ebd.

»Nach dem Südamerikabesuch des Generalsekretärs der Internationalen Caritas-Konferenz, Msgr. Bayer, hat als erste Nationalorganisation die Caritas in Peru ihre Arbeit begonnen ... Die Caritas Peru erhielt den Auftrag, die Verteilung der Lebensmittelspende der Catholic Relief Services – NCWC im ganzen Land durchzuführen.«[93]

Pionier der südamerikanischen Caritas

Als Carlo Bayer im Sommer 1955 nach Südamerika aufbrach, lautete sein offizieller Auftrag, die Caritas-Verbände der einzelnen Länder für die Zusammenarbeit innerhalb der C. I. zu gewinnen. Dieses gutgemeinte Vorhaben, das merkte Bayer sehr schnell, ließ sich in dieser Form nicht verwirklichen, da ihm die conditio sine qua non fehlte: das Bestehen von nationalen Caritas-Verbänden. In keinem der zehn besuchten Länder bestand ein entsprechender Nationalverband, und so mußte Bayer sein Vorhaben modifizieren und den tatsächlichen Bedingungen anpassen. Er griff die vorhandenen Wurzeln der kirchlichen caritativen Arbeit auf und sondierte nach Möglichkeiten, von diesen Wurzeln aus die nächsten Schritte anzugehen. Anerkanntermaßen war die Mission Bayers über Erwarten erfolgreich und so ging er in die Annalen der südamerikanischen Caritas-Geschichte als einer ihrer Pioniere ein! So schreibt Emilio Fracchia in seinem zweibändigen Werk zur Geschichte der Caritas in Lateinamerika über die Verdienste Bayers:

»Die Gründung der Caritas in Lateinamerika wurde durch die Caritas Internationalis bewußt unterstützt und stimuliert. Es war zuerst ihr Generalsekretär, Monsignore Carlo Bayer, der während einer ausgedehnten Reise durch den Kontinent Mitte der fünfziger Jahre mit Unterstützung durch die Nuntiaturen den lokalen Bischöfen die Notwendigkeit der Gründungen aufzeigte.«[94]

Mit diesen Sätzen ist die Rolle Bayers in jenen Monaten zusammengefaßt, der tatsächlich als Katalysator wirken durfte. Zweifelsohne war das Bewußtsein der kirchlichen Hierarchie für die sogenannte »soziale Frage« in den fünfziger Jahren nicht im entferntesten so weit ausgeprägt, wie dies in den folgenden Jahrzehnten geschah. Das Gefühl für die unbedingte Verpflichtung der Christen, sich dieser Frage anzunehmen, war erst rudimentär entwickelt. Parallel zu dieser Indifferenz verbreitete sich jedoch in den basisnahen Kreisen die Einsicht, daß die Kirchen auch in den mühsamen Fragen der sozialen Gerechtigkeit Stellung beziehen müssen und daß ein Aspekt dieser Stellungnahme die ganz konkrete,

---

93 Ebd. Dezember 1955, 8.
94 Emilio FRACCHIA, Caritas En America Latina I, 16.

caritative Tätigkeit ist, durch die die Not der Menschen gelindert wird. Auf diese Überlegungen griff Bayer in seinen Gesprächen mit der kirchlichen Hierarchie zurück, und allem Anschein nach war er in dieser Funktion der richtige Mann zur richtigen Zeit, denn bald nach seiner Reise kam es in allen der von ihm besuchten Ländern zu einer Konsolidierung und Ausweitung der kirchlichen caritativen Tätigkeit. Innerhalb eines Jahres wurden Nationalverbände in Brasilien, Argentinien, Chile und Peru gegründet, in den sechs übrigen Staaten nur wenige Jahre später[95].

Ganz sicher wurde diese Impulsgebung Bayers durch einige Faktoren gefördert. Der Zeitpunkt der Reise im Zusammenhang des Eucharistischen Weltkongresses war sehr günstig gewählt; im Umfeld des Kongresses kam es zur Gründung der lateinamerikanischen Bischofskonferenz, der späteren CELAM, die sich mit Nachdruck für die Bildung von Nationalverbänden aussprach[96]. Ein weiterer Punkt war die Unterstützung Bayers durch die einflußreichen Nuntiaturen, die durch das vatikanische Staatssekretariat rechtzeitig über die Reiseabsichten Bayers informiert wurden. Als beispielhaft kann hier die Haltung des päpstlichen Vertreters in Chile, Msgr. Sebastiano Baggio, erwähnt werden, der sich die Intention Bayers zu eigen machte und sich in der Gründungsphase selbst an die Spitze eines Nationalkomitees der Caritas-Chile stellte. Eine zeitgeschichtliche Koinzidenz förderte schließlich die praktische Entfaltung der neuen Verbände. Das große amerikanische Werk »Catholic Relief Services« führte Mitte der fünfziger Jahre, in Anlehnung an den legendären Marshall-Plan für das Nachkriegseuropa, eine Lebensmittel- und Medikamentenaktion für Lateinamerika durch. Die praktische Verteilungsarbeit wurde an die nationalen Wohltätigkeitsverbände, insbesondere an die der Kirchen, weitergeleitet. So traten die neuen Verbände zum ersten Mal an eine größere Öffentlichkeit und konnten durch ihr Tun für die Idee einer kirchlichen Caritas werben[97].

Alle diese günstigen Faktoren schmälern in keiner Weise die Verdienste Carlo Bayers, sondern unterstreichen seine Funktion als Katalysator der caritativen Bewegungen in Lateinamerika. In einem breiten Zusammenspiel von persönlichem Einsatz und zeitgeschichtlichen Faktoren wurde der Boden bereitet, auf dem sich nationale Caritas-Verbände bilden und konsolidieren konnten. Allem Anschein nach bedurfte eine solche Entwicklung dieser Bündelung von mehreren koinzidierenden Impulsen.

Am Ende dieser Übersicht soll ein Punkt der Kritik stehen, der bei der achten Sitzung des Exekutivkomitees der C. I. im Dezember 1955 geäußert wurde. Die Kritik betraf die Ziele, die ursprünglich mit Bayers Reise verknüpft wurden und die modifiziert werden mußten. Es war insbesondere der Holländer Dr. Sark, der

---

95 Vgl. die Übersicht ebd. 15.
96 Vgl. ebd. 18f.
97 Vgl. ebd. 19–22.

seine Bedenken äußerte. Die Berichte Bayers sprechen zwar eine eindeutige Sprache, und seine Mission ist als erfolgreich zu bewerten, doch könnte nicht der Eindruck entstehen – so der Einwand –, daß Carlo Bayer nicht so sehr eine Mission im Auftrag der C. I. erfüllte, sondern als ein Abgesandter des vatikanischen Staatssekretariates, der Nuntiaturen und der Bischöfe? Die Unterstützung durch die kirchliche Hierarchie war auch Sark für eine effektive Durchführung des Vorhabens unabdingbar, doch schien ihm die Gefahr gegeben, daß durch diese Protektion der Eigencharakter der C. I. nicht deutlich genug zum Vorschein kommt [98].

Carlo Bayer setzte dieser Kritik das Gewicht der von ihm tatsächlich vorgefundenen Verhältnisse entgegen. Natürlich ging es bei der ursprünglichen Zielsetzung seiner Mission nicht um die Frage der Neugründungen, sondern um das Angebot einer Koordination durch die C. I. Doch ist die Abfolge der zu nehmenden Schritte durch die einfache Logik vorgegeben, und so war zuerst die Frage der Neugründungen anzugehen. In diesem Zusammenhang äußerte sich Bayer optimistisch über die weiteren Aussichten der caritativen Arbeit in Südamerika. Es war voraussehbar, daß sich die neuen Verbände innerhalb einer kurzen Zeit der C. I. anschließen würden [99]. In diesem Punkt sollte Bayer recht behalten, denn die nationalen Caritas-Verbände Südamerikas traten konsekutiv dem Zusammenschluß der C. I. bei. Bayer selbst behielt die Entwicklung der Caritas auf diesem Kontinent weiterhin in seinem Blickfeld. Als einer ihrer Pioniere fühlte er sich auch für die weitere Entwicklung verantwortlich [100].

4. Hilfe für scheiternde Revolutionäre: Die Ungarnhilfe

Eine Revolution scheitert

Der Tod des allbeherrschenden Diktators Stalin im Jahre 1953 löste über mehrere Jahre hinweg in fast allen Ländern des Ostblocks politische Erdbeben aus. Eine Reihe von Unruhen und Aufständen größeren oder kleineren Ausmaßes fanden in der Sowjetunion selbst, in Polen, der DDR, der Tschechoslowakei und in Ungarn statt. Ein besonders tragisches Ende fand hierbei der ungarische Volksaufstand des Jahres 1956, der zu einem Symbol für den Kampf um Demokratie und Freiheit im Ostblock wurde. Im Oktober 1956 fanden dort – beeinflußt durch ähnliche Vorgänge in Polen – Straßendemonstrationen statt,

---

98 Zu diesem Diskussionspunkt vgl. das Verbalprotokoll der 8. Sitzung des EK, 17ff.
99 Vgl. ebd. 22.
100 Hervorzuheben ist Bayers Teilnahme an den großen Kongressen der lateinamerikanischen Caritas-Verbände, so z. B. in Santiago de Chile 1964 und in Bogota 1965. Zum Vortrag Bayers in Bogota vgl. FRACCHIA, ebd. I, 40.

bei denen Forderungen nach politischen Reformen erhoben wurden. Der ungarische Staatsführer Gerö verfiel sehr schnell in Panik und rief sowjetische Truppen zu Hilfe[101]. Ein regelrechter Krieg brach daraufhin aus, bei dem nicht zuletzt bemerkenswert war, daß sich hierbei auf ungarischer Seite in vorderster Front Industriearbeiter, also »Proletarier«, befanden. Sie konnten zunächst die sowjetischen Besatzungstruppen überwältigen, und die Sowjetregierung willigte in einen Waffenstillstand ein.

Wie die meisten Revolutionen bekam auch die Bewegung in Ungarn eine starke Eigendynamik und die ursprünglich gemäßigten Ziele wurden aus den Augen verloren. Die Menschen verlangten nach weitgehenden Freiheiten und wollten die Schranken des kommunistischen Einparteien-Staates sprengen. In der Hoffnung auf die Unterstützung durch die Vereinten Nationen erklärte der neue Staatschef Imre Nagy Ungarn zu einem neutralen Staat. Doch die Hoffnung trog, und nach geschickt lancierten Scheinverhandlungen griffen die Sowjets in den ersten Novembertagen massiv in Ungarn ein und besetzten das Land von neuem durch ihre Truppen. In brutaler Weise wurden die Reformkräfte zerschlagen, Staatschef Nagy wurde hingerichtet und durch János Kádár, den »prominentesten Sowjetagenten in Ungarn«[102], ersetzt. Innerhalb von wenigen Wochen erwies sich jeglicher ungarischer Widerstand als chancenlos.

Trotz dieser deprimierenden Fakten wird die ungarische Revolution von Historikern in einen weltgeschichtlichen Zusammenhang eingeordnet:

»Mit gutem Grund kann man sagen, daß die ungarische Revolution als kombinierte politisch-militärische Aktion der industriellen Arbeiterklasse den Vergleich mit jeder ähnlichen Aktion in der Geschichte, auch mit der Pariser Kommune 1871 und den Petersburger Revolutionskämpfen von 1905, nicht zu scheuen braucht.«[103]

Die ersten Pressemeldungen und spontane Hilfe

Am 23. und 24. Oktober wurde die westliche Öffentlichkeit durch erste Pressemeldungen über die Aufstände in Ungarn informiert. Schon am 24. Oktober wurden von den Freiheitskämpfern erste Appelle um Hilfe, insbesondere für Verwundete, an die Öffentlichkeit gerichtet. Die Caritas Österreich und die Verbände der Nachbarländer ließen spontan Hilfeleistungen anlaufen. Am 25. Oktober telegrafierte der Präsident der österreichischen Caritas, Msgr. Pfeiffer, an die C. I.: »Über die Initiative der Bischöfe große Caritasaktion für Opfer der Ereignisse in Ungarn im Gang ... Intensivierung der Internationalen Caritas

---

101 Diese und alle anderen Fakten aus: Propyläen Weltgeschichte Bd. 10, 212f.
102 So der Londoner Historiker Hugh Seton-Watson, ebd. 213.
103 Ebd.

Hilfe erbeten.« Nach einer sofort abgehaltenen Besprechung entschied die Spitze der C. I., Wien als eine Koordinierungsstelle der Ungarn-Hilfe zu bestimmen[104].
Am 28. Oktober gab es nach großen Straßenschlachten in Budapest rund 10000 Tote und ebensoviele Verletzte. Spätestens da wurde der Weltöffentlichkeit die Dimension der ungarischen Tragödie bewußt. Da die Aufständischen nach dem vorläufigen Rückzug der Sowjets die wichtigsten Grenzübergänge nach Österreich und Jugoslawien kontrollierten, konnten die nun einsetzenden Hilfszüge relativ einfach passieren. In einer ersten Chronik der Ereignisse, die im November 1956 in der »Intercaritas« veröffentlicht wurde, hieß es hierzu:

> »Von Wien aus, vom Burgenland und von Graz gehen Convoys der Caritas mit Medikamenten und Lebensmitteln nach Ungarn, teilweise werden diese dem Bischof von Raab übergeben, einige Lastwagen können bis Budapest vordringen und dort in Spitälern und Anstalten die Medikamente und Lebensmittel abliefern.«[105]

Eine weitere Zuspitzung erreichte die Situation bereits am 31. Oktober. Zwar zogen sich die Sowjets aus Budapest zurück, und Kardinal Mindszenty konnte befreit werden, doch drohte wegen der völligen Arbeitsruhe in der Stadt eine Hungersnot auszubrechen. Ein Telegramm des Kardinal-Primas Mindszenty wurde verbreitet, in dem es unter anderem hieß:

> »Da die Not und die Armut sehr groß sind, bitte ich in Liebe alle Bischöfe der katholischen Kirche, sie mögen ihre Gläubigen aufrufen zur tätigen Nächstenliebe und die Spenden der ungarischen katholischen Caritas zuleiten.«[106]

Carlo Bayer und Msgr. Baldelli nahmen den Aufruf des Kardinals sehr ernst und baten wiederholt in Rundtelegrammen an ihre Mitglieder um die Intensivierung der Hilfe, die über den zentralen Punkt in Wien gezielt verteilt wurde. Am 2. November flogen Bayer und Baldelli nach Wien, um dort in Gesprächen mit Vertretern der Caritasverbände die Hilfsaktionen den tatsächlichen Bedingungen anzupassen, denn die Lage in Ungarn änderte sich von Tag zu Tag. Schon am Tage ihrer Ankunft in Wien spitzte sich durch den neuerlichen Einmarsch der russischen Truppen in Ungarn die Lage zu. Die Pressemeldungen notierten:

> »Von Wien gestartete Flugzeuge, die in den beiden Vortagen Blutplasma und Tetanusserum in die Hospitäler nach Budapest bringen wollen, erhalten von den Sowjets keine Landeerlaubnis mehr und kehren beladen nach Wien zurück ... Am Nachmittag kehren die letzten nach Ungarn

---

104 Vgl. Intercaritas, November 1956, 1.
105 Ebd. 2.
106 Die Wiedergabe des Telegramm vgl. ebd. 3.

eingeschleusten LKW's der Caritas, zum Teil beladen, zurück, da russische Panzer im Abstand von 15 km von der Grenze das Land abriegeln und die Überbringung der Spende unmöglich machen.«[107]

Am 4. November, dem sogenannten »Blutsonntag«, als russische Panzer die ungarische Freiheitsbewegung im Wortsinne überrollten, erhielten die Hilfsbemühungen wiederum eine andere Dimension. Schon im Laufe des Vormittags begann der erste große Flüchtlingsstrom aus Ungarn die österreichischen Grenzorte zu erreichen, und es kamen mehr als 10 000 Personen im Burgenland, in Niederösterreich und in der Steiermark an. Die Caritas-Verbände von Wien und Eisenstadt reagierten sehr schnell, und die ersten »Auffanglager« wurden eingerichtet. Ironischerweise waren einige der Lager ehemalige russische Truppenunterkünfte gewesen, die seit einem Jahr leer standen und sich zunächst in einem desolaten Zustand befanden[108].

Von diesen dramatischen Entwicklungen empfing Carlo Bayer einen unmittelbaren Eindruck, als er am 5. November zusammen mit Msgr. Baldelli das Auffanglager in Traiskirchen besuchte, das knapp 5000 Flüchtlingen eine erste Bleibe bot. Dort führten die beiden Spitzen der C. I. Gespräche über weitere Schritte der Ungarn-Hilfe. In Zusammenarbeit mit dem Roten Kreuz wurden die Flüchtlinge mit den notwendigsten Gütern versorgt, doch gleichzeitig mußten Pläne ausgearbeitet werden, die die Flüchtlinge auf andere Orte verteilten, da der Flüchtlingsstrom nicht abriß. Einen Tag später fuhr Bayer nach München, wo er nach einer Unterredung mit der Arbeitsgemeinschaft der Freien Wohlfahrtsverbände eine Soforthilfe für die Flüchtlinge im Wert von 90 000 DM erhielt[109].

Im Laufe des Monates November gab es noch einen weiteren Schritt, der für die Geschichte der C. I., speziell auch für die Biographie Carlo Bayers von großer Bedeutung werden sollte. Da sich die Spitzenvertreter der C. I. nicht über eine längere Zeit hinweg in Wien aufhalten konnten, überprüfte Carlo Bayer die Möglichkeiten, eine eigene Wiener Delegation zu errichten. Er entschloß sich, zunächst provisorisch eine Räumlichkeit anzumieten, und da sich nicht sofort geeignete Büroräume fanden, tagte die Delegation in einem Raum des Hotels Regina am Votivplatz in Wien. Dieses Hotel wurde daraufhin von den kommunistischen Medien prompt als eine »Spionagezentrale des Vatikans« bezeichnet[110]. Freilich änderte sich dies schnell, als es ungarischen kirchlichen Stellen gelang, einen Ungar, den Prämonstratenser-Pater Karoly Paulai, an die Spitze dieser Koordinationsstelle zu setzen. Pater Paulai, der bis zu seinem Tode im

107 Ebd. 6.
108 Vgl. ebd. 7.
109 Vgl. ebd. 8.
110 So Bartholomäus Rester, ein langjähriger Vertrauter Bayers aus der Caritasstelle in Passau, in einem (unveröffentlichten) Bericht über die Ostkirchenhilfe der Jahre 1956–1983, hier S. 2.

Jahre 1971 in Wien tätig war, knüpfte nach allen Seiten Kontakte und es gelang ihm schon im Januar 1957, erste Beziehungen zu den ungarischen Behörden aufzunehmen, die angesichts der Not in ihrem Land zu einem gewissen Entgegenkommen bereit waren. Mußten im Dezember 1956 die Hilfsgüter der Caritas noch mit Lastwagen transportiert werden, so konnten einen Monat später die ersten Eisenbahnwaggons nach Ungarn fahren, was eine Ersparnis an Arbeit und Transportkosten bedeutete[111].

Die Einrichtung der Wiener Delegation der C.I. im Zusammenhang des Ungarn-Aufstands gehört in die Vorgeschichte von Bayers Hilfstätigkeit für die Länder Ost- und Südosteuropas, die ihren Höhepunkt in den Jahren 1971 bis 1977 erreichte, als Bayer nach seiner Demission als Generalsekretär der C.I. die Leitung des Europäischen Hilfsfonds in Wien übernahm, der sich vorwiegend für diese Länder einsetzte. Diese Entwicklung war in den Jahren 1956 und 1957 natürlich nicht abzusehen, doch verlor Bayer fortan diese Länder nicht mehr aus den Augen und schon wenige Jahre später wurde die Hilfe für Jugoslawien zu einem Schwerpunkt seiner Tätigkeit.

Die Gasthof-Aktion der Caritas

Aus den Schwerpunkten der Ungarn-Hilfe, an denen sich die C.I. beteiligte, wollen wir eine Aktion hervorheben; die ungewöhnliche und doch sehr sinnvolle Hilfe, die unter dem Stichwort »Gasthof-Aktion« in die Caritas-Annalen eingegangen ist. Es handelte sich um die Betreuung der ungarischen Flüchtlinge, nachdem diese die Auffanglager bereits verlassen hatten. Als nach dem Einsetzen der riesigen Flüchtlingswelle der UNO-Hochkommissar für Flüchtlinge einen Hilfsappell richtete, erklärten sich viele Länder in Europa und Übersee bereit, Flüchtlinge aufzunehmen. Die Verantwortlichen vor Ort mahnten jedoch zur Vorsicht:

> »Um die Flüchtlinge nicht unter der psychologischen Schockwirkung und der provisorischen Unterbringung in Massenlagern zu einer vorschnellen Entscheidung für Auswanderung in ein fremdes Land zu zwingen, wird unter dem Stichwort »Gasthofaktion« mit Genehmigung der österreichischen Behörden von der Caritas der Abtransport von kinderreichen Familien, Müttern mit Kindern und alten Leuten aus dem Durchgangslager Traiskirchen und den in Eisenstadt eintreffenden Transporten beschlossen. Die Unterbringung soll familienweise in kleinen Gasthöfen, Pensionen und religiösen Heimen erfolgen.«[112]

---

111 Vgl. Bayers Tätigkeitsbericht für die IV. GV, Rom 1957, 11f.
112 Intercaritas, November 1956, 8.

Auf diese Weise sollten die Familien, die aufgrund der Kämpfe getrennt worden waren, in der Nähe der Heimat bleiben, um so in relativer Ruhe die weitere Entwicklung abzuwarten. Schon am 8. November konnten die ersten 900 Flüchtlinge entsprechend untergebracht werden. Wenige Tage später standen rund 3000 Quartiere für die Gasthof-Aktion zur Verfügung.

In diesen für das ungarische Volk so dramatischen Tagen hielt sich Carlo Bayer im grenznahen Gebiet und in den österreichischen Auffanglagern auf, um vor Ort auf die wechselnden Bedürfnisse zu reagieren. Der Flüchtlingsstrom hielt in der Woche vom 10. bis 18. November mit 2000 bis 3000 Personen täglich weiter an, und am Ende dieser Woche hatten rund 35 000 Personen die Grenze nach Österreich überschritten. Die »Intercaritas« notierte:

> »Hauptmotiv des Verlassens der Heimat ist die Sorge vor den von den Russen durchgeführten planmäßigen Verhaftungen und Deportationen.«[113]

In den folgenden Tagen wurden erste größere Gruppen von Flüchtlingen in andere Länder gebracht, unter anderen in die Schweiz, nach Deutschland und nach Belgien. Die Caritas hielt weiterhin an ihrer Gasthof-Aktion fest, die zu diesem Zeitpunkt rund 2000 Flüchtlinge umfaßte. Die Kosten für die Betreuung einer Person wurden auf 30 Schilling angesetzt. Auch die Regierung Österreichs sah die Vorteile dieser Aktion und bot der Caritas finanzielle Unterstützung an, »unter der Bedingung, daß die ›Gasthofaktion‹ auf alle österreichischen Diözesen ausgedehnt und auf diese Weise insgesamt etwa 6000 Flüchtlinge neben Gasthöfen auch in religiösen Heimen und sonstigen kirchlichen Anstalten betreut werden können«[114]. Neben dieser elementaren Betreuung, zu der auch Beratung für die Flüchtlinge gehörte, die sich für eine Auswanderung entschlossen, unterstützte die Caritas auch die Seelsorge der Flüchtlinge. Auch hier wurden unkonventionelle Wege beschritten, wie eine Meldung der »Intercaritas« andeutete:

> »Am Sonntag, den 17. November trifft in Wien ein großer Kapellenwagen mit Lautsprecheranlage und Filmvorführungseinrichtung ein, der von der P.O.A./Italien zur Seelsorge in den Flüchtlingslagern zur Verfügung gestellt wird. Am Sonntag, den 18. November werden die ersten Gottesdienste mit dem Kapellenwagen im Auffanglager Eisenstadt gefeiert und einem auf der Flucht geborenen Kind die heilige Taufe gespendet.«[115]

Unterdessen stieg die Zahl der Flüchtlinge weiter an, die am 23. November mit 65 000 angegeben wurde, und dies, obwohl die russischen Truppen durch

---

113 Ebd. 10.
114 Vgl. ebd. 11.
115 Ebd.

Brückensprengungen und Waffengewalt die Flucht aus Ungarn zu verhindern suchten. Die Regierung Österreichs unternahm anerkanntermaßen ihr möglichstes, um die Flüchtlinge in einer menschenwürdigen Weise aufzunehmen, insbesondere auch ohne größere Formalitäten. Auf kirchlicher Seite war es vor allem die österreichische Caritas, die die Hauptlasten zu tragen hatte. Hier wurden die Namen ihres Direktors Msgr. Pfeiffer und des Caritasdirektors von Wien, Msgr. Ungar, bekannt. Diese beiden Persönlichkeiten kooperierten eng mit der Führung der Caritas Internationalis, später mit ihrer Wiener Delegation unter Pater Paulai.

Ende November 1956 wurde von der Leitung der C.I. eine kurze Bilanz der Hilfsbemühungen einen Monat nach dem Scheitern der ungarischen Revolution gezogen. Dort hieß es:

»Die traurige Bilanz dieses Monats, in dem das ungarische Volk seine Freiheit wiederzugewinnen hoffte, sind Zehntausende von Toten, Zehntausende von Flüchtlingen, eine wirtschaftliche Erschütterung und eine noch immer völlig ungewisse Zukunft für die politische und religiöse Freiheit des Landes.

Die Not dauert an, darum ist es unsere christliche Pflicht, den Notleidenden weiterhin mit allen uns zur Verfügung stehenden Mitteln zu helfen.«[116]

Aspekte der Ungarn-Hilfe bis 1959

Nachdem die erste spontane Welle der Hilfsleistungen aus der ganzen Welt verebbt war, verblieben nur noch die weiterblickenden Organisationen, die sich der ungarischen Flüchtlinge und der Hilfe für Ungarn selbst annahmen. Die C.I. war seit Dezember 1956 in Wien mit einer Delegation vertreten und dies trug erheblich zum langen Atem in der Ungarn-Hilfe bei. Dem Leiter der Delegation, Pater Karoly Paulai, gelang es, Kontakte mit Persönlichkeiten auf allen Ebenen in Ungarn zu knüpfen. Da der Prämonstratenserpater das Vertrauen der kirchlichen Hierarchie Ungarns genoß, war es relativ einfach, die Unterstützung von Seiten der Kirche zu erhalten. Schwieriger war es, das Regime in Budapest zur Kooperation zu bewegen. Doch schon im Januar 1957 zeigten die Bemühungen der Wiener Delegation auch hier einen greifbaren Erfolg. Die ungarischen Behörden erlaubten dem Weihbischof der Erzdiözese Esztergom mit Sitz in Budapest, Mihaly Endrey, die Ausreise nach Wien, um dort mit Vertretern der Caritas die weiteren Hilfsmaßnahmen zu erörtern. Auch wenn dieses Zugeständnis der Budapester Regierung mehr aus taktischen denn aus humanitären Erwägungen erfolgt sein sollte, allein die Tatsache, daß ein offizieller Vertreter der

116 Ebd. 15.

ungarischen Kirche mit einer internationalen Institution der katholischen Kirche im Ausland sprechen durfte, stellte einen Fortschritt dar. An der ersten Besprechung mit Weihbischof Endrey nahm neben mehreren Vertretern der österreichischen Caritas auch Carlo Bayer teil. Es wurden wichtige Weichenstellungen vorgenommen, denn ab Januar wurden ganze Eisenbahnwaggons, später auch Schiffsladungen mit Hilfsgütern nach Ungarn gesandt. In der Aufgabenverteilung innerhalb der Caritas-Familie hat sich hierbei die Caritasstelle in Passau große Verdienste erworben, denn sie übernahm als Sammelpunkt für die Hilfe aus Deutschland die Verpackung und die Transportabfertigung der Hilfsgüter. Über Passau wurden bis April 1958 über 2000 Tonnen Güter nach Ungarn geschickt, deren Verteilung der integren Persönlichkeit des Weihbischofs Endrey anvertraut wurde[117].

In die längerfristige Hilfeleistung der Caritas-Verbände war auch die seelsorgliche Arbeit der ungarischen Kirche eingebunden. Die Hilfe erstreckte sich von einer »Bekleidungshilfe« für den Klerus bis zur Unterstützung der Theologischen Seminare, kirchlicher Schulen, Altersheime und ähnlichem. In ihren diesbezüglichen Berichten legte die »Intercaritas« Wert darauf zu betonen, daß diese spezifische Hilfe erst einsetzte, nachdem die Hilfe, die der Linderung der Not aller betroffenen Menschen gewidmet war, einen grundsätzlichen Abschluß gefunden hatte[118]. Eine Herausforderung an die Hilfsorganisationen bildeten weiterhin die Flüchtlinge. Es waren mehrere hunderttausend Personen, die sich nach den blutigen Ereignissen in ihrer Heimat gezwungen sahen, Ungarn zu verlassen. Erfreulicherweise reagierten viele europäische und nichteuropäische Länder mit großem Zuvorkommen und ohne allzu große bürokratische Beschränkungen. Ein besonderes Augenmerk verdiente hierbei die Hilfe des kommunistischen Jugoslawiens. Rund 20 000 Personen suchten eine Bleibe in diesem Land oder hielten sich dort vorläufig auf, um später von einem westlichen Land aufgenommen zu werden. Im Januar 1958, etwa ein Jahr nach dem Eintreffen der ersten Flüchtlinge, konnte dieses Problem eine erfolgreiche Lösung finden. Etwa 16 000 Personen haben in 27 Ländern Aufnahme gefunden, knapp 3 000 Personen kehrten nach Ungarn zurück und »634 haben in Jugoslawien selbst einen Arbeitsplatz gefunden«[119].

Alle diese Aktionen wurden vom Flüchtlingskommissariat der Vereinten Nationen genau beobachtet; insbesondere galt dies für die Rückkehr der Flüchtlinge nach Ungarn oder ihren Verbleib in Jugoslawien. Die C. I. informierte ihre Mitglieder durch Rundschreiben und Nachrichtenbulletins über den Fortgang der Ungarn-Hilfe und die Lösung des Flüchtlingsproblems. Im Februar 1958 richtete die »Intercaritas« ihr Augenmerk noch einmal auf Jugoslawien, denn der

117 Vgl. den Bericht von Bartholomäus RESTER, 3f.
118 Intercaritas, November 1957, 3f.
119 Vgl. ebd., Februar 1958, 7f.

ideologische Seiltanz dieses Landes bildete einen besonderen brisanten Hintergrund der Hilfsaktion. Doch gerade hier gab es einige positive Überraschungen:

»Ein Berichterstatter des Hochkommissars in Genf führte aus, daß die Lösung des ungarischen Flüchtlingsproblems in Jugoslawien alle diejenigen, die irgendwo in der Flüchtlingsarbeit tätig sind, mit Hoffnung erfüllt, besonders aber die 19000 ungarischen Flüchtlinge, die sich noch in Österreich befinden ... Der Hochkommissar hat Ende 1960 als Termin gesetzt, um alle Flüchtlingslager in Europa aufzulösen und die Insassen, sofern ihm genügend Hilfsmittel zur Verfügung stehen werden, in das Sozialgefüge der Aufnahmeländer einzuordnen.«[120]

Ein weiterer hoffnungsvoller Aspekt soll am Ende unserer Übersicht stehen. Er betrifft die Dimensionen der Solidarität für das ungarische Volk, wie sie durch die Hilfsaktionen zum Ausdruck kamen. Schon in ihrer ersten größeren Übersicht über die Ungarn-Hilfe sprach die »Intercaritas« einen überraschenden Punkt an. Unter dem Datum des 17. Novembers notierte das Informationsbulletin:

»Die Vietnam-Flüchtlinge in Saigon, selbst noch in großer Not, senden einen ersten Spendenbetrag zugunsten ihrer ungarischen Brüder, die ebenfalls das Opfer eines politischen Terrors wurden. Die im vorigen Jahr gegründete CARITAS-CHILE sendet ebenfalls ihren ersten Beitrag für die Ungarn-Hilfe.«[121]

Solche Gesten aus den entferntesten Weltgegenden stellten Symbole für die Sympathie dar, die die Völker dem Freiheitskampf der Ungarn entgegenbrachten. In einem Rechenschaftsbericht vor der 4. Generalversammlung im Oktober 1957 fügte Carlo Bayer noch weitere Fakten an, die diese Symbolik unterstrichen. An der Ungarn-Hilfe beteiligten sich ihren Möglichkeiten entsprechend der Caritas-Verband von Syrien, die Missionscaritas in Kenya und Tanganika und die erst kürzlich gegründeten Verbände Südamerikas, wie die von Argentinien, Brasilien, Uruguay und Peru[122]. Für die Leiter der Caritas Internationalis waren das wichtige Gesten, die sie ermunterten, den Aktionsradius ihrer Organisation noch weiter auszudehnen.

---

120 Ebd. 8.
121 Intercaritas, November 1956, 11.
122 Bayers Tätigkeitsbericht vor der IV. GV erwähnte diese Gesten. Vgl. ebd. 11.

5. Am Vorabend des Zweiten Vatikanischen Konzils: Antwortversuche für eine sich wandelnde Welt

Das Wachstum der C. I. als Bestätigung und Herausforderung

Versucht man sich einen Überblick zu verschaffen über das Wachstum der C. I. am Vorabend des Zweiten Vatikanischen Konzils, etwa in den Jahren 1957 bis 1962, so ergibt sich bei der ersten Betrachtung eine durchweg positive Bilanz. Bei allen drei in dieser Periode stattgefundenen Generalversammlungen hatte Carlo Bayer ein stetes Wachsen der Mitgliederzahlen zu vermelden. Waren es 1954, bei der dritten Generalversammlung, 24 nationale Organisationen, die sich der C. I. anschlossen, so betrug ihre Zahl drei Jahre später 37 und bei der sechsten Generalversammlung 1962 bereits 74. Dieser Aufwärtstrend ließ dann die Verantwortlichen von einer Weltorganisation sprechen, und dies ließ sich nicht zuletzt durch die breite geographische Streuung ihrer Mitglieder aufweisen. Schon 1957, bei der vierten Generalversammlung, waren infolge von Bayers Reise nach Südamerika mehrere Verbände dieses Kontinents vertreten. Gleichzeitig weitete sich der Blick nach Afrika, wo mit der »Catholic Welfare Conference of Kenya« engere Kontakte geknüpft wurden, und nach Asien, wo man mit Vietnam und Korea zwei krisengeschüttelte Länder in den Blick bekam[123]. Die weißen Flecken auf der Mitgliedskarte der C. I. wurden in den folgenden Jahren stetig durch neue Namen besetzt. So wurden bei der fünften Generalversammlung 1960 Länder wie Malta, Tunesien und Marokko als Mitglieder aufgenommen, zu Kamerun, Nigeria oder Uganda knüpfte man weitergehende Kontakte. Bei der sechsten Generalversammlung, die am 22. Oktober 1962, also lediglich elf Tage nach Beginn des Konzils eröffnet wurde, hatten weitere Verbände Lateinamerikas und Afrikas Anträge für ihre Aufnahme in die C. I. gestellt. Das Stichwort »Weltorganisation« stellte sich folgerichtig ein. Doch ebenso folgerichtig mußte sich die C. I. in das bodenlose Arbeitsgebiet begeben, das mit den Stichworten »Dritte Welt« und »Entwicklungshilfe« charakterisiert wird. Dieser Umschwung, der sich in den von uns zu betrachtenden Jahren vollzog, stellte eine ungeheure Herausforderung dar, die von nun an die Geschicke der C. I. entscheidend prägte. War schon die großangelegte Ungarn-Hilfe für das Koordinationsorgan C. I. eine extreme Bewährungsprobe gewesen, so stellten die komplexen Probleme der Entwicklungshilfe völlig neue Fragen an das Selbstverständnis, die Statuten und die finanziellen Möglichkeiten. Aktionen im Rahmen der Nothilfe besaßen einen relativ abgeschlossenen Charakter, ihre Schauplätze waren umgrenzt, die Zielsetzung leicht bestimmbar. Aktivitäten mit

---

123 Vgl. den im Februar 1957 erstellten Bericht Bayers für die IV. GV insbesondere den Blick auf Südamerika und die »Missionsgebiete«, S. 3–5.

entwicklungspolitischen Zügen hingegen trugen allzuoft das Signum der Uferlosigkeit, stellten gravierende Probleme der Kompetenz und der Finanzierung dar. Für die Statutenkommission und die Leitungsgremien stellte sich die vordringliche Aufgabe, den genuinen Ort der C.I. in dem internationalen Geflecht der Katastrophen- und Entwicklungshilfe zu definieren und überzeugend nach außen darzustellen. Es war allen Beteiligten klar, daß diese Aufgabe vor allem in einer Eingrenzung bestehen würde, und so besann man sich trotz aller Modifikationen und Ausweitungen des Aufgabenkreises immer wieder auf die drei Prinzipien der Gründungsväter. Die C.I. ist keine Organisation der direkten Hilfeleistung, sie ist vielmehr beauftragt, den Aktivitäten der nationalen Mitgliedsverbände auf internationalem Gebiet ein geschlosseneres Gepräge zu geben und ihnen auf dem diplomatischen Parkett eine einflußreiche Stimme zu verleihen. Schließlich dient sie dazu, durch Informationen und Gesprächsangebote ein Forum anzubieten, das den Mitgliedsverbänden neue Perspektiven erschließen könnte, ohne sie zu bevormunden. Der spezifische Charakter der C.I., die »Assistenz ohne Bevormundung«, wurde in den Statuten regelmäßig zum Ausdruck gebracht. Zu diesem Punkt zählt sicherlich auch die angestrebte Unabhängigkeit von den vatikanischen Behörden, die zur Autonomie der nationalen Mitgliedsverbände beitragen soll.

Die Modifikation der Statuten und der Zielsetzungen war primär ein Reflex auf die praktischen Herausforderungen, denen sich die junge Organisation stellen mußte. So zeigte beispielsweise die Reise Bayers in die Länder Südamerikas, daß die C.I. die Assistenz bei Gründungen von nationalen Caritas-Verbänden zu ihren vordringlichsten Zielen erklären müsse. Dieses Ziel wurde auch in die Statuten aufgenommen und als die primäre Bedingung jedes weiteren Wachstums der Organisation angesehen[124].

In der von uns zu behandelnden Periode vollzog sich der schon angedeutete Umschwung zu Fragen der Entwicklungshilfe. Die »Entdeckung« von Kontinenten und die Annäherung der Kirche an die soziale Frage ermöglichten diese Entwicklung und machten sie unausweichlich. Unausweichlich folgte auch die Frage, wie das Gleichgewicht der Aktivitäten der C.I. zwischen der Hilfe in akuten Notfällen und langfristigen Projekten zu bestimmen sei. Obwohl selbst ein unermüdlicher Protagonist der Not- und Katastrophenhilfe, setzte sich Carlo Bayer für eine klare Betonung von längerfristigen Hilfsmaßnahmen der kirchlichen Caritas. Seinem Rechenschaftsbericht aus dem Jahre 1960 fügte er die folgenden Anmerkungen hinzu:

> »Alle Anstrengungen für diese Entwicklungsländer dürfen nicht den Charakter vorübergehender Nothilfeaktionen tragen. Gerade in Afrika

---

124 Vgl. die revidierten Statuten des Jahres 1969, insbesondere die Artikel 1 und 2, die die allgemeine Zielbestimmung angeben. Diese Statuten waren die letzten, an denen Bayer als Generalsekretär mitwirkte.

erwarten die Bischöfe und Missionare dringend die Hilfe der Caritas Internationalis zum Aufbau der eigenen sozial-caritativen Organisationen, die zu zuverlässigen Trägern von Pilotprojekten auf lange Sicht geplanter Einrichtungen werden können, damit die Kirche in der sozialen Entwicklung dieser Gebiete ebenso entscheidend mitwirken kann, wie sie es bisher im Schulwesen getan hat.«[125]

In eine ähnliche Richtung tendierte eine Aussage Bayers, die die Kriterien zu bestimmen suchte, nach denen Hilfsmittel vorrangig vergeben werden sollten:

»Wenn auch ein bestimmter Notstand für die Empfehlung eines Hilfsprojektes von großer Wichtigkeit ist, so sollte bei jeder gezielten Aktion das Vorhandensein einer organisatorischen Basis im Empfängerland als gleich wichtig und notwendig anerkannt werden. Was organisatorisch nicht verankert ist, ist im wirtschaftlichen Raum nicht existent, und das beste Projekt wird für die Gesamtanstrengung der Kirche auf dem sozial-caritativen Sektor in dem betreffenden Lande nicht die gewünschten Früchte bringen, wenn es isoliert bleibt.«[126]

Ein weiterer Schritt, der für die Arbeit der C.I. in den folgenden Jahren maßgeblich wurde, war der Plan, die Arbeit innerhalb der C.I. nach Möglichkeit zu dezentralisieren. Dies mag überraschen, wenn man bedenkt, daß die C.I. mit dem Auftrag der Koordination gegründet wurde, der natürlicherweise ein Zug zum Zentralismus innewohnt. Die Arbeitsgruppen der fünften und sechsten Generalversammlung waren sich jedoch einig, daß eine weltumspannende Organisation ihre Arbeit nicht auf einsame Beschlüsse ihrer Zentrale aufbauen darf. Man beschloß, eine Dezentralisierung der Entscheidungsprozesse zu erreichen, und wählte hierbei in einem grundlegenden Schritt die Aufteilung nach Kontinenten. Jedem Kontinent soll ein regionaler »Vizepräsident« vorstehen. Im Rahmen der fünften und sechsten Generalversammlung wählte man je einen Vizepräsidenten für Europa, Afrika, Asien, Nordamerika und Südamerika[127]. Diese Beschlüsse und Wahlen stellten erste Ansätze eines mühevollen Weges der genuinen »internationalen« Zusammenarbeit dar, und Carlo Bayer sprach realistisch von einem »Anfang für die weitere organisatorische Entwicklung«, der erst durch eine genauere Umschreibung der Kompetenzen die Zusammenarbeit auf regionaler Ebene effektiv fördern wird. Diese regionale Zusammenarbeit zeigte ihre frühesten Früchte in Europa, wo es schon Mitte der fünfziger Jahre

---

125 Bericht des Generalsekretärs für die V. GV, Rom, 26.–28. Juli 1960, 13.
126 Bericht des Generalsekretärs für die VI. GV, Rom, 22.–27. Oktober 1962, 13.
127 Der Beschluß, Vizepräsidenten für die jeweiligen Regionen zu wählen, wurde bei der V. GV angenommen, jedoch erst bei der folgenden vollständig ausgeführt. Vgl. das »Compte-Rendu« der VI. GV (1962), 9.

Strukturen der Kooperation gab; in Lateinamerika bahnte sich durch die Einrichtung von regionalen Caritas-Konferenzen eine ähnliche Entwicklung an [128]. Schon diese wenigen Stichworte lassen erkennen, daß der erste große Schub in der Entwicklung der Caritas Internationalis – der zweite fand in den ersten fünf Jahren nach dem Konzil statt – für die Verantwortlichen nicht nur einen Grund zur Zufriedenheit darstellte, sondern auch eine ungeheure Herausforderung. Durch den Eintritt in das uferlose Gebiet der Entwicklungshilfe verlor die Organisation ihre erste Unschuld und sah sich veranlaßt, neue Arbeitsformen zu finden, die gleichzeitig eine stete Anfrage an das Selbstverständnis und die Zielsetzung bildeten. Mit den Entschlüssen zur Regionalisierung und Dezentralisierung der Arbeit fand man wichtige Schritte, um den sich rapide verändernden Verhältnissen in der Welt eine erste Antwort zu geben. Doch auch diesen Schritten sollte die ganze Schwere der Entwicklungspolitik anhaften. Wir wollen dies an zwei praktischen Beispielen aus dieser Periode verdeutlichen.

Die friedlichen Feldzüge

Teilnahme am »Feldzug gegen den Hunger in der Welt« der FAO

Ende 1959, im Zusammenhang ihrer zehnten Vollversammlung, startete die FAO (Food and Agricultural Organization of the United Nations) einen großangelegten »Feldzug gegen den Hunger«. Diese Aktion der in Rom ansässigen Tochterorganisation der UNO sollte auf eine breite Basis gestellt werden, und so wurden auch die Non-Governmental-Organisations, zu denen Wohlfahrtsverbände und kirchliche Organisationen gehören, zur Teilnahme aufgerufen [129]. Die Ziele der Aktion waren realistisch bescheiden formuliert:

»Der geplante ›Feldzug gegen den Hunger‹ ist in erster Linie eine Intensivierung der Tätigkeit der FAO auf den verschiedenen Gebieten.«

Diese allgemeine Zielsetzung wurde in Teilpunkte gegliedert, die ein effektives Handeln ermöglichen sollten; es handelte sich um Forschungsprogramme, die nach Chancen von Produktivitätserhöhungen fragen sollten, um Spezialstudien in einzelnen Ländern, die einen gezielten Einsatz der Mittel ermöglichen sollten, und schließlich um die Auswahl der zu unterstützenden Projekte [130]. Aufgrund des Konsultativ-Status' bei der UNO und ihrer »specialised agency« FAO war das Generalsekretariat der C.I. bei den Vorarbeiten des

---

128 Vgl. den Tätigkeitsbericht Bayers für die VI. GV, 14f. An den ersten Regionalkonferenzen Südamerikas (1961 und 1962) nahm Bayer persönlich teil.
129 Vgl. Intercaritas, November/Dezember 1959, 2–10, hier 5f.
130 Vgl. ebd. 6–8.

»Feldzuges« beteiligt, die sich über das gesamte Jahr 1959 erstreckten. Als die Kampagne am 1. Juli 1960 offiziell eröffnet wurde, hatte das Generalsekretariat »die Weitergabe aller mit dem Fortgang der Kampagne zusammenhängenden Informationen übernommen, nachdem die Caritas Internationalis als einzige katholische Organisation in das zahlenmäßig sehr beschränkte Konsultativkomitee bei der FAO für die Kampagne gewählt worden ist«[131]. Carlo Bayer versuchte als Generalsekretär der C. I. innerhalb dieser großangelegten Kampagne die Position der katholischen Kirche darzustellen. Er wies auf die schon erfolgten Aktionen hin, die die Hinwendung der Kirche zu den Problemen der sogenannten Dritten Welt und der Entwicklungshilfe aufzeigten. Beispielhaft war für ihn in jenen Jahren das Bemühen der deutschen Katholiken in der Fastenaktion »Misereor«. Als die deutschen Bischöfe in der Fastenzeit des Jahres 1959 die Gläubigen zu einem großherzigen Opfer zugunsten der Entwicklungsländer aufforderten, ergaben die Sammlungen rund 35 Millionen DM, eine unerwartet hohe Summe. Angesichts der Not in der Welt und der immensen Zahl von Anträgen, die unberücksichtigt bleiben mußten, entschloß man sich, die »Misereor«-Aktion zu wiederholen und zu einem Dauerwerk der deutschen Katholiken zu machen. Die Handlungsprinzipien dieses Projekts suchten nach einem Ausgleich zwischen der Hilfe in akuter Not und langfristigen Projekten. Die deutschen Bischöfe schrieben hierzu 1960:

> »Ein Teil der Fastenkollekte wurde für direkte Nothilfe dort eingesetzt, wo durch Erdbeben, Feuersbrünste, Wirbelstürme, Überschwemmungen, Hungersnöte oder Seuchen eine besondere Notlage eingetreten war. Mit dem größeren Teil wurde versucht, nicht nur die Folgen, sondern vielmehr die Ursachen der Not zu beheben, die ständig neues Elend erzeugen.«[132]

Diese Kriterien waren es, die in Verbindung mit der hohen Finanzkraft das Fastenwerk »Misereor« zu einem vielversprechenden Beispiel für den Beitrag der Katholiken zur Entwicklungshilfe machten. Bayer wies deshalb im Rahmen der FAO-Foren wiederholt auf diese Initiative hin; der eigenständige katholische Beitrag sollte auch in der Zusammenarbeit mit anderen Weltorganisationen nicht untergehen[133]. »Misereor« war es auch, das als erstes Hilfswerk der FAO eine Spende in Höhe von 100 000 $ zur Verfügung stellte!

Daß die Brisanz des Kampfes gegen Hunger und Unterentwicklung von den Spitzen der katholischen Hierarchie aufgenommen worden war, bewies im Zusammenhang der FAO-Aktion auch Papst Johannes XXIII. Er wiederholte

---
131 So Bayer im Tätigkeitsbericht für die V. GV, Rom 1960, 18.
132 Intercaritas, Februar/März 1960, 9.
133 So veröffentlichte Bayer im Juni 1959 einen Brief an die FAO, in dem er ausdrücklich auf die Misereor-Aktion hinwies.

mehrmals seine volle Unterstützung dieser Kampagne und empfing im Mai 1960 die Vertreter aller Organisationen, die sich an ihr beteiligten, in einer Audienz.

»Es geht darum, die Aufmerksamkeit der ganzen Welt auf die schmerzhaften Probleme des Hungers und der Unterernährung hinzulenken ... Sagt es auf allen Dächern ...«[134]

Die Sorge um die hungernden Schwestern und Brüder war für den Papst bereits durch die natürliche Ordnung, durch das Naturrecht, diktiert. Um so mehr war es den Christen aufgetragen, sich im Kampf gegen Hunger und Unterentwicklung zu engagieren. Freilich war dieser Kampf, wie die Initiatoren der Aktion feststellen mußten, eine fast bodenlose Aufgabe. Als sich die Träger der Kampagne fünf Jahre nach Beginn ihrer Aktivitäten zu einer Konferenz trafen, wußten sie über tiefgehende Erfahrungen zu berichten, von grundlegenden Durchbrüchen jedoch war nicht die Rede. Zu komplex waren die Probleme sowohl in den Geber- als auch in den Empfängerländern. Einige Zitate aus dem von Carlo Bayer herausgegebenen Informationsorgan »Intercaritas« mögen die Stimmung der Beteiligten im Jahre 1965 andeuten:

»In den entwickelten Ländern blieb noch immer die traditionelle Vorstellung einer Sammelaktion bestehen, deren Erlös für und durch die Entwicklungsländer verwendet werden soll. Wenn auch die so erlangten Mittel gut angewandt wurden und von großer Bedeutung sind, bleibt doch die wirkliche Aufgabe der Kampagne, den entwickelten Ländern ein Bild von Hunger zu zeigen, das nicht nur aus Statistiken besteht, sondern ein vielfaches von ineinandergreifenden und unterschiedlichen, jedoch stets lösbaren Problemen ist.«

Bezüglich der Arbeit in den Entwicklungsländern hieß es:

»Hier liegt der Kernpunkt des Problems. Da die Arbeit für die Regierungen der Entwicklungsländer sehr schwer ist, da sie zuerst gegen die Gleichgültigkeit ihrer eigenen Leute ankämpfen müssen, ist es sehr wichtig, die Anzahl der Demonstrationsprojekte so schnell wie möglich zu erhöhen.«

Einig waren sich die Beteiligten, daß man den Hunger in der Welt nicht mehr mit den »traditionellen Mitteln«, die durch die Sammelbüchse symbolisiert werden, bekämpfen kann. Hier hilft nur ein komplexes und wohl durchdachtes Miteinan-

---

134 Intercaritas, November 1960, Anlage I (ohne Seitenangabe). Vgl. auch ebd. November/Dezember 1959, 4f.

der von Erziehungs- und Bildungsarbeit, von internationaler und gleichberechtigter Kooperation, von Kompetenz und Finanzkraft[135].

Neue Wege zu gehen versuchten auch die nationalen Caritas-Verbände der katholischen Kirche, die sich in jenen Jahren von ihrem althergebrachten Image der »mildtätigen Caritas« fortzuentwickeln begannen. Beispielgebend waren hier die Projekte des französischen Secours Catholique unter dem programmatischen Stichwort »Micro-Réalisations« und des Werkes »Entraide et Fraternité« der belgischen Caritas, das ebenfalls das Stichwort der Hilfe zur Selbsthilfe aufgriff[136]. Alle diese Projekte, so muß man heute feststellen, haben den Hunger in der Welt nicht besiegt, wir wissen, daß diese Aufgabe im Grunde »nicht leistbar« ist. Doch war es das Ziel der Kampagne der FAO, die Wahrnehmung der Weltöffentlichkeit auf diese immensen Aufgaben zu richten und Zeichen der Hoffnung zu setzen. Diese Zielsetzung stellt bis zum heutigen Tag eine permanente Herausforderung dar.

Effektivität durch Kompetenz: das Schulungsprogramm

Ein zweites Beispiel, weit weniger medienwirksam als die Kampagne der FAO, soll die Hinwendung der C.I. zu den Problemen der Entwicklungsländer in der vorkonziliaren Periode weiter veranschaulichen. Ab dem Jahre 1958 legte die C.I. ein besonderes Augenmerk auf die fachliche Ausbildung der Caritas-Mitarbeiter in den Entwicklungsländern. »Jede gute Organisation ist von den Menschen abhängig, die sie führen« – dieser oft wiederholte Satz Carlo Bayers bildete den Leitgedanken dieser Bemühungen, die unter drei Aspekte gestellt wurden.

Zum ersten sah man es als »noch unentbehrlich« an, leitende Personen der Sozialarbeit und des Gesundheitswesens aus den Ländern der »alten Kirchen« in die Entwicklungsländer zu senden, die bei den ersten Schritten des Aufbaus sozialer Einrichtungen beteiligt werden sollten:

> »Dieses Personal wird ebenso wie landwirtschaftliche oder handwerkliche Fachkräfte dem einheimischen Bischof für eine bestimmte Zeitdauer zur Verfügung gestellt, aber von den Mitgliedsorganisationen in der Heimat finanziell gestützt und später wieder aufgenommen.«[137]

Der zweite Punkt des Programms sah die Ausbildung von einheimischem Personal an Ort und Stelle vor, »weil nur dadurch Theorie und Praxis auf die

---

135 Vgl. den gesamten Bericht der Intercaritas, Oktober/November 1965, 11–14. Die beiden Zitate finden sich auf den Seiten 11 f.
136 Vgl. die Berichte der Intercaritas, erschienen als »Presse Kommuniqué« 5/63 und 6/63 (= 1963).
137 Bericht des Generalsekretärs für die V. GV, 14.

Bedürfnisse des jeweiligen Landes und die spätere Arbeit abgestellt werden können«[138]. Der dritte Punkt schließlich legte Wert auf die Fortbildung des schon qualifizierten Personals, auf die Ausbildung von Führungskräften, die eigenverantwortlich die caritativ-soziale Arbeit ihres Landes leiten sollten:

> »Die Kandidaten für solche höheren Fortbildungskurse sollten die Möglichkeit eines Studiums in Rom als dem Zentrum der Weltkirche und in anderen Orten oder Ländern erhalten, die aus fachlichen Gründen dafür besonders geeignet sind.«[139]

Diese theoretischen Vorgaben versuchte eine Arbeitsgruppe der C.I. in Zusammenarbeit mit der POA vom Jahre 1958 an in Kursen für Mitarbeiter von caritativen Werken in Afrika und Asien in praktische Erfahrungen umzusetzen. Es handelte sich um ein »großangelegtes Ausbildungszentrum« in der Diözese Mwanza in Tansania, um Ausbildungskurse in Ghana, an denen auch Mitglieder anderer Landesverbände teilnehmen durften, um Stipendienprogramme, die geeigneten Kandidaten helfen sollten, Fortbildungsangebote in entfernteren Bildungszentren zu besuchen[140]. Das Programmangebot fing grundsätzlich mit einem »Elementarkurs« an, dem sich weitergehende Angebote anschlossen. Für den qualifiziertesten Nachwuchs suchte man nach Finanzierungsmöglichkeiten für einen anschließenden Aufenthalt in Bildungszentren im Ausland:

> »Die Konstituierung eines Fonds für Studienstipendien durch die Mithilfe der Mitgliedsorganisationen bei der Caritas Internationalis gäbe die Möglichkeit, jeweils aus den Gebieten, wo geeignete Kandidaten vorhanden sind und der Aufbau der sozialen Arbeit dringend ist, Schülerinnen nach Mwanza zu entsenden. Ein Jahresstipendium beträgt 400 Dollar.«[141]

Mit diesen Beispielen der praktischen Entwicklungshilfe zeigte sich schon in der vorkonziliaren Periode eine grundsätzliche »Basisnähe« der C.I. in ihrer Arbeit zugunsten der Dritten Welt. Auch wenn in diesen Jahren noch kein geschlossenes Konzept vorlag, und die angedeuteten Projekte im Schatten der Nothilfe-Aktionen standen, so wird deutlich, daß die C.I. nicht den fragwürdigen Aufbrüchen der Industrienationen folgen wollte, die in punktuellen Bemühungen ehrgeizige Projekte in den Entwicklungsländern anzupflanzen versuchten und zu einem großen Teil an den anachronistischen Voraussetzungen scheiterten. Ein Projekt hingegen wie die Einrichtung eines Bildungszentrums für caritative Mitarbeiter in Tansania setzte an der Wurzel, elementar, an und versuchte in kleinen Schritten Hilfe zur Selbsthilfe zu vermitteln.

138 Vgl. ebd.
139 Ebd.
140 Vgl. ebd. 14f.
141 Ebd. 15.

Am Vorabend des Konzils – Carlo Bayer skizziert die Lage

Im Zusammenhang der sechsten Generalversammlung der C.I., die in unmittelbarer Nähe zum Beginn des Zweiten Vatikanischen Konzils vom 22. bis 27. Oktober 1962 in Rom stattfand, veröffentlichte Carlo Bayer ein »Pro Memoria«. In diesem dreiseitigen Bericht skizzierte Bayer in 16 Punkten seine Einschätzung der Lage der C.I. im Jahre 1962. Auch wenn einige dieser Punkte eng mit der Zeitgeschichte verbunden waren und keine größeren Konsequenzen für die Zukunft hatten, so gibt diese Skizze einen aufschlußreichen Überblick über den »Stand der Dinge«, die zu einem wichtigen Teil mit der Arbeit des Generalsekretärs zusammenhingen. Diese 16 Punkte, die wir sinngemäß wiedergeben, bedürfen auf dem Hintergrund dessen, was wir bereits geschildert haben, kaum eines Kommentars. Nur bei Bedarf wird eine Hintergrundinformation hinzugefügt[142].

1 Im ersten Punkt seiner Skizze verwies Bayer auf den Umschwung im Denken der C.I., der sich im Zusammenhang der fünften Generalversammlung vollzog: hier entschlossen sich die Delegierten, einen festen Stand nicht nur im Rahmen der Nothilfe-Aktivitäten sondern auch in der Entwicklungshilfe zu finden. Die ersten Schritte hierzu waren die Mitarbeit bei der Kampagne der FAO gegen den Hunger und die Zusammenarbeit mit Werken wie dem deutschen »Misereor«.
2 Die Stellung der C.I. wurde im Rahmen der FAO-Kampagne hervorgehoben: sie gehörte als einzige katholische Organisation dem Beraterkomitee an.
3 Auf der Basis der Beschlüsse der fünften Generalversammlung sowie der letzten Sozialenzykliken und der Bitte des vatikanischen Staatssekretariates konzentrierte sich die Arbeit der C.I. auf die Gründung von nationalen Caritas-Verbänden in unterentwickelten Gebieten in Lateinamerika, Afrika und Asien.
4 In diesem Zusammenhang war die Entscheidung richtungsweisend, für jeden Kontinent einen Vize-Präsidenten der C.I. einzusetzen.
5 Das gleiche galt auch für die Teilnahme des Präsidenten Baldelli und Carlo Bayers an regionalen Kongressen der Caritas-Verbände, insbesondere in Lateinamerika. Darüberhinaus nahm Bayer im Oktober an einem in Rabat abgehaltenen Regional-Kongreß für Afrika teil. Für das europäische Gebiet waren diese Zusammenkünfte schon zur Regel geworden.
6 Obwohl die C.I. grundsätzlich kein Verband der direkten Aktion ist, spielte sie eine wichtige koordinierende Rolle bei einer Vielzahl von Nothilfeaktionen.

---

142 Das »Pro Memoria« liegt uns in englischer Sprache vor. Es trägt am Ende die Unterschrift Bayers: »Msgr. Carlo Bayer, Secretary General«.

7 Eine bedeutende Hilfe leistete man in Kongo: zuerst bei der Gründung einer Caritas-Kongo, anschließend bei der Durchführung eines umfangreichen Programms, das im Februar 1961 seinen Anfang nahm.
8 Die C.I. führte zwei großangelegte Programme zugunsten zweier Länder jenseits des Eisernen Vorhangs durch. Das erste, für Ungarn, erhielt seit November 1956 Hilfe durch das Wiener Büro der C.I. und durch das Warenlager in Passau, welches der deutschen Caritas untersteht. Diese Aktivitäten sollten in Kooperation mit den Catholic Relief Services und der Ostpriesterhilfe fortgeführt werden.
9 Das zweite Land war Jugoslawien, wo bis dahin im Bereich der Wohlfahrtsorganisationen unübersichtliche Verhältnisse herrschten. Im Jahre 1960, im Zusammenhang des Eucharistischen Weltkongresses in München, gab es erste Versuche, dieses Land in das Netz der internationalen Hilfsprogramme einzubeziehen. Einer der Gründungsväter der C.I., der amerikanische Bischof Edward Swanstrom, nahm sich dieser Aufgabe in besonderem Maße an.
10 Für die Opfer des Erdbebens, welches die dalmatische Küste erschütterte, setzte sich die C.I. intensiv ein, sowohl mit der Lieferung von Aufbaumaterialien als auch mit finanzieller Unterstützung, die dem Wiederaufbau zerstörter Kirchen dienen sollte.
11 Einen weiteren Schwerpunkt, diesmal in Zusammenarbeit mit dem Ökumenischen Rat der Kirchen, sollte die Hilfe für Algerien bilden, wo nach vielen Kriegsjahren eine neue Regierung nach einer dauerhaften Stabilität strebte.
12 Das Wachstum der C.I. hing zu einem wichtigen Teil mit den Neugründungen von nationalen Verbänden in Lateinamerika und Asien zusammen. Zu diesem Zeitpunkt zählte die C.I. 67 Verbände, die ihr bereits angehörten oder sich um eine Mitgliedschaft bewarben. Dieser Erfolg bildete eine Herausforderung, denn die neugegründeten Verbände mußten in das internationale Netzwerk der Hilfe effektiv eingebaut werden. Bayer nannte die französische Organisation Secours Catholique und das deutsche Werk Misereor als vorbildlich bei der Durchführung dieser schwierigen Aufgabe.
13 Ein Sorgenkind der C.I. bildete der asiatische Kontinent, wo es nur wenige stabile Werke gab, wie die Caritas Hongkong und die katholischen Verbände in Manila.
14 Im Blick auf das »bevorstehende Ökumenische Konzil« wurde die Kommission für das Laien-Apostolat in mehrere Arbeitsgruppen geteilt, in denen auch das Thema der Caritas, ihrer theologischen Grundlagen und ihrer Einbindung in das Leben der Gläubigen behandelt wurde.
15 Auf einem ihrer Hauptgebiete, der internationalen Repräsentation, besaß die C.I. einen Konsultativ-Status bei mehreren Organisationen der Vereinten Nationen: der ECOSOC, der UNICEF, der FAO. Innerhalb der katholischen Verbände gab es enge Beziehungen zu Organisationen wie der Interna-

tionalen Katholischen Wanderungskommission oder der Société St. Vincent de Paul, einem französischen caritativen Werk.

16 Im letzten Punkt hob Carlo Bayer die besonders intensiven Beziehungen zwischen der C.I. und dem amerikanischen Verband Catholic Relief Services hervor. Hier nannte er die Namen des Bischofs E. Swanstrom und von Msgr. O'Grady. Beide gehörten zu den Gründungsvätern der C.I. und beide unterstützen sie auf ihrem Weg zu einer Weltorganisation.

Die »16 Punkte« stellten keinesfalls einen vollständigen Bericht über den Stand der Organisation am Vorabend des Konzils dar, doch wurden in ihnen die hauptsächlichsten Beziehungsgeflechte angedeutet: die Suche nach einem Ausgleich zwischen den Bemühungen der Katastrophenhilfe und langfristigen Projekten, die Kontaktaufnahme zu Ländern jenseits des Eisernen Vorhangs, die Repräsentationsaufgaben bei internationalen Organisationen. Diese Schwerpunkte entwickelten sich teils durch den statutengemäßen Auftrag, teils durch unvorhersehbare zeitgeschichtliche Konstellationen. Viele der anstehenden Probleme konnten von der C.I. und ihren Mitgliedsverbänden nur in den Blick genommen werden, ohne daß sich auch nur im entferntesten befriedigende Lösungen anboten. Doch war die katholische Kirche auf den Schauplätzen der Not und auf internationalen Foren der Entwicklungshilfe präsent, und diese Tatsache galt viel in einer zunehmend säkular werdenden Welt.

Zu diesem Zeitpunkt gab es auch für das Innenleben der C.I. gewichtige Weichenstellungen. Msgr. Ferdinando Baldelli stellte 1962 aus Altersgründen seinen Präsidentenposten zur Verfügung, eine Tatsache, die auch für den Generalsekretär höchst bedeutsam war. Die Beziehung Bayers zu dem Grandseigneur der italienischen Caritas-Arbeit war seit den Tagen der Zusammenarbeit beim POA von Vertrauen und Harmonie geprägt. Nachdem sich Baldelli von den Fähigkeiten Bayers überzeugt hatte, ließ er ihm in seinem Amt als Generalsekretär der C.I. einen großen Entscheidungsspielraum. Hinzu kam die Tatsache, daß Baldelli sein Präsidentenamt nicht als Profilierungsbühne benutzte; sein Alter und seine Position ließen ihn eine dialogische, auf Vertrauen basierende Haltung einnehmen[143]. Diese für die Arbeit Bayers günstige Atmosphäre sollte sich bald ändern. Zwar wählte die sechste Generalversammlung der C.I. einen guten Bekannten Bayers, Raoul Silva Henriquez, zum Nachfolger Baldellis im Präsidentenamt, doch war seine Amtsdauer sehr begrenzt. Erzbischof Henriquez präsidierte der C.I. nur während der Konzilsjahre 1962 bis 1965, um dann seinen Posten dem Franzosen Msgr. Jean Rodhain zu übergeben. Diese Konstellation

---

143 Msgr. Baldelli war zum Zeitpunkt seines Rücktritts 76 Jahre alt. In Würdigung seiner Verdienste wurde ihm das Amt eines Ehrenpräsidenten mit vollem Stimmrecht übertragen. Baldelli starb bereits ein Jahr später. Carlo Bayer sah es als ein »Privileg« an, mit Baldelli zusammenarbeiten zu dürfen.

sollte sich für Bayer als fatal erweisen, denn mit Msgr. Rodhain trat zwar ein hochverdienter Caritas-Pionier an die Spitze der C.I., doch war der Leiter der Secors Catholique in seiner etwas großspurigen, die Nähe zum Vatikan suchenden Art sehr schnell zu einem Gegenspieler geworden, dem Bayers unkonventionelle Art zu handeln und seine unbürokratischen Entscheidungen ein Dorn im Auge waren. Diese atmosphärischen Änderungen im Innenleben der C.I. werden uns noch intensiv beschäftigen. Anzumerken bleibt, daß Carlo Bayer in seiner Stellung als Generalsekretär in allen skizzierten Perioden einstimmig oder per Akklamation bestätigt wurde; dies galt für die vorkonziliare Zeit ebenso wie für die Jahre nach dem Konzil. Noch im Mai 1969, im Rahmen der achten Generalversammlung, wurde er durch »einstimmige Akklamation und mit Applaus« in seinem Amt bestätigt[144].

6. Kirche im Aufbruch: Das Zweite Vatikanische Konzil

Das konziliare »aggiornamento«

Das Zweite Vatikanische Konzil wurde am 11. Oktober 1962 eröffnet. Dies geschah auf die persönliche Initiative von Papst Johannes XXIII., der zwar nur die Eröffnungssession erleben durfte – er starb am 3. Juni 1963 – der aber die Weichen für dieses bedeutendste Ereignis der katholischen Kirche in unserem Jahrhundert dezidiert gestellt hatte. Unter seinem Nachfolger, Papst Paul VI., wurde die eigentliche Arbeit des Konzils durchgeführt, doch geschah dies immer unter dem von Johannes XXIII. ins Spiel gebrachten Stichwort des »aggiornamento«, der Neudefinition des kirchlichen Lebens und der kirchlichen Arbeit angesichts der Entwicklungen und Herausforderungen der Gegenwart. Das Konzil, das sechzehn Dekrete, aber kein einziges Dogma verkündete, war ein »Reformkonzil mit betont pastoraler Ausrichtung« (August Franzen), und in dieser Hinsicht ist es auch in unserem Zusammenhang von Bedeutung, denn die primäre Funktion des sozial-caritativen Engagements der Kirche wurde auf keinem Konzil zuvor so deutlich erkannt und ausgesprochen. »Pastorale Dekrete« müssen nicht unbedingt eine unmittelbare Auswirkung auf die praktische Arbeit besitzen, doch sie geben zumindest die Trends an, die die kirchliche Hierarchie beschäftigen. Da sie von höchsten Autoritäten verabschiedet und schriftlich niedergelegt sind, ist zudem eine Berufung auf ihre Aussagen jederzeit möglich.

Die Arbeit des Konzils ging in vier zeitlich getrennten Perioden vor sich:

---

144 Der »Report« der 32. Sitzung des Exekutivkomitees, die am 9. Mai 1969 in Rom stattfand, verzeichnete im Bezug auf die Wiederwahl Carlo Bayer einen »unanimous approval and applaus« (S. 2).

Die *erste Session* dauerte vom 11. Oktober bis zum 8. Dezember 1962. Sie endete ohne greifbaren Erfolg, doch mit der Erkenntnis, daß sich die für das kirchliche Leben brisanten Schemata »Über die Liturgie« und »Von den Quellen der Offenbarung« nicht in wenigen Monaten verfassen lassen.

Die *zweite Session*, nunmehr unter Paul VI., dauerte vom 29. September bis zum 4. Dezember 1962. In dem Schema »Über die Kirche« fand hier die Suche nach einem überzeugenden »Kirchenbegriff« das besondere Interesse. Es kam zu hitzigen Diskussionen, die Ende Oktober zu einer ernsten Krise führten. Allerdings wurde in diesem Zeitraum das wichtige Schema über die Liturgie verabschiedet.

Die *dritte Session* wurde am 14. September 1964 eröffnet und dauerte bis zum 21. November. Nach längeren Diskussionen wurde die Konstitution über die Kirche angenommen sowie das Ökumenismusdekret. Gleichzeitig wurden wichtige Themen der Caritas-Arbeit angeschnitten: im Schema »Die Kirche in der Welt von heute« sowie in der Fragestellung nach der Erteilung der Diakonatsweihe an verheiratete Männer. Die »Wiederherstellung« des eigenständigen Diakonats wurde in der dogmatischen Konstitution »Über die Kirche« bestätigt.

Die *vierte Session* dauerte vom 14. September bis zum 8. Dezember 1965. Die für die Missionsarbeit bedeutsame »Erklärung über die Religionsfreiheit« wurde nach hitzigen Debatten am 7. Dezember verabschiedet. Einen ebenso schweren Weg ging die in unserem Zusammenhang wichtige »Pastorale Konstitution über die Kirche in der Welt von heute – Gaudium et spes«. Auch sie wurde erst am vorletzten Tag des Konzils verabschiedet, das am 8. Dezember 1965 zu Ende ging[145].

Mit der Suche nach dem »aggiornamento« sollte nicht eine anbiedernde Anpassung an die »Welt« einhergehen, sondern ein Dialog mit dem fragenden Menschen gewagt werden, der in der Kirche eine Heimat zu finden hofft. Hierzu gehörten theologische Aussagen über das Wesen der Kirche im gleichen Maße wie Veränderungen der Liturgie, das Ansprechen von sozialen Problemen und die Kontaktaufnahme mit Vertretern anderer Religionsgemeinschaften. Wir wissen, daß der Prozeß des »aggiornamento« bis heute nicht abgeschlossen ist.

In unserem Zusammenhang sollen einige wenige Aussagen nähere Berücksichtigung finden, in denen sich die Konzilsväter zu Fragen der Caritas, insbesondere in ihrer organisierten Form, geäußert haben.

»Nicht nur aus dem Überfluß, sondern auch von der Substanz« – Ein Blick auf »Gaudium et spes«

---

145 Eine knappe Übersicht über die Grundtendenzen des Konzils bietet August FRANZEN, Kleine Kirchengeschichte, 381–389.

Viele Überlegungen aus den Dekreten des Konzils haben einen Bezug zur caritativen Arbeit der Kirche. Dies gilt für Aussagen zur Wiedereinführung des eigenständigen Diakonats genauso wie für Aussagen bezüglich der Mission, des Laienapostolats oder der Religionsfreiheit. Für die Arbeit der C.I. waren insbesondere Artikel der Pastoralkonstitution »Die Kirche in der Welt von heute« (Gaudium et spes) von Bedeutung, da sie Probleme der organisierten Caritas-Arbeit aufgriffen. In einem dieser Artikel wurden weitergehende Wünsche der kirchlichen Hierarchie im Bezug auf zukünftiges caritatives Bemühen geäußert; Wünsche, die stark die Geschichte der C.I. beeinflußten. Schon aus diesen Gründen ist es angebracht, »Gaudium et spes« näher zu betrachten.

Nach der Darstellung von Charles Moeller, der die Genese der Pastoralkonstitution eingehend herausgearbeitet hat[146], war es Dom Helder Camara, zum damaligen Zeitpunkt Weihbischof von Rio de Janeiro, der sich am konsequentesten für die Abfassung von »Gaudium et spes« einsetzte.

»Dom Helder Camara ... hörte nicht auf, mit seinen Besuchern über die Probleme der dritten Welt zu sprechen. Ohne Unterlaß wiederholte er: ›Was sollen wir also jetzt tun?‹ er beschäftigte sich mit dem allzu ›internen‹ Charakter der Diskussionen der Session: ›Sollen wir unsere ganze Zeit darauf verwenden, interne Probleme der Kirche zu diskutieren, während zwei Drittel der Menschheit Hungers sterben? Was haben wir angesichts des Problems der Unterentwicklung zu sagen? Wird das Konzil seiner Sorge um die großen Probleme der Menschheit Ausdruck geben?‹«[147].

Und bei einer Konferenz im römischen Domus Mariae rief Dom Helder Camara seine berühmten Sätze aus: »Ist das größte Problem Lateinamerikas der Priestermangel? Nein! Die Unterentwicklung.« Neben Helder Camara nahm sich eine kleine Gruppe, die von Abbé P. Gauthiers Gedanken einer »Kirche der Armen« inspiriert war, dieser Fragestellung an. Zusammen mit Helder Camara nahm sie Kontakt zu dem belgischen Kardinal Suenens an, und durch die Einflußnahme des Kardinals wurde dieses Thema in die Aula des Konzils hineingetragen. Nach der Darstellung Charles Moellers war es jedoch ein mühseliger Weg, bis das Schema am 7. Dezember 1965 von den Konzilsvätern bestätigt werden konnte[148]. In unserem Zusammenhang sollen die Artikel 42, 88 und 90 herausgehoben werden.

Das vierte Kapitel des ersten Teiles der Konstitution, beginnend mit dem 40. Artikel, stellt die Frage, welche Aufgaben die Kirche »in der Welt von heute« besitzt, vor allem auch, welche Hilfen die Kirche der menschlichen Gemeinschaft bringen möchte. Im Artikel 42 heißt es hierzu:

146 Charles MOELLER, Die Geschichte der Pastoralkonstitution, in: LThK, Bd. 14, 242ff.
147 Ebd. 247.
148 Ebd.

»Die ihr eigene Sendung, die Christus der Kirche übertragen hat, bezieht sich zwar nicht auf den politischen, wirtschaftlichen oder sozialen Bereich: das Ziel, das Christus ihr gesetzt hat, gehört ja der religiösen Ordnung an. Doch fließen aus eben dieser religiösen Sendung Auftrag, Licht und Kraft, um der menschlichen Gemeinschaft zu Aufbau und Festigung nach göttlichem Gesetz behilflich zu sein. Ja wo es nötig ist, kann und muß sie selbst ja nach den Umständen von Zeit und Ort Werke zum Dienst an allen, besonders an den Armen, in Gang bringen, wie z. B. Werke der Barmherzigkeit oder andere dieser Art ... Mit großer Achtung blickt das Konzil auf alles Wahre, Gute und Gerechte, das sich die Menschheit in den verschiedenen Institutionen geschaffen hat und immer neu schafft. Es erklärt auch, daß die Kirche alle diese Einrichtungen unterstützen und fördern will, soweit es von ihr abhängt und sich mit ihrer Sendung vereinbaren läßt.«

Dezidiert wird auch im fünften Kapitel, das die Überschrift »Der Aufbau der internationalen Gemeinschaft« trägt, an die Verpflichtung der Kirche und des einzelnen Christen hingewiesen, ihr besonderes Augenmerk auf die Armen und Notleidenden zu richten. Im Artikel 88 heißt es:

»Zum Aufbau einer internationalen Ordnung ... sollen die Christen gern und von Herzen mitarbeiten, und das um so mehr, als der größere Teil der Welt noch unter solcher Not leidet, daß Christus selbst in den Armen mit lauter Stimme seine Jünger zur Liebe aufruft ... Es ist ... Sache des ganzen Volkes Gottes, wobei die Bischöfe mit Wort und Beispiel vorangehen müssen, die Nöte unserer Zeit nach Kräften zu lindern, und zwar nach alter Tradition der Kirche nicht nur aus dem Überfluß, sondern auch von der Substanz. Das Sammeln und Verteilen von Mitteln muß, zwar ohne starre und einförmige Organisation, jedoch ordnungsgemäß, in den Diözesen, den Ländern und in der ganzen Welt durchgeführt werden, und das in Zusammenarbeit der Katholiken mit den übrigen Christen, wo immer es angebracht erscheint. Denn der Geist der Liebe verbietet durchaus nicht die wohlüberlegte und organisierte Durchführung einer sozialen und caritativen Aktion, sondern fordert sie sogar.«

Im Artikel 89 der Konstitution wurde die notwendige Präsenz der Kirche in der Völkergemeinschaft angesprochen, die durch die Mitarbeit in »öffentlichen Institutionen« geschieht und im Schlußartikel 90 verwiesen die Konzilsväter unter der Überschrift »Die Aufgabe der Christen in den internationalen Institutionen« auf die Verpflichtung der Gläubigen in internationalen Organisationen mitzuarbeiten oder unter Umständen solche zu gründen, um die Kräfte effektiv koordinieren zu können. Für die Geschichte der C.I. erhielt die abschließende Bemerkung eine große Bedeutung:

»Angesichts der zahllosen Drangsale, unter denen der größere Teil der Menschheit auch heute noch leidet, hält es das Konzil für sehr zweckmäßig, ein Organ der Gesamtkirche zu schaffen, um die Gerechtigkeit und Liebe Christi den Armen in aller Welt zuteil werden zu lassen. Seine Aufgabe soll es sein, die Gemeinschaft der Katholiken immer wieder anzuregen, den Aufstieg der notleidenden Gebiete und die soziale Gerechtigkeit zu fördern.«

Daß diese letzte Bemerkung der Konzilsväter die Führung der C.I. zu manchen Fragen anregte, ist leicht einzusehen. Der Wunsch nach einem »Organ der Gesamtkirche« wurde an den Schluß der Konstitution gesetzt und hatte so eine schon optisch hervorgehobene Stellung. Hatten sich die Konzilsväter präzisere Gedanken gemacht über dieses »Organ«, durch das den Heerscharen der Armen in der Welt Gerechtigkeit und Liebe Christi vermittelt werden sollte? Aus den Andeutungen des Artikels ging das nicht hervor und so konnten sich viele Fragen anschließen, die auch die C.I. betrafen. Denn war die C.I., die durch ausdrückliche Unterstützung des vatikanischen Staatssekretariates gegründet worden war, nicht schon ein solches katholisches Organ? Sollte durch diese Bemerkungen die C.I. ignoriert werden, Konkurrenz bekommen, fiel sie überhaupt in den Blick der Konzilsväter? Fragen über Fragen, die über einen längeren Zeitraum hinweg keine eindeutige Antwort fanden.

Die Einsetzung der päpstlichen Kommission »Justitia et pax« im Jahre 1967 konnte nicht als diese Antwort verstanden wrden, da sie eher eine Studienkommission darstellte, die kaum als Verwirklichung der hohen Zielsetzung des Artikels 90 verstanden werden konnte. Auf der anderen Seite wurde in der zu Ostern 1967 publizierten Enzyklika »Populorum progressio« die C.I. als »Unsere Caritas Internationalis« bezeichnet, die »überall am Werk ist« – ein Lob, das die Wertschätzung Pauls VI. für diese Organisation sehr deutlich zum Ausdruck brachte[149]. Am wahrscheinlichsten ist es, daß die Konzilsväter zwar die Notwendigkeit eines »Gesamtorgans« verspürten, zu jenem Zeitpunkt jedoch keine klare Vorstellung über eine mögliche Realisierung besaßen.

Der Drang zu einer »Koordinierung« der katholischen Kräfte stellte eine wichtige Tendenz dar; dies zeigt eine weitere Neugründung im Umfeld des Konzils. Nach einigen Vorschlägen und Diskussionen, auch im Kreise der Konzilsväter, entstand im Jahre 1967 das Werk für Internationale Kooperation

---

149 Vgl. den Artikel 46 der Enzyklika. Zu den Problemen des Artikels 90 vgl. den Kommentar von Richard VÖLKL, Die »Kirche der Liebe« nach den Dokumenten des Vaticanum II, in: LThK, Bd. 14, 580 ff., insbesondere 584–586.

auf Sozio-Ökonomischem Gebiet, CIDSE, dem insbesondere Fastenwerke aus Europa und Nordamerika angehören. Es war nicht zuletzt der Kölner Kardinal Frings, der während der Konzilszeit das deutsche Fastenwerk »Misereor« vorstellte und auf eine internationale Zusammenarbeit drang[150]. Auch hier kam es in den ersten Jahren zu Irritationen bei der Führung der C.I.[151], doch konnte auch CIDSE nicht als das avisierte »Gesamtorgan« betrachtet werden.

Akut wurde diese Fragestellung erst nach der umfassenden Krise der C.I., die nach der Biafra-Hilfsaktion im Jahre 1970 zum Ausbruch kam. Nach dem erzwungenen Rücktritt Carlo Bayers als Generalsekretär besaß die C.I. keine Leitfigur mehr, und ihre Arbeit verlor das Profil. In dieser Krisensituation wurde im Juli 1971 der Päpstliche Rat »Cor Unum« gegründet, dessen Zielsetzung der »Koordination« und »Harmonisierung« der Bemühungen der katholischen Kirche auf den Gebieten der Entwicklungshilfe und der Caritas fatalerweise den Zielvorgaben der C.I. entsprach. Um das dadurch entstandene Wirrwarr zu entflechten, würde es einer eigenen umfassenden Untersuchung bedürfen. Sicher ist, daß sich »Cor Unum« unter den Neugründungen am ehesten auf die Vorschläge des Artikels 90 zur Schaffung eines »Gesamtorgans« beziehen kann[152].

Carlo Bayer selbst führte in diesem Zusammenhang keine Grabenkämpfe, die die theoretischen Fragen nach Kompetenzen, Aufgabenverteilung oder Abgrenzung betroffen hätten. In den fünf Jahren, die er nach dem Konzil bei der C.I. noch wirken durfte, waren seine Aufgabenfelder so gewachsen, daß er es in einer gewissen Hinsicht nicht nötig hatte, sich in diplomatische Spitzfindigkeiten zu begeben[153]. Sich an die vatikanischen Stellen zu wenden, dort eine Hausmacht aufzubauen, sich den jeweils gültigen Strömungen anzupassen – das überließ er anderen Persönlichkeiten aus der Welt der Caritas; diese Einstellung wurde ihm allerdings später zum Verhängnis.

Bei den offiziellen Zusammenkünften der C.I., insbesondere bei der achten Generalversammlung im Jahre 1969, bemühte sich Bayer um eine sachliche

---

150 Eine Übersicht über die Entstehungsgeschichte von CIDSE gibt Robert T. QUINLAN in seiner Abhandlung: C.I.D.S.E. An Entity for Cooperation Of Catholic Assistance To Developing Countries, Genf 1968.
151 Eine Reihe von Briefen wurde von den europäischen Caritas-Verbänden an die CIDSE-Zentrale in Brüssel gesandt, so beispielsweise der Brief des Präsidenten des DCV Dr. Georg Hüssler an den Generalsekretär der CIDSE August Vanistendael vom 20. Juni 1967.
152 Nach der Schaffung von »Cor Unum« gab es in der Presse reichliche Diskussionen über die Motive des Vatikans. Der damalige Präsident der C.I., Jean Rodhain, fiel hierbei mit seinem »Deo gratias« (sic!) als besonders »Rom-treu« auf. Vgl. die unterwürfige Berichterstattung der Intercaritas im Mai 1972.
153 Die Ausweitung der Arbeit wird im folgenden Abschnitt dargestellt.

Darstellung der neuen Situation. Bezüglich der Kommission »Justitia et Pax« führte er aus:

»Gemäß den im motu proprio niedergelegten Normen handelt es sich bei der Kommission um ein Studienorgan, das gleichzeitig Anregungen weitergeben soll. Die Kommission selbst ist also nicht operativ ... Mitglieder der Caritas Internationalis sind sowohl in der Gesamtkommission von ›Justitia et Pax‹ als auch in den einzelnen Unterkommissionen.«[154]

Im Hinblick auf die internationale Arbeitsgemeinschaft CIDSE führte Bayer aus:

»Da die Caritas Internationalis zu den Mitbegründern dieser Arbeitsgemeinschaft zählt, hat sie sowohl in der Generalversammlung als auch im Direktorium einen Beraterstatus ... Da es zu den Aufgaben der Caritas Internationalis gehört, die sozial-karitative Arbeit in den Ländern der Dritten Welt nach Möglichkeit zu fördern, während die Arbeitsgemeinschaft gleichzeitig die spezielle Zielsetzung verfolgt, durch ihre Mitglieder sozial-ökonomische Projekte in diesen Ländern im Kampf gegen Hunger und Krankheit zu fördern, ist eine Harmonisierung beider Anstrengungen nötig und nützlich.«[155]

Carlo Bayer wollte das Urteil der Zukunft überlassen, wollte über den Nutzen oder den Schaden der neuen »Organe«, der Koordinationsforen und der sozialcaritativen Vereinigungen auf der Ebene der Praxis entscheiden. Für ihn fing in den nachkonziliaren Jahren die Arbeit im Weltmaßstab an; Hilfsprogramme für die Länder des Ostblocks wurden ihm übertragen, der asiatische Kontinent trat intensiv ins Blickfeld, enge ökumenische Kontakte wurden geknüpft. Diese Entwicklungen waren ihm Beweis genug, daß sich seine Arbeit in den richtigen Bahnen bewegte. Weitergehende diplomatische Diskussionen spielten für ihn eine untergeordnete Rolle.

Die ersten Früchte des Konzils: Der Blick zu den getrennten Brüdern

Die Jahre des Zweiten Vatikanischen Konzils fielen zusammen mit einer Amtsperiode der C.I., mit der Zeit zwischen der sechsten und der siebten Generalversammlung. Als Carlo Bayer im September 1965 auf der siebten Generalversammlung seinen Rechenschaftsbericht ablegte, richtete er sein Augenmerk auf die

---

154 Jahresbericht des Generalsekretärs über die Tätigkeit der C.I. 1966–1968, 7.
155 Ebd. 8.

Erfahrungen, die die in Rom ansässige Zentrale der C.I. in den Konzilsjahren machen konnte:

»Die Anwesenheit der Konzilsväter während der drei vorausgegangenen Sitzungsperioden gaben dem Generalsekretariat eine Fülle von Kontaktmöglichkeiten. Organisatorische Fragen der karitativen Arbeit in den einzelnen Ländern konnten geregelt werden; die Hauptarbeit galt der Beratung der Bischöfe aus den Entwicklungsländern und Missionsgebieten, wo der Ausbau und die Eingliederung der traditionellen Caritastätigkeit in die allgemeine Entwicklungshilfe und Sozialarbeit des Landes besondere Anliegen sind.«[156]

Die angedeutete »Fülle von Kontaktmöglichkeiten« des Generalsekretariates umfaßte die ganze Bandbreite der Perspektiven, die die katholische Kirche in diesen Jahren in den Blick bekam. Es handelte sich um Vertreter der Kirche der Entwicklungsländer, die dem auf Rom ausgerichteten katholischen Bewußtsein die Vorstellung einer genuinen »Katholizität« nahezubringen versuchten, um Vertreter der kirchlichen Hierarchie des Ostblocks, die erstmals seit Kriegsende in größerem Maße auf internationaler Ebene tätig sein konnten. Es handelte sich aber auch um die »getrennten Brüder«, die in mancherlei Weise am »Ökumenischen Konzil« partizipieren konnten[157]. Alle diese Punkte waren Aspekte des anvisierten »aggiornamento«; die katholische Kirche wollte in Verbindung kommen mit den religiösen und sozialen Bemühungen der ganzen Welt und nicht nur mit wenigen ausgewählten Bereichen. Für die C.I., nicht zuletzt für ihren äußerst kommunikativen und mehrere Sprachen beherrschenden Generalsekretär waren die Konzilsjahre die einmalige Chance, das Wort von der »Weltorganisation« mit neuem Leben zu füllen. Diese Chance wurde auf mehreren Ebenen genutzt. Beinahe parallel zu den Konzilsjahren entwickelte die deutsche Kirche größere Hilfsprogramme für die Länder Osteuropas, bei deren Durchführung Carlo Bayer eine herausragende Rolle spielte. In einem eigenen Kapitel werden wir die wichtigsten Linien dieser Aktivitäten Bayers nachzeichnen. Zu einem weiteren Prüfstein des Willens zum »aggiornamento« entwickelten sich die Beziehungen zu den getrennten Kirchen, sei es zu den orthodoxen Gemeinschaften, sei es zu den protestantischen Kirchen. Hier waren noch viele Wunden der Vergangenheit zu heilen und viele Wege nötig, um ein »ökumenisches« Klima entstehen zu lassen. Überraschenderweise finden wir auch hier Carlo Bayer in der vordersten Linie der ökumenischen Bemühungen, und so wollen wir auch diese Frucht des Konzils in Grundzügen darstellen.

---

156 Bericht des Generalsekretärs für die VII. GV, 1. Absatz.
157 Es ist bekannt, daß der Ausdruck »ökumenisch« im Zusammenhang des Konzils nicht den Hinweis auf die Partizipation anderer Kirchen bedeutete, sondern einen Ausdruck für ein »allgemeines« Konzil bildete.

Schon die sechste Generalversammlung der C.I. im Jahre 1962 richtete ein Grußtelegramm an den Ökumenischen Rat der Kirchen (WCC) in Genf. Darin hieß es:

»Caritas Internationalis drückt die Hoffnung aus, daß ebenso wie die auf der örtlichen Ebene gemachten Bemühungen im Dienst an den Armen Christi auch Kontakte auf der internationalen Ebene hergestellt werden, um so unserem Herrn besser gemeinsam zu dienen und den Leidenden Hilfe bringen zu können.«[158]

Das Grußwort wurde vom damaligen Generalsekretär des WCC, Dr. Visser't Hooft, und vom Direktor der Nothilfeabteilung dieser Organisation (DICARWS), Dr. Leslie E. Cooke, sehr freundlich aufgenommen und der »brüderliche Gruß« des Jahres 1962 stellte den Anfangspunkt einer immer enger werdenden Beziehung, die mit der großangelegten Biafra-Hilfe der Jahre 1968 bis 1970 ihren vorläufigen Höhepunkt hatte.

Im Zusammenhang des günstigen ökumenischen Klimas nach der Verabschiedung des Ökumenismus-Dekrets beim Konzil gingen die beiden großen christlichen Gemeinschaften schon Anfang des Jahres 1965 in einem wichtigen Schritt aufeinander zu. Nachdem der Ökumenische Rat der Kirchen bei seiner Zentralausschußtagung im nigerianischen Enugu im Januar 1965 beschlossen hatte, die Bildung eines »Gemeinsamen Arbeitsausschusses« der katholischen Kirche und der im WCC vereinten Gemeinschaften anzuregen, stimmte bereits einen Monat später die katholische Hierarchie, vertreten durch den Präsidenten des Sekretariates zur Förderung der Einheit der Christen, Kardinal Bea, diesem Vorschlag zu. Es wurde eine »Gruppe von 14« gebildet, bestehend aus acht WCC-Mitgliedern und sechs katholischen Vertretern[159], die in gemeinsamen Gesprächen sowohl theologische als auch praktische Fragen des ökumenischen Miteinander erörtern sollte. Zu den sechs Vertretern der katholischen Kirche gehörten: der englische Bischof Thomas Holland, der Sekretär des Einheitssekretariates, Jan Willebrands, der amerikanische Theologe William Baum, das Mitglied des Einheitssekretariates, Pierre Duprey, der Dominikaner Jérôme Hamer und Carlo Bayer in seiner Funktion als Generalsekretär der C.I. Auf der Seite des WCC waren es Persönlichkeiten wie W. A. Visser'T Hooft, der Heidelberger Theologe Edmund Schlink und Vertreter der Mitgliedskirchen, nicht zuletzt auch der russisch-orthodoxen und der griechisch-orthodoxen Kirchen. Die

---

158 Wiedergegeben im Jahresbericht des Generalsekretärs über die Tätigkeit der C.I. 1966–1968, 9.
159 Das Verhältnis 8:6 wurde gewählt, um eine angemessene Vertretung der größeren konfessionellen Gruppen des WCC zu erreichen, zu denen nicht nur protestantische, sondern auch orthodoxe Kirchen angehören.

»Gruppe der 14« nahm bereits im Mai 1965 im ökumenischen Institut in Bossey/ Schweiz ihre gemeinsamen Gespräche auf, die in regelmäßigen Abständen ihre Fortsetzung fanden. Carlo Bayer nahm sowohl an den Sitzungen der Hauptgruppe teil, der »Joint Working Group«, als auch an den Konsultationen der Untergruppierung, die sich Fragen der Entwicklungshilfe und der Nothilfe annahm, der »Working Party on Emergency Aid and Development Aid«. Wie aus den »minutes«, den Zusammenfassungen dieser Treffen deutlich wird, war Bayer eines der aktivsten Mitglieder der Nothilfe-Arbeitsgruppe. Es war vor allem seinen Einfluß zu verdanken, daß die C.I. wie selbstverständlich als das katholische Gegenstück der »Division of Inter Church Aid, Refugee and World Service« (DICARWS), des WCC angesehen wurde. An Bayer und an den damaligen Leiter der DICARWS wurde auch die Aufforderung gerichtet zu prüfen, inwieweit sich eine enge Zusammenarbeit auf dem Gebiet der Hunger- und Katastrophenhilfe ermöglichen läßt[160].

Carlo Bayer und Leslie E. Cooke gingen diese Aufgabe in einem für die damalige Zeit kühnen ökumenischen Pragmatismus an. Jenseits von Sonntagsreden, die sie anderen überließen, wandten sich die beiden Praktiker den nächstliegenden Aufgaben zu und lenkten schon auf dem ersten Treffen der Nothilfe-Gruppierung (Genf, Januar 1966) ihr Augenmerk auf die damaligen Brennpunkte der Not, auf Hungergebiete in Indien und in Teilen Afrikas. In gemeinsamen Appellen an die Verantwortlichen der christlichen Kirchen versuchten sie, eine intensive Hilfe zu inspirieren und zu koordinieren. Im Jahre 1969, in einem Rückblick vor der achten Generalversammlung der C.I. sprach Bayer von einer »selbstverständlichen Zusammenarbeit«, die sich innerhalb weniger Jahre entwickelt hatte:

»Sie hat sich während der letzten Jahre in mancherlei Katastrophenfällen bewährt: Ich nenne die Erdbeben in Sizilien und in der Türkei, die Hilfe für die Kriegsopfer im Nahen Osten, die gemeinsame Hilfe für Nord- und Südvietnam und anderes mehr.«[161]

Weiter erwähnte Bayer die fast täglichen Kontakte in Form von wechselseitigen Besuchen, Korrespondenzen und Telefongesprächen. Ebenfalls wechselseitig erfolgte die Teilnahme an den Sitzungen der Exekutivkomitees der jeweiligen Organisation. Im Juli 1968 nahm Carlo Bayer als einer der offiziellen Gäste an

---

160 Zu diesem Thema lassen sich in einem beschränkten Umfang die zusammenfassenden Berichte der Treffen der »Joint Working Group« und der »Working Party on Emergency Aid an Development Aid« einsehen. Sie finden sich u. a. in den Archiven des WCC. Im Zusammenhang der Stellung der C.I. bezeichnete Bayer schon beim ersten Treffen der »Joint Working Group« im Mai 1965 die C.I. als die katholische Entsprechung der DICARWS. Vgl. den 14. Punkt der Zusammenfassung vom 22.–24. Mai 1965.
161 Bericht des Generalsekretärs für die VIII. GV, 11.

der Weltkirchenkonferenz des WCC in Uppsala teil. Bei allen diesen Anmerkungen ist festzuhalten, daß diese »selbstverständlichen« Kontakte nur wenige Jahre nach dem Konzil stattgefunden haben; ohne die für die Geschichte der katholischen Kirche epochale Wende des Konzils wären die angedeuteten Beziehungen in dieser Intensität kaum möglich gewesen[162].

Zusammenfassung:
Das Konzil verwurzelt die Arbeit der C.I. und wirft erste Schatten

Das Zweite Vatikanische Konzil war für die Arbeit der C.I. eine große Chance, die zu einem wichtigen Teil genutzt wurde. Vielfältige Kontakte nahmen hier ihren Anfang; Kontakte, die in der nachkonziliaren Periode das große Wort von einer »Weltorganisation« rechtfertigten. Der Blick öffnete sich im Hinblick auf eine systematischere Hilfe für die Kirche Osteuropas; er öffnete sich auch den Kirchen der Entwicklungsländer, die nicht mehr primär als »Missionsgebiete« angesehen wurden, sondern als gleichberechtigte Partner einer wahrhaft »katholischen« Kirche. Der Blick öffnete sich aber auch in Richtung der »getrennten Brüder«, zu denen lebendige »ökumenische« Kontakte aufgenommen wurden. An all diesen Entwicklungen konnte die C.I. in ihrem Bereich partizipieren, und ihr Generalsekretär Carlo Bayer stand in vorderster Linie dieses Aufbruchs, dessen Früchte sich schon wenige Jahre später zeigen sollten. So kann man sowohl im Hinblick auf die theologische Wertschätzung des Begriffes »Caritas« in den Texten des Konzils als auch im Hinblick auf die vielfältigen praktischen Konsequenzen von einer Verwurzelung der C.I. in dieser Periode sprechen.

Freilich blieben auch die Schatten nicht aus. Die Andeutungen des Artikels 90 aus »Gaudium et spes«, die von einem zu schaffenden »Gesamtorgan« des kirchlich-caritativen Bemühens sprachen, bereiteten den Verantwortlichen der C.I. manches Kopfzerbrechen. In ihrer Unbestimmtheit führten sie in der Folgezeit zu manchen Verwirrungen, denn die Gründungen von »Justitia et Pax«, CIDSE und später von »Cor Unum« konnten zumindest im Ansatz als solche »neuen Organe« betrachtet werden, und immer wieder stellten sich hierbei Fragen der Kompetenz und der Abgrenzung der Tätigkeitsbereiche. Bis zu Bayers Rücktritt 1970 und der darauf folgenden Krise der C.I. konnten auf diesen Feldern keine eindeutigen Zusammenhänge hergestellt werden[163].

Als ein weiteres Beispiel für eine gewisse Polarität in der Beziehung der katholischen Hierarchie zur C.I. kann uns die Ansprache Pauls VI. dienen, die er

---

162 Weitere Charakteristika der Zusammenarbeit der C.I. mit dem WCC begegnen uns im Biafra-Kapitel.
163 Dies gilt insbesondere für die »Cor Unum«-Gründung 1971, die die damaligen Leiter der C.I. als Provokation empfinden mußten. Präsident Rodhain jedoch drückte seine »große Freude« aus.

an die Vertreter der siebten Generalversammlung im September 1965 hielt. Diese Rede ist in ihrem Grundsatz eine Anerkennungs- und Höflichkeitsansprache des Papstes, sie bringt der C.I. viel Wohlwollen entgegen. Da sie jedoch gleichzeitig immer wieder von einem »neuen Anfang« und von einer »noch größeren Energie und Entschlossenheit« spricht, von einer »Anpassung an die heutigen Verhältnisse« und von einem »Ausbau der gutgelegten Anfänge«, ist ihr eine gewisse Doppelbödigkeit eigen.

Einige Zitate mögen dies verdeutlichen:

»Es ist Uns eine Freude, daß ihr so gute Arbeit geleistet habt; seid versichert, daß Wir Unsererseits alles tun werden, um in der Zeit des Neubeginns nach dem Konzil eure Tätigkeit bestmöglich zu unterstützen ...
Wir möchten euch sehr väterlich vorwärtsdrängen, mit neuer Schwungkraft an eure Arbeit zu gehen, die zum guten Glück schon begonnen ist. Wir fordern euch auf, mit Unterstützung des ganzen christlichen Volkes die gutgelegten Anfänge weiter auszubauen ...
Im Geist des Konzils werdet ihr eure Einrichtungen den heutigen Erfordernissen anpassen ... Ihr werdet eure speziellen Hilfsprogramme in den Ländern des Ostens und für Afrika weiterführen und Fortschritte machen auf dem Weg der ökumenischen Zusammenarbeit.«[164]

Man mag sich vor einer Überinterpretation dieser und ähnlicher Ausführungen des Papstes hüten. Paul VI. war selbst einer der ideellen Gründungsväter der C.I., und sein mehrmals wiederholtes »Unsere Caritas Internationalis« ging in goldenen Lettern in die Annalen dieser Organisation ein. Doch war in den Jahren des konziliaren Aufbruchs die häufige Betonung des »noch größeren Engagements« nicht zufällig. Paul VI. erkannte die Pionierleistung der C.I., und doch sah er in ihr nicht seine letzte Option im Kampf gegen Unterentwicklung und Hunger in der Welt. Auf welche Weise jedoch neue »Organe« der katholischen Kirche errichtet werden sollten, war zu jenem Zeitpunkt eine noch offene Frage. So mag man in der Tat im Hinblick auf das Zweite Vatikanische Konzil für die C.I. von einer grundsätzlichen Verwurzelung sprechen, auf die jedoch erste Schatten fielen.

---

164 Die Rede von Papst Paul VI. ist u. a. in der Zeitschrift des DCV »Caritas« zu finden: 66 (1965), Heft 7, 293 ff.

7. Kontakte – Aufgaben – Ehrungen

Als im Juni 1934 der junge Abiturient und Neudeutsche Carlo Bayer vor dem Eintritt ins Germanikum einen Bericht über seinen Bildungsgang verfaßte, deutete er auch seine Erfahrungen mit der Zeiteinteilung an. »Man glaubt ja gar nicht«, schrieb er, »wieviel man an einem Tag vollbringen kann, wenn man mit der Uhr in der Hand nach genauer Tageseinteilung schafft.« Gleichzeitig fügte Bayer hinzu, daß er sich »oft einen Tag mit 48 Stunden« wünsche, um allen seinen Aufgaben und Interessen nachkommen zu können. Was der 19 Jahre alte Bayer in Trebnitz schrieb, das sollte symptomatisch werden für alle folgenden Jahre.

Die schon beschriebenen Stationen Bayers nach dem Krieg, die Aktivitäten in der Kriegsgefangenenseelsorge, bei der POA, bei der Leitung des Pilgerbüros im Anno Santo 1950 und schließlich beim Aufbau der C.I. forderten sowohl einen effektiven und unermüdlichen Arbeiter als auch eine Person, die es verstand, nach allen Seiten hin Kontakte zu knüpfen. Carlo Bayer bewies schon im Neudeutschland-Bund in Schlesien, daß er dazu fähig war, doch in den Nachkriegsjahren baute er diese Fähigkeiten »im Weltmaßstab« aus. Ob als Pionier der Caritas-Arbeit in Südamerika, bei der Brüsseler Weltausstellung 1958, wo er führend bei der Einrichtung eines Caritas-Standes war, ob bei der Kontaktpflege mit den finanzstarken Caritas-Verbänden Deutschlands und der USA, bei den vorsichtigen Annäherungen an die Hilfsmöglichkeiten für die Staaten jenseits des Eisernen Vorhangs oder aber als eines der bekanntesten Mitglieder der »deutschen Kolonie« in Rom – Bayers Energien waren scheinbar unerschöpflich, der Radius seiner Aktivitäten grenzenlos. So auch seine persönlichen Kontakte, die sowohl die Spitzen der kirchlichen Hierarchie als auch Politikergrößen und Prominenz aus der Kulturwelt umfaßten. Viele der Kontakte blieben nicht nur dienstlich geprägt, es entsprach seinem Charakter, offen auf Menschen zuzugehen und mit ihnen das Gespräch zu suchen. Dieses Charakteristikum bildete einen Großteil seines Erfolges. Freilich besaß die permanent dichte Abfolge der Termine im dienstlichen und privaten Bereich auch ihre Schattenseiten, die nicht zuletzt die Gesundheit in Mitleidenschaft zogen. Bayer wurde zu einem starken Raucher, der sich nur schwer von seiner Zigarettenpackung trennen konnte und manche seiner ausgedehnten Reisen in die unterentwickelten Regionen der Welt erwiesen sich als harte Belastungsproben für seine Gesundheit. Besonders gravierend kam dies im Rahmen einer Jugoslawien-Reise im Jahre 1964 zum Ausbruch, bei der sich Bayer durch das Trinken des »einheimischen« Wassers eine schwere Virusinfektion zuzog, die mit Vergiftungserscheinungen verbunden war. Ein enger Vertrauter Bayers, der Passauer Caritas-Mitarbeiter Bartholomäus Rester, erinnerte sich noch zwanzig Jahre später an diese Reise und den Arbeitsstil Bayers:

»Ich hatte das große Vergnügen, den Prälaten auf einigen seiner Reisen nach Jugoslawien, Rumänien und Bulgarien begleiten zu können. Dabei waren diese Reisen alles andere denn ein Vergnügen. Sie waren anstrengend, und wer das Tempo kannte, mit dem der Prälat von Ort zu Ort fuhr, kann das nur bestätigen. Nach einer besonders anstrengenden Jugoslawien-Reise hatte ich nach Rückkehr mit Herzbeschwerden zu tun. Den Prälaten hat es ungleich böser erwischt. Er bekam einen Virus, lag erfolglos in einem römischen Krankenhaus bis ihn sein Germanikerfreund, Julius Kardinal Döpfner, in das Schwabinger Krankenhaus bringen ließ. Bayer war teilweise gelähmt, hatte große Sprechschwierigkeiten. Als ich ihn besuchte, haperte es immer noch mit dem Sprechen ... Ob schon damals sein Herz geschädigt worden ist!?«[165]

Tatsächlich skizzierte Rester auch nach einer längeren Zeit die Stationen der Virus-Infektion Bayers erstaunlich genau. Nach der Rückkehr des kranken Bayer aus Jugoslawien im Mai 1964 konnten die römischen Ärzte dem Fortschreiten der Krankheit nicht viel entgegensetzen. Der informierte Kardinal Döpfner vermittelte Bayer daraufhin einen Platz in einem Münchener Krankenhaus, wo sich die Ärzte erfolgreicher der Virus-Infektion annahmen. Es schloß sich eine mehrwöchige Kur in Oberbayern an, so daß Bayer erst Ende August 1964 seinen regulären Dienst in Rom antrat. In den Augen der Ärzte war auch dies noch zu früh, was Bayer mit den Worten kommentierte:

»Noch ein Monat Behandlung in Deutschland wäre nach Meinung der Ärzte besser gewesen, aber der Wiederbeginn des Konzils und eine Menge liegengebliebener Sachen hier im Büro ließen mir keine Ruhe mehr. Es läßt sich nicht alles per Telefon aus der Entfernung erledigen, ganz abgesehen von den Kosten.«[166]

Einen weiteren Grund mag man nur augenzwinkernd akzeptieren oder gar in das Reich der Mythen verweisen, doch auch er gehört in die Vita Bayers hinein. Oft erzählte er seinen Freunden, daß es gar nicht ungefährlich sei, Rom allzu lange zu verlassen. Wer einen Posten im Umkreis des Vatikans habe, müsse sich vorsehen oder besser einen Statthalter in der Zeit der Abwesenheit einsetzen, denn es könnte passieren, daß nach einer längeren Rückkehr »man den eigenen Stuhl schon besetzt vorfindet«, wenn die Hierarchen einen guten Posten für einen Emporkömmling suchten. Wie ironisch oder realistisch solche Aussage auch gemeint war, in der Biographie Bayers sollte sie bald eine fatale Bestätigung finden.

---

165 Aus den persönlichen Erinnerungen B. Resters, ebd. 2.
166 Brief Bayers an Dr. Wilhelm Schulte zur Hausen vom 18. 8. 1964.

Festzuhalten bleibt auch die Anfrage Resters, ob man in Bayers rastloser Tätigkeit, in seiner Arbeitsintensität, die ihn auch mal eine Krankheit »übergehen« ließ, nicht die Ursprünge seiner Herzschwäche zu suchen habe, die zu seinem relativ frühen Tod führte. Doch auch hier werden noch weitere Faktoren anzusprechen sein.

In diesem Kapitel soll einigen Spuren Bayers nachgegangen werden, die seinem privaten Bereich entstammen und die die Periode der sechziger Jahre betreffen. Die drei Stichworte Kontakte – Aufgaben – Ehrungen können hierbei als Leitfaden dienen, um die wesentlichen Aspekte herauszuarbeiten. Unter dem Stichwort »Kontakte« wollen wir beispielhaft seine Beziehung zum Bundespräsidentenehepaar Lübke aufzeigen; als eine seiner ungewöhnlichsten Aufgaben, die bisher nur selten Beachtung fanden, soll Bayers Rektorenschaft ad interim im deutschen Kolleg am Campo Santo skizziert werden; schließlich werden einige kirchliche und weltliche Ehrungen beschrieben, die Carlo Bayer aufgrund seiner vielfältigen Arbeit zuteil wurden.

Carlo Bayer als Adoptivsohn von Wilhelmine und Heinrich Lübke

Als am 15. Februar 1975 Carlo Bayer im Rahmen einer Feier zu seinem 60. Geburtstag eine kurze Rückschau auf die wichtigsten Etappen seines bisherigen Lebens hielt, kam er auch auf eine seiner ungewöhnlichsten Beziehungen zu sprechen: auf seine »Adoption« durch das Bundespräsidentenehepaar Lübke. In unserem Kapitel über das Heilige Jahr 1950 schilderten wir schon, wie durch einige günstige Umstände dem Ehepaar Lübke mit Carlo Bayer und Bruno Wüstenberg zwei voll ausgebildete Theologen »billig ins Haus geliefert wurden«. Keinesfalls »billig« hingegen war die gegenseitige Freundschaft; sie entwickelte sich zu einer zwanzig Jahre währenden Beziehung, die für Carlo Bayer einen symbolischen Ersatz für sein Elternhaus bildete. Eine »Familie« entstand, zu der neben Bayer und Wüstenberg auch zwei junge Damen zählten, Carmen Lemm und Elene Bilour[167]. Man traf sich in unregelmäßigen Abständen, die von den dicht gefüllten Terminkalendern diktiert wurden, und man stand im regelmäßigen Briefwechsel, der zeitweise sehr rege Formen annahm.

Für Carlo Bayer waren es vor allem die sechziger Jahre, die ihn in einen intensiven Kontakt mit dem zweimal gewählten Bundespräsidenten Heinrich Lübke (1959 bis 1969) brachten. Schon der regelmäßige Briefwechsel, den wir zumindest teilweise in Bayers Nachlaß finden, zeugt von der Tatsache, daß die Adoption Bayers und der anderen drei »Kinder« trotz ihrer Symbolik nicht nur eine unverbindliche Laune, sondern ein folgenreicher Schritt war. Die Korrespondenz Bayers mit Heinrich Lübke erreichte in ihrer Thematik eine sehr große

---

167 Das Ehepaar Lübke ist mit der Adoptivfamilie nie ans Licht der Öffentlichkeit geraten; so drangen nur wenige Hinweise in die Publizistik. Vgl. die Andeutungen bei H. G. QUARTA, Heinrich Lübke, 177.

Breite von persönlichen bis hin zu dienstlichen Themen. Da wurde nach der Gesundheit von »Paps« respektive »Carlo« genauso gefragt, wie Prognosen für eine bevorstehende Wahl in Nordrhein-Westfalen abgegeben wurden; es wurde über Staatsbesuche geschrieben, aber auch über Entwicklungsprojekte in Afrika oder Asien, ja manchmal wurden sogar Treffpunkte in diesen Kontinenten bei gleichzeitig stattfindenden Reisen von Lübke und Bayer vereinbart. Einige Beispiele aus dem Briefwechsel mögen das verdeutlichen. Ende des Jahres 1961 wechselten einige Briefe zwischen Heinrich Lübke und Carlo Bayer, in denen unter anderem die Frage der Hilfe für ein Caritas-Zentrum in Agadir zur Sprache kam, für dessen Ausstattung mit einem Krankenwagen sich Bayer stark machte. Am 10. November 1961 schrieb Heinrich Lübke seinem Adoptivsohn:

»Wegen Deiner Bitte um Beschaffung des benötigten Krankenwagens bin ich an den Generaldirektor des Volkswagenwerkes, Herrn Professor Dr. Nordhoff, herangetreten. Da das Volkswagenwerk bereits nach der Erdbebenkatastrophe in Agadir mehrere Fahrzeuge der marokkanischen Regierung geschenkt hat, konnte sich Professor Nordhoff im Hinblick auf andere Verpflichtungen nicht entschließen, einen weiteren Krankenwagen zu stiften.«[168]

Mit diesem Lauf der Dinge war Bayer jedoch nicht ganz einverstanden, und wenige Wochen später richtete er noch einmal einen diesbezüglichen Brief an seinen »Paps«:

»Sehr herzlichen Dank für ... Deinen Versuch bei Prof. Nordhoff. An sich dürfte er ja einem Bundespräsidenten nicht ›Nein‹ sagen! Die Ausrede mit der früheren Spende ist wenig überzeugend, wenn man die Not an Ort und Stelle gesehen hat. Ich werde später nochmal selbst an ihn herantreten, da wir seinen Leuten derzeit hier helfen, 4000 italienische Arbeiter anzuwerben, ohne die die Produktion des neuen 1500er Wagens überhaupt nicht auf die Beine gestellt werden kann.«[169]

Diese Art des Argumentierens war für Bayer charakteristisch; er gab sich nie mit schnellen und bequemen Antworten zufrieden, sondern verfolgte konsequent seine Ideen, wenn er sie durch Informationen gut abgesichert sah. In dem angesprochenen Falle konnte er auch wenige Wochen später einen Krankenwagen für Agadir besorgen, da es ihm gelang, rasch andere Finanzierungsquellen zu erschließen[170]. In den Gesprächen und im Briefwechsel mit Heinrich Lübke spielte natürlich auch das Bundespräsidentenamt eine Rolle, und das sowohl in

168 Brief H. Lübkes an Bayer vom 10. 11. 1961.
169 Brief Bayers an H. Lübke vom 1. 12. 1961.
170 Im Brief vom 25. 1. 1962 erwähnte Lübke, daß Bayers Anliegen – auch mit Hilfe von Misereor – zu einem erfolgreichen Abschluß gekommen war.

den angenehmen Fragen der Amtsführung als auch in den Belastungen, die zum Beispiel bei der Kampagne zum Vorschein kamen, die politische Gegner Lübkes vor seiner Wiederwahl 1964 gegen ihn führten[171]. Ende Juni 1964 ging Bayer brieflich auf dieses Problem ein. Er schrieb:

>»In wenigen Tagen steigt in Berlin die Wahl. Nach der Entscheidung der SPD dürfte es ja keine Überraschungen mehr geben und Du kannst zusammen mit Mutsch in aller Ruhe der weiteren Tätigkeit entgegensehen. Das bißchen schlecht gestimmte Begleitmusik gehört wohl in einem demokratischen Staatswesen mit zur Sache und wird ganz sicherlich aufgewogen durch die Vielzahl derer, die sich herzlich über Deine Wiederwahl freuen, auch wenn sie es nicht durch Briefe oder öffentliche Stellungnahmen eigens kundtun.«[172]

Zwei Wochen später, schon nach der Wahl, bedankte sich Heinrich Lübke bei »Carlo« für die Glückwünsche, richtete sein Augenmerk jedoch gleichzeitig auf Bayers »jugoslawischen« Virus:

>»Herzlichen Dank für Deine Glückwünsche zu meiner Wiederwahl. Mutsch und ich wissen, daß Du uns in Dein Memento einschließt. Aus diesem Bewußtsein haben wir in den letzten fünf Jahren viel Kraft geschöpft. Wir hoffen, daß uns der Segen Gottes auch in der nächsten Amtsperiode nicht verläßt ...
>Die letzten Wochen waren nicht nur infolge der oft beleidigenden Diskussionen um meine Kandidatur so belastend für mich. Vielmehr hat uns auch Deine Krankheit mit Sorge erfüllt. Um so mehr freuen wir uns, daß Du das Schlimmste überstanden hast und als Rekonvaleszent einige ruhige Wochen verbringen kannst.«[173]

Neben diesen belastenden Aspekten kamen jedoch häufig auch Bemerkungen über den Alltag des »Präsidentenlebens« zur Sprache. Im Juni 1965 merkte Bayer an:

>»Auf vielen Bildern haben wir Dich und Mutsch im Zusammenhang mit dem Besuch der Queen gesehen und bewundert. Ich hoffe, Ihr werdet nicht allzu oft durch die Protokollmühle gedreht.«[174]

Im November 1965 war dann Heinrich Lübke an der Reihe, an ein großes Ereignis in der Biographie Bayers zu erinnern. Er schrieb:

171 Hierbei handelte es sich um tagespolitische (»Große Koalition«) Polemiken, in die der Bundespräsident hineingezogen wurde.
172 Brief Bayers an Lübke vom 27. 6. 1964.
173 Brief Lübkes an Bayer vom 15. 7. 1964.
174 Brief Bayers an Lübke vom 10. 6. 1965.

»Wie konnten wir nur übersehen, daß Du am 6. November Dein Silbernes Priesterjubiläum begangen hast! Die aufreibenden dienstlichen Verpflichtungen, die uns in der letzten Zeit bedrängt haben, erklären das Versäumnis. Aber Du weißt ja, daß Mutsch und ich Dich nicht vergessen und Dein verantwortungsvolles Wirken mit unserem fürbittenden Gedenken begleiten.«[175]

Ein Jahr später – im Dezember 1965 – gab die Bischofsweihe des zweiten Adoptivsohnes, Bruno Wüstenberg, Bayer Gelegenheit, die ganze Adoptivfamilie, also auch Frau Lemm und Frau Bilour kennenzulernen. Am 30. Januar 1967 schrieb Bayer:

»Liebe Eltern, obwohl wir anläßlich der Bischofsweihe von Bruno beisammen waren, war die Zeit doch recht kurz, um ausführlicher etwas zu erzählen. Aber meine Freude war groß, daß ich doch endlich mal die gesamte Adoptivfamilie kennen lernen konnte ... Bruno wurde hier im Freundeskreis und den beiden Botschaften noch viel gefeiert. Inzwischen ist er in Richtung Japan bereits unterwegs. Ganz einfach wird das Ganze nicht für ihn, und daß unser Zweigespann so auseinander gerissen wird, ist eigentlich auch schade.«[176]

Die Beziehung zu Heinrich Lübke bestand in der angedeuteten Form bis in das Todesjahr Lübkes 1972. So kam in den letzten Briefen auch noch Bayers »Sturz« in die Korrespondenz hinein, wobei sich Carlo Bayer sehr um eine sachliche Darstellung seines Konfliktes mit dem damaligen Präsidenten der C.I., Jean Rodhain, bemühte. Am 11. März 1971 schrieb Bayer an das Ehepaar Lübke:

»Ich weiß, daß ich bei Euch seit unendlich langer Zeit in Briefschuld stehe. Aber Ihr werdet ja auf Umwegen erfahren haben, daß ich ein schweres Jahr hinter mir habe. Die Schwierigkeiten mit meinem Präsidenten, die sachlich in Kompetenzfragen des Präsidenten und des Generalsekretärs begründet liegen, haben zu meinem Ausscheiden aus der Caritas Internationalis geführt. Das Ganze ging zwischen Juni und Oktober über die Bühne. Erst war ich einigermaßen angeschlagen. Inzwischen habe ich mich, dank des Vertrauens der deutschen Bischöfe, hier im Collegio Teutonico organisiert und mache von hier aus das Ostländer-Hilfsprogramm der Deutschen Bischofskonferenz und der Ostpriesterhilfe von P. Werenfried – genügend Arbeit, aber nicht mehr so hektisch wie früher.«[177]

---

175 Brief Lübkes an Bayer vom 10. 11. 1965.
176 Brief Bayers an Lübke vom 30. 1. 1967.
177 Es ist auffallend, daß Bayer in diesem Brief nicht die sich schon abzeichnende »Wiener-Lösung« (= Europäischer Hilfsfonds) erwähnte. Eine Tatsache, die uns im letzten Teil unserer Arbeit (»Die ungewollte zweite Karriere«) beschäftigen wird.

Zu dieser Zeit jedoch war der 77jährige Altbundespräsident Heinrich Lübke gesundheitlich schwer angeschlgen; er starb ein Jahr später, am 6. Juni 1972. Seine unermüdliche Gattin Wilhelmine Lübke führte nach Kräften ihre caritativ-soziale Tätigkeit fort und hielt viele ihrer Kontakte als ehemalige First Lady der Bundesrepublik Deutschland fort. Bei der Münchener Feier zu Bayers 60. Geburtstag war sie ebenfalls mit einer Ansprache vertreten.

Die Beziehung zum Ehepaar Lübke und den übrigen Mitgliedern der Adoptivfamilie stellte für den Wahl-Römer Bayer sicherlich nicht die wichtigste Beziehung seines Lebens dar; in den sechziger Jahren war er viel zu intensiv in den Kontakten verwurzelt, die ihm seine Tätigkeit als Generalsekretär der C.I. ermöglichte. Doch war diese Ersatzfamilie von hohem symbolischen Wert. Der nach dem Tode seiner Mutter – sie starb 1953 – praktisch ohne Verwandtschaft lebende Carlo Bayer konnte sich in eine familiäre Beziehung eingebettet fühlen, die ihren Blick nicht auf den »Generalsekretär« Bayer richtete, die vielmehr auf die gegenseitige Sympathie und Zuneigung baute. Es war faktisch eine zweckfreie Bindung, auch wenn sie durch die ungewöhnliche gesellschaftliche Stellung der Familienmitglieder allen Beteiligten zu wertvollen und außergewöhnlichen Erfahrungen verhalf.

Das Interimsrektorat im Collegio Teutonico

Am 23. März 1962 verbreitete die katholische Nachrichtenagentur KNA unter der Überschrift »Msgr. Bayer nicht Rektor des Campo Santo« die folgende Meldung:

»Der erkrankte Rektor des Campo Canto Teutonico, des deutschen Priesterkollegs in Rom, Prälat Professor Dr. August Schuchert, wird vorübergehend von Msgr. Carlo Bayer vertreten. Die Bestellung eines neuen Rektors wird angesichts der Besserung des Gesundheitszustandes Prälat Schucherts für unwahrscheinlich gehalten. Pressemeldungen über eine bevorstehende oder sogar schon erfolgte Ernennung Bayers zum Rektor des Campo Santo wurden von Msgr. Bayer als völlig unsinnig zurückgewiesen.«

Auch wenn – wie in der Meldung – die Spekulationen über ein Rektorat Bayers von ihm selbst strikt zurückgewiesen wurden, so entbehrten die journalistischen Überlegungen nicht eines prinzipiellen Realitätsgehaltes. Denn tatsächlich übte Carlo Bayer in den Jahren 1962 und 1963 das Interimsrektorat dieser ehrwürdigen deutschen Institution in Rom aus, und dies geschah nicht zufällig.

Bald nach seiner Rückkehr aus dem Krieg, im Jahre 1946, trat Bayer in das Priesterkolleg des bei St. Peter liegenden Campo Santo Teutonico ein. Das geistliche Haus mit seinem »Friedhof der Deutschen« stellt auch für die

Geschichte des Vatikans ein Kuriosum dar. Es liegt nur wenige Schritte von der Peterskirche entfernt, gegenüber ihrer Sakristei – deshalb die Adresse »Via della Sagrestia« –, und bildet ein Stück deutscher Präsenz auf dem Gebiet des Vatikans. Hier pflegt seit Jahrhunderten eine »Bruderschaft« ihre Tradition der Sorge um die deutschen Pilger, hier wurde ein deutscher Friedhof eingerichtet, hier besteht seit 1876 ein Priesterkolleg, das deutschen Theologen und Wissenschaftlern eine Heimstätte bieten soll. Mit wenigen Worten hat der Gründungsrektor des Priesterkollegs, Anton de Waals, das Geheimnis des Campo Santo dichterisch umschrieben:

»Ein Schwalbennest am Riesendom,
ein deutsches Heim im Ew'gen Rom.«[178]

Als Carlo Bayer als Kriegsheimkehrer eine vorläufige Bleibe in Rom suchte, fand er Kontakt zum Priesterkolleg des Campo Santo und wurde 1946 dessen Mitglied. Bis in die Konzilsjahre hinein, genauer bis 1963, hatte er als Hauptwohnsitz die Via della Sagrestia 19 angegeben, die Adresse des Kollegs. In den Jahren von 1931 bis 1954 hatte Hermann Stoeckle die Rektorenstelle inne, ein dem Erzbistum München-Freising angehörender Priester, dem im Anno Santo 1950 der Vorsitz des deutschen Pilgerbüros in Rom anvertraut wurde. Freilich war diese Position für ihn von einer symbolischen Bedeutung, denn die praktische Leitung des Büros lag in den Händen Bayers[179]. Nachfolger im Rektorenamt Stoekles wurde der aus Mainz stammende Professor August Schuchert, der bis zum Jahre 1961 das Haus leitete. Von Bedeutung war, daß unter Schucherts Rektorat die schon lange fälligen Restaurationsarbeiten des Baues von Kirche und Kolleg in Angriff genommen wurden. In den Jahren 1960 bis 1961 wurde ein Plan entworfen, der Ende November 1961 vom Verwaltungsrat der Erzbruderschaft angenommen wurde. Tragischerweise erlitt wenige Wochen später Professor Schuchert einen Schlaganfall, von dem er sich nicht mehr erholte. In dieser für das Priesterkolleg ungewißen Zeit bis zur Bestellung eines neuen Rektors bat der Kölner Kardinal Frings Carlo Bayer, den Vorsitz der neuzubildenden Baukommission und die kommissarische Leitung des Kollegs zu übernehmen. Trotz seiner am Vorabend des Zweiten Vatikanischen Konzils sich stark ausweitenden Arbeit bei der C.I. erklärte sich Bayer bereit, diese Aufgabe zusätzlich auf sich zu nehmen. Zumindest im Hinblick auf die Leitung des Priesterkollegs wußte er, daß diese Aufgabe von einer begrenzten Dauer sein würde. Es dauerte jedoch bis Dezember 1963, daß Professor Emil Gugumus als neuer Rektor

---

178 Diese Verse und weitere grundlegende Informationen finden sich in dem vom ehemaligen Rektor des Kollegs, Bernhard HANNSLER, verfaßten Kunstführer, Der Campo Santo Teutonico in Rom, München 1974.
179 Wichtige Informationen über die Rektoren des Kollegs bei: Erwin GATZ, Hundert Jahre Deutscher Priesterkolleg beim Campo Santo Teutonico, 18–37.

eingeführt werden konnte. So ging Carlo Bayer in die Annalen des Campo Santo als Interimsrektor der Jahre 1962 und 1963 ein; eine Aufgabe, die er neben seiner gewohnten Tätigkeit auf sich nahm. Die größten Hürden stellten jedoch die gerade angelaufenen Restaurationsarbeiten am Kollegsgebäude, die Bayer noch fünf Jahre länger – bis 1968 – beschäftigten. Die Baukommission, der Bayer vorstand, stand vor einer Fülle schwerwiegender Probleme, die sowohl die Baumaßnahmen selbst als auch ihre Finanzierung betrafen[180]. Obwohl die Arbeiten am Kollegsbau, an der Kirche, an der Umfassungsmauer des Friedhofs etc. noch einige Jahre weitergeführt wurden, gab es während der Amtsperiode Bayers wichtige Einschnitte. Der geplante Neubau eines ganzen Traktes des Kollegs wurde unter seiner Leitung der Baukommission 1966 vollendet. Schon im Mai 1964, beim Richtfest des neuen Flügels, deutete Bayer bei einer Ansprache die Schwierigkeiten an, die zu bewältigen waren. Die KNA berichtete:

»Prälat Carlo Bayer, Generalsekretär der Caritas Internationalis und Vizerektor des Campo-Santo-Kollegs, der die Hauptverantwortung für die Bauarbeiten trägt, skizzierte in einer kurzen Ansprache die Geschichte des Neubaus. Er erinnerte an die schwierigen und langwierigen Verhandlungen mit den zuständigen vatikanischen Behörden, denen der erste eingereichte Plan als zu modern erschienen war. Sie forderten vor allem, daß das neue Gebäude äußerlich dem Stil der Umgebung angepaßt wird. Nach zweijährigen Vorarbeiten und Planungen erhielt das Kolleg am 14. Juni 1962 schließlich von der päpstlichen Kommission für die Vatikanstadt die Baugenehmigung. Daraufhin begann man sofort mit dem Abbruch des alten Gebäudes, der Verlegung der an die Baustelle angrenzenden Grabstätten des Friedhofs beim Kolleg und mit dem Neubau. Besondere Schwierigkeiten bereiteten die Fundamente des Neubaus: er entsteht auf dem Gelände des ehemaligen neronischen Zirkus, der beim Bau der heutigen Peterskirche mit vom vatikanischen Hügel abgetragenen Erdmassen aufgeschüttet worden war. Das neue Gebäude mußte deswegen mit teilweise bis zu 30 Meter tiefen Betonsäulen im Boden verankert werden.«[181]

Neben den mit der einzigartigen Lage des Campo Santo zusammenhängenden bautechnischen Schwierigkeiten waren gravierende finanzielle Probleme zu bewältigen, die gleichfalls fast eine Tradition in der Geschichte des deutschen Kollegs bildeten. Die Erzbruderschaft als Eigentümerin des Gebäudekomplexes hatte keine großen finanziellen Rücklagen, und die Deutsche Bischofskonferenz war nicht bereit, alle mit dem Neubau verbundenen Kosten aufzubringen, da

---

180 Vgl. ebd. 30–33. Alle Details über die Aktivitäten Bayers als Leiter der Baukommission können den Protokollen der Sitzungen der Baukommission und des Verwaltungsrates entnommen werden, die sich in den Archiven des Kollegs befinden.
181 Meldung der KNA vom 5. 5. 1964.

sich das Kolleg nicht in ihrer Trägerschaft befand. So beschäftigten den nebenamtlichen »Bauleiter« Bayer die finanziellen Fragen, die mit dem Neubau zusammenhingen bis in das Jahr 1968 hinein[182]. Hierbei wurde seine Leistung von allen kompetenten Stellen anerkannt. Beispielhaft brachte dies Rektor Gugumus im Juli 1966 zum Ausdruck, indem er im Namen der Erzbruderschaft des Campo Santo Bayer seinen Dank und seine Anerkennung aussprach[183].

Für Carlo Bayer blieb der Campo Santo auch weiterhin von Bedeutung. Als er im Sommer 1970 von seinem Posten bei der C.I. demissionierte, führte er in den Räumlichkeiten des Kollegs seine Tätigkeit für die Länder Osteuropas fort. Über ein Jahr übte er dort die Hilfe im Namen der Deutschen Bischofskonferenz aus, bis er schließlich nach Wien übersiedelte, um die Leitung des Europäischen Hilfsfonds zu übernehmen. Bis heute steht dem Hilfsfonds im Gebäude des Kollegs ein Raum zur Verfügung.

Der Kreis der dreißigjährigen Beziehung Bayers zu dieser ungewöhnlichen deutschen Institution in Rom schloß sich mit seinem Tode. Bayer fand auf dem Friedhof des Campo Santo seine letzte Ruhestätte.

In Amt und Würde: Titel, Auszeichnungen, Ehrungen

Ein Priester, der nicht die Seelsorge für eine Pfarrei übernimmt, sondern sein Tätigkeitsfeld auf überregionalem oder gar internationalem Feld gefunden hat, wird in vielen Fällen mit Auszeichnungen und Titeln kirchlicher oder staatlicher Behörden bedacht. Seine Arbeit steht vielfach im Brennpunkt des öffentlichen Interesses und so wird seine Leistung auch eher wahrgenommen. Hinzu kommt die Erfahrung, daß ein Titel der Person und ihrem Tun Gewicht verleiht, ein Gewicht, das oft in Verhandlungen mit säkularen Mächten von Bedeutung ist. Diese Überlegungen treffen auch auf die Biographie Bayers zu, der nie auf den klassischen Tätigkeitsfeldern der Seelsorge gewirkt hatte, sondern sein Aufgabengebiet auf internationalem Parkett fand. Eine Fülle von Ehrungen und Titel wurde ihm in den Jahren 1950 bis 1977 zuteil, die zumindest darauf hinweisen, daß Bayers Arbeit sowohl in den Augen kirchlicher Behörden als auch staatlicher und öffentlicher Stellen Anerkennung gefunden hat. Hier ergibt sich eine grundlegende Möglichkeit, die Ehrungen zu klassifizieren, sie nach kirchlichen und säkularen Prinzipien zu ordnen, auch wenn eine solche Trennung gerade auf dem Gebiet der »Caritas« nicht immer zuverlässig ist.

---

182 Vgl. GATZ, ebd. 32–37, speziell auch die Anmerkungen 97 und 98.
183 Mit einer Dankeswidmung vom 5. Juli 1966 überreichte Rektor Gugumus Bayer ein Album mit Fotografien des Neubaus des Campo Santo Teutonico.

Ehrungen durch die Kirche

Als im Mai des Jahres 1951, im engen Zusammenhang seiner Tätigkeit im Anno Santo 1950, Carlo Bayer durch Papst Pius XII. zum »Päpstlichen Geheimkämmerer« ernannt wurde und damit zur Führung der Bezeichnung »Monsignore« berechtigt war, eines in der Welt des Vatikans grundlegenden Titels, waren sich alle Freunde Bayers sicher, »daß es bei dem violetten Schimmer nicht bleibt, sondern daß diese Auszeichnung die erste Stufe zu hohen Würden sein wird«[184]. Eine Fülle von Zuschriften plädierte in diesem Sinne, und die meisten der offiziellen Gratulanten hoben Bayers außerordentlichen Einsatz zugunsten der hunderttausend deutschen Pilger im Hl. Jahr 1950 hervor[185]. Rund zehn Jahre später, im Mai 1962, wurde Carlo Bayer von Papst Johannes XXIII. zum »Päpstlichen Hausprälaten« ernannt. Es war Msgr. Ferdinando Baldelli, der sich in Schreiben an das vatikanische Staatssekretariat und an Bayers Studienfreund, den Münchener Erzbischof Julius Kardinal Döpfner, am intensivsten für die Verleihung dieses Titels einsetzte. Baldelli hob die Pioniertätigkeit Bayers beim Aufbau der C. I. hervor und merkte an, daß durch diese Ehrung nicht nur die Person Carlo Bayers sondern auch die C. I. geehrt werden würde[186]. »Niemand, der Msgr. Bayer kennt«, so Baldelli an Kardinal Döpfner, »wird sich dieser Initiative verschließen wollen.«[187] In diesem Sinne läßt sich auch der Chor der Gratulanten interpretieren, der nach der Verleihung dieses hohen Titels auf Bayer zukam. Neben den Gratulanten aus Bayers römischem Umfeld schlossen sich Persönlichkeiten der unterschiedlichsten Richtungen an, die sich vom Visitator der ukrainischen Exilkirche, Erzbischof Giovanni Bucko, bis hin zum Leiter der Essener »Villa Hügel«, Dr. Carl Hundhausen, erstreckten.

Über diese grundlegenden Titel hinaus erhielt Carlo Bayer noch Ehrungen, die eher aus seinen persönlichen Interessen resultierten. Wichtig waren ihm die Ehrungen des Malteserordens, dessen Schlesischem Zweig er angehörte. Grundlegend waren hier die schon erwähnten Ernennungen zum »Magistralkaplan« im Jahre 1948 und zwei Jahre später zum »Konventualkaplan«[188]. Im Februar 1967 wurde Bayer »Komtur« des Ritterordens vom Hl. Grabe; ein Jahr später ernannte ihn Papst Paul VI. zum »Konsultor« in der Kongregation für die Glaubensverbreitung.

---

184 So der Kölner Verleger und Freund Bayers Hans Struth in einem Brief an Bayer vom 15. 6. 1951.
185 So u. a. im Schreiben des DCV und ihres Direktors K. Jörger vom 9. 7. 1951.
186 Brief Baldellis an Kardinal Cicognani vom vatikanischen Staatssekretariat vom 20. 4. 1962.
187 Brief Baldellis an Döpfner vom 20. 4. 1962.
188 In einer autobiographischen Skizze aus Anlaß seines 60. Geburtstages erwähnte Bayer diese Titel an herausgehobener Stelle.

Anläßlich seines 60. Geburtstages wurde Bayer eine Reihe von hohen Ehrungen zuteil, so insbesondere die Berufung zum Ehrenkanonikus des Domes im slowenischen Maribor[189] oder aber die Verleihung des »Silbernen Brottellers«, der höchsten Auszeichnung des Deutschen Caritas-Verbandes. Erwähnenswert ist auch die Dankesurkunde des Senates der Katholischen Universität im polnischen Lublin, die neben der äußerlich grandiosen Aufmachung vor allem durch ihre Gedankenlosigkeit glänzt, da sie vollständig in polnischer Sprache abgefaßt ist, einer Sprache, die Carlo Bayer nie beherrschte.

Staatliche Ehrungen

Knapp zehn Jahre nach Ende des Zweiten Weltkriegs, im Frühjahr 1954, als sich die wirtschaftliche Lage in Deutschland zu stabilisieren begann, wandte sich der erste Bundespräsident Theodor Heuss mit einer »Dankspende des deutschen Volkes« an die Völker der Welt. Es sollten Menschen und Organisationen ausgezeichnet werden, die in Jahren der bittersten Not den Deutschen beigestanden hatten und sie neuen Mut fassen ließen. In der Dankurkunde beschrieb Theodor Heuss die Initiative:

> »Seitdem trugen wir Deutschen eine große Dankesschuld. Jahre hindurch war das deutsche Volk Empfänger von Gaben; heute möchte es auch einmal bescheidener Schenker sein dürfen. Unser Dank wird durch Werke der Kunst ausgesprochen; sie wurden von zeitgenössischen deutschen Künstlern und vielfach von Menschen geschaffen, die selbst in bedrängter Lage sind. Das Geld zum Ankauf dieser Kunstwerke wurde durch Millionen von deutschen Menschen aufgebracht, die ... sich zu Dankesschuld ihres Volkes bekennen wollen.«

Zu den Ausgezeichneten gehörte auch Carlo Bayer in seiner Funktion als Seelsorger der deutschen Kriegsgefangenen und Leiter der deutschen Sektion der Pontificia Opera di Assistenza. Diese »Dankspende des deutschen Volkes« bildet den Anfang einer ganzen Reihe von Auszeichnungen, die verschiedene Länder Bayer entgegenbrachten. Im Mai 1955 erhielt Bayer das »Verdienstkreuz des Verdienstordens der Bundesrepublik Deutschland«. Rund zehn Jahre später empfing er das »Große Verdienstkreuz« desselben Ordens. Die Verleihungsurkunde wurde nun von seinem »Vater« Heinrich Lübke unterzeichnet, eine für Bayer ungewöhnliche Konstellation, auf die er in einem Brief an seinen »Paps« in folgender Weise reagierte:

> »Eine von Dir am 12. April unterzeichnete Urkunde mit dem Großen Verdienstkreuz wurde mir vor einigen Tagen durch Herrn Botschafter Jansen überreicht. Das Ganze war lange geheim gehalten, und der Abend

---

189 Diese Ehrung wird uns im folgenden Kapitel näher beschäftigen.

beim Botschafter mußte mehrmals verlegt werden, da ich wegen einer Reihe von Auslandsreisen wochenlang nicht zu fassen war ... Ein offizielles Dankwort wird der Botschafter in meinem Namen wohl an Dich schreiben. Ich möchte mich persönlich bei Dir auch sehr herzlich bedanken. Wenn ich mir auch so besonderer Verdienste nicht bewußt bin, hat die Verleihung doch viel Erinnerungen an Arbeit und Freude in den vergangenen Jahren wach gerufen, die mit meiner Tätigkeit im internationalen Raum und damit im Dienste der Kirche und auch Deutschlands zusammenhingen.«[190]

An diese Ehrungen aus der Heimat schlossen sich noch weitere aus dem internationalen Raum an, von denen zwei hervorgehoben werden sollen. Im August 1958 wurde Bayer durch eine Urkunde des belgischen Königs Baudouin zum Ritter des Leopold-Ordens ernannt. Die Gründe für diese Auszeichnung wurden im Vorwort der Verleihungsurkunde genannt. Sie war ein Ausdruck der Anerkennung für Bayers Aktivitäten bei der Brüsseler Weltausstellung 1958. Als Vizepräsident der Sektion »Caritas« war er maßgeblich an der Gestaltung eines Pavillons beteiligt, der der Idee der Caritas in ihrer Theorie und praktischen Umsetzung gewidmet war. In seinem Dankesschreiben zog Bayer einen größeren Bogen und wies auf die Zusammenarbeit mit der belgischen Caritas, die sich insbesondere bei der Hilfsaktion nach dem Ungarischen Aufstand 1956 bewährte[191].

In Zusammenhang mit der internationalen Koordination der Ungarn-Hilfe ist auch eine Auszeichnung des österreichischen Staates an Bayer zu sehen. Im August 1959 wurde er mit dem »Großen Silbernen Ehrenzeichen für Verdienste um die Republik Österreich« geehrt; eine Auszeichnung, die sich sowohl auf die koordinierenden Aktionen der C.I. für die Opfer der Donau-Überschwemmungen bezog, als auch die Hilfe für die Ungarn-Flüchtlinge einschloß, die von dem kleinen Land allein nur schwerlich hätte getragen werden können.

Einige weitere Ehrungen für Carlo Bayer werden in die Darstellung der noch folgenden Kapitel eingebettet, da sie eine längere Vorgeschichte besitzen.

---

190 Brief Bayers an Lübke vom 10. 6. 1965.
191 Brief Bayers an den belgischen Botschafter beim Hl. Stuhl vom 19. 11. 1958.

8. Jugoslawien:
»Wo der Name ›Bayer‹ Augen zum Leuchten brachte«

Strukturen der Hilfe

Nachdem die Delegation der C.I. in Wien im Verlauf der Ungarn-Hilfe gute Kontakte zu der ungarischen Kirche und teilweise auch zu den staatlichen Stellen aufbauen konnte, bemühte sie sich, auch zu anderen Ländern aus dem südosteuropäischen Raum Kontakt aufzunehmen. Die Voraussetzungen für dieses Bemühen waren denkbar schlecht, denn in den zum größten Teil immer noch stalinistisch regierten Ländern galten die Kirchen und alle mit Rom verbundenen Institutionen als Horte der »Reaktion« und der »Spionage«. Doch die praktische Ebene sah etwas anders aus, und Ende der fünfziger Jahre gab es manche Kanäle, durch die kirchliche Hilfe aus dem Westen ihre Empfänger erreichte, auch wenn es sich nicht um planmäßige, koordinierte Hilfe handeln konnte. Neben Ungarn galt diese Hilfe vor allem Jugoslawien, einem Land, das durch seine relative Offenheit in dem nach Geschlossenheit strebenden kommunistischen Block eine Sonderstellung einnahm. Hierbei gaben einige »historische Irrationalien« entscheidende Weichenstellungen. Wenn der Anfang der Hilfe für die jugoslawische Kirche mit »Mitte 1958« angegeben wird, so hängt dies mit dem Besuch des Belgrader Erzbischofs Jozef Unćić zusammen, der zur Entgegennahme einer akademischen Ehrung nach Wien ausreisen durfte. Die Wiener Delegation der C.I. nutzte diesen Besuch zur Kontaktaufnahme, die zur Grundlage des späteren Hilfsprogramms für Jugoslawien wurde. So gab es seit 1958 eine zunächst eher spontane Hilfe für einzelne Projekte in diesem Land, die in ihrem Umfang und ihren finanziellen Grundlagen stetig erweitert wurde. Einen weiteren, »irrationalen« Anstoß für die Intensivierung der Hilfe gaben die Naturkatastrophen, die Jugoslawien mehrfach heimsuchten. 1962 war es das Erdbeben im Biokovo-Gebirge im Bereich der Erzdiözese Split-Makarska, 1963 wurde Skopje von einem verheerenden Erdbeben erschüttert[192]. Carlo Bayer nahm sofort Verbindung zur jugoslawischen Botschaft in Rom auf, um eine Erdbeben-Hilfe einleiten zu können und diese ersten Verbindungen führten zu intensiven Kontakten, die Bayer von da an sowohl mit kirchlichen als auch staatlichen Stellen stetig ausbaute. Diese Fakten waren es, die die deutschen Bischöfe bewegten, die von ihnen finanzierte Jugoslawien-Hilfe Carlo Bayer direkt zu unterstellen, während die Hilfe für die übrigen Länder Ost- und Südosteuropas bei der Wiener Delegation zusammenlaufen sollte.

Das Spezifikum der Hilfsmaßnahmen für Jugoslawien bildeten nicht so sehr die großen Aktionen in der unmittelbaren Hilfe für die Opfer von Naturkata-

---
192 Die einzelnen Schritte der Skopje-Hilfe wurden in einem Sonderheft der Intercaritas (Januar 1965) dokumentiert.

strophen, sondern die strukturelle Hilfe für das kirchliche Leben. Hierauf legte Bayer seinen Schwerpunkt: Der Bau und die Reparaturen von Kirchen wurden gefördert, Priesteramtskandidaten wurden finanziell unterstützt, Fahrzeuge für die Bischöfe und den Klerus wurden bereitgestellt, Druckkostenzuschüsse für theologische Literatur und Gebetbücher wurden gewährt. Diese Art der Hilfe ist immer in der Gefahr, vor der »spektakulären« Aktionen zu verblassen, und doch wäre eine Biographie Bayers ohne eine diesbezügliche Darstellung unvollständig.

Vom Jahre 1960 an richtete Carlo Bayer in Absprache mit den deutschen, zum Teil auch den amerikanischen Bischöfen[193] seinen Blick auf Hilfsmaßnahmen zugunsten der »Kirche des Schweigens«, die im Gegensatz zu ihren Schwesternkirchen in Westeuropa große Zeichen der Hoffnung bot. Waren in den sechziger Jahren die westlichen Priesterseminare vielfach wie leergefegt und unter Krisensymptomen leidend, so stieg die Zahl der Seminaristen in fast allen Ländern des Ostblocks beträchtlich, und dies führte zu ungeahnten Problemen. Die alten Priesterseminare boten den Seminaristen nicht genügend Wohnmöglichkeiten, und die einzelnen Diözesen standen vor der Notwendigkeit, neue Seminare zu bauen und die alten zu erweitern. Dies erwies sich als schwierig, denn die kommunistischen Regierungen weigerten sich vielfach, Baugenehmigungen zu erteilen, und schon gar nicht waren sie bereit, finanzielle Mittel zur Verfügung zu stellen. Zumindest im zweiten Punkt versuchten die Bischöfe zu helfen, die darüberhinaus auch Hilfe an mittellose Seminaristen gewährten. So wurde der Gefahr entgegengearbeitet, daß priesterliche Berufungen an finanziellen Motiven scheiterten.

Einen weiteren Aspekt der Jugoslawien-Hilfe bildete die Vermittlung von Sachspenden, wie zum Beispiel Schreibmaschinen oder Vervielfältigungsapparaten, um einen Mindestbedarf an Informationsmöglichkeiten und theologischer Weiterbildung zu ermöglichen. Die einzelnen bischöflichen Ordinariate waren zum damaligen Zeitpunkt auf Eigeninitiative angewiesen. Mit staatlichen Verlagsanstalten durfte man nicht kooperieren, und das Verbot »religiöser Propaganda« verhinderte jegliche weitergehenden Versuche, die Drucktätigkeit auszuweiten. Ein fast uferloses Unterfangen bildete auch das Bemühen, den Aufbau von zerstörten oder reparaturbedürftigen Kirchen und Pfarrhäusern zu unterstützen. Vor allem in Erdbebengebieten wie in Dalmatien war die diesbezügliche Not immer größer als die mögliche Hilfe. Hinzu kam, daß wegen der permanenten Wirtschaftskrise Jugoslawiens – mit den Begleiterscheinungen der hohen Inflation, des niedrigen Kaufwerts etc. – die Möglichkeiten der Gläubigen zur Selbsthilfe stark eingeschränkt waren. Bei der kommunistischen Machtüber-

---

[193] In seinen regelmäßigen Berichten an die deutschen Bischöfe über die Maßnahmen der Hilfe für die Staaten Südosteuropas erwähnte Bayer mehrfach die Unterstützung durch das amerikanische Werk »Catholic Relief Services«.

nahme wurde darüberhinaus ein beträchtlicher Teil des Kirchenvermögens eingezogen, so daß die Kirche auf keine Reserven zurückgreifen konnte[194].
Trotz all dieser widrigen Umstände, die Carlo Bayer in seinem jährlichen Rechenschaftsbericht an die deutschen Bischöfe eingehend darlegte, herrschte in Jugoslawien ein vergleichsweise günstiges Klima für eine caritative Hilfstätigkeit der westlichen Kirchen. In seinem Bericht aus dem Jahre 1966 merkte Bayer an:

»Vergleichsweise zu anderen Ländern des Ostblocks hat die Kirche in Jugoslawien größere Freiheit. Da seinerzeit aber ein großer Teil des Kirchenvermögens nationalisiert wurde und bei der heutigen wirtschaftlichen Lage Jugoslawiens die Gläubigen nur in geringem Masse den Aufrufen zur Kirchenkollekte entsprechen können, bedeutet das Jugoslawien-Hilfsprogramm eine echte und absolut notwendige Existenzsicherung für die Kirche in diesem Lande. Das geht aus allen Bitt- und Dankschreiben täglich hervor. Da die jugoslawische Wirtschaft zudem an großer Devisenknappheit leidet, sind Geld- und Materialhilfen für kirchliche Objekte auf völlig legale Weise nicht nur möglich, sondern vom Staat auch sehr erwünscht, und die kirchlichen Stellen erhalten ihrerseits nicht nur die notwendigen Genehmigungen und Rabatte, sie können auch mitunter als ›Devisenbringer‹ durch Verhandlungen über andere Seelsorgsfragen ihre Stellung gegenüber den Behörden verbessern.«[195]

Die Finanzierung des Programms für Jugoslawien und die übrigen Länder Ost- und Südosteuropas wurde zu einem beträchtlichen Teil von der Deutschen Bischofskonferenz getragen. Wie so oft in diesem Bereich war das Bistum Köln die wichtigste Anlaufstation für Wünsche und Anliegen. So schickte – vor allem in den ersten Jahren des Programms – Carlo Bayer seine Rechenschaftsberichte zunächst nach Köln an die Adresse des damaligen Kölner Oberhirten Kardinal Joseph Frings oder seines Generalvikars Josef Teusch. Weitere Mittel kamen aus den Fonds der Catholic Relief Services, der Ostpriesterhilfe und anderer Bischofskonferenzen der westlichen Länder.

Projekte und Programme

Daß Carlo Bayer keine einsamen Entscheidungen in seinem römischen Büro traf, sondern sich öfter vor Ort umsah, um die einzelnen Projekte in Augenschein zu nehmen, wurde schon durch den Hinweis auf die fatale Virusinfektion, die sich Bayer »vor Ort« einfing, angedeutet. Für Jugoslawien galt das in einem besonde-

---

194 In seinen detaillierten Berichten an die deutschen Bischöfe – die unmittelbare Adresse war das finanzstarke Bistum Köln – deutete Bayer in einem Vorspann die jeweilige sozialpolitische Situation der Länder an.
195 Aus Bayers Bericht über das Jahr 1965 (unveröffentlicht).

ren Maße; ob im Zusammenhang der großen Naturkatastrophen, der Konsultationen mit Bischöfen oder Leitern der Priesterseminare – Carlo Bayers Präsenz in diesem südosteuropäischen Land war überdurchschnittlich hoch. Und so erweist sich das Urteil des Journalisten der Frankfurter Allgemeinen Zeitung als zutreffend, der im Hinblick auf Bayers Reisetätigkeit feststellte:

> »Wer dem katholischen Priester in Rom, Afrika oder in den gottverlassenen Dörfern der südosteuropäischen Staaten begegnete, kam schwerlich darauf, daß sein Gegenüber den Titel eines Päpstlichen Ehrenprälaten trug.«[196]

Diese »gottverlassenen Dörfer« besuchte Bayer tatsächlich, und so kommt es, daß der Name »Bayer« noch heute in Jugoslawien bei vielen einfachen Dorfpfarrern einen guten Klang hat und, wie sich einer von ihnen ausdrückte, »Augen zum Leuchten bringt«. Im folgenden sollen einige Projekte vorgestellt werden, die Carlo Bayer betreute und in denen sein Schwerpunkt, die Gewährung der strukturellen Hilfe für kirchliche Institutionen, zum Vorschein kommt.

In seinem Antrag für die Gewährung der Hilfe im Jahre 1962 richtete Bayer die Aufmerksamkeit der deutschen Bischöfe auf die Lage der Priesterseminare und ihrer Bewohner. In seinen Augen war der Priesternachwuchs in Jugoslawien »erfreulich und unter den gegebenen politischen Umständen einfach erstaunlich«[197]. Die monatlichen Unkosten für einen Seminaristen betrugen durchschnittlich 9000 Dinar, was zum damaligen Zeitpunkt einer Summe von 50 bis 60 DM entsprach. Hierin waren Unterkunft, Verpflegung, Lernmittel sowie Personal- und Professorenvergütung eingeschlossen. Nach Bayers Darstellung konnten die meisten Eltern von diesem Pensionssatz 2000 bis 3000 Dinar aufbringen, »hinzu kommen Lebensmittelspenden der bäuerlichen Familien, je nach dem Ernteertrag«[198]. Für die verbliebene Differenz mußte dann der zuständige Diözesan-Bischof sorgen. Und gerade um diesen »Restbetrag« kümmerte sich Bayer, der die Bischofskonferenz um Unterstützung bat. Es wurde eine »Jahreskopfquote« von etwa 50 $ für den einzelnen Seminaristen bestimmt, die es aufzubringen galt. Im Antrag für das Jahr 1962 erbat Bayer für diesen Zweck die Summe von 120000 DM.

Ein weiteres Beispiel für das Jugoslawien-Programm in diesem Zeitraum bildet die Unterstützung für das Priesterseminar der Erzdiözese Zagreb. In seiner »Begründung« des Hilfsprogramms in Höhe von fast 100000 DM beschrieb Bayer die Situation aus eigener Anschauung:

---

196 FAZ vom 18. 1. 1977.
197 Gesuch an die Deutsche Bischofskonferenz vom 2. 3. 1962.
198 Ebd.

»Wie alle Seminarien, die ich besichtigen konnte, machen auch die beiden theologischen Anstalten in Zagreb, insbesondere das kleine Seminar, mehr den Eindruck eines Flüchtlingslagers von 1945 als den einer geordneten theologischen Lehranstalt. Die Raummenge ist beängstigend ... Schlafsäle mit bis zu 60 Betten wurden in den ursprünglich glücklicherweise breit angelegten Korridoren eingerichtet. Die Alumnen haben keine Schränke für Kleider und Wäsche ... Da für einen Ausbau weder die Mittel vorhanden sind noch eine Baugenehmigung erteilt wird, muß eine Verbesserung des Hauses und seiner Einrichtungen angestrebt werden.«[199]

Im folgenden beschrieb Bayer die teilweise katastrophalen sanitären und hygienischen Einrichtungen und bat um einen Zuschuß von 50 000 DM »für die dringendsten Instandsetzungsarbeiten und Neuanschaffung von Mobiliar«. Auch die übrigen Seminare, die Bayer Anfang 1962 besuchte, machten einen ähnlich fatalen Eindruck; sie erschienen ihm alle überbelegt, und einige, so das Seminar in Pazin, mußten sogar Kandidaten aus Platzgründen ablehnen. Aus seiner direkten Anschauung war Bayer in der Lage, Vorschläge für die wichtigsten Hilfsmaßnahmen zu unterbreiten. In gleicher Weise verfuhr er auch mit Anträgen, die die Reparaturen an Kirchen betrafen, die entweder durch ein Erdbeben zerstört worden sind oder schon seit Jahrzehnten dringender Reparaturen bedurften[200].

Die Hilfe, die Carlo Bayer seit 1960 in einem größeren Ausmaß vermittelte, war so vielfältig wie die Nöte des kirchlichen Lebens in Jugoslawien. In einer Zusammenstellung über die Aktivitäten des Jahres 1965 erwähnte Bayer Stichworte wie »Existenzhilfe« für alte und kranke Priester, die in Jugoslawien kein Anrecht auf Alters- und Krankenversicherung hatten, »Klosterausstattungshilfe«, zu der zum Beispiel Näh- und Strickmaschinen gehörten, die den Lebensunterhalt der Ordensschwestern sicherten, »Motorisierung« von Seelsorgstellen, zu der alle Arten von Fahrzeugen gehörten und vieles andere mehr. Am Schluß der Zusammenstellung merkte Bayer an:

»Hunderte von Dankschreiben liegen vor, die diesem Bericht nicht beigefügt werden können. Im Namen der jugoslawischen Bischöfe, Pfarrer und Ordensleute und vielen Laien darf ich den Dank an den Deutschen Episkopat übermitteln. Im eigenen Namen danke ich, daß wir bei dieser Hilfe für die Kirche im Osten Leitstelle und Vermittler sein dürfen.«

---

199 Ebd.
200 Der genaue Weg von der Antragstellung bis zur Gewährung der Hilfe wird bei der Schilderung von Bayers Tätigkeit beim Europäischen Hilfsfonds dargestellt.

Im Zusammenhang späterer Entwicklungen, so Bayers Leitung des Europäischen Hilfsfonds, ist auf das Vertrauen hinzuweisen, daß die deutschen Bischöfe ihm entgegenbrachten. Dies wird schon an der stetigen Ausweitung des Hilfsvolumens deutlich, die das Jugoslawien-Programm erfuhr. In einem Rückblick auf das Jahr 1962 nannte Bayer die Summe von rund 790 000 DM, die er von Rom aus für Jugoslawien vermitteln konnte: »Den weitaus größten Anteil an dieser Hilfe hatten die Hochwürdigsten Oberhirten Deutschlands mit DM 514.700,- gegeben.« Des weiteren nannte er das Werk »Misereor«, den Episkopat der USA und einige andere europäische Caritas-Verbände. Was für das Jahr 1962 galt, wurde in den nächsten Jahren fortgesetzt und mit einem beträchtlich höheren Finanzvolumen erweitert[201]. Dieses Vertrauen der Bischöfe in die Arbeit Bayers, die auf dem Gebiet der »Osthilfe« ganz besonders der Kompetenz und der Diskretion bedurfte, ist festzuhalten. Es waren auch die gut informierten deutschen Oberhirten, allen voran der damalige Vorsitzende der Deutschen Bischofskonferenz, Kardinal Julius Döpfner, die auch nach Bayers Sturz als Generalsekretär der C.I. im Sommer 1970 ihm die Treue hielten und die Fortsetzung der Hilfe für die Kirchen Osteuropas ohne Zögern anvertrauten.

Dank an Bayer: Ehrenkanonikus in Maribor

Wie die deutschen Bischöfe, so ließen sich auch die Oberhirten Jugoslawiens von Bayers römischen Querelen nicht beeindrucken. Sie wußten sehr genau, welchen Freund der jugoslawischen Kirche sie in Bayer besaßen, und daß dessen Verläßlichkeit und Kompetenz sich nicht von den trüben Wassern Roms untergraben lassen würde. So fallen die zwei wichtigsten Dankbezeugungen der jugoslawischen Kirche in die Zeit, in der Bayer seinen römischen Posten schon verlassen hatte.

Die erste Auszeichnung wurde schon erwähnt: das Angebot einer katholischen theologischen Fakultät, Bayer mit der Doktorwürde honoris causa zu ehren. Der Dekan der Fakultät wandte sich im August 1976 an Bayer, um sein Einverständnis zu erfragen. In der Begründung dieses Schrittes merkte er an:

»Damit folgt diese Fakultät der Tradition, mit dem erwähnten Titel die Männer zu ehren, die sich in der Förderung der geistigen und christlichen Kultur in unseren Gegenden hervorgetan haben. Wenn man an Ihren Beistand in unserer oft schwierigen Situation denkt, so gebührt Ihnen der Titel auf ausgezeichnete Weise.«

---

201 Die Berichte mit den detaillierten Projekt- und Kostenaufstellungen wurden, wie es der Sache entspricht, als »vertraulich« behandelt. Im Rahmen unserer Darstellung ist eine genaue Aufstellung der Ausgaben und des Finanzvolumens nicht erforderlich.

Wenige Tage später antwortete Bayer auf diesen Vorschlag:

»Die Absicht ... mir die Doktorwürde honoris causa zu verleihen, weiß ich wohl zu würdigen. Ich fühle mich der Fakultät, ihren Anliegen und Sorgen, seit vielen Jahren verbunden. Das wird auch in Zukunft so bleiben.
Im Augenblick hoffe ich, daß auch die Fakultät durch die Umstellung und Einführung der neuen Heizungsanlage ... zusammen mit dem Seminar profitieren wird. Von der Verleihung der Doktorwürde bitte ich jedoch abzusehen.«

Im folgenden begründete Bayer diese auf den ersten Blick befremdliche Entscheidung mit Worten, die schon in einem anderen Zusammenhang zitiert worden sind[202]. Er schloß:

»Ich betrachte es als Vorsehung, daß ich sofort nach dem Krieg in die caritative Arbeit einsteigen und zum Teil weltweit mit meinen Fähigkeiten und Kenntnissen am Dienst der Kirche für die Menschen mitwirken konnte.
Besonders die jetzige Tätigkeit pastoraler Hilfe für die Kirche in den Ostländern gibt mir viel Befriedigung; und das genügt vollauf.
Ich bin sicher, Sie haben Verständnis für meine Entscheidung. Ich bin aber Ihnen und dem Rat der Fakultät dankbar verbunden, daß Sie diese Ehrung für mich geplant hatten.«

Es ist schwer, eine präzise Interpretation dieser Entscheidung Bayers zu geben. Seine Hinweise auf die durch den Krieg unterbrochene akademische Karriere und seine caritative Betätigung, die ihm einen tiefen Lebenssinn verlieh, sind sicherlich akzeptabel. Folgt man dieser Erklärung, dann hätte ein Doktortitel honoris causa diese rein caritative Laufbahn zu einem Teil entwertet, denn die Annahme eines akademischen Ehrentitels hätte man als ein spätes Wahrnehmen entgangener Chancen interpretieren können. Diesen Eindruck wollte Carlo Bayer nicht aufkommen lassen[203].

An diese Auffassung würde sich eine weitere Tatsache aus Bayers Leben anschließen: die Verleihung und die Annahme der Würde eines »Ehrenkanonikus« des Domkapitels der slowenischen Diözese Maribor im Januar 1975. Auch diese Ehrung fiel in die Zeit »nach 1970«, als Bayer Leiter des Wiener Europäischen Hilfsfonds war, und sie berührte die vielen Ehrungen, die ihm anläßlich

---

202 Vgl. den Exkurs: Die Caritas-Frage »Wer ist mein Nächster?« im 20. Jahrhundert.
203 Diese Interpretation erhält insbesondere in der Rückschau auf den gesamten Lebenslauf Bayers eine »interne« Glaubwürdigkeit.

seines 60. Geburtstags zuteil wurden. Da es eine rein kirchliche Ehrung war, hatte Bayer keine Schwierigkeiten, sie dankbar anzunehmen.

Auf die Frage, weshalb es gerade das Domkapitel von Maribor war, das Bayer diesen Ehrentitel anbot, gibt die Erklärung des späteren Bischofs Franc Kramberger eine Antwort. In einem Brief blickte er zurück auf die Zeit des Krieges und die unmittelbare Nachkriegszeit, um die Nöte des Bistums anzudeuten:

»Von allen Diözesen in unserem Land hat gerade unsere Diözese während des Krieges und auch sofort nach dem Krieg am meisten gelitten. Die deutschen Behörden haben während des Krieges neben den anderen Diözesangebäuden auch beide Priesterseminargebäude, alte und neue, weggenommen, sowie auch das Schülerseminargebäude. Nach dem Krieg haben sie unsere Behörden nicht zurückgegeben.«[204]

In dieser Situation entstand für die Priesteramtskandidaten der Diözese eine Notsituation. Sie mußten in Dachbodenräumen des Priesterseminars und des Dompfarrhauses von Ljubljana wohnen. Doch auch dies war nach kurzer Zeit nicht mehr möglich, da die übrigen slowenischen Diözesen selbst an Platzmangel litten. So mußte der damalige Bischof Držećnik nach Möglichkeiten suchen, ein neues Priesterseminar zu errichten:

»Im Jahre 1967 hat er die Bewilligung zum Bau von den Behörden bekommen. Aber er mußte die Hälfte der Baukosten bezahlen. In dieser Notlage hat ihm Prälat Carlo Bayer, Generalsekretär der römischen Caritas Internationalis, großzügig Hilfe geleistet.«[205]

Ähnlich verhielt es sich auch mit einigen Kirchen in der Diözese, die dringend gebaut werden mußten. So wurde in der Stadt Maribor selbst 1965 eine neue Pfarrei mit 12 000 Gläubigen errichtet, die zunächst ohne eigene Kirche waren. Im Jahre 1970 wurde diese mit wesentlicher Unterstützung der C.I. errichtet. Das gleiche galt für den Neubau einer Kirche in Sostanj, wo sich die alte Kirche durch Auswirkungen des Steinkohleabbaus gesenkt hatte und nicht mehr benutzt werden konnte. Den bei all diesen Problemen weit über das Gewöhnliche hinausgehenden persönlichen Einsatz Carlo Bayers wollte das Domkapitel würdigen, indem es ihn zum Ehrenkanonikus ernannte.

Die Ernennungsurkunde, die am 12. Januar 1975 durch den damaligen Bischof von Maribor, Maximilian Držećnik, ausgestellt wurde, sei hier im Wortlaut zitiert:

»Das Überschreiten Ihres sechzigsten Lebensjahres veranlaßte Uns, Ihrer besonders zu gedenken. Seit langem stellen Sie Ihre ganze Kraft in den

---

204 Brief von Bischof Kramberger an den Verf. vom 7. 7. 1988.
205 Ebd.

Dienst der christlichen Liebe; als eines der führenden Mitglieder der internationalen Caritas, die in ihrer weitverzweigten Tätigkeit sich die Aufgabe stellt, die Nöte und die Bedürfnisse der leidenden Menschheit und ihrer Institutionen zu lindern, waren Sie stets bemüht, die Worte der Liebe in die Tat umzusetzen und so das Gesetz der Liebe wörtlich zu erfüllen. Die christliche Caritas kennt weder nationale noch religiöse Grenzen, und wo immer sich ein Bruder in Not befindet, hilft sie. Herr Prälat, Sie waren immer bereit, unseren Bitten Gehör zu schenken, und haben außer der regelmäßigen Unterstützung unserer Seminarien auch wesentlich bei der Errichtung der theologischen Fakultät in Maribor sowie der neuen, sehr notwendigen Pfarrkirche in Tezno bei Maribor und der Pfarrkirche in Sostanj mitgewirkt. Auch für einige unaufschiebbare Kirchenerneuerungen hatte Sie volles Verständnis, und mancher unserer geistlichen Mitbrüder ist Ihrer Hilfe teilhaftig geworden.
Herr Prälat, wir beglückwünschen Sie zu Ihrem Jubiläum, und um Ihnen Unsere Dankbarkeit zu erweisen, ernenne Ich Sie mit Einwilligung seiner Em. Card. Josef Höffner, dem Erzbischof von Köln, und mit Einverständnis der Mitglieder des Domkapitels zum
EHRENKANONIKUS
des Domkapitels der Diözese Maribor, mit dem innigen Wunsche: der liebe Herrgott möge Sie auf die Fürbitte des Dieners Gottes Bischof Anton Martin Slomsek noch lange gesund erhalten.
Maximilian Drźećnik
Bischof von Maribor«[206]

Es sei noch angemerkt, daß – nachdem sich der letzte in der Urkunde genannte Wunsch nicht erfüllte und Carlo Bayer genau zwei Jahre später starb – es der jugoslawische Episkopat und Klerus waren, die in einem ungewöhnlich hohen Maße ihre Teilnahme am Tode Bayers ausdrückten: Kardinäle, Bischöfe, Priester und Ordensleute nahmen nach Möglichkeit an Bayers Beerdigung teil oder äußerten ihre Betroffenheit schriftlich. Sie wußten, welchen Freund sie in Bayer verloren, und sie gaben ihren Gefühlen sehr offen einen Ausdruck. Der jugoslawische Schwerpunkt im Wirken Bayers gibt uns noch einmal Gelegenheit, den Zweig seiner Arbeit zu betonen, der nicht mit den spektakulären Einsätzen zusammenhing, sondern der mit weitsichtigen, strukturellen Elementen operierte. Ähnlich wie in den fünfziger Jahren bei seiner Reise nach Südamerika, wo er Impulse zur selbständigen Arbeit der nationalen Caritas-Verbände gab, leistete Bayer auch für Jugoslawien Hilfestellung, die über die tagespolitisch

---

[206] Die Einwilligung Kardinal Höffners wurde eingeholt, da Bayer zu diesem Zeitpunkt in Köln inkardiniert war. Anton Martin Slomsek (1800–1862) war ein verehrter Volksseelsorger und Bischof in Slowenien.

bestimmte Hilfe hinausging. Der Bau eines Priesterseminars, die Errichtung einer Kirche in einer neugegründeten Pfarrei oder auch nur die Beschaffung von Vervielfältigungsapparaten sind Aktivitäten, deren Früchte man noch Jahrzehnte später erntet und die signalsetzende Wirkungen besitzen. Die Hilfe, die durch das persönliche Engagement Carlo Bayers vermittelt wurde, hat solche Früchte getragen, und so hat der Name »Bayer« unter Priestern und Ordensleuten in Jugoslawien bis heute einen guten Klang.

9. Die nachkonziliare Blüte der C.I. (1965 bis 1968)

Schwerpunkte der Hilfe

Die nachkonziliaren Jahre 1965 bis 1970 bedeuteten für die C.I. eine Blüteperiode. Ihre gesamte Leitung konnte in den Konzilsjahren in einen Dialog mit den führenden Hierarchen der Weltkirche treten, um so Vertrauen zu gewinnen und ihren Aktionsradius auf einer soliden Basis auszubauen. Das galt vor allem für die Kontakte zu Vertretern der Entwicklungsländer und der Kirchen jenseits des »Eisernen Vorhangs«. Seit 1966 stiegen dann die Aktivitäten der C.I. in einem ungeahnten Maße – mit allen Chancen und Gefahren, die damit verbunden waren. Als Carlo Bayer zu Beginn der achten Generalversammlung, am 6. Mai 1969, den Delegierten im römischen Domus Mariae eine Übersicht über die Aktivitäten der Organisation in den Jahren 1966 bis 1968 gab, sprach er von einer »außerordentlichen Ausweitung« der Hilfsprogramme, die von der C.I. durchgeführt wurden. Im wesentlichen führte er dies auf zwei Faktoren zurück:
a) Auf einen außerordentlichen Vertrauensbeweis von seiten des Hl. Stuhls und einiger Bischofskonferenzen.
b) Auf eine Reihe von zeitgeschichtlichen Ereignissen und Naturkatastrophen in diesem Zeitraum.
Diese Faktoren stellten in ihren praktischen Konsequenzen eine permanente Herausforderung an die Leistungsfähigkeit aller Mitarbeiter und an die Statuten der C.I. dar[207]. Wenn Bayer in seinem Bericht Stichworte wie »Vietnam, Indien, Vorderer Orient, Afrika (Biafra), Osteuropa« ins Spiel brachte, dann war jedem zeitgeschichtlich Interessierten die Spannweite der Aktivitäten klar. Ohne auch nur annähernd einen vollständigen Überblick über die praktische Arbeit der C.I. in jener Periode geben zu wollen, seien hier schwerpunktmäßig drei Aktionen erwähnt, die sich alle auf dem asiatischen Kontinent abgespielt haben: die Hilfe für Vietnam, Indien und Hongkong.

---

207 Die C.I. gab einen umfangreichen »Report of the VIII General Assembly« heraus. Hier ist auch Bayers Bericht vollständig wiedergegeben. Bezüglich der Nothilfe und ihrer Konsequenzen vgl. ebd. 71–74.

Hilfe für Vietnam

Eines der verheerendsten Ereignisse in der Geschichte unserer Welt nach dem Zweiten Weltkrieg war die Zuspitzung des seit 1946 andauernden Vietnam-Konfliktes in den Jahren 1964 bis 1975. In dem seit Mitte der sechziger Jahre eskalierenden Konflikt zwischen Nord- und Südvietnam mit ihren jeweiligen Verbündeten wurde infolge von systematischen Bombardierungen und Anwendung brutalster Kampfmethoden auf allen Seiten unsägliches Leid verbreitet. Die caritativen Organisationen der Welt versuchten nach Kräften das Leid zu mildern, auch wenn ihre Entfaltungsmöglichkeiten in dieser Region stark eingeschränkt waren. Im Oktober 1965 verbreitete das Generalsekretariat der C.I. einen »Aufruf für Vietnam«. Dieser erging zugunsten »aller Opfer in Vietnam, im Norden und im Süden, ohne Unterscheidung der Rasse und der Religion«[208].

Die Nothilfe-Kommission der C.I. trat nach diesem Aufruf am 30. Oktober zusammen. Neben der Teilnahme an einer ersten praktischen Hilfsaktion zugunsten von Kleinkindern, die von dem amerikanischen Werk CRS und dem französischen Secours Catholique initiiert wurde, beschloß man, den Präsidenten der Kommission, Msgr. Cauwe, in die Region zu entsenden, damit er sich in Vietnam, insbesondere auch in den Flüchtlingslagern, selbst einen Überblick verschaffen konnte. Sein Bericht, den er im Januar 1966 vorlegte, bildete einen Leitfaden für die nun anrollenden Hilfsmaßnahmen. Weitere Situationsberichte erhielt die C.I. durch den Leiter der Ostpriesterhilfe, Pater Werenfried van Straaten, sowie durch den Direktor der Caritas-Vietnam, Abeé Vui[209]. Die Aktivitäten der katholischen Organisationen sollten durch einen Bevollmächtigten der C.I., den Belgier Gustave Flour, koordiniert und inspiriert werden[210].

Nachdem aus dem Fonds des Hl. Stuhls zwei Spenden von 50 000 und 100 000 $ eingegangen waren, und dies dem Wunsch nach Hilfe sowohl für Süd- als auch für Nordvietnam, konnten die Hilfsmaßnahmen beginnen. Sie sollten grundsätzlich bei der relativ gut ausgebauten Caritas-Vietnam zentriert werden. Die Hilfsanträge wurden von einer »Arbeitsgruppe« überprüft, die sich aus Vertretern des Hl. Stuhls, der Caritas-Vietnam und der C.I. zusammensetzte. Diese Gruppe leitete die bewilligten Projekte an das Generalsekretariat der C.I. weiter, das die Entscheidungen an die Mitgliedsverbände bekanntgab und die notwendigen Beträge bei einer Bank in Hongkong abrief. Zeichnungsberechtigt waren hierbei Msgr. Cauwe und der Leiter der Caritas in Hongkong, Msgr.

---

208 Vgl. Intercaritas, Oktober–November 1965, 1.
209 Vgl. ebd. Januar–Februar 1966, 4 ff.
210 Gustave Flour hatte nach dem Sturz Bayers den Posten des Generalsekretärs ad interim (1970–1971) inne.

Hermann Vath[211]. Ein Vertreter der C.I. sollte in zweimonatigen Abständen einen Bericht über die Aktivitäten zusammenstellen[212]. Auch hier wurde grundsätzlich entschieden, sich sowohl in der »Soforthilfe« zu engagieren, die aus Verteilung von Lebensmitteln, Medikamenten und Kleidung bestand, als auch langfristige Projekte zu fördern, wie zum Beispiel Entwicklungsprogramme für die Landgebiete, Ausbildungskurse für Sozialhelferinnen und ähnliches. Eine Besonderheit der kirchlichen Hilfe in diesem Zeitraum war der Versuch, die Hilfsmaßnahmen nicht nur auf Südvietnam zu beschränken, sondern auch in Nordvietnam aktiv zu werden. Hier war die Reise des Direktors des DCV, Msgr. Georg Hüssler, von besonderer Bedeutung, der sich vom 1. bis 10. Januar 1967 in Hanoi aufhielt. Es gelang Hüssler, sich mit dem Nordvietnamesischen Roten Kreuz in Verbindung zu setzen, das das Hilfsangebot dankbar annahm und sogleich eine detaillierte Liste von dringend benötigten Sachspenden zusammenstellte. Zu den anschließend angelaufenen Hilfsprojekten gehörte unter anderen die Ausstattung eines Zivilkrankenhauses[213].

Bei einer sich an die Reise anschließenden Pressekonferenz äußerte der deutsche Caritasdirektor den Wunsch, daß künftig die Spenden »paritätisch« für Nord- und Südvietnam verwendet werden mögen:

> »Er sei nach Nordvietnam gereist, so erklärte Msgr. Hüssler, der als erster katholischer Priester die Grenze nach dem kommunistischen Teil Vietnams überschreiten konnte, weil dort Menschen lebten, ›die unsäglich leiden, und denen zu helfen das christliche Gewissen gebietet‹.«[214]

Im Rahmen einer Asienreise im März 1967 besuchte auch Carlo Bayer den südlichen Teil Vietnams, wo er besonders die Lage der Flüchtlinge aus den Kampfgebieten mit Vertretern der dort anwesenden Hilfsorganisationen erörterte. Er machte sich jedoch keine Illusionen über das Ausmaß der Not und über den Anteil der Hilfe, die von außen geleistet werden konnte: »Die Not nimmt unerhörte Ausmaße an«, so lautete die Quintessenz der meisten Berichte, die nach Vietnam-Reisen verfaßt wurden. So konnten die beteiligten Hilfswerke im Glücksfall nur die gröbste Not mildern, mehr nicht. Wenn durch Bombardierungen ganze Städte und Landesteile verwüstet wurden, wenn sich Hunderttausende auf der Flucht befanden, wenn zudem die Hilfsaktionen durch militärische Unternehmungen behindert wurden, dann konnte keine caritative Organisation eine umfassende Hilfe erbringen. Festzuhalten aber bleibt: In dem herrschenden

---

211 Hermann Vath gehörte bis zu seinem Tode 1974 zu den ungewöhnlichsten Persönlichkeiten der internationalen Caritas-Arbeit. Vgl. die biographische Anmerkung im Abschnitt über die Hongkong-Hilfe.
212 Vgl. Intercaritas, Mai–August 1966, 1 ff.
213 Vgl. ebd. Oktober–November 1967, 6.
214 Vgl. ebd. Januar–Februar 1966, 12.

Chaos waren es oft nur die Kirchen mit ihren caritativen Werken, die der notleidenden Bevölkerung halfen und so zu einem kleinen Zeichen der Hoffnung wurden.

Der Kampf gegen den Hunger in Indien

Anfang des Jahres 1966 wurde der Weltöffentlichkeit bewußt, daß Indien vor einer Hungerkatastrophe stand. Der unmittelbare Anlaß war das Ausbleiben zweier Monsunregen, die für die Ernte unabdingbar waren. Eine zum damaligen Zeitpunkt eingetretene Lebensmittelknappheit bedrohte etwa eine Million Menschen, für den Herbst desselben Jahres wurde mit einer weiteren akuten Verschlechterung der Situation gerechnet. So waren die caritativen Organisationen zu einer sofortigen und intensiven Hilfe aufgerufen, und vor der drohenden Hungerkulisse entschlossen sich die Katholiken und die im WCC zusammengeschlossenen Protestanten zu kooperieren. Bei einer gemeinsamen Sitzung Ende Januar 1966 einigte man sich auf eine »synchronisierte« Mobilisierung der Kräfte, und das galt sowohl für die öffentlichen Appelle an die christliche Welt als auch für die Koordinierung der Aktionen. In einer Ansprache vom 9. Februar wandte sich der Papst mit einem dringenden Hilfsappell an alle Christen, und gleichzeitig wurde die Mitgliedskirche des Weltrates aufgerufen, sich an den Hilfsmaßnahmen zu beteiligen.

Wenige Wochen später gab es die ersten handfesten Ergebnisse. In den meisten westlichen Ländern führten die Aufrufe zu großangelegten Sammlungen, die Mittel in Millionenhöhe ergaben. Die C.I. wurde von Papst Paul VI. mit der Koordinierung der katholischen Hilfsbemühungen beauftragt. So führten die Mitglieder der Nothilfekommission und des Generalsekretariates zunächst Gespräche mit den zukünftigen Ansprechpartnern: mit der indischen Botschaft, der FAO, den Catholic Charities India und anderen. Es wurde deutlich, daß es nicht genügt, Lebensmittel ins Land zu bringen, sondern daß es auch darauf ankommt, diese im Landesinneren zu verteilen. Daher wurde dem Hl. Stuhl vorgeschlagen, neben der geplanten Lebensmittelhilfe auch eine Anzahl von Lastwagen zu kaufen. Daraufhin wurden in kürzester Zeit fast 100 Fahrzeuge gekauft: 40 der Marke Fiat, 30 Citroen, und 20 in Indien produzierte Mercedes. Bevor die Lastwagen Anfang März in Venedig und Marseilles auf Schiffe verladen wurden, nahm der Papst am 27. Februar eine »Einsegnung« auf dem Petersplatz vor. Nach einem Bericht der »Intercaritas« fand diese Zeremonie vor rund 50 000 Menschen statt, unter denen sich auch die Spitzen der C.I., ihr neuer Präsident Jean Rodhain und Carlo Bayer, befanden, die den Hl. Vater begrüßten.

»Sämtliche Fahrzeuge standen auf dem Platz, waren mit dem Emblem ›Caritas Internationalis‹ versehen und trugen die Aufschrift ›Gift of Pope

Paul VI.‹ Begleitet von Msgr. Rodhain und Msgr. Bayer begab sich der Papst zu den Vertretern der Automobilfirmen, die zur Wagensegnung nach Rom gekommen waren, und zu den Chauffeuren der Lastwagen, denen er nach kurzem Gespräch je eine Pontifikatsmedaille überreichte.«[215]

In seiner Ansprache erneuerte Papst Paul VI. seinen Aufruf zur Hilfeleistung in Indien, würdigte aber auch die schon erbrachten Ergebnisse:

»Unsere Hilfsorganisationen, vor allem Caritas Internationalis und Catholic Relief Services, sind bereits mit bewundernswerter Hingabe an der Arbeit. Die Hilfsorganisationen unserer Getrennten Brüder werden ebenfalls mit uns zusammenarbeiten. Auch andere bedeutende Hilfsorganisationen haben dasselbe Ziel vor Augen.«[216]

Am 10. März wurden 30 Citroen zusammen mit 300 Tonnen Reis in Marseilles verladen. Die Fiat-Lastwagen wurden zusammen mit einer Sendung von fünf Tonnen Milchpulver und einer Tonne Antibiotika am 14. März von Venedig aus verschickt. Das war ein erster Beitrag zur »Soforthilfe«, dem aber nach einem Konsens der C.I. und des WCC längerfristige Projekte folgen mußten, um die Hilfsmaßnahmen nicht zu einem Faß ohne Boden zu machen.

Erwähnenswert ist hier die Aktion »200 Brunnen«, die die Versorgung mit Trinkwasser und die Instandsetzung von Bewässerungsanlagen in einigen Regionen Indiens ermöglichen sollte. Diese Aktion und die grundsätzliche Bemühung, bei den Einheimischen den Sinn für eigene Initiativen zu wecken, waren in den wenigsten Fällen spektakulär, doch führten sie zu der einzig sinnvollen, das heißt zu einer langfristigen Besserung der Situation.

Die einzelnen Schritte der Kampagne gegen den Hunger in Indien können in den Heften der »Intercaritas« nachgesehen werden[217]. Hier seien nur einige zusammenfassende Gedanken über die Aktionsprinzipien wiedergegeben:

»Der Beitrag der christlichen Hilfsorganisationen kann nicht den Ehrgeiz haben, die soziale und wirtschaftliche Lage eines so großen Landes wie Indien zu verändern. Wenn sich die Hilfe nicht in vielen kleinen Rinnsalen verlieren soll, ist es notwendig, die folgenden Punkte anzustreben:
– eine ständige Zusammenarbeit zwischen empfangenden und gebenden Stellen ...

---

215 Intercaritas, März–April 1966, 3.
216 Ebd. 4.
217 Vgl. Insbesondere die Ausgabe Mai–August 1966, 9ff.

- eine Auswahl von Schwerpunkten in Notstandsgebieten
- eine Schulung von einheimischen Personal, das mit den wirtschaftlichen und sozialen Tatsachen des Landes vertraut ist ...«[218]

Aktionsprinzipien dieser Art sollten durch ihren Realismus und ihre Zurückhaltung die Beteiligten, die sich einem fast unendlichen Berg von Aufgaben und Problemen ausgesetzt sahen, vor Überforderung und Frustration schützen. Die indische Bischofskonferenz griff in diesem Zeitraum diese Gedanken auf und rief die Bevölkerung zu einer eigenen – indischen – Kampagne gegen Hunger und Krankheit im Lande auf.

Hilfe für Hongkong: Einweihung des Montini-Turmes

In der Zeit vom 14. Februar bis zum 16. März 1967 unternahm Carlo Bayer eine ausgedehnte Reise durch mehrere Länder Asiens. Der unmittelbare Anlaß war die Einladung der Caritas-Hongkong an Bayer, eine neue Abteilung des »Medical Centre« einzuweihen. Diese Einladung war kein Zufall, denn die dortige Caritas stellte infolge der Aktivitäten des aus Deutschland stammenden Prälaten Carlo H. Vath[219] auf dem asiatischen Kontinent eine einmalige Erscheinung dar. Den Aufenthalt in Hongkong nahm Bayer zum Anlaß, sich in verschiedenen Ländern Asiens über die Arbeit der nationalen Caritas-Verbände und die internationale Zusammenarbeit zu informieren. Am interessantesten und fruchtbarsten war in diesem Zeitraum der Aufenthalt in Indien, wo Bayer das gerade laufende Programm der Hungerbekämpfung beobachten konnte. In einem Bericht der »Intercaritas« erwähnte er die Aktionen, an denen die C.I. mitbeteiligt war: die Lastwagenaktion und die Brunnenaktion. Auch in Südvietnam informierte sich Bayer über die Fortführung der Aktionen, die sich aus den Aufrufen der C.I. und des WCC ergaben, sowie über einige Schwerpunktprojekte in ländlichen Gebieten. Neben diesen beiden Ländern besuchte er Japan, Formosa, Kambodscha, Thailand und Pakistan; Länder, in denen die nationalen Caritas-Verbände erst am Anfang einer systematischen Tätigkeit standen.

---

218 Ebd. 13.
219 Carl Hermann Vath, ein aus dem Rheinland stammender Priester (1909–1974) hatte einen abenteuerlichen Lebenslauf. Nach einer Ausbildung zum Kaufmann in New York zog es ihn nach China, wo er sich ein beträchtliches Vermögen erwerben konnte. Als Spätberufener fing er 1947 im Jesuiten-Kolleg in Shanghai an, Theologie zu studieren, und wurde 1952 geweiht. Von seinem Bischof wurde er beauftragt, das »Catholic Center« in Hongkong finanziell zu sanieren. Das gelang ihm auf eine sehr erfolgreiche Weise und das »Center« wurde zu einem weit ausstrahlenden Zentrum christlichen Lebens in Asien. 1972–1974 »sanierte« er als Präsident die C.I. die sich bis zu diesem Zeitpunkt von den Konsequenzen von Bayers Sturz noch nicht erholt hatte. Weitere Informationen über C.H. Vath im KNA-Portrait vom 19. 8. 1974.

Die Einweihung des »Montini-Tower«, die den äußeren Anlaß der Reise bildete, fand am 22. Februar 1967 statt. Es ist eine der wenigen Aktionen, bei der Bayer eine repräsentative Funktion übernahm, eine Funktion, die er sonst anderen Personen gern überließ. Der »Montini-Tower« war ein neuer Aufzug-Turm, der die Klinik »Caritas Medical Centre« in Kowloon mit der tiefer liegenden Straße verband. Das medizinische Zentrum konnte nicht mit allen seinen Komplexen und Gebäuden auf einmal fertiggestellt werden, sondern wurde kontinuierlich erweitert. Der neue Teil und insbesondere auch der Eingang, den Bayer eröffnete, wurde nach Papst Paul VI. benannt, da dieser die finanziellen Mittel für den Bau zur Verfügung gestellt hatte.

In Gegenwart des Ortsbischofs Lawrence Bianchi, des Prälaten Vath und der Vertreter von Caritas und des Krankenhauses nahm Bayer die Einweihung des Turmes vor, die einen weiteren Schritt in der Geschichte dieses ungewöhnlichen Krankenhauses abschloß. Denn schon die Lage der Klinik stellte etwas besonderes dar: sie lag mitten in einer übervölkerten Flüchtlingssiedlung an einem Berghang (So Uk Tsuen) in Kowloon. In einem Bericht von Georg Specht, einem Mitarbeiter der dortigen Caritas, hieß es:

> »Die Patienten schauen aus ihren blitzsauberen Krankenzimmern unmittelbar in die Armut der Flüchtlingshütten am Berghang, die miteinander durch ein Geflecht von Trampelpfaden verbunden sind. Wenn ein Caritas-Krankenhaus irgendwo am rechten Ort erstellt wurde, dann in So Uk Tsuen. Denn die Caritas kann es sich angesichts ihrer beschränkten Mittel ja nicht erlauben, Krankenhäuser für feine Leute zu bauen ... In Hong Kong, wo nach einer Statistik 80 Prozent der Bevölkerung nicht in der Lage sind, einen Krankenhausaufenthalt aus eigener Tasche zu zahlen und wo keinerlei gesetzliche Sozialversicherung existiert, braucht man Krankenhäuser gerade für die Armen.«[220]

Diese »Klinik für die Armen« wurde 1962 in Angriff genommen und schrittweise nach Komplexen und Fachabteilungen gebaut. Der Eingang und der Turm, den Bayer einweihte, half den Patienten, den ambulanten Teil der Klinik zu erreichen. In seiner Ansprache wies Bayer auf die bisherige und die zukünftige Arbeit der Landes-Caritas hin:

> »Nach soviel Arbeit zugunsten der Flüchtlinge in der Vergangenheit konzentriert Caritas Hong Kong zur Zeit ihre Kräfte auf die Durchführung von Selbsthilfe-Programmen sowohl auf dem Gebiet der Sozialzentren wie auch im Sektor der medizinischen Hilfe für Kranke und Notleidende. Ein beredter Ausdruck dieser Bemühungen ist das Medical Centre hier in Kowloon.

---

220 Intercaritas, März–April 1967, 9f.

Über das Portal könnte man die Stelle aus dem Matthäus-Evangelium, 25. Kapitel setzen:

›Herr, wann haben wir Dich krank gesehen und sind zu Dir gekommen? Der König wird ihnen zur Antwort geben: Wahrlich ich sage Euch: Was immer Ihr einem von meinen geringsten Brüdern getan habt, habt Ihr mir getan.‹«

Weiter führte Bayer aus:

»Solch ein Großprojekt ging weit über die Mittel und Möglichkeiten der Caritas Hong-Kong hinaus. Es ist jedoch bekannt, daß Caritas Hong-Kong und die Diözese seit Jahren immer größere Anstrengungen machen, z. B. durch die alljährliche Fastenaktion. Aus diesem Grund war es möglich geworden, Hilfe von Außen zu bekommen wie dies in vielen Ländern der Fall ist. Der Hl. Vater selbst, welcher den Fortgang der Arbeiten mit lebhaftem Interesse verfolgte, hat zum Bau dieses Medical Centres einen persönlichen Beitrag geleistet. Deswegen freue ich mich ganz besonders, daß der Eingang zur Ambulantenklinik den Namen Montini Tower erhielt.«

Schließlich verlas Bayer eine persönliche Botschaft Paul VI. vom 10. Februar, in der der Papst auf die brüderliche Zusammenarbeit von kirchlichen und staatlichen Stellen hinwies und die Ehrfurcht vor der notleidenden Person ansprach[221].

Personen, Räumlichkeiten, Finanzen:
Ein Blick in das Innenleben des Generalsekretariats

Jean Rodhain wird Präsident der C. I.

Im Jahre 1965, bei der siebten Generalversammlung, gab es eine für die Biographie Carlo Bayers verhängnisvolle Personalentscheidung. Nach drei Jahren unauffälliger Präsidentschaft in den Jahren des Konzils verließ Kardinal Raúl Silva Henriquez diesen Posten und überließ ihn dem Franzosen Msgr. Jean Rodhain. Dieser Schritt veränderte die Situation an der Spitze der C. I. erheblich, denn nun traten zum ersten Mal erhebliche Spannungen zwischen dem Präsidenten und dem Generalsekretär auf. Wie schon dargelegt, stand die Beziehung Bayers zu dem ersten Präsidenten, Msgr. Baldelli, unter den Vorzeichen der Neugründung und des Aufbruchs. Der in Italien verwurzelte Baldelli war froh, in Carlo Bayer einen Generalsekretär zu besitzen, der in dem verwirrenden Geflecht der internationalen Beziehungen stets einen roten Faden fand und ihm alle praktische Arbeit abnahm. So ergab sich zwischen Bayer und Baldelli eine

---

221 Alle Angaben aus: Intercaritas, ebd. 7f.

erfolgreiche Zusammenarbeit, die für beide Seiten vorteilhaft war. Der Nachfolger Baldellis, Kardinal Henriquez, dachte während der drei arbeitsreichen Konzilsjahre nicht daran, die Strukturen der C.I. anzugreifen, und auch er vertraute Carlo Bayer, dessen Arbeit große Erfolge vorzuweisen hatte. Diese Konstellation in den ersten 15 Jahren des Bestehens der C.I. führte folgerichtig dazu, daß die Position des Generalsekretärs sehr stark wurde, ja daß in Fachkreisen die C.I. vielfach mit »Bayer« gleichgesetzt wurde [222]. Die Position Bayers wurde nicht zuletzt auch dadurch gestärkt, daß die deutschen Bischöfe ihm zu einem wichtigen Teil ihr finanzstarkes Hilfsprogramm für die Kirchen jenseits des »Eisernen Vorhangs« persönlich anvertrauten. So konnte Bayer auch die Distanz zu den vatikanischen Stellen halten; er war loyal, doch zu keiner Zeit sah er sich genötigt zu antichambrieren.

1965, mit der Wahl Rodhains, gab es an der Spitze der C.I. eine zunächst kaum wahrnehmbare Klimaverschiebung, die jedoch wenige Jahre später ihre höchst dramatischen Auswirkungen zeitigen sollte. Um diesen späteren Ausbruch richtig einzuschätzen, müssen wir die Persönlichkeit Rodhains zumindest grundsätzlich charakterisieren. Dies ist nicht ganz einfach, denn der Charakter Jean Rodhains glich in manchen Zügen dem Charakter Bayers, um dann wieder völlig andere Seiten zu zeigen.

Zweifelsohne stellte der im Jahre 1900 in einem kleinen Vogesendorf geborene Jean Rodhain für die Caritas-Geschichte Frankreichs eine Pioniergestalt dar, die wesentliche Kapitel ihrer Geschichte schrieb. 1924 zum Priester geweiht, wurde er spätestens als Militärseelsorger und Helfer der Kriegsgefangenen als »der Mann mit den tausend Ideen« bekannt, der mit Mut und Phantasie seinen Landsleuten zu helfen verstand [223]. Nach dem Krieg wandte er seine Augen in die USA, um das Erfolgsgeheimnis der dortigen Wohlfahrtsverbände zu studieren. Das Resultat dieser Studien war die Gründung des »Secours Catholique«, des französischen Caritas-Verbandes, der sich aus den bescheidensten Anfängen des Jahres 1946 rasch zu der führenden Wohlfahrtsorganisation Frankreichs entwikkelte. Daß Jean Rodhain fähig war, auch über den französischen Horizont hinauszublicken, wird schon an dem Faktum deutlich, daß er zu den Gründungsvätern der C.I. gehörte, ja er war eine der tragenden Säulen dieser Gründung; aktiv in der Programmkommission, interessiert an Fragen der Entwicklungshilfe, führend in der Formulierung der Erwartungen der C.I. an das Konzil, fähig, seine Ideen und Ideale ins Gespräch zu bringen [224].

---

222 Es ist zu beachten, daß für die Gründungsväter der C.I. der Posten des Generalsekretärs von »entscheidender Bedeutung« war. Der Generalsekretär sollte der alltäglichen Arbeit den Stempel aufdrücken. Faktisch agierte Bayer in diesem Sinne.
223 Vgl. das KNA-Portrait vom 2. 2. 1977.
224 Vgl. den Rückblick Rodhains auf die Gründungsjahre der C.I. und auf die Konzilsjahre in der FS »25 Jahre Caritas Internationalis 1950–1975«, 11f. Eine ausführliche,

In dieser Rastlosigkeit und dem Mut, komplizierte Probleme anzupacken, glichen sich Rodhain und Bayer. Die »tausend Ideen«, die Rodhain zugesprochen wurden und die zugleich mit Zielstrebigkeit gepaart waren – diese Charaktereigenschaften konnten auch Bayer zugesprochen werden. Doch gleichzeitig gab es gravierende Unterschiede. Denn Jean Rodhain ließe sich auch durch das Stichwort »Grandseigneur« der Caritas-Arbeit charakterisieren; er bewegte sich gern in den hierarchischen Kreisen des Vatikans, er bediente sich einer blumigen, manchmal großspurigen Sprache, er liebte laute, symbolische Effekte. Für ihn war es selbstverständlich, seine Rede mit grundsätzlichen theologischen Erörterungen über »die Caritas« einzuleiten und wirkungsvoll abzuschließen. Für ihn war es gleichsam selbstverständlich, dem Papst ein Büschel Reis zu übergeben, das einer Neupflanzung in Biafra entstammte, die mit kirchlichen Mitteln angelegt wurde. Solche Gesten und blumigen Züge im Charakter Rodhains waren Bayer zutiefst fremd, und so kam es schon aus äußerlichen Gründen zu keiner tieferen, persönlichen Beziehung zwischen dem Präsidenten und seinem Generalsekretär.

Es gab jedoch noch gravierendere Gründe; Gründe, die über das rein Persönliche hinausgingen und letztlich zum Bruch führten. Die schon erwähnte Neigung zu der vatikanischen Hierarchie führte zu einer freundschaftlichen Beziehung Rodhains zu dem seit 1967 mächtigsten Mann im vatikanischen Staatssekretariat, dem Substituten und späteren Kardinal Giovanni Benelli. Dieser vertrat einen starken Zug zum Zentralismus, zur Vereinheitlichung der kirchlichen Aktivitäten unter die Ägide des Vatikans. Offensichtlich kamen Benelli und Rodhain zu der Überzeugung, daß das freie, vatikanunabhängige Wirken Bayers auf lange Sicht korrigiert werden müsse; es störte sie, daß ein so finanzstarkes und weltweit engagiertes katholisches Werk einen Generalsekretär besitze, der in kein vatikanisches Schema einzuordnen war[225]. Diese Überlegungen führten zumindest bei Jean Rodhain zu einer ersten, fatalen Frucht. Da er als Leiter des »Secours Catholique« seinen Sitz in Paris hatte und sich somit als Präsident der C.I. nur zeitweise in Rom aufhalten konnte, versuchte er »seine Leute« in das Generalsekretariat einzuführen, die ihn aus erster Hand über alle Entwicklungen informieren sollten. Ein Name, der in diesem Zusammenhang erwähnt werden muß, ist der Name des Franzosen Msgr. Maurice Bonneric, dem im Generalsekretariat das Afrika- und Nahost-Ressort übertragen wurde. Dieser enge

---

allerdings unkritische Würdigung des Lebens Rodhains findet sich in der von Jean COLSON und Charles KLEIN verfaßten Biographie: Jean Rodhain. Prêtre, 2 Bände, Paris 1981.
225 Diese Überlegungen sind – der Sache entsprechend – durch keine »offiziellen« Dokumente belegbar und doch entsprechen sie zweifelsohne den Fakten. Benellis Zug zum Zentralismus wird von allen Biographen unterstrichen, Rodhains Nähe zum Vatikan läßt sich vielen Äußerungen Rodhains entnehmen. Diese Konstellation wird bei den Reflexionen zum Sturz Bayers klar herausgearbeitet werden.

Vertraute Rodhains entwickelte einen beinahe manischen Ehrgeiz, die Position Bayers zu überwachen und zu untergraben, und spielte bei der Absetzung Bayers nach der Biafra-Hilfsaktion eine besonders brutale Rolle[226].

Diese Fakten müssen schon an dieser Stelle ausgeführt werden, denn nur so wird später deutlich, weshalb Carlo Bayer ausgerechnet nach seiner erfolgreichsten und engagiertesten Aktion, der Hilfe für das hungernde Biafra, gestürzt worden ist. Die Unterströmung in seiner Biographie und in der Geschichte der C.I. muß fortan im Auge behalten werden, die mit der Präsidentschaft Rodhains seit 1965 ihren Anfang nahm. Noch war die Arbeit Bayers zu erfolgreich, noch bot er zu wenig Angriffsfläche, um seine »freie Arbeitsweise« zu korrigieren. Seit 1965 veränderte sich das Klima im Generalsekretariat jedoch erheblich, und es war nur die unbestritten erfolgreiche und souveräne Arbeit Bayers, die ihn zunächst unangreifbar machte.

Der Stab der C.I. in neuen Räumlichkeiten

Unsere Übersicht über die Schwerpunkte der Tätigkeit der C.I. wies auf eine permanente Ausweitung der weltweiten Aktivitäten hin. Dies konnte nicht ohne Konsequenzen auf das Innenleben des Sekretariates und auf seine Strukturen bleiben. Zunächst mußte die Raumfrage gelöst werden, denn die alten, 1951 angemieteten Räumlichkeiten in der Via della Conciliazione erwiesen sich spätestens in der Konzilszeit als nicht mehr ausreichend. Durch die Umsicht und Entschlossenheit Bayers wurde 1967 die Gelegenheit ergriffen, in dem neu renovierten Palazzo San Calisto, auf der Piazza San Calisto 16, eine ganze Etage anzumieten. Dieser »Palazzo« war ein exterritoriales Gebäude des Vatikans, sehr günstig gelegen in dem alten römischen Viertel Trastevere. Er beherbergte eine ganze Reihe von vatikanischen Kongregationen und Organisationen, die sich an der Großzügigkeit der Anlage erfreuten. Bis zum heutigen Tag befinden sich die Räumlichkeiten der C.I. in diesem Gebäude. Im Rahmen einer Konferenz über die Nahost-Hilfe am 12. und 13. Oktober 1967 wurden die Räume offiziell ihrer Bestimmung übergeben. Ein zum gleichen Zeitpunkt stattfindender »Weltkongreß für das Laienapostolat« wurde zum Anlaß genommen, hohe Würdenträger auf den Umzug aufmerksam zu machen[227].

In den Jahren nach dem Konzil stieg mit dem Radius der Aktivitäten auch die Anzahl der Mitarbeiter des Generalsekretariats. Zum Zeitpunkt der achten Generalversammlung 1969 schlüsselte Carlo Bayer die Personalstruktur zunächst nach geographischen Gesichtspunkten auf: elf Mitarbeiter stammten aus Italien, vier aus Deutschland, zwei aus Frankreich, jeweils ein Mitarbeiter kam aus Argentinien, Belgien, Österreich, Spanien, den USA und der Schweiz.

---

226 Ausführlich zur Rolle Bonnerics vgl. auch hier die Anmerkungen zum Sturz Bayers.
227 Vgl. den Bericht der Intercaritas, Oktober–November 1967, 5.

Hierbei nahmen neben Bayer noch fünf Personen leitende Funktionen wahr, so der Stellvertreter Bayers, Pater Dr. Nikolaus Frank, und die Leiter der Ressorts Afrika, Naher Osten, Asien und Lateinamerika. Die übrigen Mitarbeiter betreuten Gebiete wie »Presse und Publikationen« oder übten Sekretariatsaufgaben aus[228]. Erwähnenswert ist auch der Chauffeur des Generalsekretariates, Vittorio Miss, der schon in den ersten Nachkriegsjahren in Kontakt zu Carlo Bayer trat und ihm seit der Zeit der Kriegsgefangenenhilfe zur Seite stand. Signor Miss war Bayer weit über die beruflichen Kontakte hinaus verbunden, und er war es auch, der Bayer bei seiner schweren Krankheit in den Wochen vor dem Tod pflegte.

Trotz des offensichtlichen Anstiegs der Personalstärke im Generalsekretariat äußerte sich Bayer 1969 sehr kritisch bezüglich dieses Punktes:

> »Im Verhältnis zum Arbeitsanfall während der letzten 3 Jahre der stets wachsenden Tätigkeit, muß auch diese Personalbesetzung noch als völlig ungenügend bezeichnet werden, besonders in einigen Funktionsbereichen, wie etwa Finanzen, Verwaltung und Nothilfe. Angesichts der Sofort- und Nothilfeaktionen kann ein Teil der operativen Aufgaben überhaupt nur deshalb geleistet werden, weil wir einmal die Mithilfe der italienischen Organisation ›Pontificia Opera di Assistenza‹ und zum anderen von zwei vatikanischen Ämtern haben, dem ›Ufficio Merci‹ (Vatikan-Transport) und des ›Autoparco‹ (Fahrdienst). Transport, Versand in aller Herren Länder, per Bahn, zu Schiff oder Flugzeug, Erledigung aller Zollformalitäten wurden vom Ufficio Merci in Katastrophenfällen jeweils in dankenswerter Weise hervorragend geregelt.«[229]

Auch wenn Bayer aufs Ganze gesehen mit der Personalsituation im Generalsekretariat unzufrieden war, so konnten in diesem Zeitraum einige wichtige Verbesserungen für das Personal erreicht werden. Vom 1. Mai 1969 an trat ein neues Besoldungssystem in Kraft, und alle Sozialleistungen, die das italienische Gesetz vorschrieb, wurden rückwirkend mit dem Einstellungstag für die einzelnen Mitarbeiter geregelt. Damit kam es in einem Punkt zu Verbesserungen, der schon seit den Anfangsjahren der C.I. eine Belastung darstellte. Wie in den meisten vatikanischen Behörden war vieles, was im staatlichen oder privaten Bereich durch die Einflußnahme von Gewerkschaften und Betriebsräten regelmäßig geordnet und der wirtschaftlich-sozialen Entwicklung angepaßt wurde, in »kirchennahen« Institutionen ungeregelt. Man ging davon aus, daß hier überdurchschnittlich viele Geistliche und Ordensleute mitarbeiteten, bei denen die familiären Verpflichtungen nicht im üblichen Maße gegeben waren und bei

---

[228] Eine Gesamtübersicht zur Personalstruktur des Generalsekretariats findet sich im »Report of the VIII General Assembly«, 80f.
[229] Bericht des Generalsekretärs vor der 8. Generalversammlung. In der deutschen Fassung S. 19. In der englischen Gesamtfassung S. 75f.

denen man ein hohes Maß an Idealismus erwarten durfte. Doch auch wenn dies oft der Fall war, so stellte eine unzureichend geregelte Frage der Besoldung und der sozialen Absicherung in jedem Falle eine Belastung dar, denn die Grenze zur Ausbeutung ist hier immer fließend. So konnte zumindest zum Zeitpunkt der achten Generalversammlung eine befriedigendere Lösung gefunden werden.

Ein Blick auf die Finanzen
Bei der Gründung der C.I. 1951 einigte man sich auf ein vorläufiges Budget von 12 000 $. Die Summe war ausreichend, um in den ersten Monaten die Organisation bekanntzumachen, um mit einem kleinen Mitarbeiterstab ein Archiv einzurichten, um an einigen wenigen Kongressen teilzunehmen. Der von uns dargestellten Ausweitung der Aktivitäten mußte jedoch eine erhebliche Steigerung des Finanzvolumens entsprechen. Tatsächlich wurde die Erstellung des Budgets zu einem immer komplizierteren Unterfangen, das Kompetenz erforderte. Bei der achten Generalversammlung unterschied Carlo Bayer in seiner Übersicht über die Finanzen zwischen einem »Administrativen Budget«, das sich auf die (Verwaltungs-)Aufgaben des Generalsekretariats bezog, und dem »Operationellen Budget«, das ausschließlich für Hilfsaktionen verwendet wurde. Im Berichtszeitraum (1965 bis 1968) und mit dem Stichtag 31. Dezember ergaben sich die folgenden Grundtendenzen: Im »administrativen« Teil erhöhte sich das Budget fortlaufend von rund 45 000 $ im Jahre 1965 über rund 65 000 $ in den Jahren 1966 und 1967 auf rund 129 000 $ im Jahre 1968. Diesen Ausgaben, die in dem genannten Zeitraum eine Vervielfachung erfuhren, standen immer entsprechende Einnahmen gegenüber (in den meisten Fällen sogar mit einem Überschuß), obwohl die Mitgliedsbeiträge in diesem Zeitraum stabil blieben, da sie nur von der Generalversammlung geändert werden konnten. Die Erklärung hierfür bieten nach Bayers Darstellung die sogenannten »C«-Beträge. Die Fehlbeträge, die sich notwendigerweise ergeben haben, wurden durch die Verzinsung des »operationellen« Budgets ausgeglichen.

Die »operativen« Ausgaben stiegen in dem Zeitraum erheblich: im Jahre 1965 betrugen sie rund 663 000 $, im Jahre 1966 schon 2,2 Millionen und im Jahre 1968 stiegen sie auf 5,2 Millionen $. Diese Zahlen, denen immer ein guter Überschuß bei den Einnahmen gegenüberstand, veranschaulichen auf ihre Weise den rasanten Aufwärtstrend der Hilfstätigkeit der C.I. in diesem Zeitabschnitt. Bemerkenswert ist hierbei das Verhältnis des administrativen Budgets zum operativen. Im Jahre 1965 waren es noch 6,8 Prozent, im Jahre 1968 nur 2,2 Prozent. Das bedeutete, daß sich die Ausgaben für die Verwaltung im Vergleich zu den Ausgaben im operativen Bereich in annehmbaren Grenzen hielten[230].

---

230 Zu dem Gesamtkomplex vgl. die Tabellen im »Report of the VIII General Assembly«, 77–82.

Überleitung

Die von uns skizzierte Situation in den ersten nachkonziliaren Jahren, die in der Geschichte der C.I. durch die siebte und achte Generalversammlung umfaßt werden, gilt es im Auge zu behalten, wenn wir nun daran gehen, die größte Hilfsaktion der C.I. und Carlo Bayers zu schildern: die Hilfe für Biafra. Bayers Position war in den Jahren 1965 bis 1969 aufgrund seiner erfolgreichen Arbeit gestärkt, die C.I. wurde häufig mit seinem Namen gleichgesetzt. Das Vertrauen, das ihm die deutschen Bischöfe entgegenbrachten, stärkte weiter seine Position und verlieh ihm Unabhängigkeit. Zu keinem Zeitpunkt war Bayer genötigt, sich bei der vatikanischen Hierarchie Pluspunkte zu verschaffen, um seine Position zu festigen. Dies schaffte er durch seinen selbstlosen Einsatz und seine Kompetenz. Diese Attribute setzte er nun für die Hungernden in Biafra ein.

10. Höhepunkt und Krise: Die Hilfsaktion für Biafra

Hinführung

In der ersten Ausgabe des Jahres 1970 veröffentlichte die »Intercaritas«, die Mitgliederzeitschrift der C.I., die folgende »Einsatzbilanz der Kirchenluftbrücke«:

»22 Monate versorgte Joint Church Aid, die Vereinigte Kirchenhilfe für Biafra, von Sao Tomé aus vier Millionen Menschen mit Lebensmitteln, Medikamenten, Unterkünften und Kliniken im Wert von 116 Millionen Mark. In 5310 Flügen wurden mehr als 60000 Tonnen Hilfsgüter in das Hungergebiet geflogen; Impfaktionen bannten die Seuchengefahr. Die Verluste: 122 biafranische und 35 europäische und amerikanische Helfer und Freunde fanden den Tod, darunter 17 Piloten. Acht Flugzeuge gingen verloren.«[231]

Schon diese trockenen Zahlen deuten die Strukturen einer der größten Hilfsaktionen der Menschheitsgeschichte an: ein ökumenischer Zusammenschluß von kirchlichen Hilfswerken versorgte mit großem finanziellen Einsatz und hohem personellen Risiko zwei Jahre hindurch ein afrikanisches Volk mit lebensnotwendigen Gütern, um es vor dem Verhungern zu retten. Daß sich hinter einer solchen Hilfsaktion unglaublich viel mehr verbarg als nur eine Statistik, die nach möglichen Erfolgszahlen Ausschau hielt, erschließt sich jedem, der auch nur einen flüchtigen Blick hinter die Kulissen der »Operation Biafra« wirft.

Es gibt kompetente Autoren, die sowohl die historisch-politischen Hinter-

---

231 Intercaritas, Januar–März 1970, 13.

gründe des Nigeria-Biafra-Konflikts detailliert geschildert haben, als auch die Geschichte der kirchlichen Hilfsaktivitäten für die Opfer dieser Auseinandersetzung minutiös aufzeichnen[232]. In unserem engen Zusammenhang gilt es Abgrenzungen vorzunehmen.

Carlo Bayer war einer der Väter und Hauptbeteiligten der ökumenischen Biafra-Hilfe. Es gilt primär seinen Spuren nachzugehen und seinen Beitrag herauszuarbeiten. Doch wie dies bei jeder wahrhaft ökumenischen Aktion der Fall ist, standen auch bei der Bekämpfung des Hungers in Biafra nicht Personen im Vordergrund, sondern das gemeinsame Ziel und die Wege, die auf das Ziel hinführten. So gab es zwar auf jeder der beteiligten Seiten herausragende Gestalten, die durch einen vollkommenen Einsatz ihrer Kräfte dafür sorgten, daß diese Aktion trotz widrigster Umstände vonstatten gehen konnte, doch waren bei ihnen in kaum einem Falle sekundäre Motivationen im Spiel, die eine wesentliche Rolle eingenommen hätten[233]. Abgesehen davon wären auch bei der Biafra-Hilfe die Leitgestalten nicht weit gekommen, wenn es nicht die unzähligen gesichts- und namenslosen Helfer gegeben hätte, die nie in einem Geschichtsbuch zu finden sein werden, ohne deren Hilfe jedoch keine Aktionen durchgeführt werden konnten. Behält man diese grundsätzlichen Überlegungen im Gedächtnis, so wird man nicht in jeder Zeile der Beschreibung die Namen der Hauptorganisatoren – wie Anthony Byrne, Pastor Mollerup oder Carlo Bayer – suchen und trotzdem wissen, daß sich die geistliche Väterschaft der Biafra-Hilfe auf einige wenige Namen zurückführen läßt.

Das Kapitel verweist in seiner Überschrift nicht nur auf den »Höhepunkt« des Wirkens Bayers, sondern auch auf die »Krise«; Krise im ursprünglichen Sinne des Wortes gemeint, als Entscheidungssituation und Wendepunkt. Denn tatsächlich gehört es zu den bekanntesten Fakten der Biographie Carlo Bayers, daß die Biafra-Aktion für ihn zu einem Wendepunkt wurde, und dies in einer fatalen Ausformung. Das Engagement Bayers führte zu seinem Sturz als Generalsekretär der C.I. Der Sturz jedoch war eine diplomatische Falle und ein Politikum

---

232 Die vorliegende Arbeit stützt sich vor allem auf die dreibändige »The history of Joint Church Aid« der Autoren John A. DALY und Anthony G. SAVILLE, Kopenhagen 1971. Diese Arbeit wurde von einem Komitee der JCA im September 1970 in Auftrag gegeben und stützt sich als ein (nicht für den Buchhandel bestimmtes) »white paper« auf Originalquellen der beteiligten Organisationen. Das Werk wird von uns mit dem Sigel D-S zitiert mit der jeweiligen Seitenangabe. Ergänzend stützen wir uns auf die Darstellung des renommierten Journalisten und späteren »Thriller«-Autors Frederick Forsyth: »Biafra-Story. Bericht über eine afrikanische Tragödie«, München 1976. Dieses Buch trägt manche subjektive Züge, doch stellt es die Frucht eines langen Aufenthaltes im Konfliktgebiet dar.
233 Es ist nicht zu bestreiten, daß bei den verschiedenen Aktionen, die es in den Jahren 1968–1969 gab, auch Personen in den Vordergrund traten, bei denen Geltungssucht oder gar Geschäftemacherei eine Rolle spielten, doch tauchten im Zusammenhang der JCA solche Vorwürfe nie auf.

zugleich. So sehr er auch mit der Biafra-Aktion zusammenhängt, so ist er keinesfalls dessen unmittelbare Folge. Und so wird der Sturz Bayers erst im nächsten Teil unserer Biographie unter der Gesamtüberschrift »Die ungewollte zweite Karriere« dargestellt.

Die Gesamtkonstellation läßt es ratsam erscheinen, die Schilderung der Biafra-Aktion breit anzulegen, um eine angemessene Basis für die Beurteilung der nachfolgenden Ereignisse zu gewinnen. Der Biafra-Bericht besitzt deshalb eine Dreiteilung. In einem ersten Punkt wird die Entwicklung skizziert, die zum Nigeria-Biafra-Konflikt geführt hat, ohne die es kein Verständnis der Biafra-Hilfe geben kann. Im zweiten Punkt wird der »dreifache Krieg« dargestellt, dem sich das »abtrünnige« Biafra ausgesetzt sah. Anschließend folgt die Schilderung der Hilfe durch die »Joint Church Aid« mit einem Akzent auf Bayers Beteiligung. Hier werden schon einige »kritische« Punkte seiner Aktivitäten angeschnitten, die später von seinen Gegnern in Anklagepunkte verwandelt wurden.

Die Sezession Biafras. Eine Tragödie bahnt sich an

Die Hintergründe

»Biafra« ist vergessen! Wie sehr die nigerianisch-biafranische Tragödie in den Jahren 1967 bis 1970 die Weltöffentlichkeit auch bewegte[234], so ist sie heute weitgehend vergessen, und nur die Fachleute und natürlich die Augenzeugen erinnern sich noch genauer an diese Ereignisse. Liest man in einer gerafften lexikalischen Darstellung des Biafrakonfliktes die Rollenverteilung nach, so wird wie selbstverständlich davon ausgegangen, daß sich die nigerianische Ostprovinz, die sich später »Biafra« nannte, vom Mutterland getrennt hat und ihr Tun deswegen als »sezessionistisch« zu bezeichnen ist. Wer jedoch tiefer blickt, merkt schnell, daß diese Sicht der Dinge nur einer oberflächlichen Betrachtung standhält und korrekturbedürftig ist.

Als sich Biafra am 30. Mai 1967 von Nigeria trennte, war dieses Land von inneren Spannungen und Unruhen zerrissen. Seit der Unabhängigkeit von der alten Kolonialmacht England, die 1960 erfolgte, schlitterte das Land von einer Krise in die andere, und dies brachte es jeweils an den Rand des Zerfalls. Im Hintergrund der meisten Konflikte standen die für einen Europäer schwer verständlichen Spannungen zwischen den einzelnen Volksstämmen, die im Staate

---

234 Es wäre lohnend, die verschiedenen Phasen nachzuzeichnen, die die öffentliche Meinung in puncto »Biafra« durchgelebt hat, da sie ein Lehrstück in Sachen Macht und Ohnmacht der Medien darstellen. Stichwortartig seien hier erwähnt: die anfängliche »conspiracy of silence« in der Berichterstattung, dem dann der Schock des Sommers 1968 folgte, dem sich wiederum das Ablauen des Interesses im Laufe des Jahres 1969 anschloß. Hinzu kommen noch die Interferenzen der historischen Ereignisse in der ČSSR: die Verlagerung des Interesses auf den Volksaufstand und seine Zerschlagung im August 1968.

Nigeria vereinigt waren. Auch wenn man nicht so weit gehen will wie Frederick Forsyth, für den Nigeria niemals etwas anderes gewesen ist als »ein Schmelztiegel von Völkern, die man für die Interessen und Vorteile einer europäischen Macht zusammengeschweißt hat«[235], so zeigt ein Blick in die Geschichte Nigerias, daß dieser Staat mit groben Geburtsfehlern behaftet war. Seit Mitte des 19. Jahrhunderts hatte dort die Kolonialmacht England das Sagen, nachdem schon seit dem 15. Jahrhundert europäische Abenteurer und Freibeuter sich unter den vielen Stämmen auf die gewinnbringende Sklavenjagd begaben und die dort unter vielen Königsdynastien lebende Bevölkerung nach Kräften ausplünderten. Eher zufällig wurde diese Kolonie durch die Frau des damaligen Administrators, Lady Lugard, der Name »Nigeria« gegeben (1897). Es ist ein Land mit großen klimatischen und landschaftlichen Gegensätzen.

In unserem Zusammenhang ist es wichtig, die Stämme aufzuzählen, die dieses Land bewohnten, denn es war der Stammeskonflikt, der die Wurzel der späteren Geschehnisse bildete. Vereinfacht gesehen, lassen sich folgende Stämme hervorheben: im Norden des Landes leben zu einem großen Teil die Völker der Haussa, die man noch weitläufig unterteilen kann und deren wichtigste Stämme die der Kanuri und der Fulbe sind. Im südlichen Teil des riesigen Nordgebietes, im sogenannten »Middle Belt«, leben zahlreiche Nicht-Haussa-Stämme, die jedoch in einer engen – vielfach erzwungenen – Verbindung zu den Haussa-Stämmen stehen. Auch der Süden ist durch die verschiedensten Völker und Dynastien gekennzeichnet: in seinem westlichen Teil leben die Yoruba, die die übrigen benachbarten Völker durch ihre lange Geschichte und ihren Entwicklungsstand überragen. Im östlichen Teil des Südens sind die Ibos dominierend, die beiderseits des Niger leben[236].

Im Laufe des 19. Jahrhunderts ergab sich ein großes Übergewicht des nördlichen Teiles; dies galt sowohl für die Flächenausbreitung und die Bevölkerungszahl als auch für den Einfluß, den die Kolonialmacht England ausübte. Diese Übergewichtung des Nordens war eine der Wurzeln des späteren Konfliktes.

Der starke Einfluß der Kolonialmacht im Norden hatte viele negative Effekte. Der dem Kolonialismus innewohnende Zug zum Konservativismus verhinderte manche natürlichen Entwicklungen, zum Beispiel auf dem Gebiet der Bildung und der Volkserziehung. »Kein Zufall, daß es im Unabhängigkeitsjahr 1960 im Norden mit über der Hälfte der nigerianischen Gesamtbevölkerung von 50 Millionen nur 41 höhere Schulen gab, im Süden dagegen 842, und daß der erste Student des Nordens sein Examen ganze neun Jahre vor der Unabhängigkeit machte.«[237] Ein Faktor hingegen, der sich auf die Entwicklung des südlichen

235 Forsyth, ebd. 15.
236 Vgl. D-S, 1–11.
237 Forsyth, ebd. 21.

Landesteiles positiv auswirkte, war das Vordringen der christlichen Missionare. Wie die Chronisten der »Joint Church Aid«, Daly und Saville, es detailliert schildern, war sogar die Konkurrenz der christlichen Konfessionen untereinander entwicklungsfördernd, da sich die einzelnen Denominationen im Bau von Schulen und Erziehungsanstalten gegenseitig zu übertreffen suchten[238]. Das führte dazu, daß im südlichen Landesteil, speziell beim Stamm der Ibos, die Massenerziehung weit fortgeschrittener war als in dem riesigen Nordteil.

»Als sich die Ostregion 1967 von Nigeria löste, gab es dort mehr Ärzte, Rechtsanwälte und Ingenieure als in irgendeinem anderen Land in Schwarz-Afrika.«[239]

Ein weiterer Faktor betraf die Tatsache, daß viele gut ausgebildete Ibos in den dicht besiedelten Regionen ihrer Heimat keine adäquate Stellung fanden und deshalb in den Norden zogen, wo sie schließlich überdurchschnittlich viele qualifizierte Stellen einnahmen. Im Jahre 1966 waren es etwa 1,3 Millionen Ostbewohner, die im Norden Arbeit und Wohnung fanden. Sie wurden jedoch nie in das politisch-kulturelle Leben des Nordens integriert, sondern lebten in Fremdenvierteln und Wohnbezirken, die an Ghettos erinnerten.

In die Schlammschlacht, die gegen die Ibos und später gegen die hilfebringenden Kirchen geführt wurde, wurde auch die Frage der Religionszugehörigkeit eingebracht. In einer demagogisch verkürzten Weise behaupteten interessierte Stellen, daß die Ibos zu einem großen Teil christlich – besonders katholisch – seien und sich die Kirche deshalb so beeile, ihren Kampf gegen die mohammedanischen Völker des Nordens zu unterstützen[240]. Eine ernstzunehmende Betrachtung dieser Frage wird vor allem versuchen, genau zu unterscheiden und spezifisch »afrikanische« Faktoren zu berücksichtigen. Die profunden Untersuchungen von Daly-Saville weisen auf folgende Fakten hin: von den 12,4 Millionen Einwohnern Ostnigerias waren im Jahre 1967 1,6 Millionen katholisch, und etwa 4 Millionen wurden überhaupt als »christlich« bezeichnet. Freilich ist die Frage komplizierter, als dies solche Zahlen auszudrücken vermögen. Da die meisten gebildeten Menschen der Ostregion in christlichen Schulen unterrichtet worden waren, war es in gewisser Hinsicht legitim, dieses Gebiet als »christlich« zu bezeichnen. Viele Bewohner hätten sich auf Befragen durchaus als »Christen« bezeichnet, obwohl sie keiner Kirche angegliedert waren[241]. Die Behauptung eines »interreligiösen Krieges« ist jedoch irreführend. Schon die Tatsache, daß die beiden Schlüsselgestalten des Konfliktes, der nigerianische Staatschef Gowon

---

238 Vgl. D-S, 12–21.
239 FORSYTH, ebd. 21.
240 Sogar der als seriös angesehene BBC African Service stellte undifferenziert die Behauptung von einem »largely catholic« Ostnigeria auf. Vgl. D-S, 18.
241 Vgl. ebd.

und der biafranische Führer Ojukwu, Christen waren, relativiert eine solche Suggestion erheblich.

Unsere wenigen Bemerkungen deuten auf ein altes Problem der Menschheit: Welche Stellung nimmt eine hochqualifizierte, agile Minderheit in einer Umgebung ein, die ihr mehrheitlich distanziert bis ablehnend gegenübersteht? Kann es mit der Zeit einen friedlichen, evolutiven Ausgleich geben, oder muß sich eine solche Konstellation in einem blutigen Konflikt entladen?

Es waren diesmal die Völker der Ibos, an denen dieses Problem akut wurde und wie so oft zu einer Katastrophe führte.

Die Pogrome des Jahres 1966

Es klang schon an, daß Nigeria ein aus vielen Stämmen und Völkern zusammengesetztes Staatsgebilde darstellte, das von divergierenden Interessen und Entwicklungsstufen geprägt war. Die Kolonialmacht England hatte seit dem Anfang des 20. Jahrhunderts bis zum Unabhängigkeitsjahr 1960 mit der Frage zu kämpfen, wie ein vernünftiger Ausgleich zwischen der Idee eines Einheitsstaates und den zentrifugalen Tendenzen zu schaffen wäre. Es gab unzählige Konstitutionen und Verfassungsentwürfe, die immer zwischen einem »mehr« an Einheit und dem Zugeständnis an die Eigenständigkeit der einzelnen Regionen schwankten. Es galt die Hauptregionen in ein föderatives Gleichgewicht zu bringen, ohne die komplexen afrikanischen Strukturen zu übersehen und die Wurzel für künftige Konflikte zu legen.

Als jedoch am 1. Oktober 1960 die Unabhängigkeit Nigerias erklärt wurde, war keiner der prinzipiellen Konflikte zwischen dem Norden und dem Süden des Landes beigelegt. Zwar gab es eine gutgemeinte, lang diskutierte Verfassung, und eine von britischen Beamten 1959 durchgeführte Wahl konnte demokratisch vonstatten gehen, doch waren diese Aktionen im Bezug auf die tatsächlichen Probleme utopisch. In den drei Hauptregionen wurden Regionalparlamente gebildet, in denen die »eigentliche« Politik geschmiedet wurde. Die jeweiligen Wahlen jedoch waren eine afrikanische Farce: Wahlhetze, Korruption und chaotische Volkszählungsangaben waren an der Tagesordnung[242].

Schon im Jahre 1964 wurde das Parlament aufgelöst, und von da an kam das Land nicht mehr zur Ruhe; die Machtkämpfe nahmen blutige Formen an, von Demokratie war nicht mehr die Rede. In der Nacht zum 14. Januar 1966 unternahm eine Gruppe von jungen Offizieren einen Staatsstreich, mit dem man den späteren Biafra-Konflikt im grundlegenden Sinne in Verbindung bringen kann. Der Putschversuch scheiterte, und Generalmajor Ironsi, der Oberkommandierende der Armee, übernahm von da an selbst die Macht im Staate; nach

---

242 Vgl. FORSYTH, ebd. 35–40.

dem Urteil mancher Beobachter keineswegs aus Machtgier, sondern aus der Überzeugung, »daß die Herrschaft der Politiker zu Ende war«[243].

Wie positiv die wenigen Monate seiner Regierung vielfach auch beurteilt werden, wichtig wurde, daß Ironsi dem im Norden ungeliebten Stamm der Ibos angehörte und somit Gerüchten Vorschub gab, daß auch der Staatsstreich eine abgekartete Sache der Ibos war – eine rein willkürliche Interpretation[244]. Bei allem guten Willen war General Ironsi als Politiker unerfahren und beherrschte nicht die Register der Diplomatie, die nötig gewesen wären, um eine derart vielschichtige Gesellschaft zu befrieden. Die Frage der Einheit Nigerias war akuter denn je, und ohne ihre Verwirklichung blieb dieser Staat ein Kartenhaus.

Will man sich der Interpretation F. Forsyths anschließen, so waren es gerade die Ibos, die im Gegensatz zu den Stämmen des Nordens eine grundsätzlich bejahende Position der Idee der Einheit gegenüber an den Tag legten:

> »Sie waren am meisten herumgekommen und von allen bedeutenderen ethnischen Gruppen am höchsten entwickelt, deshalb trauten sie sich auch in jeder Weise zu, unter gleichen Voraussetzungen mit jedem zu konkurrieren. Regionalismus hieß für sie von jeher, sich in der Nordregion als Bürger zweiter Klasse behandeln lassen zu müssen und bei der Vergebung öffentlicher Ämter außerhalb der Ostregion den kürzeren zu ziehen.«[245]

Im Gegensatz dazu schien dem Norden die Idee der Einheit, sofern diese nicht unter der eindeutigen Vorherrschaft des nördlichen Teiles stand, als eine große Bedrohung. Der amerikanische Konsul in Enugu, James Barnard, kleidete 1967 die diesbezüglichen Gedankengänge in folgende Worte:

> »Es nützt nichts, wenn man sich vor der einzigen unabänderlichen politischen Tatsache in diesem Land duckt oder ihr ausweichen will: in jedem Rennen um die materiellen Annehmlichkeiten des Lebens wird die Ostregion bei gleichem Start und gleichen Chancen um eine Meile siegen. Das kann der Norden nicht ertragen. Das einzige, das man dagegen tun könnte, wäre, den Osten künstlich am Fortschritt zu hindern. Das wäre wieder für den Osten unerträglich.«[246]

Am 24. Mai 1966 tat General Ironsi einen großen Schritt: nach Abwägung aller Vor- und Nachteile kündigte er im Rundfunk ein »Unification Decree« an, das der Idee des Einheitsstaates einen mächtigen Auftrieb geben sollten. Nigeria sollte durch eine Abschaffung der Regionen seinen föderativen Charakter zum großen Teil verlieren und eine »Republik Nigeria« werden.

243 Ebd. 49.
244 Vgl. ebd. 50 und im gleichen Sinne D-S, 8.
245 Forsyth, 58.
246 Ebd.

Wie groß man die Realisierungschancen auch eingeschätzt hat, der Erlaß diente auf alle Fälle dazu, einen Vorwand für die nun folgenden Massaker an den Bewohnern der Ostregion abzugeben. Schon am 29. Mai gab es einen ersten großen Pogrom an den Ibos, die in Nordnigeria lebten, der 3000 Menschen das Leben kostete. Es kam zu regelrechten Schlachtereien, in denen sich ein dumpfer »Volkszorn« an den Ibos entlud, der jedoch nicht als spontan und ungelenkt bezeichnet werden kann[247]. Tausende von Ibos flüchteten daraufhin in die Sicherheit ihrer angestammten Ostregionen.

Doch es sollte noch viel ärger kommen.

Am 29. Juli gab es einen zweiten, nun entscheidenden Staatsstreich von jungen Offizieren aus dem Norden. Die Hintergründe und die primären Motive dieses Coups wurden nie genau aufgehellt, genausowenig wie ihre ursprünglichen Drahtzieher[248]. Doch die Folgen waren eindeutig: im ganzen Land wurden Offiziere und Soldaten aus der Ostregion massakriert, auch General Ironsi und seine Gefolgsleute wurden gejagt und ermordet. Es kam zu unglaublichen Bestialitäten, die alle niederen Instinkte widerspiegelten, die Haß, Propaganda und Rassismus entfachen können. Im Rahmen dieses Putsches bildeten sich auch die Fronten, die sich wenige Monate später in einem blutigen Krieg wiederfinden sollten. Man kann die Gegner durch ihre beiden Führer beschreiben. Auf der einen Seite war es Oberstleutnant Gowon, ein Mitglied des Stammes Sho-Sho aus dem Norden, den Ironsi zu seinem Stabschef gemacht hatte, der die Fäden in Lagos zusammenkommen ließ und der nach der Ermordung Ironsis eine Vorrangstellung einnahm[249]. Auf der anderen Seite war es der Gouverneur der Ostregion, Colonel Ojukwu, der sich um einen Neuanfang bemühte[250]. Zwischen diesen beiden Männern sollte sich faktisch die Zukunft Nigerias entscheiden. In den nun folgenden Gesprächen konnten sich die Kontrahenten auf keine gemeinsame Lösung einigen, und so kam es, daß das Land nach dem Staatsstreich vom Juli keine gesetzmäßige Regierung mehr hatte. Es gab zwei Regierungen, die zwei verschiedene Landesteile beherrschten.

Wie immer man eine solche Situation beurteilt, bedeutend war, daß keiner der beiden Machthaber die Legitimation besaß, über das gesamte Landesgebiet zu herrschen. Man kann nur, wie dies F. Forsyth versucht hat, Gründe suchen, die

---

247 »Unvorbereitet kann der Aufruhr schon deshalb nicht gewesen sein, weil er sich so weit ausbreitete.« FORSYTH, 61 f.
248 »Der Staatsstreich vom Juli befolgte rein regionale Ziele, nichts lag offen, die Hintergründe waren Seperatismus und Revanchismus und seine Durchführung blutig.« FORSYTH, 65.
249 Zum damaligen Zeitpunkt war Gowon 32 Jahre alt, Sohn eines methodistischen Geistlichen; Angehöriger eines kleinen Stammes der Nordregion, langjährige Aufenthalte in England.
250 Ojukwu war 35 Jahre alt, Sohn eines wohlhabenden Kaufmanns aus dem Stamm der Ibos. Ausbildung an englischen Eliteschulen. Vgl. FORSYTH, 79 ff.

die Frage der Legitimität zumindest annähernd lösen. Für die Militärregierung Gowons sprach damals, daß sie sowohl die Hauptstadt als auch die meisten Regionen mit etwa siebzig Prozent der Bevölkerung unter sich hatte. Für Ojukwu hingegen sprach die Tatsache, daß es in der Ostregion keine Unterbrechung der gesetzlichen Autorität gegeben hatte. Er verkörperte eine relative Kontinuität, die man Gowon nur schwer zusprechen konnte[251].

Eine wichtige Frage war darüberhinaus, wer die Nachfolge des ermordeten Generals Ironsi »legitimerweise« übernehmen durfte. Für Oberst Ojukwu kam nur Brigadegeneral Ogundipe in Frage, der nach Ironsi der höchstrangige Offizier war. Doch Gowon hielt nichts von solchen Überlegungen und ließ sich wenige Tage nach dem Staatsstreich zum Oberbefehlshaber der Armee und zum Staatschef ernennen. Dies wollte und konnte Ojukwu nicht akzeptieren.

Die Sezession

Die oben skizzierte Lage in diesen für Nigeria so dramatischen Monaten läßt zumindest erkennen, wie verworren und komplex die Situation war und wie vorsichtig man sein muß, den Baifranern einseitig sezessionistische Bestrebungen zu unterstellen. Dies wird noch deutlicher, wenn man die nachfolgenden Geschehnisse überblickt, die zum endgültigen Bruch führten.

Die Monate nach dem Putsch vom Juli 1966 waren durch vielfältige Aktivitäten gekennzeichnet, die dazu dienen sollten, eine Annäherung zwischen den beiden politischen Lagern zu finden, die vereinfacht durch die Namen Gowon und Ojukwu zu bezeichnen sind. Eine nicht unerhebliche Frage war hierbei die Untersuchung der blutigen Pogrome an den Ibos im Mai 1966 und des Pogromes in der Armee vom 29. Juli. Doch es schien, daß Gowon nicht ernsthaft daran interessiert war, diese Vorkommnisse aufzuklären, und so wuchs das Mißtrauen der Ostregion ihmgegenüber in starkem Maße.

Ein alle Befürchtungen übersteigendes Ereignis schwappte dann Ende September über das Land und begrub alle Hoffnungen auf ein friedliches Miteinander. Im Norden Nigerias kam es wieder zu Ausschreitungen gegen die Ibos, und das in bis dahin unbekannter Form. Unabhängige Journalisten wie die des »Time Magazine« oder des Londoner »Observer« bestätigten in vielfacher Weise die schockierenden Ereignisse und beschrieben die Folgen von bestialischen Pogromen gegen die Ibos[252]. Etwa 30 000 Ibos verloren dabei ihr Leben und eine Welle von 1,8 Millionen Flüchtlingen zogen sich aus dem Norden in die Ostregion zurück. Dieser Hintergrund muß immer im Blick bleiben, will man die später gestellte Frage nach der »Legalität« der engagierten kirchlichen Hilfe sachgerecht beantworten!

---

251 Vgl. Forsyth, ebd. 76f.
252 Vgl. die Äußerungen, die Forsyth auf den Seiten 96–98 wiedergibt.

Im Herbst 1966 waren Millionen Angehöriger der Stämme der Ostregion überzeugt, daß »Nigeria« ihnen ihre Sicherheit nicht mehr garantieren könne. Sie fühlten ihr Leben, ihren Besitz und ihre Identität aufs Äußerste gefährdet. Bemerkenswert ist, wie die Ostregion mit dem Flüchtlingsstrom fertig wurde:

> »Wer die Ostregion drei Monate nach diesem gewaltigen Rückstrom von Flüchtlingen besuchte, hatte sicher große Flüchtlingslager erwartet, die auf die Wohlfahrtsorganisationen angewiesen waren ... Aber die Ost-Nigerianer wollten keine schwärende Wunde auf ihrer Heimatkarte. Das festgefügte Familiensystem trat voll in Kraft, die Tradition, nach der jeder verpflichtet ist, jeden noch so entfernten Verwandten in der Not aufzunehmen. Die Flüchtlinge verschwanden wie durch Zauberei und fanden Schutz bei Großeltern, die sie kaum noch kannten, bei Onkeln, Vettern und Schwagern.«[253]

Diese große Leistung des traditionellen Systems konnte natürlich nicht alle Probleme lösen. Die Flut der Vertriebenen führte zu einer rasch ansteigenden Arbeitslosigkeit, die Gesundheitsbehörden waren bei der großen Anzahl der Verwundeten überlastet, und die Schulbehörden standen plötzlich vor dem Ansturm schulpflichtiger Kinder, die es unterzubringen galt.

Besonders bitter für die Ostregion war jedoch die Tatsache, daß sich die Zentralregierung unter Gowon wiederum nicht verpflichtet fühlte, eine Untersuchungskommission einzusetzen, um die blutigen Vorgänge aufzuklären und die Schuldigen zu bestrafen. Ja, nicht einmal ein ernsthaftes Wort des Bedauerns wurde ausgesprochen, und das war eine Ungeheuerlichkeit. So ist es nicht verwunderlich, daß in der Ostregion erstmals auf breiter Basis die Überzeugung laut wurde, daß es in einem vereinigten Nigeria für die Ibos und die Stämme des Ostens keine Sicherheit gäbe und daß es in dieser Situation gefordert sei, sich von Nigeria zu trennen.

Oberst Ojukwu selbst hielt anfänglich nichts von solchen Überlegungen und suchte weiterhin nach einer Übereinkunft. Im Januar kam es dann in Aburi, in Ghana, in Anwesenheit von Gowon, Ojukwu und allen übrigen Regionalgouverneuren zu Gesprächen, die den schwelenden Brand noch aufhalten sollten. »Aburi« war die letzte Chance für ein friedliches Miteinander, doch sie wurde nicht genutzt. Zwar wurden wichtige Fragen lange erörtert, es gab sogar ein »Aburi agreement« vom 5. Januar 1967, doch wurden seine Beschlüsse nie in die Tat umgesetzt[254]. Dies war vor allem für Ojukwu ein bedrohlicher Schlag, der der intellektuelle Vordenker der Konferenz war und sich besonders an den

---

253 FORSYTH, ebd. 103. Vgl. auch D-S, 10f.
254 »Die einseitige Aufhebung so vieler entscheidender Passagen, die vor allem für die Ostregion lebenswichtig waren, versetzte Nigeria einen solchen Schlag, daß es sich nie wieder davon erholte.« FORSYTH, 114.

Ausgang der Konferenz gebunden fühlte[255]. Als er merkte, daß die Zentralregierung keinen der wichtigen Beschlüsse verwirklichen wollte, reagierte er mit einem abgestuften Plan. Vom 31. März an sollten keine Abgaben mehr an die Staatskasse gezahlt werden, und dies solange, bis die Zentralregierung gemäß dem Aburi-Abkommen den Beamten der Ostregion Gehälter zahlt und einen Beitrag zur Linderung der Flüchtlingsnot leistet.

In den folgenden Monaten entspannte sich die Situation keineswegs. Die Spannungen wuchsen zusehends und Anfang Mai wurde über die Ostregion eine »Teilblockade« verhängt, die sich auf den Postverkehr, das Nachrichtenwesen und die Luftfahrt bezog. Damit war die Ostregion in wichtigen Punkten von der Außenwelt abgeschnitten. In dieser Situation konnte Ojukwu nicht mehr länger den Forderungen seiner »Beratenden Versammlung« (bestehend aus 335 Mitgliedern, zum größten Teil Häuptlingen und Ältesten) widersprechen, die ihm den Auftrag gab, zum frühestmöglichen Termin aus der – kaum noch als existent angesehenen – Föderation Nigeria auszutreten. General Gowon rief daraufhin den Ausnahmezustand aus und erließ gleichzeitig ein Dekret, das Nigeria in zwölf neue Staaten aufteilte und die bisherigen Regionen abschaffte. »Das Entscheidende war, daß die Ostregion in drei winzige, gleichermaßen machtlose Staaten aufgeteilt und Port Harcourt vom Ibo-Staat losgetrennt und zur Hauptstadt des River-Staates werden sollte.«[256]

Am 30. Mai 1967, drei Tage nach den provozierenden Dekreten Gowons, versammelte Ojukwu Diplomaten und Journalisten und verlas die Unabhängigkeitserklärung. Von diesem Tag an sollte das Gebiet, das man Ost-Nigeria nannte, zu einem freien und souveränen Staat mit dem Namen »Republik von Biafra« werden.

Zusammenfassung: Die Sezession Biafras

Die Vorgeschichte, die zur Bildung des Staates Biafra führte, wurde im Rahmen unseres Themas relativ ausführlich dargestellt. Dies war notwendig, um die Hilfsaktionen für diesen »sezessionistischen« Staat, die schon bald nach seiner Gründung anlaufen sollten, in einem sinnvollen Zusammenhang darzustellen. Natürlich war die Hilfe primär caritativer Art, doch zugleich ist jedwede Aktivität, die in einen schwelenden Krieg eingreift, »politisch«; sie hat zumindest einen Einfluß auf die Psyche der streitenden Parteien oder – so suggerieren manche Thesen – sie führt gar dazu, daß die Kampfhandlungen länger andauern als dies ohne Hilfeleistung der Fall wäre.

Als Carlo Bayer, eine der führenden Persönlichkeiten der Biafra-Hilfe, nach Beendigung der Hilfsaktion seinen Posten als Generalsekretär der C.I. räumen

---

255 Vgl. D-S, 43.
256 FORSYTH, ebd. Dort auch der Satz: »Eine schlimmere Provokation war kaum denkbar.« Vgl. auch D-S, 44.

mußte, waren die Angriffspunkte beim Scherbengericht über seine Person zu einem großen Teil politischer und diplomatischer Art. Bayer, so der Grundtenor, hatte sich zu weit vorgewagt. Aus diesem Grunde erscheint es sinnvoll, das Politikum der Sezession Biafras aus dem gesamtnigerianischen Verband noch einmal zusammenzufassen und sich dieses Bild bei der Beschreibung der Hilfsaktionen ständig vorzuhalten.

Dem historischen Datum nach trennte sich die Ostregion mit Oberstleutnant Ojukwu an der Spitze am 30. Mai 1967 von Nigeria. Äußerlich ist dies der Zeitpunkt der Sezession, wenn man die Sezession als eine Ablösung eines Staatsteiles aus einem Einheitsstaat versteht. An diesem Tag trat die »Republik Biafra« ins Leben, die bis dahin als »Ostregion« ein Teil des Staates Nigeria war. Das bereits Dargestellte verhindert jedoch, daß man den »Sezessionisten« allzu schnell die Schuld an diesem gewichtigen Akt zuweist. Es war das Gefühl der Bedrohung eines Volkes und die Suche nach Existenzgarantien, die diesen Schritt auslösten.

Im Vordergrund standen die Pogrome, die in den Monaten Mai bis September 1966 die Völker aus dem Osten Nigerias, insbesondere die Angehörigen des Ibo-Stammes, heimgesucht hatten: am 29. Mai verloren 3000 Menschen ihr Leben, am 29. Juli gab es einen Pogrom in der Armee, und am 29. September wurde ein trauriger Höhepunkt erreicht mit etwa 30 000 Ermordeten und 1,8 Millionen Personen, die aus dem Norden flüchten mußten. Nach Erlebnisberichten von Betroffenen und Journalisten verliefen die Ausschreitungen in einer grausamen, bestialischen Form, die an die dunkelsten Kapitel der Menschheitsgeschichte erinnerten. Ein altes Spiel wurde wieder einmal gespielt: Die Mehrheit eines Landes kommt in einem Gemisch aus Neid und Rassismus, aus Dumpfheit und Kalkül mit einer gut ausgebildeten, agilen Minderheit nicht zurecht und läßt sie dies blutig spüren.

Hinzu kam ganz entscheidend die Frage, wie sich die »nigerianische Zentralregierung« zu den Ausschreitungen verhielt. Sie zeigte die denkbar schlechteste Reaktion: kein ernsthafter Versuch wurde unternommen, die Minderheit zu schützen, die Schuldigen zu bestrafen und Vorkehrungen für die Zukunft zu treffen. Nicht einmal ein glaubwürdiges Wort des Bedauerns wurde ausgesprochen. So war es kein Wunder, daß die meisten Biafraner nach der Trennung von Nigeria nicht das Gefühl hatten, eine aktive, sezessionistische Rolle gespielt zu haben. Sie fühlten sich hinausgejagt und waren überzeugt, daß es für sie in Nigeria keinen Platz mehr gab, an dem sie als gleichberechtigte Bürger hätten leben können. In ihren Augen war die Trennung ein Akt des Selbstschutzes, der verhindern sollte, daß ihr Volk mit der Zeit von der Mehrheit des Landes aufgerieben und zerstört wurde.

Der dreifache Krieg gegen Biafra

Waffen

Das Gebiet von Biafra war nicht groß. Es umfaßte etwa 93 000 Quadratkilometer. Die Bevölkerungsdichte hingegen gehörte zu den höchsten in Afrika[257]. Dazu mag beigetragen haben, daß Biafra stark industrialisiert war. Im Vergleich mit den übrigen Teilen des Landes gab es dort unvergleichlich mehr industrielle Ansiedlungen, es gab mehr Schulen und Krankenhäuser, das Pro-Kopf-Einkommen war höher, das Straßennetz war verhältnismäßig gut ausgebaut. Betrachtet man das Land hingegen unter militärischen Gesichtspunkten, so hatte es seinem nunmehrigen Gegner Nigeria nicht viel entgegenzusetzen. Nigeria besaß eine Armee von 85 000 Soldaten, die militärisch gut ausgerüstet war, denn sie hatte »ungehinderten Zutritt zu den Arsenalen von mindestens zwei Großmächten« (England und Sowjetunion) und wurde von »Spezialisten« mehrerer »befreundeter« Länder unterstützt (Sowjetunion, DDR, Ägypten)[258]. Auf der anderen Seite hatten die Biafraner eine Armee aus Freiwilligen, die am Anfang der Kampfhandlungen zu den Meldestellen geströmt waren. Doch nicht die Truppenstärke war hier das größte Problem, auch nicht die unprofessionelle Ausbildung, sondern die Frage der Waffenbeschaffung. Hier war die biafranische Armee zumindest in der Anfangsphase des Krieges ihrem Gegner hoffnungslos unterlegen. Nicht zuletzt aus diesem Grund glaubten die nigerianischen Militärs und auch die meisten der neutralen Beobachter, daß sich der Konflikt um Biafra innerhalb kürzester Zeit militärisch lösen läßt. Wenige Wochen wurden für eine »Strafexpedition« angesetzt. Doch es sollte ganz anders kommen.

Ein blutiger, zermürbender Krieg begann am 6. Juli 1967 mit einem Artillerieangriff auf ein Dorf in der Nordostecke von Biafra, und die Kämpfe, die sich daran anschlossen, dauerten über zwei Jahre. Es ist für uns nicht notwendig, die einzelnen Etappen des Krieges näher zu beschreiben. Wichtig ist aber ein Blick auf die Struktur der Auseinandersetzung, denn erst durch einige ungewöhnliche, extreme Faktoren wurde die Aufmerksamkeit der Weltöffentlichkeit auf Biafra gelenkt.

Es ist allgemein bekannt, daß die Nigerianer im Verlaufe des Krieges einen immer engeren Ring um das ursprüngliche Gebiet von Biafra zogen und es nach und nach von jedweden Zufahrtswegen zur Außenwelt isolierten. Schon im Oktober eroberten sie die biafranische Hauptstadt Enugu und drängten die Biafraner hinter den Niger zurück. Im Winter desselben Jahres schnitten sie ihnen den Weg nach Kamerun ab, und so besaß Biafra keine Landverbindung zu einem benachbarten Staat mehr. Die einzige Luftverbindung, die noch verblieb,

---

257 Vgl. D-S, 21.
258 Vgl. FORSYTH, ebd. 139.

ging von Port Harcourt aus, einer Stadt innerhalb der weitverzweigten Arme des Niger im Süden Biafras.

Diese wenigen Stichworte deuten schon an, daß der Waffennachschub der Biafraner nur schwerlich funktionieren konnte und sie der ungehinderten Aufrüstung Nigerias nicht viel entgegenzusetzen hatten. Während das Gebiet Biafras immer »kleiner« wurde, wuchs die Bevölkerungszahl in einem ungeheuren Maße. Ein riesiger Flüchtlingsstrom ergoß sich über das Land und vergrößerte sich in dem Maße, in dem die Nigerianer Gebiete eroberten. Für das Jahr 1968 sind rund 4 Millionen Flüchtlinge anzusetzen. Etwa 1,5 Millionen gehörten dem Ibo-Stamm an, die restlichen 2,5 Millionen Flüchtlingen den Minderheitenstämmen rund um das biafranische Gebiet. Auch die Stadt Port Harcourt zog eine unüberschaubare Menschenmenge an. Die Vorkriegsbevölkerung von einer halben Million Einwohner hatte sich innerhalb eines Jahres verdoppelt[259].

Bis 1969 gab es sehr viele territoriale Veränderungen. Städte wie Owerri oder Aba wurden von Nigeria eingenommen, und der Ring um das restliche Gebiet wurde immer enger, mit allen entsprechenden Konsequenzen für die Versorgung der Bevölkerung mit lebensnotwendigen Gütern. Wenn die militärischen Auseinandersetzungen trotz allem noch bis Anfang 1970 andauerten und Biafra nicht schon viel früher kapitulierte, so ist dies mit diversen Faktoren zu erklären. Neben einigen spezifisch »afrikanischen« Aspekten[260] zählte die Versorgung Biafras durch die Luftbrücke dazu, aber auch die eiserne Unterstützung des Biafra-Gedankens durch die Bevölkerung. Wie hoch die Führungsqualitäten des biafranischen Obersten Ojukwu auch einzuschätzen sind, er und seine Freiwilligenarmee hätten nicht sehr viel ausrichten können, wenn sie nicht bedingungslos durch einen großen Teil der Bevölkerung unterstützt gewesen wären[261]. Daß aber Biafra, das diplomatisch, politisch und militärisch isoliert war, diesen Krieg nicht überleben konnte, war schließlich die logische Konsequenz des Ungleichgewichts der Kräfte: nachdem Ende 1969 weder die Bevölkerung noch die Armee auch nur im entferntesten ausreichend ernährt werden konnten, brach die biafranische Verteidigungsliste zusammen. Am 15. Januar 1970 wurde die Kapitulation Biafras in Lagos unterzeichnet.

---

259 Vgl. ebd. 159f.
260 Dazu zählte das Klima (in der Glut der mittäglichen Sonne wurde nie gekämpft; man »einigte« sich auf eine Mittagspause!), dazu zählten auch Faktoren wie die Angst der Soldaten vor Dunkelheit, u. ä. m.
261 Vgl. FORSYTH, ebd. 172f.

Hunger

Wenn das Stichwort »Biafra« in die Weltgeschichte eingegangen ist, dann fatalerweise als ein Synonym für den Schrecken des Hungers. Nicht die blutigen Auseinandersetzungen zwischen dem Goliath Nigeria und dem David Biafra haben diesen Krieg in die Geschichtsbücher gebracht, sondern die Waffe des Hungers, die in diesem Konflikt bewußt eingesetzt wurde.

Kriege und gewaltsame Auseinandersetzungen kann die Weltöffentlichkeit heutzutage Tag für Tag am Bildschirm verfolgen; ihre Häufigkeit und Undurchsichtigkeit führen dazu, daß sie ihnen ratlos, aber doch distanziert gegenübersteht. Das Bild eines nackten, zu Haut und Knochen abgemagerten Kindes jedoch spricht immer eine drastische, bewegende Sprache. Es waren gerade Fotos von an Hunger sterbenden Kindern, deren Haut und Haare infolge der Mangelkrankheit »Kwashiokor« eine fatale rötliche Färbung bekamen, die für den Zeitraum von einigen Monaten die Aufmerksamkeit der Weltöffentlichkeit auf Biafra zogen und so diesen Staat vor dem völligen Untergang in die Geschichtslosigkeit bewahrten.

Die Gründe für den Ausbruch der Hungerkatastrophe wurden schon angedeutet. Das Gebiet von Biafra, das nie groß war, aber dicht besiedelt, wurde im Laufe der kriegerischen Auseinandersetzungen immer kleiner. Die Nigerianer eroberten einen Landstrich nach dem anderen und zogen damit den Ring um Biafra immer enger. Sie schnitten innerhalb weniger Monate alle Versorgungswege auf dem Lande ab und konzentrierten ihre Angriffe auf die Flughäfen (oder korrekter: Flugplätze!), die allein noch eine Versorgung mit Lebensmitteln – aber auch Waffen – garantierten. Manche Autoren sehen sich deshalb berechtigt zu schreiben: »Die Hungersnot war ein geplanter und wesentlicher Teil der nigerianischen Kriegsführung.«[262] Sie begründen das mit den Möglichkeiten, die es gegeben hätte und die garantieren konnten, daß Lebensmittel auf dem Landweg nach Biafra gelangten, ohne daß dies an den militärischen und strategischen Positionen etwas geändert hätte.

Solche Möglichkeiten wurden jedoch nie ernsthaft erwogen, oder es wurde ihnen keine reele Chance eingeräumt[263]. So war Biafra während der ganzen langen Kriegsmonate immer am Rande des Verhungerns gewesen.

Es ist wichtig, kurz die Nahrungsgewohnheiten der biafranischen Bevölkerung anzudeuten. Ihre Ernährung war traditionell durch die Pflanzen Yam, Cassava und Cocoyam geprägt. Versuche, andere Pflanzen anzubauen, wie Reis oder Mais, waren aus Gründen der Tradition und der Gewohnheit von der

---

262 FORSYTH, ebd. Diese Frage werden wir noch intensiv aufgreifen.
263 Carlo Bayer unternahm mehrere Versuche, um eine Lieferung von Lebensmitteln auf dem Wasserweg zu garantieren: »The idea of sending a boat up the River Niger had come from Monsignor Bayer of Caritas, who was afraid that Uli might soon fall to the Nigerians an that there would be no other way of sending relief to Biafra.« Vgl. D-S, 603ff.

Bevölkerung nicht angenommen worden[264]. Dies führte dazu, daß die Ernährung sehr proteinarm war, eine Tatsache, die sich während der Hungerblockade als verhängnisvoll erweisen sollte. In Friedenszeiten wurden Fleisch und Fisch in das Gebiet eingeführt[265]. Da das Ostgebiet wirtschaftlich stark war, waren die hierfür erforderlichen Mittel vorhanden. Die Blockade und der Krieg bereiteten den regelmäßigen Importen ein Ende. Nach sehr kurzer Zeit wurden die fatalen Folgen sichtbar.

Zwar können Erwachsene eine lange Zeit ohne Proteine ohne größere Schäden überstehen, aber Kinder müssen ständig mit Proteinen versorgt werden. Diese Tatsache war den Biafranern bewußt, und sie errichteten Farmen für intensive Hühnerzucht und Legebatterien. Sie versuchten, die Produktion von proteinreichen Produkten im Lande selbst zu steigern. Dies wäre in Friedenszeiten auch möglich gewesen. Doch der Krieg mit seinen fünf Millionen Flüchtlingen und der gleichzeitigen Schrumpfung des Territoriums und der fruchtbaren Randgebiete machte diese Bemühungen zunichte[266]. Der nun einsetzende Proteinmangel hatte katastrophale Folgen für die Kinder. Das Stichwort hierfür lautete »Kwashiokor«, eine Krankheit, die rasch eine traurige Berühmtheit erlangte.

> »Die Haare schimmern rötlich, die Haut wird blaß, die Gelenke werden dick und das vom Wasser aufgetriebene Fleisch schwillt an ... Kwashiokor war die schlimmste Seuche, die Gehirnzellen werden beschädigt, Lethargie setzt ein, der ein Koma und schließlich der Tod folgen.«[267]

Es waren die Bilder der von Kwashiokor befallenen Kinder, die dann plötzlich in der ganzen Welt Bestürzung verursachten und selbst den hartgesottenen Journalisten Tränen in die Augen trieben. Solche Bilder sprachen eine eindeutige Sprache und verursachten bei den Betrachtern sowohl Empörung als auch die Bereitschaft, nach Kräften zu helfen. Der Faktor »Hunger« hatte somit entscheidende Bedeutung für die Einstellung der Weltöffentlichkeit zum biafranischen Konflikt.

Wenn in diesem Kapitel von der »dreifachen Waffe« die Rede ist, die Nigeria gegen Biafra angewandt hat, so ist gerade beim Punkt »Hunger« sehr genau auf die Begründung zu achten, um sich nicht von Vorurteilen und Emotionen leiten zu lassen. Spielte Nigeria wirklich den Hunger als Waffe gegenüber ihrer ehemaligen Ostprovinz aus? Die behutsamen Formulierungen der Autoren Daly und Saville sehen diese wichtige Frage in einer größeren Perspektive.

Wenn sich die großen Hilfsorganisationen anschicken, einer plötzlich aufge-

---

264 Vgl. D-S, 22.
265 Vor dem Krieg importierte Nigeria 25000 Tonnen Stockfisch aus Norwegen, den größten Teil für die Versorgung der Ostregion. Vgl. D-S, 136.
266 Vgl. FORSYTH, ebd. 234 und D-S, 27–29.
267 FORSYTH, ebd. 234f. Vgl. auch D-S, 167f.

tretenen Hungersnot Herr zu werden, so werden sie gewöhnlich bereitwillig unterstützt von den Regierungen der betroffenen Gebiete, die meistens selbst um Hilfe gebeten haben. Dies war in Biafra nicht der Fall. Der Hunger und das Elend waren hier nicht »naturgegeben«, sondern allein durch die Blockade und den Zermürbungskrieg verursacht. Die nigerianische Regierung hatte ein primäres Ziel – die Unterdrückung der »Rebellion« Biafras. Aus diesem Bestreben heraus war sie nicht daran interessiert, daß Hilfsgüter nach Biafra gelangten, ja sie verhinderte nach Kräften solche Hilfe, indem sie alle Flugzeuge der Luftbrücke mit dem Abschuß bedrohte. Das sind Fakten, die unverrückbar sind.

Auf der anderen Seite muß aber beachtet werden, daß auch die biafranische Regierung der humanitären Hilfe nicht immer einen ungehinderten Zugang einräumte. Natürlich begrüßte sie jede Hilfe sehr, doch fühlte sie sich in manchen Situationen gezwungen, der militärischen Sicherheit des Staates Biafra Vorrang vor humanitärer Hilfe zu geben. Im Klartext heißt das, daß die Regierung einige Angebote der Hilfsorganisationen von vorneherein ablehnte, wenn sie in der vorgeschlagenen Methode der Hilfe Gefahren für die Verteidigung erblickte. So kostete auch dieses »strategische Denken«, das den biafranischen Militärs unausweichlich schien, viele Menschenleben[268].

Wie komplex die Situation in ihrer Gesamtheit auch gewesen sein mag, wie vorsichtig und differenziert dementsprechend das Urteil auch ausfallen muß, eine unbestreitbare Tatsache bleibt, daß der Hunger zu den Hauptwaffen dieses Krieges gezählt werden muß; eine Waffe, die sehr bewußt und ohne Rücksicht auf Verluste eingesetzt wurde[269]. Welche Dimensionen besaßen die Konsequenzen dieser »Waffe«?

Spätestens Mitte April 1968 wurde den Verantwortlichen Biafras deutlich, daß sich der Proteinmangel bald katastrophal auswirken würde, falls keine radikalen Gegenmaßnahmen realisiert werden könnten. Als die einzige realistische Möglichkeit wurde hierbei die Errichtung einer Hilfsluftbrücke ins Auge gefaßt. Zwar kam es schon in den ersten Monaten des Jahres 1968 zu internationalen Hilfsflügen für Biafra (Caritas, Weltkirchenrat, Rotes Kreuz), doch wurde gerade dieses Jahr in seinem Verlauf zu einem Katastrophenjahr, denn bis zum Herbst gab es noch keine festen Strukturen der Hilfe, und die Hilfsmaßnahmen besaßen aufs Ganze gesehen einen sporadischen Charakter. Mitte Juni besuchte Leslie Kirkley, der Direktor des Oxforder Hilfskomitees Oxfam[270], Biafra und sprach in Pressekonferenzen von 400 000 Kindern, die nach seiner Einschätzung

---

268 Vgl. die Darstellung bei FORSYTH, 240 ff. und 279. Auch bei D-S, 30.
269 Ein hoher nigerianischer Offizier, Colonel Adenkule, äußerte sich der »Times« gegenüber mit den Worten: »Ich möchte es verhindern, daß auch nur ein Ibo vor der Kapitulation ein Stück zu essen bekommt.« Vgl. D-S, 78. Wichtig auch das gesamte letzte Kapitel des Werkes, 1065 ff.
270 Oxford Committee for Famine Relief.

Opfer von Kwashiokor werden würden, falls es nicht zu einem entscheidenden Durchbruch käme[271]. Dem nun einsetzenden Druck der Öffentlichkeit entzog sich die nigerianische Regierung General Gowons sehr energisch, indem sie jede Hilfe von außen für die Ostregion als Bedrohung ihres Territoriums ansah. Er werde den Befehl geben, jede anfliegende Rotkreuzmaschine abzuschießen, sagte Gowon am 5. Juli. Es gab zwar diverse Verhandlungen (nach einer anderen Sicht der Dinge: Scheinverhandlungen) über die Schaffung eines neutralen Luftkorridors, durch den Hilfe an die hungernde Bevölkerung gelangen konnte, doch führten die offiziellen Gespräche nie zu einem Ergebnis, und so verblieben die nächtlichen, »illegalen« Hilfsflüge als die einzige praktikable Möglichkeit, um Lebensmittel nach Biafra zu bringen.

Die Zahl der Opfer schnellte 1968 drastisch in die Höhe: in den ersten Monaten gab es rund 400 Todesopfer täglich, auf dem Höhepunkt der Krise »schätzten die vier wichtigsten Hilfsorganisationen in Biafra sie auf 10000 täglich«[272]. Ende 1968 lautete nach diesen Schätzungen die Zahl der Hungeropfer in den nichtbesetzten Teilen Biafras eine dreiviertel Million Tote. Die Mitarbeiter des Internationalen Roten Kreuzes, die auf der anderen Seite der Front tätig waren, meldeten aus den von den Nigerianern besetzten Gebieten eine halbe Million Tote[273]. In den beiden letzten Monaten des Jahres 1968, nachdem die großen Hilfsorganisationen ihre Kapazitäten deutlich vergrößert hatten, trat eine Besserung der Versorgungssituation ein. Doch blieb im Ganzen die Lage schwankend und veränderte sich, da von vielen unberechenbaren Faktoren abhängig, Monat für Monat. Es kann schon hier vorausschauend festgestellt werden, daß die Hilfe während der gesamten Zeit einen konspirativen Charakter trug: kein einziges Paket mit Nahrungsmittel ist jemals »legal« nach Biafra gelangt; alles, was kam, mußte erst die Blockade der Nigerianer durchbrechen, die Biafra als ihr Hoheitsgebiet ansahen. Diese »Illegalität« galt nicht nur für die verpönte Hilfe der kirchlichen Seite, sondern auch für die Flüge des offiziösen IRK. Diese simple Feststellung umreißt die ganze Dramatik der Ereignisse, aber auch die Zuordnung des Begriffes »Hunger« zu dem Begriff der »Waffe«.

Bis Mitte 1969 erreichten die Hilfsorganisationen den Höhepunkt ihrer Tätigkeit: mehr als zwei Millionen Kinder und eine halbe Million Erwachsene wurden jetzt regelmäßig mit proteinreicher Nahrung versorgt, bis zu 400 Tonnen lebensnotwendiger Güter wurden pro Nacht eingeflogen.

Im zweiten Halbjahr 1969 kam es jedoch zu einer nochmaligen dramatischen Zuspitzung der Lage. Als am 5. Juni 1969 ein deutlich gekennzeichnetes Flugzeug des IRK von den nigerianischen Streitkräften (oder von den »sozialistischen

---

271 Vgl. FORSYTH, 238f.
272 Vgl. ebd. 248.
273 Vgl. ebd. 249.

Beratern«) abgeschossen wurde[274], stellte das IRK alle seine Hilfsflüge ein, und die Kirchen mußten wiederum die ganze Last der Versorgung übernehmen. Drei Millionen Biafraner mußten jetzt versorgt werden, eine Aufgabe, die unmöglich zu bewältigen war, wenn man bedenkt, daß auch die kirchliche, ökumenische Aktion Joint Church Aid nicht von Krisen verschont blieb und phasenweise ihre Flüge drastisch reduzieren mußte. So verschlimmerte sich die Ernährungssituation wiederum besorgniserregend:

> »Die meisten der Kinder, die täglich ernährt werden mußten, befanden sich bereits am Rande des Todes, sie besaßen keinerlei körperliche Reserven und konnten weiteren Hunger oder Proteinmangel nicht mehr ertragen. Innerhalb einer Woche begann die Sterberate wieder zu steigen.«[275]

Eine weitere Konsequenz dieser neuerlichen Krise bewirkte, daß man in Biafra zu diesem Zeitpunkt nicht mehr unterscheiden konnte zwischen Einheimischen (denen man noch zutraute, daß sie Vorräte haben) und mittellosen Flüchtlingen. Die Hungersnot war allgegenwärtig, und »im August 1969 litten alle Kinder im Land an irgendeiner Form von Unterernährung, dazu fast alle Erwachsenen«[276]. Rund 1000 Menschen starben täglich, Depression und Lethargie breiteten sich aus. Diese fatale Situation änderte sich bis zur Kapitulation im Januar 1970 nicht wesentlich. Die Waffe des Hungers war »erfolgreicher« als alle anderen menschlichen Bemühungen.

Diplomatie

Diplomatie versucht ihr Ziel mit friedlichen Mitteln zu erreichen, im günstigsten Falle ausschließlich mit der Macht des Wortes und der Überzeugungskraft. Tatsächlich aber ist die Diplomatie oft eine Waffe, die nicht immer friedliche Absichten verfolgt. Im Falle des nigerianisch-biafranischen Konfliktes läßt sich dies unschwer aufzeigen.

Die wichtigste Rolle, die den Diplomaten im Falle einer kriegerischen Auseinandersetzung aufgetragen ist, ist die, auf dem Wege der Verhandlungen einen Waffenstillstand oder einen endgültigen Frieden zu erreichen. Im Biafra-Konflikt gab es drei »Friedenskonferenzen«, die alle scheiterten[277]. Sie scheiterten zwangsläufig, da einige fundamentale Bedingungen erfolgreicher Friedenskonferenzen nicht gewährleistet waren. Insbesondere waren die beteiligten Parteien nicht völlig davon überzeugt, daß es nötig sei, auf dem Weg der Verhandlungen

---

274 Forsyth stellt als ehemaliger Pilot der Royal Air Force den Fall detailliert dar. Vgl. ebd. 260–264.
275 Ebd. 271.
276 Ebd.
277 Zu den Einzelheiten vgl. das entsprechende Kapitel bei Forsyth. Für uns sind nur die grundlegenden Strukturen des Diplomatie-Problems von Bedeutung.

den Frieden zu suchen. Im Klartext heißt das, daß Nigeria während der ganzen Zeit davon ausging, daß es in absehbarer Zeit Biafra auf dem militärischen Weg würde besiegen können. Aus diesem Grund war das Land nicht ernsthaft daran interessiert, den Weg der diplomatischen Verhandlungen zu gehen, der sicherlich auf einen Kompromiß zwischen den Parteien hinauslaufen würde, also auf eine Zurücknahme der radikalen Positionen. Diese grundsätzliche Überlegung blokkierte jede Aussicht, diplomatisch einen Friedenszustand zu erreichen.

Ein weiterer wesentlicher Punkt des diplomatischen Spiels ist die Frage nach möglichen Verbündeten des jeweiligen Kontrahenten. Auch hier läßt sich die Lage klar skizzieren. Allen Beteiligten war der Biafra-Konflikt sehr lästig, und sie wünschten eine möglichst rasche Beendigung der Auseinandersetzungen. Dieser verständliche Wunsch hatte aber eine Rückseite: die Ignorierung der Anliegen Biafras und die militärische Unterstützung Nigerias. Von den westlichen Mächten waren hier vor allem England und die USA involviert. England war sehr tief in den Konflikt verwickelt, da die ehemalige Kolonialmacht fortwährend Waffen an Lagos lieferte. Trotz mancher diplomatischer Ansätze war es deshalb eindeutig, auf wessen Seite diese Land stand. Den Vereinigten Staaten war der Biafra-Konflikt äußerst lästig, und nach dem Präsidentenwechsel Johnson-Nixon (1968) tat die Regierung von sich aus fast gar nichts, um auf den Völkermord in Biafra aufmerksam zu machen und den Hungernden zu helfen[278]. Präsident Nixon setzte auf eine rasche Beendigung des Konfliktes, also auf einen militärischen Sieg Nigerias[279]. Es gehörte auch zum diplomatischen Spiel, daß die USA ihren Einfluß auf manche afrikanischen Länder geltend machten, der verhindern sollte, daß diese Biafra als einen eigenständigen Staat anerkannten. Nachdem dies einige afrikanische Länder getan hatten (Tansania, Elfenbeinküste, Gabun, Sambia), kam es zu keiner Anerkennung mehr: eine Frucht des sanften Drucks der USA.

Die Rolle der UdSSR war eine für den damaligen Zeitabschnitt typische für dieses Land. Es half militärisch durch Waffenlieferungen, insbesondere durch Lieferung von Bombern, die dann durch Stellvertreter aus der DDR oder auch Ägypten geflogen wurde. Das »sozialistische Mutterland« hatte hierbei mit Nigeria sehr günstige Verträge geschlossen, die ihm eine Infiltration auf allen wichtigen Gebieten ermöglichte.

---

278 Wenn sich die amerikanische Regierung unter Nixon zeitweilig gezwungen sah, etwas zu tun, dann geschah dies infolge eines starken Drucks der amerikanischen, von den Medien beeinflußten Öffentlichkeit. So kam es auch zum Verkauf einiger Flugzeuge an die Wohlfahrtsorganisationen zu einem symbolischen Preis.
279 Carlo Bayer selbst sollte den Ärger Nixons über die umfassende Unterstützung Biafras durch kirchliche Werke zu spüren bekommen. Bei einer Papstaudienz wies der amerikanische Präsident ausdrücklich auf die Hilfe Bayers bei der biafranischen Gelddruckaktion und verurteilte dies als ein Politikum.

Aufs Ganze gesehen war Biafra für die Diplomatenwelt des Westens ein ungeliebtes Kind, ein Störfaktor und ein unangenehmes Problem, das man möglichst übersah und im übrigen auf eine rasche militärische Lösung setzte. So war für viele Diplomaten die kirchliche Hilfe eher »peinlich«[280], denn sie verzögerte den erwarteten Ablauf der Ereignisse. Eine wichtige Ausnahme bildete hier Frankreich, das sich für die berechtigten Anliegen Biafras einsetzte und am 31. Juli 1968 ein Selbstbestimmungsrecht der Biafraner forderte. Alle anderen Regierungen, die schließlich humanitäre Hilfe für Biafra leisteten, taten dies infolge eines fortgesetzten Drucks der Presse und der öffentlichen Meinung.

So übten sich die meisten Staaten, die westlichen, die sozialistischen und die afrikanischen, in der Vogel-Strauß-Taktik: in der Hoffnung, daß sich alles in wenigen Monaten von selbst lösen werde, bemühten sie sich nicht um eine rasche Lösung des furchtbaren Konfliktes auf dem Weg der friedlichen Verhandlung. Schon gar nicht bemühte sich die diplomatische Welt um eine genuine Betrachtung der Motive, die die Biafraner veranlaßten, sich vom nigerianischen Hauptgebiet zu lösen.

So blieb es den »einfachen Menschen«, die durch Berichte der Medien auf das biafranische Drama aufmerksam geworden sind, überlassen, Druck auf ihre Regierungen auszuüben. In allen westlichen Hauptstädten kam es seit Mitte 1968 zu großen Demonstrationen und Aktionen verschiedenster Art, die auf das Leiden des biafranischen Volkes aufmerksam machten und die Regierungen zwangen, einen Beitrag zur Linderung der Hungersnot zu leisten. Der Druck der Straße konnte nur die Symptome des Konfliktes zu lindern helfen, nicht aber die Wurzel der Auseinandersetzung beseitigen. Hier wären die Diplomaten gefordert gewesen, die es aber vorzogen, ihre Augen vor dem Leiden des ungeliebten Kindes Biafra zu schließen[281].

Der Kampf der Kirchen gegen den Hunger

Vorüberlegung: Das Gewicht der Biafra-Hilfe

Ein Chronist der Geschichte der C.I. dürfte sich bei einer Darstellung der Jahre 1968–1970 nicht nur auf die Geschichte der Hilfsaktion für Biafra konzentrieren. Zu vielfältig war das Geschehen in der Welt, an dem auch die C.I. nach Kräften Anteil nahm. Zu erwähnen wären hier Stichworte wie »August 1968 in der Tschechoslowakei«, der Vietnam-Krieg, der Kampf gegen den Hunger in Sudan; dazu kamen die weniger spektakulären Aktionen für die Opfer unzähliger Katastrophen »irgendwo in Algerien«, in Persien oder in Banja Luka. All dies

---

280 Vgl. D-S, 56f.
281 Vgl. die pointierten Ausführungen Forsyths zur Rolle der englischen Regierung, 188ff.

läßt sich schon bei einem flüchtigen Durchblättern der »Intercaritas« der entsprechenden Jahrgänge wahrnehmen. Wenn wir uns bei der Darstellung des Lebens Carlo Bayers jedoch auf die Biafra-Hilfe konzentrieren, dann aus mehrfachen Gründen.

Zweifelsohne bedeutete diese ökumenische Aktion, bei der Bayer als einer ihrer Protagonisten zählte, einen Höhepunkt seines caritativen Wirkens. Nach einem Vierteljahrhundert Arbeit im Bereich der Caritas und nach fast zwanzig Jahren Tätigkeit als Generalsekretär der C.I. bündelte Bayer konzentriert seine Kräfte und seine Erfahrung, um diese Aktion durchtragen zu helfen. Gerade die Kompliziertheit eines aus dreißig Organisationen bestehenden Organismus, wie ihn die Vereinigte Hilfe der Kirche, die Joint Church Aid, darstellte, bot ihm eine große Herausforderung, die er bewältigen wollte. Die Erfahrung, die er in langen Jahren caritativen Wirkens gewonnen hatte, brachte er hier effektiv ein. Die Stichworte, die hier zu nennen wären und die uns alle im Verlauf unserer Schilderung schon mehrfach begegneten, sind: seine Fähigkeit, in einem unüberschaubaren Gewirr den entscheidenden roten Faden zu finden, sein Mut, auf drängende Fragen mit einer raschen Entscheidung zu antworten, seine Kenntnisse der internationalen Hilfsorganisationen und nicht zuletzt auch seine Vorliebe, sich bei großen Herausforderungen auf die breite Schulter der Ökumene zu stellen. Diese Faktoren trugen dazu bei, daß sich Carlo Bayer in den zwei Jahren der ökumenischen Hilfsaktion überdurchschnittlich stark engagierte. Schon diese Punkte könnten ausreichen, um das umfangreiche »Biafra«-Kapitel zu begründen.

Doch steht unsere Darstellung immer im Schatten eines weiteren Ereignisses. Das konsequente Engagement für die Opfer des Hungers in Biafra bedeutete für Carlo Bayer nicht nur einen Höhepunkt seines Wirkens, sondern im Anschluß daran die größte Krise seines Lebens, die durch die dramatische Entlassung als Generalsekretär der C.I. ihren Abschluß fand. Zwar stellte die Biafra-Aktion für alle Beteiligten ein Politikum dar, doch sollte sie gerade für Bayer die unangenehmsten Konsequenzen haben. Seine Stellung als Generalsekretär einer im Schatten des Vatikans tätigen Organisation machte ihn anfällig für das labile Gleichgewicht zwischen caritativer Aktion, diplomatischen Spielregeln und persönlichen Intrigen. Da Carlo Bayer für sein Handeln andere Leitlinien setzte als die peinliche Beachtung dieses Gleichgewichts, wurde ihm sein beispiellos erfolgreiches Engagement für die Hungernden nicht als ein Denkmal der christlichen Caritas, sondern als ein Stolperstein seiner persönlichen Karriere angerechnet.

So ist es die Aufgabe dieses Kapitels, nach einer fairen Gewichtung der Leistung Carlo Bayers zu suchen; eine Gewichtung, die sowohl die Komplexität der Aktion und das persönliche Engagement Bayers als auch die berechtigten Anliegen der Diplomatie berücksichtigen muß.

Die Anfänge

»Es ist eine unbestreitbare und bedauerliche geschichtliche Tatsache, daß dreißig Tausend unbewaffnete und wehrlose Zivilisten während der politischen Unruhen des Jahres 1966 in Nigeria gnadenlos ermordet worden sind. Der Selbsterhaltungstrieb bewegte daraufhin zwei Millionen Menschen nach Ostnigeria zurückzukehren, in ein Gebiet, das heute als die Republik von Biafra bekannt ist.«[282] Mit dieser knappen und eindeutigen Aussage eröffnete Carlo Bayer einen Hintergrundbericht zum Nigeria-Biafra-Konflikt anläßlich der achten Generalversammlung der C.I. Diese Sätze geben auch den Hintergrund an, auf dem die C.I. und ihr Generalsekretär ihre Hilfe verstanden haben: es galt Hilfestellung denen zu leisten, denen es unmöglich gemacht wurde, sich selbst zu helfen. Wie Bayer weiter ausführte, wurde eine große Schar der Flüchtlinge in den ersten Monaten nach den Pogromen in einer kaum für möglich gehaltenen Weise in das Alltagsleben des Zielgebietes integriert. Doch der Krieg, der schließlich am 6. Juli 1967 ausbrach, verhinderte mit seinen weiteren Flüchtlingswellen eine effektive Hilfe und verschlechterte tagtäglich die Ernährungslage der biafranischen Bevölkerung.

In diesen ersten Monaten erfuhr die Weltöffentlichkeit so gut wie nichts über den Konflikt. Die Diplomaten und die Journalisten hatten anscheinend kein großes Interesse, über einen afrikanischen Bürgerkrieg zu berichten, und dies änderte sich auch dann noch nicht, als die caritativen Organisationen Anfang 1968 ihre ersten größeren Aktionen durchführten. In seinem Bericht benutzte Bayer sogar das Stichwort »conspiracy of silence«, um auf diesen ungewöhnlichen Sachverhalt zu verweisen[283]. Im Gegensatz dazu war den Kirchen die Lage in Nigeria-Biafra schon sehr früh gegenwärtig. Das Land war mit Missionsstationen vieler Dominationen überzogen, die Basisarbeit im besten Sinne des Wortes betrieben und ihre Lageeinschätzung sofort an die kirchlichen Oberen weitergaben. Im besonderen Maße galt dies für die katholische Kirche, deren zentralistische Struktur sie besonders früh zu einer richtigen Einschätzung der Lage befähigte. So kam es schon bald zu einem ersten wichtigen Schritt der kirchlichen Hilfe für Nigeria und Biafra.

Alarmiert durch die immer bedrohlicher werdenden Berichte aus dieser Krisenregion, entsandte Papst Paul VI. in Absprache mit der C.I. im Dezember 1967 zwei Delegierte nach Nigeria, die dort Gespräche mit den führenden Politikern des Landes suchen sollten. Die beiden Delegierten waren Msgr. Rochcau vom französischen Secours Catholique und Msgr. Conway, der Rektor

---

282 Carlo BAYER, Annual Report of the Relief Programme to Biafra, Rom, 15. Januar 1969, 1.
283 Diese »conspiracy of silence« war eine Strategie der Diplomaten, denen die Biafra-Affäre eher »peinlich« als besorgniserregend vorkam. Vgl. D-S, 56f.

des irischen Kollegs in Rom[284]. Ihre mehrwöchige Reise spiegelte in nuce alle Variationen der diplomatischen Wirrnisse wieder, in die sich jegliche zukünftige Hilfe für Nigeria und Biafra notgedrungen begeben mußte.

Im Selbstverständnis der Delegierten war die Mission unpolitisch und rein humanitär ausgerichtet, doch befand man sich mitten in einer kriegerischen Auseinandersetzung, und das bekamen Rochcau und Conway sogleich zu spüren. Sie besuchten zunächst Lagos und gaben bei ihrer Ankunft am 15. Dezember eine Erklärung ab, in der es hieß, daß sie als Abgesandte des Hl. Vaters kämen, der sie als Vertreter der C.I. aufgefordert hatte, seine Sorge auszudrücken betreffs der Gewaltausbrüche und der Massaker in dieser Region Afrikas. Ausdrücklich unterstrichen sie, daß die Sorge des Papstes allen beteiligten Parteien galt, insbesondere den Opfern der Auseinandersetzungen[285]. Am 23. Dezember wurden die Delegaten von General Gowon empfangen, demgegenüber sie den Wunsch vorbrachten, alle drei Kirchenprovinzen Nigerias besuchen zu dürfen, neben Lagos und Kaduna also auch die Provinz Onitsha, die das Kerngebiet Biafras bildete. Sie erhielten zwar eine grundsätzliche Einwilligung, doch nur widerstrebend und »ohne Garantie für die persönliche Sicherheit«.

In diesem sehr frühen Stadium setzte dann schon der diplomatische Krieg gegen die katholische Kirche ein. In Lagos hieß es, daß weder die britischen noch die amerikanischen Diplomaten viel von den päpstlichen Bemühungen hielten, ja sie waren ihnen unangebracht und »peinlich«[286]. Der offiziöse britische Sender »BBC African Service« ging soweit, zu suggerieren, daß sich der Papst nur deshalb so sehr für die Anliegen der Ostprovinz einsetze, weil Oberst Ojukwu ein Katholik ist und die katholische Kirche im Osten des Landes ihre stärksten Bastionen besitzt[287]. Hier wurde bewußt verschwiegen, daß die Kirche schon vor der Mission der päpstlichen Abgesandten daran ging, Hilfe für die Kriegsopfer auf beiden Seiten zu leisten. Im November 1967 überwies die C.I. 25 000 $ an das Rote Kreuz in Genf, um einen Transport von Medizin und Babynahrung zu finanzieren. Die beiden Delegierten übergaben darüberhinaus 20 000 $ an das von staatlicher Seite beeinflußte Nigerianische Rote Kreuz. Auch ein Transportlaster wurde als eine persönliche Gabe des Papstes den nigerianischen Stellen übergeben. Weitere Hilfe schloß sich an, die direkt den katholischen Bischöfen des Landes zukam. Schon in dieser Anfangsphase versuchte man so deutlich zu machen, daß die Rede von einer »einseitigen Hilfe für die Aufständischen« viel

---

284 Vgl. den Bericht der Intercaritas, Januar–Februar 1968, 10–12.
285 Vgl. D-S, 54.
286 Vgl. ebd. 56f.
287 Vgl. ebd. 67.

mit Propaganda und Ignoranz zu tun hat, jedoch kaum den Realitäten entspricht[288].

Insgesamt jedoch mußte die Kirche und ihre caritativen Organisationen zu einem sehr frühen Zeitpunkt erkennen, daß allein das Stichwort »Biafra« für die meisten Beteiligten wie ein rotes Tuch wirkte. Unter den Diplomaten und Politikern nahm man an, daß die biafranische »Affäre« in wenigen Monaten, wenn nicht gar Wochen gelöst ist, und daß deshalb jedes Engagement störend sei. Hier sehen wir wichtige Ansatzpunkte für die diplomatischen Nachspiele, die sich über die ergossen, die an vorderster Front der Hungerhilfe standen; freilich einer weithin »unerwünschten« Hilfe.

Die beiden Delegaten hielten an ihrem ursprünglichen Vorhaben fest, auch das Gebiet Biafras zu besuchen. Nach vielen Gesprächen und Schachzügen konnten sie diesen Besuch vom 7. Februar an durchführen. Schon bei ihrer Ankunft beeilten sie sich festzustellen, daß ihre Mission nichts mit Politik zu tun habe und sie deshalb nicht als Vermittler zwischen den beiden Seiten betrachtet werden dürften. Diese mehrmals wiederholten Versicherungen hinderten die Biafraner jedoch keineswegs daran, den Besuch zum Anlaß zu nehmen, der Welt zu demonstrieren, daß der Hl. Vater in Rom ihre Sache als »gerecht« unterstützt[289]. Es waren Emotionen und politische Ränküne, die von Anfang an den Biafra-Konflikt begleiteten, und mit solchen Nebeneffekten mußte von da an jeder rechnen, der – aus welchen Gründen auch immer – in den Konflikt involviert war. Dazu zählte nicht zuletzt die Tatsache, daß sehr oft »übersehen« wurde, daß sich die kirchliche Hilfe nicht allein auf Biafra bezog, sondern auch die nigerianischen Gebiete einschloß. Je nach politischem Nutzen und der eigenen Position wurde hervorgehoben oder verschwiegen, daß die C.I. neben ihrem Biafra-Hilfsprogramm auch Hilfe für Nigeria leistete, sogar wenn diese durch das staatlich gelenkte nigerianische Rote Kreuz vermittelt werden mußte[290].

Durch die Reise der päpstlichen Delegaten kam die katholische Kirche in einen ersten offiziellen Kontakt mit der nigerianisch-biafranischen Auseinandersetzung. Die Spuren, die hier gelegt wurden, sollten bald in einem ungeahnten Maße weiterverfolgt und vertieft werden.

---

288 Vgl. ebd. 55.
289 Vgl. ebd. 59.
290 Es gibt diverse Berichte des Generalsekretariates der C.I. über Hilfsprogramme für Nigeria. Vgl. beispielhaft das »Relief and Rehabilitation Programme to Nigeria« zusammengestellt für die VIII. GV (1969).

Die Hungerblockade als Herausforderung an die Menschlichkeit

Die Anfänge der katholischen Hilfe für Biafra wurden durch die Initiative der Missionare gelegt. Am 15. Dezember 1967 richtete Pater Anthony Byrne, ein irischer Heilig-Geist-Missionar und Direktor der »Catholic Social Services« der Erzdiözese Onitsha[291], ein besorgtes Rundschreiben an die katholischen Hilfswerke in Europa, in dem es hieß:

> »Wie lange wird die Bevölkerung noch fähig sein, den Flüchtlingen zu helfen? Kann ihnen die Regierung noch weiter beistehen? In Zukunft werden sie nicht einmal eine volle Mahlzeit täglich haben. Dann werden Unterernährung und Hunger einsetzen.«[292]

Der Aufurf des bekannten Missionars verfehlte nicht seine Wirkung, auch deshalb nicht, weil sich sein Bericht mit anderen Berichten deckte, die in dieser Zeit in kirchlich-caritativen Kreisen aller Konfessionen zu kursieren begannen. So war es in der Hilfsabteilung DICARWS des Ökumenischen Rates der Kirche (WCC) im zweiten Halbjahr 1967 zu mehreren Sitzungen gekommen, in denen der Biafra-Konflikt zur Sprache kam. Carlo Bayer war bei diesen Treffen am 9. und 10. November in Genf anwesend und drückte seine Hoffnung aus, daß die Hilfe für Biafra auf der ökumenischen Ebene koordiniert werden könnte[293]. In dieser Zeit begannen die ersten Hilfssendungen nach Biafra zu gelangen, auch wenn dies meist nur auf sehr verschlungenen Wegen möglich war.

Auf der katholischen Seite war es anfänglich das Zusammenspiel aus den »Mitteln der Caritas, irischem Unternehmungsgeist und amerikanischer Generosität«, das die ersten größeren Sendungen nach Biafra ermöglichte[294]. Irische Missionare wie Pater Raymond Kennedy, Pater Dermot Doran oder Pater Anthony Byrne wandten sich an die C.I. und erbaten Unterstützung für den Ankauf von Lebensmitteln und Medikamenten sowie die Finanzierung von Hilfsflügen nach Biafra. Als weitere »Quellen« wurden Vorräte an Trockenmilch entdeckt, die in amerikanischen Depots in Portugal lagerten. Unbemerkt von der großen Öffentlichkeit wurden so erste Sendungen zusammengestellt, die im Februar 1968 in einen ersten großen Charterflug der Caritas mündeten, der Medikamente und Milchpulver nach Biafra brachte. Nebenbei wurde bereits hier die Route erschlossen, die in den nächsten zwanzig Monaten den einzig möglichen Weg darstellte: die Verschiffung der Hilfsgüter von Portugal aus auf die

---

291 Pater Anthony Byrne, zum damaligen Zeitpunkt 37 Jahre alt und seit 1960 als Missionar in Ostnigeria tätig, wurde zu einer führenden Persönlichkeit der Biafra-Hilfe. Byrne war Bayers Verbindungsmann und leitete die katholischen Hilfsmaßnahmen auf Sao Tomé.
292 D-S, 75.
293 Vgl. ebd. 96.
294 Ebd. 106.

unter portugisischer Verwaltung stehende Insel Sao Tomé und dann der 250 Meilen-Flug zum biafranischen Flughafen Port Harcourt oder später zum Flugplatz Uli[295].

Nachdem die Spitzen der C.I., Rodhain und Bayer, im Verlauf der ersten beiden Monate des Jahres 1968 von immer mehr Missionaren bedrängt wurden, einen Vorstoß der katholischen Hilfswerke in Richtung einer intensiven und regelmäßigen Biafra-Hilfe zu initiieren, veröffentlichte die C.I. Ende Februar 1968 ein »Nothilfeprogramm für Ost-Nigeria«, in dem in einigen knappen Punkten die Bedingungen und die Richtlinien der zukünftigen Hilfe skizziert wurden:

1 Stützt man sich auf die Erkenntnisse, die die päpstlichen Delegaten bei ihrer kürzlichen Mission gewinnen konnten, so müssen mindestens drei Millionen Personen in Biafra als Flüchtlinge angesehen werden. Die Ernährungs- und Gesundheitssituation ist kritisch. Die Kindersterblichkeit ist sehr hoch. Die Folgen der Unterernährung sind offensichtlich – vor allem durch Mangelkrankheiten etc. Die Vorräte an grundlegenden Medikamenten sind erschöpft.

2 Wegen der gegenwärtigen politischen und militärischen Situation ist es unmöglich, eine planmäßige Hilfe zu entwickeln. Die Flüchtlinge befinden sich in einer steten Bewegung und ziehen von einem Lager zum anderen, je nachdem, wo sich die militärischen Kräfte der Zentralregierung gerade befinden.

3 Die Caritas Internationalis hat ihr Nothilfeprogramm gestartet. Lebensmittel und Medikamente werden nach Sao Tomé verschifft und von dort nach Port Harcourt geflogen. Die Caritas Internationalis ist bereit, alle Hilfsmaßnahmen zu koordinieren, die von ihren Mitgliedern oder anderen Verbänden eingeleitet werden.

4 Die Prioritäten der Biafra-Hilfe sind: a) Nahrungsmittellieferungen, b) Medikamente, c) Transportkosten und jegliche andere Güter, die durch Geld und Waren dazu dienen, den Kriegsopfern zu helfen.

5 Pater Anthony Byrne, CSSP, Direktor der Social Centre and Catholic Services in Onishta, vertritt die Caritas Internationalis in Ost-Nigeria. Das Hilfsprogramm wird in Biafra unter seiner Leitung durchgeführt.[296]

Die Grundsätze des »Nothilfeprogramms« sollten zumindest innerkirchlich einen Anstoß liefern, die Aufmerksamkeit auf die drohende Hungerkatastrophe zu richten – und dies war Anfang 1968 eine immer noch unerledigte Aufgabe.

---

295 Die genaue Beschreibung ist bei D-S auf Seiten 86–91 zu finden.
296 Übersetzung aus dem Englischen aus: D-S, 107f.

Das sich anbahnende Drama in einem verlassenen Winkel der Erde wurde bis dahin kaum registriert. Das hing äußerlich mit dem Eindruck zusammen, den ein flüchtiger Besuch in Biafra gewinnen konnte. So konnte ein zufälliger Betrachter im März 1968 ohne weiteres auf die gut gefüllten lokalen Marktstände in biafranischen Städten hinweisen. Die Ärzte aber und die Ernährungsexperten, die in den von Flüchtlingen überquellenden Zonen tätig waren, merkten, daß sich eine Tragödie anbahnte. Die Nahrung, die lokal angeboten wurde, bot zwar genügend Kohlenhydrate, aber kaum Proteine. Da aber schon Monate verstrichen waren, seit das Angebot an Lebensmitteln eine ausgewogene Zusammensetzung aufwies, mußten bald die gefürchteten Mangelerscheinungen auftreten; dies galt besondes für die Kinder. Etwa im März wurden diese Voraussagen von den Tatsachen eingeholt. Nachdem bis dahin nur in abgelegenen Gebieten eine größere Anzahl von Fällen der Mangelkrankheit Kwashiokor aufgetreten war, erschienen jetzt in jedem der vielen Flüchtlingslager Kinder mit »rötlich-goldenen Haaren«, die äußerlich die Krankheit andeuteten. Ein Reporter der »Sunday Times«, William Norris, der im April die Lager besuchte, sprach von alptraumartigen Szenen: »Ich habe Szenen gesehen, die kein Mensch sehen darf.«[297]

Im Mai 1968 fiel Port Harcourt, die größte Stadt des Ostgebietes, und die Bevölkerung floh in Panik in die Gebiete, die die Biafraner noch halten konnten. Damit setzte sich ein unheilvoller Trend fort: auf einem immer kleineren Raum drängten sich immer mehr Menschen, die nicht in der Lage waren, für die eigene Ernährung zu sorgen. Gleichzeitig stiegen die Preise für die noch vorhandenen Lebensmittel um ein Vielfaches. Diese Faktoren trugen dazu bei, daß sich der Tod von Hunderttausenden, insbesondere von Kindern, allen gut informierten Beobachtern ankündigte.

Die von den Missionaren und im zunehmenden Maße auch von Pressevertretern geschilderte Lage in Biafra war der Ausgangspunkt für alle kirchlichen Hilfsaktionen. Freilich mußte Carlo Bayer in einem Rückblick auf die Hilfe des Jahres 1968 feststellen:

> »Um der bedürftigen Bevölkerung in Biafra zu helfen, war es notwendig, die Wirtschaftsblockade zu brechen, die die Nigerianer verhängt hatten.«[298]

Dies war ein ungewöhnlicher Faktor in der Geschichte der C.I. Man war gewöhnt, schwierige Probleme anzupacken, komplexe Lösungen anzubieten – doch Stichworte wie »Durchbruch einer Wirtschaftsblockade« wiesen auf eine neuartige Situation hin. Welche Reaktion war hier angemessen?

In einem Bericht über die Anfänge der kirchlichen Hilfe erwähnte Bayer eine

---

297 Wiedergegeben bei D-S, 77f.
298 Annual Report of the Relief Programme to Biafra (Rom 1969), 2.

ursprüngliche Vorstellung, die sich bald als eine Illusion entpuppte. Die caritativen Organisationen glaubten, daß ihre Hilfe von der nigerianischen Regierung in Lagos gutgeheißen werden würde; war sie es doch, die stets an der Idee der Einheit Nigerias festhielt und die Ostprovinz als »ihre« Provinz betrachtete. Doch die Reaktionen aus Lagos lauteten ganz anders. General Gowon erklärte kategorisch, daß man »jedes Flugzeug abschießen werde, welches in die von den Rebellen besetzten Gebiete flog«[299]. Und ein hoher nigerianischer Offizier, Colonel Adenkule, wurde in der »Times« mit den Worten zitiert:

> »Ich möchte kein Rotkreuz sehen, keine Caritas, keinen WCC, keinen Papst, keine Missionare, keine Delegation der Vereinten Nationen. Ich möchte es verhindern, daß auch nur ein Ibo vor der Kapitulation ein Stück zu essen bekommt.«[300]

Durch solche Aussagen war die Einstellung der Machthaber in Lagos von Anfang an klar. Doch ebenso entschieden formulierte die C.I. als Sprecherin der katholischen Hilfswerke ihre Position: Die moralische Verpflichtung, hungernden Menschen zu helfen, ist größer als politisch-diplomatische Bedenken, die in dem speziellen Fall die Beziehungen zur Zentralregierung in Lagos berührten. Aus diesem Grund sollten die Aktionen fortgesetzt und ausgeweitet werden!

Die so beschlossene dezidierte Haltung wurde von der C.I. konsequent durchgehalten, auch wenn es ihrer Leitung nicht entgangen war, daß man sich mit dieser Position in einen »Dschungel völkerrechtlicher Haarspaltereien« begab. Immer wieder bemühte sich Carlo Bayer deshalb in Verlautbarungen aus der römischen Zentrale der C.I., den apolitischen Charakter der Hilfe hervorzuheben. In allen möglichen Variationen hieß es:

> »Wir urteilen nicht über Richtig und Falsch im nigerianischen Bürgerkrieg. Unsere einzige Sorge ist, menschliche Not, wo und wie immer sie sich auswirken mag, zu lindern, soweit es in unseren Kräften steht. Mit Unterstützung einheimischer Hilfswerke versuchen wir, den Opfern auf beiden Seiten nach besten Kräften zu helfen. Wir hoffen sehr, nach Beendigung der Feindseligkeiten von unserem Nothilfeprogramm zu einem echten, gut ausgebauten Wiederaufbau- und Rehabilitationsprogramm übergehen zu können.«[301]

Diese Äußerungen des guten Willens wurden von der Regierung in Lagos nie aufgegriffen. Sie bestand darauf, das Problem »Biafra« auf einer rein militärischen Ebene zu lösen, und hierbei war jede Hilfe für Biafra ein Hindernis auf

---

299 Vgl. ebd.
300 Wiedergegeben bei D-S, 78.
301 Intercaritas, Juli–November 1968, 2.

diesem Weg. Die caritativen Organisationen hingegen vertraten den Standpunkt, daß es angesichts von 10000 Toten täglich nicht angemessen war, sich in diplomatische Feinsinnigkeiten einzuüben. Sie wollten handeln.

Wege der Hilfe: Größe und Grenzen

»Es gab solche, die die Schuld General Gowon zuschoben; andere wiederum Oberst Ojukwu; einige verteilten sie auf beide Seiten. Dann gab es solche, die sich davor fürchteten, die Souveränität eines Landes anzutasten, dessen Fahne vor dem Gebäude der Vereinten Nationen in New York wehte, und es gab solche, die verlangten, daß die Luftwaffen dieser Welt ihre Transportflugzeuge benutzten, um den Hungernden Nahrung zu bringen. Es gab sehr viele, die darauf bestanden, daß etwas geschehen müße, doch nur wenige wußten, wie dies getan werden könnte.«
Mit diesen Zeilen skizzierten Daly und Saville, die Chronisten der kirchlich-ökumenischen Hilfe für Biafra, die Situation im Sommer 1968, als der Weltöffentlichkeit bewußt wurde, daß sich in einem unbekannten Winkel Afrikas eine Tragödie abspielte. Erschütterung, Unglauben, Schuldzuweisungen, kühne Pläne und eine allgemeine Ratlosigkeit – das sind Stichworte, die die Gefühle eines durchschnittlichen Zeitungslesers wiedergeben, der plötzlich nicht mehr vermeiden konnte, daß auf seinen Frühstückstisch alptraumartige Bilder aus der Zeitung gelangten. Millionen Menschen standen vor dem Hungertod, und der technikvernarrten Menschheit sollte nichts einfallen, um ihnen eine effektive Hilfe zu leisten – dies schien eine Horrorphantasie zu sein, nicht aber die Realität.

Doch es war die Realität.

Während im Sommer die Weltöffentlichkeit aufgeschreckt wurde, hatten die Hilfsorganisationen, die sich als erste der Biafra-Hilfe verschrieben haben, mit einigen scheinbar unüberwindlichen Schwierigkeiten zu kämpfen, die die schon errichteten Wege der Hilfe permanent in Frage stellten. Die Schwierigkeiten betrafen einige Pfeiler des Weges, der sich für die katholischen Hilfswerke nach den ersten Wochen der Hilfe als der einzig annehmbare und mögliche herausstellte.

Der Hilfsweg wurde nach intensiven Kontakten der Zentrale der C.I. mit den Missionaren erschlossen. Die für das hungernde Biafra gekauften Hilfsgüter wurden von Lissabon aus auf die portugiesische Insel Sao Tomé verschifft, auf der nach und nach Lagerhäuser angemietet oder neu errichtet wurden. Nach Überlegungen von Pater Anthony Byrne und Carlo Bayer war diese Insel aus mehreren Gründen die günstigste Lösung. Sie war etwa 250 Meilen von den biafranischen Flugplätzen entfernt und galt als eine sichere Insel. Insbesondere wohnten keine Nigerianer auf Sao Tomé, und die portugiesischen Gouvernatoren galten als vertrauenswürdig und hilfsbereit[302]. Von dort wurden die Güter mit Charter-Flugzeugen nach Biafra geflogen, zuerst auf den Flughafen von Port Harcourt und später auf die berühmte Piste von Uli, nahe der Stadt Owerri.

Dieser klaren äußeren Struktur standen jedoch eine Reihe von Schwierigkeiten gegenüber, die die Hilfsorganisationen vielfach in delikate Situationen brachten. Selbstverständlich war es zunächst nicht möglich, renommierte Gesellschaften dazu zu bewegen, den Flugdienst zwischen Sao Tomé und Biafra zu übernehmen. Dies aus mehreren Gründen. Auf dieser ungewöhnlichen und äußerst gefährlichen Strecke bestand kein regelmäßiger Flugverkehr; keine Versicherungsgesellschaft war bereit, die Flüge zu versichern, die in ein Kriegsgebiet hineinzielten und lebensgefährlich waren; darüberhinaus wurden die Flüge als rechtlich illegal angesehen, und sie verstießen gegen geschriebene und ungeschriebene Spielregeln der Diplomatie. In die so entstandene Lücke sprangen nun kleinere Gesellschaften ein, die auf ungewöhnliche Situationen spezialisiert waren, denn nur so hatten sie eine Chance, mit den großen Flugdiensten zu konkurrieren. Dies brachte aber mit sich, daß diese Firmen vielfach von Abenteurern und Geschäftsmännern geführt wurden, denen die Art der Ladung gleichgültig war, sofern nur das Honorar reizvoll genug erschien.

Im Falle Biafra war es nun der Besitzer der »North American Aircraft Trading Corporation«, Kapitän Hank Warton, der diesen Part übernahm[303]. Warton arbeitete eng mit Colonel Ojukwu zusammen, für den er seit Oktober 1966 Waffen und Munition transportierte. Diese »Vertrauensstellung« brachte es mit sich, daß er praktisch einen Exklusiv-Vertrag für Biafra-Flüge hatte. Insbesondere besaßen nur Warton und seine Piloten das stets wechselnde Codewort, das allein eine sichere Übernahme durch die Fluglotsen in Biafra garantierte. Diese Situation sollte manche Konflikte und Spannungen mit sich bringen.

Zwar waren die Piloten Wartons bereit, bei freien Kapazitäten und einer entsprechenden Bezahlung Hilfsgüter nach Biafra zu transportieren, doch war bei einer Inanspruchnahme dieser Gesellschaft die prinzipiell angestrebte saubere Trennung zwischen dem Transport von Waffen und dem Transport von caritativen Gütern nicht immer möglich. Diese Konstellation bot den Anschuldigungen der Regierung in Lagos, die Hilfe für Biafra sei politisch und destruktiv, manche Angriffsflächen.

Es waren wiederum Bayer und Byrne, die hier nach tragfähigen Lösungen Ausschau hielten. Da man in den ersten Monaten auf die Zusammenarbeit mit Wartons Gesellschaft angewiesen war, einigte man sich nach zähen Verhandlungen darauf, daß die C.I. für ihre Transporte die Flugzeuge jeweils ganz chartern werde. Dies sollte jegliche Vermischung mit Waffentransporten ausschließen. So

---

302 Vgl. Bayers Bericht für die VIII. GV über die Biafra-Hilfe 1968, 2.
303 Zur Person Hank Wartons vgl. die Hinweise bei D-S, 87.

einigte man sich in der frühesten Phase, im März 1968, auf sechs Charterflüge von Sao Tomé nach Port Harcourt, von denen jeder 3 800 $ kosten sollte. Bei fünf bezahlten Flügen sollte der sechste Flug kostenlos durchgeführt werden[304]. Zähe Verhandlungen waren in dieser Periode keine müßige Angelegenheit, da die später so legendäre Spendenbereitschaft angesichts des Hungers in Biafra bis Mitte 1968 noch nicht eingesetzt hatte. Angesichts der »conspiracy of silence« halfen zuerst nur die außergewöhnlich gut informierten Kreise: mehrere Spenden aus dem Vatikan, des deutschen Werkes Misereor, von Oxfam und von der deutschen Caritas ermöglichten die ersten großen Hilfsmaßnahmen[305]. Am 31. Mai konnte Bayer aus der römischen Zentrale sechs weitere Flüge melden, deren Gesamtkosten in Höhe von 67 726 $ durch den Hl. Vater, die C. I., Caritas Belgien, die »Catholic Women's League« von England sowie den irischen »Holy Rosary Convent« getragen wurden. Bis zum 20. Juni gab es insgesamt 22 Flüge mit Hilfsgütern, die die Caritas von Sao Tomé aus organisierte.

Was bis zu diesem Zeitpunkt die größte Sorge bereitete, war die Bereitstellung von Flugzeugen. Das Monopol Hank Wartons auf Flüge nach Biafra war ungebrochen, und Warton arbeitete eng mit der biafranischen Regierung zusammen, die zum damaligen Zeitpunkt ihre Präferenz eindeutig auf Waffentransporte setzte[306]. Es waren wiederum Bayer und Byrne, die sich am intensivsten Gedanken machten, wie diesem unhaltbaren Zustand entgegengesteuert werden konnte. Im Juni 1968 wies Pater Byrne in einem Brief an Carlo Bayer darauf hin, daß es möglich wäre, eigene Flugzeuge zu kaufen – zu einem Stückpreis von etwa 35 000 $. Byrne fügte vorsichtig hinzu, daß seine Idee auf den ersten Blick als »verrückt« angesehen werden könnte, doch wären eigene Flugzeuge bei längerfristigen Hilfsmaßnahmen sicherlich rentabel, wenn man bedenkt, daß jede Lieferung von durchschnittlich etwa 10,5 Tonnen Hilfsgütern die Wohlfahrtsorganisationen 3 800 $ Transportkosten kostete. In seinem Antwortschreiben vom 19. Juni war Carlo Bayer noch zurückhaltend:

> »Deine Idee bezüglich des Flugzeuges ist nicht verrückt, doch ich sehe keine Möglichkeit, sie zu realisieren, sogar wenn wir mit dem Roten Kreuz und dem World Council of Churches zusammenarbeiten würden. Denn es handelt sich nicht nur um den Kauf der Flugzeuge, sondern auch um die Bezahlung der Besatzung und der Wartung, ganz abgesehen von den politischen Implikationen.«[307]

Doch schon wenige Wochen später konnte Pater Byrnes »verrückte Idee«

---

304 Vgl. Bayers Bericht für die VIII. GV (1968), 2 und D-S, 115f.
305 Vgl. die Kostenaufstellung für die Flüge der Caritas im Mai 1968 bei D-S, 115f.
306 Vgl. D-S, 116f.
307 Ebd. 118.

aufgegriffen und realisiert werden. Dies war vor allem den beiden deutschen kirchlichen Werken, dem Deutschen Caritas Verband (DCV) und dem evangelischen Deutschen Diakonischen Werk (DDW) zu verdanken, aber auch dem Druck der öffentlichen Meinung in Deutschland in jenem Sommer.

Am 28. Juni 1968 fand in Frankfurt/M. eine von den beiden Werken organisierte Pressekonferenz statt. An dieser Konferenz nahmen die Spitzenvertreter dieser Organisationen teil, aber auch Augenzeugen aus Biafra, wie der evangelische Pastor Lothar Kühl und Pater Anthony Byrne. Ihre anschaulichen Schilderungen hatten sogar auf die als hartgesotten geltenden Journalisten einen erschütternden Eindruck gemacht, und dementsprechend fielen auch die Berichte im Fernsehen und in den Zeitungen aus. Die alarmierte deutsche Öffentlichkeit folgte in einer kaum erwarteten Weise den Spendenaufrufen, und auch die deutsche Bundesregierung sah sich veranlaßt, den beiden Hilfswerken je zwei Millionen Mark zur Verfügung zu stellen[308]. Als Pater Byrne nach wenigen Tagen Deutschland verließ, hatte er genug Mittel, um eine weitere Serie von Hilfsflügen zu finanzieren. Allerdings war bis dahin das Haupthindernis für eine effektive Hilfe noch nicht ausgeräumt: immer noch waren die großen caritativen Organisationen von den Monopolrechten des Flugunternehmers Warton abhängig, der ihnen nur wenige einsatzfähige Maschinen zur Verfügung stellen konnte, um die Hilfsgüter nach Biafra hineinfliegen zu können. Durch den nigerianischen Beschuß mußten darüberhinaus immer wieder Flugzeuge für kürzere oder längere Reparaturperioden aus dem Betrieb genommen werden[309].

Da die Folgen des Hungers in Biafra im zweiten Halbjahr 1968 immer horrender wurden, wurde die Idee Pater Byrnes, eigene Flugzeuge zu kaufen, aufgegriffen. Insbesondere die deutschen Kirchen bemühten sich, jegliche politisch-ideologischen Rücksichten aus der Diskussion zu nehmen und rein pragmatisch zu denken: »Wenn es wirklich nicht anders möglich ist, Hilfsmittel nach Biafra zu transportieren, als daß man Kapitän Warton die Flugzeuge besorgt, die er dazu braucht, sahen die deutschen Kirchen keine besonderen Gründe, es nicht zu tun.«[310] Diese Aussage charakterisiert zutreffend die Einstellung der beiden deutschen Hilfswerke, und diese Einstellung führte schließlich zum Erfolg. Am 15. Juli einigten sich der DCV und das DDW mit Kapitän Warton über den Ankauf von zwei DC 7-Flugzeugen, die ausschließlich für den Transport von humanitären Gütern verwendet werden durften, also nicht für Waffentransporte[311]. Schon wenige Tage später begannen die Crews von Hank Warton mit den neuerworbenen Maschinen zu fliegen, so daß Anfang August die Caritas rund 50 Flüge verbuchen konnte. Am 1. August gab es dabei die höchste

---

308 Vgl. Georg HÜSSLER, Brüderlich teilen – gemeinsam handeln, 125.
309 Vgl. D-S, 204 f.
310 Ebd. 207.
311 Vgl. ebd. 208 ff.

Transportleistung in den ersten Monaten der Caritas-Luftbrücke. Es gab vier Nachtflüge mit folgender Ladung:

> Der als »36« numerierte Flug brachte fünf Tonnen getrockneten Fisch und vier Tonnen Reis nach Biafra.
> Der »37«er transportierte zehn Tonnen Bohnen.
> Der »38«er brachte eine gemischte Ladung mit Bohnen und dem in Biafra dringend benötigten Petrolium.
> Der »39«er brachte elf Tonnen Bohnen.

Bei jedem dieser Nachtflüge riskierten die Piloten und ihre Helfer ihr Leben, da sie ständig mit nigerianischem Artilleriebeschuß rechnen mußten. Aus diesem Grund konnten nicht alle Flüge planmäßig zu Ende gebracht werden. In unserem Zeitraum kann man exemplarisch den Flug vom 5. August herausgreifen, bei dem Kapitän Sheriffs in seiner vom DCV gekauften DC 7 unter starken Beschuß geriet und nicht auf dem Flugplatz in Uli landen konnte, sondern gezwungen war, mit seiner Ladung nach Sao Tomé zurückzufliegen[312].

Im August gab es einen weiteren bedeutenden Schritt in der Geschichte der kirchlichen Biafra-Hilfe: die Abhängigkeit von den Monopolrechten Hank Wartons wurde überwunden. Daß dies nach vielen vergeblichen Versuchen gelang, hing mit einem Abenteuer zusammen, das der schwedische Flugkapitän Carl Gustav von Rosen auf sich nahm. Als dieser erfahrene Pilot mit einer vom DCV gecharterten Maschine in Sao Tomé ankam, befanden sich die Piloten der Warton-Gesellschaft gerade im Streik. Angesichts der immer gefährlicher werdenden Angriffe der Streitkräfte Nigerias auf ihre Maschinen weigerten sie sich, die Gefahr eines Fluges auf sich zu nehmen. Kapitän von Rosen entschloß sich, nach Abwägung aller Risiken, selbst nach Biafra zu fliegen, obwohl er nicht im Besitz des notwendigen Landecodes war. Sein Flug war erfolgreich, und er kam beim Tagesanbruch des 12. August sicher in Uli an[313]. Der Flug hatte eine doppelte Initialzündung, die für die Geschichte der späteren Joint Church Aid bedeutsam wurde. Zum einen war – zunächst symbolisch, wenig später tatsächlich – das Monopol Wartons gebrochen, zum anderen trug die Publizität des Fluges dazu bei, daß die skandinavischen Länder ihren Plan veröffentlichten, in der Vereinigung »Nordchurchaid« eine Transportgesellschaft zu gründen, die gewillt war, den Flugdienst zwischen Sao Tomé und Biafra zu übernehmen. Diese Vereinigung wurde wenige Monate später zu einem Grundpfeiler der JCA[314].

Durch diese Ereignisse wurde die zweite Hälfte des Monats August 1968 zu einem Meilenstein der Biafra-Hilfe. War bis dahin die Operation »Sao Tomé-

---

312 Vgl. D-S, 212.
313 Vgl. ebd. 217f.
314 Vgl. D-S, 222 und 233f. (dort auch das Vertragswerk der NCA).

Biafra« zum großen Teil eine Angelegenheit der katholischen Caritas, so wurde sie nun offiziell von den beiden großen christlichen Kirchen getragen, den Katholiken und den Protestanten.

Eine Frucht der Ökumene: Die Errichtung der Joint Church Aid

Selbstzweifel und guter Wille

Als im Mai 1965 im Ökumenischen Institut in Bossey bei Genf ein erstes Treffen der »Joint Working Group« des WCC und der katholischen Kirche stattfand, stand unter den behandelten Themen der Punkt »Zusammenarbeit in praktischen Fragen«, insbesondere der gemeinsamen Anstrengung bei der Bekämpfung des Hungers in der Welt, an vierzehnter Stelle. Viele Probleme wurden vor dieser Frage erörtert, so das Problem eines gemeinsamen liturgischen Kalenders oder die Frage eines angeglichenen Lektionars[315]. Diese Prioritätensetzung sollte zumindest für die Zeit der Biafra-Hilfe völlig auf den Kopf gestellt werden. In dieser Zeit wurde die praktische Frage der Hilfe für die notleidenden Menschen in einem verlassenen Winkel Afrikas an die erste Stelle gesetzt; ihr waren alle wohlmeinenden theoretischen Diskurse untergeordnet. Doch auch dieser enge Zusammenschluß kam nicht von ungefähr. Den Pionieren der praktischen Ökumene auf dem Gebiet der Nothilfe war klar, daß die christlichen Kirchen dort am glaubwürdigsten sind, wo sie nicht künstlich zwischen den geistlichen und den leiblichen Bedürfnissen der Menschen trennen, sondern dort mit ihrem Hilfsangebot ansetzen, wo dieses gerade am dringendsten gefragt ist.

Es waren Carlo Bayer und sein protestantischer Partner Leslie Cooke, denen bei der ersten gemeinsamen Sitzung die Aufgabe anvertraut wurde, »nach Wegen Ausschau zu halten, auf denen ein größerer Grad an Zusammenarbeit erreicht werden kann in Fällen von großen Notfällen und Katastrophen und Hilfe vermittelt werden kann für unterentwickelte Staaten bei der Bekämpfung des Hungers«[316]. Schon wenige Monate später ergab sich bei der Bekämpfung der Hungerkatastrophe in Indien im Jahre 1966 notgedrungen Gelegenheit, aus den theoretischen Vorgaben die ersten praktischen Konsequenzen zu ziehen[317].

Auf die biafranische Hungerkatastrophe reagierten der WCC und die katholische Kirche zum ersten Mal gemeinsam bei ihrem Friedensappell vom 20. März 1968. Es wurde zu einem unverzüglichen Waffenstillstand aufgerufen

---

315 Vgl. die (nicht publizierten) »Minutes« der Sitzungen, hier: »Minutes of the first meeting ...«, May 22nd to 24th 1965, 16f.
316 Ebd. 17.
317 Vgl. die Zusammenfassung der Sitzungen der »WCC – Roman Catholic Working Party on Emergency and Development Aid«, Geneva, January 26–28, 1966, 5.

und die Wiederherstellung eines dauerhaften Friedens angemahnt »durch ehrenhafte Verhandlungen im Sinne der höchsten afrikanischen Tradition.«

> »Es steht uns nicht zu, uns zu der Streitsache selbst zu äußern. Doch ist es unsere Pflicht, die dringendste Aufmerksamkeit auf die geheiligte Sache des menschlichen Lebensrechts als solchem zu richten, das zutiefst bedroht wird durch die Schrecken und die Auswirkungen des Krieges.«

Gleichzeitig mit dem Friedensappell wurden die internationalen Hilfswerke zu koordinierten Aktionen aufgerufen:

> »In tiefer Sorge um die notwendige Versorgung der notleidenden Bevölkerung mit lebensnotwendiger Soforthilfe rufen wir alle internationalen Hilfswerke zur Zusammenarbeit bei der Linderung der großen Not auf, die noch lange nach Beendigung der Feindseligkeiten andauern wird.«

Daß die Durchführung und das Gelingen der Hilfsaktionen wesentlich auch von der Einstellung der streitenden Parteien abhing, wurde in der ökumenischen Erklärung bewußt unterstrichen:

> »Wir bitten beide Seiten, den Hilfswerken entgegenzukommen und sie bei ihren Hilfsmaßnahmen zu unterstützen. Ebenso bitten wir sie um ein Entgegenkommen gegenüber den Dienern der Religion und der Barmherzigkeit, deren privilegierte Stellung bei der Verteilung der Hilfe in dieser Situation besonders wichtig ist.«[318]

Die gemeinsame Erklärung war ein erster wichtiger Schritt, ein erster Richtungsweiser. Bis zur Gründung der Joint Church Aid sollte es allerdings noch ein gutes halbes Jahr dauern, und es ist wichtig, die Ereignisse dieses halben Jahres nachzuzeichnen, da sich in ihnen die ganze Problematik des späteren Unternehmens bündelte.

Als im Januar 1970 Biafra unterging, war es nicht zufällig, daß es unter allen Hilfsorganisationen, die von den siegreichen Nigerianern angegriffen wurden, die katholische Caritas Internationalis mit ihrem exponierten Generalsekretär war, die am heftigsten unter Beschuß geriet. War sie es doch, die die umfassende Hilfe für Biafra initiierte, war sie es doch, die durch ihre zentralistische Verfassung am effektivsten half, war sie es doch, die im Gegensatz zu den anderen Hilfswerken die wenigsten Selbstzweifel hegte und am kontinuierlichsten arbeitete, war sie es doch, die sich am wenigsten durch das martialische Gehabe Nigerias beeindrucken ließ.

Tatsächlich spielten jenseits von Kompetenz und Pragmatik bei allen beteiligten großen Hilfswerken die Fragen der Diplomatie eine größere Rolle als bei der

---

318 Intercaritas, Mai–Juni 1968, 13f. Der englische Text ist wiedergegeben bei D-S, 112.

C.I. Dies ist nicht schwer zu erklären, denn die Abhängigkeit von der Diplomatie und der Zwang zu einer theoretischen Ausgewogenheit ist bei einem so komplex strukturierten Verband wie dem WCC oder dem IRK eher gegeben als bei der C.I., die zwar Mitgliedsverbände aus der ganzen Welt vereinigt, die jedoch alle derselben Konfession angehören und letztlich alle auf die Leitung der Gesamtkirche in Rom schauen.

Nimmt man die drei genannten Organisationen heraus, so ergibt sich das vereinfachte, in der Grundtendenz jedoch zutreffende Bild. Das IRK, das Ende Juli 1968 seine Flüge aufnahm, war diplomatisch in der schwierigsten Lage. Diese weltweit anerkannte Organisation ist von ihren Statuten her zu einer strikten Neutralität verpflichtet. Sie war deshalb von der Frage der »Legalität« oder »Illegalität« der Nachtflüge nach Biafra stark betroffen, und die Komplexität dieses Problems verursachte mehrere Krisen und Brüche in der Hilfstätigkeit. Der WCC mit seiner Nothilfeabteilung DICARWS hingegen war ein Konglomerat aus sehr verschiedenen evangelischen Kirchen und Denominationen und mußte bei jedem seiner Einsätze auf ein Mindestmaß an »Ausgewogenheit« und diplomatischer Vermittelbarkeit achten. Durch diese Konstellation wurde seine Arbeit in vielfacher Weise behindert. So wurde beispielsweise die Problematik der Insel Sao Tomé in einer Weise diskutiert, die der des IRK in nichts nachstand. Durfte man überhaupt diese Insel für die Hilfe des WCC benutzen, wenn diese doch eine europäische Kolonie in Afrika war und somit Vorwürfe des Kolonialismus nicht auszuschließen waren? Konnte damit nicht jegliche Hilfe kompromittiert und Aktionen in der Zukunft behindert werden?[319] Solche und ähnliche Fragen bedrängten den WCC, während die katholische Kirche eine möglichst pragmatische Lösung der Schwierigkeiten anstrebte. Von allen großen Organisationen hatte sie in dieser Beziehung die wenigsten Probleme, denn sie machte aus diesen Fragen keine Probleme. Von ihrer Struktur her ist ihr ein grundsätzlicher Zug zum Zentralismus eigen. Weil die römische Zentrale, insbesondere auch der Papst, die Hilfe für das hungernde Biafra bejahten, kam es innerhalb der katholischen Hilfswerke zu keinen größeren internen Auseinandersetzungen mehr. Praktisch bedeutete dies, daß die C.I. und ihre Mitglieder nach einer möglichst effektiven Hilfe für Biafra fragten und weniger nach diplomatischen Rücksichten.

Diese grundsätzlichen Überlegungen machen es einfacher, die später auf die C.I. zugekommenen frontalen Angriffe der nigerianischen Regierung zu verstehen.

Ein weiterer Aspekt ist die Dynamik, die sich aus dem entschlossenen Vorgehen der katholischen Caritas auf den protestantischen Verband auswirkte. Der WCC sah die Notwendigkeit einer raschen Hilfe nicht nur durch humanitäre

---

[319] Vgl. D-S, 193, auch 197.

Erwägungen, sondern auch durch den sehr menschlichen Gedanken, daß im Angesicht des starken Engagements der katholischen Seite man nicht selbst in Untätigkeit verharren dürfe. Die diplomatischen Rücksichten in Ehren, so die Meinung der Mitglieder, »doch kann man wohl mehr erwarten als die Appelle an die Regierungen und Gebete ... Anscheinend konnte man helfen – die Caritas und die deutschen Kirchen machten es gerade vor.«[320] Ein weiterer Faktor, der zu der ansteckenden Dynamik beitrug, war die Erkenntnis, daß die Katholiken weit davon entfernt waren, ihre Hilfe missionarisch oder in einem strengen Sinne konfessionell anzulegen, sondern sie primär humanitär auffaßten: »They genuinely help the Oikumene« – das war die zusammenfassende Erkenntnis eines der Vertreter des WCC, Wim Schot[321].

Ein hohes Lob galt auch der deutschen Hilfe:

> »Die Deutschen sind sehr effiziente Helfer, mit wenigen Personen, die ein sehr hohes Pensum erfüllen. Sie sind bereit, ein Risiko auf sich zu nehmen, sie verstehen sich auf Werbung, sind jedoch zurückhaltender in der Entwicklung persönlicher Beziehungen als viele unserer anderen Freunde. Sie bemühen sich stark um ein ökumenisches Image, und sind fähig und gewillt zu wirken, ohne gleichzeitig die deutsche Kultur anpflanzen zu wollen.«[322]

Es bleibt festzuhalten, daß es auf Seiten des WCC langwierige Diskussionen und Abwägungen gab, bis schließlich der Weg frei war für eine umfassende Aktion zusammen mit den katholischen Partnern. Dazu verhalf nicht zuletzt der Druck von vielen dem WCC nahestehenden Seiten, die immer wieder auf die schon längst angelaufenen Aktionen der C.I. hinwiesen und fragten, wo denn Ähnliches auf der protestantischen Seite zu finden sei.

Der Höhepunkt des Hungers und die Bildung der JCA
Rabbi Marc H. Tannenbaum, eine der führenden Gestalten des amerikanischen Judentums und ein Promotor der Biafra-Hilfe in der amerikanischen Öffentlichkeit, schrieb in einem Rückblick auf diese Zeit:

> »Es bleibt ein ewiger Verdienst der katholischen und der protestantischen Gemeinschaften, daß sie auf eine solche menschliche Herausforderung mit moralischer Hingabe, mit Mut und Realismus geantwortet haben; dem konnte weder die Regierungsseite noch andere freiwillige Gruppen etwas Entsprechendes entgegensetzen. Während Regierungsorgane und internationale Hilfsorganisationen durchaus große Mengen an Lebensmit-

---

320 Ebd. 193.
321 Ebd. 194.
322 Ebd.

teln und Medizin, wie auch Transportmöglichkeiten besitzen, so haben sie doch aus diplomatischen Gründen nicht so reagiert, wie die C.I., der WCC, der CRS und der CWS, die ihre Güter in nächtlichen Luftbrücken eingeflogen haben.
Diese Flüge waren riskant und teuer, sie wurden auch angesichts einer großen Kritik der nigerianischen Regierung durchgeführt. Doch für diese Hilfsorganisationen waren die moralischen und menschlichen Rechte der Kranken und Sterbenden von größerer Bedeutung als korrekte diplomatische Beziehungen.«[323]

Wird auf die »katholisch-protestantische Hilfe« zurückgeschaut, so denkt man primär an die »Joint Church Aid«, jenen informellen und doch höchst effektiven Zusammenschluß der beiden großen christlichen Konfessionen angesichts der biafranischen Hungerkatastrophe. Wie bei so vielen komplexen Zusammenschlüssen läßt sich auch hierbei kein eindeutiger Termin der Gründung angeben, doch waren zweifelsohne zwei Sitzungen im September und November 1968 entscheidend.

Für den 20. September wurde eine Konferenz der an der Biafra-Hilfe beteiligten Organisationen nach Frankfurt einberufen. Beteiligt waren das DDW, die Caritas, die Nordchurchaid und einige kleinere Werke. Der große Verband WWC tat sich immer noch schwer, einen großen Schritt nach vorne zu wagen und war – wie zu jenem Zeitpunkt sehr häufig – »puzzled«, verwirrt, über die zu unternehmenden Schritte. Noch am 10. und 11. September gab es in den Sitzungen seiner Nothilfeabteilung DICARWS sehr feinsinnige Argumente mit dem Zweck, eine direkte Hilfe für Biafra zu vermeiden. Wieder einmal war die Insel Sao Tomé wegen möglicher »kolonialistischer Aversionen« untragbar, und wieder einmal waren die diplomatischen Beziehungen zu Nigeria in den Vordergrund geschoben worden; ja, der Genozid in Biafra wurde in Verbindung gebracht mit dem Leiden der Nicht-Weißen in Südafrika. Das alles wirkte auf die Beobachter anderer Organisationen zumindest befremdend, wenn nicht gar feige und geschmacklos. Carlo Bayer erlaubte sich im Anschluß an eine solche Sitzung das später viel zitierte Bonmot von der »sezessionistischen ökumenischen Aktion, die in Sao Tomé und Biafra stattfindet«[324].

Das Treffen in Frankfurt hingegen erwies sich als die Geburtsstunde der JCA, auch wenn der Name zum damaligen Zeitpunkt noch nicht erfunden war. Bei diesem Treffen waren es der schottische Arzt Dr. Clyne Shepherd und Carlo Bayer, die die Teilnehmer über die Entwicklung in Biafra unterrichteten. Dr. Shepherd berichtete nach einem mehrmonatigen Aufenthalt in biafranischen Flüchtlingslagern aus erster Hand, Carlo Bayer stützte sich auf Informationen,

---

323 Wiedergegeben bei D-S, 266.
324 Ebd. 199.

die er vom Bischof Whelan erhielt, der das Bistum Owerri im biafranischen Kerngebiet leitete. Anerkanntermaßen war das Frankfurter Treffen praktischen Fragen gewidmet; es ging nicht mehr um die Rechtfertigung der Hilfsaktionen, sondern um die Maximierung der Effektivität. Es war von einem ganz anderen Charakter als das Genfer Treffen der DICARWS, das sich in politischen Erwägungen erschöpfte. Der DICARWS selbst wurde auf eine Anfrage hin beschieden, daß dieses Treffen einberufen wurde, um praktische Probleme der Luftbrücke Sao Tomé – Biafra zu erörtern, und dies durch die Organisationen, die sich »entschlossen haben, daß sie dieses Anliegen offen unterstützen können«[325]!

Bis zu der zweiten Sitzung am 8. und 9. November in Rom änderte sich die Atmosphäre wesentlich zugunsten der beteiligten Hilfswerke. Trotz großer Vorbehalte von Seiten mehrerer westlicher Regierungen, so den Regierungen der USA und Kanadas, unterstützten immer mehr bedeutende Organisationen die Luftbrücke nach Biafra. Insbesondere die beiden großen amerikanischen Verbände, der katholische CRS und der protestantische CWS, nahmen wichtige Aufgaben wahr, indem sie großzügig in die Einrichtung des Flugplatzes in Uli investierten und nach größeren Flugzeugen für die Luftbrücke Ausschau hielten. Auch die Verbände der holländischen und der schweizerischen Kirchen wandten sich intensiv der Biafra-Hilfe zu.

Als am 8. und 9. November 1968 in den Räumen der C.I. ein Treffen der interessierten Organisationen stattfand, war die Teilnehmerzahl weitaus größer und repräsentativer als beim Treffen in Frankfurt im September. Dies geschah »trotz der Warnungen von Regierungen, trotz der ambivalenten Einstellung des WCC und trotz des Unvermögens des IRK, öffentlich Anerkennung zu spenden für das, was die Kirchen in der Biafra-Hilfsaktion unternehmen«[326]. Die Leitung dieses historischen Treffens teilten sich der Vertreter der skandinavischen Nordchurchaid, General Berg, und Carlo Bayer. Anwesend waren Vertreter der bedeutendsten caritativen Organisationen der westlichen Welt: der beiden deutschen Werke DCV und DDW, der amerikanischen Hilfswerke, der Nordchurchaid, des französischen Secours Catholique, des Oxfam, aber auch der UNICEF. Der WCC hielt sich noch immer bedeckt und sandte seinen Repräsentanten im Status eines »Beobachters«[327]. Allen Teilnehmern wurde im Verlauf der Sitzung deutlich, daß es höchste Zeit war, die Hilfsmaßnahmen zu koordinieren. Das Engagement in Biafra war so weit vorangeschritten, die Hungernden so auf die Lebensmitteltransporte angewiesen, daß man keine zusammenhanglosen Aktionen mehr unternehmen durfte. Es galt nun, die wichtigsten Aufgaben der Hilfe auf die einzelnen Werke zu verteilen, ohne jedoch die starre Organisation

---

325 Vgl. ebd. 281.
326 Ebd. 282.
327 Vgl. ebd.

einer »Super-Caritas« anzustreben. So war der Name, der für die vereinigte Hilfe der kirchlichen Werke gewählt wurde, zunächst rein pragmatisch. »Joint Church Aid« bezeichnete das faktische Arbeitsfeld der Werke, und machte keine weitergehenden Aussagen, die man – in welcher Weise auch immer – interpretieren mußte. Faktisch schuf man eine neue ökumenische Organisation, doch bedeutete dies keineswegs, daß man auch daran gehen wollte, »eine Verfassung, Komitees, gewählte Mitglieder« etc. zu bestimmen[328]. Manche Puristen behaupteten sogar, der Name wurde primär gewählt, um für die Pressemitteilungen einen festen Bezugspunkt zu besitzen.

Die beteiligten kirchlichen Gruppierungen, die die berühmten »zwei Fische« zum Symbol ihres Tuns bestimmten, besaßen auch kein Mandat, um offiziell im Namen der Kirche zu sprechen:

> »Wie sie in der Überschrift über ihre Tagung ausdrückten, kamen sie zusammen, um ein ›Koordinationstreffen der Nigeria-Biafra-Hilfe‹ zu veranstalten, und ihre einzige Aufgabe war, als Beteiligte eine Arbeit zu koordinieren, die sie in einem bestimmten Teil der Welt für einen bestimmten Zweck taten. Wenn es später Einzelne gab, die in der Joint Church Aid einen neuen Rivalen sahen für den WCC und die verschiedenen Werke der Katholiken und Protestanten, die sich um eine Zusammenarbeit bemühten, so war das sicherlich nicht die Schuld jener, die einen Namen für ihre Pressemitteilungen wählten, oder, um Flugzeuge auf diesen Namen erwerben zu können; sie hatten jedoch nie die Absicht, mehr zu sein als eine Gruppe von Menschen, die die Kirchen in ihrem Bemühen repräsentierten, den Hunger in Biafra zu stoppen.«[329]

So bekam auf dem römischen Treffen die JCA keine formale Struktur, wohl aber eine Aufgabenteilung. Die beiden deutschen kirchlichen Werke sollten für die Güter auf ihrem Weg bis Sao Tomé verantwortlich sein. Die Nordchurchaid war verantwortlich für das Management der Luftbrücke. Die C.I. sollte die Organisation der Personenbeförderung nach Sao Tomé übernehmen. Diese Aufteilung der Kompetenzen war sehr klug, und sie bezog sich auf die bisher schon geleistete Arbeit. Die beiden deutschen, finanzstarken Werke hatten schon früh eine mutige Option für die Biafra-Hilfe gegeben und besaßen gute logistische Strukturen. Sie waren fähig, mit Regierungen zu verhandeln, effektive Handlungsweisen zu finden, und sie hatten Einfluß genug, ihre Entscheidungen auch durchzusetzen. An ihrer Spitze standen mit Prälat Georg Hüssler und Direktor Ludwig Geißel zwei Persönlichkeiten, die fähig waren, die vielen Stränge

---

328 Vgl. ebd. 283.
329 Ebd.

der Hilfsbemühungen und der Logistik zusammenzuschauen und der Hilfe den notwendigen öffentlichen Charakter zu verleihen[330].

Ebenso naheliegend war die Entscheidung, der Nordchurchaid die Gesamtverantwortung für die Abwicklung des Flugdienstes von Sao Tomé nach Biafra anzuvertrauen. Man stützte sich hierbei auf Strukturen, die bereits entwickelt waren und sich unter den ungewöhnlichen Bedingungen bewährten. Der Leiter dieses gemeinsamen skandinavischen Kirchenhilfswerks war der dänische Pastor Vigo Mollerup, der einstmalige Pfarrer einer Slumgemeinde in Kopenhagen. Auch Mollerups Engagement ging weit über das Durchschnittliche hinaus, auch sein Name fand Eingang in ein imaginäres Goldenes Buch der Biafra-Hilfe. Die C.I. als eine Organisation, die nicht direkt operational, sondern koordinierend wirkte, sollte die Verantwortung für den Passagiertransport nach Biafra übernehmen; eine Aufgabe, die nicht immer dankbar war, die sich aber als wichtig erwies, wenn es galt, Pressevertreter, Geldgeber oder technisches Personal nach Biafra zu transportieren und sie auf die immer zu knappen Kapazitäten zu verteilen.

Ebenso bedeutsam wie die Verteilung der grundsätzlichen Kompetenzen in der Organisation der Luftbrücke war ein weiterer Beschluß des römischen Treffens. Da es ineffektiv erschien, bei jeder zu entscheidenden Frage alle 31 Mitgliedsorganisationen einzuberufen, bildete man eine kleinere Arbeitsgruppe, die JCA Executive Working Group, die sich im Einzelfall dringender Probleme annahm. Typischerweise wurde auch für diese Arbeitsgruppe, der sieben Mitglieder angehörten[331], nur eine allgemeine Bestimmung erarbeitet, jedoch kein Statut im engeren Sinne.

Alle Beteiligten waren sich darin einig, daß JCA ein reiner Zweckverband war, der so praxisnah wie möglich arbeiten sollte. Dieser Grundsatz wurde schon in Rom in die Tat umgesetzt, als im Verlauf der Diskussion die Vertreter der Nordchurchaid auf ihr zum damaligen Zeitpunkt größtes Problem hinwiesen. Durch eine Reihe unglücklicher Verkettungen, verbunden mit dem gleichzeitigen Auslaufen einiger befristeter Mietverträge, war die NCA gezwungen, sich nach neuen Flugzeugen umzusehen, um in diesen für Biafra tragischen Monaten

---

330 Sehr anerkennend äußerte sich Georg Hüssler, der Leiter der DCV, über seinen protestantischen Partner vom DDW, Ludwig Geißel: »Es ist nicht zuletzt sein Verdienst, daß es gelang, vier Millionen Menschen eineinhalb Jahre lang durch die Luftbrücke am Leben zu erhalten. Er behielt stets den so wichtigen Überblick, verlor sich nicht im Wirrwarr technischer Einzelheiten, sondern bewahrte treu den Geist, der die Hilfsaktion entstehen ließ und in jeder Phase beseelte.« Aus: Georg HÜSSLER, Brüderlich teilen – gemeinsam handeln, 128. Auf der katholischen Seite hebt Hüssler die Persönlichkeiten Carlo Bayers und Anthony Byrnes hervor (ebd.).
331 Ursprünglich gehörten der Arbeitsgruppe fünf Mitglieder an (C.I., DCV, DDW, CRS, NCA), denen sich später noch zwei weitere (Canairelief und JCA-USA) anschlossen.

die Transportkapazitäten aufrechterhalten zu können[332]. Die einzige Lösung, die sich anbot, war das Angebot des Lockhead-Konzerns, eine »Hercules«-Transportmaschine zu leasen. Nach Berechnungen von Pastor Mollerup brauchte die JCA rund eine Million Dollar, um dieses Angebot annehmen zu können. Die Versammelten Pioniere der JCA griffen den Vorschlag auf und einigten sich auf eine vorläufige Verteilung der Kosten: das DDW und der DCV wollten 300000 $ besorgen, die NCA und die C.I. boten je 100000 $, ebenso wie die schweizerischen und die holländischen Kirchen. Um den Rest wollten sich die amerikanischen Wohlfahrtsverbände kümmern[333]. Zwar konnte letztendlich aus einer unentwirrbaren Reihe von politisch-diplomatischen Gründen gerade dieser Plan nicht verwirklicht werden[334], doch war das Zusammenspiel so vieler caritativer Organisationen seit diesen Novembertagen in ein wohldurchdachtes Koordinatensystem eingeordnet. Die JCA war – als Frucht einer schrecklichen Not – geboren.

Kompetenz, Ideen, langer Atem: Carlo Bayers Stellung innerhalb der JCA

»Kinder mit aufgeblähten Bäuchen, mit rötlich verfärbten Haaren, fleckenübersäter Haut und leblosen Augen kauerten apathisch auf dem Boden. Zu Skeletten abgemagerte Menschen siechten in Flüchtlingslagern und im Busch dahin, dämmerten in Notunterkünften dem Tod entgegen. Leichentransporte erregten kein Aufsehen mehr. Das Vergraben der in Palmzweige eingerollten Verhungerten war bereits Routine. Das war Biafra im Sommer 1968: Täglich starben in dem eingekesselten Busch-Reduit 6000 Menschen – mehr als in zwei Wochen Vietnamkrieg. Täglich vergrößerte sich das Leiden der Überlebenden, die unter der Protein-Mangelkrankheit ›Kwashiorkor‹ litten. Ein mageres Huhn kostete 30 Mark, die letzten Vorräte an Feldfrüchten gingen zur Neige. Das Todesurteil über neun Millionen Menschen schien gesprochen. Die Exekution sollte auf Raten erfolgen.
Ein Jahr später, im Juni 1969: Der Krieg geht mit unverminderter Härte weiter, noch immer haben die Nigerianer ihre Hungerblockade über Biafra nicht gelockert. Doch das Massensterben ist gestoppt, die Todesrate auf rund 300 pro Tag gesunken. Ein Volk wurde vor dem Tod bewahrt. Die Rettung kam durch die Luft ...«[335]

---

332 Vgl. D-S, 277–282.
333 Vgl. ebd. 284.
334 Vgl. ebd. 284–286.
335 Der Spiegel, Heft 24/1969, 106. In einem typischen »Spiegel-Stil« nahm sich das Magazin in einer zweiteiligen Serie der »Rettung durch die Stockfisch-Bomber« an. Die »Hintergrund«-Reportage nannte harte Fakten und Namen, die aber allzuoft durch kühne

Als sich Biafra im Mai 1967 für unabhängig erklärte und damit eine gewaltsame Reaktion Nigerias herausforderte, konnte sich keiner der Beteiligten vorstellen, daß es möglich sein würde, die abgespaltene Provinz über dreißig Kriegsmonate hinweg mit Gütern zu ernähren, die allein durch eine Luftbrücke ins Land kamen. Die Initiatoren der Hilfe machten sich angesichts der vielen Krisen und Brüche während der gesamten Zeit Gedanken über mögliche Alternativen zu dem gefährlichen und kostspieligen Weg der Luftbrücke[336]. Mitte des Jahres 1968 verfolgte Carlo Bayer die konkrete Idee, Boote mit Hilfsgütern den Niger entlang zu senden. Diese sollten unter den Flaggen der USA, Frankreichs und Deutschlands fahren, und Bayer glaubte, daß die Nigerianer es nicht wagen würden, die so gekennzeichneten Boote anzugreifen. Es wurden detaillierte Pläne ausgearbeitet, die auch kompetenten Stellen vorgelegt wurden. Bayer selbst führte in dieser Frage fast ein Jahr intensive Gespräche und eine umfangreiche Korrespondenz mit allen beteiligten Parteien. Ihm schien diese Idee die einzig praktikable Alternative zur Luftbrücke zu sein. Doch obwohl sich einflußreiche Persönlichkeiten und Politiker mit seiner Idee beschäftigten, war letztlich auch sie – wie alle Alternativvorschläge – zum Scheitern verurteilt, und dies aus einem ähnlichen Grunde, wie dem, der alle Friedensverhandlungen scheitern ließ: Nigeria war nicht ernsthaft bereit, mit Biafra zu verhandeln, da es seine ehemalige Ostprovinz nicht als einen ebenbürtigen Partner akzeptieren wollte[337]. So war letztlich die ganze Last der Hilfe auf die Luftbrücke abgewälzt, die seit den Herbstmonaten 1968 von 31 Partnern in ökumenischer Gemeinsamkeit getragen wurde. Bis zum Ende des Konfliktes wurde die »klassische Route« über die portugiesische Insel Sao Tomé und den biafranischen Flugplatz Uli benutzt. Hier läßt sich das Verdienst der kirchlichen Werke nicht oft genug betonen, die allen Anfeindungen und allem Gerede von möglichen kolonialistischen Implikationen widerstanden und an der Wahl der Route festgehalten haben. Auch in der Rückschau läßt sich das Urteil der JCA-Chronisten Daly und Saville rechtfertigen, die summierten:

> »Gäbe es die Insel Sao Tomé mit ihrem Flughafen nicht, und wäre sie nicht im portugiesischen Besitz, so ist es zweifelhaft, ob Biafra ihre Sezession über einen längeren Zeitraum hinweg durchgestanden hätte.«[338]

So aber, dank einer Einstellung der kirchlichen Werke, die weniger auf »Diplomatie« als auf Effektivität schaute, wurde im zweiten Halbjahr 1968 eine Hungerkatastrophe in Biafra abgewendet und ein Volk am Leben erhalten. Dies

Verbindungen und willkürliche Auslegungen in fragwürdige Zusammenhänge hineingestellt waren.
336 Vgl. ausführlich bei D-S, Kapitel 41.
337 Vgl. ebd. 611.
338 Ebd. 351.

geschah durch Transporte, deren nackte Zahlen sich in »5300 Flügen und über 60000 Tonnen Hilfsgüter« ausdrücken lassen, hinter denen Tausende von Personen standen, die unzählige Schritte bewältigen mußten, bis aus den Beträgen, die in West-Berlin in eine Sammelbüchse eingeworfen wurden, eine Packung Milchpulver in den Händen einer biafranischen Mutter wurde. Die umfangreiche Arbeit von John A. Daly und Anthony G. Saville ist ein bewundernswerter Versuch, diese Schritte nachzuzeichnen, um sie nicht ganz der Vergessenheit anheimzugeben.

Carlo Bayer hatte von den Anfängen der katholischen Hilfstätigkeit für Biafra in den ersten Monaten des Jahres 1968 bis in die letzten Tage der ökumenischen Hilfe im Januar 1970 eine für ihn typische Rolle inne: er suchte die unendlich vielen Fäden, aus denen die Hilfsaktionen bestanden, in eine einheitliche Richtung zu ordnen. Bayer war ein Koordinator und ein Vermittler, derjenige, der Informationen als erster bezog und deshalb auch als erster mit richtungsweisenden Ideen kommen konnte. »Ich habe den Fernschreiber unter meinem Bett«, pflegte er in jener Zeit zu sagen, und dies war keine leere Phrase. Überblickt man seine Tätigkeit auch nur flüchtig, so ergibt sich eine fast unendliche Reihe von Tätigkeiten, Impulsen und Beziehungen. Er suchte den Kontakt zu den Bischöfen in Biafra und zugleich zu den Missionaren dieser Region, um keine einsamen Schreibtischentscheidungen zu treffen; insbesondere befand sich der Leiter der Hilfe auf Sao Tomé, Pater Anthony Byrne, in einem fast täglichen Kontakt mit Bayer, berichtete ihm über seine Sorgen, fragte bei ihm an. Als herausragender Vertreter der katholischen Caritas war Bayer von Anfang an im Spitzengremium der JCA dabei, bereitete ihre Sitzungen vor und leitete sie; er kümmerte sich um enge Kontakte zu den Organisationen, die die Hilfsaktionen trugen, insbesondere zu den deutschen Verbänden des DCV und des DDW. Im Notfall flog Bayer selbst nach Sao Tomé, um dort in Sackgassen geratene Probleme einer Lösung zuzuführen; »nebenbei« kann er seine Beziehungen spielen lassen, um gefangene europäische Erdöltechniker aus biafranischen Händen zu befreien[339].

Diese konstruktive »Stellung zwischen allen Stühlen« entsprach seinem Charakter, den es drängte, Probleme unkonventionell und vor allem effektiv zu lösen. Nicht, daß die Operation Biafra für ihn ein dankbares Feld wäre – allzuviel muß während dieser Monate in Rom von der sonstigen Arbeit auf dem Schreibtisch liegenbleiben[340] – aber im Angesicht der latenten Katastrophe

---

339 Zum letzten Stichwort vgl. den entsprechenden Abschnitt unserer Arbeit. Teile der Bayer-Byrne Korrespondenz lassen sich beim Durchblättern von Daly-Saville leicht auffinden.
340 Was in diesem Zusammenhang sehr negative Folgen hatte, war die Verschiebung der 8. Generalversammlung der C.I. um einige Monate nach dem regulären Termin, da es Bayer wegen seiner Überbeanspruchung durch die Biafra-Hilfe nicht geschafft hatte, diese in der üblichen Form vorzubereiten.

spielte Bayer alle seine Fähigkeiten aus, und diese wurden anerkannt. Im Fortschreiten der Biafra-Hilfe wuchs er zu einer der bekanntesten Persönlichkeit in den Kreisen der weltweit operierenden Wohlfahrts-Verbände; sein Ruhm als der »Feuerwehrmann Gottes« begann legendär zu werden. Dies läßt sich an gewichtigen Tatsachen aufzeigen, aber auch schon anhand der vielen Anekdoten, die in dieser Zeit über Bayer kursierten, von denen eine besagt, daß der Hund, den sich die Caritas-Mannschaft auf Sao Tomé zugelegt hatte, den Namen »Carletto« erhielt. Dies in Anspielung darauf, daß Carlo Bayer auch so etwas wie ein oberster »Wachhund« der Biafra-Hilfe war[341].

Wie auch immer, Bayer war tatsächlich »allgegenwärtig« und ein allzeit ansprechbarer Partner auf der katholischen Seite, der auch noch durch Kompetenz und Ideenreichtum brillierte. Freilich war er dadurch auch besonders ungeschützt, wie es sich später herausstellen sollte. Die Kompetenz Bayers wurde gern angefragt, wenn es galt, Probleme zu lösen, die einer schnellen Entscheidung bedurften. Dies betraf nach der Gründung der JCA auch das Spezialgebiet der C.I., die Frage der Passagierbeförderung nach Sao Tomé oder nach Biafra selbst.

Alle Organisationen, die einen Passagier nach Sao Tomé senden wollten, meldeten dies der C.I., die ein Entscheidungsrecht besaß. Neben den relativ harmlosen Problemen, die aus mangelnden Kapazitäten an Passagiersitzen resultierten, gab es das viel sensiblere Problem, welche Personen überhaupt mit den Chartermaschinen der JCA fliegen sollten und welche nicht. Daß Journalisten, Geschäftsleute oder auch Geldgeber und Freunde der JCA mitfliegen wollten, war schon aus rein praktischen Gründen verständlich, war doch ihre Route schneller und preiswerter, als die Route der üblichen Geschäftsflüge, die ein Umsteigen in Luanda erforderte. So versuchten sowohl Freunde als auch Gegner der JCA an einen der Plätze der Chartermaschinen heranzukommen. Ein weiterer Vorteil bestand darin, daß man mit den JCA-Flügen im Normalfall von Sao Tomé gleich nach Biafra weiterfliegen konnte, und derjenige, der einen Platz nach Sao Tomé bekam, erhielt meist auch die Genehmigung, weiter zum Flugplatz Uli zu fliegen.

Diesen Vorteilen standen jedoch manche Schwierigkeiten gegenüber, die oft zu Konflikten führten. Das Hineinfliegen auf das Territorium von Biafra war wegen des nigerianischen Beschusses lebensgefährlich, und als Konsequenz des Abschusses einer Maschine des IRK im Juni 1969 reservierte sich ein auf der Insel gebildetes »Passenger Committee« das Recht, letztgültig zu entscheiden, wer in einer JCA-Maschine mitfliegen durfte und wer nicht. Dies führte häufig zu Beschwerden, und Bayer mußte seine ganze Autorität einsetzen, um »drohendes Unheil« zu verhüten, handelte es sich nun um eine jugoslawische Delegation,

---

341 Vgl. den KNA-Bericht von L. A. Dorn, Reise nach Biafra III, vom 24. 10. 1968.

um die Kinder eines hohen biafranischen Beamten oder um die Prinzessin Cecilia von Bourbon-Parma der französischen Malteser-Ritter[342].

Nicht immer ging Bayer konform mit den Entscheidungen des »Passenger Committee«. Am 24. Oktober 1969 informierte er seine JCA-Kollegen, daß General Ojukwu eine Genfer Informationsagentur bat, zwanzig Journalisten nach Biafra einzufliegen, »damit sie an einer Sitzung der Consultative Assembly und an einer Pressekonferenz teilnehmen konnten, die dazu dienten, das Bemühen Biafras zu unterstreichen, die Stagnation in den Waffenstillstands- und Friedensverhandlungen zu überwinden«[343]. Bayer war der Einsicht, daß es sich lohnte, dieses Ansinnen Ojukwus aufzugreifen, und befürwortete die Bitte, den Journalisten Plätze in JCA-Maschinen zur Verfügung zu stellen. Die Mehrheit des Komitees war jedoch anderer Meinung und lehnte das Ansinnen ab. Dies hinderte Bayer nicht daran, den Journalisten doch eine Lösung anzubieten: Er verwies sie erfolgreich an eine kleine Transportgesellschaft, die von Libreville aus operierte, die »Africa Concern«.

An diesem scheinbar so nebensächlichen Konflikt werden weitere Aspekte der Arbeit Bayers sichtbar. Zu dieser Zeit war er schon sehr stark in die Biafra-Hilfe involviert, und dies »persönlich« und nicht nur als ein gesichtsloser Manager der Wohlfahrt. Spätestens seit dem Herbst 1968 merkten die biafranischen Führer, daß Bayer für viele Anliegen offen war, die sonst in der Gefahr standen, im Radwerk der Bürokratie zu versanden. Deshalb wandten sie sich mit Anliegen wie dem oben genannten direkt über ein Telex an Don Carlo in Rom und konnten auf einen raschen Entscheid ihrer Bitten hoffen.

Gleichzeitig wird sichtbar, daß die Art, wie Bayer in manchen komplizierten Fällen verfuhr, ihm nicht nur Freunde einbringen konnte. Zwar wahrte er – wie im genannten Falle – seine Loyalität einer Mehrheitsentscheidung der JCA-Partner gegenüber, doch rückte er selten von seinen Entscheidungen ab, wenn er von ihrer Richtigkeit überzeugt war. Dann wurde eben mit »African Concern« eine Lösung erdacht, die zwar an den grundsätzlichen Kompetenzen der JCA-Organe nicht rüttelte, die man aber als eine Finte bezeichnen muß[344].

Daß das so harmlos anmutende Feld der »Passagierbeförderung« in Wahrheit ein höchst sensibles Teilstück der Gesamtoperationen war, beweist noch ein anderes Beispiel. Das IRK hatte mehrmals, mit Einwilligung sowohl der nigerianischen als auch der biafranischen Seite, schwer verwundete biafranische Soldaten nach Europa geflogen, damit sie sich dort entsprechender medizinischer Behandlung unterziehen konnten. Als im August 1969 eine Anzahl der Soldaten

---

342 Vgl. D-S, 783.
343 Vgl. ebd. 784.
344 Ab diesem Zeitpunkt nutzte die Caritas mehrmals die Verbindung zu »Africa Concern«, wenn es sich um Passagierbeförderungen handelte, bei denen die JCA Zweifel an der Opportunität besaß. Vgl. D-S, 784.

nach Biafra rücktransportiert werden sollte, war die Luftbrücke des IRK bereits ausgesetzt worden, und so baten offizielle Vertreter dieser Organisation die JCA, die Soldaten in ihre Heimat zu befördern. Eine große Mehrheit der JCA-Executive Working Group widersetzte sich diesem Ansinnen und unterstrich ihre Position, daß die Hilfestellung der Kirchen rein humanitären Charakter habe, das heißt sich auf Lebensmittel- und Medizintransporte beschränkt. »Verwundete Kriegsveteranen fallen keinesfalls unter diese Kategorie.«[345] Doch Carlo Bayer nahm auch hier eine abweichende Position ein. Im Gespräch mit Pater Byrne beschrieb er mit »drei einfachen Gründen«, weshalb die JCA Hilfestellung bei der Repatriierung leisten darf. Es sind Patienten des Roten Kreuzes; da aber das IRK nicht in der Lage ist, für diese zu sorgen, kann man es als eine humanitäre Pflicht ansehen, ihnen zu helfen. Hinzu kommt die Tatsache, daß die Soldaten ihre medizinische Behandlung mit Zustimmung der nigerianischen Regierung in Lagos erhalten haben, sich deshalb politische Implikationen weitgehend vermeiden ließen. Das letzte Argument Bayer war ein typisches Produkt seiner nüchtern-praktischen Einstellung auf diesem Gebiet: »Das Herumhängen dieser Soldaten auf der Insel /Sao Tomé/ wird die Sache auch nicht lösen.«[346] Aus diesen Gründen, so Bayer, wäre es für alle Beteiligten am besten, wenn die Soldaten auf dem schnellsten Wege in ihre Heimat zurückgebracht würden, und sei es in einer Maschine der JCA. Freilich konnte sich Bayer mit dieser Argumentation nicht durchsetzen, und schließlich flog die biafranische Regierung die meisten der Soldaten in ihren eigenen Maschinen nach Biafra zurück. Bemerkenswerterweise wurde dieses Problem nie endgültig gelöst, und nach Ende des Krieges befanden sich immer noch Soldaten aus Biafra in Europa, die in den Niederlanden oder in Dänemark eine medizinische Behandlung erhielten[347].

Neben solchen und ähnlichen Problemen, denen man prinzipielle Bedeutung zumessen kann, wurden an Carlo Bayer während der zwanzig Monate der Hilfe auch Fragen herangetragen, die man unter die Rubrik Menschliches-Allzumenschliches einordnen kann. Eine Episode soll dies beispielhaft erhellen.

Eine Frage, die immer wieder das JCA-Komitee auf Sao Tomé beschäftigte, war die Frage des Transportes von Gütern, die nicht für die biafranische Bevölkerung bestimmt waren, sondern für das europäische Hilfspersonal in Biafra. Hier galt es einerseits großzügig zu sein – insbesondere, weil die Preise auf den lokalen Märkten astronomisch anstiegen –, und andererseits Klugheit walten zu lassen, um keine Ärgernisse zu erregen. Die diesbezüglichen Überlegungen nahmen zuweilen sehr feinsinnige Formen an und bildeten für manche gar Probleme von höchster moralischer Qualität. Denn natürlich sollten sich die

---

345 Vgl. ebd. 787.
346 Ebd.
347 Vgl. ebd. 787f.

Hilfswerke um ihr Personal kümmern, doch wollte man wiederum jeglichen Übertreibungen vorbauen, die den Eindruck erweckt hätten, »daß man die Helfer überfütterte, während rundherum Menschen an Hunger sterben«[348]. Eine in dieser Hinsicht besonders »sensitive« Güterladung sollte am 27. August 1969 transportiert werden. Ihr Inhalt bestand neben einigen Tonnen Milchpulver und Decken auch aus einigen Tausend Bierdosen! Einen Tag zuvor benachrichtigte Pater Byrne Carlo Bayer von dieser ungewöhnlichen Ladung und wies darauf hin, daß dieser einmalige Schub an Bier helfen wird, in den nächsten Monaten die Anzahl der persönlichen Pakete der Helfer zu reduzieren. Freilich war die Nordchurchaid über diese Ladung in keiner Weise glücklich, da sie ihr anscheinend nicht »humanitär« genug vorkam. Byrne schlug Bayer vor, daß man der NCA in einem einfachen Satz erklären müßte, daß »unsere Missionare nun einmal gelegentlich ihr Bier brauchen«! In seinem Antwortschreiben verwies Bayer darauf, daß es wohl taktisch günstiger wäre, wenn man eine solche Güterlieferung über die Luftbrücke von Libreville aus schicken würde. Bayers Vorschlag kam jedoch bereits post factum und so sandte Pater Byrne noch ein letztes Telex in der Bierfrage an Bayer:

> »Die ganze Aufregung um das Bier tut mir leid. Die Missionare jedoch brauchen ihr Bier. Wir haben es für angebracht gehalten, daß man das Bier in einer einzigen großen Lieferung sendet, die für unsere 420 irischen und Ibo-Helfer wohl 2–3 Monate ausreichen wird. Die Großsendung wird dazu beitragen, daß die Anzahl der Privatpakete verringert werden kann.«[349]

Fragen ähnlicher Art beschäftigten Carlo Bayer häufiger, doch bedeuteten sie gar nichts im Vergleich zu den übrigen Problemen, die mit der Dauer der Luftbrücke aufkamen und die die politischen Implikationen der Hilfe betrafen.

Tiefschläge. Caritas als Zielscheibe der Kritik

Obwohl spätestens seit August 1968 die kirchlichen Hilfsflüge von Sao Tomé aus nicht exklusiv von der C.I. und ihren Mitgliedsorganisationen getragen wurden, war es doch immer wieder die Caritas und die katholische Kirche, die von Nigeria am heftigsten beschuldigt wurden, an »illegalen« Aktionen gegen ihr Land führend beteiligt zu sein. Es wurde schon mehrfach angedeutet, daß die konsequente Hinwendung der katholischen Hilfswerke zur Biafra-Hilfe sie stärker exponierte und verletzbarer machte als die übrigen Organisationen, die aufgrund ihrer komplexen Zusammensetzung eher für die Beeinflußung durch

---

348 Vgl. ebd. 639.
349 Ebd.

Nigeria und die ihr gewogenen Mächte anfällig waren. Aus einer gewissen Perspektive war es einleuchtend, daß die Machthaber in Lagos gerade die Caritas zur Zielscheibe ihrer Kritik an der gesamten Hilfsaktion für Biafra auswählten. Für Carlo Bayer hatte dies jedoch zur Folge, daß er viel Kraft darauf verwenden mußte, die Angriffe Nigerias zurückzuweisen und die gröbsten Unterstellungen zu widerlegen. Schon im September 1968 gab das Generalsekretariat der C.I. eine Pressemitteilung heraus, in der dem Vorwurf widersprochen wurde, die Hilfe der Kirche sei politisch motiviert:

> »Als eine Hilfsorganisation der Kirche vermeidet die Caritas Internationalis jegliche politische Einmischung. Sie enthält sich jeglichen Urteils über das Richtig und Falsch des Bürgerkrieges in Nigeria – ihre einzige Sorge richtet sich auf das Leiden der Menschen, das sie abzumildern sich bemüht, unabhängig davon wo und wie Menschen leiden. Durch ihre eigenen Kanäle und in Kooperation mit lokalen Organisationen bemüht sich die Caritas Internationalis nach Kräften, den Opfern Hilfe zu leisten auf beiden Seiten des Konfliktes.«[350]

Einige Wochen nach dieser noch im allgemeinen Ton gehaltenen Erklärung sollte es noch viel ärger kommen, und Carlo Bayer, der sich gerade mit dem Exekutivkomitee der C.I. in Rom aufhielt, sah sich gezwungen, entschieden allen Unterstellungen zu widersprechen, die suggerierten, daß sich die Caritas – in welcher Weise auch immer – am Transport von militärischen oder paramilitärischen Gütern beteiligte. Diese Gerüchte kamen auf, nachdem die Nachrichtenagenturen einen Artikel der britischen Zeitung »Sunday Times« verbreiteten, die ihr West-Berliner Korrespondent verfaßt hatte. Hierin war von einer paramilitärischen Ladung unter anderem mit »Gummibooten, Batterien und Kompassen« die Rede, die in einer von der Caritas gecharterten Maschine nach Biafra transportiert worden sei[351]. Tatsächlich hatte die Caritas mit Transporten dieser Art nichts zu tun, und es hätte von einer grenzenlosen Naivität ihrer Manager gezeugt, wenn sie der Meinung gewesen wären, daß sich innerhalb einer so großen Organisation diesbezügliche Machenschaften durchführen ließen. Daß es trotzdem zu dem Artikel kam, läßt sich am einfachsten mit der Unbekümmertheit erklären, die in den ersten Monaten der Hilfe in ihren Reihen herrschte. Zweifelsohne gab es Personen und Organisationen, die versuchten, Biafra auch militärisch zu helfen, und die sich sehr darum bemühten, ihre Transporte in den Zusammenhang der kirchlichen Hilfe zu stellen. So verbreitete der Präsident des DCV, Georg Hüssler, im August 1968 eine Warnung, die eine »Förderungsgesellschaft für Afrika« betraf. Diese suchte Anschluß an die kirchliche Hilfe, nicht

---

350 Wiedergegeben bei D-S, 334.
351 Vgl. ebd. 334f.

zuletzt wegen ihres Geschäftsführers und ehemaligen Angestellten von Misereor, Pater Gypken. Bis zum Schluß der Biafra-Hilfe sollte sich das nicht ändern: neben den großen Wohlfahrtsorganisationen gab es eine Reihe von privat initiierten Gesellschaften, die zum größeren Teil vom Idealismus getragen wurden, von denen sich aber einige in das trübe Gewässer der (para-)militärischen Transporte begaben. Hier mußten sich renommierte Organisationen vor einer Kooperation hüten – und doch kam es in einigen Einzelfällen zu Mißverständnissen.

In unserem Zusammenhang ist die Affäre vom 7. Februar 1969 von Bedeutung, da sie auch die Caritas betraf. Die schon erwähnte irische Hilfsorganisation »Africa Concern« sandte zu diesem Zeitpunkt ihre Güter mit der belgischen Luftfahrtgesellschaft »BIAS«. Doch bestand diese Ladung aus einer unakzeptablen Mischung aus vier Tonnen Fleisch und sechs Tonnen militärischer Güter. Der Kapitän dieses Fluges erklärte, daß er anschließend 15 Flüge im Auftrag der Caritas durchführen werde. Durch diese Aussage brachte man die Caritas mit solchen Mischladungen in Verbindung[352]. In einem Telex vom 1. März reagierte Carlo Bayer sehr gereizt auf diesen Vorfall und führte Pater Byrne gegenüber aus, daß er jegliche Verbindung mit der »BIAS« ablehne:

> »Ich bin einmal genarrt worden mit dem Flugzeug, das Gummiboote transportierte und hierfür den Namen der Caritas benutzte. Und deshalb, auch wenn sie jetzt bis zum Lebensende Lourdes-Wasser transportieren sollten – ich lehne jegliche Kooperation ab.«[353]

Im November 1968 gab es zwei gewichtige Angriffe gegen die Caritas, die mit den Beschuldigungen der nigerianischen Regierung, die Caritas transportiere nicht nur Lebensmittel, sondern auch Waffen, zusammenhingen. Am 12. November erschien in der renommierten »Frankfurter Allgemeinen Zeitung« ein Kommentar mit dem Titel »Spendenmüde«, in dem Beschuldigungen dieser Art übernommen wurden und der Rat erteilt wurde, jegliche humanitäre Hilfe für Biafra in die Hände des IRK zu legen, da nur diese Organisation Neutralität und Transparenz garantieren könne. In einer am selben Tag erschienenen Erklärung von Jean Rodhain und Carlo Bayer wurden diese Unterstellungen und Ratschläge strikt zurückgewiesen. Die beiden Prälaten verbargen nicht ihre Verwunderung über den Zeitungskommentar und stellten zunächst fest:

> »Wir können mit bestem Gewissen sagen, daß die kirchlichen Hilfswerke niemals Waffen oder Munition nach Biafra transportiert, niemals für solche Zwecke Mittel aufgewendet oder ihre Transportflugzeuge zur Verfügung gestellt haben.«[354]

---

352 Vgl. die genaue Darstellung bei D-S, Kapitel 54.
353 D-S, 886.
354 Intercaritas, Juli–November 1968, 31.

Neben dieser eindeutigen Erklärung verwahrten sich Rodhain und Bayer insbesondere gegen die Behauptung, nur beim IRK sei gewährleistet, daß alle Spendenmittel ausschließlich für humanitäre Zwecke ausgegeben werden, während »bei kirchlichen Hilfsorganisationen, die sich nur um die Not in Biafra kümmern ..., wenn auch unbeabsichtigt, zuweilen Geld zweckentfremdet worden zu sein« scheine[355]. Sie erinnerten daran, daß die Caritas und die anderen kirchlichen Werke nicht nur in Biafra, sondern auch in Nigeria Hilfe leisten und auch weiterhin leisten werden. Im übrigen ist die rechte Verwendung der Mittel gerade bei den Kirchen garantiert, »weil diese durch ihre Missionsstationen und sonstigen Einrichtungen über ein weitverzweigtes Netz von Verteiler- und Kontrollstellen verfügten – über ein viel besseres und ein feinverzweigteres Netz als jede andere Organisation, das Internationale Rote Kreuz eingeschlossen.«[356]

Unverständlich erschien den beiden Spitzen der C. I. der Rat der FAZ: »Es wäre in jedem Falle gut, wenn die gesamte Hilfstätigkeit in Zukunft vom Roten Kreuz getragen würde.« Das IRK, so Rodhain und Bayer, wäre dazu überhaupt nicht in der Lage:

> »Dazu komme, daß die bodenständige Organisation der Kirchen mit ihrem eingeborenen Personal und mit ausländischen Missionaren und Ordensschwestern, die seit eh und je das Vertrauen der Bevölkerung und der Ältesten genießen, und mit den lokalen Gegebenheiten bestens vertraut sind, viel wirksamer arbeiten kann als die bisher eingeflogenen Hilfsteams des Roten Kreuzes. Von daher erkläre sich auch die gute Zusammenarbeit zwischen kirchlichen Hilfsorganisationen und Rotem Kreuz in Biafra selbst; die Rot-Kreuz-Helfer suchten sehr oft bei den Missionaren und sonstigen Mitarbeitern der kirchlichen Werke Unterstützung in irgendwelchen Problemen, und diese Unterstützung werde ihnen auch immer in Rat und Tat zuteil.«[357]

Wenn man nach einem Verstehenshorizont für diesen nicht wohlwollenden Kommentar einer zweifelsohne renommierten deutschen Zeitung fragt, so spielen hier Prämissen eine Rolle, die der Überschrift »Die Waffe der Diplomatie« einzuordnen sind. In den konservativen Kreisen blieb »Biafra« bis zum Schluß ein ungeliebtes Kind, dem der sezessionistische Geruch allzu stark haften blieb. Die meisten Hilfsaktionen wurden nicht durch einflußreiche Kreise der Wirtschaft und der Politik initiiert, sondern – sieht man von den caritativen Organisationen ab – durch den Druck des Durchschnittsbürgers, der sich mit den

---

355 Vgl. ebd.
356 Ebd.
357 Ebd. 32.

Schreckensmeldungen aus Biafra konfrontiert sah. Frederick Forsyth hat das eindrucksvoll am Verhalten der Bürger der Vereinigten Staaten herausgearbeitet[358]. Nach Meinung der einflußreichen Kreise verlängerten die Hilfsaktionen unnötig den Kampf Biafras, das ohnehin zum Untergang bestimmt war. So boten die Gerüchte und Suggestionen bezüglich undurchsichtiger Aktivitäten der kirchlichen Hilfswerke einen willkommenen Anlaß, um die Hilfe als solche zu kritisieren. Einen der beliebtesten Ratschläge bildete hierbei die Aufforderung, alle Aktionen dem IRK zu unterstellen. Der Mythos von der Neutralität dieser Organisation spielte hier eine Rolle, und das nicht ohne Berechtigung. Doch fertigte das Rote Kreuz mit der Hilfe für Biafra ohne Zweifel nicht sein Meisterstück an. Die Hilfe setzte erst spät an, war diskontinuierlich und setzte nach dem Abschuß einer Rot-Kreuz-Maschine im Juni 1969 fast völlig aus. Der wohlmeinende Ratschlag an die Kirchen erschien bei näherer Prüfung als nicht sehr kompetent. So war die Reaktion Rodhains und Bayers verständlich und auch ihr »Bedauern« darüber, »daß immer wieder versucht werde, die kirchlichen Hilfsorganisationen zu diskriminieren«. Kommentare wie derjenige aus der FAZ, so schlossen sie ihre Erklärung, »erweisen der gemeinsamen Sache, nämlich den Menschen in Biafra zu helfen, einen sehr schlechten Dienst«[359].

Es sei noch angemerkt, daß sich einen Tag später, am 13. November, auch das Hilfswerk Misereor zum Kommentar der FAZ im gleichen Sinne die Jean Rodhain und Carlo Bayer äußerte. Der DCV und das DDW verwahrten sich in einer »Gegendarstellung« gegen »unrichtige Informationen und Mißverständnisse«, die in dieser Zeitung verbreitet wurden. Sie erklärten sich bereit, »über die Verwendung der anvertrauten Mittel und die Durchführung der Maßnahmen lückenlos Rechenschaft zu geben«[360].

Es ist nicht unwichtig festzuhalten, daß während der gesamten Zeit der Aktivitäten für Biafra die katholischen und die protestantischen Kirchen eine feste Front bildeten, um die von außen kommenden Beschuldigungen abzuwehren. Zu keinem Zeitpunkt wollte man die Unterstellung im Raume stehen lassen, die kirchlichen Hilfswerke hätten auch nur im geringsten etwas mit Lieferungen zu tun, die das Gebiet des Humanitären verließen. Freilich galt auch hier das Gesetz »Semper aliquid haeret« – ein einmal aufgekommener Verdacht läßt sich nur schwer vollständig aus der Welt schaffen.

Einen der traurigen Höhepunkte der Verleumdungskampagne der zentralnigerianischen Regierung gegen die katholische Kirche und die Caritas bildete eine Erklärung, die sie am 26. November 1968 abgab. Hier wurde nochmals sehr drastisch der Bürgerkrieg in einen Religionskrieg umgedeutet. Die Caritas, so ließ Lagos verlauten, unterstütze den Krieg der Ibos gegen Nigeria, weil diese

358 Vgl. FORSYTH, Biafra-Story, 279–284.
359 Vgl. Intercaritas, Juli–November 1968, 32.
360 Ebd. 33.

überwiegend katholischen Glaubens sind. Zu dieser Unterstützung zählte nicht nur Geld für Waffenkäufe, sondern auch die Anwerbung und der Transport von Söldnern. Die zuletzt genannte Tat wurde von einem »radikalen Flügel der katholischen Kirche« in den USA und in Irland vorbereitet[361]. Als Generalsekretär der C. I. brachte Carlo Bayer sofort eine offizielle Entgegnung heraus, die sich mit Nachdruck gegen alle diesbezüglichen Unterstellungen verwahrte. Die Entgegnung Bayers war in eine »Statement-Answer«-Form gekleidet:

1. *Behauptung:* »Caritas unterstützt die Rebellen«.
   Antwort: Caritas unterstützt keine Rebellion, weil sie sich in die militärischen und politischen Fragen des nigerianischen Krieges nicht einläßt. Caritas hilf den Kriegsopfern auf beiden Seiten.
2. *Behauptung:* »Die katholische Kirche und ihre Hilfsorganisation Caritas führen einen religiösen Krieg in Nigeria, indem sie die Ibos in Biafra mit Nachschub versorgen.«
   Antwort: Von den ersten Anfängen des Hilfsprogramms zur Zeit der Mission der Monsignori Conway und Rochcau (Weihnachten 1967) an hat Caritas Internationalis eine solche Stellungnahme vermieden. In keinem Dokument hat Caritas behauptet, es handle sich um einen religiösen Krieg zwischen mohammedanischen Haussas und christlichen Ibos. Caritas hilfe den Kriegsopfern auf beiden Seiten.
3. *Behauptung:* »Caritas unterstützt Biafra durch Hilfsgüter und Geld für Waffen.«
   Antwort: Und wenn sie noch so oft wiederholt wird, bleibt diese Anschuldigung doch unwahr. Caritas liefert Medikamente und Lebensmittel. Niemals hat Caritas Waffen geliefert oder Geld zum Ankauf von Waffen gegeben.
4. *Behauptung:* »Der radikale Flügel der Kirche hat kürzlich etwa 200 Söldner angeworben.«
   Antwort: Diese Behauptung ist zu absurd, um Berücksichtigung zu finden. Eine solche Operation hätte nie durchgeführt werden können, ohne sofort in aller Öffentlichkeit bekannt zu werden.
5. *Behauptung:* »Die 200 Söldner wurden nach Gabun geflogen.«
   Antwort: Bis zum heutigen Tag hat Caritas keinen Transportflug nach Gabun durchgeführt, schon gar nicht einen Transport von Söldnern.
6. *Behauptung:* »Father Raymond Kennedy, ohne Adressenangabe, soll diese Operation geleitet haben.«
   Antwort: Father Raymond Kennedy ist nicht Mitglied der Caritas Inter-

---

361 Vgl. ausführlicher bei D-S, 335 f.

nationalis. Er ist Direktor von »Africa Concern Limited«, einer gemeinnützigen Gesellschaft zur Durchführung von caritativen Projekten, 82 Northumberland Road, Dublin 4, Irland. Caritas hat sich des Apparates von Africa Concern bedient, um Hilfsgüter von Europa nach Afrika zu liefern. Daß Africa Concern jemals Gelder gesammelt hat, um Söldner anzuwerben und zu transportieren, schließt Caritas a priori aus.«[362]

Es schlossen sich noch weitere »Antworten« auf besonders sinnreiche Behauptungen aus Lagos an, die sich mit angeblichen Spenden des Chefs der FIAT-Werke, Gianni Agnelli (40000 Pfund!), oder mit der »Spende« der italienischen Christlich-Demokratischen-Partei (200000 Pfund!) zu beschäftigen hatten. »Zu schön, um wahr zu sein!« kommentierte Bayer[363]. Trotz aller Entgegnungen und Widerlegungen setzte sich der Propagandakrieg der nigerianischen Stellen gegen die Caritas fort. Er war die Frucht der Erkenntnis, daß es die Caritas war, die sich als erste in der Biafra-Hilfe betätigte, die am kontinuierlichsten Hilfe leistete und die auch im Innern des Landes das effektivste Verteilernetz besaß. Diese Tatsachen machten die Caritas für jegliche destruktive Kritik aus Lagos besonders anziehend.

Zum Schluß dieses Abschnitts, dessen Implikationen uns noch weiter beschäftigen werden, sei noch auf ein besonders absurdes Beispiel der nigerianischen Kritikwut hingewiesen.

Am 3. Dezember 1968 begaben sich drei nigerianische Bischöfe nach Rom, um mit Papst Paul VI. die Situation in ihrem von Bürgerkrieg erschütterten Land zu erörtern, insbesondere auch neue Friedensinitiativen zu initiieren[364]. Die nigerianische Presse behauptete jedoch unverfroren, die Bischöfe seien nach Rom gefahren, um sich beim Papst über die Missetaten der Caritas zu beschweren! So sahen sich die Bischöfe bei ihrer Rückkehr gezwungen, noch am Flughafen eine Erklärung abzugeben:

»Wir möchten kategorisch erklären, daß die Caritas nie an politischen oder militärischen Aktivitäten beteiligt war, die die eine oder die andere Seite in diesem Krieg bevorzugt hätten. Caritas ist ausschließlich in caritativer Arbeit engagiert, indem sie Medizin und Nahrungsmittel für die Kranken, Sterbenden und die Zivilopfer besorgt und dies beiderseits des Niger.«[365]

In einer weiteren Erklärung der nigerianischen Bischöfe wurde die C.I. ausdrücklich im Zusammenhang der päpstlichen Hilfsbemühungen erwähnt. Der Papst bediene sich dieser Organisation in seiner Sorge für die Armen und

---

362 Den vollständigen Text vgl. bei Intercaritas, Dezember 1968, 7f.
363 Ebd. 8.
364 Die Ziele dieser hochrangigen Delegation, mit dem Zweck Mißverständnisse zu vermeiden, wurden in einem »Memorandum« vorgestellt. Vgl. D-S, 338f.
365 Wiedergegeben bei D-S, 340.

Bedrückten in der ganzen Welt, da sich die C.I. ausschließlich humanitären Zwecken widme[366].

Solche Sätze stellen für den Betrachter ein wichtiges Zeugnis für die Integrität der Caritas dar. Zeigen sie doch, daß man auch als Nigerianer die Hilfe für die Ibos würdigen konnte, ohne zugleich in Ressentiments gegen das Brudervolk und seine Helfer zu verfallen. Freilich bewirkten solche Aussagen wenig gegenüber dem Feuerwerk der Angriffe, das bis zum Ende der Hilfsaktion auf die an der Luftbrücke beteiligten Organisationen, speziell auf die Caritas, herunterprasselte.

Bausteine der Hilfe als Stolpersteine für die Helfer

Als wenige Monate nach Beendigung der Biafra-Hilfsaktion ein Scherbengericht über Carlo Bayer veranstaltet wurde, da wurden unter den ernstzunehmenden Anklagepunkten in den ernstzunehmenden Untersuchungen[367] zwei Punkte besonders oft erwähnt: die Problematik der Finanzierung der »feeding centers« innerhalb Biafras und die Hilfe, die der biafranischen Regierung gewährt wurde, um den Druck einer eigenen Währung zu ermöglichen. Auf beiden Feldern war Carlo Bayer im hohen Maße beteiligt, und das nicht nur als neutraler Vermittler, sondern auch durch prägende Ideen und großes Engagement. Da abgesehen von den Unterstellungen in puncto »Waffen« seine späteren Kritiker sich auf diese beiden Hilfsmaßnahmen bezogen, um seine Untragbarkeit im Amte des Generalsekretärs zu suggerieren, soll diese Problematik intensiver erörtert werden.

Harte Währung für Biafra: die Finanzierung der »feeding centers«

»Die Biafraner wurden in ihrer Rebellion durch die Kirchen sicherlich nicht unterstützt, doch wurden sie auf der anderen Seite auch nicht wie Rebellen behandelt und nicht ständig daran erinnert, daß sie von der Weltöffentlichkeit als solche angesehen wurden. Das war wahrscheinlich die Substanz der Neutralität, die die Kirchen in ihren Einstellungen und Aktionen zu bewahren suchten.«[368]

Die grundlegenden Ziele der Hilfsaktionen für Biafra waren die Sättigung der Hungernden und die medizinische Betreuung der Kranken. Diejenigen, die diese Hilfe als erste in Anspruch nehmen mußten, waren die Flüchtlinge, die aus ihren angestammten Gebieten verjagt wurden und deren Ersparnisse in kurzer Zeit

---

366 Vgl. ebd. 341.
367 Diese Unterscheidung ist wichtig, da viele Vorwürfe Bayer gegenüber persönlichen Aversionen entsprachen und nicht in der jeweiligen Problematik ihren Ursprung hatten. Als ernstzunehmende, objektive Untersuchung ist z. B. der Bericht des Kölner Prälaten Daniels aufzufassen, der im folgenden noch ausgewertet wird.
368 D-S, 816.

aufgebraucht waren. Den Flüchtlingen nützte auch nicht, daß es auf den lokalen Märkten Lebensmittel zu kaufen gab, da sie diese nicht bezahlen konnten. So stieg im Laufe des Konfliktes die Zahl derer, die auf Lebensmittelspenden völlig angewiesen waren, von ursprünglich 300 000 Personen auf rund vier Millionen in den härtesten Monaten des Jahres 1969. Diese Menschen empfingen ihre (zumeist einmalige) tägliche Mahlzeit in sogenannten »feeding centers« oder »sick bays«, die nahe an Pfarreien oder Missionsstationen eingerichtet wurden. Die Einrichtung der Speisezentren sowohl auf der Seite der Protestanten als auch der Katholiken stellte sicher, daß die Verteilung der Lebensmittel beinahe lückenlos überwacht werden konnte, daß nichts in unerwünschte Hände, wie die der Militärs oder der kommerziellen Händler, gelangte[369].

Das prinzipielle Problem der Träger der »feeding centers« war die Tatsache, daß zu keinem Zeitpunkt genug Lebensmittel eingeflogen werden konnten, um alle Flüchtlinge zu versorgen, die auf eine Mahlzeit hofften. So mußte man sehr schnell das Faktum akzeptieren, daß es unumgänglich war, auf lokalen Märkten in Biafra Lebensmittel einzukaufen. Die JCA flog extrem proteinreiche Nahrung nach Biafra ein und mischte ihr die Nahrung bei, die sie in Biafra erwerben konnte. Dies war die einzig praktikable Lösung, um auch die mittellosen Flüchtlinge zu versorgen. Wie jedoch – so die damit verbundene Frage – sollten die Güter auf den Märkten bezahlt werden, da es sich hierbei um große Beträge in Millionenhöhe handelte?

Wäre in Biafra »nur« eine Naturkatastrophe eingetreten, so wäre es kein Problem gewesen, den Biafranern auf dem normalen Bankenweg Geld zu überweisen. Doch war dies nicht der Fall, denn sofort nach der Sezession spielte die Regierung in Lagos alle ihre Mittel aus, um jeglichen Geldverkehr in der üblichen Form zu verhindern. Sie verhängte eine »monetäre Blockade« über Biafra und führte einen Wechsel des in Nigeria gültigen Geldes durch[370]. Die Biafraner reagierten mit dem Druck einer eigenen Währung, die außerhalb ihres Gebietes faktisch wertlos war, aber innerhalb Biafras das offizielle Zahlungsmittel bildete. So waren die Hilfsorganisationen gezwungen, ihr Geld – die gefragte »harte Währung«! – in Biafra zu tauschen, um mit der biafranischen Währung die benötigten Lebensmittel einzukaufen. Es handelte sich hierbei um keine geringen Summen, denn für den Unterhalt der »feeding centers« brauchte sowohl die katholische Caritas als auch die protestantischen Werke jeweils ca. 200 000–250 000 $ monatlich. Von Seiten der nigerianischen Regierung erhob sich natürlich ein Sturm der Entrüstung: alle Zahlungen in harter Währung an Biafra seien illegal und dienten den Biafranern nur dazu, Waffen zu erwerben! Dieses Argument wurde so häufig wiederholt, daß sich viele Personen, auch aus den

---

369 Über die Organisationsformen innerhalb Biafras vgl. das Kapitel 58 bei Daly-Saville.
370 Vgl. D-S, 813f.

Reihen der JCA, von ihm beeindruckt zeigten und nichts mit der »Wechselaktion« zu tun haben wollten. Die Konsequenz war, daß diese notwendige Arbeit an einigen wenigen Personen hängenblieb. So begann das schon mehrfach vorexerzierte Spiel, daß sich eine Minderheit exponierte, während die Mehrheit auch keinen anderen Weg der Hilfe sah[371], sich aber in diesem Punkt vornehm zurückhielt. Das Argument aus Lagos hatte mindestens eine gewaltige Inkonsequenz. Die Geldüberweisungen an biafranische Stellen waren in den Augen der Propagandamaschinerie illegal und destruktiv, doch natürlich hatte man nichts dagegen, wenn in gewaltigen Mengen Geld nach Nigeria überwiesen wurde! Das war völlig in Ordnung! Während des ganzen Krieges wurde harte Währung nach Nigeria überwiesen, auch hier, um lokale Einkäufe zu tätigen, Helfer zu bezahlen, die Transportkosten und Flughafengebühren zu entrichten. Da praktisch keine Hilfsmittel in Nigeria selbst gesammelt werden konnten, wurden alle Zahlungen in ausländischer Währung getätigt, und die Regierung in Lagos konnte die Gelder für ihre Zwecke benutzen. Anscheinend war dies rechtmäßig – denn niemand beschwerte sich!

Natürlich war keiner der Helfer so blauäugig zu denken, daß die biafranischen Stellen die überwiesenen Gelder ausschließlich für humanitäre Zwecke benutzen würden. Sie bemühten sich deshalb Wege zu finden, die eine mißbräuchliche Verwendung weitgehend ausschlossen. Die Summe, die für die katholische Seite durch die C.I. für diesen Zweck aufgebracht wurde, war gegenüber den Gesamtkosten der Operation relativ bescheiden. Wie Carlo Bayer in einem diesbezüglichen »Promemoria« ausführte[372], wurden für die lokalen Einkäufe in Biafra 3,4 Millionen Dollar aufgebracht. Eine ebenso große Summe brachten hierfür die protestantischen Werke auf, während das Rote Kreuz, das eine andere Arbeitsmethode hatte und das eigene Personal direkt bezahlen mußte, rund 12 Millionen Dollar ausgab. Die von den kirchlichen Werken aufgebrachte Summe erscheint nicht hoch, wenn man sie den 122 Millionen Dollar gegenüberstellt, die die gesamte JCA-Aktion gekostet hat; doch natürlich, das unterstrich Bayer in seinem »Promemoria«, zählt hier das Gewicht der politischen Vorwürfe[373]. Tatsächlich waren die biafranischen Autoritäten sehr begierig darauf, die für die »feeding centers« vorgesehenen Gelder zu erhalten, für die sie dann das lokale biafranische Geld eintauschten. Seit Juli 1968, praktisch gleichzeitig mit der Errichtung der ersten »feeding centers« durch die Missionare, stand Bayer in

---

371 Vgl. ebd. 814f. Das IRK versuchte zeitweise einen »Tausch« der Lebensmittel durchzuführen, um sich nicht am Geldhandel beteiligen zu müssen, doch war dies nie in einem größeren Rahmen möglich.
372 Das »Promemoria« wurde im Juni 1970 verfaßt, um Vorwürfe wegen Finanzierungsformen in Biafra zu entkräften. Adressat war der Substitut des vatikanischen Staatssekretariates, Giovanni Benelli.
373 Vgl. ebd. 2.

diesem Punkt in Verhandlungen mit biafranischen Autoritäten. Auf seine Weigerung hin, Gelder direkt an die Biafraner zu überweisen, wurde nach einer Kompromißlösung gesucht.

Die biafranische Seite wies hierbei auf ihre diplomatischen Missionen in Europa hin, die sie unter anderem in Paris, Lissabon und in Wiesbaden unterhielt. Wäre es nicht möglich, die Summen aus dem Umtausch diesen Missionen zukommen zu lassen, um damit sicherzustellen, daß sich die biafranischen Emissäre ihren Aufgaben entsprechend einrichten können und ihren nigerianischen Gegenspielern zumindest äußerlich nicht nachstehen? Carlo Bayer und seine Kollegen auf der protestantischen Seite gingen diesen Argumenten nach und entschlossen sich, diese Lösung als das geringere Übel zu akzeptieren. Es wurden Konten in der Schweiz eingerichtet, für die vier biafranische Politiker und Diplomaten die Weisungsberechtigung hatten und auf die seitens der C.I. 1,1 Millionen Dollar einbezahlt wurden, was 483000 Pfund der biafranischen Währung ausmachte[374]. Wie Bayer schilderte, wurden die Beiträge in biafranischer Währung regelmäßig von der biafranischen Zentralbank an den Generalvikar des Bistums Owerri, Pater Larry Doyle, überwiesen. Versucht man diesen kritischen Punkt zu beurteilen, so muß man ihn in den Gesamtprozeß der Hilfe einbetten. Natürlich stellten jegliche Überweisungen in harter Währung an die Biafraner eine zweischneidige Sache dar, denn niemand konnte garantieren, daß die Gelder tatsächlich nur humanitären Zwecken zukommen würden. Somit wären die Überweisungen an die europäischen Missionen nur eine Verschiebung der eigentlichen Problematik! Doch andererseits mußten die Missionen tatsächlich unterhalten werden. Sie dienten den streitenden Parteien in ihrer Bemühung, auf dem Weg der diplomatischen Verhandlungen einen Friedenszustand zu erreichen, aber auch als ein permanenter Ansprechpartner der caritativen Organisationen.

> »Die Aufrechterhaltung einer gut funktionierenden Infrastruktur der Verwaltung mußte sichergestellt werden, wenn das Hilfsprogramm effektiv sein sollte; das DDW und die Caritas konnten diese Infrastruktur nicht direkt unterstützen, doch sie konnten, indem sie die biafranischen Emissäre und die ausländischen Missionen diskret finanzierten, diese dazu befähigen, einen Status und eine Würde zu erreichen, die dem Status der nigerianischen Gegenspieler ähnlich waren, auch wenn es an regierungsamtlicher Anerkennung fehlte. Wenn ein Friede auf dem Weg der Verhandlungen erreicht werden sollte – und dies war der beste Weg, um den

---

374 Im »Promemoria« nannte Bayer genaue Zahlen und Namen der weisungsberechtigten Personen. Zwischen August 1968 und März 1969 überwies Bayer 1159200 Dollar auf das Konto der Biafraner in der Schweiz. Dieses Geld sollte für die Einrichtung der biafranischen Missionen und für die Reisekosten der Diplomaten verwendet werden.

Krieg ohne unermeßliches Leid zu beenden – dann mußte Biafra Unterhändler besitzen, die in der Lage waren, sich Respekt zu verschaffen und die sich frei bewegen konnten.«[375]

Diese Einschätzung von Daly und Saville trifft den Kern der Problematik, ohne alle Zweifel ausräumen zu können. Festzustellen bleibt jedoch, daß es ohne diese Finanzierungstransaktionen kein Ernährungsprogramm gegeben hätte – mit allen damit zusammenhängenden Folgen. Tragisch ist nur, daß sich auch in dieser Hinsicht die C.I. auf der katholischen und das DDW auf der protestantischen Seite alleine exponieren mußten, da die übrigen Werke sich in Distanz übten:

»Die Caritas und das DDW riskierten auf der politischen Ebene weitaus mehr als die anderen Mitglieder der JCA, doch es muß kategorisch darauf hingewiesen werden, daß ohne dieses Risiko es kein Ernährungsprogramm gegeben hätte und sicherlich auch nur einen Bruchteil der übrigen Hilfsoperationen.«[376]

Die Gelddruckaktion

Schon kurze Zeit nach der biafranischen Sezession im Mai 1967 tauschte die nigerianische Regierung ihre Währung aus und verhängte damit eine monetäre Blockade über die Ostregion. Die Biafraner waren gezwungen, eine eigene Währung zu schaffen, um die Wirtschaft im Innern des Landes vor dem Zusammenbruch zu bewahren. Sie schufen das »Biafranische Pfund«, und dies in einer Menge von 60 Millionen. Es stellte sich jedoch bald heraus, daß diese Geldmenge mit der Nachfrage nicht Schritt halten konnte, da vor dem Krieg zwischen 100 und 150 Millionen im Umlauf waren. Das neue Geld war darüberhinaus auf einem minderwertigen Papier gedruckt worden und hatte einen so schnellen Umlauf, daß schon nach kurzer Zeit die Banken kein Geld mehr besaßen und dieses nicht mehr zu ihnen zurückkehrte. Der Gouverneur der biafranischen Zentralbank, Dr. S. Ugoh, versuchte die Geldmenge durch einen neuerlichen Druck zu verdoppeln, doch besaßen die Biafraner weder das entsprechende Papier noch die Druckmaschinen, und schon die erste Druckaktion mußte in Portugal durchgeführt werden. Da die kirchlichen Werke für die Finanzierung ihrer Ausspeisungszentren dringend biafranisches Geld brauchten, entschlossen sie sich, bei der Druckaktion zu helfen. Natürlich ergab sich hierbei eine Reihe von Paradoxa: die Kirchen hatten jetzt nicht nur die biafranische Währung mit ihrer harten Währung zu kaufen, um die »feeding centers« zu finanzieren, sie hätten von nun an von der biafranischen Regierung dieselbe

---

375 D-S, 815.
376 Ebd.

Währung zu kaufen, die sie vorher zu drucken halfen! Zweifelsohne eine ungewöhnliche Konstellation mit tragikomischen Zügen, die darüberhinaus die tiefgehende Verstrickung der kirchlichen Werke in die Geschichte Biafras aufzeigt[377].

Neben diesen Reflexionen muß auch die Sicht der caritativen Werke festgehalten werden, die feststellen mußten, daß die biafranischen Noten, die sie für ihre Einkäufe auf den lokalen Märkten brauchten, tatsächlich nicht vorhanden waren, da sie nicht mehr in die Banken zurückkehrten, sondern im innerbiafranischen Umlauf verblieben. Auch in diesem Punkt übernahm Carlo Bayer in seiner direkten, praktischen Sichtweise die Vordenkerrolle und kam den biafranischen Behörden entgegen. Als Dr. Ugoh mit der Züricher Firma »SIHL« und den graphischen Betrieben »Bras-Monteiro« in Lissabon zwei Kontrakte vereinbarte, um den Gelddruck zu sichern, entschloß sich Bayer, die beiden Rechnungen zu bezahlen. Diese auf den ersten Blick ungewöhnliche Entscheidung entsprang einer weitsichtigen Überlegung: die entsprechenden Summen sollten in dem alten Modus an die Missionare in Biafra ratenweise ausbezahlt werden. Dies stellte sicher, daß die aufgebrachte Summe von rund einer Million DM nicht in die Hände der biafranischen Autoritäten fiel, sondern an die beiden Firmen in Zürich und Lissabon ging. Die Raten in Höhe von 25000–30000 Pfund wurden von den Biafranern regelmäßig an Pater Doyle überwiesen. In der Vereinbarung befand sich außerdem ein Passus, der die Aktion sofort gestoppt hätte, wenn in ihrem Verlauf die Biafraner einen militärischen Kollaps erlitten hätten. Nach Bayers Schilderung wurde die Aktion zu Ende geführt; im November 1969 wurden die letzten Vereinbarungen auf beiden Seiten erfüllt[378].

Auch bei dieser ungewöhnlichen Aktion ließe sich leicht Kritik an der Handlungsweise der kirchlichen Werke, speziell auch Bayers, üben. Ist eine Gelddruckaktion nicht ein Politikum ohnegleichen, von dem sich alle auf Neutralität bedachten Hilfswerke fernhalten sollten? Wurde nicht spätestens hier eine wichtige Grenzlinie überschritten? Diese Fragen, wie berechtigt sie auch sind, wird vor allem ein distanzierter Beobachter stellen, der nicht vor einem Berg von Problemen steht, der mit der Finanzierung der »feeding centers« für vier Millionen Hungernde zusammenhängt. In den schwierigen Monaten im Jahre 1969 mußte möglichst effektiv geholfen werden, und dies wurde in Anbetracht aller Schwierigkeiten auch getan. Für Bayer sprach, daß er den besten Überblick über die Komplexität der Hilfsaktion besaß. Seine Handlungsweise war nicht unangreifbar, aber kompetent.

---

377 Die Hintergründe und die Motive dieser Aktion beschrieb Bayer in seinem »Promemoria« an das vatikanische Staatssekretariat. Wichtige Erwägungen auch bei D-S, 826 ff.
378 So Bayer im »Promemoria« und der Kölner Prälat Daniels in seinem Bericht vom 21. 9. 1970.

Bayers Sternstunde: Rettung der Öltechniker

»Im Jahre 1966 wurden etwa 50 000 von uns wie Vieh in Nigeria abgeschlachtet. Im Verlauf dieses Krieges wurde über eine Million von uns getötet; die Welt jedoch ist unbeeindruckt geblieben und schaut gleichgültig zu. Im letzten Jahr ermordeten einige blutrünstige nigerianische Truppen mutwillig die ganze männliche Bevölkerung einer Ortschaft. Die einzige Reaktion der Öffentlichkeit bestand darin, sich in akademischen Argumentationen zu ergehen, ob die Zahl der Opfer in Hunderten oder in Tausenden zu rechnen sei. Heute jedoch, weil eine Handvoll weißer Männer, die mit dem Feind kollaborierten und mit ihm Seite an Seite kämpften, von unseren tapferen Truppen gefangengenommen wurden, scheint es, daß die ganze Welt aus den Fugen gerät. Wegen 18 Männer ist Europa empört. Was aber wurde wegen unserer Millionen gesagt? Achtzehn weiße Männer, die dem Verbrechen des Völkermordes assistierten: was sagt Europa zu unseren ermordeten Unschuldigen? Gab es bei uns noch zu wenig Tote?«

– Colonel Ojukwu in einer Rede am 1. Juni 1969,
drei Wochen nach der Gefangennahme von 18 europäischen Öltechnikern –

Die im letzten Abschnitt dargestellten Ereignisse sollten sich für Carlo Bayers Zukunft als Belastung darstellen; sie bildeten ein »Politikum«. Unter das gleiche Stichwort ist eine weitere Tat Bayers einzuordnen, freilich mit gänzlich anderen Konsequenzen für sein Renommee. Es handelte sich um eine »afrikanisch-undurchsichtige« Affäre, in deren Mittelpunkt 18 Techniker der italienischen Erdölgesellschaft ENI standen, die als »Kollaborateure Nigerias« in die Hände biafranischer Truppen fielen[379]. Allen Beteiligten war von Anfang an klar, daß nicht die absurde Reihe von willkürlichen Anklagepunkten im Hintergrund dieser Ereignisse stand, sondern diplomatische Erwägungen und politische Ranküne. Die Perspektive der Weltöffentlichkeit sollte noch einmal auf Biafra gelenkt werden, auf einen Konflikt, der zum damaligen Zeitpunkt langsam aber sicher aus den Schlagzeilen der Presse verschwand und auf allen Fronten Ermüdungserscheinungen aufwies. Trotz solcher Einsichten war das Faktum vorgegeben: achtzehn Menschenleben waren in akuter Gefahr, und diese galt es zu retten. Carlo Bayer gehörte auch hier zu den Protagonisten und konnte sein ganzes Beziehungsgeflecht in Anspruch nehmen, das er in den vorausgegangenen Monaten aufbauen konnte. In etwas zu schillernd ausgefallenen Farben wies der Bericht der »Intercaritas« auf die Rolle Bayers hin:

---

379 Eine Ausführlichere Darstellung bei D-S, Kapitel 34 und im Heft Mai–Juni 1969 der Intercaritas, 35–42.

»Eine der schwierigsten Aktionen der Caritas Internationalis hat in ihrem Generalsekretär, Mons. Carlo Bayer, ihren wahren Protagonisten; einen Priester, dem konkretes Handeln mehr am Herzen liegt als theatralische und propagandistische Effekte. Trotz der ihm eigenen Zurückhaltung, die seine ganze Arbeit, vor allem aber sein humanitäres Werk, kennzeichnen, griff Mons. Bayer mit großer Entschiedenheit und ohne rhetorische Floskeln in die verworrene ›Affäre‹ ein. Vielleicht erst jetzt, nach über zweijährigem Krieg, riß für den Großteil der Weltöffentlichkeit die Aktion der Caritas den Vorhang vor dieser afrikanischen Tragödie.«[380]

Die »verworrene Affäre« nahm ihren Anfang am 6. und 7. Mai 1969, als ein Arbeitscamp der Erdölfirma ENI, das sich in Kwale und Okpai – auf nigerianischem Gebiet also – befand, von biafranischer Soldateska überfallen wurde. Über die Anzahl und die Nationalität der Überfallenen herrschte einige Tage lang Unklarheit, doch stellte sich schließlich heraus, daß 18 Erdöltechniker und Straßenbauer in biafranische Gefangenschaft gerieten: 14 Italiener, drei Deutsche und ein Libanese. Freilich fehlten bei dieser Aufstellung elf Männer aus der Arbeitsstation; ihre Leichen fand man erst zwei Wochen nach dem Überfall.

Als am 7. und 8. Mai die ersten Berichte aus Nigeria auf eine Entführung deuteten, befand sich die Spitze der C.I. geschlossen in Rom, wo gerade die achte Generalversammlung tagte und die Frage der Biafra-Hilfe an prominenter Stelle der Tagesordnung stand. Am 9. Mai wandten sich sowohl Vertreter der italienischen Erdölgesellschaft als auch – im Namen des Papstes – Erzbischof Benelli an Präsident Rodhain und beauftragten ihn, Nachforschungen über den Verbleib der Gefangenen anzustellen sowie die Bedingungen für ihre Repatriierung zu erfahren. Die italienische Regierung konnte sich nicht auf dem üblichen diplomatischen Weg mit den biafranischen Autoritäten in Verbindung setzen, da sie zu Biafra keine offiziellen Kontakte unterhielt. Stattdessen nahm sie Kontakt zu den Regierungen Gabuns und der Elfenbeinküste auf, die zu den wenigen Ländern gehörten, die Biafra anerkannt hatten.

In den ersten zwei Wochen nach der Entführung schaltete die biafranische Regierung jedoch auf stur. Sie war weder bereit, Vertreter der Erdölgesellschaft zu empfangen, noch, Vermittler zu akzeptieren. Sogar dem führenden Mann der Biafra-Hilfe auf Sao Tomé, Pater Byrne, wurde jegliches Recht, als Vermittler zu wirken, abgesprochen. Die Biafraner spielten auf Zeit und versuchten die Augen der Öffentlichkeit auf ihre Ziele zu lenken. Am 20. Mai rief Papst Paul VI. Carlo Bayer zu sich und übergab ihm eine persönliche Botschaft an General Ojukwu[381]. Bayers Reise selbst sollte ein dreifaches Ziel erfüllen: er sollte die

---

380 Intercaritas, Mai–Juni 1969, 38f.
381 Oberst Ojukwu wurde zwischenzeitlich von seiner Ratgebenden Versammlung zum General befördert.

genaue Zahl der sich in biafranischen Händen befindlichen Techniker in Erfahrung bringen, eine Liste ihrer Personalangaben erhalten und mit ihnen direkten Kontakt aufzunehmen, »um sie das persönliche Interesse des Hl. Vaters wissen zu lassen, sowie die Bemühungen der Erdölfirma ENI um ihre Heimkehr«[382].

Bevor Bayer nach Sao Tomé und Biafra flog, setzte er sich mit seinen Kollegen von der JCA in Verbindung, um sie über die Aussichten dieser unvorhersehbaren Affäre zu informieren. Er sorgte sich insbesondere um die Folgen, die die Geiselnahme der Techniker mit ihren absurden Beschuldigungen auf die öffentliche Meinung der westlichen Welt haben könnte:

> »Hoffentlich läßt sich schon heute nacht ein neuer Kontakt zu den biafranischen Autoritäten herstellen. Es ist vordringlich, offizielle Angaben über die Sicherheit und den Aufenthaltsort der Gruppe zu erhalten. Die gegenwärtige Haltung der biafranischen Autoritäten könnte sehr schädlich werden und antibiafranische Gefühle nicht nur in Italien, sondern in vielen Ländern Europas provozieren.«[383]

Bayers Mission gestaltete sich sehr schwierig. Zwar konnte er am 22. Mai mit General Ojukwu zusammenkommen und eine genaue Angabe der Zahl der Gefangenen erhalten, doch wurde ihm nicht ermöglicht, mit den Geiseln direkt in Kontakt zu treten, und dies mit der fadenscheinigen Begründung, »die Identifikation sei noch nicht völlig abgeschlossen«[384]. Er erhielt jedoch die Zusicherung, daß Msgr. Okoye, der Bischof von Port Harcourt, sich der Gefangenen annehmen dürfe.

Zwei Tage später wurde Bayer wieder im vatikanischen Staatssekretariat empfangen, um das weitere Vorgehen zu erörtern. Dieses sollte sich aber in den nächsten Tagen sehr schwierig gestalten, da die Vorgehensweise der biafranischen Regierung widersprüchlich und undurchsichtig war. Man bereitete einerseits einen Prozeß gegen die Techniker vor, andererseits wurde den Protagonisten der Biafra-Hilfe mitgeteilt, »daß man unabhängig vom Urteil die Gefangenen freilassen werde«[385]. Der biafranische Kommissar für Innere Angelegenheiten, C. C. Mojekwu, ging noch weiter und erläuterte in einem Gespräch mit Pater Byrne die mögliche Prozedur der Freilassung. Die italienischen Techniker, so sagte er am 29. Mai, würden der C. I. übergeben werden. Gleichzeitig fügte er jedoch hinzu, daß General Ojukwu wünsche, daß sich Carlo Bayer, Pater Cunningham und Pater Byrne sowie ein Vertreter der italienischen Regierung stets in Bereitschaft halten, um – falls notwendig – mit ihm ein weiteres Gespräch

---

382 Intercaritas, Mai–Juni 1969, 40.
383 D-S, 438.
384 Intercaritas, ebd.
385 Vgl. D-S, 438f.

zu führen[386]. Diese Mitteilung Mojekwus verriet die Haltung der biafranischen Regierung zu dieser unnötigen Affäre. Zwar waren Gerüchte aufgetaucht, daß die Biafraner die Geiseln für Lösegeldforderungen benutzen würden, doch entsprangen sie einer oberflächlichen Betrachtung des Problems. Die politischen Implikationen waren viel gewichtiger: Zum ersten Mal konnten die Geiseln die isolierte biafranische Regierung, die nur von vier afrikanischen Staaten anerkannt worden war, in direkte Gespräche mit europäischen Mächten bringen. Diese ließen zwar nicht gerade ihre Außenminister verhandeln, aber wie zum Beispiel im Falle Italiens, immerhin einen »Unterstaatssekretär« nach Biafra entsenden, der ein Schreiben des Außenministers Pietro Nenni überbrachte. Es war der diplomatische Trumpf, den die biafranischen Autoritäten ausspielen wollten. Am 1. Juni, drei Wochen nach Ausbruch der Affäre, verbreitete Radio Biafra die Nachricht, daß alle 18 Gefangenen der Kollaboration mit Nigeria überführt und zum Tode verurteilt seien. In einer einen Tag später verbreiteten Erklärung wiederholte die biafranische Regierung ihre Behauptung, daß die Männer während der »aktiven Kämpfe« gefangengenommen wurden, in Begleitung nigerianischer Verbände. Damit wurden die Erdöltechniker in die Nähe von Söldnern gerückt – nach Lage der Dinge eine absurde Behauptung!

Da nicht offiziell bekanntgegeben werden konnte, daß General Ojukwu Vertretern der Caritas erklärte, daß die Gefangenen auch im Falle einer Verurteilung freigelassen werden würden, begann nun eine hektische Phase der öffentlichen Reaktionen und der Bitten um Begnadigung. Der Papst selbst bat um eine sofortige Freilassung der Gefangenen, die Politiker der betroffenen Länder, so der damalige Außenminister der Bundesrepublik Deutschland, Willy Brandt, setzten sich mit den in Biafra agierenden Wohlfahrtsverbänden in Verbindung, ebenso die Bischöfe aller italienischen und deutschen Diözesen. Zwischen dem 2. und dem 5. Juni erhielt Carlo Bayer dringende Telegramme von deutschen Bischöfen, die um Vermittlung baten. Dabei nahmen sich einige der Bischöfe speziell »ihrer Diözesanen« an, so der Mainzer Bischof Hermann Volk, der für den aus dem Mainzer Bistum stammenden Harald Prohaska bat, oder der Augsburger Bischof Josef Stimpfle, der auch auf seinen Diözesanen und alle anderen Gefangenen hinwies[387]. Freilich merkten in dieser Zeit auch die biafranischen Machthaber, daß sie ihre Karten nicht überreizen durften; die Stimmung in der westlichen Welt war nahe daran, umzukippen und sich in antibiafranische Ressentiments zu verwandeln. Ojukwu und seine Regierung waren in die Nähe von gewöhnlichen Erpressern geraten, und das konnte nur fatale Wirkungen auf die westliche öffentliche Meinung besitzen, die bisher dem David Biafra in

---

386 Der Beauftragte der italienischen Regierung war ein Unterstaatssekretär des Auswärtigen Amtes, Mario Pedini, der seine Anweisungen direkt vom italienischen Außenministerium erhielt.
387 In seiner Privatkorrespondenz verwahrte Carlo Bayer einige der Telegramme.

seinem Kampf gegen den Goliath Nigeria freundlich gesonnen war[388]. So wurde schon am 5. Juni von regierungsamtlicher Stelle die folgende Erklärung verbreitet:

> »Als Antwort auf den direkten Appell Seiner Heiligkeit des Papstes sowie die Bitte der Präsidenten der Elfenbeinküste und Gabuns erließ Seine Exzellenz, der Staatschef Biafras, General Chukwuemeka Odumegwu Ojukwu, gestern, am 4. Juni 1969, in Ausübung seiner Rechte eine Begnadigung der vierzehn Italiener, der drei Deutschen und des Libanesen, die vor einigen Wochen gefangen wurden, als sie in Kwale Seite an Seite mit nigerianischen Truppen kämpften.«[389]

Es wurde ferner mitgeteilt, daß der genaue Modus der Gefangenenübergabe mit den Präsidenten der Elfenbeinküste und Gabuns vereinbart werden würde. Dieser Zusatz und die ostentative Nennung der beiden Staatschefs war eine offensichtliche Belohnung der Politiker, die Biafra diplomatisch anerkannt hatten. Objektiv gesehen war die Aushandlung eines Übergabemodus eine Farce, da nichts einfacher gewesen wäre, als die Gefangenen an eine der Wohlfahrtsorganisationen zu übergeben, die sie dann nach Sao Tomé und weiter in ihre Heimatländer transportiert hätte. Doch es ging wiederum um Diplomatie, und das im schlechtesten Sinne dieses Wortes. Diese »Diplomatie« führte auch dazu, daß sich die letzten Schritte dieser Affäre zu einem absurden Theaterstück entwickelten.

Carlo Bayer begab sich noch am 5. Juni nach Biafra, und seine Nerven wurden hierbei reichlich strapaziert, da sich die Ankunft der beiden Staatschefs in Biafra durch die Unterbrechung der Luftbrücke in diesen Tagen mehrmals verschob. Die schließliche Ankunft nutzte Ojukwu für die Abgabe einer Erklärung, in der er zum wiederholten Male der Weltöffentlichkeit vorwarf, dem Genozid am biafranischen Volk tatenlos zuzuschauen, die Bedrohung von einigen wenigen weißen Männern hingegen wie einen Weltuntergang zu behandeln. Nach allen Regeln der Diplomatie wurden anschließend die achtzehn Erdöltechniker zuerst an die Politiker aus Gabun und der Elfenbeinküste übergeben und dann an Carlo Bayer als den Vertreter des Papstes.

> »Inzwischen war es ein Uhr nachts geworden. Mons. Bayer entschloß sich, höflich aber bestimmt in die Debatte einzugreifen, die die Freigelassenen mit einheimischen Journalisten über sich ergehen lassen mußten, um das letzte Flugzeug, das von Uli nach Libreville gehen sollte, noch mit den freigelassenen und übermüdeten Technikern erreichen zu können. Mit einem Lastwagen der Caritas, der gewöhnlich für den Transport von

---

388 Vgl. D-S, 442.
389 Aus: D-S, 441.

Hilfsgütern bestimmt ist, erreichte die Gruppe im letzten Augenblick den Notflughafen Uli, wo der Pilot des Flugzeugs bereits die Hoffnung aufgegeben hatte, starten zu können. In der Maschine, einer DC 4 des französischen Roten Kreuzes, wurden kranke biafranische Kinder in das deutsche Kinderspital der Caritas nach Libreville geflogen. Die erste Etappe einer langen, aber glücklichen und triumphalen Rückkehr war erreicht.«[390]

Die letzte Etappe der Rückkehr ist wohl in die Geschichte des Vatikans und seiner protokollarischen Feinheiten eingegangen. Es handelte sich um eine Audienz, die Papst Paul VI. den Rückkehrern um Punkt Mitternacht im »Thronsaal« des Apostolischen Palastes gewährte. »So unprotokollarisch ist es im Vatikan selten zugegangen, zu solcher Uhrzeit nie« – so oder so ähnlich lauteten die Anfangssätze der Journalistenberichte, die sich blitzartig über die Nachrichtenagenturen verbreiteten[391].

Schon vom Flugzeug aus, zwischen Abidjan an der Elfenbeinküste und dem römischen Zielflughafen Fiumicino hatten die 18 Techniker den Papst telegrafisch um eine Audienz gebeten, um ihm persönlich für seine ausdrückliche Intervention zu ihren Gunsten zu danken:

»In dem Augenblick, in dem wir uns Italien nähern, drücken wir bewegt Eurer Heiligkeit unseren tief empfundenen Dank aus für alles, was Sie für uns getan haben. Wir erlauben uns, der Bitte Ausdruck zu verleihen, Eure Heiligkeit möge uns eine gemeinsame Audienz gewähren, damit wir Ihnen unsere unvergängliche Dankbarkeit erneut ausdrücken können.«

Paul VI. antwortete umgehend auf das Telegramm; er erwarte die Rückkehrer im Vatikan.

Der Papstaudienz ging noch ein stürmischer Empfang seitens der italienischen Regierung und der Presse voraus. Staatspräsident Giuseppe Saragat und sein Außenminister Pietro Nenni waren den Technikern und seinen Begleitern bis an die Gangway des gecharterten Jets der Alitalia entgegengekommen. Ihre Aufmerksamkeit richtete sich besonders auch auf die Protagonisten der Befreiungsaktion, auf Pater Byrne, Carlo Bayer und den Bischof von Port Harcourt, Godfried Okoye. Jedem Einzelnen von ihnen dankte Giuseppe Saragat im Namen des italienischen Volkes für die Mühe, die sie für die Befreiung der Techniker aufgewendet hatten. Im übrigen herrschte auf dem Flughafen Fiumicino eine Volksfestatmosphäre. Presseberichte sprachen von einem »unbeschreiblichen Durcheinander von Presseleuten, Photographen, Autoritäten und

---

390 Intercaritas, ebd. 42.
391 Vgl. beispielsweise den Bericht der KNA vom 9. 6. 1969.

Polizei«[392]. Umso besinnlicher schien dann der letzte Punkt des Abenteuers zu sein: die mitternächtliche Papstaudienz.

Als der Autobus mit den 15 von den biafranischen Behörden freigelassenen Technikern und ihren Familienangehörigen auf dem Petersplatz eintraf, schlug es 23.45 Uhr. Das vatikanische Glockentor, seit genau einer Stunde geschlossen, öffnete sich kurz, ließ den Bus und die ihn begleitenden Wagen mit den Spitzen der ENI und den Vertretern der Caritas ein und schloß sich wieder ... Der Papst wurde, als er Punkt Mitternacht den Thronsaal betrat, mit langem Applaus begrüßt. Bewegt schüttelte er den Technikern die Hände und versicherte: ›Wir haben sehr viel an Euch gedacht‹. Befriedigt setzte er hinzu: ›Ihr habt Euch tapfer gehalten und Ihr seht gut aus‹.[393]

Paul VI. improvisierte eine kurze Ansprache, in der er seiner Freude Ausdruck verlieh, gleichzeitig auch in offenen Worten die Motivation seines Engagements darlegte:

»Wir wollten Uns nicht an die Stelle anderer, berufener Autoritäten setzen. Uns hat keinerlei zeitliches Interesse bewegt noch hatten Wir politische Gründe, etwa in dem Sinne, daß Wir für die eine oder die andere Seite Partei ergreifen wollten. Uns hat auch keineswegs – wie Uns von mancher Seite unterschoben wurde – das Bedürfnis nach Publicity gedrängt. Wir haben uns einzig und allein um Euretwillen eingesetzt, aus Liebe zu Euch. Der Papst ist ein Freund der Arbeiter, Ihr wißt es.«[394]

Augenscheinlich waren diese Klarstellungen des Papstes notwendig, denn anders sind sie an dieser Stelle nicht zu erklären. Der Adressat dürfte nicht zuletzt Ojukwu gewesen sein, der mehrmals seiner »Bestürzung« Ausdruck verlieh, daß sich bei achtzehn gefährdeten Männern »die gesamte weiße Weltbevölkerung« solidarisiert, während ein millionenfacher Genozid an seinem Volk kaum jemanden interessiert. Doch war Paul VI. auch Nigeria gegenüber um einen konzilianten Ton bemüht, indem er seine Reise in dieses Land erwähnte, die er noch als Erzbischof von Mailand im Jahre 1962 durchgeführt hatte und daher mit den örtlichen Verhältnissen vertraut war[395].

Schon aus diesen wenigen Andeutungen wird deutlich, daß dem Papst sehr bewußt war, daß jedes Engagement im Nigeria-Biafra-Konflikt unweigerlich in den Strom politisch-diplomatischer Polemiken geraten mußte. Diese Einsicht

392 Vgl. den Bericht der Intercaritas, ebd. 38.
393 Aus dem KNA-Bericht vom 9. 6. 1969. Die angegebene Zahl »15« erklärt sich durch das Fehlen der drei deutschen Techniker.
394 Ebd.
395 Vgl. ebd.

und diese Erfahrung bezogen sich somit nicht nur auf die Caritas und die Mitglieder der JCA, sondern auch auf höchste kirchliche Autoritäten; dieselben, die ein halbes Jahr später über das persönliche Schicksal Carlo Bayers entscheiden sollten.

In dieser Nacht freilich stand Carlo Bayer im Mittelpunkt der euphorischen Atmosphäre. Der Papst winkte ihn und Pater Byrne an seine Seite, um sie als Vertreter einer »wahren Caritas« zu würdigen:

> »Der Papst rühmte den selbstlosen Einsatz Prälat Bayers und Pater Byrnes – während die freigelassenen Techniker und ihre Angehörigen begeisterten Beifall spendeten. Der Wunsch der Caritas, der Wunsch der Kirche sei einzig, tätige Liebe zu üben. ›Wo Krieg ist, wollen Wir den Frieden. Wo Hunger herrscht, wollen Wir, daß alle zu essen haben. Wo man leidet, wollen Wir Trost spenden. Das Ideal des Heiligen Stuhles und der Caritas ist es, allen Gutes zu tun, insbesondere denen, die am stärksten leiden.‹«[396]

Der Vatikan-Berichterstatter Luitpold A. Dorn richtete am Ende seines Berichts seinen Blick noch einmal auf Carlo Bayer, als er anmerkte:

> »Es war kurz vor ein Uhr, als wir mit Prälat Bayer als letzte den Apostolischen Palast verließen. Er hatte drei Tage und drei Nächte nicht geschlafen. Aber was ist das schon – Hauptsache, die unbeschreibliche Mühe und die immer neuen Schwierigkeiten waren von Erfolg gekrönt.«[397]

Es ist angebracht, am Ende der Darstellung dieser »Sternstunde« im caritativen Wirken Bayers noch einmal den Blick auf die Motive aller Protagonisten dieser Affäre zu richten, denn sie spiegeln in wichtigen Punkten die Atmosphäre während des letzten Halbjahres der Biafra-Hilfe wider. Diese Atmosphäre war von manchen irrationalen Signalen beeinflußt. Dies betraf nicht zuletzt das Vorgehen der biafranischen Autoritäten. Ihre Entscheidung, einen Prozeß zu arrangieren, gar die Todesstrafe zu verhängen, obwohl die Absurdität der Anklagepunkte deutlich auf der Hand lag, ist nur schwer erklärbar. Ging es vor allem darum, noch einmal die Scheinwerfer der Weltöffentlichkeit auf Biafra zu richten? Oder eher darum, auf diplomatischer Ebene einen Zugewinn zu erreichen, da man hoffte, in einen direkten Kontakt mit euopäischen Regierungen zu gelangen? War es ein Verzweiflungsakt im Angesicht eines vorausschaubaren Scheiterns? Welche Motive letztlich auch prägend waren, der Schaden, der dem Ansehen Biafras zugefügt wurde, war größer als jede ausgeklügelte Strategie an

---

396 Ebd.
397 Ebd.

Zugewinn hätte bringen können. Das Urteil der JCA-Chronisten Daly und Saville von dem drohenden Desaster der staatsmännischen Bemühungen Ojukwus ist nur allzu treffend, aber auch der Hinweis, daß es die Caritas und die Kirchen waren, die Ojukwu vor einem unkalkulierbaren Risiko bewahrten[398]. Aus dieser Perspektive bekommt das Handeln der Protagonisten der Befreiungsaktion eine weitere Dimension. Natürlich waren Menschenleben in Gefahr, die es zu retten galt – darüber bestand kein Zweifel. Und doch wußten Bayer, Pater Byrne oder Ludwig Geißel sehr genau, daß ihr mühevoller Einsatz durch dieses Abenteuer der biafranischen Regierung aufs Höchste gefährdet war:

> »Es war deshalb im eigenen Interesse der Kirche, die Biafraner vor sich selbst zu schützen und vor den gefährlichen Unternehmungen ihrer Führung; Monsignor Bayer und Herr Geißel zeigten durch die Art und Weise, wie sie diese Situation meisterten, daß ihnen das sehr bewußt war.«[399]

Die letzten Monate der Hilfe und die Auflösung der JCA

> Hunger was in fact defeating the Biafrans at last.
>
> Daly-Saville

Es gab kaum einen Monat während der kriegerischen Auseinandersetzung zwischen Nigeria und Biafra, in dem nicht ein baldiger Zusammenbruch der sezessionistischen Ostregion prophezeit wurde. Als sich jedoch gegen Ende des Jahres 1969 die Anzeichen verdichteten, daß die erschöpften biafranischen Truppen kurz vor der endgültigen Auflösung standen, waren viele Beobachter eher skeptisch: zu oft schien David Biafra vor dem nigerianischen Goliath auf Knien zu liegen, zu oft wurde er totgesagt, um wenig später eine Auferstehung zu feiern. Symptomatisch für diese Konstellation war die Situation Anfang Dezember, einen Monat vor der endgültigen Kapitulation Biafras. Für die Weltöffentlichkeit verlor der Konflikt längst an Aktualität und war aus der Berichterstattung einflußreicher Medien fast völlig verschwunden. Dem versuchten die kirchlichen Werke entgegenzusteuern, indem sie gerade im Dezembermonat darauf verwiesen, daß es »kein Christkind für Biafra!« geben würde, da die zermürbenden Kämpfe weitergingen. Sie wiesen auch darauf hin, daß sich nach dem Ausfall der Hilfstransporte des Roten Kreuzes[400] die Ernährungslage drastisch verschlechtert hatte und die Luftbrücke die Anspannung aller Kräfte

---

398 Vgl. D-S, 443.
399 Ebd.
400 Der Ausfall der Hilfstransporte des IRK ging zurück auf den Abschuß eines seiner Flugzeuge am 5. 6. 1969. Da daraufhin alle weiteren Flüge gestrichen wurden, trugen die

brauchte, um das Mindestmaß an lebenswichtiger Hilfe für Biafra sicherzustellen.

Wie üblich hatte die Arbeit der JCA auch weiterhin mit harten politischen Angriffen zu rechnen. »Die kirchlichen Hilfswerke« – so eine der unzähligen Erklärungen der Caritas aus diesem Zeitraum – »nehmen das Übel politischer Nebenwirkungen in Kauf; sie folgen dem Gebot, das Nächstenliebe befiehlt und Menschenleben über politische Opportunität stellt.«[401] Freilich gab es auch Kritik, die das »Gewöhnliche« sprengte und für Carlo Bayer in seinem ökumenischen Engagement besonders schmerzhaft war. Als Anfang Dezember der Ausschuß des WCC für »Zwischenkirchliche Hilfe, Flüchtlings- und Weltdienst« (DICARWS) zusammentrat, gab er in seinem Schlußkommuniqué der JCA den Rat, die Einstellung der Biafra-Luftbrücke ernsthaft zu erwägen. Diese Aufforderung ging aus einer Initiative Nigerias in dem Ausschuß hervor, war aber eine Stellungnahme der ganzen Versammlung und somit von offiziellem Charakter. Im Laufe der Darstellung war es schon angeklungen, daß sich die Vertreter des WCC nie zu einer konsequenten Bejahung der Biafra-Luftbrücke entschließen konnten, so daß die protestantische Hilfe nicht allein durch den WCC koordiniert wurde; sie hatte infolgedessen mehrere Schwerpunkte, wie beispielsweise in der Vereinigung der Nordchurchaid oder dem DDW. Doch gab es andererseits nur wenige Stellungnahmen, die in einer offiziellen Form auf die Beendigung der Hilfe drängten. So war das Kommuniqué ein bitterer Angriff auf die JCA, auf deren Schultern in dieser Zeit die Versorgung mehrerer Millionen Menschen mit Lebensmitteln und Medikamenten ruhte. Als die JCA am 8. Dezember in Sandefjord in Norwegen ihre fünfte Vollversammlung abhielt, konnte sie direkt auf den ungebetenen Ratschlag des WCC reagieren. Natürlich, so wurde in einer Erklärung unterstrichen, bildete die Luftbrücke keinen Idealfall der Hilfe. Sie war ursprünglich nur als ein vorübergehendes Mittel gedacht, als eine kurzfristige Aktion, um Menschenleben zu retten, »während Zeit gewonnen wurde, für die Versuche der Vereinten Nationen, der zwischenstaatlichen und staatlichen Organisationen, den Krieg und das Leiden zu beenden oder bessere und umfassendere Methoden anzuwenden, mit denen der betroffenen Zivilbevölkerung wirkungsvoller geholfen werden konnte«[402].

Keine dieser Erwartungen wurde jedoch erfüllt, und keiner der Alternativvorschläge gelangte je zur Durchführung. Folglich sah sich die JCA gezwungen, ihre Hilfe fortzusetzen.

---

kirchlichen Werke die Last allein, Millionen von Menschen mit Lebensmitteln zu versorgen.
401 So in der Intercaritas, November–Dezember 1969, 6f.
402 Ebd. 8.

»Die Vereinigten Kirchlichen Hilfswerke haben direkt oder indirekt jede Initiative unterstützt, legalere oder wirksamere Alternativen zu den Nachtflügen zu schaffen. Würden wir die Flüge jetzt einstellen, hätte das nicht nur politische Konsequenzen, die Folge wäre der Tod von Millionen unschuldiger Zivilisten. Eine solche Maßnahme würde den Hungertod nicht nur als Mittel der Kriegsführung legitimieren, sondern auch als ein Instrument in den Händen von Gruppen, die ihre eigenen Ziele verfolgen ... Wir wollen dem göttlichen Gesetz folgen, das uns auffordert, vor allem unserem bedürftigen Nachbarn zu helfen. Aus diesem Grund haben wir keine andere Möglichkeit und müssen die Hilfsaktion so lange fortsetzen, wie sie sich als wirksames Mittel zur Linderung der gegenwärtigen Leiden erweist.«[403]

Mit dieser Erklärung drückte die JCA ihre Position deutlich aus: Bis zu erfolgreichen Friedensverhandlungen mußte die Hilfe weitergehen! Daß sich in den Dezemberwochen 1969 die Anzeichen eines endgültigen Zusammenbruchs Biafras verdichteten, spielte in diesem Zusammenhang keine Rolle; die Hilfe sollte fortgeführt werden, solange dies möglich und solange dies nötig war[404].

Eine kritische Untersuchung der JCA-Position könnte jedoch auf Töne der Resignation verweisen. Wurde nicht auch angedeutet, daß die nun einmal fortgeschrittene Arbeit fortgesetzt werden muß, daß sich das Engagement – ganz abgesehen von den Opfern in Biafra – nicht beenden läßt, ohne in diesem Stadium das Gesicht zu verlieren? Diese Sichtweise ist möglich, doch nur unter der Mißachtung des Grundtons der Erklärung, die in überzeugender Weise die primären Ziele der Luftbrücke unterstrich.

Die Luftbrücke selbst hatte in den letzten Monaten der Hilfe Zahlen zu vermelden, die das unverminderte Engagement widerspiegelten. In der Nacht vom 7. zum 8. Dezember wurden in 27 Flügen 363 Tonnen Lebensmittel und Medikamente nach Biafra gebracht. Seit Bestehen der Luftbrücke war dies die höchste Einflugquote in einer einzigen Nacht. Bis Mitte Dezember hatte die JCA dann 4827 erfolgreiche Landungen auf dem Flugplatz in Uli zu verzeichnen, die rund 54000 Tonnen Versorgungsgüter abgesetzt haben. Am Weihnachtsfest 1969 wurde der 5000. erfolgreiche Flug erwartet. Insgesamt erfolgten zu diesem Zeitpunkt bereits rund 6000 Einflugversuche. Die Differenz wies auf die Flüge hin, die wegen Feindeinwirkung, Witterungseinflüssen oder technischen Schwierigkeiten nicht erfolgreich landen konnten. In ihrer letzten Ausgabe des Jahres 1969 berichtete die »Intercaritas«:

---

403 Ebd. 8f.
404 »Selbst wenn dieser blutigste aller afrikanischen Kriege morgen beendet wäre ... selbst dann könnten wir diesen unseligen Konflikt nicht vergessen, weil wir noch lange Zeit beim Wiederaufbau helfen müßten.« (ebd. 6)

»Zur Zeit sind 14 Frachtflugzeuge verschiedener Typs und unterschiedlicher Verladekapazität im Einsatz. Joint Church Aid versorgt im Kessel von Biafra zur Zeit in 1586 Flüchtlingslagern 1,3 Millionen Menschen und eine weitere halbe Million außerhalb der Lager. Rund 1,5 Millionen Menschen werden in 2000 Speisungszentren notdürftig verpflegt und so vor dem Hungertod bewahrt. Mit Medikamenten versorgt werden 197 Krankenhäuser, Krankenstationen und Waisenhäuser, in denen 104000 Menschen Aufnahmen gefunden haben. Durch mobile medizinische Teams werden noch weiter rund eine Million Menschen in Dörfern, Flüchtlingssiedlungen oder am Rande der Straße betreut.«[405]

Diesen offensichtlichen Erfolgsberichten standen auf der anderen Seite schreckliche Fakten gegenüber: die Versorgungsgüter, die über die Luftbrücke eingeflogen werden konnten, deckten den Bedarf der in Biafra eingeschlossenen Frauen, Kindern, Alten und Kranken »kaum zur Hälfte«, so daß immer noch allzuviele Menschen dem Hungertod ausgeliefert waren. So betonten die Protagonisten der Luftbrücke noch im Dezember 1969 die Notwendigkeit, ihre Hilfe auszuweiten, was jedoch ein großes finanzielles Problem darstellte. Sollte die Quote von 25 nächtlichen Landungen mit rund 300 Tonnen Gütern auch nur aufrechterhalten werden, so brauchte die JCA monatlich rund 40 Millionen DM. Jede Erhöhung der Quote war unweigerlich mit noch höheren Summen verbunden. Zwar waren die Voraussetzungen für die Aufrechterhaltung der Brücke – insbesondere durch die breite Streuung der Mitgliedsorganisationen der JCA – grundsätzlich gegeben, doch angesichts des schwindenden Interesses der Weltöffentlichkeit mußten im Verlaufe der Zeit immer wieder neue Finanzierungsmöglichkeiten erschlossen werden, was einen erheblichen Teil der Zeit und der Kraft aller Beteiligten beanspruchte[406].

Freilich ging mit dem Monat Dezember des Jahres 1969 der letzte volle Monat der Hilfe zu Ende. Die ausgezehrten und erschöpften Truppen Biafras, die zwei Jahre den Angriffen eines übermächtigen Gegners standhalten mußten, waren nicht mehr in der Lage, den Kampf fortzusetzen. Im Laufe des Jahres 1969 wurde ihre Versorgung mit Lebensmitteln immer stärker eingeschränkt, da sich die biafranische Regierung vornehmlich auf das Einfliegen von Waffen konzentrierte. Die hungernden Truppen zogen sich im Verlaufe des Dezember 1969 immer mehr aus den aktiven Kämpfen zurück und überließen ihre Stellungen den Nigerianern. Anfang Januar 1970 brachen die biafranischen Verteidigungslinien endgültig zusammen, und es war nicht schwer, eine Deutung hierfür zu finden: »There was plenty of ammunition, but no food«, schrieben Daly und

---

405 Intercaritas, ebd. 10.
406 Weitere Zahlen zur Luftbrücke in den letzten Monaten der Biafra-Hilfe, vgl. Intercaritas, ebd. 10f. Dort auch Hinweise auf das parallel laufende Hilfsprogramm für Nigeria.

Saville, und: »Hunger was in fact defeating the Biafrans at last.«[407] Am 15. Januar 1970 unterschrieben die biafranischen Autoritäten dann formell den Kapitulationsakt. Ein grausamer und blutiger Krieg »irgendwo in Afrika« war endlich zu Ende!

Die JCA flog praktisch bis zum letzten Tag Lebensmittel ein. Ebenso bemühten sich die Missionare und ihre Mitarbeiter, die »feeding centers« und die »sick bays« möglichst lange in Betrieb zu halten; in den meisten Fällen wurden die Stationen erst aufgegeben, als die heranrückenden nigerianischen Truppen eine Evakuierung unumgänglich machten. Der Schriftsteller Frederick Forsyth wies auf diese Tatsache hin und hob besonders die Rolle der namenlosen Helfer in Biafra hervor:

> »Wie so oft nahmen die Katholiken die herzzerreißendsten Aufgaben und die dreckigste Arbeit auf sich. Es gibt überhaupt keine Worte, um das Heldentum der Mönche des Order of the Holy Ghost und der Nonnen vom Order of the Holy Rosary ... zu schildern. Zu sehen, wie zwanzig winzige Babys im Zustand fortgeschrittener Kwashiorkor hereingebracht werden, und zu wissen, daß nur für zehn genug Nahrung da ist, um sie vielleicht am Leben zu erhalten, während für die anderen zehn überhaupt keine Hoffnung besteht, tagaus, tagein mit dieser Not konfrontiert zu sein, in zehn Monaten solcher Strapazen zehn Jahre älter zu werden, unter Bombenangriffen und Tiefffliegern – schmutzig, erschöpft, hungrig und doch weiterzumachen –, das erfordert jene Art von Mut, wie viele Männer mit einer Brust voller Kriegsauszeichnungen ihn nicht besitzen.«[408]

Bis zum 12. Januar flog die JCA Lebensmittel nach Biafra ein. Am 8. Januar landeten noch acht Maschinen mit rund 200 Tonnen Hilfsgütern auf dem Flugplatz in Uli, am 11. Januar landeten zwei Maschinen mit 20 Tonnen Gütern auf dem Behelfsflugplatz, der schon seit einigen Wochen unter schwerem Beschuß stand. Der letzte Flug der kirchlichen Luftbrücke, es war der 5310. erfolgreiche Flug, konnte am 12. Januar in Uli nicht mehr landen, sondern wich auf den Flugplatz in Uga aus. Der leitende Kapitän Johnson geriet dabei in eine wilde Schießerei – Gesetz und Ordnung waren in diesen Tagen endgültig zusammengebrochen[409].

Mit dem Zusammenbruch der biafranischen Abwehrlinien fand somit auch die »Stockfisch- und Milchpulverluftbrücke« der Vereinigten Kirchlichen Hilfswerke ein abruptes Ende. Die Konsequenzen dieser Entwicklung werden uns in den nächsten Kapiteln noch intensiv beschäftigen, doch sei hier ein Blick auf die weitere Geschichte der JCA getan. Nach der Kapitulation Biafras reagierten die

---

407 D-S, 645 und 666.
408 FORSYTH, Biafra-Story, 248f.
409 Vgl. Intercaritas, Januar–März 1970, 12f.

siegreichen Nigerianer den kirchlichen Hilfswerken gegenüber sehr schnell. Im Laufe von wenigen Wochen wurden die meisten der noch im Lande verbliebenen Missionare vertrieben. In vielen Fällen wurden sie mit Anklagepunkten wie »illegales Betreten Nigerias« vor ein Gericht gestellt und nach mehr oder weniger großen Schikanen des Landes verwiesen[410]. Auf der anderen Seite wurden die Magazine der Hilfsorganisationen geplündert. Ihre Lastwagen wurden konfisziert und versickerten in den verschiedensten Kanälen. Von den 79 Lastwagen der Caritas wurden später lediglich vier an die neu im Lande zugelassenen Hilfswerke übergeben. Der Flugplatz Uli wurde als ein Symbol des biafranischen Widerstandes zu dem gemacht, was er früher gewesen war: zu einem Teil der Highway von Onitsha nach Owerri! Von einem Flugplatz namens ULI wollte die nigerianische Regierung niemals mehr etwas hören[411].

Es läßt sich jedoch auch feststellen, daß sich die Befürchtungen der Biafraner grundsätzlich nicht bestätigten, die davon ausgingen, daß Nigeria Rache an der widerspenstigen Provinz üben würde. Wie unterschiedlich die Situation in den einzelnen Landesteilen auch war, so läßt sich grundsätzlich anmerken, daß die nigerianische Regierung um eine konziliante Behandlung der Besiegten bemüht war[412]. Zu keinem Entgegenkommen war die Regierung jedoch der JCA gegenüber bereit. Als sich am 11. Januar die Executive Working Group der JCA in Stuttgart versammelte, gab sie ihrer Hoffnung kund, daß die Kirchen ihre Hilfe fortsetzen dürften, bis sich die Lage in den Hungergebieten normalisiert hat. Eine Arbeitsgruppe, in der Carlo Bayer aktiv war, sollte darüberhinaus nach Kooperationsmöglichkeiten mit anderen Organisationen, so mit dem Roten Kreuz, Ausschau halten. Doch jegliche Hoffnung in dieser Beziehung war vergeblich.

Nach dem Zusammenbruch Biafras führte die nigerianische Regierung ihre Kampagne gegen die kirchlichen Werke, allen voran gegen die Caritas, fort. Der nigerianische Botschafter in der Schweiz, dem die JCA Hilfe anbot, äußerte sich diesem Ansinnen gegenüber sehr aggressiv und verwies auf die »illegalen Aktivitäten« der kirchlichen Werke »in Nigeria«. Es wäre besser, so gab er zu verstehen, wenn die JCA der nigerianischen Regierung keinerlei Hilfsangebote mehr unterbreiten würde[413]. Als am 15. Januar zwei päpstliche Delegaten, die Prälaten Hüssler und Rodhain, in Nigeria eintrafen, war die Stimmung feindselig:

»Es stellt sich heraus, daß die Animosität gegen die Caritas als Mitglied der Joint Church Aid und gegen den Papst persönlich sehr groß ist ... In

---

410 Vgl. die Fallbeispiele bei D-S, 650 ff.
411 Vgl. ebd. 652.
412 Vgl. die Zitate ebd. 655 ff.
413 Vgl. ebd. 673.

der folgenden Zeit vergeht kaum ein Tag ohne schmähende Artikel gegen Papst, Caritas und Joint Church Aid.«[414]

Auch wenn die vormals guten Kontakte zwischen dem Vatikan und Nigeria nach einem relativ kurzen Zeitraum wiederhergestellt werden konnten, so blieb die Regierung in Lagos der Caritas und den aktiven Mitgliedern der Joint Church Aid gegenüber allergisch bis feindselig eingestellt. Zu sehr war sie von der Idee eingenommen, daß es die kirchlichen Werke waren, die Wesentliches dazu beigetragen hatten, daß die kleine Ostprovinz zwei Jahre ihrem »Mutterland« die Stirn bieten konnte. Den Argumentationen der Hilfswerke verschloß sich Lagos vollkommen, und so kam es zu keinem Dialog mehr.

Als die Protagonisten der JCA am 16. April 1970 in Genf zu ihrem letzten Treffen zusammen kamen, war das Gefühl der Wehmut allgegenwärtig. Man bemühte sich zwar, das Augenmerk auf die noch verbliebenen praktischen Fragen zu richten, doch die Anwesenden wußten, daß eine so bedeutende ökumenische Hilfsaktion – man bezeichnete sie als die größte Hilfsaktion der christlichen Geschichte – ein würdigeres Ende oder gar ein Fortleben verdient hätte. Die Teilnehmer erinnerten sich jedoch gleichzeitig, daß ihre Organisation bewußt als ein »ad hoc«-Zusammenschluß geplant war, mit einem begrenzten Auftrag, der nach Lage der Dinge nun erfüllt schien. Faszinierend blieb jedoch die Tatsache, daß die JCA gerade durch ihre eigenwillige Struktur eine Handlungsfreiheit erlangte, wie sie bei den großen, »bewährten« Organisationen nie möglich gewesen wäre. Da die JCA keine festgelegten Statuten besaß, die sie enger definieren würden, konnte sich dieser Zusammenschluß – wenn man es sehr genau nahm – gar nicht offiziell auflösen, doch geschah dies faktisch mit der Sitzung am 16. April 1970[415]. Die eineinhalb Jahre des Bestehens waren nach einmütiger Meinung der Beteiligten oft ein schwieriger Lernprozeß in der Zusammenarbeit, im Umgang von Christen verschiedener Konfessionen miteinander.

> »Sie waren aber vielleicht etwas vom Erfreulichsten, was seit der Kirchenspaltung in Richtung ökumenischer Verständigung geschehen war. Menschen, Kirchen, Verbände verschiedenster Prägung trafen sich, arbeiteten, litten und beteten gemeinsam, bewegt von dem alle Schranken überwindenden Auftrag, im Namen des Herrn Jesus Liebe und Hoffnung zu bringen.«[416]

---

414 Intercaritas, ebd. 9.
415 Vgl. D-S, 680.
416 Georg Hüssler, Brüderlich teilen – gemeinsam handeln, 126.

Betrachtung über einige moralische Aspekte der Luftbrücke

»Ich habe kein Recht, deine Tür aufzubrechen – dies zu tun wäre illegal. Doch wenn während deiner Abwesenheit ein Feuer in deinem Haus ausbricht und ich sehe, daß zwei deiner Kinder in Gefahr sind, dann habe ich nicht nur das Recht, deine Tür gewaltsam aufzubrechen, ich bin moralisch verpflichtet, dies zu tun. Das natürliche Gesetz und das göttliche Gesetz verpflichten mich, deine Kinder zu retten.«

Jean Rodhain im Juli 1969

Die Hilfsaktion der JCA war durch die Verbindung einer Hungersnot mit einem Bürgerkrieg geprägt. Das Mutterland Nigeria hatte keinerlei Interesse, daß ihrer abtrünnigen Ostprovinz Biafra geholfen würde, und dies betraf auch die Frage der Hungerhilfe; ja, in einer eindeutigen und mehrfach wiederholten Form unterstrich die Regierung in Lagos, daß eine ihrer Waffen in der »totalen ökonomischen Blockade der Rebellenregion« bestehe. Zweifelsohne war die nigerianische Regierung eine international anerkannte Regierung, das Territorium mit dem Namen »Biafra« hingegen wurde in seiner Souveränität nicht anerkannt und vom Großteil der Staaten als ein Teil Nigerias angesehen. Wenn nun die kirchlichen Werke gegen die »totale ökonomische Blockade« angingen und lebenswichtige Güter nach Biafra transportierten, erforderte dies nach internationalem Recht eine Erlaubnis der Regierung in Lagos, die jedoch zu keiner Zeit gewährt wurde. In diesem Sinne muß festgestellt werden: jede Maschine, die Biafra anflog, jeder Helfer, der sich nach Biafra begab, handelte im Sinne des internationalen Rechtes illegal! Hält man sich jedoch weiterhin an diese Spielregeln, so war andererseits die ökonomische Blockade der kleinen Ostprovinz legal, da es kein Gesetz gibt, das eine totale ökonomische Blockade in Falle eines Bürgerkriegs verbietet! Betrachtet man diese beiden Aspekte zusammen, so ergeben sich bereits hier erste Zweifel, die Frage der »Legalität« oder »Illegalität« allzu voreilig im Sinne der Diplomatie zu beantworten. Keine objektive Betrachtung wird einer Regierung das Recht zugestehen, einen Teil ihres Landes auszuhungern, mag sich dieser Teil auch vom Mutterland getrennt haben[417]. Die kirchlichen Hilfswerke hatten während der ganzen zwei Jahre der Hilfe ein Dilemma vor Augen: Durch die Flüge nach Biafra wird sehr wahrscheinlich das internationale Recht mißachtet, doch gibt es andererseits das natürliche und das göttliche Recht, das uns auffordert, den Hungernden beizustehen und die Kranken zu pflegen. Dieses Dilemma, so kann man rückblickend zusammenfas-

---

417 Hier sind immer die Gründe der Sezession zu beachten, die für Carlo Bayer von ganz entscheidender Bedeutung waren.

sen, wurde in einer Präferenz für das natürliche Recht entschieden. Dieses, so Jean Rodhain, der Präsident der Caritas Internationalis, verpflichtet uns weitergehend als das internationale Recht der Diplomatie.

In diesem Zusammenhang spielen auch die Artikel 22 und 23 der vierten Genfer Konvention eine bedeutende Rolle. Sie präzisieren die Bedingungen der Hilfe in einem Konfliktsfall, insbesondere auch die Hilfe für die Hilflosesten der Betroffenen: die Kinder unter fünfzehn Jahren, schwangere Frauen und Mütter von Kleinkindern[418]. Diese Bestimmungen setzen allerdings voraus, daß sich die Vertragsparteien auf diese Regeln einlassen. Im Klartext heißt das, daß die nigerianische Regierung den Hilfswerken die Erlaubnis hätte geben müssen, unter streng definierten Bedingungen nach Biafra einzufliegen. Dies geschah jedoch zu keinem Zeitpunkt, und somit konnte die Bestimmungen der Genfer Konvention keine Bedeutung erlangen.

Faßt man diesen ersten Punkt zusammen, so ergibt sich eine unüberbrückbare Differenz in der Betrachtung des Faktors »Hunger« seitens der international anerkannten, »legalen« Regierung in Lagos und seitens der das internationale Recht verletzenden, also »illegal« agierenden kirchlichen Hilfswerke. Die Stellung der nigerianischen Regierung läßt sich durch ein Zitat ihres Finanzministers Awolwo verdeutlichen, der im Juni 1969 sagte:

> »In einem Krieg ist alles fair und der Hunger ist eine der Waffen in einem Krieg. Ich sehe nicht ein, weshalb wir unsere Feinde ernähren sollten, nur um ihre Kampfkraft zu stärken.«

Solchen Zitaten, die geflissentlich übersahen, daß in einem Krieg nur eine Minderheit der Bevölkerung zu den aktiv kämpfenden Truppen gezählt werden kann, stellte die Kirche ihre Sicht des Menschen entgegen:

> »Das göttliche Recht zählt mehr als menschliche Gesetze. Wir können nicht eine Politik gutheißen, die direkt das Verhungern von Zivilisten, insbesondere auch der am wenigsten Wehrfähigen, einschließt.«

Mag eine Betrachtung dieser Argumente es noch relativ leicht ermöglichen, sich für die eine oder andere Seite zu entscheiden, so ist die Beurteilung eines zweiten Aspektes ungleich schwieriger. Die kirchlichen Hilfswerke, so wiederholte Lagos unzählige Male, tragen durch die Luftbrücke dazu bei, daß der Krieg verlängert wird, und damit indirekt auch zum Verhungern der Menschen. Dieses Argument trug für die JCA alptraumhafte Züge, denn es war auf den ersten Blick nicht von der Hand zu weisen. Könnte es nicht tatsächlich zutreffen, daß die Biafraner ihren Kampf viel früher aufgegeben hätten, hätte es die Luftbrücke nicht gegeben? Bei einer intensiveren Betrachtung entpuppte sich jedoch dieses

---

418 Näheres zu den Bestimmungen der Genfer Konvention vgl. D-S, 1066ff.

Argument zu einem großen Teil als nigerianisches Wunschdenken, als ein geschickt lancierter Keil, der Unruhe verbreiten sollte.

War es wirklich so sicher, daß der Krieg zu Ende wäre, wenn man die Luftbrücke frühzeitig abgebrochen hätte? War es nicht vielmehr wahrscheinlich, daß er noch Monate angedauert hätte, mit einer unüberschaubar großen Zahl an Opfern? Sicher war, daß die ökonomische Blockade die direkte Ursache für das Verhungern sehr vieler Menschen war. Sicher war auch, daß die Luftbrücke unzählige Menschenleben rettete. Konnte man wirklich mitten im Krieg die Hilfe stoppen, ohne die Zahl der Opfer sofort in schwindelnde Höhe anschnellen zu lassen? Die Mitglieder der JCA verneinten diese Frage und so wurde dem raffinierten Argument von der Verlängerung des Krieges durch die Lebensmittelhilfe eine Absage erteilt.

Was in erster Linie den Krieg verlängerte, so könnte eine weitere Anfrage an das internationale Recht lauten, war die hemmungslose Lieferung von Waffen an beide Konfliktparteien. Hier hat sich insbesondere England hervorgetan, indem es bedingungslos Nigeria unterstützte. Der Hauptlieferant für die biafranische Seite hingegen war Frankreich. Ein weiterer Faktor der Verlängerung des Krieges war das fortgesetzte Scheitern der Friedensbemühungen; auch hier haben sich mehrere demokratische Länder unrühmlich hervorgetan, da sie nicht gerade ihre erste Garnitur an Diplomaten die Friedensverhandlungen unterstützen ließen, und sich nicht um eine Umsetzung von Teilergebnissen in die Tat kümmerten[419].

Wenn Nigeria diese Fakten »übersah«, dann natürlich deshalb, weil diese eher ihre Anliegen unterstützten als die Anliegen Biafras. War es doch das einzige Ziel Nigerias, das abtrünnige Biafra möglichst schnell zu unterwerfen und wieder in den Staatsverband einzugliedern – um dieses Ziel zu erreichen, schienen alle Mittel »fair«! Von den tieferen Ursachen der Sezession sprach bald niemand mehr.

Die Konzentration der Kritik auf die Träger der Luftbrücke läßt sich zu einem erheblichen Teil psychologisch erklären: da war jemand, der das ungeliebte Kind Biafra konsequent unterstützte und sich nicht leicht einschüchtern ließ. Daß die ökumenische Luftbrücke kaum feste Strukturen besaß, die man mit den üblichen diplomatischen Mitteln hätte unter Druck setzen können, kam noch hinzu. Diesem unheimlichen Gegner schob man daher vieles in die Schuhe, und sei es, daß er durch seine Lebensmittelhilfe den Krieg verlängerte.

Die Kirchen jedoch blieben bis zur Kapitulation Biafras konsequent in ihrer Haltung der »totalen ökonomischen Blockade« gegenüber. Ein Abbruch der Luftbrücke hätte in ihren Augen bedeutet, die Waffe des Hungers als eine legitime Waffe zumindest indirekt anzuerkennen. »Würden wir die Luftbrücke

---

419 Vgl. ebd. 1079.

einstellen«, so eine Erklärung der JCA vom Dezember 1969, »so würden wir die Waffe des Hungers nicht nur als legitim anerkennen, dies würde auch ihre Anerkennung als ein besonderes Werkzeug in den Händen von Gruppen, die bestimmte Motive verfolgen, bedeuten.«

Die ökumenische Vereinigung führte deshalb ihre Hilfe bis zum Ende des Konfliktes fort und sie ging in ihrer Gesamtheit aus dieser Auseinandersetzung würdig hervor. Wie sich Daly-Saville ausdrückten, war ihr Haupt »blutig, doch unbeugsam«, ihre Prinzipien unberührt. Weil sich diese Organisation nicht durch diplomatische Erwägungen in der Zukunft zähmen lassen wollte, löste sie sich folgerichtig nach Beendigung der Biafra-Aktion auf; einer Aktion, die die Schmerzen der größten von Menschen verursachten Katastrophe nach dem Zweiten Weltkrieg lindern half. Der Geist der Aktion war vom Ökumenismus geprägt:

> »Eines Ökumenismus, der in der Nächstenliebe fest verwurzelt war, und der in einer sehr konkreten Situation sich bewähren mußte, in einer Situation von Staub, Blut und Schweiß, von Munition, Bombenangriffen und Abwehrraketen, von finanziellen Belangen und Rechnungsprüfern; in der Situation, Flugzeuge kaufen zu müssen und Piloten zu bezahlen, und in der von zehntausenden sterbenden Frauen und Kindern, grotesk und mißgestaltet in ihrem Elend.«[420]

---

420 Ebd. 1083.

III.
DIE UNGEWOLLTE ZWEITE KARRIERE
(1970–1977)

1. Carlo Bayer wird gestürzt

Nur auf den ersten Blick erscheint die »Affäre Bayer« kompliziert und undurchsichtig. Zwar sind besorgte Fragen nach Quellen und Dokumenten, die die Vorgänge belegen, berechtigt[1]; auch sind Hinweise auf die Sonderstellung des Vatikans in unserem demokratischen Zeitalter oder gar auf das »Stillschweigen«, das Bayer auferlegt worden ist (sic!), zu beachten. Doch auch wenn man all diese Fragen berücksichtigt und sich bei allen Urteilen zur Zurückhaltung zwingt, ergibt sich bei einer näheren Betrachtung die überraschende Feststellung, daß man die Vorgänge, die sich im Sommer 1970 abspielten, zwar nicht lückenlos, aber doch in ihren wichtigen Zügen zuverlässig darstellen kann, denn sie sind durch schriftliche Zeugnisse aller Beteiligten gut belegt. Es handelt sich sowohl um Erklärungen, die in dieser Zeit abgegeben worden sind, als auch um eine vielfältige Korrespondenz zwischen den beteiligten Personen. Auf diese Zeugnisse wird sich unsere Darstellung stützen und versuchen, die Hauptlinien aufzuzeigen.

Zur Chronologie der Ereignisse

Als Carlo Bayer im September 1970 ein »Pro Memoria« verfaßte, in dem er in groben Zügen den Ablauf der Ereignisse skizzierte, die in den vergangenen Monaten auf ihn eingestürzt waren, begann er seine Chronologie mit dem 19. Juni 1970, dem Tag, an dem er »im Beisein von Msgr. Rodhain zu Exzellenz Benelli ins Staatssekretariat« gerufen wurde und sich eine Erklärung anzuhören hatte, in der – als Folge »einiger Initiativen« im Rahmen der Biafra-Hilfe – von schweren Belastungen des Hl. Stuhls die Rede war[2]. Dieser 19. Juni stellte zwar einen vorläufigen Höhepunkt der Ereignisse dar, doch wurde dieser Tag von Bayers Opponenten schon seit einigen Monaten sorgfältig vorbereitet. In seiner Beschreibung wies Bayer darauf hin:

»Mir wurden einige Fotokopien (Korrespondenz, Überweisungsaufträge, Rechnungen) vorgelegt, die ich sofort als Schriftstücke aus unseren Akten

---

1 Interessanterweise wurden dem Verf. diese »Sorgen« zumeist von Personen mitgeteilt, die Bayer nicht sehr wohl gesonnen waren. Bayers engste Mitarbeiter hingegen begrüßten das vorliegende Unterfangen sehr.
2 Pro Memoria vom 18. 9. 1970. Es handelte sich um ein fünfseitiges Schriftstück, in dem Bayer die Anschuldigungen Baldellis skizzierte und eine Chronologie der Ereignisse Juni/Juli 1970 vornahm. Hierbei ging er auch apologetisch auf die Vorwürfe ein.

bestätigte, die ohne mein Wissen fotokopiert und zusammenhanglos Exzellenz Benelli übergeben wurden. Es handelte sich um Auszüge aus der Finanzierungsaktion für die Auspeisungszentren (Feeding Centres und Sickbays) in Biafra.«

Ohne daß wir schon an dieser Stelle die Vorwürfe als solche erörtern, müssen wir das Faktum festhalten, daß sich in den Händen des mächtigen Substituten Benelli plötzlich Schriftstücke befanden, die in der offensichtlichen Absicht zusammengestellt worden sind, Bayer zu kompromittieren. Es stellen sich einige einfache Fragen: Welche Personen besaßen ein Interesse, Bayer zu kompromittieren? Welches Interesse mögen sie dabei verfolgt haben? Weshalb wurden die Vorwürfe nicht zuerst an Bayer selbst gerichtet, sondern fanden den Weg ins vatikanische Staatssekretariat? Seit wann gab es schon Aktivitäten, die gegen Bayer gerichtet waren?

Die Beantwortung dieser Fragen muß zuerst angegangen werden, denn sie wirft ein Licht auf die tatsächliche Wertigkeit der Anschuldigungen, die gegen Bayer vorgetragen wurden.

Die Frage nach der Dauer der gegen Bayer gerichteten Aktivitäten findet eine gestufte Antwort. Einen ersten überraschenden Hinweis finden wir in Bayers Erklärung vom 22. Oktober 1970, die er im Zusammenhang der 35. Sitzung des Exekutivkomitees verfaßt hat, der ersten Sitzung, an der er nicht mehr teilnehmen durfte[3]. Hier deutete er an, daß schon seit zwei Jahren an einem »Dossier Bayer« gearbeitet worden ist, das dem Vatikanischen Staatssekretariat, namentlich dem Substituten Benelli, wahrscheinlich auch dem Papst, zumindest als Kurzfassung vorgelegt wurde[4]. In diesem Dossier, dessen Verfasser wir gleich nennen werden, wurde versucht, Carlo Bayer auf vielfache Weise zu kompromittieren; neben den Vorwürfen, die einige Aktionen der Biafra-Hilfe betrafen, wurde Bayers persönliche Lebensführung an den Pranger gestellt und seine soldatischen Aktivitäten als »gegen Italiener gerichtet« beschrieben. Da die letztgenannten Aussagen des Dossiers von dem Kölner Prälaten Hans Daniels, der im September im Auftrag Kardinal Döpfners nach Rom fuhr, um den Vorwürfen nachzugehen, als »nichtig« bezeichnet worden sind[5] und darüberhinaus von allen engsten Mitarbeitern Bayers als »lächerlich« eingestuft wurden,

---

3 Bayers Erklärung, die 5 Punkte beinhaltete, wurde vom späteren Präsidenten der C.I., Erzbischof Lorscheider, in der Sitzung vorgelesen.
4 Dies erwähnte Bayer im 4. Punkt. Vgl. die folgende Darstellung.
5 Im Auftrag des damaligen Vorsitzenden der Deutschen Bischofskonferenz begab sich Prälat Daniels Mitte September nach Rom, um mit allen Beteiligten zu sprechen. Hierzu zählten Substitut Benelli und Nuntius Bafile ebenso wie die Mitarbeiter der C.I. Der Bericht entlastete Bayer in den entscheidenden Punkten. Allerdings waren zu diesem Zeitpunkt die für Bayer so nachteiligen Konsequenzen (= seine Demission) schon gefallen.

werden wir sie nicht erörtern. Sie waren offensichtlich von Haß diktiert und werfen ihr grelles Licht auf die Verfasser des Dossiers zurück.

Mit einigen ungewöhnlichen Sätzen kommentierte Bayer selbst diese bestürzenden Ereignisse:

> »Weder dem Hl. Vater noch Exzellenz Benelli kann zugemutet werden, das ganze in 2 Jahre zusammengetragene Dossier Bayer persönlich zu studieren. Sowohl der Papst, wie Exzellenz Benelli mußten Vertrauen haben zu ihren Mitarbeitern, die üblicherweise eine Kurzfassung des Problems vorbereiten. Vor einigen Tagen habe ich zum erstenmal die Punkte gesehen, die den entscheidenden Stellen zu meiner Belastung vorgetragen wurden. Wenn ich der Papst oder Exzellenz Benelli gewesen wäre, hätte ich aufgrund dieser Punkte Carlo Bayer sofort entlassen. Die Punkte aber sind falsch. Der Fehler liegt nicht bei Exzellenz Benelli, sondern bei denen, die ihn und den Papst auf eine Weise informiert haben, die ich post factum nur noch mit Entsetzen zur Kenntnis nehmen konnte. Ich habe nicht die Möglichkeit gehabt, mich zu verteidigen.«[6]

Mit welchen Methoden die Verfasser des »Dossiers« und ihre Auftraggeber gearbeitet haben, wollen wir an einem Beispiel erörtern, das sehr gut belegt ist. Hierbei ist vorwegzunehmen, daß nach dem Abschluß der Biafra-Aktion Carlo Bayer keinesfalls einige ruhige Monate verbringen konnte, um die in den zwei Jahren der Biafra-Hilfe bis zum äußersten angespannten Kräfte zu regenerieren. Schon Ende Januar 1970 fand in Kigali in Rwanda eine Studientagung der frankophonen afrikanischen Länder zu Fragen des caritativen Wirkens statt, deren Schirmherrschaft die C.I. übernommen hatte. Jean Rodhain, Carlo Bayer und Msgr. Bonneric als Leiter der Afrika-Abteilung im Generalsekretariat nahmen daran teil. Wenige Tage später flog Bayer auf Einladung des Kaisers Haile Selassie nach Äthiopien, um die bedeutendste Fürsorgeeinrichtung des Landes, die »Haile Selassie Foundation«, zu besuchen und eine Mitarbeit Äthiopiens in der C.I. zu initiieren. Darüberhinaus war das ganze erste Halbjahr 1970 von schweren Naturkatastrophen überschattet, deren Radius von der Türkei bis Peru reichte. Auch hier war das Generalsekretariat durch Aufrufe und Koordinierungsmaßnahmen an den Hilfsaktivitäten führend beteiligt[7].

In unserem Zusammenhang erhielt Bayers Einsatz für Rumänien eine große Bedeutung. Im Mai 1970 brach über das Land eine verheerende Hochwasserkatastrophe aus, und die C.I. bot ihre Hilfe an. Da die Informationen aus dem Katastrophengebiet jedoch ungenau und widersprüchlich waren, begab sich

---

6 Bayers Erklärung für das Exekutivkomitee vom 22. 10. 1970. Hier Punkt 4.
7 Vgl. die Berichte der Intercaritas in dem Zeitraum Januar–Juli 1970.

Carlo Bayer am 29. Mai nach Bukarest, um dort persönlich mit Vertretern der dortigen Kirche und des Roten Kreuzes Kontakt aufzunehmen. Bayer übergab hierbei auch die Summe von 10 000 $ als Soforthilfe[8]. Es ist eine gut belegte Tatsache, daß Bayers Opponenten seine fünftägige Abwesenheit nutzten, um sein Büro im Generalsekretariat zu durchsuchen. Hierbei wurde auch nicht vor kriminellen Methoden, wie dem Aufbrechen verschlossener Schubladen, gescheut. Diese dreiste Tatsache, die ein Licht vor allem auf Bayers Gegner wirft, wird mehrfach belegt, so auch in dem abwägenden Bericht des Prälaten Daniels[9]. Und spätestens nach dem Einbruch in Bayers Büro Ende Mai/Anfang Juni 1970 glaubten sich die Verursacher am Ziel; sie fanden Hinweise auf Aktionen der Biafra-Hilfe, von denen sie annahmen, daß sie Bayer endgültig schaden würden. Zwei Wochen später wurde Carlo Bayer ins vatikanische Staatssekretariat zum Gespräch mit Exzellenz Benelli gebeten.

Bevor wir die weitere Chronologie der Ereignisse verfolgen, wollen wir einen Blick auf Bayers Opponenten im Generalsekretariat und darüberhinaus werfen.

Klare Fronten

Nach den uns vorliegenden Dokumenten lassen sich die Zentren der Konspiration gegen Bayer – von einer solchen muß leider gesprochen werden – an zwei Stellen orten: im Generalsekretariat selbst in der Person des Präsidenten der C.I., Jean Rodhain, und seinen Vertrauten, und – durch ihre Verbindungen – im vatikanischen Staatssekretariat, namentlich in der Person des Substituten Giovanni Benelli.

Für die Abneigung Rodhains gegen Bayer gab es mehrere Gründe, die teilweise in den Strukturen der C.I. wurzelten, zum größten Teil jedoch in persönlichen Animositäten zu suchen sind. Auf die Strukturen dieser Organisation ist das Problem der Beziehung zwischen dem Präsidenten und dem Generalsekretär zurückzuführen. Die beiden ersten Präsidenten Ferdinando Baldelli und Raúl Silva Henriquez sahen in ihrem Generalsekretär zunächst dessen Kompetenz und dessen Leistungen beim Aufbau der C.I. Gleichzeitig sahen sie sich nicht gezwungen, durch den Präsidentenposten ein internationales Renommee zu gewinnen, und so blieb ihr Präsidentenamt in seinen praktischen Auswirkungen ein Ehrenamt[10]. Wie schon beschrieben, änderte sich diese Situation 1965 mit dem Beginn der Präsidentschaft Jean Rodhains erheblich. Rodhain wollte die tatsächliche Nummer Eins werden, merkte aber sehr schnell, wie stark die Position des Generalsekretärs mit Carlo Bayer ausgefüllt war. So kam er zu der

---

8 Vgl. den Bericht der Intercaritas, Mai–Juni 1970, 6f.
9 Bericht vom 21. 9. 1970.
10 Diese Aussage wäre noch weiter zu differenzieren, zumal in ihrer theoretischen Valenz. In ihrer praktischen Perspektive erreicht sie jedoch den wesentlichen Punkt.

»Einsicht«, daß Bayer zu frei agiere und man seinen Aktionsradius beschränken müsse. Dies galt auch für die Frage nach der Nähe oder Distanz zu den vatikanischen Autoritäten. Bayer war klar, daß eine in der Nähe des Vatikans agierende katholische Organisation sich um eine wohlwollende Kooperation bemühen muß. Mit den Feinheiten des diplomatischen Spiels im Vatikan wollte er jedoch nichts zu tun haben. Diese Grundeinstellung sah Bayer nicht zuletzt durch die Zuneigung der Päpste bestätigt, die sie der Arbeit der C. I. entgegenbrachten. Jean Rodhain hingegen, der in dem einflußreichen Substituten Benelli einen Freund besaß, hätte es lieber gesehen, wenn die C. I. an das Gesamtgefüge des Hl. Stuhles herangerückt wäre.

Nicht zuletzt deshalb bekam er von manchen Seiten die wenig schmeichelnde Zuschreibung, daß seine Aktionen durch »makro-Repräsentation und mikro-Realisation« geprägt seien. Rodhain war gern ein Mann des großen, »theologischen« Wortes, der mit der undiplomatischen, auf Effektivität dringenden Handlungsweise Bayers von der Struktur seiner Persönlichkeit her wenig anfangen konnte. Ein solcher Gegensatz mußte nicht unbedingt zu persönlichen Animositäten und zu dem späteren Bruch führen. Bayer war aufgeschlossen genug, um sich konstruktive Kritik gefallen zu lassen. Was jedoch fatal wirken mußte, waren die konspirativ wirkenden Handlungszüge Rodhains. Da er auch nach seiner Wahl zur Präsidenten der C. I. in Paris blieb, suchte er sich als Platzhalter Personen seines Vertrauens aus, die er in relativ hohe Positionen des Generalsekretariates hineinbrachte. Sie sollten ihn über das Geschehen im römischen Büro auf dem Laufenden halten. Hierbei spielte Msgr. Maurice Bonneric, der Leiter der Afrika-Abteilung, eine besonders verhängnisvolle Rolle. Für die meisten Mitarbeiter des Generalsekretariates war nicht zu übersehen, daß Bonneric eine fatale Abneigung gegen Bayer entwickelte und in einer als manisch zu bezeichnenden Weise bei ihm Fehltritte zu entdecken suchte[11]. Selbst Prälat Daniels konnte sich bei seinen Untersuchungen im September 1970 die Bemerkung nicht verkneifen, daß Msgr. Bonneric bei seinem Anblick zunächst ohne zu grüßen vorbeieilte und sich später heftigen Emotionen Bayer gegenüber ergab. Die übrigen Mitarbeiter standen felsenfest hinter ihrem langjährigen Chef[12]. Daß Maurice Bonneric in dieser Zeit schon den Keim einer tödlichen Krankheit in sich trug, der er später erliegen sollte, kann sein Verhalten nur partiell erklären. In unserem Rahmen zählt, daß sich Rodhain in seiner Sicht auf Bayer von Bonneric beeinflußen ließ; dementsprechend verzerrt fiel auch sein Bild aus. Durch diese Angaben läßt sich die Frage des »Dossier Bayer« und der damit

---

11 Die Person von Maurice Bonneric soll hier stellvertretend für einige Personen stehen, die im Umkreis Rodhains gegen Bayer agierten. Die Angaben zu seiner Person wurden dem Verf. von Mitarbeitern des Generalsekretariats mehrfach bestätigt. Der Tenor lautete hierbei: »psychopathisch und eifersüchtig«.
12 Bericht des Prälaten Daniels vom 21. 9. 1970.

zusammenhängenden Machenschaften erklären. Das Gebräu von Problemen der Biafra-Hilfe und ehrenrührigen, persönlichen Angriffen kam aus dem angesprochenen Kreis um Jean Rodhain.

Als Bayer einen Einblick in das Dossier bekam, sprach er schlicht von seinem »Entsetzen« über die offensichtliche Verlogenheit des Materials. In einem Schreiben fügte er an:

> »Nachdem ich 25 Jahre caritativ tätig gewesen bin, hoffe ich, daß der Herr mir die Kraft geben möge zur Caritas, die das Böse nicht anrechnet. Ich bin bereit zu verzeihen.«[13]

Neben den Spuren, die sich im Umkreis des Präsidenten Rodhain gruppieren, führen Querverbindungen in das vatikanische Staatssekretariat, wo Substitut Benelli auch nichts mit Bayers »freien« Handlungsweise anfangen konnte oder anfangen wollte. Zu Benelli hatten sowohl Rodhain als auch Bonneric Kontakt. Bei Jean Rodhain waren es sogar freundschaftliche Bande, Maurice Bonneric kannte Benelli aus der Zeit, als der spätere Substitut noch Nuntius in Senegal war. Als die Franzosen ihn nun über die »Eigenmächtigkeiten« Bayers informierten und zu diesen Angaben eine Liste von »Verfehlungen aus dem Privatleben« hinzufügten, beschloß er zu handeln. Hierbei kam es zur Verflechtung zweier Motivstränge. Im Vordergrund standen ungeklärte Fragen der Biafra-Hilfe, im Hintergrund spielten jedoch weitergehende, man kann auch sagen undurchsichtigere Überlegungen eine Rolle. Der Komplex der Fragen zu Biafra ist hierbei gut belegt, da Bayer sofort versuchte, die strittigen Punkte zu klären, und in mehreren Erklärungen die gegen ihn gerichteten Vorwürfe zumindest relativieren konnte[14]. Der zweite Motivstrang, Benellis weitergehende Überlegungen zur Stellung der C.I. im Gesamtgefüge der vatikanischen Hierarchie betreffend, zu denen sich auch persönliche Animositäten hinzugesellten, ist – naturgemäß! – nicht schriftlich belegt. Doch würden wir dann vor der unerklärlichen Tatsache stehen, daß Benelli die Absetzung Carlo Bayers mit einem unverhältnismäßig großen Eifer betrieb und, sich über die Statuten der C.I. hinwegsetzend, den bis zum Jahre 1972 in seinem Amt bestätigten Bayer am 6. Juli 1970 zum Rücktritt aufforderte[15]. Benellis Schlüsselrolle wird sich in der nun fortzusetzenden Chronologie der Ereignisse deutlich zeigen.

13 Erklärung Bayers für die 35. Sitzung des Exekutivkomitees am 22. 10. 1970. Hier: Punkt 3.
14 Auf Benellis Vorwürfe vom 19. Juni, die die Probleme der Finanzierung der Feeding Centers u.ä.m. betrafen, reagierte Bayer am 23. 6. 1970 mit einem »Pro Memoria«, in der er die Vorwürfe in einen Gesamtzusammenhang einzuordnen suchte. Vgl. den Abschnitt »Bausteine der Hilfe als Stolpersteine für die Helfer« in unserem Biafra-Kapitel.
15 Benelli war nicht berechtigt, Bayer zum Rücktritt aufzufordern. Dies konnte nur das Exekutivkomitee tun, das Bayer gewählt hat. Die nächste reguläre Sitzung sollte im Oktober stattfinden.

Festzustellen bleibt, daß sich Bayers Opponenten leicht identifizieren lassen und ihnen eine Aufgabenteilung zugeschrieben werden kann. Der französische Sektor innerhalb der C.I., mit Jean Rodhain und Maurice Bonneric an der Spitze, suchte zielstrebig nach Materialien, die Bayer belasten konnten. Hierbei machten Personen aus diesem Umkreis auch vor kriminellen Methoden, wie dem Einbruch in Bayers Büro, keinen Halt[16]. Der einflußreiche Substitut Benelli hingegen betrieb aufgrund der ihm zugetragenen Informationen mit einem objektiv unerklärlich großen Eifer die Absetzung Bayers. In seinem Wunsch, den auf vatikan-unabhängiges Handeln achtenden Bayer aus seinem Amt zu entfernen, spielten offensichtlich nicht nur Fragen der Biafra-Hilfe eine Rolle, sondern noch mehr der Wunsch, größeren Einfluß auf die Arbeit der C.I. zu gewinnen[17].

Keine Chance für Bayer: Juli bis Oktober 1970

Nach dem schon erwähnten Gespräch mit dem Substituten Benelli am 19. Juni 1970 glaubte Carlo Bayer noch, das Verhängnis durch Richtigstellungen und kompetente Antworten abwenden zu können. Die objektiv schwersten Vorwürfe, die ihm vorgetragen wurden, betrafen einige Initiativen der Biafra-Hilfe, »die den Hl. Stuhl gegenüber Nigeria politisch aufs schwerste belasten oder belasten können«[18]. Im Klartext handelte es sich hierbei um die Finanzierung der »feeding centers« sowie um die Übernahme der Druckkosten für die biafranische Währung. Bei diesen Aktionen wurden darüberhinaus die Vorgesetzten, »insbesondere der Präsident«, nicht informiert; sie geschahen eigenmächtig. Auf diese Vorwürfe reagierte Bayer sofort mit einer an Benelli gerichteten »Pro memoria«-Erklärung, die er Benelli vier Tage später, am 23. Juni, übergab. Er versuchte auf wenigen Seiten den Kern der Problematik zu skizzieren und die Motive seiner Handlungsweise darzulegen. Ohne noch einmal die schon im Biafra-Kapitel ausführlich beschriebenen Aktionen darzustellen, können wir in unserem Zusammenhang feststellen: die an Bayer gerichteten Vorwürfe betrafen nur einen Bruchteil des Finanzvolumens, das insgesamt rund 122 Millionen Dollar umfaßte. Die gezielt ausgewählten Vorwürfe betrafen eine Summe von rund einer Million Dollar. Es war die Geldmenge, die Bayer auf ein Konto in der Schweiz überwiesen hat, das nach Versicherungen der biafranischen Regierung ausschließlich zur Finanzierung der biafranischen Auslandsvertretungen diente. Der Gegenwert in biafranischem Geld wurde regelmäßig und korrekt dem Bischof von Owerri, Whelan, zur Verfügung gestellt. Der zweite heikle Punkt,

---

16 Dieser schwerwiegende Vorwurf ist durch Bayers schriftliche Zeugnisse und Aussagen der Mitarbeiter sehr gut belegt.
17 Eine ganze Reihe von Publizisten äußerte sich deutlich in diesem Sinne. Vgl. »Publik« vom 16. 10. und 30. 10. 1970 und die entsprechenden Berichte der KNA.
18 So gab Bayer in seinem »Pro Memoria« vom 18. 9. 1970 die Worte Benellis wieder.

die Finanzierung der Gelddruckaktion, diente – bei objektiver Betrachtung – dazu, die »feeding centers« zu stützen, ohne daß man den Biafranern harte Devisen in die Hand geben mußte[19]. Ein Journalist der Katholischen Nachrichten-Agentur merkte zu den beiden Angriffspunkten an:

> »Gerade dieses ›Papiergeld-Geschäft‹ ist ein Paradebeispiel dafür, wie gewandt Bayer in äußerst heiklen Situationen zu handeln wußte. Wenn man ihm ob der 1 159 200 Dollar, die er auf das Schweizer Biafra-Konto überwiesen hat, den Vorwurf der Kriegsverlängerung machen will, dann ist dem entgegenzuhalten, daß ohne diese Transaktion die Lebensmittelverteilung in Biafra nicht geklappt hätte. Die ›restlichen‹ 115 Millionen Dollar der JCA-Biafra-Hilfe hätten dann nicht so wirksam und im Sinne der Spender für die Bekämpfung des Hungers aufgewendet werden können. Der Sezessionskrieg hätte einige Millionen Hungertote mehr gefordert.«[20]

Ein solcherart kompetentes, nach Objektivität suchendes Argumentieren war in jenen Wochen im Vatikan nicht gefragt. Die mehrfachen Erklärungen Bayers stießen auf keinerlei Verständnis, und am 6. Juli wurde er von Exzellenz Benelli »im Beisein von Präsident Rodhain« aufgefordert, seinen Posten als Generalsekretär aufzugeben und gleichzeitig »Stillschweigen über das Motiv« zu bewahren[21]. Obwohl Bayer sehr genau wußte, daß diese Aufforderung nicht in der Kompetenz Benellis verankert war, fügte er sich diesem Ansinnen. An demselben Tag verfaßte er ein fünfzeiliges Schreiben, das an Msgr. Rodhain gerichtet war und in dem er offiziell seine Demission vom Amt des Generalsekretärs erklärte. Mit diesen fünf Zeilen ging seine zwanzigjährige Arbeit als Generalsekretär der C. I. praktisch zu Ende. Theoretisch war er jedoch noch bis zur nächsten Sitzung des Exekutivkomitees im Amt. Bayer selbst wies auf diesen Widerspruch hin:

> »Da ich vom Exekutiv-Komitee ernannt und von der Generalversammlung bis Mai 1972 als Generalsekretär bestätigt bin, kann meine Demission nur bei der nächsten Sitzung des Exekutiv-Komitees am 19./20. Oktober 1970 wirksam und öffentlich werden. Da jedoch eine Weiterführung meines Mandats ohne das Vertrauen des Staatssekretariats und des Präsidenten nicht möglich ist, befinde ich mich seit Montag, 6. Juli, gegenüber der Caritas als beurlaubt.«[22]

Viele Freunde Bayers und auch manche Presseberichte fragten einige Zeit später,

19 Diese Problematik wurde im Biafra-Kapitel ausführlich erörtert.
20 Aus einem internen Bericht der KNA (1970).
21 So im »Pro Memoria« vom 18. 9. 1970.
22 Ebd.

ob Bayer mit seiner so raschen Demission nicht zumindest einen taktischen Fehler begangen hat, ob er sich nicht zu schnell dem Druck Benellis und Rodhains beugte. Wie immer man diese Frage beantworten mag – die naheliegendste Antwort dürfte sich in den zitierten Zeilen Bayern befinden: das Weiterführen eines so exponierten Amtes in der unmittelbaren Nähe des Vatikans ist ohne die Zustimmung des vatikanischen Staatssekretariats nur schwer vorstellbar. Benelli sah Bayer als untragbar an und spielte mit dem wiederholten Hinweis auf die möglichen oder tatsächlichen Belastungen des Hl. Stuhl durch die Verärgerung des siegreichen Nigeria sehr deutlich auf die Loyalität Bayers päpstlichen Interessen gegenüber an. Hinzu kam noch die Bestürzung Bayers über die gegen ihn gerichtete Konspiration, die von langer Hand geplant war und ihre Drahtzieher in der obersten Etage der C. I. fand. Diese Gesamtsituation veranlaßte ihn zu dem ungeschützten Schritt der Demission.

An dieser Stelle ist es nicht unwichtig festzuhalten, daß die Frage einer angeblichen »Waffenlieferung an Biafra« von Seiten der Caritas oder der gesamten JCA – soweit sich dies aus den uns zugänglichen Dokumenten ersehen läßt – in diesem für Bayer so folgenschweren Sommer 1970 keinerlei Erwähnung fand. Auch die vielfältigen Presseberichte, die spätestens im Zusammenhang der Oktober-Sitzung des Exekutivkomitees über die »Affäre Bayer« ausführlich berichteten, gingen mit keinem Wort auf das Stichwort »Waffen« ein. Erst acht Jahre später, im Dezember 1978, brachte das Magazin »Der Spiegel« entsprechende Gerüchte auf, wobei der entsprechende Artikel »nach Art des Hauses« sehr vieles zu suggerieren versuchte, es jedoch letztlich nicht wagte, eine Tatsachenbehauptung aufzustellen[23]. Jedem kompetenten Leser ist darüberhinaus aufgefallen, daß der Autor des Magazins einen Satz, den Carlo Bayer vor dem Exekutivkomitee im Oktober 1970 verlesen ließ, völlig mißbräuchlich benutzte. Bayers Satz:

> »Ich zweifle nicht daran, daß ich Fehler gemacht habe. Ich stand vor der Alternative so zu helfen oder nicht zu helfen.«

bezog sich in keiner Weise auf die suggerierte Frage der »Waffenlieferung«, sondern auf die oben angesprochene Finanzierung der »feeding centers« und der Gelddruckaktion. Daß sich das Magazin weigerte, einen Leserbrief von Luitpold A. Dorn, dem Leiter des gemeinsamen Büros der Katholischen Nachrichten-Agentur Mitteleuropas in Rom, abzudrucken, in dem Dorn faktenreich die Unterstellungen zurückwies, spricht ebenfalls nicht für die Glaubwürdigkeit des Artikels.

Der Leserbrief Dorns, der im Pressedienst des Sekretariats der Deutschen Bischofskonferenz abgedruckt wurde, lautete:

---

23 Vgl. »Der Spiegel« Nr. 51 (1978).

»Von 1962 bis zu seinem Tod am 16.1. 1977 habe ich mit Prälat Carlo Bayer im selben Haus gelebt. Weil die Caritas Internationalis damals noch keinen eigenen Telex hatte, wurde auch der gesamte Fernschreibverkehr der ›Inter-Church-Aid‹ für Biafra über das von mir geleitete gemeinsame Büro der Katholischen Nachrichten-Agenturen Mitteleuropas (cic – centrum informationis catholicum) abgewickelt.

Carlo Bayer – das ist richtig und war seine einzige ›Eigenmächtigkeit‹ – hat die Druckkosten für das von der ›Bank of Biafra‹ in Lissabon bestellte Papiergeld übernommen. Gerade um zu vermeiden, daß die biafranische Regierung von der Caritas harte Valuta bekomme, die sie dann womöglich für Waffenkäufe hätte verwenden können. Für den Gegenwert der in Lissabon beglichenen Rechnungen erhielten die an Ort und Stelle mit den Hilfsmaßnahmen beauftragten Missionare für die kirchlichen ›feedingcenters‹ von der Regierung Biafra-Pfunde, die dann hauptsächlich zum Ankauf der Yamwurzel als dem fast einzigen im Land selbst noch vorhandenen Grundnahrungsmittel verwendet wurden.

Einige Monate nach dem Fall Biafras ließ der damalige nigerianische Staatspräsident Gowon durch seinen Botschafter in Italien ausrichten, Carlo Bayer sei in Lagos immer willkommen. Der Sieger im Konflikt mit Ibo-General Ojukwu und seiner Republik Biafra hätte diese Geste sicher nicht gemacht, wenn er nicht mit Sicherheit gewußt hätte, daß Caritas Internationalis seinen abtrünnigen Landsleuten nur Nahrungs- und Medikamentenhilfe zum Überleben verschafft hatte.«[24]

Die Fragen und Unterstellungen zum Stichwort »Waffenlieferungen« wurden hier erwähnt, weil auch sie in die Vita Carlo Bayers hineingehören, auch wenn sie offensichtlich nichts mit den tatsächlichen Gegebenheiten zu tun hatten, sondern der journalistischen Phantasie entsprangen. Festzuhalten bleibt, daß diese Frage bei der Demission Bayers keine Rolle spielte[25].

Eine indirekte und doch äußerst wichtige Bestätigung dieser Aussage finden wir in der Haltung der deutschen Bischöfe Bayer gegenüber, wie sie insbesondere in der Person ihres Vorsitzenden, Julius Kardinal Döpfner, sichtbar wurde. Bayer fuhr am 15. Juli nach München, um Döpfner persönlich über seine Schwierigkeiten zu informieren[26]. Bereits zwei Tage später sandte der Kardinal einen Brief an Erzbischof Benelli, in dem er sein festes Vertrauen zu Carlo Bayer

---

24 Abgedruckt im Pressedienst des Sekretariates der Deutschen Bischofskonferenz vom 17. 1. 1979.
25 Hier ist der Hinweis angebracht, daß diese Aussage die Dokumente betrifft, die uns zur Verfügung standen.
26 Kardinal Döpfner war zu diesem Zeitpunkt bereits durch den päpstlichen Nuntius, Erzbischof Konrad Bafile, informiert worden.

aussprach. Es ist bemerkenswert, daß er sich daraufhin in keine Diskussionen mehr einließ, die die gegen Bayer gerichteten Vorwürfe betrafen. Nach dem Gespräch mit Bayer ging er davon aus, daß sich seine Position als Generalsekretär nicht mehr retten läßt, und so ging er in die Offensive, um Bayer seine künftigen Wege zu bahnen. Wie es sich herausstellen sollte, war dies ein äußerst kluger und weitsichtiger Schachzug! In seinem Brief an Benelli konzentrierte sich Kardinal Döpfner auf die Tätigkeit Bayers für das Osthilfe-Programm der Deutschen Bischofskonferenz:

»Bei dieser Tätigkeit hat Herr Prälat Bayer sich durch Eifer, Umsicht und Korrektheit in der Verwaltung der ihm anvertrauten Gelder ausgezeichnet. Herr Prälat Bayer verfügt über eine umfassende Kenntnis der Umstände und Personen. Angesichts der Diffizilität der Aufgabe kann man auf seine Erfahrung kaum verzichten.«

Diese höflichen Zeilen waren die Ouvertüre zu einer Lösung, für die sich Döpfner entschied, und die für die hochgestellten Opponenten Bayers wie eine Ohrfeige wirken mußte. Emotionslos ließ Döpfner Erzbischof Benelli wissen:

»Die derzeitige personelle Umstellung der Caritas Internationalis läßt es darum als tunlich erscheinen, die Tätigkeit des Herrn Prälaten Bayer, die er im Auftrag des Verbandes der Diözesen Deutschlands ausübt, aus der Caritas Internationalis vorerst ganz herauszulösen. Da es ... wegen des Fortganges der Arbeit im Jahre 1970 einer Zwischenlösung bedarf, habe ich in meiner Eigenschaft als Vorsitzender des Verbandes der Diözesen Deutschlands Herrn Prälaten Bayer beauftragt, in einer uns nahestehenden Einrichtung – ich denke zunächst an den Campo Santo Teutonico – die ihm für 1970 aufgetragenen Maßnahmen des Verbandes der Diözesen Deutschlands abzuwickeln.«

In einem ähnlich »geschäftsmäßigen« und doch eindeutigen Stil wies Kardinal Döpfner den Substituten darauf hin, daß ab sofort alle Konten und alle Akten der C.I. und der Osthilfe zu trennen sind:

»Ich wäre Ew. Exzellenz dankbar, wenn Sie bei Herrn Prälaten Rodhain erwirkten, daß diese Entflechtung möglichst bald stattfindet, damit vor allem die kirchlichen Einrichtungen im Ostkirchenbereich in der Zuwendung der diesen gegenüber bereits ausgesprochenen Bewilligungen keine Verzögerung erleiden. Sollte es bei dieser Entflechtung wider Erwarten zu Schwierigkeiten kommen, bitte ich, mich sofort zu verständigen.«[27]

---

27 Alle drei Zitate aus dem Brief Kardinal Döpfners an Erzbischof Benelli vom 17. 7. 1970.

Deutlicher konnte sich Kardinal Döpfner nicht hinter seinen Freund Bayer stellen. Der Posten des Generalsekretärs war zwar nicht mehr zu retten, doch gab es noch Alternativen. Als ob nichts geschehen wäre, sollte Carlo Bayer das Osthilfe-Programm der deutschen Bischöfe fortführen, ja eine Ausweitung schien sich anzudeuten. Die Zeilen Döpfners beinhalteten Angaben, die auf die von Haß erfüllten Gegner Bayers wie ein Affront wirken mußten. Denn der Abzug der deutschen Gelder für die Osthilfe bedeutete für die C.I. sowohl eine strukturelle Schwächung als auch einen Vertrauensverlust. Das Vertrauen in die C.I. wurde von vielen Mitgliedsverbänden mit dem Vertrauen zu Bayer gekoppelt. Jetzt schien sich eine generelle Wende anzubahnen – doch zu den Verlierern gehörte auch die C.I. Für Bayers Opponenten bedeuteten Döpfners Sätze eine völlige Verkehrung ihrer Intention! Für die vatikanischen Verhältnisse war sogar der Hinweis auf die Fortführung der Osthilfe durch Bayer in Rom eine Zumutung; wir werden noch sehen, wie eindringlich Benelli darauf bestand, daß Carlo Bayer Rom verläßt.

Nach dem Besuch bei Kardinal Döpfner, dem sich ein Besuch in Köln beim Bischofsvikar Teusch anschloß, kehrte Bayer gestärkt nach Rom zurück. Freilich wäre es naiv anzunehmen, daß für ihn die Angelegenheit erledigt war – im Innern war Bayer zutiefst verletzt, und später hatte er von den »furchtbaren Monaten« gesprochen. Hinzu kam, daß sich Benelli und Rodhain mit dem bisher Erreichten nicht zufrieden gaben, sondern weiter gegen Bayer opponierten. In seinem »Pro Memoria« skizzierte Bayer die Situation nach dem Gespräch mit Kardinal Döpfner:

> »Aufgrund des Briefes von Kardinal Döpfner an Exzellenz Benelli, habe ich mich seither lediglich mit dem Ostländerhilfe-Programm beschäftigt und die notwendigen Unterlagen von der Caritas in den Campo Santo Teutonico überstellt. Mit Beginn meiner Beurlaubung wurden sämtliche Biafra-Akten durch den Schatzmeister Abbe Riendeau und den persönlichen Beauftragten von Msgr. Rodhain, Msgr. Bonneric, unter Verschluß genommen und jede an mich gerichtete Post wurde von Msgr. Bonneric geöffnet und zensiert.«[28]

Währenddessen konzentrierte sich die Aufmerksamkeit aller Beteiligten und zunehmend auch der Presse auf die Sitzung des Exekutivkomitees, die vom 19. bis 22. Oktober 1970 in Rom stattfinden sollte. Obwohl die Demission Bayers praktisch nicht mehr korrigierbar war, war das Exekutivkomitee der einzige kompetente Ort, um die Problematik offiziell zu klären. Freilich stand diese Sitzung, an der Bayer nicht teilnahm[29], unter der Ägide Rodhains, der den »6. Punkt der Tagesordnung«, das »Problem des Generalsekretariates«, nicht öffentlich behandelt wissen

---

28 Pro Memoria vom 18. 9. 1970.
29 Es ist nicht geklärt, welche Gründe hier entscheidend waren. In einigen Berichten hieß es, daß Bayer zu diesem Zeitpunkt »Kreislaufbeschwerden« hatte. Angesichts der Bela-

wollte und drei geschlossene Sitzungen anberaumte. So ist den offiziellen Protokollen des Exekutivkomitees zu diesem Thema nichts zu entnehmen. Die Ereignisse sind jedoch aus mehreren anderen Dokumenten gut zu erschließen.

Einen Tag vor Beginn der 35. Sitzung des EK, am 18. Oktober, verfaßte Bayer ein kurzes Schreiben an die Mitglieder, in dem er die Ereignisse skizzierte und die Gründe für seine Demission angab. Er wies darauf hin, daß sein Verzicht auf das Amt des Generalsekretärs in einer »Konfliktsituation« während der Unterredung mit Benelli und Rodhain geschah – eine nicht zufällige Bemerkung, die wahrscheinlich auch die Frage seiner Freunde beantworten sollte, ob er sein Amt nicht zu schnell zur Verfügung gestellt hatte[30]. In seinem Schreiben richtete Bayer seinen Blick schon in die Zukunft:

> »Da ich mir subjektiv keiner Schuld bewußt bin, erbitte ich vom Exekutiv-Komitee anläßlich meines Ausscheidens aus der Caritas Internationalis nach 20jähriger Tätigkeit eine Gesamtbewertung meiner Arbeit und eine Stellungnahme, die mir und meinen Mitarbeitern gegenüber jeden Verdacht eines unehrenhaften Handelns ausschließt und mir damit die Möglichkeit gibt, bei der Deutschen Bischofskonferenz eine entsprechende Aufgabe zu übernehmen.«[31]

Zwei Tage später besuchten zwei Vizepräsidenten der C.I., der amerikanische Bischof Swanstrom und Bischof Shu aus Hongkong, Bayer, um ihm einen Brief des Exekutivkomitees zu überbringen, der die Unterschrift Rodhains trug. Neben einigen Höflichkeitssätzen, die eher peinlich klangen, beinhaltete der Brief drei Kernpunkte:

> »Erstens: Das Exekutivkomitee beschloß mit Bedauern, Ihren Rücktritt anzunehmen.
> Zweitens: Das Vertrauen, welches das Exekutivkomitee Ihnen in Ihrer Arbeit entgegenbrachte, impliziert eine Verantwortung, der sich das Komitee bewußt ist.
> Drittens: Das Komitee unterstreicht noch einmal sein Vertrauen in Ihre persönliche Integrität, welche es niemals in Frage gestellt hat.«[32]

---

stungen Bayers in dieser Zeit könnten die Berichte zutreffen. Natürlich können sie auch »diplomatisch« verstanden werden.
30 »Da ich, trotz einstimmiger Ernennung durch das Komitee, mein Amt nur ausüben kann, wenn ich das Vertrauen des Präsidenten und des Staatssekretariates besitze, habe ich in dieser Konfliktsituation während der Unterredung mit Exzellenz Benelli und Msgr. Rodhain am 6. Juli den Verzicht ... ausgesprochen.«
31 Erklärung Bayers vom 18. 10. 1970.
32 Der Text ist aus der französischen Originalfassung übersetzt. Die Eröffnungssätze gaben der »Wertschätzung« Ausdruck für Bayers »wahrhaft priesterliche Haltung den Direktiven des Hl. Stuhls gegenüber«. Ein Satz, der schwerlich an Peinlichkeit zu überbieten ist.

Der Brief schloß mit einer pauschalen Anerkennung der von Bayer in zwanzig Jahren geleisteten Arbeit und mit einem einhelligen Wunsch des Komitees, daß Bayer rasch eine Aufgabe finden möge, die seinen Fähigkeiten angemessen ist.

Die Bewertung eines solchen Schreibens wird das Stichwort »diplomatisch« verwenden müssen. Das Vertrauen in die Integrität Bayers wurde ohne Einschränkung ausgesprochen, gleichzeitig wurde jedoch mit keinem Wort auf die Schwierigkeiten eingegangen, die diesen Brief überhaupt erst nötig gemacht haben. Versuchte man die »Affäre Bayer« in einer höflichen Form abzuschließen, um dann übergangslos ein neues Kapitel in der Geschichte der C.I. aufzuschlagen? Gab man einer vatikanischen Spielregel den Vorzug, die da seit alters lautet: »Roma locuta, causa finita«? Doch was in offiziellen Dokumenten als »abgeschlossen« zu gelten hatte, gärte an der Oberfläche weiter, ja Bayers Gegner formierten sich zu einem letzten Anschlag.

Noch nicht genug? Vertreibung aus Rom

Am 22. Oktober 1970 tat Bayer einen letzten offiziellen Schritt dem Exekutivkomitee gegenüber. Er verfaßte eine Erklärung mit fünf Punkten, die auch ein Dankeswort zu der zwei Tage zuvor ausgesprochenen Ehrenerklärung beinhaltete. Der erste Punkt lautete:

> »Ich bin dankbar für die Freundschaft, die mir so viele in den letzten Tagen entgegengebracht haben, und von der ich weiß, daß sie echt ist. Ich hoffe, daß auch der schöne Brief und alle Worte, die jetzt gesprochen wurden, echt sind. Ich danke allen, die in den 5 furchtbaren Monaten, die hinter mir liegen, mir ihr Vertrauen nicht entzogen haben.«

Die Punkte zwei und drei beinhalteten die Quintessenz der Perspektive, die Bayer zu jenem Zeitpunkt den bestürzenden Ereignissen gegenüber einnahm: ein offenes Einstehen für Fehler innerhalb der Biafra-Hilfe[33], verbunden mit dem Wissen, daß diese nur »dankbar« aufgegriffen wurden, um andere Ziele zu erreichen:

> »Ich zweifle nicht, daß ich Fehler gemacht habe. Ich stand vor der Alternative so zu helfen oder nicht zu helfen. Ich habe so geholfen und war sofort bereit, die Konsequenzen zu ziehen, als wegen der veränderten politischen Lage meine Präsenz bei der Caritas Internationalis eine Belastung für die Kirche zu werden drohte.
> Ich bitte um Verständnis für meine Fehler.
> Ich habe aber leider spüren müssen, daß in meinem Falle nicht nur

---

33 Hier ist aber der schon zitierte Satz zu beachten: »da ich mir subjektiv keiner Schuld bewußt bin ...« (vgl. die Anmerkung 31).

sachliche Argumente die Entscheidung herbeigeführt haben. Darunter habe ich sehr gelitten. Nachdem ich 25 Jahre karitativ tätig gewesen bin, hoffe ich, daß der Herr mir die Kraft geben möge zur Caritas, die das Böse nicht anrechnet. Ich bin bereit zu verzeihen.«

Nicht bereit zu verzeihen und zur Versöhnung waren hingegen Bayers Gegner, allen voran Substitut und Erzbischof Benelli, der die nächsten Monate zielgerichtet benutzte, um Bayer aus Rom zu vertreiben. Dreist versuchte er, seinen Standpunkt zu verbreiten, daß Bayers Anwesenheit in Rom, in der Nähe des Vatikans, unerwünscht und schädlich sei! Einen ersten schriftlichen Hinweis darauf finden wir in dem Brief, den der Leiter der Ostpriesterhilfe, Werenfried van Straaten, im September 1970 Kardinal Döpfner schrieb. Der Prämonstratenserpater, der in scharfen Worten die »Verschwörung« gegen Carlo Bayer anprangerte[34], kündigte die Zusammenarbeit mit der C.I. faktisch auf, da diese Organisation nach Bayers Ausscheiden für ihn uninteressant geworden ist:

»Andererseits hoffe ich, daß die angenehme und fruchtbare Zusammenarbeit zwischen den deutschen Bischöfen und der Ostpriesterhilfe auch künftig mittels der Person des Msgr. Bayer fortgesetzt und ein Weg gefunden werden kann, ihn zu diesem Zweck in Rom weiterzubehalten. Das scheint mir auch deswegen notwendig, weil alle interessierten Bischöfe und Ordensoberen der Ostländer erfahrungsgemäß über Rom reisen, was u. a. auch einer der Gründe war, warum ich das internationale Sekretariat der Ostpriesterhilfe von Belgien nach Rom verlegt habe. Es gibt übrigens kein gültiges Motiv für das Bestreben, den treuen Römer Msgr. Bayer aus Rom zu verbannen.«

Welches nun das »gültige Motiv« für die angestrebte Verbannung Bayers – leider müssen wir dieses mittelalterliche Vokabular benutzen, um den Fakten gerecht zu werden! – war, darüber gibt es keine schriftlichen Dokumente, allein die Tatsache ist unabweisbar, und sie stellt die letzten Bausteine in dem Anschlag auf Bayers Würde dar. Als Bayer die Erklärung für die 35. Sitzung des Exekutivkomitees verfaßte, hoffte er noch auf einen guten Ausgang. In dieser Zeit wurde ihm sogar eine Professur an der Lateranuniversität angeboten, die Fragen der Mission und der Entwicklungshilfe behandeln sollte[35]. So erklärte er den Mitgliedern des Exekutivkomitees:

---

34 Am 24. 9. 1970 schrieb von Straaten: »Es bedrückt mich als romtreuen Priester sehr, feststellen zu müssen, daß Msgr. Bayer, nachdem er der Kirche 25 Jahre lang unter Einsatz aller seiner Kräfte treu gedient hat, jetzt unter dem Vorwand politischer Gründe einer Verschwörung von skrupellosen Menschen zum Opfer fällt.«
35 Dieses Angebot ist mehrfach belegt. Allerdings ging in kirchlichen Kreisen Roms das »Gerücht« um, daß Benelli Bayer am liebsten den Bereich der »Statistik« oder ähnlich Wichtiges anbieten würde.

> »Ich habe darauf bestanden, eine klare und vollständige Entlastung zu erhalten, weil ich im karitativen Bereich und hier in Rom weiterleben und weiterarbeiten will. Da Exz. Benelli mir eine Professur in Rom angeboten hat, nehme ich an, daß es beim Hl. Stuhl keine Bedenken gegen mein Verbleiben in Rom gibt. Ich bin einmal aus meiner Heimat vertrieben worden, ich möchte nicht ein zweites Mal aus meiner zweiten Heimat vertrieben werden. Dabei berufe ich mich auf die Erklärung der Menschenrechte (!). Ich werde hier weiterarbeiten für die Hilfsaktion der Deutschen Bischofskonferenz und der Ostpriesterhilfe im Interesse der Kirche in den Ostländern.«[36]

Diese Absicht Bayers schien bis Ende des Jahres 1970 Chancen zu haben, verwirklicht zu werden. Denn Kardinal Döpfner stellte sich weiterhin bedingungslos hinter ihn und versuchte mit ungewöhnlich deutlichen Tönen, die immer dreister werdenden Forderungen Benellis nach der Entfernung Bayers aus Rom zurückzuweisen. Auf einen Brief Benellis vom 3. Oktober 1970 antwortete Döpfner genau einen Monat später:

> »Es scheint mir kein Anlaß zu bestehen, Herrn Prälat Bayer völlig (!) aus dem Bereich der kirchlichen Hilfstätigkeit zurückzuziehen. Die Gründe, die unter dem Gesichtspunkt der besonderen internationalen Verpflichtungen des Hl. Stuhles dazu führten, daß Prälat Bayer sein Amt als Generalsekretär der Caritas Internationalis zur Verfügung stellte, sind zu respektieren. Der Briefwechsel zwischen dem Exekutivausschuß und Prälat Bayer zeigt aber deutlich, daß weder an der allgemeinen Anerkennung seiner Verdienste noch an seiner unbedingten Treue zur Kirche und zum Heiligen Stuhl zu zweifeln ist. Die Versetzung von Prälat Bayer in eine Tätigkeit, die nicht auf der Linie seines bisherigen erfolgreichen und verdienstvollen Wirkens liegt, kann daher nicht in Betracht gezogen werden.«

Im Anschluß an diese grundsätzlichen Überlegungen schilderte Döpfner den Entschluß der deutschen Bischöfe, ein »Katholisches Hilfswerk« in Rom zu gründen, das sich der Hilfstätigkeit zugunsten der osteuropäischen Kirche widmen sollte. Diesem Hilfswerk, das vatikanunabhängig nur von den deutschen Bischöfen getragen werden sollte, sollte Carlo Bayer vorstehen. Am Standort Rom sollte darüberhinaus unbedingt festgehalten werden, da diese Stadt die günstigsten Voraussetzungen bot, um Kontakte mit Vertretern der osteuropäischen Kirche zu pflegen und auszubauen. Zu den Bestrebungen, Carlo Bayer aus Rom zu verbannen, merkte der Kardinal an:

---

36 Erklärung Bayers vom 22. 10. 1970.

»Es liegt kein Anlaß vor, Prälat Bayer, der in seinem Leben schon einmal das Schicksal der Vertreibung aus seiner Heimat auf sich nehmen mußte, nun auch noch aus Rom als seiner zweiten Heimat zu vertreiben. In diese Richtung weist auch die Tatsache, daß offensichtlich zu Beginn der Überlegungen über die weitere Tätigkeit von Prälat Bayer seitens des Heiligen Stuhls die Übertragung einer Professur an der Lateranuniversität in Erwägung gezogen wurde.«

Seinen Brief schloß Kardinal Döpfner mit einer Bemerkung, die vollends bestätigte, wie er die Vorgänge beurteilte und was er von weiteren Schritten gegen Bayer hielt. Denn beinahe schon als eine Warnung fügte er hinzu:

»Die vorstehend dargelegte Lösung und ihre Begründung sind in allen bisherigen Vorberatungen der Deutschen Bischofskonferenz bzw. des Verbandes der Diözesen Deutschlands einmütig gebilligt worden.
Im Interesse einer geordneten und zweckentsprechenden Weiterführung der nicht unbeträchtlichen Hilfsmaßnahmen für die Kirche in den osteuropäischen Ländern bitte ich Ew. Exzellenz, auf Einwendungen des Heiligen Stuhles gegen diese Lösung zu verzichten.«[37]

Trotz dieser für den diplomatischen Umgangston zwischen einem Kardinal und einem Spitzenvertreter der vatikanischen Hierarchie ungewöhnlich offenen Worte und trotz der darin enthaltenen persönlichen Bitte (!) entspannte sich die Situation von Seiten Benellis nicht. Der mächtige Substitut wollte sich mit der Gegenwart Bayers in Rom nicht abfinden. Über die Gründe für diese ungewöhnliche Hartnäckigkeit läßt sich nur mutmaßen. Abgesehen von persönlichen Antipathien, hat hier der Gedanke eine entscheidende Rolle gespielt, daß mit der Anwesenheit Bayers in Rom ein zweites – finanzstarkes! – Zentrum der caritativen Arbeit errichtet wäre, das für die »neue« C.I. eine Konkurrenz darstellen würde. Da an Bayers Kompetenz und seinem Einfluß in der Welt der Caritas niemand zweifelte, hätte sich sein Verbleib in Rom fatal auf die gewünschte Entwicklung der C.I. auswirken können. Der Brief des Leiters der Ostpriesterhilfe, Pater van Straaten, zeigte, daß diese Überlegung nicht nur eine theoretische Möglichkeit betraf; tatsächlich konnten Hilfsgelder, die sonst über die C.I. geflossen wären, jetzt Bayer anvertraut werden. Diese Konkurrenz wollte Benelli vermeiden, und so scheute er auch nicht vor einem Affront dem Vorsitzenden der Deutschen Bischofskonferenz gegenüber, um sein Ziel zu erreichen. Rücksichtslos drängte er auch im Laufe des Jahres 1971 auf eine Verbannung Bayers aus Rom, und so entschlossen sich die deutschen Bischöfe, ihr Hilfswerk nach Wien zu verlegen. Dort sollte Bayer als Leiter des später so genannten »Europäischen Hilfsfonds« wirken. Schweren Herzens und im

---

37 Brief Döpfners an Benelli vom 3. 11. 1970.

Grunde als gebrochener Mann verließ Bayer Ende 1971 Rom in Richtung Wien. Das Opfer einer menschenfeindlichen Diplomatie.

Ohne dieses Trauerspiel noch weiter darzustellen, sei hier auf einen letzten Schriftwechsel verwiesen, der die Beziehung Bayers zu Benelli betraf. Im Juli 1971 wies Kardinal Döpfner Erzbischof Benelli auf den Wunsch Bayers hin, vor der Übersiedlung nach Wien ein klärendes Gespräch mit dem Substituten führen zu können. Einen Monat später antwortete Benelli mit einer »diplomatischen« Bemerkung:

»Wenn sich Mons. Bayer um eine Unterredung an mich wenden sollte, so werde ich ihm diesen Wunsch schon im Hinblick auf Ihre Empfehlung erfüllen.«[38]

Nach Aussagen von Freunden Bayers kam es auch zu einem Gespräch. Über seinen Verlauf jedoch besitzen wir keine Notizen.

»Die sprichwörtliche Undankbarkeit des Vatikans«. Reflexionen

Woran ist Carlo Bayer nach zwanzigjähriger, unbestritten kompetenter und verzehrender Tätigkeit als Generalsekretär der Caritas Internationalis letztlich gescheitert? War es die Konsequenz der engagierten Biafra-Hilfe Bayers? Und wenn ja, welcher Punkt war hier für den Sturz entscheidend? Äußerlich waren einige wenige Aktionen festzumachen, deren Durchführung tatsächlich Anlaß zu Fragen geben konnte, auch wenn die Erklärungen Bayers die meisten der um Objektivität bemühten, kompetenten Personen überzeugten. Oder war es doch das von Rodhain so gern betonte »Eigenmächtige« in Bayers Handeln, das entscheidend war? Wäre Bayer nicht verpflichtet gewesen, vor der Durchführung der riskanteren Aktionen zuerst den Präsidenten und das Exekutivkomitee, in einigen Fällen sogar das vatikanische Staatssekretariat genau zu informieren? Diese Frage ist theoretisch zu bejahen, doch war es in der Praxis wirklich vorstellbar, diese Gremien einzuschalten, ohne die Gefahr einzugehen, daß bürokratische Wege die Aktionen zum Scheitern bringen würden? Ein Mitglied des Exekutivkomitees meinte im Gespräch mit einem Journalisten, daß jeder, der bei Bayer angerufen hat, die gewünschte Auskunft erhielt: »Wir haben nur zuwenig bei Bayer angerufen«[39]. Auch das Exekutivkomitee sprach konsequent Bayer die Entlastung aus und erklärte sich in seiner großen Mehrheit mit ihm solidarisch. Oder waren es diplomatische Rücksichten, die den Vatikan »zwangen«, auf Bayers Demission zu pochen? Zweifelsohne reagierte Nigeria auf die meisten Aktionen der JCA aggressiv und ablehnend, und es hatte dabei nicht

---

38 Brief Benellis an Döpfner vom 6. 8. 1971.
39 »Publik« vom 30. 10. 1970.

zuletzt die kontinuierliche Hilfe der katholischen Caritas im Blick. Es kann sogar sein, daß nigerianische Autoritäten Bayer im Staatssekretariat persönlich angriffen. Doch mußte sich das Staatssekretariat automatisch fügen? War es wirklich sicher, daß sich Bayer mit einigen seiner Handlungen ins Unrecht setzte, das nigerianische Regime jedoch rechtens handelte? Bis zum heutigen Tag werden Minderheiten, nicht zuletzt auch Christen, in Nigeria von der moslemischen Mehrheit unterdrückt und verfolgt[40]!

Nein, zu viele Fragen stehen insgesamt hinter dem Stichwort »Biafra«, zu viele Vermutungen und durchschaubare Unterstellungen – sie allein können den schonungslosen Angriff auf Carlo Bayer nicht erklären. Deshalb wurde in unserer Darstellung der anderen Seite der Affäre viel Raum eingeräumt: den persönlichen Animositäten der französischen Clique bei der Caritas Internationalis, die gute Verbindungen zum mächtigsten Mann im vatikanischen Staatssekretariat, Erzbischof Benelli, unterhielt. Männer wie Rodhain und Bonneric bereiteten von langer Hand den Anschlag gegen Bayer vor, und Substitut Benelli nahm die Gelegenheit dankbar wahr, den selbständig handelnden Bayer aus seiner Position zu entfernen. Bei dieser Aktion wurde zu maßlosen und brutalen Mitteln gegriffen: Eingriffe in Bayers Freiheitsrechte, Durchsuchungen und Zensur seiner privaten Unterlagen. Verleumdungen und Verunglimpfungen! Den Schlußstein setzte hierbei Erzbischof Benelli, indem er alle ihm zur Verfügung stehenden Mittel einsetzte, um Bayer aus Rom zu vertreiben. Dieser zweite Verlust der Heimat in seinem Leben war für Carlo Bayer eine persönliche Beleidigung und ein schwerer, die Gesundheit betreffender Schlag zugleich. Nur das unbegrenzte Vertrauen, das ihm sein Freund und Vorsitzender der Deutschen Bischofskonferenz, Kardinal Döpfner entgegenbrachte, bewahrte Bayer vor dem Sturz ins Bodenlose. Dieser Punkt läßt sich nicht oft genug betonen.

Wenn wir nach einem Stichwort suchen, mit dem sich diese tragische Periode in Bayers Leben beschreiben läßt, so können wir das Wort eines römischen Prälaten zitieren: Bayer fiel der »sprichwörtlichen vatikanischen Undankbarkeit« zum Opfer. Ein Mann, der seine besten Jahre, seine Energien und seine Gesundheit im Dienste der kirchlichen Caritas verzehrte, wird vor den Augen der vatikanischen Hierarchie der Machtgier und dem Dünkel geopfert.

---

40 Im ersten Halbjahr 1990 mehren sich wieder Berichte über Verfolgungen der Christen in Nigeria. Auch der alte Konflikt zwischen der Mehrheit im Norden und der Minderheit im Süden spielt wieder eine Rolle.

2. Der Aufbau des Europäischen Hilfsfonds

»Mit Döpfners Hilfe«: Die Übergangsjahre 1970 und 1971

Die Tätigkeit Bayers für den später so genannten »Europäischen Hilfsfonds« (EH) stellte eine Fortsetzung der Hilfe dar, die er seit Anfang der sechziger Jahre für die Kirche in Ost- und Südosteuropa durchführte. Die schon erarbeiteten Strukturen konnte er aufgreifen und im Auftrag der Deutschen und der Österreichischen Bischofskonferenzen grundlegend ausbauen. Daß es hierbei zu einer zweiten – wenn auch ungewollten – Karriere kam, ist unbestritten. Innerhalb weniger Jahre erarbeitete Bayer in Wien dauerhaft tragende Strukturen für die hochsensiblen Aktivitäten zugunsten der armen und verfolgten Kirche im kommunistischen Machtbereich.

Bis zum endgültigen Umzug nach Wien im Januar 1972 führte Bayer eineinhalb Jahre diese Aktivitäten in einem Zimmer des Collegio Teutonico durch. Dieses »eine Zimmer« ist wörtlich zu verstehen, denn nach seinem Ausscheiden aus der C.I. wollte er die Kontinuität der Hilfe nicht gefährden und begnügte sich mit der ersten annehmbaren Lösung. Im Collegio Teutonico wurde Bayer ein großer Raum zur Verfügung gestellt, den er allerdings mit zwei Sekretärinnen teilen mußte. So ist es nicht verwunderlich, wenn sich eine von ihnen erinnerte:

»Der Neuanfang war schwierig. Der Dreierbetrieb in einem Zimmer. Bei Besuchen suchte sich Msgr. Bayer immer ein gerade unbenutztes Zimmer. Aber die Arbeit nahm ihren ungestörten Lauf.«

Die größte Störung kam nicht durch die bescheidenen äußeren Verhältnisse, sondern durch die »Irritationen«, die Bayers Opponenten empfanden, als sie wahrnahmen, daß in dem kleinen Büro, das den Namen »Katholisches Hilfswerk« erhielt, Bayer seine Arbeit ohne zu zögern wiederaufnahm und daß sein Werk durch die Deutsche Bischofskonferenz gut mit finanziellen Mitteln ausgestattet war. Diese Irritationen führten zu den wiederholten, schließlich erfolgreichen Aufforderungen, das Büro aus Rom in eine andere Stadt zu verlegen. Es war Kardinal Döpfner, der einige Monate lang versuchte, Bayer und der von ihm vertretenen Sache dieses Schicksal zu ersparen. Im November 1970 wehrte er die Forderungen Benellis mit den Worten ab:

»Rom soll aus folgenden Gründen als Standort des Büros von Prälat Bayer beibehalten werden:
a) Für den Großteil der Hilfsprojekte in Polen, der Tschechoslowakei, Jugoslawien, Rumänien, Bulgarien ist Rom der günstigste Ort, um Informationen zu erhalten und den Kontakt mit dem Episkopat der genannten Länder zu pflegen.

b) Seit mehreren Jahren werden zahlreiche größere Hilfsprojekte gemeinsam mit der Ostpriesterhilfe geplant unnd durchgeführt. Die Ostpriesterhilfe hat ihren Sitz in Rom.
c) Die Verwaltung der wachsenden Stipendienmittel für Priester aus den osteuropäischen Staaten, die ein besonders verantwortungsbewußtes und sachkundiges Vorgehen erfordern, kann am besten im Kontakt mit den in Rom bestehenden kirchlichen Instituten der genannten Länder erfolgen.«[41]

Darüberhinaus stellte Döpfner klar, daß die letzte Verfügungsgewalt über die mit dem »Katholischen Hilfswerk« verbundenen Mittel dem Verband der Diözesen Deutschlands vorbehalten ist. Der Verband hat auch die alleinige Vollmacht, die Jahresrechnung zu prüfen. Für einen Teilbereich der Hilfe, besonders für die Ungarn-Hilfe, sollte das Büro in Wien, das bisher als Dependance der C. I. galt, übernommen werden. Die Leitung sollte weiterhin Pater Paulai behalten[42].

Trotz des eindeutigen, persönlichen Engagements Kardinal Döpfners ließ sich die skizzierte Lösung nicht verwirklichen. Spätestens Mitte 1971 wurde deutlich, daß gegen den Willen des Staatssekretariates nicht dauerhaft gearbeitet werden konnte – unabhängig von der Rechtmäßigkeit oder Unrechtmäßigkeit der Gründe. Es galt eine neue Lösung zu finden, die es allen erlaubte, das Gesicht zu wahren. Eine solche Lösung wurde in Zusammenarbeit der deutschen und der österreichischen Bischöfe im Laufe des Jahres 1971 erreicht.

Die Gründung des Europäischen Hilfsfonds

Es gibt ein feinsinniges Bonmot, das im Hinblick auf die Struktur des Europäischen Hilfsfonds besagt, daß die Österreicher für den Namen zuständig sind, die Deutschen hingegen für das Geld. Dieses Wort erfaßt trotz seiner Zuspitzung die Situation korrekt. Die Wurzel dieser Institution wurde im November 1970 von den österreichischen Bischöfen gelegt, die einen »Europäischen Hilfsfonds der Österreichischen Bischofskonferenz« gründeten. Der Fonds sollte die Vergabe von Hilfsmitteln an bedürftige Kirchen in Europa[43] in geordnete Bahnen lenken. Wie aus einer Denkschrift des Weihbischofs Alois Wagner aus dem Jahre 1970 deutlich hervorgeht, war eine Neustrukturierung der Hilfswege dringend nötig:

---

41 Brief Döpfners an Benelli vom 3. 11. 1970.
42 Vgl. ebd.
43 In den Richtlinien der Gründung wird die Spannweite der Hilfe »besonders« auf Länder aus dem Osten, Süd- und Nordosten und Norden Europas gezogen.

> »Wir stellen fest, daß aus den verschiedenen Ländern Europas Ansuchen um finanzielle Hilfe kommen. Diese Ansuchen werden an die einzelnen Diözesanbischöfe geleitet und von ihnen auch positiv oder negativ erledigt. Das bringt mit sich, daß einige mehr oder sogar viel erhalten, während andere leer ausgehen. Die Notwendigkeit der Hilfe ist sicherlich vorhanden. Die Organisation der Hilfe sollte überlegt werden.«[44]

Die Hilfe sollte zentralisiert werden, ohne daß die prinzipielle Freiheit der einzelnen Diözesen eingeschränkt würde. Die Ansuchen der Hilfesuchenden sollten gemäß dem Beschluß der Österreichischen Bischofskonferenz vom November 1970 an ein Komitee gerichtet werden, das nach festgelegten Gesichtspunkten über die Gewährung der Hilfe entschied. So sollten Überschneidungen und Bevorzugungen möglichst vermieden und der Hilfe eine neue Transparenz verliehen werden. Das Hilfskomitee, das unter der Leitung des Eisenstädter Bischofs Stefan László stand, sollte anfänglich eine Summe von rund fünf Millionen Schilling verwalten[45]. Dieser November 1970 ist als die Geburtsstunde des Europäischen Hilfsfonds anzusehen, auch wenn es ein halbes Jahr später zu einer grundlegenden Modifikation kam. Eine enge Zusammenarbeit mit der Deutschen Bischofskonferenz bahnte sich an, und hier spielten die Vorgänge um Carlo Bayer eine nicht geringe Rolle!

Am 30. August 1971 kam es in Wien zu einem Treffen hochkarätiger Vertreter der österreichischen und der deutschen Kirche, die nach Koordinationsmöglichkeiten ihrer Hilfe für Osteuropa Ausschau hielten. Auf der deutschen Seite waren anwesend: der Sekretär der Deutschen Bischofskonferenz, Prälat Forster, der ehemalige Kölner Generalvikar Joseph Teusch und Carlo Bayer. Die österreichische Seite vertraten: der Wiener Caritas-Direktor, Prälat Leopold Ungar, und Kanonikus Dr. Alfred Kostelecky. Im Protokoll der Sitzung wurde offen festgestellt, daß die römischen Ereignisse um Carlo Bayer einen wichtigen Hintergrund der Überlegungen bildeten:

> »Die Überlegungen zur Neuorganisation sind durch das Ausscheiden von Prälat Bayer als Generalsekretär der Caritas Internationalis erforderlich geworden. Bisher hatte Prälat Bayer die Aufgaben im Auftrag des Verbandes der Diözesen Deutschlands nebenamtlich neben seiner Tätigkeit als Generalsekretär der Caritas Internationalis, für ein Übergangsjahr hauptamtlich als Katholisches Hilfswerk Büro Rom ausgeübt. Nunmehr scheint aber eine Koordination des bisherigen Katholischen Hilfswerkes Büro Rom, des bisherigen Katholischen Hilfswerkes Büro Wien (P. Pau-

---

44 Denkschrift Weihbischofs A. Wagners über den EH vom 29. 10. 1970.
45 Beschluß der Österreichischen Bischofskonferenz vom 3.–5. 11. 1970 (Tagesordnungspunkt 9).

lai) und des neugegründeten Europäischen Hilfsfonds der Österreichischen Bischofskonferenz in Wien sinnvoll.«[46]

Zu einer »sinnvollen Koordination« kam es sehr rasch, denn schon in der Sitzung am 30. August einigte man sich, daß Bayer von Wien aus die Hilfe für die Kirche Osteuropas im Auftrag der beiden Bischofskonferenzen leiten sollte[47]. Das »integrierte Büro« erhielt den Namen »Europäischer Hilfsfonds«. So kam es zu dem Bonmot, daß bei dieser Kooperation die Österreicher den Namen gestellt haben, die Finanzmittel hingegen von den Deutschen kommen. In den offiziellen Schreiben war davon natürlich nicht die Rede, man einigte sich auf klare Verhältnisse. In der Beauftragung Bayers durch die Deutsche Bischofskonferenz vom 7. Oktober 1971 hieß es:

»Für die Sachbearbeitung der aus Mitteln des Verbandes der Diözesen Deutschlands finanzierten Maßnahmen sind Sie den Organen des Verbandes der Diözesen Deutschlands, für die Sachbearbeitung der aus Mitteln der Österreichischen Bischofskonferenz finanzierten Maßnahmen den Organen der Österreichischen Bischofskonferenz verantwortlich. Die Rechnungsprüfung wird für beide Bereiche beim Rechnungsprüfungsamt der Österreichischen Bischofskonferenz liegen.«[48]

Auch wenn Carlo Bayer endgültig erst im Januar 1972 nach Wien übersiedelte[49], so ist das Datum dieses Schreibens, Oktober 1971, als der Beginn seiner Tätigkeit für den EH der Österreichischen und Deutschen Bischofskonferenzen anzusetzen.

In diesen Zeitraum fiel für Bayer eine weitere wichtige Entscheidung, seine Inkardination an die Kölner Erzdiözese. Seit seiner Priesterweihe war er Breslauer Diözesane, doch war diese Tatsache aufgrund des völligen rechtlichen Umbruchs in diesem Bistum nach dem Kriege von einem ausschließlich ideellen Wert. Beispielsweise konnte das ehemalige Erzbistum Breslau in der Frage der Altersversorgung für Bayer nichts tun. Da sich Bayer zeitlebens seinem Ursprungsbistum verbunden fühlte, holte er zunächst die Zustimmung von Bischof Gerhard Schaffran, der nach dem Tode Pionteks im Jahre 1963 dem in der DDR liegenden Teil des Breslauer Erzbistums vorstand. Der Bischof schlug

---

46 Niederschrift der Sitzung am 30. 8. 1971 in Wien, Punkt 1.
47 Nach dem überraschenden Tod von Pater Paulai am 21. 9. 1971 wurde auch die Abteilung der Ungarn-Hilfe in Bayers Büro integriert.
48 Das Schreiben an Carlo Bayer trägt die Unterschrift des Sekretärs der Deutschen Bischofskonferenz, des Prälaten Forster.
49 Dieser Punkt ist in dem Sinne zu relativieren, daß Bayer seine Wohnung in Rom behielt. Auch stand dem EH eine Räumlichkeit im Collegio Teutonico zur Verfügung.

zunächst vor, daß Bayers Altersversorgung durch den Verband der deutschen Diözesen geregelt werde, was eine Exkardination aus Breslau (Görlitz) nicht notwendig machen würde. Doch erschien dieser Weg schließlich als nicht opportun[50]. Gleichzeitig erhielt Bayer von zwei Bistümern, den Diözesen München und Köln, das Angebot, sich dort inkardinieren zu lassen. Bayer entschied sich für Köln und wurde ab 1972 Kölner Diözesane; am 8. Juni legte er vor dem Wiener Weihbischof Jakob Weinbacher einen Eid ab, in dem er sich der Jurisdiktion des Kölner Erzbischofs unterstellte. Am 15. Juni verfaßte Kardinal Joseph Höffner eine Urkunde, die Bayers Inkardination an das Erzbistum Köln bestätigte.

Januar 1972 bis Januar 1977: Die letzten Pionierjahre

Als Carlo Bayer im Januar 1972 seine zweite Heimat Rom verließ, war er innerlich tief verletzt und empfand den Umzug, analog zu den Nachkriegsereignissen in seiner schlesischen Heimat, als eine Vertreibung. Er behielt zwar seine Wohnung im Dachgeschoß eines Hauses in der römischen Via Domenico Silveri, doch wußte er, daß sich der Schwerpunkt seines Wirkens nun nach Wien verschob. Was ihn dort in den ersten Monaten erwartete, war alles andere als eine geordnete Maschinerie an eingespieltem Personal und Vorgehensweisen. Ähnlich wie zwanzig Jahre zuvor mußte er auch hier an der Wurzel ansetzen, um das neugegründete Werk mit dem hochgestochenen Namen effektiv anlaufen zu lassen. Wie eine ehemalige Sekretärin Bayers beschreibt, geriet schon der Umzug nach Wien zu einer großen Belastung:

> »Schließlich war es so weit, daß im Januar 1972 in Wien ein Büro gefunden war. Lager und Wohnung des Ledergroßhändlers Höcht in der Hubergasse 7 wurde von den Benediktinern gekauft und Msgr. Bayer zur Einrichtung des Büros überlassen. Am 24. Januar 1972 flog ich von Rom nach Wien, nachdem vorher in Rom in mühsamer Arbeit alle Akten, Aktenschränke, etc. in den VW-Pullmino von dem Fahrer und Helfer in jeder Not Vittorio Miss verladen waren und dieser nach lebensgefährlicher Fahrt bei Schneetreiben und Eis, ohne seinen Wagen je zu verlassen, diese kostbare Fracht über die Alpen gebracht und sich in Wien wieder unermüdlich an die Arbeit machte, bis alles schlecht und recht seinen Platz gefunden hatte in der Hubergasse 7.«[51]

---

50 Die Korrespondenz über die Inkardination Bayers befindet sich in den Archiven des Erzbistums Köln.
51 Bericht der Sekretärin Ottilie Pinci, verfaßt am 20. 1. 1983. Den Anlaß zur Abfassung des Berichts gab das Vorhaben des damaligen Leiters des EH, Prälat Wilhelm Reitzer, Quellen aus der Frühzeit der Organisation auszuwerten und zu sichern.

Auch Bayers eigene Arbeit trug in der ersten Zeit viel Mühevolles an sich: geeignetes Personal mußte gefunden und eingearbeitet werden, die Tätigkeit der schon bestehenden Wiener Delegation der C.I. mußte in das Gesamtbüro integriert werden, Kontakte mit der Caritas Passau, die in der Hilfe für Südosteuropa führend war, wurden aufgenommen und intensiviert. Hinzu kamen weitere grundsätzliche Schritte, wie die Eröffnung von Bankkonten, die genaue Regelung des Finanzierungsmodus mit der Österreichischen und der Deutschen Bischofskonferenz und ähnliches. Über den Fortgang dieser Schritte gab Bayer in Jahresberichten genau Auskunft[52]. Neben solchen prinzipiellen Aktivitäten galt es nun Strukturen zu erarbeiten, die die Wege der praktischen Hilfe absichern sollten; die Wege der Hilfe für die Kirche Ost- und Südosteuropas. Bayer mußte hier nicht am Nullpunkt anfangen, sondern knüpfte wesentlich an seine eigenen Aktivitäten an, die er im Auftrag der deutschen Bischöfe zehn Jahre lang von Rom aus durchführte. Seine Arbeit erhielt aber jetzt eine kontinuierliche Ausweitung, und so wollte er sie systematisieren. Diese Zielsetzung verwies Bayer auf zwei seiner künftigen Schwerpunkte. Es galt einerseits Informationen über die Situation der Kirche in den einzelnen Ländern zu sammeln. Hier sollten persönliche Kontakte zur kirchlichen Hierarchie gepflegt und ausgebaut werden. Andererseits sollte aufgrund der Informationen konkret und differenziert Hilfe geleistet werden.

Diese beiden Schwerpunkte wollen wir an einigen Beispielen veranschaulichen.

Im Schatten des Großen Bruders: Zur Lage der Kirche im kommunistischen Machtbereich

Während diese Arbeit verfaßt wird, zeichnen sich in den Staaten Osteuropas große Umbrüche ab, die mit hoher Wahrscheinlichkeit zur weitgehenden Demokratisierung der einzelnen Länder führen werden. Diese positive und verheißungsvolle Tatsache darf jedoch nicht dazu führen, daß man die vergangenen Jahrzehnte durch die neue Perspektive betrachtet und das Jahrzehnte währende Leid verharmlost, das durch die kommunistischen Diktaturen über die Menschen hereinbrach. Denn das Tun der kommunistischen Diktaturen war von einer weitgehenden Menschenverachtung geprägt. Ein beredtes Zeugnis hierfür bietet die Verfolgung des kirchlichen Lebens. Die kommunistischen Machthaber sahen in den Kirchen einen Feind, der ihren Absolutheitsanspruch gefährdete, und so bemühten sie sich, das kirchliche Leben entweder völlig auszurotten oder zumindest nach Kräften zu behindern. Dementsprechend war auch die Situation der Organisationen, die ihre verfolgten Brüder und Schwestern im Glauben unterstützen wollten. Zwar war man stets bemüht, die Hilfsaktivitäten in legaler

---

52 Diese Berichte finden sich in den Archiven des EH und sind nur bedingt einsehbar.

Form zu vermitteln, doch waren Kontakte zu Personen und Organisationen häufig Behinderungen seitens der staatlichen Behörden ausgesetzt und trugen notgedrungen das Signum des Konspirativen. Diskretion wurde somit zu einer selbstverständlichen Tugend.

Die für die Hilfsaktivitäten notwendigen Informationen wurde am häufigsten durch persönliche Begegnungen gewonnen. Wie Carlo Bayer nie müde wurde zu betonen, erwies sich hierbei der Standort Wien nicht als ein »Brückenkopf gegen den Osten, sondern als eine Brücke zum Osten«[53]. Kardinal Franz König, der seit 1956 in Wien als Erzbischof wirkte, war es, der hierzu entscheidend die Weichen gestellt hatte und die Stadt zu einer Begegnungsstätte zwischen Kirchenmännern und Intellektuellen des Westens und des Ostens machte. Viele seiner Reflexionen bildeten den geistigen Hintergrund für die Arbeit des EH. Bayer selbst zitierte in einer Informationssendung des Bayerischen Rundfunks aus dem Jahre 1974 die folgenden Gedanken Königs, die nach einem möglichen modus vivendi zwischen der Kirche und den kommunistischen Machthabern Ausschau hielten:

> »Die Kirche im Osten und die Kirche in der Konfrontation mit dem Osten weiß, daß sie mit dem Kommunismus leben muß und der Kommunismus weiß, daß der Glaube nicht nur eine vorübergehende Erscheinung ist. Heißt das nun Koexistenz?
> Es kommt darauf an, was man unter diesem Worte versteht. Der Kommunismus selbst legt Wert auf die Feststellung, daß es keine Koexistenz zwischen ihm und der Religion geben könne. Wenn Koexistenz miteinander leben heißt – ein Miteinander-Leben in Gegensätzen –, so müssen zumindest die Katholiken in den kommunistischen Ländern mit dem Kommunismus als Staatsdoktrin koexistieren. Das mag uns nicht recht und ihnen nicht angenehm sein, das mag auch der Kommunismus theoretisch nicht zur Kenntnis nehmen wollen, aber das ändert nichts an den Tatsachen. Wir können den Christen in diesen Ländern nur helfen, in einer solchen Koexistenz überhaupt existieren zu können. Darum geht es: um die Existenz, um die geistige Atemluft, um die Erleichterung des Druckes.«[54]

Der Druck, der im kommunistischen Machtbereich auf die Kirche ausgeübt wurde, war von Land zu Land verschieden; in den wenigsten Ländern konnten die Machthaber ihren Willen ganz durchsetzen; Faktoren der Geschichte und der Tradition standen dem im Weg. So mußte auch die Arbeit des EH genau differenzieren: die Hilfe für die UdSSR unterschied sich von der für Bulgarien,

---

53 So in einer Sendung für den Bayerischen Rundfunk, die unter dem Titel stand: »Brücke zum Osten. Der deutsch-österreichische Hilfsfonds«. Sendetermin: 23. 12. 1974.
54 Zitiert ebd. (= Manuskript).

die Aktivitäten in der ČSSR waren anders als die in Rumänien[55]. Anhand eines Dossiers, das im Jahre 1976 im EH verfaßt wurde, wollen wir die unterschiedliche Lage in den genannten Ländern kurz skizzieren und die Hilfswege des EH andeuten[56].

(1) Im Jahre 1975, parallel zur Menschenrechtskonferenz von Helsinki, trat in der Sowjetunion ein neues Religionsgesetz in Kraft. Es brachte jedoch keine Erleichterungen für die Gläubigen mit sich, sondern schrieb eine repressive Entwicklung fest, wie sie sich schon im Jahre 1929 – dem Jahr des ersten grundlegenden Religionsgesetzes – abzuzeichnen begann. Zwei Grundsätze standen im Vordergrund: Das Leben der Glaubensgemeinschaft wurde auf die Kultausübung in der Kirche beschränkt. Jegliches Einwirken in den gesellschaftlichen Raum wurde unterbunden. Daneben gab es eine Reihe von Detailvorschriften mit einem eindeutig repressiven Charakter. Sie dienten dazu, die religiöse Betätigung zu behindern und in engsten Grenzen zu halten.

Für die Belange des EH waren die Punkte von Bedeutung, die das Verbot des Einwirkens der religiösen Gemeinschaften in den gesellschaftlichen Raum betrafen. Laut Artikel 17 des Religionsgesetzes wurde den Gemeinden und Religionsgemeinschaften ausdrücklich verboten:

– Kassen zur gegenseitigen Unterstützung zu gründen
– ihren Mitgliedern materielle Hilfe zu leisten
– Kinder-, Jugend-, Frauen-, Gebets- und andere Versammlungen zu organisieren, ebenso auch der Bibelarbeit dienende, literarische, handarbeitliche oder sonstige gemeinsame Arbeit
– dem Religionsunterricht dienende oder ähnliche Veranstaltungen, Gruppen, Zirkel, Abteilungen zu organisieren
– Ausflüge durchzuführen oder Kinderspielplätze einzurichten
– Bibliotheken oder Lesezimmer zu eröffnen
– Sanatorien oder ärztliche Hilfe zu organisieren

Mit solchen Vorschriften sollte vor allem jegliche religiöse Unterweisung, sei es für Kinder oder für Erwachsene, unmöglich gemacht werden. Nur in den wenigen genehmigten Ausbildungsstätten konnte Theologie unterrichtet werden. Nach parteiinternem Verständnis wurden darüberhinaus alle Konzessionen, die den religiösen Gemeinschaften, insbesondere der orthodoxen Kirche, eingeräumt wurden, als temporär aufgefaßt. Das Ziel kommunistischer Politik bestand in der Aufhebung aller religiösen Bewegungen.

Die strikte Handhabung der repressiven Religionsgesetze bildete den Hinter-

---

55 Diese Länder bildeten erstrangige Felder der Hilfe des EH. Im Laufe der Zeit wurde die Hilfe auf die skandinavischen Länder, auf die Türkei u.a.m. ausgeweitet.
56 Das Dossier trägt den Titel »Zur Lage der Kirche in den osteuropäischen Ländern« (unveröffentlicht).

grund für die Tätigkeit des EH, dessen Hilfe nur innerhalb engster Grenzen möglich war. Das Dossier führte aus:

> »Für die 800 Geistlichen der lateinischen Kirche in Litauen wurden in den letzten Monaten 800 lateinische Breviere in 4 Bänden der Vatikanausgabe versandt, für 1100 Seelsorgsstellen jeweils das Missale Romanum und das 3-bändige Lektionar der Vatikan-Ausgabe in Lateinisch.
> Obwohl es sich um reine Kulthilfe, noch dazu in lateinischer Sprache handelte, dauerte die Abwicklung fast 2 Jahre.
> Dankbriefe bestätigen, daß die Verteilung erfolgt ist; auch an litauische Priester, die auf Außenstationen bis nach Kiew und Odessa eingesetzt sind.
> Ein ähnlicher Versand von je 22 Exemplaren des Breviers, des Missale und Lektionars an 200 Geistliche in Estland ist genehmigt und derzeit im Gange.
> Das Seminar in Riga und der Episkopat werden regelmäßig mit theologischer Westliteratur versorgt. Die Bibliothek in Riga – hinter Glasschränken – wird von westlichen Besuchern bewundert. Über den Gebrauch der Bücher durch Seminaristen und Klerus ist wenig bekannt!«

Auf diese wenigen Aspekte reduzierte sich die Hilfe, die für die Sowjetunion erlaubt war. Von größeren Projekten wie dem Bau oder der Renovierung von Kirchen, Bildungsstätten oder Altersheimen konnte zu jenem Zeitpunkt keine Rede sein. Die kommunistischen Machthaber ließen nicht mit sich reden.

(2) Als eines der wenigen Länder des Ostblocks versuchte sich Bulgarien konsequent am Vorbild des »sozialistischen Mutterlandes« UdSSR zu orientieren. In diesem Land sind die Katholiken in einer kaum wahrzunehmenden Minderheit von rund 55 000 Gläubigen gegenüber 8,2 Millionen Einwohnern. Die Mehrheit der Priester des lateinischen und des unierten Ritus war im Berichtszeitraum über 60 Jahre alt, Seminare und theologische Ausbildung waren nicht erlaubt.

> »Einzelne Geistliche behelfen sich damit, daß sie einen jungen Ministranten oder Kirchenhelfer privat unterrichten, bis er zur Diakonats- oder Priesterweihe vorgeschlagen werden kann. Auch für die Priesterweihe ist die Genehmigung des staatlichen Kirchenamtes notwendig.«

Die staatlichen Behörden versuchten alle Kontakte der Bischöfe und der Geistlichen zum Ausland zu unterbinden. Jeder »Auslandskontakt« mußte dem Kirchenamt gemeldet werden, die Briefzensur war »im Interesse des Schutzes der bulgarischen Bürger« total.

Auf diesem Hintergrund müssen die Hilfsversuche des EH gesehen werden. In dem entsprechenden Bericht hieß es:

»Hilfsmöglichkeiten – offiziell keine. Das staatliche Kirchenamt vertritt den Standpunkt, daß die innerhalb der Kirche gesammelten Spenden genügen, um den Bedarf für den Kult und den Unterhalt der Priester zu decken.«

So mußte jede Zuwendung, die zum Beispiel die Reparatur eines kirchlichen Gebäudes betraf, vom Kirchenamt genehmigt werden. Die Genehmigungen wurden jedoch kaum erteilt. Auch über den Einfluß der Bischöfe konnte nichts erreicht werden, da ihre Angst und ihre Loyalität dem Staat gegenüber größer waren als ihre Sorge für Priester und Gemeinden. Trotz dieser aussichtslosen Lage fanden sich immer wieder Möglichkeiten der Hilfe, auch wenn sich diese Hilfe unkonventioneller Wege bedienen mußte. Im Bericht des EH hieß es lapidar:

»Glücklicherweise gibt es andere Kanäle, um den Priestern und den ... Schwesterngemeinschaften periodisch Unterstützung als Existenzhilfe zukommen zu lassen.«

(3) Zu den Ländern, in denen die freie Religionsausübung am konsequentesten und zugleich am brutalsten unterdrückt wurde, gehörte die ČSSR. Jeder aufmerksame Zeitungsleser im Westen kannte die Stichworte, die das religiöse Leben prägten: das Fehlen einer ordnungsgemäß bestellten Hierarchie, die Einflußnahme der staatlich protegierten Priestervereinigung »Pacem in terris«, polizeiliche Schikanen gegen jeden, der sich offen zu seinem Glauben bekannte.

»Die Teilnahme am Religionsunterricht ist durch die administrativen Schwierigkeiten der Einschreibung der Kinder durch beide Elternteile und Schikanen in der Berufsausbildung – auch in der Slowakei – in den Städten praktisch auf Null, in den ländlichen Gebieten auf winzige Prozent-Sätze zurückgegangen.«

Die wenigen Hoffnungsschimmer in diesem düsteren Bild bildeten einige kleine, spontane Gruppierungen, die heimlich von Priestern geführt wurden, die nach dem Verlust der staatlichen »Seelsorgegenehmigung« in Fabriken, der Landwirtschaft oder als Waldarbeiter beschäftigt waren. In den Gruppen entstand ein intensives geistliches Leben und die Entscheidung für den Glauben fiel sehr bewußt. Hier wuchsen auch Priester- und Ordensberufungen heran, auch wenn sich die wenigsten offiziell um eine theologische Ausbildung bewerben konnten.

Die Hilfsmöglichkeiten für die Kirche der ČSSR waren von Willkür und Tagesentscheidungen der staatlichen Behörden abhängig. So wurde zeitweise Bauhilfe für Restaurierungsarbeiten an Kirchen angefordert, wenn dies aus denkmalpflegerischen oder touristischen Gründen als opportun erschien. Hier konnten sich die Geistlichen manchmal sogar auf lokaler Ebene mit den Behörden einigen, ohne die offiziellen Wege beschreiten zu müssen. Doch waren solche Entscheidungen in keiner Weise durchschaubar. Wieder anders sah es mit »Motorisierungshilfe« aus:

> »Motorisierungshilfe ist mit staatlicher Genehmigung an Priester möglich, die mehrere Pfarreien zu versorgen haben. Die Empfänger können wir nicht aussuchen. Es mögen Mitglieder von ›Pacem in terris‹ daruntersein. Dieses Risiko gehen wir bewußt ein, wenn dadurch Eucharistiefeier und Sakramentenspendung in sonst nicht versorgten Pfarreien noch möglich ist.«

In einem bescheidenen Umfang war darüberhinaus die Versorgung mit theologischen und literarischen Werken möglich. Dies geschah sowohl durch die Aktivitäten der vielen Touristen, die nach Informationen des EH häufig geistliche Literatur in das Land hineinbrachten, als auch durch die Initiativen tschechischer Verlage, die aus dem Ausland heraus operierten:

> »Als Papstspende erhielten die Ordinariate 4000 Liturgia Horarum, 4 Bände der lateinischen Vatikan-Ausgabe. Damit wäre der Bedarf für alle Priester, die noch Lateinisch können, gedeckt. Leider besagen Berichte, daß von den Ordinariaten auf Anweisung des Kirchenamtes Geistliche im Wald und in der Fabrik (denen also die Seelsorgsgenehmigung entzogen wurde) nicht beteiligt werden durften.«

(4) Obwohl sich Rumänien als ein Außenseiter im politischen und wirtschaftlichen Verbund des Ostblocks verstand und oft auf eine eigenständige außenpolitische Linie pochte, folgte das Land in Fragen der Koexistenz mit den Religionsgemeinschaften den Leitlinien der vulgär-marxistischen Staatsdoktrin. So konnte von Religionsfreiheit in diesem Lande keine Rede sein, auch wenn sich die Herrscher durch »klare Regelungen auf dem Gesetzesweg« um diesen Anschein bemühten.

> Das große Problem für eine Normalisierung der Verhältnisse zwischen Vatikan und Bukarest bleibt das tragische Schicksal der griechisch-katholischen, mit Rom unierten Kirche, die mit 1,5 Millionen Gläubigen und 1700 Priestern in 5 Diözesen im Jahre 1948 zwangsweise in die Orthodoxe Kirche Rumäniens überführt wurde.
>
> Von den mehr als 600 unierten Priestern, die den Übertritt in die Orthodoxe Kirche verweigerten, über Nacht ihre Stellung verloren und zum Teil jahrelang im Gefängnis saßen, haben wir zur Zeit noch 5 Bischöfe, 260 Geistliche und an die 100 Priesterwitwen auf der Kartei, die durch periodische Zuwendungen von Geld und Sachspenden unterstützt werden.«

Für die 1,4 Millionen Katholiken des lateinischen-Ritus gab es eine grundsätzliche Bekenntnisfreiheit, auch wenn sich der Staat anmaßte, über die Aufteilung von Diözesen, über die Zahl der Priesterseminare und ähnliches zu bestimmen. Ordensgemeinschaften wurden vom Regime überhaupt nicht anerkannt und praktisch zum Aussterben verurteilt, da die Aufnahme von Novizen und jeglichen Neuzugängen untersagt war. Der EH reagierte auch in Rumänien auf dem Hintergrund der vorgefundenen Lage und versuchte sowohl einzelne Personen zu unterstützen als auch größere Projekte, wegen derer er sich in Verhandlungen mit staatlichen Behörden begeben mußte. Zu den größeren Projekten gehörte im Jahre 1976 die Unterstützung des Neubaus eines Priesterseminars in Alba Julia, in einer der zwei offiziell vom Staat anerkannten Diözesen:

> »Nach langen Verhandlungen mit dem staatlichen Kirchenamt und dem Amt für Denkmalschutz ist nunmehr ein Neubau für ein Kleines Seminar mit 160 Plätzen und ein Großes Seminar mit 130 Plätzen und mit Gemeinschaftseinrichtungen für beide Anstalten genehmigt.«

Diese Tatsache wurde als ein bedeutender Erfolg der Kirche gewertet, um somehr, als gerade in jenem Zeitraum die ideologische Kommission der Partei »unter unmittelbarer Anleitung des Genossen Nicolae Ceausescu« ein neues Programm ausarbeitete, in dem die Entwicklung aller Staatsbürger zu bewußten »sozialistischen Persönlichkeiten« als Ziel gesetzt wurde[57]. Trotz aller Unabwägbarkeiten und Hindernisse stellte das Dossier für Rumänien abschließend fest:

> »Die Taktik des Bukarester Kirchenamtes ist wesentlich flexibler und weicher und rechnet mit anderen Gegebenheiten als etwa in der ČSSR, was auch in der starken liturgischen und pastoralen theologischen Arbeit des orthodoxen Patriarchats zum Ausdruck kommt.«

Einzelne Projekte

1 Eine Kirche für Milna in Kroatien

Schon im Oktober 1970 erhielt Bayer, während er noch in Rom weilte, ein erstes Hilfsansuchen des rührigen Pfarrers von Milna auf der kroatischen Insel Hvar. Zum damaligen Zeitpunkt existierte die Ortschaft erst zwölf Jahre, und sie entstand durch die Übersiedlung einiger Familien aus dem Inneren der Insel an ihr Meeresufer:

---

57 Das Dossier vermerkte hierzu: »Die Tätigkeit der Kirchen, auch der Orthodoxen Kirche, wird in diesem Mobilisierungsplan mit keinem Wort erwähnt. Für jede geistige Hilfe wirkt die ideologische Abschirmung als Hindernis.«

»Im Laufe der Zeit haben die Familien Häuser, Hafen, eine Wasserleitung, elektrischen Strom und auch einen Friedhof angelegt, und jetzt wird auch eine Kirche gebaut. Diese Kirche bauen sie bereits vier Jahre, allein und ohne jegliche fremde Hilfe.«[58]

Bis dahin wurden die Gottesdienste in einer winzigen Feldkapelle gefeiert, die nur wenigen Personen Platz bot, während die Mehrheit der Gläubigen vor der Kapelle ausharren mußte. Ausschließlich durch Selbstbeteiligung wurde die neue Kirche gebaut, die bis zum Zeitpunkt des ersten Hilfsgesuchs bis zum Dachstuhl fertiggestellt war. Der Pfarrer bezeichnete die Summe von 5000 $ als notwendig, um die restlichen Arbeiten finanzieren zu können, und bat Carlo Bayer über die Adresse der C.I. um Hilfe. Dem Usus solcher Gesuche gemäß, war dem Schreiben eine Bestätigung des Ortsbischofs beigelegt mit der Versicherung, daß alle Angaben der Wahrheit entsprechen.

In seinem ersten Antwortschreiben vom Ende Oktober 1970 mußte Bayer feststellen, daß für das laufende Jahr alle Mittel bereits vergeben waren, daß aber das Projekt für das Budget 1971 fest vermerkt wird. So konnte Bayer bereits im Februar 1971 2000 $ nach Milna vermitteln und im November nochmals 1000 $. Die Hilfe wurde jeweils mit persönlichem Dank und detaillierten Berichten über den Fortgang der Arbeiten beantwortet. Die Fertigstellung der Kirche verzögerte sich allerdings beträchtlich, da die finanzschwache Landbevölkerung mit der galoppierenden Inflation in Jugoslawien nicht Schritt halten konnte, viele Arbeiten jedoch nur von Spezialisten ausgeführt werden konnten. Als Bayer im Zusammenhang einer Kroatien-Fahrt im Juni 1973 Hvar und auch Milna besuchte, überzeugte er sich von der Situation und sagte weitere Hilfe zu. Bis zur Fertigstellung der Kirche im Laufe des Jahres 1975 vermittelte er noch mehrmals finanzielle Unterstützung, die jeweils einen Umfang von 5000 bis 10000 DM hatte. Dieses Entgegenkommen war nicht zuletzt auch deshalb möglich, weil die Ostpriesterhilfe den Kirchenbau unterstützte und ohne viel Aufhebens Bayer Gelder für dieses Projekt – wie für viele andere auch – anvertraute.

An dem Kirchenbau im kroatischen Milna kann man in knappen Zügen die »reguläre« Arbeitsweise des EH skizzieren. Ein Pfarrer versucht ein wichtiges seelsorgliches Projekt in die Tat umzusetzen, und er erfährt bei diesem Vorhaben von den Hilfestellungen, die Institutionen wie der EH oder die Ostpriesterhilfe leisten. Nach einer Bestätigung durch den zuständigen Bischof wendet sich der Pfarrer selbst an den EH[59], um Hilfe zu erbitten. Entsprechend dem jeweiligen Jahresbudget und der Projektreihenfolge wird ihm eine baldige Hilfe zugesagt oder aber als augenblicklich nicht möglich abgelehnt. Bei Bauvorhaben wie dem

---

58 Brief des Pfarrers von Milna und Hvar vom 10. 10. 1970.
59 Die Ostpriesterhilfe wurde in der Regel nicht auf direktem Wege angegangen, da sie als eine Organisation mit einem betont »antikommunistischen« Charakter galt.

in Milna machten die Angaben über die intensive Selbstbeteiligung der Gemeindemitglieder einen günstigen Eindruck für die Gewährung der Hilfe. Auch war es nicht ungewöhnlich, daß Bayer die von ihm über einen längeren Zeitraum hinweg betreuten Projekte nach Möglichkeit persönlich aufsuchte.

2 Kirchenrestaurierung in Dudestii-Noi im Banat

Am Projekt der Kirchenrestaurierung in Dudestii-Noi im rumänischen Banat lassen sich einige interessante Details hervorheben. Das erste Schreiben, das Bayer im Oktober 1972 erhielt, stammte nicht vom Pfarrer der Ortschaft, sondern von einem in Salzburg lebenden, ehemaligen Bewohner, einem Heimatvertriebenen, der enge Kontakte zu seinem Geburtsort unterhielt. Er berichtete Bayer von dem rund 200 Jahre alten Gotteshaus, das dringend restauriert werden mußte:

> »Der Ortspfarrer sowie der Vorsteher der Kirchengemeinde ... teilten mir mit, daß sie vorhaben, die Pfarrkirche im Jahre 1973, da sie seit dem Jahre 1937 nicht mehr ausgemalt wurde und die Malerei sich in einem unbeschreiblichen, sehr desolaten Zustand befindet, restaurieren zu lassen. Außerdem müssen die Mauern der im Jahre 1750/51 in der tiefgelegenen Gemeinde und ebenerdig erbauten Kirche, um die ständig auftretende Feuchtigkeit einzudämmen, vorher trockengelegt werden, ansonsten die beabsichtigte Malerei binnen ein-zwei Jahre wieder zum Großteil vernichtet sein wird.«[60]

Der Kostenaufwand für diese Arbeiten stellte sich als so hoch heraus, daß die Gemeinde ihn nur teilweise aufbringen konnte. So bat der Verfasser der Eingabe Bayer um einen größeren Betrag, damit die dringende Restaurierung gesichert werden könne. Wie in solchen Fällen üblich, sandte Bayer umgehend einen detaillierten Fragebogen an den Pfarrer der Ortschaft mit der gleichzeitigen Zusicherung, das Projekt für das kommende Budget vorzumerken. Es kam in der Folge allerdings zu Komplikationen, die überraschenderweise dem zuständigen rumänischen Bischöflichen Ordinariat anzulasten waren. Nach Meinung des Generalvikars war der Pfarrer mit seiner Initiative zu voreilig und ließ die Spielregeln des Ordinariates außer acht, das sich planmäßig um die ganze Diözese zu kümmern hatte. Außerdem gehörte das angesprochene Vorhaben »nach Freiburg«, zum DCV, wo ein Teil der Rumänien-Hilfe abgewickelt wird[61]. Da jedoch sowohl der Ortspfarrer als auch seine Gönner im Westen bei ihrer ursprünglichen Absicht blieben, konnte Bayer schon im Februar 1973 als

---

60 Brief an Carlo Bayer vom 24. 10. 1972.
61 Der DCV betreut die deutschsprachige Bevölkerung im Banat, im Jurisdiktionsbezirk Temesvar. Eine längere Tradition besitzt die Hilfe des DCV auch für Polen.

eine erste »Bauhilfe« die Summe von 2000 $ nach Dudestii-Noi vermitteln. Doch auch hier gab es kurz danach eine überraschende Wendung. Der Pfarrer der Ortschaft berichtete von der Möglichkeit, durch eine finanzielle Transaktion die Dollar-Summe erheblich »wertvoller zu machen«. Die Zeilen des Pfarrers, die er ursprünglich an seinen Freund im Westen schrieb, sollen hier zitiert werden:

> »Den ›Wiener Betrag‹ habe ich noch nicht eingelöst. Ich bekomme für 2000 Dollar etwa 30000 Lei. Wenn ich aber 2260 Dollar hätte, so könte ich ein Auto kaufen und verkaufen. Für dieses bekomme ich 70000 Lei. Nun sagt mir meine Behörde, ich soll trachten, vielleicht bekomme ich noch die fehlenden 260,- Dollar. Herr ... meint, Msgr. Carlo Bayer würde bestimmt uns noch soviel geben. Er hatte sich für Ende April in Temeswar angesagt, da wollte ihn unser Ordinarius um das Geld bitten. Das Geld muß auf meinen Namen beim Comturist eingezahlt werden. Sonst hätte ich von hier schon den fehlenden Betrag erhalten und das Auto gekauft und verkauft. Käufer wären schon da.«[62]

Wie man die Geschäftstüchtigkeit des Pfarrers auch immer beurteilen mag, der Idee wurde entsprochen, und einen Monat später wurde die fehlende Summe überwiesen. Ende des Jahres 1973 stand die Kirche von Dudestii-Noi wieder in ihrem vollen Festschmuck[63].

3 Schwierige Hilfe für die Tschechoslowakei

Die brutale Verfolgung des kirchlichen Lebens in der Tschechoslowakei warf ihren Schatten auch auf die Arbeit des EH. In den seltensten Fällen konnte hier existentielle Hilfe auf direktem, »legalem« Wege geleistet werden, häufig wurde nach indirekten Vermittlungswegen gesucht. So war für Bayer das römische Mutterhaus eines Frauenordens mit guten Kontakten in die Tschechoslowakei und nach Polen ein kompetenter Ansprechpartner und eine Vermittlungsstelle der finanziellen Hilfe. Im Jahre 1975 wurden dem Pfarrer von Pisarov in der Diözese Olmütz regelmäßige Beträge für die Reparatur seiner Kirche und als Existenzhilfe vermittelt. Die Vermittlung geschah durch polnische und tschechische Ordensschwestern. Doch auch dieser Weg erwies sich oft als unbegehbar.

Im Oktober 1975 mußte die Hilfe für den Pfarrer gestoppt werden, da dieser überraschend durch die staatlichen Behörden »versetzt« wurde und ihm wahrscheinlich auch die staatliche »Genehmigung« entzogen worden ist. Im gleichen Zeitraum mußte die Generaloberin des Mutterhauses Carlo Bayer mitteilen, daß

---

62 Zitiert aus dem Brief des Pfarrers vom 15. 5. 1973.
63 Brief an Bayer vom 26. 10. 1973.

sich die Übermittlung der Beträge als immer schwieriger erwies und zeitweise sogar völlig eingestellt werden mußte. Sie kommentierte dies mit dem Satz:

»Die Situation in jenem Lande spitzt sich immer mehr zu.«[64]

Die Hilfswege des Europäischen Hilfsfonds

Die hochsensible Arbeit Bayers beim Europäischen Hilfsfonds besaß zwei Hauptachsen: die Erlangung von kompetenten Informationen über die einzelnen Länder und ihre jeweils unterschiedliche Situation und die Gewährung der Hilfe im Rahmen des von den deutschen und österreichischen Bischöfen gewährten Budgets. Es ist wichtig festzuhalten, daß Bayer in Wien keinesfalls am Nullpunkt anfing, sondern die Kontakte und die Strukturen übernehmen konnte, die er bei seiner Tätigkeit zugunsten der Kirchen Osteuropas im Auftrag der deutschen Bischöfe erarbeitet hatte. Von 1971 an vergrößerte er den Gesichtskreis und versuchte, alle Länder Ost- und Südosteuropas in die kirchliche Hilfstätigkeit einzubeziehen. Die Informationen, die er sammelte, waren nicht Produkte eines Bücherwissens, sondern eines ständigen Dialogs mit Vertretern der kirchlichen Hierarchie und des Klerus der einzelnen Länder. Schnell sprach sich seine Adresse in den kirchlichen Kreisen Osteuropas herum, und sein Büro wurde häufig zu einem Treffpunkt hoher kirchlicher Würdenträger, die »ihrem lieben Monsignore« ihre Sorgen vortrugen. Bayer behielt jedoch weiterhin seine Gewohnheit bei und besuchte regelmäßig einen Teil der wichtigeren Projekte, die von ihm betreut wurden. Das galt für Besuche in den zentralen Orten eines Landes ebenso wie für Besuche in entlegenen Provinzwinkeln, die – wie wir schon festgestellt haben – allesamt nichts mit Urlaubsfahrten zu tun hatten. Doch so suchte Bayer seine Kompetenz zu erweitern und seine Unabhängigkeit zu bewahren.

Die zweite Achse der Tätigkeit Bayers betraf die unmittelbare Gewährung der Hilfe, die wir an drei Beispielen veranschaulichen. Drei Beispiele aus ungezählten anderen, an denen die Flexibilität seiner Arbeitsweise deutlich wurde. Die beharrliche Unterstützung eines übersichtlichen Projekts, wie im Falle des kroatischen Milna, das Ja zu einer ungewöhnlichen Finanzierungsidee des Priesters in Dudestii-Noi im Banat, die indirekten und sensiblen Hilfswege für einen Priester in der Tschechoslowakei. Es gab nicht »den Weg« der Hilfe – jedes Problem verlangte von Bayer und seinen Mitarbeitern eine spezifische Antwort.

In allen Dokumenten und Briefen, in die Einsicht genommen werden konnte, wurde Bayers Handlungsweise als schnell, effektiv und direkt beschrieben. Etwas auszusetzen hatten lediglich (und wiederum) einige wenige Bürokraten unter den Kirchenmännern der westlichen Ordinariate, für die Bayer »etwas zu wenig aufschrieb«[65].

---

64 Alle Angaben aus Bayers Briefwechsel mit dem römischen Mutterhaus.
65 So die spitze Bemerkung eines österreichischen Hierarchen im Gespräch mit dem Verf.

3. Die letzten zwei Schritte eines großen Lebens: 60. Geburtstag und früher Tod

»Die Carlo-Bayer-Festwochen«

Wo sollte Carlo Bayer seinen 60. Geburtstag feiern, den er am 13. Februar 1975 beging? In Rom, seiner zweiten Heimat, aus der er allerdings durch schamlose Machenschaften vertrieben worden ist? In Wien, seiner derzeitigen Wirkungsstätte, in der er seit vier Jahren so erfolgreich arbeitete? Oder in München, wo er die bewährtesten, Jahrzehnte währenden Freundschaften besaß?

Die Antwort auf diese Frage war nicht einfach, denn Bayers Kontaktfreudigkeit und sein öffentliches Wirken brachten ihn mit einem großen Kreis von Personen in Berührung, die sowohl aus freundschaftlichen als auch aus gesellschaftlichen Gründen schwerlich übergangen werden konnten. So kam es zu den von Pater Werenfried van Straaten so bezeichneten »Carlo-Bayer-Festwochen«, zu mehreren Feiern mit offiziellem und inoffiziellem Charakter. Die zwei wichtigsten Feiern mit »großen Einladungslisten« fanden am 11. Februar 1975 in Wien und am 15. Februar 1975 in München statt. Obwohl die Wiener Feier durch ihre hochkarätigen Teilnehmer aus den Reihen der Kirche und der Welt der Caritas glänzte[66], stellte für Bayer sebst die Feier in München den Höhepunkt dar, denn die dort versammelten Gäste gehörten zu seinem engsten Umkreis; Freunde und Bekannte, mit denen er seit Jahrzehnten persönlichen Umgang pflegte. Zu den Eingeladenen, die sich im Hotel »Deutscher Kaiser« versammelten[67], gehörten Kardinal Julius Döpfner genauso wie Bayers »Adoptivfamilie« mit Frau Wilhelmine Lübke an der Spitze, gehörte die Münchener Familie Steichele, zu der Bayer seit seiner römischen Studienzeit engste Kontakte unterhielt, genauso wie Bayers Freunde aus den Jahrzehnten seiner Caritas-Tätigkeit, wie Pater van Straaten, Pater Anthony Byrne oder die Präsidenten der deutschen und der österreichischen Caritas-Verbände, die Prälaten Georg Hüssler und Leopold Ungar.

Die Münchener Feier besaß auch durch die am Anfang stehende Eucharistiefeier einen besonderen Wert, bei der Kardinal Döpfner die Predigt hielt. Die Worte, die er dabei sprach, besaßen für Bayer eine nachhaltige Wirkung, sie wurden für ihn zum andauernden Meditationsstoff. Die Predigt Döpfners, die er in der zum Hotel gehörenden Kapelle hielt, soll uns deshalb näher beschäftigen.

---

66 Vertreten waren die Spitze der Wiener Kirchenhierarchie, alle österreichischen Caritas-Direktoren und die Mitarbeiter des EH.
67 Mit dessen Besitzer Bayer eine lange Freundschaft verband.

»Der Maurer, der Risse ausbessert, der Erneuerer, der Ruinen bewohnbar macht«
Kardinal Julius Döpfner nahm bei seiner Ansprache, die er ausdrücklich nicht als Laudatio, sondern als »Geburtstagsüberlegungen« bezeichnete[68], die Tageslesungen zur Grundlage. Nach dem liturgischen Kalender der Katholischen Kirche handelte es sich hierbei um die Lesungen des »Samstag nach Aschermittwoch«, und die Texte boten ein überraschend dichtes Fundament für die Verbindung ihrer theologischen Aussagen mit dem unmittelbaren Anlaß der Predigt, mit Bayers 60. Geburtstag. Drei Gedanken strukturierten Döpfners Homilie: der Gedanke der spezifischen Berufung eines jeden Menschen, der Gedanke der Verwirklichung des christlichen »Caritas«-Anspruchs und der Gedanke der Sabbat-Ruhe, die nicht an den Rand des Lebens gedrängt werden dürfe.

Die Frage der Berufung eines Christen ergab sich für Döpfner aus dem Tagesevangelium (Lk. 5,27–32), in dem Jesus den Zöllner namens Levi mit den schlichten Worten in seinen Dienst ruft: »Folge mir nach!«.

> »Wenn wir unser Leben von Gott, unserem Herrn her sehen, dann beginnt es immer damit, daß er uns zuruft: ›Folge mir‹. Unser Leben ist, aus der Sicht unseres Glaubens, sozusagen der Ackerboden für diese Berufung...
> Immer wieder beginnt es mit dieser Berufung. Tagtäglich, bei all unserer Arbeit. Immer ist das der Ansatzpunkt: Folge mir und erfülle die Aufgabe, wie ich selbst sie erfülle.«

Für die spezifische Berufung Carlo Bayers in den Dienst der kirchlichen Caritas bot die Lesung aus dem 58. Kapitel des Buches Jesaja einige ergreifende Aussagen. Denn da ist von dem Licht die Rede, das ein Mensch entzünden kann, der sich dem Dienst an den Hungrigen und Elenden widmet:

> »Wenn du der Unterdrückung bei Dir ein Ende machst... dem Hungrigen dein Brot reichst und den Darbenden satt machst, dann geht im Dunkel dein Licht auf und deine Finsternis wird hell wie der Mittag.«

Ebenso ergreifend waren die folgenden Bilder:

> »Deine Leute bauen die uralten Trümmerstätten wieder auf, die Grundmauern aus der Zeit vergangener Generationen stellst du wieder her. Man nennt dich den Maurer, der die Risse ausbessert, den, der die Ruinen wieder bewohnbar macht.«

---

68 Die Predigtaufzeichnung, die u. a. Bayer selbst besaß, blieb bisher unauffindbar. Der Text wurde jedoch in den wichtigsten Teilen nach dem Tode Bayers im Jahre 1977 von kirchlichen Nachrichtenagenturen verbreitet (undatiert).

Wie selbstverständlich konnte Kardinal Döpfner an diesem 15. Januar 1975 diese Bilder des Propheten Jesaja auf Bayers Leben und Wirken anwenden:

> »Wenn unser lieber Carlo zurückschaut, dann war das mit diesen Bildern und mit manchen Aussagen umschriebene seine große Aufgabe ... Carlo ist einer, der den großen Liebesauftrag der Kirche an herausragender Stelle erfüllen durfte. Gerade die vielfältige Arbeit der Caritas Internationalis und des Europäischen Hilfsfonds für die Kirche im Osten Europas ist doch so etwas wie eine Maurerarbeit, die Risse ausbessert, eine Erneuerungsarbeit, die Ruinen wieder bewohnbar macht.
>
> Für den, der diese Nachfolge des Herrn erfaßt hat, gilt dann, was in der Heiligen Schrift steht: ›Dann geht in der Finsternis dein Licht auf, dein Dunkel wird sein wie der helle Tag. Der Herr wird dich ständig leiten, er wird im dürren Land dich sättigen und deine Glieder stärken.‹«

Der Arbeitsalltag eines »Maurers« und eines »Erneuerers« ist nach Döpfners Worten hart und mühevoll, er bringt einen zum Schwitzen und führt zu keinen besonders tiefen Gefühlen:

> »Aber ein jeder, der in der Caritas der Kirche tätig ist ... erfährt doch etwas von diesem Glück, von dieser Seligkeit, diesem Licht, dem Herrn zu dienen im Dienst an den Menschen ... Man spricht heute manchmal von der Frustration, die im priesterlichen Beruf liegen kann; ich bin überzeugt, daß unser Mitbruder Carlo davon, trotz mancher Ölbergstunden, im Grunde nichts erfahren hat.«

Dieser feinsinnigen Unterscheidung zwischen einer persönlichen Ölbergstunde und einer allgemeinen Frustration fügte der Kardinal einen weiteren Gedanken an, der gerade den Hierarchen der kirchlichen Arbeit ins Gedächtnis gerufen werden sollte, den altehrwürdigen Gedanken der Sabbatruhe. In der Tageslesung hieß es hierzu:

> »Wenn du am Sabbat nicht aus dem Haus gehst, und an meinem heiligen Tag keine Geschäfte machst ... wenn du ihn ehrst, indem du keine Gänge machst, keine Geschäfte betreibst und keine Verhandlungen führst, dann wirst du am Herrn deine Wonne haben, dann lasse ich dich über die Höhen der Erde dahinfahren und das Erbe deines Vaters Jakob genießen.«

Diese Sätze des Propheten Jesaja müßten alle Menschen im kirchlichen Dienst, zumal in einer säkularisierten Umwelt, zu einer Gewissenserforschung antreiben. Solche Sätze dürfen nicht übergangen werden, schon gar nicht von den Menschen – zu denen Döpfner auch die Bischöfe zählte –, die in einem gewissen Sinne als Manager der kirchlichen Arbeit bezeichnet werden müssen:

»Wenn ich heute, am Samstag, diese Worte lese und an den morgigen Sonntag denke, an die viele Arbeit, die auf meinem Schreibtisch liegt, dann habe ich irgendwie ein schlechtes Gewissen.
Wenn wir, gerade wir in unserem Lebensrhythmus so manches in der Ruhe des Sonntags tun müssen, so müßten wir doch ein solches Schriftwort ganz ernst nehmen und uns wirklich die Zeit nehmen, froh vor dem Herrn zu stehen.«

Die Predigt seines treuen Freundes Julius Döpfner übte auf Bayer eine nachhaltige Wirkung aus, die Tonbandaufzeichnung der Predigt wurde ihm zu einem oft gehörten Dokument. Bayer fand hier wichtige Reflexionen seiner priesterlichen Spiritualität, über die er selten sprach und doch den Umständen entsprechend zu gestalten suchte. Die Gegenüberstellung von Funktionen wie »Dienst«, »Berufung«, »Managertum«, die Hinweise auf Ölbergstunden und Beglückung, die Frage nach der geistlichen Existenz inmitten eines auf Effektivität angelegten Dienstes – das alles sprach Bayer in der Tiefe seines Herzens an. Viele Freunde, die Carlo Bayer in den folgenden Monaten besuchten, sprachen davon, daß er von diesen Gedanken tief bewegt war.

Noch eine andere Dimension der Predigt sollte nach kurzer Zeit erschreckend aktuell werden. Auch wenn Kardinal Döpfner mehrmals betonte, daß diese Gedanken kein eigentlicher Rückblick seien, da jeder Carlo Bayer noch viele gesunde Jahre »mitten in dieser Tageshitze des Lebens« wünsche, so war Gottes Antwort anders. Gerade im Hinblick auf den Gedanken der Sabbatruhe erscheinen die Fakten bestürzend: Kardinal Julius Döpfner starb eineinhalb Jahre später, am Samstagmorgen, den 24. Juli 1976. Carlo Bayer starb an einem Sonntagmorgen, am 16. Januar 1977. Der unermüdliche Kölner Prälat Joseph Teusch starb einige Monate früher an einem Sonntagabend. In seiner Geburtstagsansprache betonte Carlo Bayer, daß er nach alter katholischer Tradition an Gottes Vorsehung glaube. So wären diese Fakten nicht als Zufall zu apostrophieren, sondern als Gottes Antwort auf die Sorgen des Menschen, Gottes gelassene Antwort[69].

An Gott und an Menschen Maß genommen: Ein Blick zurück

Auch nach der Eucharistiefeier war es Kardinal Döpfner, der den Reigen der Festreden eröffnete, die in den Räumlichkeiten des Hotels »Deutscher Kaiser« gehalten wurden[70]. Obwohl die Feier im Kreis der Freunde begangen wurde, sollte Carlo Bayer – so Döpfner – auch die offiziellen Glückwünsche entgegen-

---

69 In diesem Sinne äußerte sich auch Prälat J. Homeyer (als Sekretär der Deutschen Bischofskonferenz) bei der Homilie in Bayers Begräbnismesse.
70 Die Ansprachen des Abends sind auf einem Tonband festgehalten.

nehmen, insbesondere die dankbaren Segenswünsche des Papstes Paul VI. und der Bischöfe aller deutschen Diözesen. Sie wollten Bayer für die kostbaren und großartigen Dienste danken, die er im Rahmen seiner Arbeit bei C.I. und beim EH vollbracht hatte. Das Bedürfnis der Bischöfe, Bayer ihren besonderen Dank zu bezeigen, konnte auch in Verbindung mit seiner speziellen Lebensgeschichte gebracht werden. Ein Priester, der – wie Bayer – die unmittelbare Verbindung zum Heimatbistum verloren hat und im Dienst nicht nur einer Diözese, sondern der Weltkirche steht, setzt sich der Gefahr aus, daß er »eigentlich nirgends daheim ist«. Der Hl. Stuhl, die Bischöfe Osteuropas und die Vorsteher der deutschen Diözesen schätzen und anerkennen Bayers Dienst. Das wollte Kardinal Döpfner wenigstens aus diesem Anlaß eindeutig aussprechen.

Nach den Worten des Ehrengastes ergriff Bayer selbst das Wort, um in einem kurzen Rückblick die Fakten seines Lebens »zusammenzubinden«, an denen die Anwesenden in der einen oder anderen Weise Anteil hatten. Er stellte das Jahr 1950 an den Anfang, das in die Kirchengeschichte als ein Anno Santo einging und das zugleich für Bayers Biographie von zentraler Bedeutung war. Zurückblickend muß dieses Jahr als ein »frommes, ein innerlich gesammeltes Jahr« betrachtet werden. Für die vielen Pilger, die er betreut hatte, war es selbstverständlich, daß sie einen großen Teil des Tages für religiöse Übungen und Werke verwendeten, erst abends konnte es dann »gemütlicher« werden. Eine Frucht der gemütlichen Abende war dann der Entschluß des Ehepaares Wilhelmine und Heinrich Lübke, die damals kennengelernten jungen Theologen Bruno Wüstenberg und Carlo Bayer zu »adoptieren«. Eine »Adoption«, die dem Ehepaar die zwei »voll ausgebildeten Theologen billig ins Haus« lieferte! Die anwesende Wilhelmine Lübke bestätigte an diesem Geburtstagabend diese und andere Anekdoten über ihre Adoptivsöhne.

Bayer griff noch weiter zurück, indem er auf seine frühe römische Zeit zurückkam, auf seine Freuden und Belastungen. In diesen Jahren – das wurde in dieser Arbeit schon mehrfach unterstrichen – wurde er, wie viele junge Menschen, von den großen Persönlichkeiten des Bundes Neudeutschland ergriffen. Ludwig Esch, Johannes Zender, auch Carl Sonnenschein stellten wahre Leitbilder dar, »die vielleicht heute für unsere Jugend bundesweit so nicht vorhanden sind«. Für Bayer wurden nicht zuletzt die Freundschaften lebensbestimmend, die sich aus den Neudeutschland-Aktivitäten ergaben.

Nach einem kurzen Rückblick auf die Zeit der Kriegsgefangenenhilfe und die »bekannten Jahre« bei Caritas Internationalis wollte Bayer, auch im Hinblick auf den anwesenden Pater Anthony Byrne, die Affäre um die Biafra-Hilfe nicht verschweigen. Er sei keinesfalls auf dem Parkett der Kirche und des Glaubens ausgerutscht, sondern auf dem Parkett der vatikanischen Diplomatie – und dieser Unterschied ist ganz wesentlich. Die Unterscheidung gab es in der gesamten Kirchengeschichte, und sie ist zu beachten. Auf alle Fälle war es eine schwere

Zeit, und Bayer erinnerte sich dankbar an die Personen, die ihm halfen, die Situation zu überstehen und ihm neue Perspektive erschlossen. Neben den Kardinälen Döpfner und König waren es vor allem die beiden Sekretäre der Deutschen und der Österreichischen Bischofskonferenz, die Prälaten Forster und Kostelecky. Hierzu zählten aber auch der ehemalige Kölner Generalvikar Teusch und Pater Werenfried van Straaten. Sie alle hielten zu Bayer und dämmten die Flut ein, die über ihn hereinbrach. In diesem Zusammenhang fiel auch Bayers Bekenntnis zur Vorsehung Gottes, an die er noch »im ganz altkatholischen Sinn« glaube. Davon war auch das Jahr »1970« nicht ausgenommen und so nahm Bayer auch die Aufgabe gern an, am Brückenschlag zwischen Ost und West von Wien aus mitzuarbeiten: »In unserer Weise leisten wir für die Ostpolitik des Vatikans einen guten Beitrag.«

Nach der Rede Bayers und einigen Erinnerungen Wilhelmine Lübkes verlieh der Präsident des Deutschen Caritas-Verbandes, Prälat Georg Hüssler, Bayer die höchste Auszeichnung seiner Organisation, den Silbernen Brotteller. Er wies dabei auf einige ungewöhnliche Aspekte des caritativen Wirkens Bayers hin, die sich mit dem Stichwort »Pionierleistung« am besten umschreiben lassen. Das galt insbesondere für Bayers Aufbau der C.I. 1955, »als noch kein Mensch gewußt hat, was Entwicklungsländer sind und was sich einmal in der Welt tun wird«, bewies Bayer mit seiner erfolgreichen Südamerika-Reise eine erstaunliche Intuition. Zehn Jahre vor dem Aufbruch durch das Konzil ergriff Bayer den Wanderstab, lernte Spanisch und sagte vor den Bischöfen sein »Sprüchlein« auf, das heißt, er suchte die Bischöfe von der Notwendigkeit zu überzeugen, daß sie auch etwas für die sozialen Strukturen ihrer Länder tun müßten. Die gleiche Intuition bewies Bayer in den sechziger Jahren, als er sich konsequent in die Osteuropa-Hilfe einarbeitete. Die Fortführung der Arbeit beim EH zählt zu den »delikatesten Aufgaben, die die Kirche zu vergeben« habe.

Zum Schluß ergriff Pater van Straaten das Wort, der in seiner charismatischen Art auf die jahrzehntelange Freundschaft und Zusammenarbeit mit Carlo Bayer hinwies. Zwar wurde im Jahre 1953 der Antrag der Ostpriesterhilfe auf eine Mitgliedschaft in der C.I. aus formalen Gründen abgelehnt, doch schon 1956, nach dem ungarischen Aufstand, begann eine fruchtbare Zusammenarbeit. In den Konzilsjahren gewährte Bayer ihm Gastfreundschaft in den Räumlichkeiten der C.I. in der Via della Conciliazione, was dazu beitrug, daß van Straaten mit den anwesenden Konzilsvätern in einen Dialog treten konnte. Als im Jahre 1964 die Ostpriesterhilfe zu einer Gründung »Päpstlichen Rechts« wurde, berief man Bayer in den Beirat dieser Organisation.

Im Jahre 1970 sprachen van Straaten und die Ostpriesterhilfe Bayer uneingeschränkt das Vertrauen aus und schlossen sich in ihrem praktischen Tun eng an den EH an. Ironisch bezeichnete van Straaten die Arbeit des EH für die Ostpriesterhilfe als »Canale Grande«. Da seine »antikommunistischen Predig-

359

ten« die Ostpriesterhilfe bei den kommunistischen Regierungen zu einer »persona non grata« machten, taten sich die osteuropäischen Bischöfe schwer, direkt etwas von ihr zu akzeptieren. So »kanalisierte« Carlo Bayer das Geld, das von Pater van Straaten erpredigt worden ist, in die richtigen Bahnen.

Beiden, so schloß der Pater, Carlo Bayer und ihm selbst, geht es darum, die Menschen für persönliche Liebestaten für den Nächsten in Not zu gewinnen. Nur so lasse sich die materielle und die seelische Not Schritt für Schritt beheben. Seinem Freund wünschte er, daß er noch lange »die Darbenden sättigen und die uralten Trümmer wiederaufbauen« könne. Dies in seiner bewährten Weise: unkonventionell, unbürokratisch und schnell.

Der frühe Tod

Alle Gratulanten, die im Februar 1975 mit Carlo Bayer seinen 60. Geburtstag feierten, wünschten ihm noch viele gesunde Lebensjahre. Ob Kardinal Döpfner, Prälat Hüssler oder Werenfried van Straaten – sie alle schlossen ihre Gratulationen mit einem »ad multos felicissimos annos!« und wünschten Bayer eine rege Fortsetzung seiner Arbeit.

Diese Wünsche fanden keine Erfüllung, denn Bayer starb bereits zwei Jahre später, im Januar 1977. Wenn Menschen, die ihn gut kannten, davon sprachen, daß er »an seinem großen Herzen« starb, dann meinten sie natürlich nicht so sehr die unmittelbare Todesursache, den Herzinfarkt, sondern die Tatsache, daß er ungeachtet aller Warnzeichen des Körpers seinen Lebensstil und sein Werk bis zum letzten Tag fortgeführt und so seine Kräfte verzehrt hat. Diese Einschätzung wird durch mehrere Faktoren bestätigt, deren wichtigsten wir aufgreifen wollen.

»Natürlich ein Dankamt«: Wiedersehen mit Trebnitz

Es mag vielleicht überrascht haben, daß im Laufe der Darstellung die Beziehung Bayers zu Polen kaum zur Sprache kam. Schon seine schlesische Heimat, die seit Kriegsende unter polnischer Verwaltung stand, hätte eine wichtige Verbindung zu diesem Land herstellen müssen. Dies traf jedoch nicht zu, und Carlo Bayer hatte dreißig Jahre lang zu dem von Polen verwalteten Schlesien, zu Obernigk und Trebnitz, zu Polen selbst kaum persönliche Beziehungen. Wie sehr er sich auch als Schlesier verstand, mit der radikal veränderten Situation in seiner Heimat konnte er nichts anfangen. Das kommunistische System verachtete er, zur polnischen Sprache hatte er keinen Bezug, die Menschen, die sich seit Kriegsende in Schlesien angesiedelt hatten, kannte er nicht. Auch seine Arbeit zugunsten der Kirche in Osteuropa brachte ihn erst spät in Beziehung zu Polen, sein Schwerpunkt lag eher in Südosteuropa, in Ungarn, Rumänien und Jugoslawien. Das änderte sich bald, nachdem er von Wien aus die Tätigkeit für den EH aufnahm. Zwar gab es schon länger Beziehungen des Deutschen Caritas Verbandes zu Polen, doch in die Hilfsaktionen sollte auch der EH eingeschlossen werden. So kam es, daß Carlo Bayer vier Jahre vor seinem Tode, nach einer dreißigjährigen Abwesenheit, 1973 Polen und Schlesien besuchen sollte.

Im Juli 1973 unternahm Bayer zusammen mit dem damaligen Sekretär der Deutschen Bischofskonferenz, Prälaten Josef Homeyer, eine Reise nach Polen, um mit den Spitzen der dortigen katholischen Hierarchie die Möglichkeiten einer erweiterten Hilfe durch den EH zu besprechen. Nach Berichten Homeyers kam es zu sehr effektiven Gesprächen, in deren Verlauf es im Sekretariat des polnischen Episkopates zu einer Neustrukturierung der Kontaktstellen kam.

> »Ebenfalls ist damals die Intensivierung der Kontakte zwischen den Sekretariaten der beiden Bischofskonferenzen vereinbart worden, was sich nachher auch sehr gut und segensreich entwickelt hat.«[71]

Im Rahmen dieser Reise besuchte Bayer zusammen mit Homeyer und einem weiteren Freund Obernigk und Trebnitz. Der Besuch war für ihn ein Wechselbad der Gefühle. In Obernigk suchte er nach seinem Elternhaus, doch war dieses abgerissen, und Bayer fand nur einen leeren Platz vor. In Trebnitz hingegen, wo sich seit 1951 wieder ein Provinzialat der Borromäerinnen befand, wurde er mit großer Sympathie von den Schwestern empfangen, auch wenn die wenigsten von ihnen Deutschkenntnisse besaßen. Am Grab der hl. Hedwig feierte Bayer dann eine Hl. Messe, und zu seinen Begleitern sagte er: »Natürlich feiern wir die Messe als ein Dankamt!« So wurde auch die Fürbitte der hl. Hedwig erbeten, die seit jeher als eine Frau der Versöhnung zwischen den Völkern und der dienenden Caritas verehrt wurde. Sie war es, die den blutigen Haß ihrer Zeit durch »Gegensätze« heilen wollte: den Haß durch die Liebe, die Schuld durch Sühne. Die liturgische Sprache der Präfation ihres Festes drückte es auf ihre Weise aus:

> »Sie war die starke Frau, die kluge und sorgende Mutter des Volkes, die freigiebig ihre Hände öffnete für die Armen und sich liebevoll der Bedürftigen annahm. Vom Heiligen Geist geführt, zog sie die Liebe zum Gekreuzigten irdischer Macht und weltlichem Ansehen vor, sie wurde die Dienerin aller und gab der Kirche ein leuchtendes Beispiel der Demut.«

Betrachtet man Bayers Aktivitäten in der Polen-Hilfe in den letzten Jahren seines Lebens, so wird deutlich, daß er sich vom Geist der Versöhnung und der Caritas leiten ließ und seine persönlichen Gefühle der Betroffenheit über die faktische Situation seiner Heimat als sekundär ansah. An den ersten Besuch des Jahres 1973 schlossen sich in dichter Reihenfolge noch mehrere Besuche an, die die Kontakte zum polnischen Episkopat vertieften. Der polnische Primas Stefan

---

71 Aus einem Schreiben Homeyers an den Verf. vom 15. 1. 1990.

Kardinal Wyszynski und der Krakauer Kardinal Karol Wojtyla gehörten zu seinen Gesprächspartnern, die ihn auch in Wien besuchten. Und schließlich wurde es zu einer tiefen symbolischen Tatsache, daß der letzte Besucher, den Carlo Bayer – einen Tag vor seinem Tode – empfing, Bischof Bronislaw Dabrowski war, der Sekretär der Polnischen Bischofskonferenz.

Der Rastlose findet seine letzte Ruhe
Carlo Bayer starb in den frühen Morgenstunden des 16. Januar 1977, und er starb so, wie er gelebt hatte: schnell, inmitten der Arbeit, mit einem vollen Schreibtisch, auf dem Bittgesuche aus Ländern Osteuropas zu bearbeiten waren. »Er hat sich aufgearbeitet« – so lautete das Urteil eines Freundes, das etwas Wesentliches trifft. Freilich, so muß das Urteil ergänzt werden, seine Gesundheit gab ihm auch Warnsignale, die er jedoch nicht beachten wollte oder nicht mehr beachten konnte. Die strapaziöse Lebensweise, der nie verdrängte Schmerz seiner Vertreibung aus Rom, aber auch das unablässige Zigarettenrauchen – diese Faktoren forderten letztlich ihren hohen Preis.

Sechs Wochen zuvor, bei einer ausgedehnten Rumänien-Reise, die Bayer mit dem Prälaten Homeyer unternahm, erlitt Bayer einen ernsten Schwächeanfall. Wie er damit umging, war typisch für seine Lebensweise, doch seiner Gesundheit höchst unzuträglich. Sein Begleiter berichtet:

> »Wir waren wie immer mit dem Auto hingefahren und hatten in Temeswar gute Gespräche, die uns sehr beschäftigten ob der bedrückenden politischen Lage und der Bedrängnisse der Katholiken. Wir mußten in einem Hotel übernachten. Für den nächsten Sonntagmorgen hatten wir uns um 9 Uhr zum Frühstück vereinbart, um um 10 Uhr am dortigen Gottesdienst teilzunehmen. Als Carlo Bayer um 9.30 Uhr noch nicht anwesend war, habe ich ihn auf seinem Zimmer besucht und fand ihn in einem erbarmenswerten Zustand. Einen Arzt zu rufen, verbat er mir strikt. Er werde zum Mittagessen kommen – und er kam. Man sah ihm an, daß er litt. Erstaunlich schnell erholte er sich dann in den Gesprächen, so daß ich nicht verwundert war über seine Bemerkung: Laß uns gleich losfahren, damit wir unterwegs noch möglichst viel sehen können. Nach einer Stunde Fahrt griff er zu seiner unvermeidbaren Zigarettenschachtel, und mein energisches Bemühen, ihn davon abzuhalten, war natürlich völlig ergebnislos. Tatsächlich hatte ich allerdings dann den Eindruck, es gehe ihm wirklich besser – was er auch betonte – und es habe sich nur um einen Schwächeanfall gehandelt.«[72]

Eine gründliche Untersuchung, die Bayer nach seiner Rückkehr nach Wien

72 Ebd.

vornehmen ließ, verscheuchte alle optimistischen Prognosen. Bayers Herz war schwer angeschlagen, und der Arzt ließ ihn wissen, daß es auf »eine Packung Zigaretten oder auf ein Glas Cognac mehr oder weniger nicht mehr ankommt«. Bayer wußte dieses Urteil gut zu deuten und sprach davon, daß er nicht in Wien, sondern in Rom sterben wolle, in der Stadt, die ihm seit vierzig Jahren zur Heimat wurde. Anfang Dezember 1976 verließ er Wien, um sich in seine Dachgeschoßwohnung in der römischen Via Domenico Silveri, in der Nähe des Petersdomes, zurückzuziehen. Es waren schwierige Wochen, und mehrmals mußte Bayer ins Krankenhaus gehen, wo er auch die Krankensalbung empfing. Gleichzeitig war es jedoch für ihn nicht vorstellbar, daß er über Monate hinweg ohne jegliche Beschäftigung blieb. So empfing er weiterhin Freunde, aber auch Besucher, die sich an ihn als den Leiter des EH wandten. Und so kam es auch, daß sein letzter offizieller Besucher der polnische Bischof Dabrowski war, der ihm am späten Samstagnachmittag, den 15. Januar 1977, noch eine Reihe Hilfsprojekte für die polnische Kirche unterbreitete. Niemand konnte ahnen, daß Carlo Bayer wenige Stunden später sterben würde. Doch war es symbolisch für sein Leben, daß er sich noch Stunden vor seinem Tode der Sorgen anderer annahm.

Carlo Bayer starb einsam, auch wenn ihn noch vierzig Minuten zuvor, um 5 Uhr früh am Sonntagmorgen, sein treuer Chauffeur und Freund Vittorio Miss aufsuchte. Zu diesem Zeitpunkt hörte Signor Miss noch Bayers regelmäßige Atemzüge. Um 5 Uhr 45 jedoch, beim nochmaligen Besuch, fand Miss Bayer tot. Der Ruhelose hat seine ewige Ruhe gefunden. Er folgte damit seinem Freund Julius Döpfner, der sechs Monate zuvor starb und dessen Tod mit 63 Jahren Bestürzung und große Trauer auslöste.

Den Besuchern, die am Sonntagmorgen Bayers Sterbezimmer betraten, fiel ein Buch auf, das Bayer geöffnet auf seinem Schreibtisch liegen hatte, in dem sich auf Seite 148 das Sterbebildchen seiner Mutter Pauline Bayer befand. Es war das Buch von Kardinal König mit dem Titel »Das Zeichen Gottes – Die Kirche in unserer Zeit«. Auf Seite 148 stellte der Kardinal die Frage: »Wie wird es weitergehen?«[73] Bayer selbst sollte nun dem beggnen, der der Herr der Kirche ist und der nach der Vorstellung der Christen als Urgrund der Liebe lebt und waltet – jener Liebe, die Bayer in seinem Dienst für die Caritas sichtbar zu machen trachtete. Und so schrieb er auch in seinem Testament:

> »Da Gott das Wollen wichtiger ist als das Vollbringen, erhoffe und erbitte ich für mein Bestreben, sein Reich durch die tätige Liebe sichtbar zu machen, ein gnädiges Gericht.«

---

73 Die Angaben über die letzten Stunden Bayers wurden aus Berichten seiner Freunde zusammengestellt. Einige davon können nachgelesen werden, so in der Gedenkbroschüre für Carlo Bayer (herausgegeben von Luitpold A. DORN und Josef HOMEYER, 1977) und in dem von Nikolaus Frank verfaßten Nachruf (erschienen u. a. in »Caritas«, Nr. 2, 1977).

»Und mehr als wir erwartet, hat er sich eingesetzt«:
Nachrufe und Erinnerungen, Dank und Trauer

Versucht man die Substanz dessen zu umschreiben, was in den vielfältigsten Nachrufen und Erinnerungen anläßlich des Todes von Carlo Bayer ausgedrückt wurde, so finden wir sie in dem Vers des zweiten Korintherbriefes, den die Vorsitzenden der Deutschen und der Österreichischen Bischofskonferenz, die Kardinäle Höffner und König, für die offizielle Todesanzeige ausgesucht haben. Diese Anzeige, die in allen großen deutschen Zeitungen, so in der Frankfurter Allgemeinen Zeitung und in der Süddeutschen Zeitung, erschien, wurde von dem Satz angeführt:

> »Und mehr als wir erwarteten, haben sie sich eingesetzt, zunächst für den Herrn, aber auch für uns. Denn so hat es Gott gewollt.« (2.Kor. 8,5)

Es ist nicht verwunderlich, daß viele Journalisten diesen einprägsamen Vers übernahmen und ihn Bayer anpaßten, indem sie in ihren Nachrufen schrieben »Und mehr als wir erwarteten, hat er sich eingesetzt ...« In diesem »mehr« wurde eine hervorragende Eigenschaft in Bayers caritativem Wirken betont: seine Fähigkeit, komplizierte und dringende Probleme unbürokratisch, ideenreich und rastlos anzugehen und so eine höchste Effektivität zum Wohle des Einzelnen zu erreichen. Bayer war das Gegenteil eines seelenlosen Apparatschiks, der ängstlich nach einem vorgelegten Muster arbeitet und nicht flexibel genug ist, um auf wechselnde Verhältnisse schnell zu reagieren.

In seinem ausführlichen und kompetenten Nachruf, der in mehreren Zeitschriften publiziert wurde[74], wies der ehemalige Leiter der Informationsabteilung der C.I., Dr. Nikolaus Frank, darauf hin:

> »Caritasarbeit ohne fachliches Können ist ein Luxus, den man sich heute nicht mehr erlauben kann. Aber gerade dadurch droht ihr ... eine andere Gefahr: die Verbürokratisierung, die den Geist tötet und lebendige christliche Nächstenliebe zur Aktenschieberei degradiert. Diese doppelte Komponente – fachliches Können gepaart mit unbürokratischen und unkonventionellen Methoden – war denn auch charakteristisch für sein Wirken und ist mit der Schlüssel für die Erfolge, die er zu verzeichnen hatte, wie auch die Erklärung für die Rückschläge, die er hinnehmen mußte.«

Die »doppelte Komponente« in Bayers Wirken erwähnten die meisten Publizisten der Nachrufe, die durchweg in einem freundlichen, aber nicht verherrlichenden Stil verfaßt waren[75]. Auch der L'Osservatore Romano, der den offiziel-

---

74 Vgl. N. FRANK, ebd.
75 Es gab mehrere Nachrufe der KNA und anderer Presseagenturen. In den meisten kirchlichen Publikationen erschienen Würdigungen (vgl. beispielhaft den Nachruf im

len Nachruf des Sekretariates der C.I. übernahm, sprach von »zwei Feldern«, die Bayer erfolgreich ausfüllte:

> »Zwei Felder sind es, auf denen Msgr. Bayer, der 1962 zum Prälaten Seiner Heiligkeit ernannt wurde, eine erstrangige Rolle in der katholischen Welt einnahm: die Soforthilfe für die Opfer von Katastrophen und Kriegen und die Hilfe für die Entwicklungsländer. Schon Ende der fünfziger und Anfang der sechziger Jahre wies er darauf hin, daß sich das Problem des Hungers in der Welt nicht anders gültig lösen läßt, als in den Kategorien einer autonomen Entwicklung. So erreichte er auf seinen vielen Reisen, daß sich in vielen Ländern der Dritten Welt nationale Caritas-Organisationen als kirchliche und autonome Körperschaften entwickelten.«[76]

Ohne auch nur im geringsten eine vollständige Übersicht über die im Januar und in den folgenden Monaten des Jahres 1977 erschienenen Nachrufe erreichen zu wollen, seien hier beispielhaft noch einige Zeilen zitiert, die für den »Heimatbrief der Katholiken des Erzbistums Breslau« verfaßt worden sind. Der Autor, Apostolischer Visitator Hubert Thienel, beobachtete über Jahrzehnte das Wirken Bayers und konnte aus persönlicher Begegnung berichten:

> »Als ich ihm zum ersten Mal begegnete, nannte alle Welt ihn Don Carlo; und alle Welt wußte, daß es keine Schwierigkeit, keine organisatorische Panne gab, die mit seiner Hilfe nicht aus der Welt zu schaffen wäre. Er kannte Rom und die Römer, – er war selbst einer geworden ...
> Er half schnell, denn er hatte die Caritas Internationalis zu einem wirksamen Instrument ausgebaut und funktionstüchtig gemacht. Und er war jederzeit erreichbar, nicht nur in seinem Büro im Palazzo San Calisto in Trastevere, sondern auch in seiner Wohnung; erreichbar auch für alle Not, erst recht für aussichtslos scheinende ...
> Der Ruhelose ruht in römischer Erde, im Schatten der Kuppel von St. Peter. Jeder, der ihn kannte, weiß, daß er nun heimgekehrt ist.«[77]

Würzburger »Sonntagsblatt«, Nr. 5, 30. Januar 1977, der vom Mitstreiter Bayers aus dem Hl. Jahr 1950, Dr. Helmut Holzapfel verfaßt wurde) aber auch kleinere Beiträge in überregionalen Zeitungen wie der FAZ.
76 L'Osservatore Romano vom 17.–18. 1. 1977.
77 4. Jahrgang, Nr. 1–1977.

Der würdige Abschied auf dem Campo Santo Teutonico

Am 21. Januar 1977 berichtete die Katholische Nachrichten-Agentur aus Rom:

»Von einer großen Trauergemeinde aus Repräsentanten der römischen Kurie und der katholischen Kirche Ost- und Mitteleuropas ist der am Sonntag, 16. Januar, verstorbene Leiter des ›Europäischen Hilfsfonds‹ und frühere Generalsekretär der Caritas Internationalis, Prälat Carlo Bayer, am Donnerstag, 20. Januar, auf dem ›Campo Santo Teutonico‹, dem deutschen Friedhof im Vatikan, zu Grab geleitet worden.

In der überfüllten Marienkirche des Campo Santo hatte zuvor der Sekretär der Polnischen Bischofskonferenz, Weihbischof Bronislaw Dabrowski, Warschau, das in Konzelebration gefeierte Requiem geleitet. Die Predigt hielt der Sekretär der Deutschen Bischofskonferenz, Prälat Josef Homeyer. Die Begräbniszeremonie nahm der Rektor des Campo Santo Teutonico, Prof. Dr. Erwin Gatz, vor. Gedenkansprachen für Prälat Bayer hielten am Grab der Präsident der Caritas Internationalis und des Deutschen Caritasverbandes, Prälat Georg Hüssler, und der Leiter des Liebeswerkes ›Kirche in Not/Ostpriesterhilfe‹, P. Werenfried van Straaten O. Praem. Ein Beileidstelegramm des polnischen Primas, Kardinal Stefan Wyszynski, wurde verlesen.«

Mit diesen Zeilen waren die wichtigsten äußeren Aspekte der Beerdigung geschildert. Hier müssen jedoch auch einige sensible Aspekte Erwähnung finden, die uns auf die bestürzenden Ereignisse des Sommers 1970 zurückwerfen. Die Beerdigung auf dem Campo Santo Teutonico in unmittelbarer Nähe der Peterskirche stellte eine letzte und endgültige Rückkehr Bayers nach Rom dar – in die Stadt, die für ihn seit seiner Studienzeit einen festen Bezugspunkt in seinem ereignisreichen Leben bildete, aus der er aber aus Gründen einer tumben Diplomatie und der persönlichen Intrige vertrieben wurde. So war es für viele Freunde Bayers eine spannende Angelegenheit zu erfahren, in welcher Form sich seine Beerdigung vollziehen würde; käme es im Angesicht des Todes zu einer oberflächlichen Harmonisierung der Spannungen, würden die Intriganten von 1970 ihren Einfluß zum letzten Mal demonstrieren?

Das tatsächliche Urteil jedoch fiel überraschend eindeutig aus; alle, die Bayer die letzte Ehre erwiesen, sprachen davon, daß Bayer eine angemessene, eine würdige Verabschiedung zuteil wurde. Denen, die seine Biographie gut kannten, erschien die Beerdigung wie eine letztgültige Rehabilitierung, ein später Versuch, die Maßlosigkeit des damaligen Angriffs zurückzuweisen. Auch wenn die Auguren der Diplomatie fähig wären, die nachfolgende Liste der Trauergemeinde vielfältig zu interpretieren, so ist doch am Wesentlichen der oben gefällten Aussagen nicht zu rütteln.

»Die Trauergemeinde wurde angeführt von den fünf Kurienkardinälen Franjo Seper, Maximilien de Fürstenberg, James Robert Knox, Sergio Pignedoli und Opilio Rossi. In besonderem Auftrag des Kardinalstaatssekretärs Jean Villot nahm der Sekretär des Päpstlichen Rates ›Cor Unum‹, P. Henri de Riedmatten, an den Trauerfeierlichkeiten teil. Anwesend waren ferner der Sekretär der Kongregation für die Weltmission, Erzbischof D. Simon Lourdusamy, der Vizepräsident des Sekretariates für die Einheit der Christen, Bischof Ramon Torrella Cascante, Sondernuntius Erzbischof Luigi Poggi vom Rat für die öffentlichen Angelegenheiten der Kirche sowie Vertreter aller übrigen Kongregationen und sonstigen Behörden der Römischen Kurie.

Für das Heimatland des Verstorbenen nahmen der Botschafter der Bundesrepublik Deutschland beim Hl. Stuhl, Alexander Böker, für den Sitz des Europäischen Hilfsfonds in Wien der Vatikanbotschafter Österreichs, Gordian Gudenus, an Requiem und Beerdigung teil. Erschienen waren ferner die drei jugoslawischen Erzbischöfe Franjo Kuharic (Zagreb), Josip Pavlisic (Rijeka) und Frane Franic (Split), ein Vertreter des ungarischen Episkopats, der frühere Präsident des Zentralkomitees der deutschen Katholiken, Karl Fürst zu Löwenstein, der ehemalige Bürgermeister von Berlin und derzeitige Bundestagsabgeordnete, Franz Amrehn, die Rektoren mehrerer römischer Kollegien und Institute, die ehemalige Haushälterin Pius XII., Suor Pasqualina Lehnert, und zahlreiche Mitglieder der deutschen, österreichischen, polnischen und jugoslawischen Kolonie in Rom.«[78]

Neben den herausgehobenen Namen, an denen man die Lebensspuren Bayers nachzeichnen kann, finden sich in dem in der Marienkirche ausgelegten Kondolenzbuch etwa 500 Unterschriften von Personen, die Bayer die letzte Ehre erwiesen und vielfach im Namen eines ganzen Konvents oder einer anderen Gemeinschaft ihrer Trauer Ausdruck verliehen. In einer überraschend hohen Zahl finden sich dort Einträge von jugoslawischen und polnischen Ordensleuten und Ordensgemeinschaften. Ein weiterer Beweis dafür, daß Bayer zu einem festen Bezugspunkt für die dortige Kirche in Not geworden war.

Zu der von den Anwesenden betonten Würde der Beerdigungsfeier trugen in einem hohen Maße die ausgewählten Offizianten bei. Die Wahl des Predigers, des Sekretärs der Deutschen Bischofskonferenz Josef Homeyer, war hier von besonderer Bedeutung. Homeyer war Bayer freundschaftlich verbunden und doch weit davon entfernt, im Angesicht des Todes undifferenzierte Harmonisierung zu betreiben.

Der Ansatzpunkt seiner Begräbnishomilie bildete die Ansprache Kardinal

---

[78] Diese Aufzählung wurde der Gedenkschrift für Bayer entnommen (o. S.).

Döpfners zu Bayers 60. Geburtstag, die für Bayer eine so große Rolle spielte. Im Bezug auf das Wort von der notwendigen Sabbatruhe führte Homeyer aus:

> »Nach der Messe sagte Carlo Bayer ihm, seinem Kursgenossen vom Germanicum: Das mit Deinem schlechten Gewissen überzeugt mich nicht, wenn ich an Dein morgiges sonntägliches Arbeitsprogramm denke. Kardinal Döpfner sehr ernst und nachdenklich: Müßten wir nicht beide unruhig sein, die Schrift wirklich ernst nehmen, am Sonntag keine Verhandlungen führen und mehr ›froh vor dem Herrn stehen‹? – Wir alle waren ob seines Ernstes betroffen.«

Die Worte Döpfners bekamen viel früher als erwartet eine existenzielle Bestätigung: er selbst starb an einem Samstagmorgen (24. Juli 1976), Bayer hingegen an einem Sonntagmorgen. »Zufall?« fragte der Prediger. »Nein, Gottes Antwort! Gottes gelassene, Gottes lächelnde Antwort. Gottes Spiel! Sie *haben* am Herrn Freude!«

Prälat Homeyer erinnerte an die wichtigsten Stationen von Bayers Leben, an seine Verbundenheit mit der schlesischen Heimat, mit Obernigk, Trebnitz und der heiligen Hedwig, und an die Tatsache, daß er vierzig Jahre lang fern seiner Heimat leben mußte: »Er hatte seinen Platz verloren, um an einem anderen wirksam zu werden.« Und diese Wirksamkeit bleibt für immer mit der Caritas Internationalis verbunden:

> »Zwanzig Jahre im Dienst der Caritas Internationalis. Ruheloses Bemühen, ›sein Reich durch die tätige Liebe sichtbar zu machen‹, wie er im Vorwort zu seinem Testament schreibt.
> Er ging nicht freiwillig. Er ging schweren Herzens. Drei Jahre später, an jenem Abend in München, fragte ihn Kardinal Döpfner, ob er nicht angesichts seiner neuen Tätigkeit zufrieden sei. Carlo Bayer: Ich bin glücklich, ich bin dankbar!«

Bei seiner neuen Aufgabe in Wien ging es Bayer um mehr als nur um finanzielle Hilfe, ja mehr als um Kontakte und Begegnungen. Die letzten Motivationen seines Tuns erblickte der Prediger in der religiösen Berufung:

> »Er wollte helfen, daß die Botschaft Christi verkündet und gelebt werden kann. Er wollte ›für den Herrn und für die anderen‹ da sein. Er wollte die Grundlage, den Glauben, künden und leben helfen, damit mehr Liebe ist. Er schuf Vertrauen, er entzündete Liebe. Er wurde ein Mittler zwischen Völkern.«

Der Weg des Mittlers wurde oft durchkreuzt, seine Pläne und die Antwort Gottes fielen nicht immer in eins. Und doch war es diese Glaubensschule mit ihren Ölbergstunden, die das auf Bayers Leben angewandte Wort des Apostels Paulus ermöglichte:

> »Und mehr als wir erwarteten, hat er sich eingesetzt, zunächst für den Herrn, aber auch für uns. Denn so hat Gott es gewollt!«[79]

Auch die Worte am Grab, die Prälat Georg Hüssler und Pater Werenfried van Straaten sprachen, betonten die unlösbare Verquickung eines erfolgreichen Lebens und einer immer wieder neu zu bestehenden Glaubensschule; den Kampf, den Bayer zu führen hatte, und dies nicht für sich selbst, sondern für die Flüchtlinge, die Verfolgten und Unterdrückten. »Gottes Urteil wird mild sein!« rief Pater van Straaten an Bayers Grabe aus. Und Georg Hüssler gebrauchte ein weiteres biblisches Bild, um sein Gedenken auszudrücken:

> »Carlo Bayer war der kluge Knecht, der stets auf die Stimme der Kirche hörte, auch wenn sie ihn schwere Wege führte. Und er war der treue Knecht, der unverdrossen diese Wege ging und stets in unerschöpflicher Phantasie neue Nöte aufdeckte und das moderne caritative Organisationswesen in den Dienst der leidenden Menschen zu stellen verstand.
> Heute erfahren wir, daß von ihm auch das Wort des Herrn gilt: ›Wenn ihr all das getan habt, sollt ihr wissen, daß ihr unnütze Knechte seid.‹ Wir danken dem Herrn, daß wir ihn haben durften.«[80]

Schlußbetrachtung:
Fesseln der Geschichte und Freiheit des Charisma

Carlo Bayers Leben war zutiefst von den zeitgeschichtlichen Umbrüchen des 20. Jahrhunderts geprägt. In ihren verwirrend rasch sich verändernden Zeiten und Räumen begleiteten sie sein Leben, forderten ihn heraus, deckten seine Stärken und Schwächen auf.

Bayers Geburt im Jahre 1915 fiel in die Wirren des Ersten Weltkrieges, und dieser Krieg nahm ihm seinen Vater, einen wichtigen Bezugspunkt der kindlichen Entwicklung. Dieser Mangel wurde durch die lebendigen Strukturen seiner schlesischen Heimat aufgefangen. In dem überschaubaren, geordneten Raum

---

79 Alle Zitate der Predigt Homeyers ebd.
80 Ebd. Es sei noch erwähnt, daß man auch in Wien Bayers würdig gedachte. Am 10. Februar 1977 feierte der Erzbischof von Salzburg, Karl Berg, im Wiener Stephans-Dom ein Requiem, in dem der Wiener Augustinerchor das Mozart-Requiem sang. Prälat Kostelecky betonte in seiner Ansprache Bayers vorausschauendes Denken in Fragen der Entwicklungshilfe.

von Obernigk fiel er auf: durch seine von der Mutter vermittelte natürliche Frömmigkeit, durch seinen Fleiß und seine vielfältige Begabung. Zwei schlesische Pfarrer nahmen sich in der Selbstverständlichkeit ihres Dienstes des Halbwaisen Bayer an und begleiteten ihn bis zum Abitur und darüberhinaus in seinem Wunsch, katholische Theologie zu studieren. Die Begleitung förderte seine Anlagen, doch sie war nicht stur und bestimmend. Bayer konnte sich in seinen Jugendjahren der Welt öffnen; diese Öffnung erschloß ihm einen Horizont an Freiheit und Charisma, der nie mehr verengt werden sollte. Das Trebnitzer Gymnasium hatte nichts Provinzielles an sich und bot Räume für selbstbewußte Anfragen. Noch mehr der Bund Neudeutschland, der auf festen Prinzipien aufbaute und doch die jungen Menschen an die Freiheit und die Stärke des menschlichen Willens erinnerte. Dieses Wechselspiel nahm Bayer begierig auf und sein Dank hierfür war ein intensives Engagement.

Mit diesem Rüstzeug konnte er auch auf seiner nächsten Station bestehen, im Erleben jener berühmten Institution, die für die deutsche Kirche mehr Bischöfe und Kardinäle hervorgebracht hatte als alle anderen, die aber die Prinzipien ihres Seins ihrem geistlichen Vater, Ignatius von Loyala, verdankte. Lassen sich aber der Glaube und die Charismen mit den Faktoren des Gehorsams und der Unterwerfung in eine lebensnahe Beziehung bringen? Ist nicht der freien Entwicklung, ja dem Walten des Geistes Gottes ein grundsätzlicher Vorrang einzuräumen?

Für Bayer stellten sich diese Fragen während seiner Studienzeit im Germanikum existentiell. Die sieben Jahre im roten Talar waren ihm eine Herausforderung an Willensstärke und Selbstdisziplin. »Durchtragen« und »Durchringen« waren Stichworte, die er in dieser Zeit seinen engen Freunden anvertraute. Doch der Inhalt gerade solcher Stichworte sollte bald das alltägliche Dasein prägen. Ende des Jahres 1940, nur zwei Monate nach seiner Priesterweihe, wurde Bayer zum Militär eingezogen und mußte den mörderischen Zweiten Weltkrieg bis zu seinem bitteren Ende im Mai 1945 miterleben. Aus dieser Not machte er eine Tugend und entwickelte in diesen Jahren die Eigenschaften, die in seinen Gymnasialjahren ihren Ursprung besaßen und die bald sein caritatives Wirken prägten. Im Mittelpunkt seines Bemühens stand immer der Mensch, und zwar nicht der Mensch in der Masse, sondern der Einzelne mit seinen Nöten und Kämpfen, mit seiner Verzweiflung. Um ihm helfen zu können, ist der gute Wille allein nicht genug. Kompetenz ist gefragt, Organisationstalent, rasche Auffassungsgabe. Das alles sind Gegensätze zu den Eigenschaften eines phantasielosen Bürokraten, es sind Charismen. Der Buchstabe tötet, der Geist befreit.

Wenn man nun nachfragt, was diese Eigenschaften mit dem Soldatenleben Bayers zu tun haben, so ergibt sich die Feststellung eines Kriegskameraden, eines evangelischen Pastors: Er blieb auch als Soldat Priester und Christ. In dem Unabänderlichen der Historie suchte er nach Zäunen, durch die Menschlichkeit eindringen konnte. Wie für so viele Menschen seiner Generation blieb auch für Bayer diese Zeit ein Leben lang lebendig, er ließ sich von ihr in Frage stellen. Hinzu kam der Verlust seiner schlesischen Heimat, die er dreißig Jahre nicht wiedersehen sollte. Aus dem aus Obernigk stammenden Priester Karl Johannes Bayer wurde der Wahlrömer Don Carlo Bayer. Zu dieser Stadt, an die er durch zeitgeschichtliche Umstände gekettet wurde, entwickelte er seine große Liebe, ohne die Fähigkeit zur Kritik zu verlieren. Er durfte in ihr wirken, ja er nahm unter den in ihr lebenden Deutschen eine herausragende Stellung ein. Und doch verlor er sich nie im Machtrausch, er lernte, Distanz zu wahren und zu unterscheiden. Die Erfahrungen mit den Autoritäten des Germanikums, die Erfahrung mit seinen soldatischen Vorgesetzten machte ihn hellhörig. Tradition ist kostbar, doch sie kann auch fesseln. Gehorsam ist notwendig, doch er kann auch zerstören. Hierarchie gibt Sicherheit, doch sie muß den Kontakt mit dem Boden bewahren.

Diese Prinzipien, entwickelt in den ersten drei Jahrzehnten seines Lebens, prägten auch sein 25jähriges Wirken im Dienst der kirchlichen Caritas. Heerscharen der Elenden warten auf schnelle Hilfe, jeder bejaht diesen Dienst. Und doch erfuhr Carlo Bayer mehr als einmal die Wahrheit des Satzes seines Lehrmeisters Ferdinando Baldelli: »Wie schwer ist es, Gutes zu tun!«. Wenn man Bayer zu Recht als Pionier der internationalen Caritas bezeichnet, so sind auch mit seinem Wirken alle Merkmale verbunden, die zu Pioniertaten untrennbar gehören. Neue Wege sind zu beschreiten, Vorurteile sind abzulegen, Trägheit muß überwunden werden und Kenntnisse verlangen nach ständiger Erweiterung. Die Rückseite eines solchen Tuns ist nicht ungefährlich; im Beschreiten neuer Wege können die bislang gültigen als antiquiert und unzureichend erkannt werden, manches Bequeme und Liebgewordene wird fallengelassen. Das gefällt nicht allen Betroffenen, die nicht ungern auf Krisen und Rückschläge warten.

Seine umfassende Kompetenz bewahrte Bayer vor permanenten Anfechtungen in seinem Tun, doch sie ersparte ihm nicht die eine, fast alles entscheidende Ölbergstunde im Sommer des Jahres 1970. Ging Bayer tatsächlich zu weit? Oder schätzte er nur seinen Opponenten falsch ein? Verlor er in seinem Engagement für Biafra seine Distanz und Neutralität? Oder handelte er zu naiv, da er die Macht der Diplomatie nicht wahrnahm?

Ein Satz sollte uns im Gedächtnis bleiben, die Aussage des damals Gescheiterten: »Ich zweifle nicht daran, daß ich Fehler gemacht habe. Ich stand vor der Alternative *so* zu helfen oder nicht zu helfen. Ich habe so geholfen.« Dieses Eingeständnis Bayers darf dem Historiker nicht die Augen vor der Tatsache verschließen, daß seine Fehler von anderen Personen begierig aufgenommen wurden und daß es auch im »Fall Bayer« zu der sprichwörtlichen Undankbarkeit des Vatikans gekommen ist.

Bayer litt und ging. Nein, er wurde vertrieben.

Vier Jahre vor seinem Tod feierte er am Grabmal der hl. Hedwig in Trebnitz eine Hl. Messe. »Natürlich als Dankamt!« sagte er zu seinen Begleitern. Und Dank zu sagen gab es genug für ein Leben, das Bayer – nach dem griffigen Wort eines Helfers auf dem biafranischen Flugplatz Uli – zum Feuerwehrmann Gottes gemacht hat, zu einem mit einem großen Herzen.

Quellen- und Literaturverzeichnis

Vorbemerkung

Das Verzeichnis umfaßt die wichtigsten benutzten Quellen. Periphere Quellen (Zeitungs- und Zeitschriftenartikel, Mitteilungen der Presseagenturen) werden nicht aufgeführt. Hier sei auf die jeweilige Anmerkung verwiesen.
Die aufgeführte Korrespondenz (Briefe) wird in der Regel nicht mehr eigens datiert. Auch hier sei auf die jeweilige Anmerkung verwiesen.
Der Verfasser bedankt sich sehr herzlich für jedwede Hilfestellung bei der Suche nach Materialien und Dokumenten!

A. Ungedruckte Quellen (Archive)

1. Stefan-Andres-Archiv in Schweich
– Korrespondenz Stefan Andres mit Carlo Bayer (1946)

2. Archiv der Caritas Internationalis Rom (Das Archiv besitzt keine genauen Faszikel)

BAYER, Carlo, Annual Report of the Relief Programme to Biafra, Rome 1969.
– Referat für den Zentralrat des DCV am 6. 10, 1953 (Manuskript).
– Tätigkeitsberichte des Generalsekretärs der Caritas Internationalis 1952–1969 (in mehreren Sprachen).
Korrespondenzen:
  Giovanni Montini mit Ferdinando Baldelli (1950–1955)
  Giovanni Montini mit Giuseppe Crivelli (1952)
  Georg Hüssler mit August Vanistendael (1967)
Protokolle der Generalversammlungen der Caritas Internationalis I – VIII (1951–1969) – in mehreren Sprachen.
Protokolle und Zusammenfassungen der Sitzungen des Exekutivkomitees der Caritas Internationalis 1–35 (1951–1970) – in mehreren Sprachen.
QUINLAN, Robert, C.I.D.S.E. An Entity for Cooperation of Catholic Assistance to developing countries, Genf 1968 (Manuskript).
Statuten der Caritas Internationalis. Ausgabe 1951 (= Provisorische Statuten) und 1969 (in mehreren Sprachen).

2. Archiv des Europäischen Hilfsfonds in Wien (Bedingt einsehbar)

BAYER, Carlo, Manuskript zur Sendung des Bayerischen Rundfunks »Brücke zum Osten. Der deutsch-österreichische Hilfsfonds.« Sendetermin: 23. Dezember 1974.
Dossier: Zur Lage der Kirche in den osteuropäischen Ländern (verfaßt 1976).
PINCI, Ottilie, Bericht über die Anfänge des Europäischen Hilfsfonds, Rom 1983 (private Denkschrift).
Projektdarstellungen: Die beschriebenen Projekte und ihre Entwicklung (Korrespondenz, Kostenaufstellungen, etc.) sind bedingt im Archiv einsehbar.
RESTER, Bartholomäus, Bericht über die Entwicklung der Ostkirchenhilfe in den Jahren 1956–1983, Passau 1984 (private Denkschrift).
Persönliche Erinnerung an den am 16. 1. 1977 in Rom verstorbenen Generalsekretär des Europäischen Hilfsfonds in Wien, Prälat Carlo Bayer, Passau 1984 (private Denkschrift).

3. Erzbischöfliches Archiv Freiburg

Nachlaß Erzbischof Konrad Gröber. Hier: Faszikel 58.57.

4. Archiv des Pontificium Collegium Germanicum et Hungaricum Rom

Sammlung: Briefe des XX. Jahrhunderts: Briefe Carlo Bayers aus dem Krieg 1940–1944. Brief Ivo Zeigers an Frau Pauline Bayer (1940). Carlo Bayers »Rundbrief« (1943). Personalakte Carlo Bayer (Aufnahmeverfahren): Carlo BAYER, Mein Bildungsgang (1934). Erich HERRMANN, Sittenzeugnis (1934). Paul LUKASZCZYK, Zeugnis an den Rektor des Germanikums (1934). Johannes SCHMIDT, Zeugnis an den Rektor des Germanikums (1934).

5. Privatarchiv Frau Maria Malik (Allee 4, 3577 Neustadt/H.)

Korrespondenz Carlo Bayers mit:
- Frau Pauline Bayer (Mutter) 1934–1953.
- Friedrich Bischoff
- Erich Herrmann
- Ernst Jünger
- Kuno Jörger
- Josef Kreutzer
- Heinrich und Wilhelmine Lübke
- Josef Negwer
- Konstantin Noppel
- Ferdinand Piontek
- Rudolf Rahn
- S. R.
- Karl Schenke
- Wilhelm Schulte zur Hausen
- Hans Struth

Einzelne Briefe:
- Das Fürstbischöfliche Theologische Konvikt Breslau an Karl Bayer (14. 5. 1934 und 17. 6. 1936)
- Ferdinando Baldelli an Amleto Giovanni Cicognani – Kopie –
- Ferdinando Baldelli an Julius Döpfner – Kopie –
- Ferdinando Baldelli an Ferdinand Piontek – Kopie –
- Giovanni Benelli an Julius Döpfner (6. 8. 1971) – Kopie –
- Julius Döpfner an Giovanni Benelli (17. 7. 1970 und 3. 11. 1970) – Kopien –
- Benedikt Kreutz an Ferdinand Piontek – Kopie –

6. Privatarchiv des Verfassers

BAYER, Carlo Curriculum Militare (1970) – Kopie –
–, Pro Memoria (1962; 23. 6. 1970; 18. 9. 1970) – Kopien –
–, Erklärung für das 35. Exekutivkomitee (18. 9. 1970) – Kopie –
DANIELS, Hans, Zusammenfassung des Berichtes im »Fall Bayer« vom 21. 9. 1970.
Korrespondenz des Autors mit: Ekkehard Eichberg, Josef Homeyer, Franc Kramberger, Fritz Stricker, Hanns Striefler, Wilhelm Seidel.

7. Archiv des World Church Council (WCC), Genf

Zusammenfassende Berichte (»Minutes«) der Sitzungen der »Joint Working Group« und der »Working Party on Emergency Aid and Development Aid«, Genf 1965–1969 (bedingt einsehbar).

B. Gedruckte Quellen

Anno Santo 1950. Fünfzehn Monatshefte über den Verlauf des Heiligen Jahres 1950. Von November 1949 bis Januar 1951, Würzburg 1949–1951.
L'Anno Santo 1950. Cronnistoria del grande giubileo a cura del Comitato centrale A.S. Volume I und II, Città del Vaticano 1952.
Caritas – Zeitschrift für Caritaswissenschaft und Caritasarbeit. Herausgegeben vom Deutschen Caritasverband Freiburg. Benutzte Ausgaben: 66 (1965) Heft 7 und 78 (1977) Heft 2.
Caritas. Rivista Mensile della Pontificia Opera di Assistenza, Anno XV – N.8–9, Agosto-Settembre 1963, Roma 1963.
Caritas – Atti dell'incontro internazionale. Giornati di studio sulla carità, Roma o. J. (1950/1951).
Caritas Internationalis, 25 Jahre Caritas Internationalis. Hg.: Caritas Internationalis, Rom 1975.
Caritas Internationalis, Report oft the VIII General Assembly, Rome 1969.
DALY, John A./SAVILLE, Anthony G., The History of Joint Church Aid Volume I–III, Copenhagen 1971 (zitiert als D–S).
DORN, Luitpold A./HOMEYER, Josef (Hg.), Carlo Bayer – Nachruf-Schrift, Bonn-Rom 1977.
Heimatbrief der Katholiken des Erzbistums Breslau (Münster), 4 (1977), 1.
Intercaritas, Deutschsprachige Ausgabe, Informationsdienst der Caritas Internationalis, Rom/Vatikanstadt 1955–1970.
JOACHIM, Hermann, Chronik der Stadt Trebnitz, Trebnitz 1914 (Privatdruck).
Der Leuchtturm. Monatszeitschrift der Neudeutschen Jugend. Jahrgänge 1931–1935.
Pater Ivo Zeiger SJ 1898–1952. Zur 25. Wiederkehr seines Todestages am 24. Dezember 1977. Herausgegeben von der Markt- und Pfarrgemeinde Mömbris 1977.
ROSE, Georg Peter, Aus der Obernigker Chronik, Überlingen 1979/1983 (Privatdruck).
STEHLE, Hans-Jakob in: Die Zeit, Nr. 19 – 4. Mai 1984 (»Zeit-Dossier«).

C. Allgemeines Literaturverzeichnis

1. Benutzte Lexika und Enzyklopädien:

Handbuch der historischen Stätten – Schlesien. Herausgegeben von Hugo WECZERKA, Stuttgart 1977.
Lexikon der deutschen Geschichte. Herausgegeben von Gerhard TADDEY, Stuttgart 1977 (Sonderausgabe 1979).
Lexikon für Theologie und Kirche. Herausgegeben von Josef HÖFER und Karl RAHNER, 14 Bände, Freiburg 1968 (Sonderausgabe 1986).
Propyläen Welt-Geschichte. Herausgegeben von Golo MANN, 10 Bände, Frankfurt-Berlin 1960–1964 (Sonderausgabe 1986).

2. Darstellungen

BANKE, Hugo, Geschichte der evangelischen Kirchengemeinde Obernigk, Breslau 1935.

BARRY, Colman J., American Nuncio Cardinal Aloisius Muench, Collegeville 1969.

BÖHME, Kurt W., Die deutschen Kriegsgefangenen in amerikanischer Hand (= Band X/2 des von Erich Maschke herausgegebenen Werkes: Zur Geschichte der deutschen Kriegsgefangenen des Zweiten Weltkrieges), München 1973.

BROCKDORFF, Werner, Flucht vor Nürnberg, München-Wels 1969.

EMANUEL, Isidor Markus, Sieben Jahre im roten Talar. Römische Erinnerungen eines Germanikers, Speyer 1970.

ESCH, Ludwig (Hg.), Normannstein. Vom 4. Neudeutschen Bundestag 1922, Köln 1922.

FORSYTH, Frederick, Biafra-Story. Bericht über eine afrikanische Tragödie, München 1976.

FRACCHIA, Emilio, Caritas En America Latina, Volumen I und II, Quito – Ecuador, 1987.

FRANZEN, August, Kleine Kirchengeschichte, Freiburg ⁹1980.

GATZ, Erwin (Hg.), Hundert Jahre Deutsches Priesterkolleg beim Campo Santo Teutonico, Freiburg-Rom 1977.

HANNSLER, Bernhard, Der Campo Santo Teutonico in Rom (Kunstführer), München 1974.

HUDAL, Alois, Römische Tagebücher. Lebensbeichte eines alten Bischofs, Graz 1976.

HÜSSLER, Georg, Brüderlich teilen – gemeinsam handeln, in: Schober, Georg (Hg.), Haushalterschaft als Bewährung christlichen Glaubens, Stuttgart 1981.

KLEIN, Charles/COLSON, Jean, Jean Rodhain. Pretre 2 Bde.: Tome I, Paris 1981 und Tome II, Paris 1984.

KLEINEIDAM, Erich, Die katholisch-theologische Fakultät der Universität Breslau 1811–1945, Köln 1961.

LEHNERT, Pascalina, Ich durfte ihm dienen, Würzburg ⁴1983.

LICHTENSTEIN, Heiner, Angepaßt und treu ergeben. Das Rote Kreuz im ›Dritten Reich‹, Köln 1988.

QUARTA, Hubert Georg, Heinrich Lübke. Zeugnisse eines Lebens – Versuch einer biographischen Darstellung, Buxheim 1978.

Schlesische Priesterbilder Band 5. Herausgegeben von Joseph GOTTSCHALK, Aalen 1967.

SERENY, Gitta, Am Abgrund, Frankfurt-Berlin-Wien 1979.

WOLFF, Helmut, Die deutschen Kriegsgefangenen in britischer Hand. Ein Überblick (= Band XI/1 des von Erich MASCHKE herausgegebenen Werkes: Zur Geschichte der deutschen Kriegsgefangenen des Zweiten Weltkrieges), München 1974.

WOLLASCH, Hans-Josef, Humanitäre Hilfe für Deutschland nach dem Zweiten Weltkrieg, Freiburg 1976.

ZENDER, Johannes, Neudeutschland. Erinnerungen, Freiburg 1949.

Namensregister

Nähere Angaben (Titel, Beruf) nur bei notwendiger Verdeutlichung, z.B. bei fehlenden Vornamen.

Adenkule (Colonel) 253, 265
Agnelli, Gianni 291
Altaner, Berthold 35
Amrehn, Franz 367
Andres, Dorothee 81
Andres, Stefan 77, 79–81
Awolwo (Minister) 314

Baensch, Oskar 119
Bafile, Corrado 320, 328
Baggio, Sebastiano 165f., 169
Baldelli, Ferdinando 84–86, 94f., 128, 131f., 134–138, 140f., 143, 145, 151, 172f., 187, 189, 212, 232f., 322, 371
Ballestrem (Familie) 119
Banke, Hugo 17f.
Barbie, Klaus 95
Barry, Colman 73
Baudouin I. (König) 214
Baum, William 198
Bayer, Karl (Vater) 18, 369
Bayer, Pauline (Mutter) 18f., 25, 43, 51, 53f., 56f., 61, 75, 132f., 363, 369
Bea, Augustin 198
Becker (Pater) 63
Benelli, Giovanni 233, 294, 299, 319–331, 333–337
Berg (General) 276
Berg, Karl 369
Bergengruen, Werner 33
Bertram, Adolf 34, 37, 91
Bianchi, Lawrence 230
Bilour, Elene 204, 207
Birgitta (Heilige) 39
Bischoff, Friedrich 92–94
Böhme, Kurt 65, 76, 79
Böker, Alexander 367
Bonneric, Maurice 233f., 321, 323–325, 330, 337–339
Bormann, Martin 103
Borromäus, Karl (Heiliger) 18, 33
Borucki (Pater) 32
Bosco, Giovanni (Don) 29, 33

Bourbon-Parma, Cecilia 283
Brandt, Willy 301
Brockdorff, Werner 95, 100f.
Brössling, Maria 89
Brzoska, Emil 119
Bucko, Giovanni 149, 212
Byrne, Anthony 238, 262f., 266–269, 278, 281, 284f., 299f., 303, 306

Camara, Helder 162, 192
Cascante, Ramon 367
Cauwe (Msgr.) 225
Chiarlo, Carlo 73f.
Ciognani (Kardinal) 212
Clay, Lucius D. 111
Colson, Jean 233
Conway (Msgr.) 259f., 290
Cooke, Leslie 198f.
Crivelli (Msgr.) 128, 131, 143
Cserháti, József 43
Cunningham (Pater) 300

Dabrowski, Bronislaw 362f., 366
Daly, John A. 238ff.
Daniels, Hans 292, 297, 320, 322f.
Dellmann, Max 61
Depuis-Marstaller, Gertrude 98f., 105
Deym (Graf) 31
Döpfner, Julius 43, 203, 212, 220, 320, 328–330, 333–339, 354–360, 363, 367f.
Doran, Dermot 262
Dorn, Luitpold A. 153, 282, 305, 327f., 363
Draganović, Krunoslav 96, 99, 103f.
Drzećnik, Maximilian 222f.
Duprey, Pierre 198
Durand-Flores (Pater) 167
Doyle, Larry 295, 297

Eckert, Alois 90
Eichberg, Ekkehard 21, 34–36
Eichmann, Adolf 95
Eisenhower, Dwight D. 73
Emanuel, Isidor M. 39–42, 50

377

Endrey, Mihaly 176f.
Engelbert (Priester) 119
Esch, Ludwig 27f., 32f., 358

Faulhaber, Michael von 79
Fieger (Mitstudent) 46
Finkel, Johannes 115
Flour, Gustave 225
Forster, Karl 340f., 359
Forsyth, Frederick 238ff.
Fracchia, Emilio 168, 170
Frank, Nikolaus 235, 364
Franic, Frane 367
Franzen, August 190
Frings, Josef 79, 110f., 209, 217
Froehling, Friedrich 127
Fürstenberg, Maximilien de 367
Furchner, Klaus 118

Galdos (Pater) 63
Galen, Clemens August von 79
Gatz, Erwin 209, 366
Gauthiers (Abeé) 192
Gawlina, Joseph 149
Geißel, Ludwig 277f., 306
Gerö, Ernö 171
Goethe, Johann Wolfgang von 22
Gowon, Yakubu 241, 244–247, 254, 260, 265f., 328
Gramer, Dionys 115
Gröber, Konrad 87
Gudenus, Gordian 367
Gugumus, Emil 209, 211
Gypken (Pater) 287

Haase, Felix 34f.
Haile, Selassie 321
Hamer, Jean-Jérôme 198
Hannsler, Bernhard 209
Hedwig (Heilige) 17, 19f., 361, 368, 372
Heinemann, Karl 112
Heinrich I. (Herzog) 19f.
Helfritz (Dozent) 34
Hengen, Jean 43
Hemes (Msgr.) 138
Herrmann, Erich 18f., 22–25, 33f., 36f., 51, 61, 75f., 86, 89
Heuss, Theodor 213
Hinterseher, Magdalena 115
Hlond, Augustin 91

Höffner, Josef 223, 342, 364
Hoffmann (Mitschüler) 22
Hoffmann, Theo 28
Holland, Thomas 198
Holtei, Carl von 17
Holzapfel, Helmut 106, 117, 365
Homeyer, Josef 153, 357, 361–363, 366–369
Hudal, Alois 96, 99–101, 104f.
Hüssler, Georg 195, 226, 269, 277f., 286, 311f., 354, 359f., 366, 369
Hundhausen, Carl 212

Ignatius von Loyola 39, 48, 370
Ironsi (General) 243f.

Jansen (Botschafter) 213
Jedin, Johannes 89, 132
Joachim, Hermann 20
Jochum, Eugen 133f.
Jochum, Maria 134
Jörger, Kuno 136, 212
Johannes XXIII. (Papst) 183f., 190, 212
Johnson (Flugkapitän) 310
Johnson, Lyndon B. 256
Jünger, Ernst 82f.
Julius III. (Papst) 40

Kaas, Ludwig 108
Kádár, János 171
Kennedy, Raymond 262, 290
Kindermann, Adolf 119
Kirkley, Leslie 253
Klein, Charles 233
Kleineidam, Erich 34f.
Knox, James Robert 367
König, Franz 344, 359, 363f.
Kostelecky, Alfred 137, 340, 359, 369
Kramberger, Franc 222
Kreutz, Benedikt 94f.
Kreutzer, Josef 84
Kuharic, Franjo 367
Kühl, Lothar 269
Kuhn (Lehrer) 21f.

Lardone (Nuntius) 167
Láschló, Stefan 340
Le Fort, Gertrud 39
Lehnert, Pasqualina 85, 367
Lemm, Carmen 204, 207

Lersch, Heinrich 22
Lichtenstein, Heiner 101
Löwenstein, Alois zu 110
Löwenstein, Karl zu 110f., 367
Lombardi (Nuntius) 161
Lorscheider, Aloisio 320
Louis, Peter 110, 114, 116
Lourdusamy, D. Simon 367
Lübke, Heinrich 121, 204–208, 213f., 358
Lübke, Wilhelmine 121, 204–208, 354, 358f.
Lugard (Lady) 240
Lukaszczyk, Paul 36f.

Maier, Friedrich Wilhelm 34f.
Mensa (Nuntius) 163
Mercati, Giovanni 102
Mindszenty, Jozsef 172
Miss, Vittorio 235, 342, 363
Moeller, Charles 192
Mojekwu, C.C. 300f.
Mollerup, Vigor 238, 278
Montini, Giovanni: siehe Paul VI.
Muench, Aloisius 74
Müller, Franz 110, 127f., 131
Muschadek (Ehepaar) 102

Naber (Pater) 63
Nagy, Imre 171
Negwer, Josef 91f., 133
Nenni, Pietro 301, 303
Neuhäusler, Johannes 110
Nietzsche, Friedrich 41
Nixon, Richard 256
Nordhoff, Heinz 205
Noppel, Konstantin 36–38
Norris (USA) 139f.
Norris, William 264

O'Grady, John 128, 136, 139, 143, 189
Ogundipe (General) 245
Ojukwu, Odumegwu 242, 244f., 246–248, 250, 260, 266, 283, 298–302, 306, 328
Okoje, Godfried 300, 303
Olbrisch, Alex 38
Orsenigo, Cesare 71f.

Parsons, James 99
Paul VI. (Papst) 126, 128, 135f., 143, 190f., 194, 200f., 212, 227f., 230f., 259, 291, 299, 303–305, 358

Paulai, Karoly 173f., 176, 339–341
Pavlisic, Josip 367
Pedini, Mario 301
Perón, Evita 163f.
Perón, Juan Domingo 163f.
Pfeiffer (Msgr.) 171, 176
Pignedoli, Sergio 367
Pinci, Ottilie 342
Piontek, Ferdinand 84, 89, 91f., 94, 119, 131–133, 341
Pius XI. (Papst) 22
Pius XII. (Papst) 71f., 76–78, 84f., 87, 106–108, 126, 134, 136, 159, 212
Poggi, Luigi 367
Preysing, Konrad 79
Prohaska, Harald 301

Quarta, Hubert Georg 204
Quinlan, Robert 195

Rahn (Botschafter) 79
Raitz von Frentz, Edmund 112, 115
Rauff, Walter 96
Reitzer, Wilhelm 342
Rester, Bartholomäus 177, 202f.
Riberi (Erzbischof) 71, 76
Riedel (Pater) 87
Riedlinger, Helmut 109
Riedmatten, Henri de 367
Riendeau (Abeé) 330
Rochcau (Msgr.) 259f., 290
Rodhain, Jean 128, 131, 136, 146, 149, 189f., 195, 200, 207, 227f., 231–234, 287–289, 299, 311, 313f., 319f., 322f., 324f., 326f., 329, 330f., 337
Rose, Georg Peter 17
Rosen, van (Flugkapitän) 270
Rossi, Opilio 367

Saragat, Giuseppe 303
Sark (Holland) 139, 169
Saville, Anthony 238ff.
Schaffran, Gerhard 341
Schaubert, Carl Wolfgang 17
Schenke, Karl 92
Schirmeisen, Georg 18–20, 51, 61
Schlink, Edmund 198
Schmidt, Johannes 23f., 36
Schmitz, Theo 49, 103

Schot, Wim 274
Schuchert, August 208f.
Schulte zu Hausen, Wilhelm 203
Seidel, Wilhelm 21, 34
Seper, Franjo 367
Seppelt, Franz Xaver 34f.
Sereny, Gitta 64–66, 95, 97, 99, 101–104
Seton-Watson, Hugh 171
Shepherd, Clyne 275
Shu (Bischof) 331
Sheriffs (Flugkapitän) 270
Silva Henriquez, Raoul 166, 189, 231ff., 322
Siri, Giuseppe 96, 103
Slomsek, Anton Martin 223
Sonnenschein, Carl 46, 76, 86, 358
Specht, Georg 230
Stangl, Franz 95f., 101, 104
Stehle, Hansjakob 59, 66, 95–101, 104f.
Steichele, Hanni (und Familie) 56, 89, 354
Stiller, Martha 19, 51
Stimpfle, Josef 301
Stoeckle, Hermann Maria 112, 115, 209
Straaten, Werenfried van 207, 225, 333, 335, 354, 359f., 366, 369
Stricker, Fritz 21f.
Striefler, Hanns 91
Struth, Hans 212
Suenens, Leo 192
Swanstrom, Edward 127f., 131, 188f., 331

Taddey, Gerhard 27
Tannenbaum, Marc 274f.
Teusch, Josef 217, 330, 340, 357, 359

Thienel, Hubert 365
Traglia, Luigi 53f.

Ugoh, S. (Biafra) 296f.
Uncic, Jozef 215
Ungar, Leopold 176, 340, 354

Valeri, Valerio 127f.
Vanistendael, August 195
Vargas, Getulio 102
Vath, Carl H. 145, 226, 229f.
Villot, Jean 367
Visser't Hooft, Willem 198
Völkl, Richard 194
Volk, Hermann 301
Volk, Ludwig 71f.
Vui (Abeé) 225

Waals, Anton de 209
Wagner, Alois 339f.
Warton, Hank 267–270
Weinbacher, Jakob 341
Whelan, Joseph 276, 325
Willebrands, Jan 198
Winkler, Franz 36
Wojtyla, Karol 361
Wolff, Helmut 76
Wollasch, Hans-Josef 87f., 90
Wüstenberg, Paul 112, 115, 121f., 133, 204, 358
Wyszynski, Stefan 361f., 366

Zagon, Joseph 149
Zeiger, Ivo 54, 60f., 69–76, 89
Zender, Johannes 28f., 32, 48f., 89, 358